2023

# SOLDADO DA POLÍCIA MILITAR DO ESTADO DE SÃO PAULO – PMSP

## 8ª EDIÇÃO

**Proteção de direitos**

Todos os direitos autorais desta obra são reservados e protegidos pela Lei nº 9.610/1998. É proibida a reprodução de qualquer parte deste material didático, sem autorização prévia expressa por escrito do autor e da editora, por quaisquer meios empregados, sejam eletrônicos, mecânicos, videográficos, fonográficos, reprográficos, microfílmicos, fotográficos, gráficos ou quaisquer outros que possam vir a ser criados. Essas proibições também se aplicam à editoração da obra, bem como às suas características gráficas.

**Diretor Geral**: Evandro Guedes
**Diretor de TI**: Jadson Siqueira
**Diretor Editorial**: Javert Falco
**Gerente Editorial**: Mariana Passos
**Editor(a)**: Mateus Ruhmke Vazzoller
**Gerente de Editoração**: Alexandre Rossa
**Diagramador(a)**: Emilly Lazarotto

**Língua Portuguesa**
Adriano Pacciello, Giancarla Bombonato e Glaucia Cansian

**Redação**
Giancarla Bombonato

**Matemática**
Daniel Lustosa

**Conhecimentos Gerais**
Júlio Raizer, Oliveira Soares, Gilberto Gueretz

**Noções Básicas de Informática**
João Paulo

**Noções de Administração Pública**
Daniel Sena, Gustavo Muzy, Guilherme Domingos

Dados Internacionais de Catalogação na Publicação (CIP)
Jéssica de Oliveira Molinari CRB-8/9852

---

**S668**
    Soldado da polícia militar do estado de São Paulo : PMSP / Equipe de professores Alfacon. – Cascavel, PR : AlfaCon, 2023.
       294 p.

    Bibliografia
    ISBN 978-65-5918-545-0

    1. Serviço público - Concursos – Brasil 2. Polícia militar – São Paulo 3. Língua portuguesa 4. Matemática 5. Informática 6. Administração pública

**22-3137**                                                  **CDD 351.81076**

**Impressão:** Renovagraf

Índices para catálogo sistemático:
1. Serviço público - Brasil - Concursos

---

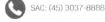

**Dúvidas?**
Acesse: www.alfaconcursos.com.br/atendimento

Núcleo Editorial:
Rua: Paraná, nº 3193, Centro - Cascavel/PR
CEP: 85810-010

Núcleo Comercial/Centro de Distribuição:
Rua: Dias Leme, nº 489, Mooca - São Paulo/SP
CEP: 03118-040

SAC: (45) 3037-8888

Data de fechamento
1ª impressão:
09/11/2022

www.alfaconcursos.com.br/apostilas

**Atualizações e erratas**
Esta obra é vendida como se apresenta. Atualizações - definidas a critério exclusivo da Editora AlfaCon, mediante análise pedagógica – e erratas serão disponibilizadas no site www.alfaconcursos.com.br/codigo, por meio do código disponível no final do material didático. Ressaltamos que há a preocupação de oferecer ao leitor uma obra com a melhor qualidade possível, sem a incidência de erros técnicos e/ou de conteúdo. Caso ocorra alguma incorreção, solicitamos que o leitor, atenciosamente, colabore com sugestões, por meio do setor de atendimento do AlfaCon Concursos Públicos.

# APRESENTAÇÃO

A chance de fazer parte do Serviço Público chegou, e a oportunidade está no concurso para **Soldado da Polícia Militar do Estado de São Paulo - PMSP**. Neste universo dos concursos públicos, estar bem-preparado faz toda a diferença e para ingressar nesta carreira, é fundamental que esteja preparado com os conteúdos que o AlfaCon julga mais importante cobrados na prova:

Aqui, você encontrará os conteúdos básicos de

- > Língua Portuguesa
- > Redação
- > Matemática
- > Conhecimentos Gerais
- > Noções Básicas de Informática
- > Noções de Administração Pública

O AlfaCon preparou todo o material com explicações, reunindo os principais conteúdos relacionados a prova, dando ênfase aos tópicos mais cobrados. ESTEJA ATENTO AO CONTEÚDO ONLINE POR MEIO DO CÓDIGO DE RESGATE, para que você tenha acesso a todo conteúdo do solicitado pelo edital.

Desfrute de seu material o máximo possível, estamos juntos nessa conquista!

**Bons estudos e rumo à sua aprovação!**

# COMO ESTUDAR PARA UM CONCURSO PÚBLICO!

Para se preparar para um concurso público, não basta somente estudar o conteúdo. É preciso adotar metodologias e ferramentas, como plano de estudo, que ajudem o concurseiro em sua organização.

As informações disponibilizadas são resultado de anos de experiência nesta área e apontam que estudar de forma direcionada traz ótimos resultados ao aluno.

**Curso on-line GRATUITO**

- Como montar caderno
- Como estudar
- Como e quando fazer simulados
- O que fazer antes, durante e depois de uma prova!

Ou pelo link: alfaconcursos.com.br/cursos/material-didatico-como-estudar

## ORGANIZAÇÃO

Organização é o primeiro passo para quem deseja se preparar para um concurso público.

Conhecer o conteúdo programático é fundamental para um estudo eficiente, pois os concursos seguem uma tendência e as matérias são previsíveis. Usar o edital anterior - que apresenta pouca variação de um para outro - como base é uma boa opção.

Quem estuda a partir desse núcleo comum precisa somente ajustar os estudos quando os editais são publicados.

## PLANO DE ESTUDO

Depois de verificar as disciplinas apresentadas no edital, as regras determinadas para o concurso e as características da banca examinadora, é hora de construir uma tabela com seus horários de estudo, na qual todas as matérias e atividades desenvolvidas na fase preparatória estejam dispostas.

## PASSO A PASSO

### VEJA AS ETAPAS FUNDAMENTAIS PARA ORGANIZAR SEUS ESTUDOS

**PASSO 1**
Selecionar as disciplinas que serão estudadas.

**PASSO 2**
Organizar sua rotina diária: marcar pontualmente tudo o que é feito durante 24 horas, inclusive o tempo que é destinado para dormir, por exemplo.

**PASSO 3**
Organizar a tabela semanal: dividir o horário para que você estude 2 matérias por dia e também destine um tempo para a resolução de exercícios e/ou revisão de conteúdos.

**PASSO 4**
Seguir rigorosamente o que está na tabela, ou seja, destinar o mesmo tempo de estudo para cada matéria. Por exemplo: 2h/dia para cada disciplina.

**PASSO 5**
Reservar um dia por semana para fazer exercícios e também simulados.

Esta tabela é uma sugestão de como você pode organizar seu plano de estudo. Para cada dia, você deve reservar um tempo para duas disciplinas e também para a resolução de exercícios e/ou revisão de conteúdos. Fique atento ao fato de que o horário precisa ser determinado por você, ou seja, a duração e o momento do dia em que será feito o estudo é você quem escolhe.

## TABELA SEMANAL

| SEMANA | SEGUNDA | TERÇA | QUARTA | QUINTA | SEXTA | SÁBADO | DOMINGO |
|---|---|---|---|---|---|---|---|
| 1 | | | | | | | |
| 2 | | | | | | | |
| 3 | | | | | | | |
| 4 | | | | | | | |

# SUMÁRIO

**LÍNGUA PORTUGUESA** ................................................................**15**

**1 INTERPRETAÇÃO E COMPREENSÃO DE TEXTO** .............................. 16
1.1 Ambiguidade................................................................................ 16
1.2 Coesão......................................................................................... 16
1.3 Coerência Textual........................................................................ 16
1.4 Dissertação ................................................................................. 17
1.5 Discurso ...................................................................................... 18

**2 REESCRITURA DE FRASES E PARÁGRAFOS DO TEXTO** ................... 19
2.1 Substituição de Palavras ou de Trechos de Texto ...................... 19
2.2 Retextualização de Diferentes Gêneros e Níveis de Formalidade ....20

**3 ESTRUTURA E FORMAÇÃO DE PALAVRAS**..................................... 22
3.1 Estrutura das Palavras ............................................................... 22
3.2 Processos de Formação de Palavras .......................................... 23

**4 MORFOLOGIA - SUBSTANTIVO E ADJETIVO**.................................. 25
4.1 Substantivo ................................................................................. 25
4.2 Flexão do Substantivo ................................................................ 26
4.3  Adjetivo...................................................................................... 27

**5 MORFOLOGIA - ARTIGO, INTERJEIÇÃO E NUMERAL** ..................... 28
5.1 Artigo .......................................................................................... 28
5.2 Interjeição ................................................................................... 28
5.3  Numeral...................................................................................... 28

**6 MORFOLOGIA - ADVÉRBIO, CONJUNÇÃO E PREPOSIÇÃO** ............. 29
6.1 Advérbio ...................................................................................... 29
6.2  Conjunção .................................................................................. 29
6.3 Preposição .................................................................................. 29

**7 MORFOLOGIA - PRONOME, PALAVRAS "QUE" E "SE"** ................... 31
7.1  Pronome..................................................................................... 31
7.2 Palavra Que ................................................................................ 32
7.3  Palavra Se.................................................................................. 33

**8 MORFOLOGIA - VERBO**............................................................... 34
8.1  Verbos........................................................................................ 34

**9 ACORDO ORTOGRÁFICO DA LÍNGUA PORTUGUESA** ..................... 38
9.1 Trema .......................................................................................... 38
9.2 Regras de Acentuação ................................................................ 38
9.3 Hífen com Compostos ................................................................. 38
9.4 Uso do Hífen com Palavras Formadas por Prefixos ................... 39
9.5 Síntese das Principais Regras do Hífen ..................................... 40
9.6 Quadro-Resumo do Emprego do Hífen com Prefixos ................. 40

**10 SINTAXE DA ORAÇÃO** ............................................................... 42
10.1  Frase......................................................................................... 42
10.2 Oração ....................................................................................... 42

Sumário

# Sumário

**11 SINTAXE DO PERÍODO** ..........45
   11.1 Período Composto por Coordenação ..........45
   11.2 Período Composto por Subordinação ..........45

**12 CONCORDÂNCIA VERBAL E NOMINAL** ..........47
   12.1 Concordância Verbal ..........47
   12.2 Concordância Nominal ..........48

**13 COLOCAÇÃO PRONOMINAL** ..........50
   13.1 Ênclise ..........50
   13.2 Mesóclise ..........50
   13.3 Próclise ..........50

**14 REGÊNCIA VERBAL E NOMINAL** ..........52
   14.1 Regência Verbal ..........52
   14.2 Regência Nominal ..........53

**15 CRASE** ..........55
   15.1 Regras Obrigatórias ..........55
   15.2 Regras Facultativas ..........55
   15.3 Regras Proibitivas ..........55
   15.4 Crase – Casos Especiais ..........55

**16 PONTUAÇÃO** ..........57
   16.1 Principais Sinais e Usos ..........57

## REDAÇÃO ..........59

**1 REDAÇÃO PARA CONCURSOS PÚBLICOS** ..........60
   1.1 Posturas em Relação à Redação ..........60
   1.2 Apresentação do Texto ..........60
   1.3 O Texto Dissertativo ..........61
   1.4 Critérios de Correção da Redação para Concursos Públicos ..........63
   1.5 Critérios de Correção das Bancas ..........63
   1.6 Propostas de Redação ..........64

## MATEMÁTICA ..........66

**1 CONJUNTOS** ..........67
   1.1 Definição ..........67
   1.2 Subconjuntos ..........67
   1.3 Operações com conjuntos ..........67

**2 CONJUNTOS NUMÉRICOS** ..........69
   2.1 Números naturais ..........69
   2.2 Números inteiros ..........69
   2.3 Números racionais ..........69
   2.4 Números irracionais ..........71
   2.5 Números reais ..........71
   2.6 Intervalos ..........71
   2.7 Múltiplos e divisores ..........71
   2.8 Números primos ..........71

2.9 MMC e MDC ............................................................................71
2.10 Divisibilidade ........................................................................72
2.11 Expressões numéricas ...........................................................72

## 3 SISTEMA LEGAL DE MEDIDAS ...........................................73
3.1 Medidas de tempo ...................................................................73
3.2 Sistema métrico decimal ..........................................................73

## 4 NOÇÕES DE MATEMÁTICA FINANCEIRA ............................74
4.1 Porcentagem ...........................................................................74
4.2 Lucro e prejuízo ......................................................................74
4.3 Juros simples ..........................................................................74
4.4 Juros compostos ......................................................................74
4.5 Capitalização ..........................................................................74

## 5 PROPORCIONALIDADE ........................................................75
5.1 Grandeza .................................................................................75
5.2 Razão ......................................................................................75
5.3 Proporção ................................................................................75
5.4 Divisão em partes proporcionais ...............................................75
5.5 Regra das torneiras ..................................................................76
5.6 Regra de três ...........................................................................76

## 6 ANÁLISE COMBINATÓRIA .....................................................77
6.1 Definição .................................................................................77
6.2 Fatorial ...................................................................................77
6.3 Princípio fundamental da contagem (PFC) ..................................77
6.4 Arranjo e combinação ..............................................................77
6.5 Permutação .............................................................................78

## 7 PROBABILIDADE ...................................................................80
7.1 Definições ...............................................................................80
7.2 Fórmula da probabilidade .........................................................80
7.3 Eventos complementares ..........................................................80
7.4 Casos especiais de probabilidade ..............................................80

## 8 SEQUÊNCIAS NUMÉRICAS ...................................................82
8.1 Definições ...............................................................................82
8.2 Lei de formação de uma sequência ............................................82
8.3 Progressão aritmética (P.A.) .....................................................82
8.4 Progressão geométrica (P.G.) ...................................................83

## 9 FUNÇÕES ..............................................................................84
9.1 Definições ...............................................................................84
9.2 Plano cartesiano ......................................................................84
9.3 Funções injetoras, sobrejetoras e bijetoras .................................84
9.4 Funções crescentes, decrescentes e constantes ...........................84
9.5 Funções inversas e compostas ..................................................84
9.6 Função afim ............................................................................85
9.7 Equação e função exponencial ..................................................87
9.8 Equação e função logarítmica ...................................................87

# Sumário

# Sumário

10 GEOMETRIA PLANA.................................................................................89
    10.1 Semelhanças de figuras ...........................................................89
    10.2 Relações métricas nos triângulos .............................................89
    10.3 Quadriláteros ...........................................................................90
    10.4 Polígonos regulares.................................................................91
    10.5 Círculos e circunferências .......................................................92
    10.6 Polígonos regulares inscritos e circunscritos...........................92
    10.7 Perímetros e áreas dos polígonos e círculos ...........................94

11 PROPOSIÇÕES...................................................................................95
    **11.1 Definições** ...............................................................................**95**
    **11.2 Tabela verdade e valores lógicos das proposições compostas ......... 96**
    **11.3 Tautologias, contradições e contingências .............................97**
    **11.4 Equivalências lógicas .............................................................97**
    **11.5 Relação entre todo, algum e nenhum....................................99**

12 ARGUMENTOS..................................................................................100
    **12.1 Definições** .............................................................................**100**
    **12.2 Métodos para classificar os argumentos ............................100**

13 PSICOTÉCNICOS...............................................................................102

## CONHECIMENTOS GERAIS .................................................................**104**

1 A IDADE CONTEMPORÂNEA E SEUS PRINCIPAIS ACONTECIMENTOS...........105
    1.1 Imperialismo do século XIX - A Expansão Imperialista .........................105
    1.2 Primeira Guerra Mundial - 1914 a 1918................................105
    1.3 Período Entreguerras................................................................106
    1.4 A Segunda Guerra Mundial (1939 - 1945) ............................108
    1.5 A Guerra Fria (+ - 1946 - 1991) ............................................108
    1.6 Conflitos Durante a Guerra Fria ..............................................110

2 GLOBALIZAÇÃO, NEOLIBERALISMOS, A QUESTÃO AMBIENTAL E A SOCIEDADE DO CONHECIMENTO .......................................................113
    2.1 As Teorias Econômicas e a Consolidação do Capitalismo no Século XX
    ....................................................................................................113
    2.2 Nova Ordem Mundial ..............................................................115

3 O PERÍODO JOANINO E A INDEPENDÊNCIA .......................................117
    3.1 Família Real no Brasil ..............................................................117
    3.2 Processo de Independência do Brasil......................................117

4 BRASIL IMPERIAL .............................................................................118
    4.1 Primeiro Reinado (1822-1831)...............................................118
    4.2 Período Regencial ...................................................................119
    4.3 Revoltas Regenciais.................................................................120
    4.4 Política do Regresso ................................................................121
    4.5 Segundo Reinado (1840-1889) ..............................................121
    4.6 Política Externa.......................................................................122

5 BRASIL REPÚBLICA...........................................................................125
    5.1 Crise da Monarquia e Proclamação da República....................125
    5.2 República Velha ou Oligárquica (1894-1930)...........................126

**6 REVOLUÇÃO DE 1930** ...........................................................................**130**
   6.1 Era Vargas (1930-1945) ............................................................... 130
   6.2 Plano Cohen .................................................................................. 132
   6.3 Estado Novo .................................................................................. 132
   6.4 Estrutura Política do Estado Novo ................................................. 132
   6.5 Economia no Estado Novo .............................................................. 132
   6.6 Brasil e a Segunda Guerra Mundial ............................................... 133
   6.7 Governo Eurico Gaspar Dutra (1946-1950) .................................... 133
   6.8 Getúlio Vargas (1951-1954) .......................................................... 134
   6.9 Juscelino Kubitschek (1956-1960) ................................................. 134
   6.10 Jânio Quadros (1961) .................................................................. 135
   6.11 João Goulart (1961-1964) ............................................................ 135

**7 CULTURA MUSICAL BRASILEIRA NOS ANOS 80 E 90** ....................**136**

**8 GLOBALIZAÇÃO** ...............................................................................**137**
   8.1 Origens da Globalização e suas Características ............................... 137
   8.2 Internet, Aldeia Global e a Língua Inglesa ...................................... 137
   8.3 Blocos Econômicos e Globalização ................................................. 137
   8.4 Principais Blocos Econômicos ........................................................ 138
   8.5 Desigualdades .............................................................................. 138

**9 TERRORISMO GLOBALIZADO** ..........................................................**139**
   9.1 O que é Terrorismo? ...................................................................... 139
   9.2 Doutrina Bush ............................................................................... 140
   9.3 A doutrina Defendia ...................................................................... 140

**10 PROBLEMAS AMBIENTAIS: EROSÃO E POLUIÇÃO DO SOLO** ........**141**
   10.1 Os Desmatamentos Desordenados ............................................. 141
   10.2 A Prática da Agricultura .............................................................. 141
   10.3 Os Deslizamentos Provocados por Abertura de Estradas e
   Construções em Geral ......................................................................... 141

**11 QUESTÕES ATMOSFÉRICAS** ..........................................................**142**
   11.1 Inversão Térmica ........................................................................ 142
   11.2 Ilhas de Calor ............................................................................. 142
   11.3 Chuva Ácida ............................................................................... 142
   11.4 Aquecimento Global (Efeito Estufa) ............................................. 142
   11.5 Camada de Ozônio ...................................................................... 142
   11.6 Principais Discussões e Conferências Sobre Meio Ambiente ......... 143

**12 ÁGUA** .............................................................................................**144**
   12.1 Eutrofização ............................................................................... 144
   12.2 Unidades de Conservação e a preservação dos ecossistemas, da
   flora e da fauna brasileira ................................................................... 144

**13 GEOLOGIA** .....................................................................................**146**
   13.1 Eras Geológicas .......................................................................... 146
   13.2 Teoria da Deriva Continental e da Tectônica de Placas ................. 146
   13.3 Os Solos ..................................................................................... 148

**14 ESTRUTURA GEOLÓGICA E RELEVO DO BRASIL** ...........................**149**
   14.1 Estrutura Geológica .................................................................... 149
   14.2 Classificações de Relevo do Brasil ............................................... 149

Sumário

# Sumário

**15 CLIMAS DA TERRA** ........................................................................ **151**
15.1 Atmosfera ................................................................................ 151
15.2 Funções da Atmosfera ............................................................ 151
15.3 Clima ........................................................................................ 151
15.4 Tipos de Climas ...................................................................... 151

**16 CLIMAS DO BRASIL** ...................................................................... **153**
16.1 Massas Atmosféricas .............................................................. 153
16.2 Classificação de Koppen – Geiger .......................................... 153

**17 HIDROGRAFIA** ................................................................................ **155**
17.1 Águas Continentais ................................................................ 155
17.2 Lagos ...................................................................................... 155

**18 ÁGUAS OCEÂNICAS** ...................................................................... **156**

**19 HIDROGRAFIA DO BRASIL** ............................................................ **157**
19.1 Bacias Hidrográficas Brasileiras ............................................ 157
19.2 Região Hidrográfica do Atlântico .......................................... 159
19.3 O Atlântico e a economia (a produtividade marinha) ............ 159
19.4 O mar territorial brasileiro .................................................... 159

**20 BIOMAS TERRESTRES** .................................................................. **160**
20.1 Principais Biomas .................................................................. 160

**21 DOMÍNIOS MORFOCLIMÁTICOS** .................................................. **162**
21.1 Domínio Amazônico ................................................................ 162
21.2 Domínio do Cerrado ................................................................ 162
21.3 Domínio dos Mares de Morros .............................................. 162
21.4 Domínio da Caatinga .............................................................. 163
21.5 Domínio da Araucária ............................................................ 163
21.6 Domínio das Pradarias .......................................................... 163
21.7 As Faixas de Transição .......................................................... 163

**22 URBANIZAÇÃO BRASILEIRA** ........................................................ **164**
22.1 Regiões Metropolitanas .......................................................... 164
22.2 A Hierarquia Urbana .............................................................. 164
22.3 Redes Urbanas ...................................................................... 165

**23 AGROPECUÁRIA BRASILEIRA** ...................................................... **166**
23.1 Engenhos de Cana-de-Açúcar .............................................. 166
23.2 Estrutura Fundiária ................................................................ 166
23.3 As Lutas Pela Posse da Terra ................................................ 166
23.4 Principais Rebanhos Brasileiros ............................................ 167

**24 RECURSOS MINERAIS NO BRASIL** .............................................. **168**
24.1 Outros Minerais ...................................................................... 168

**25 ENERGIA NO BRASIL** .................................................................... **169**
25.1 As Fontes de Energia no Brasil .............................................. 169
25.2 Energia e Indústria ................................................................ 169
25.3 Energia Hidroelétrica .............................................................. 169
25.4 O Petróleo .............................................................................. 169
25.5 O Carvão Mineral .................................................................... 170

25.6 Gás natural........................................................................170
25.7 O Álcool ...........................................................................170
25.8 A Energia Nuclear ...........................................................170
25.9 Outras Fontes..................................................................170

**26 INDUSTRIALIZAÇÃO BRASILEIRA** .............................................**172**

## NOÇÕES BÁSICAS DE INFORMÁTICA ........................................**173**

**1 SISTEMA WINDOWS 10** ...........................................................**174**
1.1 Requisitos Mínimos ..........................................................174
1.2 Novidades .........................................................................174

**2 EDITORES DE TEXTO** ..............................................................**186**
2.1 Editores de Texto Contidos no Windows ..........................186
2.2 Formatos de Arquivos........................................................186
2.3 Word 2010 ........................................................................186

**3 EDITORES DE PLANILHA** ........................................................**199**
3.1 Formato de Arquivo dos Editores de Planilha ..................199
3.2 Estrutura de uma Planilha.................................................199
3.3 Fórmulas e Funções .........................................................200
3.4 Alinhamentos.....................................................................202
3.5 Formatação Condicional ...................................................203
3.6 Alça de Preenchimento .....................................................203
3.7 Classificar e Filtrar ...........................................................204

**4 EDITORES DE APRESENTAÇÃO** .............................................**205**
4.1 PowerPoint........................................................................205

**5 REDES DE COMPUTADORES** .................................................**207**
5.1 Paradigma de Comunicação..............................................207
5.2 Dispositivos de Rede ........................................................207
5.3 Topologia de Rede ............................................................207
5.4 Firewall .............................................................................208
5.5 Tipos de Redes .................................................................208
5.6 Padrões de Infraestrutura .................................................208
5.7 Correio Eletrônico.............................................................209
5.8 URL (Uniform Resource Locator).....................................209
5.9 Navegadores.....................................................................210
5.10 Conceitos Relacionados à Internet.................................210

## NOÇÕES DE ADMINISTRAÇÃO PÚBLICA ...................................**212**

**1 DIREITOS E DEVERES INDIVIDUAIS E COLETIVOS**....................**213**
1.1 Direito à Vida....................................................................213
1.2 Direito à Igualdade............................................................213
1.3 Direito à Liberdade............................................................214

**2 DIREITOS POLÍTICOS E PARTIDOS POLÍTICOS** ........................**217**
2.1 Direitos Políticos...............................................................217

Sumário

# Sumário

**3 DA ORGANIZAÇÃO POLÍTICO-ADMINISTRATIVA** ...............................................220
3.1 Princípio Federativo ................................................................. 220
3.2 Vedações Constitucionais ..................................................... 220
3.3 Características dos Entes Federativos ................................... 221
3.4 Competências dos Entes Federativos ................................... 224
3.5 Intervenção ............................................................................. 227

**4 ADMINISTRAÇÃO PÚBLICA** ........................................................................229
4.1 Conceito ................................................................................. 229
4.2 Princípios Expressos da Administração Pública ................. 229
4.3 Princípios Implícitos da Administração Pública ................. 231
4.4 Regras Aplicáveis aos Servidores Públicos ........................ 232
4.5 Direitos Trabalhistas ............................................................. 234
4.6 Liberdade de Associação Sindical ........................................ 234

**5 DEFESA DO ESTADO E DAS INSTITUIÇÕES DEMOCRÁTICAS** ..........................241
5.1 Sistema Constitucional de Crises ........................................ 241
5.2 Forças Armadas ..................................................................... 243
5.3 Segurança Pública ................................................................. 244

**6 CONSTITUIÇÃO ESTADUAL DE SÃO PAULO** ..................................................247
6.1 Poder Executivo ..................................................................... 247
6.2 Poder Judiciário ..................................................................... 248
6.3 Organização do Estado ......................................................... 248
6.4 Servidores Públicos do Estado ............................................. 250

**7 ACESSO À INFORMAÇÃO EM ÂMBITO FEDERAL** ...........................................253
7.1 Política de Segurança da Informação no âmbito da Receita Federal do Brasil ................................................................................. 253
7.2 Conceitos Básicos ................................................................. 253
7.3 Abrangência da Lei ................................................................ 253
7.4 Finalidades e Diretrizes da Lei de Acesso à Informação ..... 253
7.5 Acesso à Informação e Divulgação....................................... 254
7.6 Procedimento de Acesso à Informação ................................ 255
7.7 Fornecimento das Informações ............................................ 255
7.8 Restrições de Acesso à Informação ..................................... 256
7.9 Responsabilidades ................................................................ 259

**8 DECRETO Nº 58.052/2012 - REGULA O ACESSO A INFORMAÇÃO** ................260
8.1 Disposições Gerais ................................................................ 260
8.2 Do Acesso a Documentos, Dados e Informações ............... 261
8.3 Da Divulgação de Documentos, Dados e Informações ....... 265
8.4 Das Restrições de Acesso a Documentos, Dados e Informações ........ 266
8.5 Das Responsabilidades ......................................................... 271
8.6 Disposições Transitórias ....................................................... 273

**SIMULADO PARA PMSP** ...............................................................................**274**
1 GABARITOS .................................................................................294

# LÍNGUA PORTUGUESA

# INTERPRETAÇÃO E COMPREENSÃO DE TEXTO

## 1 INTERPRETAÇÃO E COMPREENSÃO DE TEXTO

Interpretar textos é, antes de tudo, compreender o que se leu. Para que haja essa compreensão, é necessária uma leitura muito atenta e algumas técnicas que veremos no decorrer dos textos. Entre os aspectos que envolvem esse processo de interpretação, é essencial saber o que é ambiguidade, conhecer como se dá a coesão, entender o que é a coerência, dominar algumas características de uma dissertação, e distinguir os tipos de discurso que se podem encontrar num texto.

### 1.1 Ambiguidade

Ambiguidade ou anfibologia é a falta de clareza em um enunciado que lhe permite mais de uma interpretação. É conhecida, também, como duplo sentido. Observe os exemplos a seguir:

> **Exs.:** Maria disse à Ana que sua irmã chegou.
> (A irmã é de Maria ou Ana?)
> A mãe falou com a filha caída no chão.
> (Quem estava caída no chão?)
> Está em dúvida quanto à configuração da sua máquina? Então, acabe com ela agora mesmo!
> (Acabe com a dúvida, com a configuração ou com a máquina?)

Em alguns casos, especialmente na publicidade e nos textos literários, a ambiguidade é proposital; mas, para que ocorra a compreensão necessária, é preciso que o leitor tenha conhecimento de mundo suficiente para interpretar de maneira literal e não literal.

No entanto, ela se torna um problema nos textos quando causa dúvidas em relação à interpretação. Ela também pode gerar problemas e fazer com que o autor seja mal interpretado, como na frase "Sinto falta da galinha da minha mãe".

Ao escrever, para que não haja problemas relacionados à ambiguidade, é necessária atenção do autor e uma leitura cuidadosa.

> **Fique ligado**
>
> É importante observar que os textos não são estáticos e dificilmente apresentarão apenas uma tipologia. É comum que o texto seja, por exemplo, dissertativo-argumentativo, narrativo-descritivo ou descritivo-instrucional. É importante, portanto, identificar a tipologia que predomina.

### 1.2 Coesão

Observe as orações a seguir:

Mariana estava cansada. Viajou a noite toda. Foi trabalhar no dia seguinte.

Perceba que a relação entre elas não está clara. Agora, veja o que acontece quando são inseridos elementos de coesão:

Mariana estava cansada porque viajou a noite toda. Mesmo assim, foi trabalhar no dia seguinte.

Os elementos de coesão são responsáveis por criar a relação correta entre os termos do texto, tornando-o coerente.

Os elementos de coesão são representados pelas conjunções. As principais relações estabelecidas entre eles são:

| Concessão | embora – ainda que – se bem que – mesmo que – por mais que. |
|---|---|
| Adversidade | mas – contudo – no entanto – todavia – se bem que – porém – entretanto. |
| Conclusão | dessa forma – logo – portanto – assim sendo – por conseguinte |
| Causa | Porque – pois – já que – visto que – uma vez que |
| Tempo | quando – na hora em que – logo que – assim que |

Leia o trecho a seguir, publicado no jornal Correio Popular:

"Durante a sua carreira de goleiro, iniciada no Comercial de Ribeirão Preto, sua terra natal, Leão, de 51 anos, sempre impôs seu estilo ao mesmo tempo arredio e disciplinado. Por outro lado, costumava ficar horas aprimorando seus defeitos após os treinos. Ao chegar à seleção brasileira em 1970, quando fez parte do grupo que conquistou o tricampeonato mundial, Leão não dava um passo em falso. Cada atitude e cada declaração eram pensados com um racionalismo típico de sua família, já que seus outros dois irmãos são médicos."

Correio Popular, Campinas, 20 out. 2000.

Observe que neste trecho há problemas de coerência.

"(...) costumava ficar horas aprimorando seus defeitos (...)"

Entende-se o que o redator do texto quis dizer, mas a construção é indevida, uma vez que a definição para aprimorar, segundo o dicionário, é aperfeiçoar, melhorar a qualidade de. Portanto, se interpretada seguindo esta definição, entender-se-ia que o jogador melhorava seus defeitos.

Além da escolha inadequada do vocábulo, há também um problema causado pelo uso indevido dos elementos de coesão. Observe o uso da expressão "Por outro lado", que deveria indicar algo contrário ao que foi dito anteriormente, mas neste caso precede uma afirmação que confirma o que foi dito no período anterior, deixando o texto confuso.

Perceba, portanto, que:

Coesão é a relação entre as afirmações do texto, de maneira a deixá-lo claro e fazer sentido:

Ontem o dia foi bom porque vi Lucas.

Ontem o dia foi bom apesar de eu ter visto Lucas.

A relação de sentido estabelecida pela conjunção fará o sentido do texto.

> **Fique ligado**
>
> Os nomes das coerências aparecem aqui apenas para divisar e ilustrar cada uma delas. As bancas não cobrarão tais nomenclaturas, porém a palavra COERÊNCIA é mais do que reincidente nos enunciados das questões.

### 1.3 Coerência Textual

Em provas de concurso, é muito comum as bancas abordaremos uso da coerência textual nas questões. Portanto, ficar atento ao texto é mais do que essencial, é vital para seu sucesso. Coerência é a união de ideias, é a harmonia entre as partes de um texto. Há um único sentido para o entendimento de um texto. O conteúdo da linguagem usada num texto deve ser compatível, não havendo oposição ou incoerência.

#### 1.3.1 Coerência externa

Usemos a lógica: quando nos referimos à coerência externa, há que se ter o conhecimento geral de mundo, sobre política, esportes, cultura, atualidades; é necessário um conhecimento prévio do assunto. A coerência acaba sendo vital, não somente à prova de gramática, como também ao conteúdo referente a atualidades. Uma informação errada pode gerar outras mais, tornando a propagação deste erro algo tão grande e que se torna impossível ver quais proporções isso pode tomar e quais desastres pode causar. Seja numa prova, numa conversa, as consequências de um domínio falso de determinado assunto é constrangedor, especialmente em dias de globalização com o acesso tão rápido e fácil à informação.

Em uma questão da prova de Oficial de Promotoria/SP, houve uma questão sobre o seguinte slogan: "Nossa guerra é contra a fome". E o enunciado cobrava a quem ele pertence? Sim, era do projeto FOME ZERO, do primeiro mandato do governo Lula.

Saber tais informações foi essencial para acertar a questão. Apenas a coerência externa bastaria. Isso em uma redação ajuda, e muito.

Podemos ver a coerência externa e seus benefícios nos exemplos a seguir:

"A **fatídica curva de Ímola** fez o Brasil chorar".

Ayrton Senna, piloto brasileiro de Fórmula 1, morreu em 1º de maio de 1994 numa corrida no circuito de Ímola, Itália.

"O **Boca do Inferno** foi o primeiro escritor brasileiro".

**Gregório de Matos Guerra** nasceu no século XVII, no Brasil. Sua obra não foi publicada em vida, mas ficou eternizada na memória do povo. Sua poesia trazia com ironia e sarcasmo situações cômicas da sociedade e do clero baiano.

Nos dois exemplos anteriores, vemos que a coerência externa é essencial para saber quais assuntos são tratados.

**Fique ligado**

Já discutimos, neste estudo, a importância de se ter conhecimento do mundo, quando abordamos o assunto "Crônicas". Agora essa ideia vem reforçada pelo estudo da coerência externa. Verifica-se, inclusive, uma interdisciplinaridade entre gramática e Atualidades nesse caso.

### 1.3.2 Coerência interna

Acabamos de conceituar a coerência externa, ou seja, aquela que vem fora do texto. A coerência interna acaba sendo o oposto: é aquela que aparece dentro do texto. Para que isso aconteça, há que se ver todo o ambiente que cerca determinado documento, narrativa ou dissertação. A maioria dos textos de concursos aborda tal coerência, principalmente no tocante ao cargo. O exemplo a seguir ilustrará melhor o assunto:

E você vai rasgar meu papel.

(...) Serei sempre seu confidente fiel.

E você vai molhar meu papel.

O que está escrito em mim

Comigo ficará guardado se quiser saber

A vida segue sempre em frente

O que há de se fazer

Só peço a você um favor se puder

Não me esqueça num canto qualquer.

(O CADERNO, Toquinho)

Se imaginarmos um caderno conversando com uma criança, perceberemos que nada de errado aparece nos versos. A coerência interna fica latente pela proposta do tema. É assim que deve ser feito nos textos. A coerência tem de estar ligada ao tema proposto.

### 1.3.3 Coerência argumentativa

A argumentação deve concordar com o texto. Em concursos públicos, isso pode aparecer nos exercícios de maneira indireta para que o concursando seja induzido ao erro. Mas vejamos como a propaganda pode fazer isso:

# LÍNGUA PORTUGUESA

"**Bombril** tem mil e uma utilidades."
(slogan de uma propaganda de palha de aço)

Pagando menos e com mais vantagens

"**Hollywood**, o sucesso"
(slogan de uma propaganda de cigarros)

Mesmo prejudicial à saúde, o cigarro pode servir de status a alguém.

Numa prova de concurso, a coerência textual é o fator que mais aparece. A falta de habilidade de leitura dos mecanismos de coerência pode facilmente induzir o leitor ao erro. Vejamos essa característica em uma questão de prova:

### 1.4 Dissertação

A dissertação está presente em qualquer tipo de texto. Predomina em pensamentos, análises. Ela não poderia ficar de fora em concursos públicos, o que justifica sua maior aparição e predominância em tais provas. Este tipo de texto é mais complexo que a narração e a descrição, pois usa de um entendimento mais avançado para determinado assunto.

Dissertar é opinar sobre determinado assunto. Há que se ter, nesse caso, um conhecimento geral suficiente para que o texto possa ser mais lógico e coerente para o leitor. Uma dica: é sempre importante estar atento a noticiários, ler sobre o maior número possível de temas. E, junto a este texto, aparecem as linguagens, cada qual com um estilo, e muitas vezes o estilo do texto, o tema central pede tais linguagens, e estas vão ditar de um modo coerente o que se quer passar ao leitor.

Exemplo de dissertação:

Falar que o Brasil é um país repleto de problemas é como chover no molhado. Identificar os problemas quanto ao crescimento deixou de ser um recomeço. Talvez o lugar comum no Brasil seja mais do que promessas. A fé nunca esteve tão presente. Os sonhos se fortalecem e ficarão tão fortes que este texto acabou de dar mais um passo para o lado.

Uma dissertação está dividida em três partes que se interagem:

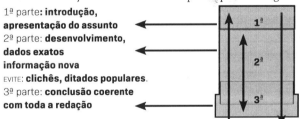

1ª parte: **introdução, apresentação do assunto**
2ª parte: **desenvolvimento, dados exatos informação nova**
EVITE: **clichês, ditados populares**.
3ª parte: **conclusão coerente com toda a redação**

Introdução: falar que o Brasil é um país repleto de problemas é como chover no molhado. Identificar os problemas quanto ao crescimento deixou de ser um recomeço.

Desenvolvimento: talvez o lugar comum no Brasil seja mais do que promessas. A fé nunca esteve tão presente.

Conclusão: os sonhos se fortalecem e ficarão tão fortes que este texto acabou de dar mais um passo para o lado.

**Fique ligado**

Como no esquema citado encontramos um exemplo para textos dissertativos, aproveite-o para usar em suas redações, já que a dissertação é a forma textual mais frequente, no que tange à elaboração de um texto em provas.

## INTERPRETAÇÃO E COMPREENSÃO DE TEXTO

## 1.5 Discurso

Discurso é a forma de uma mensagem aparecer. Ele pode vir em forma direta e indireta. Há bancas que pedem principalmente a transposição de um para outro. Ficar atento aos verbos, pronomes e advérbios ajuda, e muito, nos exercícios que as bancas trazem.

▷ **Discurso direto:** representa a fala de alguém. Aparece literalmente num diálogo.

| Ex.: "Eu não vou à sua casa hoje".

▷ **Discurso indireto:** representa a fala de outrem. Aparece indiretamente, por meio da voz de uma pessoa, o que outra acabou proferindo.

| Ex.: "Ele disse que não vai à minha casa hoje".

Vimos, neste capítulo, como a coerência rege um texto para que ele tenha um perfil fiel ao que se propõe a fazer. Aliada à dissertação, estilo mais comum nos concursos, ela constitui a base geral de uma comunicação clara e sem ruídos.

# LÍNGUA PORTUGUESA

## 2 REESCRITURA DE FRASES E PARÁGRAFOS DO TEXTO

A reescrita ou reescritura de frases é uma paráfrase que visa à mudança da forma de um texto. Para que o novo período esteja correto, é preciso que sejam respeitadas a correção gramatical e o sentido do texto original. Desse modo, quando há qualquer inadequação do ponto de vista gramatical e/ou semântico, o trecho reescrito deve ser considerado incorreto.

Assim, para resolver uma questão que envolve reescritura de trechos ou períodos, é necessário verificar os aspectos gramaticais (principalmente, pontuação, elementos coesivos, ortografia, concordância, emprego de pronomes, colocação pronominal, regência etc.) e aspectos semânticos (significação de palavras, alteração de sentido etc.).

Existem diversas maneiras de se parafrasear uma frase, por isso cada Banca Examinadora pode formular questões a partir de muitas formas. Nesse sentido, é essencial conhecer e dominar as variadas estruturas que uma sentença pode assumir quando ela é reescrita.

### 2.1 Substituição de Palavras ou de Trechos de Texto

No processo de reescrita, pode haver a substituição de palavras ou trechos. Ao se comparar o texto original e o que foi reestruturado, é necessário verificar se essa substituição mantém ou altera o sentido e a coerência do primeiro texto.

### 2.1.1 Locuções x palavras

Em muitos casos, há locuções (expressões formadas por mais de uma palavra) que podem ser substituídas por uma palavra, sem alterar o sentido e a correção gramatical. Isso é muito comum com verbos.

Exs.:
Os alunos têm buscado formação profissional.
(locução: têm buscado)
Os alunos buscam formação profissional.
(uma palavra: buscam)

Ambas as frases têm sentido atemporal, ou seja, expressam ações constantes, que não têm fim.

### 2.1.2 Significação das palavras

Ao avaliarmos a significação das palavras, devemos ficar atentos a alguns aspectos: sinônimos, antônimos, polissemia, homônimos e parônimos.

▷ **Sinônimos:** palavras que possuem significados próximos, mas não são totalmente equivalentes.

Exs.:
Casa: lar - moradia – residência
Carro: automóvel

Para verificar a validade da substituição, deve-se também ficar atento ao significado contextual. Por exemplo, na frase "As fronteiras entre o bem e o mal", não há menção a limites geográficos, pois a palavra "fronteira" está em sentido conotativo (figurado).

Além disso, nem toda substituição é coerente. Por exemplo, na frase "Eu comprei uma casa", fica incoerente reescrever "Eu comprei um lar".

Antônimos: palavras que possuem significados diferentes, opostos, contrários.

Exs.: Mal / Bem
Ausência / Presença
Subir / Descer
Cheio / Vazio
Possível / Impossível

Polissemia: ocorre quando uma palavra apresenta mais de um significado em diferentes contextos.

Exs.:
Banco (instituição comercial financeira; assento)
Manga (parte da roupa; fruta)

> **Fique ligado**
>
> A polissemia está relacionada ao significado contextual, ou seja, uma palavra tem um sentido específico apenas no contexto em que está inserida. Por exemplo: A eleição foi marcada por debates explosivos (ou seja: debates acalorados, e não com sentido de explodir algo).

▷ **Homônimos:** palavras com a mesma pronúncia (algumas vezes, a mesma grafia), mas com significados diferentes.

Exs.:
Acender: colocar fogo. Ascender: subir.
Concerto: sessão musical. Conserto: reparo.

▷ **Homônimos perfeitos:** palavras com a mesma grafia e o mesmo som.

Exs.:
Eu cedo este lugar você. (cedo = verbo)
Cheguei cedo para jantar. (cedo = advérbio de tempo)

Percebe-se que o significado depende do contexto em que a palavra aparece. Portanto, deve-se ficar atento à ortografia quando a questão é de reescrita.

▷ **Parônimos:** palavras que possuem significados diferentes, mas são muito parecidas na pronúncia e na escrita.

Exs.:
Absolver: perdoar, inocentar.
Absorver: aspirar.
Comprimento: extensão.
Cumprimento: saudação.

### 2.1.3 Conectores de mesmo valor semântico

Há palavras, principalmente as conjunções, que possuem valores semânticos específicos, os quais devem ser levados em conta no momento de fazer uma substituição.

Logo, pode-se reescrever um período, alterando-se a conjunção. Para tanto, é preciso que a outra conjunção tenha o mesmo valor semântico. Além disso, é importante verificar como ficam os tempos verbais após a substituição.

Exs.:
Embora fosse tarde, fomos visitá-lo. (conjunção subordinativa concessiva)
Apesar de ser tarde, fomos visitá-lo. (conjunção subordinativa concessiva)

No exemplo acima, o verbo também sofreu alteração.

Exs.:
Toque o sinal para que todos entrem na sala.
(conjunção subordinativa final)
Toque o sinal a fim de que todos entrem na sala.
(conjunção subordinativa final)

No exemplo acima, o verbo permaneceu da mesma maneira.

### 2.1.4 Paralelismo

Ocorre quando há uma sequência de expressões com estrutura idêntica.

▷ **Paralelismo sintático:** é possível quando a estrutura de termos coordenados entre si é idêntica. Nesse caso, entende-se que "termos

# REESCRITURA DE FRASES E PARÁGRAFOS DO TEXTO

coordenados entre si" são aqueles que desempenham a mesma função sintática em um período ou trecho.

| João comprou balas e biscoitos.

Perceba que "balas" e "biscoitos" têm a mesma função sintática (objeto direto). Além disso, ambas são expressões nominais. Assim, apresentam, na sentença, uma estrutura sintática idêntica.

| Os formandos estão pensando na carreira, isto é, no futuro.

Tanto "na carreira" quanto "no futuro" são complementos do verbo pensar. Ademais, as duas expressões são formadas por preposição e substantivo.

▷ **Paralelismo semântico:** estrutura-se pela coerência entre as informações.

| Lucélia gosta de maçã e de pera.

Percebe-se que há uma relação semântica entre maçã e pera, pois ambas são frutas.

| Lucélia gosta de livros de ação e de pizza.

Observa-se que os termos "livros de ação" e "pizza" não possuem sentidos semelhantes que garantam a sequência lógica esperada no período.

## 2.2 Retextualização de Diferentes Gêneros e Níveis de Formalidade

Na retextualização, pode-se alterar o nível de linguagem do texto, dependendo de qual é a finalidade da transformação proposta. Nesse caso, são possíveis as seguintes alterações: linguagem informal para a formal; tipos de discurso; vozes verbais; oração reduzida para desenvolvida; inversão sintática; dupla regência.

### 2.2.1 Linguagem formal x linguagem informal

Um texto pode estar escrito em linguagem coloquial (informal) ou formal (norma padrão). A proposta de reescrita pode mudar de uma linguagem para outra. Veja o exemplo:

| Exs.:
| Pra que serve a política? (informalidade)
| Para que serve a política? (formalidade)

> **Fique ligado**
>
> A oralidade geralmente é mais informal. Portanto, fique atento: a fala e a escrita são diferentes, ou seja, a escrita não reproduz a fala e vice-versa.

### 2.2.2 Tipos de discurso

Discurso está relacionado à construção de textos, tanto orais quanto escritos, portanto, ele é considerado uma prática social.

Em um texto, podem ser encontrados três tipos de discurso: o discurso direto, o indireto e o indireto livre.

▷ **Discurso direto:** são as falas das personagens. Esse discurso pode aparecer em forma de diálogos e citações, e vêm marcadas com alguma pontuação (travessão, dois pontos, aspas etc.). Ou seja, o discurso direto reproduz fielmente a fala de alguém.

| O médico disse à paciente:
| – Você precisa fazer exercícios físicos regularmente.

▷ **Discurso indireto:** é a reprodução da fala de alguém, a qual é feita pelo narrador. Normalmente, esse discurso é escrito em terceira pessoa.

| Exs.: O médico disse à paciente que ela precisava fazer exercícios regulamente.

▷ **Discurso indireto livre:** é a ocorrência do discurso direto e indireto ao mesmo tempo. Ou seja, o narrador conta a história, mas as personagens também têm voz própria.

No exemplo a seguir, há um discurso direto: "que raiva", que mostra a fala da personagem.

| "Retirou as asas e estraçalhou-a. Só tinham beleza. Entretanto, qualquer urubu... que raiva..." (Ana Maria Machado)

No trecho a seguir, há uma fala da personagem, mesclada com a narração: "Para que estar catando defeitos no próximo?".

| "D. Aurora sacudiu a cabeça e afastou o juízo temerário. Para que estar catando defeitos no próximo? Eram todos irmãos. Irmãos." (Graciliano Ramos)

Nas questões de reescrita que tratam da transposição de discursos, é mais frequente a substituição do direto pelo indireto. Nesse caso, deve-se ficar atento aos tempos verbais.

Exemplo de uma transposição de discurso direto para indireto:

| Ana perguntou:
| – Qual a resposta correta?
| Ana perguntou qual era a resposta correta.

### 2.2.3 Voz verbal

Um verbo pode apresentar-se na voz ativa, passiva ou reflexiva.

▷ **Ativa:** ocorre quando o sujeito é agente, ou seja, pratica a ação expressa pelo verbo.

| O aluno resolveu o exercício.

▷ **Passiva:** ocorre quando o sujeito é paciente, ou seja, recebe a ação expressa pelo verbo.

| O exercício foi resolvido pelo aluno.

▷ **Reflexiva:** ocorre quando o sujeito é agente e paciente ao mesmo tempo, ou seja, pratica e recebe a ação.

| Ex.: A criança feriu-se com a faca.

> **Fique ligado**
>
> Não confunda o emprego reflexivo do verbo com a reciprocidade.
> Por exemplo:
> Os lutadores de MMA feriram-se. (um ao outro)"

#### Formação da voz passiva

A voz passiva pode ocorrer de forma analítica ou sintética.

▷ **Voz passiva analítica:** verbo SER + particípio do verbo principal.

| Exs.: A academia de polícia será pintada.
| O relatório é feito por ele.

A variação de tempo é determinada pelo verbo auxiliar (SER), pois o particípio é invariável.

| Exs.: João fez a tarefa. (pretérito perfeito do indicativo)
| A tarefa foi feita por João. (pretérito perfeito do indicativo)
| João faz a tarefa. (presente do indicativo)
| A tarefa é feita por João. (presente do indicativo)
| João fará a tarefa. (futuro do presente)
| A tarefa será feita por João. (futuro do presente)

▷ **Voz passiva sintética:** verbo na 3ª pessoa, seguido do pronome apassivador SE.

| Abriram-se as inscrições para o concurso.

#### Transposição da voz ativa para a voz passiva

Pode-se mudar de uma voz para outra sem alterar o sentido da frase.

| Exs.: Os médicos brasileiros lançaram um tratamento para o câncer.
| Um tratamento para o câncer foi lançado pelos médicos brasileiros.

20

> **Fique ligado**
>
> Nas questões de concursos, costuma-se cobrar a transposição da voz ativa para a passiva, e da voz passiva sintética para a analítica.
>
> Exs.:
> A fiscalização exige o passaporte.
> O passaporte é exigido pela fiscalização.
> Exige-se comprovante de pagamento.
> É exigido comprovante de pagamento.

### 2.2.4 Oração reduzida x oração desenvolvida

As orações subordinadas podem ser reduzidas ou desenvolvidas. Não há mudança de sentido se houver a substituição de uma pela outra.

> Exs.: Ao terminar a aula, todos podem sair. (reduzida de infinitivo)
> Quando terminarem a prova, todos podem sair.(desenvolvida)
> Os vizinhos ouviram uma criança chorando na rua.(reduzida de gerúndio)
> Os vizinhos ouviram uma criança que chorava na rua. (desenvolvida)
> Terminada a reforma, a família mudou-se para a nova casa.(reduzida de particípio)
> Assim que terminou a reforma, a família mudou-se para a nova casa.(desenvolvida)

### 2.2.5 Inversão sintática

Um período pode ser escrito na ordem direta ou indireta. Nesse caso, quando ocorre a inversão sintática, a correção gramatical é mantida. Apenas é necessário ficar atento ao sentido do período.

Ordem direta: sujeito – verbo – complementos/adjuntos adverbiais.

> Exs.: Os documentos foram levados para o gerente. (direta)
> Foram levados os documentos para o gerente. (indireta)

> **Fique ligado**
>
> Curiosidade: o Hino Nacional brasileiro é escrito em ordem indireta.
> "Ouviram do Ipiranga as margens plácidas
> De um povo heroico o brado retumbante."
> As margens plácidas do Ipiranga ouviram o brado retumbante de um povo heroico.

### 2.2.6 Dupla regência

Há verbos que exigem a presença da preposição e outros não. Deve-se ficar atento ao fato de que a regência pode influenciar no significado de um verbo.

▷ **Verbos transitivos diretos ou indiretos: sem alterar o sentido, alguns verbos admitem duas construções:** uma transitiva direta e outra indireta. Portanto, a ocorrência ou não da preposição mantém um trecho com o mesmo sentido.

Almejar: Exs.: Almejamos a paz entre os países que estão em guerra. / Almejamos pela paz entre os países que estão em guerra.

Atender: Exs.: O gerente atendeu os meus pedidos. / O gerente atendeu aos meus pedidos.

Necessitar: Exs.: Necessitamos algumas horas para organizar o evento. / Necessitamos de algumas horas para organizar o evento.

#### Transitividade e mudança de significado

Existem alguns verbos que, conforme a mudança de transitividade, têm o sentido alterado.

Aspirar: é transitivo direto no sentido de sorver, inspirar (o ar), inalar.

> Ex.: Aspirava o suave perfume. (Aspirava-o.)

Aspirar é transitivo indireto no sentido de desejar, ter como ambição.

> Aspirávamos ao cargo de diretor.

# 3 ESTRUTURA E FORMAÇÃO DE PALAVRAS

## 3.1 Estrutura das Palavras

### 3.1.1 Radical

O radical é o elemento básico e significativo das palavras.

| **cert**-o
| **cert**-eza
| in-**cert**-eza

### 3.1.2 Afixos

Afixos são elementos secundários (geralmente sem vida autônoma) que se agregam a um radical para formar palavras derivadas.

Quando são colocados antes do radical, os afixos recebem o nome de prefixos.

| **ina**tivo (prefixo)

Quando surgem depois do radical, os afixos são chamados de sufixos.

| igual**mente** (sufixo)

#### Prefixos de origem grega

a-, an-: Afastamento, privação, negação, insuficiência, carência.
Ex.: anônimo, amoral, ateu, afônico

ana- : Inversão, mudança, repetição.
Ex.: analogia, análise, anagrama, anacrônico

anfi- : Em redor, em torno, de um e outro lado, duplicidade.
Ex.: anfiteatro, anfíbio, anfibologia

anti- : Oposição, ação contrária.
Ex.: antídoto, antipatia, antagonista, antítese

apo- : Afastamento, separação.
Ex.: apoteose, apóstolo, apocalipse, apologia

arqui-, arce- : Superioridade hierárquica, primazia, excesso.
Ex.: arquiduque, arquétipo, arcebispo, arquimilionário

cata- : Movimento de cima para baixo.
Ex.: cataplasma, catálogo, catarata

di-: Duplicidade.
Ex.: dissílabo, ditongo, dilema

dia- : Movimento através de, afastamento.
Ex.: diálogo, diagonal, diafragma, diagrama

dis- : Dificuldade, privação.
Ex.: dispneia, disenteria, dispepsia, disfasia

ec-, ex-, exo-, ecto- : Movimento para fora.
Ex.: eclipse, êxodo, ectoderma, exorcismo

en-, em-, e-: Posição interior, movimento para dentro.
Ex.: encéfalo, embrião, elipse, entusiasmo

endo- : Movimento para dentro.
Ex.: endovenoso, endocarpo, endosmose

epi- : Posição superior, movimento para.
Ex.: epiderme, epílogo, epidemia, epitáfio

eu- : Excelência, perfeição, bondade.
Ex.: eufemismo, euforia, eucaristia, eufonia

hemi- : Metade, meio.
Ex.: hemisfério, hemistíquio, hemiplégico

hiper- : Posição superior, excesso.
Ex.: hipertensão, hipérbole, hipertrofia

hipo- : Posição inferior, escassez.
Ex.: hipocrisia, hipótese, hipodérmico

meta- : Mudança, sucessão.
Ex.: metamorfose, metáfora, metacarpo

para- : Proximidade, semelhança, intensidade.
Ex.: paralelo, parasita, paradoxo, paradigma

peri- : Movimento ou posição em torno de.
Ex.: periferia, peripécia, período, periscópio

pro- : Posição em frente, anterioridade.
Ex.: prólogo, prognóstico, profeta, programa

pros- : Adjunção, em adição a.
Ex.: prosélito, prosódia

proto- : Início, começo, anterioridade.
Ex.: proto-história, protótipo, protomártir

poli- : Multiplicidade.
Ex.: polissílabo, polissíndeto, politeísmo

sin-, sim- : Simultaneidade, companhia.
Ex.: síntese, sinfonia, simpatia, sinopse

tele- : Distância, afastamento.
Ex.: elevisão, telepatia, telégrafo

#### Prefixos de origem latina

a-, ab-, abs- : Afastamento, separação.
Ex.: aversão, abuso, abstinência, abstração

a-, ad- : Aproximação, movimento para junto.
Ex.: adjunto, advogado, advir, aposto

ante- : Anterioridade, procedência.
Ex.: antebraço, antessala, anteontem, antever

ambi- : Duplicidade.
Ex.: ambidestro, ambiente, ambiguidade, ambivalente

ben(e)-, bem- : Bem, excelência de fato ou ação.
Ex.: benefício, bendito

bis-, bi-: Repetição, duas vezes.
Ex.: bisneto, bimestral, bisavô, biscoito

circu(m) - : Movimento em torno.
Ex.: circunferência, circunscrito, circulação

cis- : Posição aquém.
Ex.: cisalpino, cisplatino, cisandino

co-, con-, com- : Companhia, concomitância.
Ex.: colégio, cooperativa, condutor

contra- : Oposição.
Ex.: contrapeso, contrapor, contradizer

de- : Movimento de cima para baixo, separação, negação.
Ex.: decapitar, decair, depor

de(s)-, di(s)- : Negação, ação contrária, separação.
Ex.: desventura, discórdia, discussão

e-, es-, ex- : Movimento para fora.
Ex.: excêntrico, evasão, exportação, expelir

en-, em-, in- : Movimento para dentro, passagem para um estado ou forma, revestimento.
Ex.: imergir, enterrar, embeber, injetar, importar

extra- : Posição exterior, excesso.

Ex.: extradição, extraordinário, extraviar
i-, in-, im- : Sentido contrário, privação, negação.
Ex.: ilegal, impossível, improdutivo
inter-, entre- : Posição intermediária.
Ex.: internacional, interplanetário
intra- : Posição interior.
Ex.: intramuscular, intravenoso, intraverbal
intro- : Movimento para dentro.
Ex.: introduzir, introvertido, introspectivo
justa- : Posição ao lado.
Ex.: justapor, justalinear
ob-, o- : Posição em frente, oposição.
Ex.: obstruir, ofuscar, ocupar, obstáculo
per- : Movimento através.
Ex.: percorrer, perplexo, perfurar, perverter
pos- : Posterioridade.
Ex.: pospor, posterior, pós-graduado
pre- : Anterioridade .
Ex.: prefácio, prever, prefixo, preliminar
pro- : Movimento para frente.
Ex.: progresso, promover, prosseguir, projeção
re- : Repetição, reciprocidade.
Ex.: rever, reduzir, rebater, reatar
retro- : Movimento para trás.
Ex.: retrospectiva, retrocesso, retroagir, retrógrado
so-, sob-, sub-, su- : Movimento de baixo para cima, inferioridade.
Ex.: soterrar, sobpor, subestimar
super-, supra-, sobre- : Posição superior, excesso.
Ex.: supercílio, supérfluo
soto-, sota- : Posição inferior.
Ex.: soto-mestre, sota-voga, soto-pôr
trans-, tras-, tres-, tra- : Movimento para além, movimento através.
Ex.: transatlântico, tresnoitar, tradição
ultra- : Posição além do limite, excesso.
Ex.: ultrapassar, ultrarromantismo, ultrassom, ultraleve, ultravioleta
vice-, vis- : Em lugar de.
Ex.: vice-presidente, visconde, vice-almirante

### 3.1.3 Desinências

Desinências são os elementos terminais indicativos das flexões das palavras.

Existem dois tipos:

**Desinências nominais:** flexões de gênero (masculino e feminino) e de número (singular e plural).

| Ex.: aluno/alunos/aluna/alunas

Em palavras como mesa, tribo, por exemplo, não temos desinência nominal de gênero. Já em pires, lápis, ônibus não temos desinência nominal de número.

**Desinências verbais:** indicam as flexões de número e pessoa e de modo e tempo dos verbos.

| Ex.: escolho (indica 1ª pessoa do singular/modo indicativo/tempo: presente)

### 3.1.4 Vogal temática

Vogal temática é a vogal que se junta ao radical, preparando-o para receber as desinências.

Nos verbos, distinguem-se três vogais temáticas:
A: Caracteriza os verbos da 1ª conjugação: buscar, buscavas etc.
E: Caracteriza os verbos da 2ª conjugação: bater, batemos etc.
I: Caracteriza os verbos da 3ª conjugação: permitir, permitirá etc.

## 3.2 Processos de Formação de Palavras

### 3.2.1 Derivação

Processo pelo qual novas palavras são formadas a partir de uma palavra, denominada *primitiva*, pelo acréscimo de novos elementos que modificam ou alteram o sentido primitivo. As novas palavras, assim formadas, são chamadas *derivadas*.

Os processos de derivação podem ocorrer de diversas maneiras:

**Derivação prefixal:** ocorre quando há o acréscimo de um **prefixo** ao radical.

| contrapor:     contra + por
| prefixo          radical

**Derivação sufixal:** ocorre quando há o acréscimo de um **sufixo** ao radical.

| felizmente:     feliz + mente
| radical           sufixo

**Derivação prefixal e sufixal:** ocorre quando há o acréscimo simultâneo de um **sufixo** e um **prefixo** ao radical.

| infelizmente:     in + feliz + mente
| prefixo          radical     sufixo

**Derivação Parassintética:** ocorre quando há o acréscimo simultâneo de um **sufixo** e um **prefixo** ao radical, de forma que a palavra não exista só com o prefixo ou só com o sufixo:

| empobrecer:     em + pobre + cer
| prefixo       radical   sufixo

Note que a palavra infelizmente, formada por prefixo e sufixo, pode ser formada somente com prefixo ou somente com sufixo. Essa possibilidade não existe no caso de empobrecer. Essa é a diferença entre derivação parassintética e prefixal e sufixal.

**Derivação regressiva:** ocorre quando há a eliminação de sufixos ou desinências. Na maioria das vezes, são substantivos formados a partir de verbos.

| Ex.: *consumir – consumo*

**Derivação imprópria:** ocorre quando há mudança na classe gramatical.

Temos que fechar bem os armários, pois nessa época aparecem ***baratas***.
substantivo

Compramos várias coisas, pois achamos que estavam muito ***baratas***.
adjetivo

A sala estava cheia de ***crianças***.
substantivo

Apesar de adulto, ele ainda é muito ***criança***.
substantivo adjetivado

Uma palavra pode exercer diferentes funções em uma oração. Por isso, é importante observar o sentido do que ela representa para identificar a classe gramatical.

| Eu amo meu **trabalho**!
| Eu **trabalho** muito!

### 3.2.2 Composição

Processo pelo qual novas palavras são formadas através da união de dois radicais. A composição pode ser por aglutinação ou justaposição.

**Composição por justaposição:** quando não há alteração fonética nos radicais.

## ESTRUTURA E FORMAÇÃO DE PALAVRAS

Exs.:
*Pontapé: ponta + pé*
*Pé-de-meia: pé + de + meia*

**Composição por aglutinação:** quando há alteração fonética nos radicais.

*Planalto: plano + alto*
*Fidalgo: filho + de + algo*

### 3.2.3 Hibridismo

As palavras formadas por elementos provenientes de diferentes línguas são denominadas hibridismos.

Exs.:
*Bis + avô: bisavô*
Radical latino
*Crono + metro: cronômetro*
Radical grego

### 3.2.4 Onomatopeia

São as palavras que imitam sons.

Exs.:
*Tique-taque*
*Reco-reco*
*Pingue-pongue*

# LÍNGUA PORTUGUESA

## 4 MORFOLOGIA - SUBSTANTIVO E ADJETIVO

### 4.1 Substantivo

Todos os seres recebem nomes, e este nome é a classe gramatical chamada substantivo. Os substantivos nomeiam os seres: pessoas, objetos, fenômenos, sentimentos, qualidades, lugares ou ações. Observe os exemplos:

Exs.:
O carro está estacionado na rua.
          objeto        lugar
Estava cansada da corrida.
      ação
A sinceridade é uma virtude desejável nos amigos.
  qualidade
A chuva nos obrigou a cancelar, com tristeza, a festa na piscina.
fenômeno                            estado

Os substantivos são classificados em:

### 4.1.1 Comum

São os substantivos que indicam nomes comuns, como os que aparecem no início deste capítulo: carro, rua, chuva. Não indicam nada específico.

### 4.1.2 Próprio

São os substantivos que individualizam os seres. Nesta classe estão os nomes próprios:

Maria Clara
Porto Alegre
Pernambuco
Japão

Classificam-se, aqui, os nomes próprios de:

Pessoas
Cidades
Estados
Países
Rios
Ruas

> **Fique ligado**
> Os substantivos próprios se diferem dos comuns porque devem ser escritos com a inicial maiúscula.

### 4.1.3 Concreto

São os substantivos que indicam seres (reais ou imaginários) cuja existência é independente de outros seres.
Ex.: Casa, Brasil, cama, fada.

### 4.1.4 Abstrato

São os substantivos que indicam seres (reais ou imaginários) cuja existência depende de outros seres.
Exs.: Banho: Alguém toma banho.
Cansaço: Alguém fica cansado.
Felicidade: Alguém fica feliz.

Portanto, são abstratos os substantivos que indicam sentimentos, ações, estados e qualidades.

> **Fique ligado**
> Tradicionalmente, estuda-se a noção de substantivo concreto ou abstrato considerando abstratos os substantivos que indicassem seres invisíveis, como os sentimentos. Porém, é preciso atentar-se ao fato de que os fenômenos da natureza, como vento e calor, embora não sejam palpáveis, tem existência independente e, por isso, são substantivos concretos.

### 4.1.5 Coletivo

São substantivos comuns que, apesar de estarem no singular, indicam mais de um ser da mesma espécie.
Exs.: Enxame: grupo de insetos.
Manada: grupo de búfalos, elefantes ou cavalos.
Século: período de cem anos.

### Relação de alguns substantivos coletivos

Acervo: bens patrimoniais, obras de arte;

Alavão: ovelhas leiteiras;

Álbum: fotografias, selos;

Alcateia: lobos, feras;

Antologia: reunião de textos literários;

Armada: navios de guerra;

Arquipélago: ilhas;

Arsenal: armas;

Assembleia: parlamentares, membros de associações;

Atilho: espigas;

Atlas: mapas reunidos em livros;

Bagagem: objetos de viagem;

Baixela: utensílios de mesa;

Bandeira: garimpeiros, exploradores de minérios;

Banca: examinadores, advogados;

Banda: músicos;

Bandeira: exploradores;

Bando: aves, ciganos, crianças, salteadores;

Batalhão: soldados,

Bateria: peças de guerra ou de cozinha; instrumentos de percussão;

Biblioteca: livros;

Boiada: bois;

Boana: peixes miúdos;

Cabido: cônegos (conselheiros de bispo);

Cacho: bananas, uvas, cabelos;

Cáfila: camelos;

Cainçalha: cães;

Cambada: caranguejos, malandros, chaves;

Cancioneiro: canções, de poesias líricas;

Canzoada: cães;

Caravana: viajantes, peregrinos, estudantes;

Cardume: peixes;

Casario: casas;

Caterva: desordeiros, vadios;

Choldra: assassinos, malfeitores, canalhas;

Chusma: populares, marinheiros, criados;

Cinemateca: filmes;

Claque: pessoas pagas para aplaudir;

Clero: a classe dos clérigos (padres, bispos, cardeais...);

25

## MORFOLOGIA - SUBSTANTIVO E ADJETIVO

Clientela: clientes de médicos, de advogados;
Código: leis;
Conciliábulo: feiticeiros, conspiradores;
Concílio: bispos em assembleia;
Conclave: cardeais para a eleição do Papa;
Colmeia: cortiço de abelhas;
Confraria: pessoas religiosas;
Congregação: professores, religiosos;
Conselho: vereadores, diretores, juízes, militares;
Consistório: cardeais, sob a presidência do Papa;
Constelação: estrelas;
Corja: vadios, tratantes, velhacos, ladrões;
Coro: anjos, cantores;
Corpo: jurados, eleitores, alunos;
Correição: formigas;
Cortiço: abelhas, casas velhas;
Elenco: atores, artistas;
Enxame: abelhas, insetos;
Enxoval: roupas e adornos;
Esquadra: navios de guerra;
Esquadrilha: aviões;
Falange: soldados, anjos;
Fato: cabras;
Fauna: animais de uma região;
Feixe: lenha, capim, varas;
Filmoteca: filmes;
Fornada: pães, tijolos;
Frota: navios mercantes, ônibus;
Galeria: quadros, estátuas;
Girândola: foguetes, fogos de artifício;
Grei: gado miúdo, paroquianos, políticos;
Hemeroteca: jornais, revistas;
Hostes: inimigos, soldados;
Irmandade: membros de associações religiosas ou beneficentes;
Junta: médicos, credores, examinadores;
Júri: jurados;
Legião: anjos, soldados, demônios;
Magote: pessoas, coisas;
Malta: desordeiros, ladrões, bandidos, capoeiras;
Mapoteca: mapas;
Matilha: cães de caça;
Matula: desordeiros, vagabundos, vadios;
Magote: pessoas, coisas;
Manada: bois, búfalos, elefantes, porcos;
Maquinaria: máquinas;
Miríade: astros, insetos, anjos;
Molho: chaves, verdura, capim;
Multidão: pessoas;
Ninhada: pintos;
Nuvem: gafanhotos, mosquitos, poeira;
Panapaná: borboletas em bando migratório;
Pelotão: soldados;
Penca: bananas, chaves, frutos;

Pente: balas de arma automática;
Pinacoteca: quadros, telas;
Piquete: soldados montados, grevistas;
Plantel: atletas, animais de raça;
Plateia: espectadores;
Plêiade: poetas, artistas;
Pomar: árvores frutíferas;
Prole: filhos de um casal;
Quadrilha: ladrões, bandidos, assaltantes;
Ramalhete: flores;
Rancho: pessoas em passeio ou jornada, romeiros;
Récua: cavalgaduras (bestas de carga);
Rebanho: ovelhas, carneiros, cabras, reses;
Renque: árvores, pessoas ou coisas enfileiradas;
Repertório: peças teatrais ou musicais interpretadas por artistas;
Resma: quinhentas folhas de papel;
Réstia: cebolas, alhos;
Revoada: aves voando;
Ronda: grupo de soldados que percorre as ruas garantindo a ordem;
Rol: lista, relação (de pessoas ou coisas);
Ror: grande quantidade de coisas;
Roda: pessoas, amigos;
Romanceiro: conjunto de poesias narrativas;
Súcia: pessoas desonestas, velhacos, patifes;
Sínodo: párocos (sacerdotes, vigários);
Tertúlia: amigos, intelectuais em reunião;
Talha: lenha;
Tríade: conjunto de três pessoas ou três coisas;
Tríduo: período de três dias;
Tripulação: aeroviários, marinheiros;
Tropilha: cavalos;
Tropa: muares;
Trouxa: roupas;
Turma: estudantes, trabalhadores;
Vara: porcos;
Vocabulário: palavras.

### 4.2 Flexão do Substantivo

O substantivo é uma classe variável. Ou seja: os nomes sofrem alterações (variações) para indicar gênero, número e grau.

| gato (substantivo masculino)
| gata (mudança de gênero: feminino)
| gatinha (mudança de grau: diminutivo)
| gatão (mudança de grau: aumentativo)

A alteração do substantivo para formar o feminino não ocorre em todos os casos e nem sempre da mesma maneira. Acontecerá nos substantivos biformes, que são os que apresentam uma forma para o masculino e outra para o feminino.

#### 4.2.1 Formação do feminino

Nos substantivos biformes, alguns casos, por indicarem nomes de seres vivos, geralmente indicam o sexo ao qual pertence o ser, apresentando uma forma para o masculino e outra para o feminino.

| Exs.: menino – menina
|        leão – leoa

O feminino pode ser formado de diferentes formas:
- **Alterando a terminação o por a:**
  | aluno – aluna.
- **Alterando a terminação e por a:**
  | mestre – mestra.
- **Acrescentando a no final da palavra:**
  | português – portuguesa.
- **Alterando a terminação ão por ã, oa ou ona:**
  Exs.: aldeão – aldeã;
  varão – varoa;
  comilão – comilona.
- **Acrescentando esa, essa, isa, ina ou triz:**
  Exs.: barão – baronesa;
  ator – atriz.

Em alguns casos, o feminino é indicado com uma palavra diferente:
  Exs.: homem – mulher;
  carneiro – ovelha.

## 4.2.2 Substantivos uniformes

Em alguns casos, há apenas um substantivo para indicar tanto o sexo feminino quanto o masculino. Esses substantivos classificam-se em:

### Epicenos

São os substantivos uniformes que indicam nomes de animais e para especificar o sexo, utiliza-se macho ou fêmea.
  Exs.: a girafa fêmea;
  a girafa macho.

### Sobrecomuns

São substantivos uniformes que indicam tanto masculino quanto feminino. A identificação do sexo correspondente se dará através do contexto.

O indivíduo (homem ou mulher).

Criança de oito anos comove público ao competir em triatlo carregando irmão deficiente.

Comovente a atitude de Noah Aldrich, de 8 anos, que não queria participar sozinho de uma competição de triatlo infantil nos Estados Unidos e resolveu levar o irmão caçula, Lucas, de 6 anos, com ele. Porém, Lucas sofre de deficiência cerebral, que o impede de andar ou falar. Noah se preparou durante três meses para as provas de natação, corrida e ciclismo e usou um carrinho, uma bicicleta e um pequeno bote adaptado para que Lucas pudesse acompanhá-lo.

Fonte: http://amazonrunners1.blogspot.com.br/2014/07/menino-de-oito-anos-comove-publico-ao.html (adaptado)

### Comuns de dois gêneros

São substantivos que utilizam a mesma forma para indicar tanto o masculino quanto o feminino. A diferença, nesse caso, é o artigo, que será variável para indicar o sexo:
  Exs.:
  O colega;
  A colega;
  O chefe;
  A chefe.

### Mudança de gênero com mudança de sentido

Em alguns casos, a mudança de gênero implicará na mudança de sentido do substantivo.

Exs.:
O moral: ânimo;
A moral: caráter;
O capital: valores (bens ou dinheiro);
A capital: cidade;
O cabeça: líder;
A cabeça: parte do corpo;
O grama: unidade de medida de peso;
A grama: planta rasteira;
O rádio: aparelho sonoro;
A rádio: estação;

## 4.3 Adjetivo

A palavra que caracteriza o substantivo é chamada adjetivo. Estas características, denominadas qualidades, podem ser positivas ou negativas.

### 4.3.1 Formação do adjetivo

O adjetivo, assim como o substantivo, pode ser formado de diversas maneiras. Ele pode ser:

#### Primitivo

Quando não é derivado de nenhuma outra palavra:
  Ex.: A menina era tão bonita!

#### Derivado

Quando deriva de outras palavras, como verbos ou substantivos:
  Ex.: Rancorosa, a avó não quis atender o neto.
  (derivado do substantivo rancor)

#### Simples

Assim como ocorre no substantivo, o adjetivo simples é aquele formado por apenas um radical:
  Ex.: As ruas da cidade estão agitadas.

#### Composto

Assim como ocorre no substantivo, o adjetivo composto é aquele formado por mais de um radical:
  Ex.: A Literatura afro-brasileira vem ganhando destaque.

> **Fique ligado**
>
> O adjetivo não aparece sozinho na oração, sem um substantivo que o complemente. Quando isso acontecer, ele assumirá a função de substantivo. Observe:
> Exs.: O professor carioca se adaptou bem ao Norte.
> O carioca se adaptou bem ao Norte.
> No primeiro enunciado, o termo carioca expressa uma característica ao substantivo professor. No segundo caso, não há substantivo, e o termo carioca assume a função de substantivo, sendo precedido por um artigo.

# 5 MORFOLOGIA - ARTIGO, INTERJEIÇÃO E NUMERAL

## 5.1 Artigo

Observe a oração a seguir:

| Uma ligação mudou meu dia: era o médico de minha mãe, dizendo que eu podia buscá-la.

O artigo é um nome que acompanha o substantivo, definindo-o. Observe que no primeiro caso destacado, o artigo indefine o substantivo, mostrando que é uma ligação como qualquer outra, nada específico. Já no segundo caso temos um artigo definido, especificando a pessoa: não era um médico indeterminado, mas o médico específico.

Observa-se, portanto, que o artigo classifica-se em definido ou indefinido.

Artigo definido: utilizado para especificar o substantivo - o, a, os, as.

| **Ex.:** A encomenda chegou.

Artigo indefinido: utilizado para apresentar o substantivo como algo não específico, como parte de um grupo, e não um ser determinado.

| Encontrei uma vizinha na festa.

### Combinações e Contrações dos Artigos

| Preposições | Artigos | | | |
|---|---|---|---|---|
| | o, os | a, as | um, uns | uma, umas |
| a | ao, aos | à, às | - | - |
| de | do, dos | da, das | dum, duns | duma, dumas |
| em | no, nos | na, nas | num, nuns | numa, numas |
| por (per) | pelo, pelos | pela, pelas | - | - |

## 5.2 Interjeição

Observe o exemplo a seguir:

| **Ex.:** Cuidado! O piso está molhado.

Algumas palavras são utilizadas para expressar advertência, surpresa, alegria etc. Essas palavras são classificadas como interjeições. Geralmente, aparecem sozinhas na frase, podendo ser seguidas ou não por ponto de exclamação:

| **Exs.:** Parabéns! O trabalho ficou lindo!
| Adeus, meninas, foi um prazer conhecê-las.
| Aleluia! Meu projeto ficou pronto!
| Puxa! A festa foi maravilhosa!

### 5.2.1 Locução interjetiva

Em alguns casos, a interjeição poderá ser formada por mais de uma palavra:

| **Exs.:** Meu Deus! Você viu essa notícia?
| Que pena, não conseguirei chegar a tempo.

| Advertência | Calma! Olha! Cuidado! Atenção! |
|---|---|
| Agradecimento | Obrigado! |
| Alegria | Oh! Oba! Viva! |
| Alívio | Ufa! |
| Animação | Força! Coragem! Firme! |
| Apelo | Psiu! Hei! Socorro! |
| Aplauso | Parabéns! Ótimo! Viva! Bis! |
| Concordância | Pois não! Claro! tá! |
| Desejo | Tomara! Oxalá! |
| Dor | Ai! Ui! Que pena! |
| Admiração | Opa! Puxa! |
| Pena | Coitado! |
| Satisfação | Boa! Oba! Opa! Upa! |
| Saudação | Olá! Salve! Adeus! Viva! Alô! |
| Silêncio | Calada! Silêncio! Psiu! |
| Susto | Valha-me, Deus! Nossa! |
| Medo | Credo! Cruzes! Ui! |

## 5.3 Numeral

Outra classe de palavras que se relaciona com o substantivo é o numeral. Observe as orações a seguir:

| **Exs.:** Comprei maçãs hoje cedo.
| Comprei quatro maçãs hoje cedo.

O numeral especifica o substantivo dando a ideia de quantidade, ordem, multiplicação ou fração. Observe os exemplos:

| **Exs.:** Encontrei dois amigos do tempo da faculdade.
            (quantidade)
| Ele foi classificado em segundo lugar na prova.
            (ordem)
| O preço daqui é quase o dobro do que era no ano passado.
            (multiplicação)
| Metade das contas foi paga com atraso.
| (fração)

De acordo com a ideia expressa pelo numeral é que se fará sua classificação. O numeral pode ser:

### 5.3.1 Cardinal

Quando expressa a ideia de quantidade: um, oito, trinta.

### 5.3.2 Ordinal

Quando expressa a ideia de ordem: primeiro, décimo, milésimo

### 5.3.3 Multiplicativo

Quando expressa a ideia de multiplicação: dobro, triplo, quádruplo.

### 5.3.4 Fracionário

Quando expressa a ideia de fração: terço, sexto, oitavo.

# 6 MORFOLOGIA - ADVÉRBIO, CONJUNÇÃO E PREPOSIÇÃO

## 6.1 Advérbio

Observe os exemplos a seguir:

| Pegamos nossas coisas rapidamente.

Modo

| Corremos muito naquele dia.

Tempo

| A menina caiu na escada.

Lugar

O advérbio indica ou modifica a ação expressa pelo verbo. Pode indicar:

| Tempo | Ontem, hoje, agora, já, sempre etc. |
|---|---|
| Lugar | Aqui, lá, perto, longe etc. |
| Modo | Rapidamente, tranquilamente (a maioria dos advérbios de modo terminará em –mente). |
| Intensidade | Muito, pouco, tão, tanto etc. |
| Afirmação | Sim, certamente etc. |
| Negação | Não, tampouco etc. |
| Dúvida | Talvez, porventura, possivelmente etc. |

### 6.1.1 Locução adverbial

| Os netos foram almoçar apressadamente.

Advérbio de modo

| Os netos foram almoçar com pressa.

Locução adverbial

Considera-se locução adverbial o conjunto de duas ou mais palavras que formam o advérbio, como no caso acima, em que "com pressa" é o advérbio de modo.

**Exs.:** O casal se animou com o passeio a cavalo.

A entrevista foi feita ao vivo.

Os filhos almoçam com ele de vez em quando.

### 6.1.2 Adjetivos adverbializados

Observe a afirmação a seguir, que faz parte de uma crônica de Luis Fernando Veríssimo:

"A sintaxe é uma questão de uso, não de princípios. Escrever bem é escrever claro, não necessariamente certo. Por exemplo: dizer "escrever claro" não é certo mas é claro, certo?"

Escrever claro = escrever claramente.

Escrever certo = escrever corretamente.

Os adjetivos adverbializados são adjetivos empregados no lugar do advérbio. Normalmente isso ocorre na linguagem coloquial.

## 6.2 Conjunção

Conjunção é o elemento que liga duas orações ou dois termos em uma mesma oração.

| Ela é uma menina doce, mas quando precisa, vira uma fera.
| As aulas vão começar logo que o professor chegar.

Ela pode ser:

Coordenativa: Quando liga duas orações independentes:

| Ex.: Vendeu tudo e mudou de cidade.

Subordinativa: Quando liga duas orações dependentes:

| Ex.: Soube que a empresa vai fechar.

### 6.2.1 Classificação das conjunções

Coordenativas

Aditivas: E, nem, mas também, como também, bem como, mas ainda.

Adversativas: Mas, porém, todavia, contudo, pelo contrário, não obstante, apesar de.

Alternativas: Ou...ou, ora.... ora, quer.... quer.

Explicativas: Pois (antes do verbo), porque, que, porquanto.

Conclusivas: Pois (depois do verbo), logo, portanto, por conseguinte, por isso.

Subordinativas

Temporais

Quando, enquanto, logo que, desde que, assim que, até que.

Mal será conjunção subordinativa temporal quando equivaler a logo que:

| Mal cheguei e já me cobraram o projeto.

Causais: Porque, visto que, já que, uma vez que, como, desde que.

Condicionais: Se, caso, contanto que, desde que, salvo se.

Proporcionais: À medida que, à proporção que, ao passo que.

Finais: fim de que, para que.

Consecutivas: De modo que, de maneira que, de sorte que, que, para que.

Concessivas: Embora, conquanto, se bem que, ainda que, mesmo que.

Comparativas: Como, tal qual, assim como, tanto quanto.

Conformativas: Conforme, segundo, como.

Integrantes:

Que, se.

As conjunções integrantes introduzem orações substantivas (que equivalem a substantivos):

| Ex.: Não sei se ele virá (não sei da sua vinda).

## 6.3 Preposição

Observe o exemplo a seguir:

| Exs.: Gosto muito das músicas de Chico Buarque;
| Chegou da viagem com febre.

As palavras em destaque estabelecem uma relação entre outros termos. Elas são chamadas de preposição. São elas:

A, ante, após, até, com, contra, de, desde, em, entre, para, pelo, perante, por, sem, sobre, sob, trás.

Algumas palavras pertencentes a outras classes gramaticais podem, eventualmente, aparecer como preposição em alguns casos. Por exemplo: salvo, fora, durante, segundo etc.

---

**Fique ligado**

As preposições podem ser:

- **Essenciais:** quando são sempre preposição. São as palavras listadas acima;
- **Acidentais:** quando não são preposições essenciais mas em alguns casos exercem a função de preposição;
- **Puras:** quando não há junção com artigo;
- **Contrações:** quando aparecem junto com o artigo. Por exemplo: de+a, per+o etc.

## MORFOLOGIA - ADVÉRBIO, CONJUNÇÃO E PREPOSIÇÃO

| Relação estabelecida pela preposição ||
|---|---|
| Assunto | Conversamos **sobre** a viagem. |
| Autoria | Apaixonei-me por um quadro **de** Picasso. |
| Causa | Foi preso **por** roubar dinheiro público. |
| Companhia | Fui jantar com meu marido. |
| Conteúdo | Traga, por favor, um copo **de** (com) água. |
| Destino | Vou **para** casa mais cedo. |
| Distância | A casa fica **a** duas quadras da praça. |
| Finalidade | Eles vieram **para** a palestra. |
| Instrumento | Ele abriu a embalagem **com** uma faca. |
| Limite | As meninas correram **até** a casa da tia. |
| Lugar | Gostava de ficar **em** casa.<br>As coisas estão **sobre** a mesa. |
| Matéria | Comprei um brinco **de** ouro. |
| Meio | Tivemos que fazer a viagem **de** ônibus. |
| Modo | As coisas foram resolvidas **com** tranquilidade. |
| Oposição | O movimento do bar aumenta nos dias de jogos do Brasil **contra** a Argentina. |
| Origem | Eles vieram **do** interior. |
| Posse | Gostei da camiseta **de** Raul. |
| Preço | Estava feliz com meu livro **de** dez reais.<br>Vendia as tortas **por** vinte reais. |
| Tempo | Tivemos que sair **após** a discussão.<br>Chegaremos **em** uma hora. |

**LÍNGUA PORTUGUESA**

# 7 MORFOLOGIA - PRONOME, PALAVRAS "QUE" E "SE"

## 7.1 Pronome

Observe o trecho a seguir:

> O bebê de Daniela nasceu perfeito. O bebê de Daniela tem olhos azuis. As mãos do bebê de Daniela são fortes, e os cabelos do bebê de Daniela são claros.

Para que não haja esta repetição desagradável durante a comunicação, utilizamos os pronomes:

> O bebê de Daniela nasceu perfeito. Ele tem olhos azuis, suas mãos são fortes e seus cabelos são claros.

Os pronomes são palavras que substituem ou acompanham os substantivos. Eles podem indicar qualquer uma das três pessoas do discurso:

1ª pessoa: quem fala;
2ª pessoa: com quem se fala;
3ª pessoa: de quem se fala.

### 7.1.1 Classificação dos pronomes

**Pronomes pessoais**

| Pessoa do discurso | Retos | Oblíquos |
|---|---|---|
| 1ª pessoa do singular | Eu | Me, mim, comigo |
| 2ª pessoa do singular | Tu | Te, ti, contigo |
| 3ª pessoa do singular | Ele/Ela | O, a, lhe, se, si, consigo |
| 1ª pessoa do plural | Nós | Nos, conosco |
| 2ª pessoa do plural | Vós | Vos, convosco |
| 3ª pessoa do plural | Eles/Elas | Os, as, lhes, se, si, consigo |

Os pronomes pessoais funcionam como sujeito da oração.

> Ex.: Eu estava cansada ontem.

Os pronomes oblíquos funcionam como complementos.

> Ex.: Eu lhe escrevi uma carta.

**Fique ligado**

Observe que o verbo escrever é transitivo direto e indireto: quem escreve, escreve algo a alguém. O objeto direto, o que se escreveu, é "uma carta", e o objeto indireto, a quem se escreveu, é o pronome oblíquo lhe, que tem valor de objeto indireto porque possui a preposição a subentendida. Ou seja: lhe equivale a a ele/a ela.

As formas o, a, os, as sofrem modificações dependendo da terminação do verbo que acompanham. Observe:

- **Quando o verbo terminar em r, s ou z, ficarão lo, la, los, las:**
  > **Exs.:** Começar: começá-los;
  > Celebramos: celebramo-lo.
  > Fiz: fi-lo.

- **Quando o verbo terminar em som nasal, ficarão no, na, nos, nas:**
  > **Exs.:** Comemoram: comemoram-no;
  > Viram: viram-no.

**Fique ligado**

O pronome oblíquo jamais inicia frase. Por isso, ele aparecerá, em início de frase, depois do verbo, ou utiliza-se algum termo para que ele possa aparecer antes do verbo:
Ex.: Eu te liguei.
Liguei-te.

**Pronomes de tratamento**

São pronomes utilizados para dirigir-se ou referir-se a autoridades ou pessoas com quem se tem menos contato. Os mais utilizados são:

| PRONOMES DE TRATAMENTO | | USADOS PARA |
|---|---|---|
| Você | | Usado para um tratamento íntimo, familiar. |
| Senhor, Senhora | Sr., Sr.ª | Pessoas com as quais mantemos um certo distanciamento mais respeitoso. |
| Vossa Senhoria | V. S.ª | Pessoas com um grau de prestígio maior. Usualmente, os empregamos em textos escritos, como: correspondências, ofícios, requerimentos etc. |
| Vossa Excelência | V. Ex.ª | Usados para pessoas com alta autoridade, como: Presidente da República, Senadores, Deputados, Embaixadores etc. |
| Vossa Alteza | V. A. | Príncipes e duques. |
| Vossa Santidade | V.S. | Para o Papa. |
| Vossa Magnificência | V. Mag.ª | Reitores de Universidades. |
| Vossa Majestade | V. M. | Reis e Rainhas. |

- **O pronome de tratamento concorda com o verbo na 3ª pessoa:**
  > Vossa Excelência me permite fazer uma observação?
- **Quando o pronome for utilizado para referir-se à 3ª pessoa, o pronome Vossa será substituído por Sua:**
  > Sua Alteza, o Príncipe William, casou-se com uma plebeia.

**Pronomes possessivos**

São pronomes que indicam posse. Observe os exemplos:

> **Exs.:**
> Andei tanto que meus pés estão doendo.
> Pegue tuas coisas e vamos embora.
> Marina ficou feliz ao ver que sua mala não estava perdida.

Os pronomes destacados indicam quem é o possuidor dos itens das orações: pés, coisas e malas. Observe que pelo pronome é possível identificar a pessoa. Isso acontece porque há um pronome possessivo específico para cada pessoa:

| Pessoa do discurso | Pronomes possessivos |
|---|---|
| 1ª pessoa do singular | Meu, minha, meus, minhas |
| 2ª pessoa do singular | Teu, tua, teus, tuas |
| 3ª pessoa do singular | Seu, sua, seus, suas |
| 1ª pessoa do plural | Nosso, nossa, nossos, nossas |
| 2ª pessoa do plural | Vosso, vossa, vossos, vossas |
| 3ª pessoa do plural | Seu, sua, seus, suas |

O pronome possessivo concorda:

- **Em pessoa, com o possuidor:**
  > Ex.: Meu irmão chegou de viagem.
  > 1ª pessoa do singular
- **Em número, com o que se possui:**
  > Ex.: Teus filhos são lindos!
  > Masculino plural

# MORFOLOGIA - PRONOME, PALAVRAS "QUE" E "SE"

## Pronomes demonstrativos

São os pronomes que indicam a posição de algo em relação à pessoa do discurso. Observe os exemplos:

> **Exs.:**
> Este mês está sendo ótimo para o comércio graças a Dia das Mães. (mês atual);
> Na última semana tivemos quatro provas. Essa semana foi uma correria! (passado próximo);
> Quando meus filhos eram pequenos, viajamos para a Europa. Aquela foi uma viagem inesquecível. (passado distante)

O mesmo ocorre com os mesmos pronomes em relação à localização no espaço. Observe:

> **Exs.:**
> Acho que esta camiseta ficou bem em mim. (próximo à pessoa que fala);
> Esse chapéu ficou ótimo em você! (próximo à pessoa com que se fala);
> Você sabe de quem é aquela pasta? (distante de quem fala e da pessoa com que se fala).

| Pronomes Demonstrativos ||
|---|---|
| Variáveis | Invariáveis |
| Este, estas, estes, estas | Isto |
| Esse, essa, esses, essas | Isso |
| Aquele, aquela, aqueles, aquelas | aquilo |

## Pronomes indefinidos

São pronomes que se referem à 3ª pessoas mas sem a função de determinar ou definir. Pelo contrário: são pronomes que dão um sentido vago, impreciso sobre quem ou o que se fala.

> Exs.:
> Muitos querem sucesso, mas poucos estão dispostos a pagar pelo seu preço.

Não se sabe sobre quem ou quantas pessoas se fala, por isso são utilizados pronomes que dão a ideia de quantidade indefinida.

| Pronomes indefinidos ||
|---|---|
| Variáveis | Invariáveis |
| algum, alguns, alguma, algumas; | Alguém |
| certo, certos, certa, certas; | Ninguém |
| nenhum, nenhuns, nenhuma, nenhumas; | Outrem |
| todo, todos, toda, todas; | Tudo |
| outro, outros, outra, outras; | Nada |
| muito, muitos, muita, muitas; | Cada |
| pouco, poucos, pouca, poucas; | Algo |
| vário, vários, vária, várias; | Mais |
| tanto, tantos, tanta, tantas; | Menos |
| quanto, quantos, quanta, quantas. | |

## Pronomes interrogativos

São os pronomes utilizados nas perguntas diretas e indiretas. Observe o exemplo:

> **Exs.:**
> Quantas pessoas se matricularam no curso?
> Quem estava aqui ontem?
> Gostaria de saber que dia você viajará.

| Pronomes interrogativos |
|---|
| Quem, quanto, quantos, quanta, quantas, qual, quais, que |

## Pronomes relativos

São pronomes que se relacionam com termos já citados na oração, evitando a repetição.

> **Exs.:**
> Trouxe um livro.
> O livro que eu trouxe é o livro que você me pediu.

O pronome relativo que indica e especifica o livro ao qual o interlocutor se refere:

> Trouxe o livro que você pediu.

O pronome relativo concordará:

- **Com o seu antecedente:**

> As ruas pelas quais passou traziam lembranças.

Exceção: pronome cujo (e variações), que concorda com o consequente:

> Estou lendo um livro cuja capa foi feita pelo meu irmão.

- **A regência do pronome relativo seguirá a regra da regência pedida pelo verbo:**

> Exs.:
> É uma menina de quem todos gostam.
> Era uma pessoa a quem todos admiravam.

## Pronomes substantivos

Em alguns casos, o pronome atuará como substantivo, substituindo-o. Observe:

> Poucos conhecem o segredo de viver em paz.

Pronome indefinido – substitui o substantivo

## Pronomes adjetivos

Em alguns casos, o pronome atuará como adjetivo, atribuindo uma característica ao substantivo. Observe:

> Este quadro é meu.
> [Pronome possessivo adjetivo]

## 7.2 Palavra Que

A palavra "que" possui diversas funções e costuma gerar muitas dúvidas. Por isso, para entender cada função e identificá-las, observe os exemplos a seguir:

### 7.2.1 Substantivo

> Senti um quê de falsidade naquela fala.

Neste caso, o "que" está precedido por um determinante – um artigo, e é acentuado, pois assume o papel de um substantivo. Poderia ser substituído por outro substantivo:

> Senti um ar de falsidade naquela fala.

Quanto atua como substantivo, o quê será sempre acentuado e precedido por um artigo, pronome ou numeral.

### 7.2.2 Pronome

> Exs.:
> Que beleza de festa!
> [pronome exclamativo]
> O livro que comprei estava em promoção.
> [pronome relativo]
> Que dia é a prova?
> [pronome interrogativo]

32

## 7.2.3 Interjeição

**Exs.:** Quê? Não entendi.
Quê! Ela sabe sim!

## 7.2.4 Preposição

Temos que chegar cedo.

Observe que a regência do verbo ter exige a preposição "de": Temos de chegar cedo. No entanto, na fala coloquial, já é aceito o uso do "que" como preposição.

## 7.2.5 Advérbio

Que bela está a casa!

Neste caso, antecede um adjetivo, modificando-o: como a casa está bela!

Que longe estava da cidade!

Neste caso, antecede um advérbio, intensificando-o: Estava muito longe da cidade.

## 7.2.6 Conjunção

**Exs.:**

Que gostem ou que não gostem, tomei minha decisão.
[conjunção alternativa]

Pode entrar na fila que não será atendida.
[conjunção adversativa]

Não falte à aula que o conteúdo é importante.
[conjunção explicativa]

## 7.2.7 Conjunção subordinativa

**Exs.:**

Estava tão cansada que não quis recebê-lo.
[conjunção subordinativa consecutiva]

Gostei da viagem, cara que tenha sido.
[conjunção subordinativa concessiva]

Não corra que o chão está molhado!
[conjunção subordinativa causal]

## 7.2.8 Partícula expletiva (de realce)

Que bonito que está o seu cabelo!

(não tem função na oração, apenas realça o que está sendo falado)

## 7.3 Palavra Se

A palavra "se", assim como o "que", possui diversas funções e costuma gerar muitas dúvidas. Por isso, para entender cada função e identificá-las, observe os exemplos a seguir:

## 7.3.1 Partícula apassivadora

Vendem-se plantas.

(É possível passar a oração para a voz passiva analítica: Plantas são vendidas)

Neste caso, o "se" nunca será seguido por preposição.

## 7.3.2 Pronome reflexivo

Ex.: Penteou-se com capricho.

## 7.3.3 Pronome recíproco

Ex.: Amaram-se durante anos.

## 7.3.4 Partícula expletiva (de realce)

Ex.: Foi-se o tempo em que confiávamos nos políticos.

(não possui função na oração, apenas realça o que foi dito)

## 7.3.5 Pronome indeterminador do sujeito

Transforma o sujeito em indeterminado.

**Exs.:**

Precisa-se de secretária.

(não se pode passar a oração para a voz passiva analítica)

Nessa casa, come-se muito.

## 7.3.6 Parte do verbo pronominal

Alguns verbos exigem a presença da partícula "se" para indicar que a ação é referente ao sujeito que a pratica:

**Ex.:** Arrependeu-se de ter ligado.

Outros exemplos de verbos pronominais: Lembrar-se, queixar-se, enganar-se, suicidar-se.

## 7.3.7 Conjunção

**Exs.:**

Vou chegar no horário se não chover.
[conjunção condicional]

Não sei se dormirei em casa hoje.
[conjunção integrante]

Se vai ficar aqui, então fale comigo.
[conjunção adverbial causal]

Se queria ser mãe, nunca demonstrou amor pelas crianças.
[conjunção concessiva]

# 8 MORFOLOGIA - VERBO

## 8.1 Verbos

O estudo dos verbos representa uma parte bastante importante da gramática da Língua Portuguesa. A maioria das circunstâncias comunicativas acontece em torno dessa classe gramatical. Em provas, não se costuma cobrar toda uma conjugação de determinado verbo. Todavia, pode-se solicitar a análise da mudança semântica a partir da modificação das conjugações, ou mesmo se alguma conjugação está correta. Muitas vezes, as conjugações verbais trazem uma significação completamente diferente, dependendo do contexto em que aparecem.

> **Exs.:** Não matarás.
> (verbo no futuro do presente, mas com conotação de proibição).
> Pudera eu ser milionário.
> (verbo no pretérito-mais-que-perfeito, mas com conotação de hipótese).

### 8.1.1 Conjugações do verbo

Todos os verbos em Língua Portuguesa, quando no infinitivo, terminarão em ar, er ou ir. Essa classificação é chamada de conjugação:

1ª conjugação: Verbos terminados em AR

2ª conjugação: Verbos terminados em ER

3ª conjugação: Verbos terminados em IR

### 8.1.2 Locução verbal

É formada por um ou mais verbos auxiliares e um principal na forma nominal (infinitivo, gerúndio ou particípio).

> Exs.: Vou Querer/Pode ter ocorrido/Deve ter sido feito/Estou estudando.

### Modo indicativo

Indica certeza. Conseguimos precisar quando algo realmente acontece, aconteceu ou acontecerá. Mas isso nem sempre é recorrente, muitas vezes, dependendo do tempo verbal, teremos noção hipótese também.

### 8.1.3 Presente

Indica algo que se faz neste exato momento, algo que se faça rotineiramente, algo que se fará no futuro ou, muitas vezes, pode adquirir até uma conotação de passado (presente histórico).

Reaver: defectivo, possui apenas algumas pessoas no presente do modo indicativo e **inexiste** no presente do modo subjuntivo.

> Nós reavemos e vós reaveis.

Aderir: eu adiro, tu aderes, ele adere, nós aderimos, vós aderis, eles aderem. (Competir e repelir seguem a mesma conjugação.)

Intermediar: eu intermedeio, tu intermedeias, ele intermedeia, nós intermediamos, vós intermediais, eles intermedeiam (MEDIAR, ANSIAR, REMEDIAR, INCENDIAR e ODIAR seguem a mesma conjugação).

Aprazer: eu aprazo, tu aprazes, ele apraz, nós aprazemos, vós aprazeis, eles aprazem. (ter prazer)

### 8.1.4 Pretérito perfeito

Indica uma ação terminada, concluída no passado. Atenção para as gírias, muitas vezes elas aparecem na linguagem do dia a dia, mas a normal culta condena o uso delas. É o caso do exemplo: "Festa hoje? Fui!". Perceba que o verbo FUI indica uma certeza de algo, porém, na linguagem tradicional, o normal seria VOU ou IREI, mantendo a ideia certa de presença no evento.

Reaver: eu reouve, tu reouveste, ele reouve, nós reouvemos, vós reouvestes, eles reouveram.

Ter: eu tive, tu tiveste, ele teve, nós tivemos, vós tivestes, eles tiveram (Derivados do Ter se conjugam igualmente, reter, manter, obter, abster, entreter, deter, conter).

Vir: eu vim, tu vieste, ele veio, nós viemos, vós viestes, eles vieram. (Derivados do VIR se conjugam igualmente, intervir, advir, provir, convir.)

Prover: eu provi, tu proveste, ele proveu, nós provemos, vós provestes, eles proveram.

### 8.1.5 Pretérito imperfeito

Indica uma ação não concluída no passado. Noção de movimento, algo em andamento, mas no passado. Existe a tendência de usá-lo como ação não feita, tal qual o futuro do pretérito.

Pôr: eu punha, tu punhas, ele punha, nós púnhamos, vós púnheis, eles punham. (Derivados do PÔR se conjugam igualmente, supor, predispor, propor, repor, transpor, justapor, depor, compor, decompor, opor etc.)

Amar: eu amava, tu amavas, ele amava, nós amávamos, vós amáveis, eles amavam.

Reaver: eu reavia, tu reavias, ele reavia, nós reavíamos, vós reavíeis, eles reaviam.

Ter: eu tinha, tu tinhas, ele tinha, nós tínhamos, vós tínheis, eles tinham. (Derivados do Ter se conjugam igualmente, reter, manter, obter, abster, entreter, deter, conter).

### 8.1.6 Pretérito-mais-que-perfeito

Indica uma ação anterior ao pretérito perfeito ou uma ação hipotética.

> **Ex.:** Eu abri a garrafa que eu pegara (PEGUEI ou TINHA PEGADO).

Trazer: eu trouxera, tu trouxeras, ele trouxera, nós trouxéramos, vós trouxéreis, eles trouxeram.

Saber: eu soubera, tu souberas, ele soubera, nós soubéramos, vós soubéreis, eles souberam.

Fazer: eu fizera, tu fizeras, ele fizera, nós fizéramos, vós fizéreis, eles fizeram. (SATISFAZER conjuga-se da mesma maneira).

### 8.1.7 Futuro do presente

Ação futura ou proibição. Muitas vezes esse tempo verbal pode ser trocado pelo Presente do Indicativo ou pelo Imperativo Negativo, tudo dependendo do contexto!

Querer: eu quererei, tu quererás, ele quererá, nós quereremos, vós querereis, eles quererão.

Aniversariar: eu aniversariarei, tu aniversariarás, ele aniversariará, nós aniversariaremos, vós aniversariareis, eles aniversariarão.

> **Fique ligado**
>
> Muitas bancas podem colocar verbos na mesma conjugação na locução, mas com semântica diferente.
> Ex.: QUEREREI ≠ DEVEREI QUERER, não se equivalem. QUEREREI indica certeza, DEVEREI QUERER, hipótese.

O correto é VOU VIR, e não VOU VIM, construção frequente na linguagem coloquial.

### 8.1.8 Futuro do pretérito

Indica ação não feita, hipótese, expressão de desejo e ação no passado. Aqui temos o exemplo típico de hipótese. É o tempo verbal do indicativo com mais simbologias, portanto fique atento ao discurso.

Fazer: eu faria, tu farias, ele faria, nós faríamos, vós faríeis, eles fariam. (SATISFAZER se conjuga da mesma maneira).

Querer: eu quereria, tu quererias, ele quereria, nós quereríamos, vós quereríeis, eles quereriam.

Dizer: eu diria, tu dirias, ele diria, nós diríamos, vós diríeis, eles diriam. (MALDIZER se conjuga da mesma maneira).

## 8.1.9 Modo subjuntivo

Hipótese: Usa-se esse modo quando não se sabe a precisão dos fatos. Quando tal modo aparece, consegue-se imaginar certo tom de dúvida, de hipótese. Imaginemos determinado anfitrião perguntando a uma visita: "você quer que eu PEGUE um copo d'água?". O tempo usado é o correto, porque não se sabe qual resposta será dada.

## 8.1.10 Presente (que)

Vale lembrar que não só a conjunção QUE determina a flexão nesse tempo verbal, pode-se também usar AINDA, QUE, EMBORA etc.

| Aderir | Caber | Intervir |
|---|---|---|
| adira | caiba | intervenha |
| adiras | caibas | intervenhas |
| adira | caiba | intervenha |
| adiramos | caibamos | intervenhamos |
| adirais | caibais | intervenhais |
| adiram | caibam | intervenham |

Obs.: os verbos defectivos INEXISTEM nesta conjugação, tais como REAVER, EXTORQUIR, FALIR, COLORIR.

## 8.1.11 Pretérito imperfeito (se)

Vale lembrar que não só a conjunção SE determina a flexão nesse tempo verbal, pode-se também usar CASO, AINDA QUE etc.

| Reaver | Requerer | Intervir | Manter |
|---|---|---|---|
| reouvesse | requeresse | interviesse | mantivesse |
| reouvesses | requeresses | interviesses | mantivesses |
| reouvesse | requeresse | interviesse | mantivesse |
| reouvéssemos | requerêssemos | interviéssemos | mantivéssemos |
| reouvésseis | requerêsseis | interviésseis | mantivésseis |
| reouvessem | requeressem | interviessem | mantivessem |

## 8.1.12 Futuro (quando)

Destaca-se que não só a conjunção QUANDO determina a flexão nesse tempo verbal, pode-se também usar SE, CASO etc.

| Ver | Vir | Pôr | Manter |
|---|---|---|---|
| Vir | Vier | Puser | Mantiver |
| Vires | Vieres | Puseres | Mantiveres |
| Vir | Vier | Puser | Mantiver |
| Virmos | Viemos | Pusermos | Mantivermos |
| Virdes | vierdes | Puserdes | Mantiverdes |
| Virem | vierem | puserem | mantiverem |

> **Fique ligado**
>
> Muitos tempos verbais no futuro do subjuntivo são conjugados do mesmo modo que o infinitivo impessoal. É o caso do verbo AMAR.
> Ex.: Ele falou para eu AMAR (infinitivo).
> Quando eu AMAR (futuro do subjuntivo).

## 8.1.13 Modo imperativo

Imperativo: pode indicar ordem ou proibição.

## 8.1.14 Afirmativo

Ordem. Em linguagem coloquial, nota-se que, muitas vezes, o imperativo afirmativo é usado de forma inadequada, sem que o próprio falante se dê conta. Deveríamos usar a conjugação em terceira pessoa, já que esta é bastante frequente nas situações comunicativas cotidianas. O tratamento de VOCÊ é muito mais comum que o de TU. Porém, quando se usa o imperativo, nota-se a constante opção pela conjugação em segunda pessoa: TU.

| Presente do Indicativo | | Imperativo Afirmativo | Presente do Subjuntivo |
|---|---|---|---|
| Eu compro | | – | Que eu compre |
| **Tu compras** | sem o s | Compra tu | Que tu compres |
| Ele compra | | Compre você | **Que ele compre** |
| **Nós compramos** | sem o s | Compremos nós | **Que nós compremos** |
| Vós comprais | | Comprai vós | Que vós compreis |
| Eles compram | | Comprem vocês | **Que eles comprem** |

Obs.: Todos os verbos se conjugam assim, com exceção de SER.
SÊ tu, SEJA você, SEJAMOS nós, SEDE vós, SEJAM vocês.

## 8.1.15 Negativo

Proibição. Existe uma equivalência com uma dos significados do futuro do indicativo.

| Imperativo Negativo | | Presente do Subjuntivo |
|---|---|---|
| Não sejas tu | ← | Que tu sejas |
| Não seja você | ← | Que ele seja |
| Não sejamos nós | ← | Que nós sejamos |
| Não sejais vós | ← | Que vós sejais |

## 8.1.16 Correlação verbal

As conjugações dos verbos, na maioria das bancas de concurso, não são cobradas de modo direto, senão pela correlação verbal. Ela consiste em situações cujas conjugações verbais aparecem de modo correlato, numa sintonia lógica ao que se queira dizer. Muitas vezes, ficar atento à conjunção ajuda bastante.

> **Exs.:** Ainda que ela suponha a solução, nada mudará.
> Ainda que ela supusesse a solução, nada mudaria.
> Ainda que ela supuser a solução, nada mudará.
> Caso nós cheguemos cedo, iremos ao show.
> Caso nós chegássemos cedo, iríamos ao show. (Percebe-se que, pela conjugação verbal, tem-se a certeza de que ninguém foi ao show).
> Caso nós chegarmos cedo, iremos ao show.

Vale ressaltar que unir o conhecimento do idioma com a conjugação certa dos verbos é um estudo bastante eficaz para se entender a gramática e compreender como as bancas abordam tal recurso.

## MORFOLOGIA - VERBO

### 8.1.17 Verbos abundantes

Geralmente, os verbos trazem apenas um particípio, que pode ser regular ou irregular. No caso dos verbos abundantes, os particípios podem aparecer de duas formas: regular (-do) e irregular.

> **Exs.:** nascer: nascido → nato
> benzer: benzido → bento
> morrer: morrido → morto
> inserir: inserido → inserto
> pagar: pagado → pago
> pegar: pegado → pego
> enxugar: enxugado → enxuto

Observações:

Usamos o particípio regular (-do), com os verbos auxiliares TER e HAVER.

Usamos o particípio irregular com os verbos auxiliares SER e ESTAR.

> **Ex.:** Os boletos foram pagos.
> A menina tinha pagado os boletos.

Obs.: TINHA PAGO é aceito.

> Os padres haviam benzido o bebê.
> Os bebês estão bentos.

### 8.1.18 Vozes verbais

Indicam a relação que o sujeito mantém com o verbo. A abordagem desse tema é muito comum em provas de concurso. Geralmente, nos enunciados das questões, as vozes verbais podem aparecer associadas a uma palavra que gera dúvidas aos candidatos: transposição.

As vozes verbais são divididas em três: analítica, reflexiva e sintética.

### 8.1.19 Voz passiva analítica

Formada por verbos auxiliares e particípios. Nela, o sujeito recebe a ação e é chamado de sujeito paciente.

> **Exs.:** Eu corto o pão. (voz ativa)
> O pão é cortado por mim. (voz passiva analítica)

Percebe-se que o tempo verbal na voz ativa determina o tempo do verbo auxiliar na voz passiva. Fique atento nas provas, muitas vezes a transposição da voz ativa para a passiva é possível, mas o verbo aparece em outro tempo e você pode se prejudicar. Exemplo: Ele CORTA a maçã/A maçã É CORTADA por ela. Veja que os verbos CORTA e É estão no mesmo tempo verbal.

> **Exs.:** Pintei – foi pintado.
> Pintara – fora pintado.
> Pintava – era pintado.
> Pintará – será pintado.
> Pintaria – seria pintado.
> Estou Pintando – está sendo pintado.
> Estava Pintando – estava sendo pintado.

Os verbos que aceitam transposição são os transitivos diretos, ou seja, aqueles que aceitam como complemento algo ou alguém.

Cortar, ver, pintar, amar, selecionar, ultrapassar, transpor, prejudicar etc.: percebemos que todos estes verbos pedem complemento algo ou alguém.

Não existe voz passiva analítica com verbos que exigem, no complemento, uma preposição.

> **Exs.:** Eu gosto de você.
> Eu assisti ao jogo.
> Eu preciso de ajuda.

Como não existe sujeito preposicionado, não existe a possibilidade de haver voz passiva analítica.

Exceção: verbos OBEDECER e DESOBEDECER:

> **Exs.:** Nós desobedecemos ao pai → O pai foi desobedecido por nós.
> Eu obedeço ao pai → O pai é obedecido por mim.

Existem transposições que fogem do comum, mas estão perfeitamente corretas.

> **Exs.:** Vives rodeado de mulheres. (Mulheres te rodeiam – voz ativa)
> Pareceis cercado de problemas. (Problemas vos cercam - voz ativa)

### 8.1.20 Reflexiva

Caracteriza-se pela presença de pronome reflexivo, ou seja, o sujeito faz e recebe a ação simultaneamente.

> Ex.: Eu me penteio - Ele se cortou.

Vejamos as formas reflexivas e seus respectivos pronomes.

> eu me – tu te – ele(a)(s) se – nós nos – vós vos.

### 8.1.21 Sintética

Quando SE é um pronome apassivador ou partícula apassivadora, é possível transformar tal oração em voz passiva analítica. O verbo concorda com o sujeito. Assim, quando o sujeito estiver no plural, o verbo também estará.

> **Ex.:** Vendem-se casas. - Casas são vendidas.
>   Pronome apassivador
> **Ex.:** Fazem-se reparos. – Reparos são feitos.
>   Aqui se analisam as propostas.
>   Alugam-se salas.

Entender o conceito é o melhor caminho. Em provas, temos alguns exemplos que podem trazer confusão. Portanto, encontrar o sujeito sempre é uma saída. Descobre-se também a concordância correta quando passamos a oração para a voz passiva analítica.

> **Exs.:** Não se contrapuseram nossos pontos de vista. → Nossos pontos de vista não foram contrapostos.
> Aqui se veem problemas por toda parte. → Problemas são vistos por toda parte.

### 8.1.22 Verbos impessoais

Não possibilitam a alguém exercer a ação. Só existem na 3a pessoa do singular (em todos os tempos e modos). Aparecem em orações cujo sujeito é inexistente. São 4 os verbos impessoais:

### 8.1.23 Haver (no sentido de existir)

Na sala, há alunos.
Há = Existem

> **Exs.:** Haverá problemas. (vai haver)
> Existirão problemas. (vão existir)

> **Fique ligado**
>
> Quando for utilizado o verbo EXISTIR, o sujeito se torna PROBLEMAS. Há diferença gramatical, mas não semântica, ou seja, o sentido continua o mesmo. Cuidado: muitas vezes, a locução verbal pode trazer mudança semântica. Desse modo, se a locução for DEVERÁ HAVER PROBLEMAS, existe a possibilidade de haver ou não problemas.

### 8.1.24 Fazer (indicando tempo decorrido)

> **Exs.:** Hoje faz 15 anos que me formei.
> Lá faz invernos rigorosos.

### 8.1.25 Verbos que indicam fenômenos da natureza

> **Exs.:** Chove sem parar.
> Amanheceu muito tarde.

Na oração "O dia amanheceu tarde", a semântica é a mesma. Porém, há sujeito. Desse modo, o verbo, mesmo representando semanticamente um fenômeno da natureza, deixa de ser impessoal.

## 8.1.26 Ser

Sentido de tempo e quantidade: pode vir no plural, ainda assim será impessoal.

| Ex.: É meia-noite.
| É 01 de maio.
| É meio-dia e meia.
| SÃO 14 horas.
| É (dia) / SÃO 25 de agosto.
| 100 reais É suficiente.

Vimos como os verbos são determinantes em uma prova. Saber a conjugação para entender a correlação e os sentidos que dão ao texto é fundamental. Conhecer as regras gramaticais ajuda, porém, entender cada forma como o verbo se mostra e as relações que possui é primordial ao entendimento de uma mensagem, de um texto. Verbo é essencial em Língua Portuguesa e sempre estará presente em qualquer assunto gramatical.

## 8.1.27 Transitividade verbal

Os verbos dividem-se conforme a sua transitividade. São eles:

Intransitivo: Quando o sentido do verbo é completo e não exige complemento.

| Ex.: Meu vizinho morreu.

Transitivo: Quando o sentido do verbo não é completo e é necessário um complemento para que faça sentido. Dentre os transitivos, pode ser:

Transitivo Direto: Quando exige um complemento que não é seguido por preposição (objeto direto):

| Ex.: Comprei uma bolsa.

Transitivo Indireto: Quando exige um complemento que é seguido por preposição (objeto indireto):

| Ex.: Gosto de cantar.

Transitivo Direto e Indireto (bitransitivo): Quando exige dois complementos para fazer sentido:

| Ex.: Entreguei uma carta ao porteiro.

Verbo de Ligação: Quando não exprime uma ação e sim uma característica do sujeito:

| Ex.: Marina é bonita.

São verbos de ligação:

| Ser
| Estar
| Continuar
| Andar
| Parecer
| Permanecer
| Ficar
| Tornar-se
| Virar

# 9 ACORDO ORTOGRÁFICO DA LÍNGUA PORTUGUESA

O Novo Acordo Ortográfico busca simplificar as regras ortográficas da Língua Portuguesa e unificar a nossa escrita e a das demais nações de língua portuguesa: Portugal, Angola, Moçambique, Cabo Verde, Guiné-Bissau, São Tomé e Príncipe e Timor-Leste.

Sua implementação no Brasil passou por algumas etapas:
- 2009 – vigência ainda não obrigatória
- **2010 a 2015:** adaptação completa às novas regras
- **A partir de 1º de janeiro de 2016:** emprego obrigatório, o novo acordo ortográfico passa a ser o único formato da língua reconhecido no Brasil.

Entre as mudanças na língua portuguesa decorrentes da reforma ortográfica, podemos citar o fim do trema, alterações da forma de acentuar palavras com ditongos abertos e que sejam hiatos, supressão dos acentos diferencias e dos acentos tônicos, novas regras para o emprego do hífen e inclusão das letras w, k e y ao idioma.

Entre a proposta (em 1990) e a entrada em vigor (2016) são 16 anos. Esse processo foi longo porque era necessário que fossem alcançadas as três decisões para que o acordo fosse cumprido. Em 2006, São Tomé e Príncipe e Cabo Verde se uniram ao Brasil e ratificaram o novo acordo. Em maio de 2008, Portugal também ratificou o acordo para unificar a ortografia em todas as nações de língua portuguesa.

## 9.1 Trema

Não se usa mais o trema (¨), sinal colocado sobre a letra u para indicar que ela deve ser pronunciada nos grupos gue, gui, que, qui.

> Exs.: aguentar, bilíngue, cinquenta, delinquente, eloquente, ensanguentado, frequente, linguiça, quinquênio, sequência, sequestro, tranquilo.

*Obs.:* o trema permanece apenas nas palavras estrangeiras e em suas derivadas. Exemplos: Müller, mülleriano.

## 9.2 Regras de Acentuação

### 9.2.1 Ditongos abertos em paroxítonas

Não se usa mais o acento dos ditongos abertos éi e ói das palavras paroxítonas (palavras que têm acento tônico na penúltima sílaba).

> Exs.: alcateia, androide, apoia, apoio (verbo), asteroide, boia, celuloide, claraboia, colmeia, Coreia, debiloide, epopeia, estoico, estreia, geleia, heroico, ideia, jiboia, joia, odisseia, paranoia, paranoico, plateia, tramoia.

*Obs.:* a regra é somente para palavras paroxítonas. Assim, continuam a ser acentuadas as palavras oxítonas e os monossílabos tônicos terminados em éi(s), ói(s). Exemplos: papéis, herói, heróis, dói (verbo doer), sóis etc.

> **Fique ligado**
> A palavra ideia não leva mais acento, assim como heroico. Mas o termo herói é acentuado.

### 9.2.2 I e u tônicos depois de um ditongo

Nas palavras paroxítonas, não se usa mais o acento no i e no u tônicos quando vierem depois de um ditongo.

> baiuca, bocaiuva (tipo de palmeira), cauila (avarento)

*Obs.:*
- se a palavra for oxítona e o i ou o u estiverem em posição final (ou seguidos des), o acento permanece. Exemplos: tuiuiú, tuiuiús, Piauí;
- se o i ou o u forem precedidos de ditongo crescente, o acento permanece. Exemplos: guaíba, Guaíra.

### 9.2.3 Hiatos ee e oo

Não se usa mais acento em palavras terminadas em eem e oo(s).

> Exs.: abençoo, creem, deem, doo, enjoo, leem, magoo, perdoo, povoo, veem, voos, zoo

### 9.2.4 Acento diferencial

Não se usa mais o acento que diferenciava os pares pára/para, péla(s)/pela(s), pêlo(s)/pelo(s), pólo(s)/polo(s) e pêra/pera.

> **Exs.:**
> Ele para o carro.
> Ele foi ao polo Norte.
> Ele gosta de jogar polo.
> Esse gato tem pelos brancos.
> Comi uma pera.

*Obs.:*
- Permanece o acento diferencial em pôde/pode. Pôde é a forma do passado do verbo poder (pretérito perfeito do indicativo), na 3ª pessoa do singular. Pode é a forma do presente do indicativo, na 3ª pessoa do singular.
> Ex.: Ontem, ele não pôde sair mais cedo, mas hoje ele pode.
- **Permanece o acento diferencial em pôr/por. Pôr é verbo. Por é preposição. Exemplo:** Vou pôr o livro na estante que foi feita por mim.
- Permanecem os acentos que diferenciam o singular do plural dos verbos ter e vir, assim como de seus derivados (manter, deter, reter, conter, convir, intervir, advir etc.).
> **Exs.:**
> Ele tem dois carros. / Eles têm dois carros.
> Ele vem de Sorocaba. / Eles vêm de Sorocaba.
> Ele mantém a palavra. / Eles mantêm a palavra.
> Ele convém aos estudantes. / Eles convêm aos estudantes.
> Ele detém o poder. / Eles detêm o poder.
> Ele intervém em todas as aulas. / Eles intervêm em todas as aulas.
- **É facultativo o uso do acento circunflexo para diferenciar as palavras forma/fôrma. Em alguns casos, o uso do acento deixa a frase mais clara. Veja este exemplo:** Qual é a forma da fôrma do bolo?

### 9.2.5 Acento agudo no u tônico

Não se usa mais o acento agudo no u tônico das formas (tu) arguis, (ele) argui, (eles) arguem, do presente do indicativo dos verbos arguir e redarguir.

## 9.3 Hífen com Compostos

### 9.3.1 Palavras compostas sem elementos de ligação

Usa-se o hífen nas palavras compostas que não apresentam elementos de ligação.

> Exs.: guarda-chuva, arco-íris, boa-fé, segunda-feira, mesa-redonda, vaga-lume, joão-ninguém, porta-malas, porta-bandeira, pão-duro, bate-boca.

*Exceções:* Não se usa o hífen em certas palavras que perderam a noção de composição, como girassol, madressilva, mandachuva, pontapé, paraquedas, paraquedista, paraquedismo.

### 9.3.2 Compostos com palavras iguais

Usa-se o hífen em compostos que têm palavras iguais ou quase iguais, sem elementos de ligação.

> Exs.: reco-reco, blá-blá-blá, zum-zum, tico-tico, tique-taque, cri-cri, glu-glu, rom-rom, pingue-pongue, zigue-zague, esconde-esconde, pega-pega, corre-corre.

## 9.3.3 Compostos com elementos de ligação

Não se usa o hífen em compostos que apresentam elementos de ligação.

> Exs.: pé de moleque, pé de vento, pai de todos, dia a dia, fim de semana, cor de vinho, ponto e vírgula, camisa de força, cara de pau, olho de sogra.

*Obs.:* Incluem-se nesse caso os compostos de base oracional.

> maria vai com as outras, leva e traz, diz que diz que, deus me livre, deus nos acuda, cor de burro quando foge, bicho de sete cabeças, faz de conta.

*Exceções:* água-de-colônia, arco-da-velha, cor-de-rosa, mais-que--perfeito, pé-de-meia, ao deus-dará, à queima-roupa.

## 9.3.4 Topônimos

Usa-se o hífen nas palavras compostas derivadas de topônimos (nomes próprios de lugares), com ou sem elementos de ligação.

> Exs.:
> Belo Horizonte: belo-horizontino
> Porto Alegre: porto-alegrense
> Mato Grosso do Sul: mato-grossense-do-sul
> Rio Grande do Norte: rio-grandense-do-norte
> África do Sul: sul-africano

## 9.4 Uso do Hífen com Palavras Formadas por Prefixos

### 9.4.1 Casos gerais

▷ **Antes de H:** usa-se o hífen diante de palavra iniciada por h.

> Exs.:
> anti-higiênico
> anti-histórico
> macro-história
> mini-hotel
> proto-história
> sobre-humano
> super-homem
> ultra-humano

▷ **Letras iguais:** usa-se o hífen se o prefixo terminar com a mesma letra com que se inicia a outra palavra.

> Exs.:
> micro-ondas
> anti-inflacionário
> sub-bibliotecário
> inter-regional

▷ **Letras diferentes:** não se usa o hífen se o prefixo terminar com letra diferente daquela com que se inicia a outra palavra.

> Exs.:
> autoescola
> antiaéreo
> intermunicipal
> supersônico
> superinteressante
> agroindustrial
> aeroespacial
> semicírculo

*Obs.:* se o prefixo terminar por vogal e a outra palavra começar por r ou s, dobram-se essas letras.

> Exs.:
> minissaia
> antirracismo
> ultrassom
> semirreta

### 9.4.2 Casos particulares

▷ **Prefixos SUB e SOB:** com os prefixos sub e sob, usa-se o hífen também diante de palavra iniciada por r.

> Exs.:
> sub-região
> sub-reitor
> sub-regional
> sob-roda

▷ **Prefixos CIRCUM e PAN:** com os prefixos circum e pan, usa-se o hífen diante de palavra iniciada por m, n e vogal.

> Exs.:
> circum-murado
> circum-navegação
> pan-americano

▷ **Outros prefixos:** usa-se o hífen com os prefixos ex, sem, além, aquém, recém, pós, pré, pró, vice.

> Exs.:
> além-mar
> além-túmulo
> aquém-mar
> ex-aluno
> ex-diretor
> ex-hospedeiro
> ex-prefeito
> ex-presidente
> pós-graduação
> pré-história
> pré-vestibular
> pró-europeu
> recém-casado
> recém-nascido
> sem-terra
> vice-rei

▷ **Prefixo CO:** o prefixo co junta-se com o segundo elemento, mesmo quando este se inicia por o ou h. Neste último caso, corta-se o h. Se a palavra seguinte começar com r ou s, dobram-se essas letras.

> Exs.:
> coobrigação
> coedição
> coeducar
> cofundador
> coabitação
> coerdeiro
> corréu
> corresponsável
> cosseno

▷ **Prefixos PRE e RE:** com os prefixos pre e re, não se usa o hífen, mesmo diante de palavras começadas por e.

> Exs.:
> preexistente

## ACORDO ORTOGRÁFICO DA LÍNGUA PORTUGUESA

- preelaborar
- reescrever
- reedição

▷ **Prefixos AB, OB e AD:** na formação de palavras com ab, ob e ad, usa-se o hífen diante de palavra começada por b, d ou r.

**Exs.:**
- ad-digital
- ad-renal
- ob-rogar
- ab-rogar

### 9.4.3 Outros casos do uso do hífen

▷ **NÃO e QUASE:** não se usa o hífen na formação de palavras com não e quase.

**Exs.:**
- (acordo de) não agressão
- (isto é um) quase delito

▷ **MAL:** com mal*, usa-se o hífen quando a palavra seguinte começar por vogal, h ou l.

**Exs.:**
- mal-entendido
- mal-estar
- mal-humorado
- mal-limpo

**Obs.:** quando mal significa doença, usa-se o hífen se não houver elemento de ligação.

**Ex.:** mal-francês.

Se houver elemento de ligação, escreve-se sem o hífen.

**Ex.:** mal de lázaro, mal de sete dias.

▷ **Tupi-guarani:** usa-se o hífen com sufixos de origem tupi-guarani que representam formas adjetivas: açu, guaçu, mirim.

**Exs.:**
- capim-açu
- amoré-guaçu
- anajá-mirim

▷ **Combinação ocasional:** usa-se o hífen para ligar duas ou mais palavras que ocasionalmente se combinam, formando não propriamente vocábulos, mas encadeamentos vocabulares.

**Exs.:**
- ponte Rio-Niterói
- eixo Rio-São Paulo

▷ **Hífen e translineação:** para clareza gráfica, se no final da linha a partição de uma palavra ou combinação de palavras coincidir com o hífen, ele deve ser repetido na linha seguinte.

**Exs.:**
Na cidade, conta-
-se que ele foi viajar.
O diretor foi receber os ex-
-alunos.
guarda-
-chuva
Por favor, diga-
-nos logo o que aconteceu.

### 9.5 Síntese das Principais Regras do Hífen

| Síntese do Hífen |||
|---|---|---|
| Letras diferentes | Não use hífen | Infraestrutura, extraoficial, supermercado |
| Letras iguais | Use hífen | Anti-inflamatório, contra-argumento, inter-racial, hiper-realista |
| Vogal + r ou s | Não use hífen (duplique r ou s) | Corréu, cosseno, minissaia, autorretrato |
| Bem | Use hífen | Bem-vindo, bem-humorado |

### 9.6 Quadro-Resumo do Emprego do Hífen com Prefixos

| Prefixos | Letra que inicia a palavra seguinte |
|---|---|
| Ante-, Anti-, Contra-, Entre-, Extra-, Infra-, Intra-, Sobre-, Supra-, Ultra- | **H / VOGAL IDÊNTICA À QUE TERMINA O PREFIXO**<br>Exemplos com H: ante-hipófise / anti-higiênico / anti-herói / contra-hospitalar / entre-hostil / xtra-humano / infra-hepático / sobre-humano / supra-hepático / ultra-hiperbólico.<br>Exemplos com vogal idêntica: anti-inflamatório / contra-ataque / infra-axilar, sobre-estimar / supra-auricular / ultra-aquecido. |
| Ab-, Ad-, Ob-, Sob- | **B - R - D** (Apenas com o prefixo "Ad")<br>Exemplos: ab-rogar (pôr em desuso) / ad-rogar (adotar) / ob-repticio (astucioso) / sob-roda / ad-digital |
| Circum-, Pan- | **H / M / N / VOGAL**<br>Exemplos: circum-meridiano / circum-navegação / circum-oral / pan-americano / pan-mágico / pan-negritude. |
| Ex- (no sentido de estado anterior), Sota-, Soto-, Vice-, Vizo- | **DIANTE DE QUALQUER PALAVRA**<br>Exemplos: ex-namorada / sota-soberania (não total) / soto-mestre (substituto) / vice-reitor / vizo-rei. |
| Hiper-, Inter-, Super- | **H / R**<br>Exemplos: hiper-hidrose / hiper-raivoso / inter-humano / inter-racial / super-homem / super-resistente. |
| Pós-, Pré-, Pró- (tônicos e com significados próprios) | **DIANTE DE QUALQUER PALAVRA**<br>Exemplos: pós-graduação / pré-escolar / pró-democracia.<br>Obs.: se os prefixos não forem autônomos, não haverá hífen. Exemplos: predeterminado / pressupor / pospor / propor. |
| Sub- | **B - H - R**<br>Exemplos: sub-bloco / sub-hepático / sub-humano / sub-região.<br>Obs.: "subumano" e "subepático" também são aceitas. |

# LÍNGUA PORTUGUESA

Pseudoprefixos (diferem-se dos prefixos por apresentarem elevado grau de independência e possuírem uma significação mais ou menos delimitada, presente à consciência dos falantes.) Aero-, Agro-, Arqui-, Auto-, Bio-, Eletro-, Geo-, Hidro-, Macro-, Maxi-, Mega, Micro-, Mini-, Multi-, Neo-, Pluri-, Proto-, Pseudo-, Retro-, Semi-, Tele-

**H / VOGAL IDÊNTICA À QUE TERMINA O PREFIXO**
Exemplos com H: geo-histórico / mini-hospital / neo-helênico / proto-história / semi-hospitalar.
Exemplos com vogal idêntica: arqui-inimigo / auto-observação / eletro-ótica / micro-ondas / micro-ônibus / neo-ortodoxia / semi-interno / tele-educação.

### Fique ligado

1) Não se utilizará o hífen em palavras iniciadas pelo prefixo 'co-'.
**Ex.:** coadministrar, coautor, coexistência, cooptar, coerdeiro corresponsável, cosseno.
2) Prefixos des- e in- + segundo elemento sem o "h" inicial.
**Ex.:** desarmonia, desumano, desumidificar, inábil, inumano etc.
3) Não se utilizará o hífen com a palavra não.
**Ex.:** não violência, não agressão, não comparecimento.
4) Não se utiliza o hífen em palavras que possuem os elementos "bi", "tri", "tetra", "penta", "hexa" etc.
**Ex.:** bicampeão, bimensal, bimestral, bienal, tridimensional, trimestral, triênio, tetracampeão, tetraplégico, pentacampeão, pentágono etc.
5) Em relação ao prefixo "hidro", em alguns casos pode haver duas formas de grafia.
**Ex.:** hidroelétrica e hidrelétrica
6) No caso do elemento "socio", o hífen será utilizado apenas quando houver função de substantivo (= de associado).
**Ex.:** sócio-gerente / socioeconômico

# 10 SINTAXE DA ORAÇÃO

## 10.1 Frase

Observe os exemplos:
Cuidado!
Estou cansada.
Passei no concurso!
Mentira!
Jura?
Anda logo!

Toda palavra ou conjunto de palavras organizada de maneira coerente e que transmita informações ou tenha sentido é considerada frase.

### 10.1.1 Classificação da frase

De acordo com o seu significado, uma frase pode ser:
Declarativa ou afirmativa: Eu gosto de você.
Interrogativa: Você sabe que dia é a prova?
Exclamativa: Mentira!
Imperativa: Fique onde está.

### 10.1.2 Nominal

Quando não possui verbos:
**Exs.:**
Silêncio!
Bom dia!

### 10.1.3 Verbal

Quando possui verbos:
**Exs.:**
João gosta de Química.
As crianças brincavam no quintal.
Os meninos são muito agitados.

A frase verbal também é considerada oração.

## 10.2 Oração

Todo enunciado que faz sentido e que possui verbo é considerado oração.
Exs.:
Cansei de esperar.
Eles estão estudando muito para a prova.
As meninas passaram horas se arrumando para a festa.

> **Fique ligado**
> É preciso observar que:
> - Nem toda frase é oração
> Somente será oração quando houver verbo. Portanto, alguns enunciados serão apenas frases, pois terão sentido completo mas sem a presença de verbos:
> Ex.: Que calor!
> - Nem toda oração é frase
> Em alguns casos, a oração não fará sentido sem um complemento. Portanto, haverá a presença de verbo, mas não será considerada uma frase:
> Ex.: Gostei | de você ter falado o que sentia.
> Observe que o primeiro verbo não faz sentido sem o complemento, sendo, portanto, uma oração, e não uma frase.

Período: Toda oração é chamada também de período, que pode ser:
Simples: Quando possui apenas um verbo, ou seja, apenas uma oração:

**Exs.:**
Eles gostaram do bolo.
As roupas secaram no varal.

Composto: Quando possui mais de um verbo, ou seja, mais de uma oração:
**Exs.:** Queremos que as coisas sejam resolvidas logo.
    1ª oração             2ª oração
Era tarde quando chegamos do trabalho.
1ª oração         2ª oração

Quando houver uma locução verbal, será contado apenas o verbo principal, ou seja, será apenas uma oração:
Vai ficar tarde para ligar para ela.
1ª oração         2ª oração

### 10.2.1 Termos essenciais da oração

Observe o trecho a seguir:
Os alunos gostam das aulas de Inglês.

A oração faz sentido porque possui dois elementos essenciais: sujeito e predicado.

Sujeito é o termo sobre o qual a oração fala.
Predicado é o que se fala sobre o sujeito.

Os alunos <u>gostam das aulas de Inglês</u>.
Sujeito         Predicado

### 10.2.2 Sujeito

Núcleo do sujeito: É o termo essencial na identificação do sujeito:
Os alunos.
   Artigo substantivo
Núcleo do sujeito: alunos

### Tipos de sujeito

Determinado: Quando é possível identificar o sujeito, ele é chamado sujeito determinado. Ele pode ser:
Simples: Quando possui apenas um núcleo:
Meus filhos gostam de almoçar aqui.
Núcleo: filhos.

Composto: Quando possui mais de um núcleo:
Meus filhos e meus netos gostam de almoçar aqui.
Núcleo: filhos, netos.

Oculto: Quando o sujeito não aparece na oração, mas é possível identificá-lo através do verbo:
Gostei de almoçar aqui.
Sujeito: eu.
Fomos embora cedo.
Sujeito: nós.

Indeterminado: Pode ser representado de duas maneiras:
**01.** Verbo na 3ª pessoa do plural.
Chegaram atrasado.
Falaram sobre ele.
Reclamaram dos preços.
Disseram que a fila estava enorme.

Note que nos períodos acima não é possível identificar o agente das ações. Por isso, é chamado sujeito indeterminado.

**Observação:** dependendo do contexto, o verbo na 3ª pessoa não significará sujeito indeterminado.
Exs.: Os meninos vieram do banco. Disseram que a fila estava enorme.

Sujeito: os meninos – implícito na oração e identificado graças ao contexto.

**02.** Verbo + partícula "se"

| Confia-se muito em medicamentos.

Sujeito: ?

A partícula "se", nesse caso, atua como índice de indeterminação do sujeito. Essa construção ocorrerá com verbos transitivos indiretos, verbos intransitivos e verbos de ligação. Observe:

**Ex.: Precisa-se** de vendedores.

verbo transitivo indireto

Quem precisa?

Sujeito indeterminado.

**Ex.: Vive**-se melhor no campo.

verbo intransitivo

Quem vive?

Sujeito indeterminado.

---

**Fique ligado**

Note que as orações anteriores não estão na voz passiva, pois não é possível convertê-las para a voz ativa:
Vive-se melhor no campo.
Precisa-se de vendedores.
Diferentemente dos exemplos acima, a construção de "verbo + se" também pode indicar voz passiva sintética. Veja o exemplo a seguir:
Vende-se terreno.
verbo transitivo direto
Nesse caso, a partícula "se" é pronome apassivador, e o sujeito é "terreno". A oração na voz ativa ficará: Terreno é vendido.

---

## Oração sem sujeito

Em alguns casos, a ação expressa pelo verbo não terá sujeito. São eles:

Haver: Quando significar existir, acontecer, realizar:

**Exs.:**

Há muita gente passando fome. (existe)

O que houve? (aconteceu)

Houve uma cerimônia rápida em homenagem aos pais. (realizou-se)

Fazer, ser e estar: Quando significar tempo decorrido ou tempo decorrido de um fenômeno da natureza:

**Exs.:**

Faz dias que não a vejo.

Faz dias que chove.

Estava calor.

Verbos que expressam fenômenos da natureza

Amanheceu, embora ninguém tivesse dormido.

Choveu a noite inteira.

Faz anos que não neva aqui.

Predicado: embora seja possível existir oração sem sujeito, não existe oração sem predicado.

| Ex.: Faz duas semanas que não a vejo.
          Predicado

O predicado se divide em 3 tipos: verbal, nominal e verbo-nominal.

Predicado verbal: é o predicado cujo verbo indica uma ação:

| Ex.:
| Os meninos levantaram com pressa.
| As águas correm depressa nessa parte do rio.

O núcleo do predicado verbal sempre será o verbo:

| Os meninos levantaram cedo.
     Sujeito    Predicado
                Núcleo do predicado: levantaram

Predicado nominal: é o predicado cujo verbo indica um estado do sujeito:

| Ex.:
| Os alunos parecem cansados.
| Raul estava atrasado quando me encontrou.

Os verbos do predicado nominal são os verbos de ligação, que não indicam ação mas características do sujeito. Os principais verbos de ligação são:

Andar

Continuar

Estar

Ficar

Parecer

Permanecer

Ser

Assim como ocorre no predicado verbal, o núcleo do predicado nominal será o verbo de ligação:

| Os alunos   parecem cansados.
   Sujeito     Predicado
               Núcleo do predicado

Predicado verbo-nominal: em alguns casos, o predicado verbal e o predicado nominal aparecerão juntos, ou seja, o predicado indicará uma ação e um estado do sujeito:

| Os meninos  subiram  as escadas  apressados.
   Sujeito     Ação                  Estado
               (Estavam apressados)

O predicado verbo-nominal apresentará dois núcleos: os verbo de ação e o verbo de ligação.

No exemplo apresentado acima, o núcleo será: subiram e apressados.

### 10.2.3 Termos integrantes da oração

Em alguns casos, o verbo ou nome expresso na oração não apresenta sentido completo, exigindo um complemento para que a informação seja transmitira. Estes complementos, por não serem opcionais mas obrigatórios, são chamados de termos integrantes da oração. Eles são divididos em: objeto direto, objeto indireto, complemento nominal e agente da passiva.

Objeto direto: é o termo que completa o sentido do verbo transitivo direto. Observe o exemplo a seguir:

| Ex.: Compramos frutas na feira.

O verbo comprar não possui sentido completo. Ou seja: é um verbo transitivo e exige um complemento para que a oração fique clara.

Como este complemento é ligado a ele de maneira direta, sem o auxílio de uma preposição, é chamado objeto direto.

Objeto indireto: é o termo que completa o sentido do verbo transitivo indireto. Observe o exemplo a seguir:

| Eu gostei da viagem.

O verbo gostar não possui sentido completo. Ou seja: é um verbo transitivo e exige um complemento para que a oração fique clara.

Como este complemento é ligado a ele de maneira indireta, com o auxílio de uma preposição, é chamado objeto indireto.

Complemento nominal: em alguns casos, o termo que terá o sentido incompleto e exigirá um complemento será um nome (substantivo, adjetivo ou advérbio). Observe o exemplo a seguir:

| **Ex.:** A saudade de casa agitava a menina.
              |         |— complemento
           Substantivo   nominal

Agente da passiva: quando o verbo aparece na voz passiva, ou seja, com sujeito paciente, o termo que pratica a ação verbal será chamado agente da passiva:

## SINTAXE DA ORAÇÃO

| Ex.: A festa  foi paga  pelos funcionários do banco. |
   Sujeito paciente         Agente da passiva

Se a oração for passava para voz ativa, o agente da passiva será sujeito:

| Os funcionários do banco pagaram a festa.
         sujeito

### 10.2.4 Termos acessórios da oração

Adjunto adnominal: assim como o complemento nominal, o adjunto adnominal completa o sentido de um nome, caracterizando-o.

| As luzes de Natal enfeitavam a sala.

   Adjunto adnominal: as, de natal, a.

Os termos que completam o sentido de um nome podem ser artigos, adjetivos ou numerais:

Ex.: A cidade inteira acordou com uma sensação estranha.
     Artigo                      numeral           adjetivo

### Diferença entre adjunto adnominal e complemento nominal

Considerando que ambos completam o sentido de um nome, é comum ter dúvidas entre o adjunto adnominal e o complemento nominal. Para distingui-los, é importante observar os critérios abaixo:

| Complemento nominal | Adjunto adnominal |
|---|---|
| **Sempre** com preposição | Nem sempre com preposição |
| Se relaciona com substantivos, adjetivos e | Se relaciona somente com substantivos, nunca com adjetivos ou advérbios |
| **Nunca** se relaciona com substantivos concretos | Se relaciona com substantivos concretos |
|  | Transmite a ideia de **posse** |

### 10.2.5 Adjunto adverbial

Este é um dos termos da oração, muito abordado em provas de concurso. Tem-se observado que a nomenclatura dos adjuntos adverbiais não é visada pelas bancas; o que se aborda é a significação que tais palavras adquirem no contexto de um enunciado.

É importante frisar que o ADVÉRBIO está ligado ao verbo, e não o complementa. Sua função é modificar um verbo ou outro advérbio.

| Exs.:
| Eu moro longe.
         *Modificando um verbo*
| Eu moro muito longe.
         *Modificando outro advérbio*

É possível perceber que as nomenclaturas representam realmente o que simbolizam.

De tempo (quando?): Termo que sempre vai designar ideia de tempo.

| Ex.: Hoje, geralmente, amanhã, ontem, nunca, jamais etc.

De lugar (onde?): Termo que sempre vai designar ideia de lugar.

| Ex.: Aqui, lá, acolá, ali etc.

De afirmação: Termo que sempre vai designar ideia de afirmação.

| Ex.: Sim, certamente, com certeza, sem dúvida, amém etc.

De negação: Termo que sempre vai designar ideia de negação.

| Ex.: Não, nunca, jamais etc.

De dúvida: Termo que sempre vai designar ideia de dúvida.

| Ex.: Talvez, quiçá, oxalá, provavelmente etc.

De causa: Termo que sempre vai designar ideia de causa.

| Exs.: Tremeu com a palavra.
| Vibrou com a notícia.

De instrumento: Termo que sempre vai designar ideia de instrumento.

| Exs.: Feriu-se com o anzol.
| Enforcou-se com a corda.

De companhia: Termo que sempre vai designar ideia de companhia.

| Exs.: Saí com minha tia.
| Viajamos com a mãe.

De modo: Termo que sempre vai designar ideia de modo.

| Ex.: Erroneamente, facilmente, às claras, às escuras etc.

De intensidade: Termo que sempre vai designar ideia de intensidade.

| Ex.: Muito, pouco, menos, mais, bastante etc.

De assunto: Termo que sempre vai designar ideia de assunto.

| Ex.: Falei sobre gramática.

De proporção: Termo que sempre vai designar ideia de proporção.

| Ex.: À medida que, à proporção que, conforme, quanto mais, quanto menos etc.

De finalidade: Termo que sempre vai designar ideia de finalidade.

| Ex.: Para que, a fim de (que), para etc.

De consequência: Termo que sempre vai designar ideia de consequência.

| Ex.: Tanto que, tamanho que, tal que, tão que etc.

De concessão: Termo que sempre vai designar ideia de concessão.

| Ex.: Embora, ainda que, por mais, apesar de, conquanto etc.

De condição: Termo que sempre vai designar ideia de condição.

| Ex.: Se, caso, desde que, contanto que etc.

De comparação: Termo que sempre vai designar ideia de comparação.

| Ex.: Como, tal qual, (do) que, qual, quão etc.

De conformidade: Termo que sempre vai designar ideia de conformidade.

| Ex.: Como, conforme, segundo, consoante, de acordo etc.

De meio: Termo que sempre vai designar ideia de meio.

| Exs.: Fui de trem.
| Mandei via correio.

Aposto: Observe o exemplo a seguir:

| João, morador do térreo, reclamou do barulho das crianças na garagem.

O termo destacado acrescenta uma informação sobre o sujeito, identificando-o ou caracterizando-o. Este termo é chamado aposto.

| São Paulo, maior cidade do país, luta contra a poluição.
| Fascinadas com o parque, as meninas não queriam ir embora.

#### Fique ligado

Geralmente, o aposto aparece entre vírgulas. Entretanto, quando aparece sem elas, é chamado aposto restritivo. Observe a diferença:
Os alunos da tarde que vão viajar devem entregar a autorização até amanhã.
Os alunos da tarde, que vão viajar, devem entregar a autorização até amanhã.
No 1º caso, entende-se que apenas os alunos da tarde que vão viajar precisam entregar a autorização. Trata-se, portanto, de aposto restritivo.
No 2º caso, entende-se que TODOS vão viajar e o aposto, portanto, é uma informação que cabe a todos os alunos da tarde. Trata-se, portanto, de aposto explicativo.

### 10.2.6 Vocativo

Observe os exemplos a seguir:

| Marina, você viu o edital do concurso?
| Crianças, já bateu o sinal!
| Corram, meninas, vocês vão se atrasar!

Observe que os termos assinalados não possuem relação sintática com os enunciados. Trata-se de uma interlocução, uma relação entre quem fala e quem ouve.

44

# LÍNGUA PORTUGUESA

## 11 SINTAXE DO PERÍODO

Observe as orações a seguir:

Fui à fazenda.

Cheguei à fazenda e corri para ver o lago.

Gostei de andar pela fazenda.

A primeira oração possui apenas um verbo e o sentido completo. Trata-se, portanto, de um período simples, ou uma oração absoluta.

No segundo caso, temos duas orações, ou seja, dois verbos, com sentidos completos e independentes uma da outra.

Ex.: Cheguei à fazenda. Corri para ver o lago.

Cheguei à fazenda e corri para ver o lago.

Por possuir mais de um verbo, trata-se de um período composto.

Por serem as orações independentes, trata-se de um período composto por coordenação. As orações são coordenadas.

No terceiro caso, as duas orações não possuem sentido completo e independente:

Ex.: Gostei de andar pela fazenda.

As orações dependem uma da outra para ter sentido, não sendo, portanto, independentes. Neste caso, trata-se de um período composto por subordinação. Há uma oração principal e uma oração subordinada.

### 11.1 Período Composto por Coordenação

As orações coordenadas são aquelas que possuem sentido independente.

As orações coordenadas podem ser:

Sindéticas: quando possuem elemento de ligação, normalmente representado pelas conjunções:

Ex.: Cheguei tarde e logo dormi.

Assindéticas: quando não possuem elemento de ligação, normalmente representado pelas conjunções:

Ex.: |Tentou,| |cansou,| |desistiu.|
     1ª oração  2ª oração   3ª oração

Aditivas: são as orações que dão a ideia de adição. Normalmente são ligadas por uma conjunção aditiva:

Ex.: Chegou cansada e logo foi dormir.

Alternativas: são as orações que dão a ideia de alternância. Normalmente são ligadas por uma conjunção alternativa:

Ex.: Ou chega atrasado ou sai mais cedo.

Adversativas: são as orações que dão a ideia de oposição. Normalmente são ligadas por uma conjunção adversativa:

Ex.: Chegou cansada, mas deu atenção aos filhos.

Explicativas: são as orações que dão a ideia de explicação. Normalmente são ligadas por uma conjunção explicativa:

Ex.: Estava chateado, pois não conseguiu o emprego que queria.

Conclusivas: são as orações que dão a ideia de conclusão. Normalmente são ligadas por uma conjunção conclusiva:

Ex.: Choveu o dia inteiro, portanto não poderemos realizar a reunião no gramado.

### 11.2 Período Composto por Subordinação

O período composto por subordinação é caracterizado pela presença de uma oração principal e uma a ela subordinada.

A classificação das orações subordinadas é semelhante à classificação dos termos no período simples. A diferença é que o termo será representado por uma oração.

### 11.2.1 Oração subordinada substantiva

As orações subordinadas substantivas classificam-se em:

| Oração subordinada substantiva | Função |
|---|---|
| Subjetiva | Sujeito da oração principal |
| Objetiva direta | Objeto direto da oração principal |
| Objetiva indireta | Objeto indireto da oração principal |
| Completiva nominal | Complemento nominal (de um termo) da oração principal |
| Apositiva | Aposto da oração principal |
| Predicativa | Predicativo do sujeito da oração principal |

As orações subordinadas substantivas exercem a mesma função sintática que os substantivos exerceriam na oração. Observe:

Ex.: Mariana gosta de doces.
              VTI     OI

Ex.: Mariana gosta de passear com o cachorro.
              VTI

de passear com o cachorro: por possuir verbo, é uma oração subordinada com função de OI. Portanto, trata-se de uma oração subordinada substantiva objetiva indireta.

Subjetiva: a oração subordinada substantiva subjetiva tem a função de sujeito da oração principal:

Exs.: Não convém falar mal dos outros.

Foi avisado que a reunião ia demorar.

Objetiva direta: a oração subordinada objetiva direta tem a função de objeto direto da oração principal:

Ex.: As meninas falaram que você gostou do presente.
     VTD

Objetiva indireta: a oração subordinada objetiva indireta tem a função de objeto indireto da oração principal:

| Os alunos gostaram de falar sobre as férias
VTI

Completiva nominal: a oração subordinada completiva nominal tem a função de complemento nominal de um nome da oração principal:

| **Ex.:** Nós ficamos cansados por viajar tanto tempo.
 [nome incompleto]

Apositiva: a oração subordinada apositiva tem a função de aposto da oração principal:

**Ex.:** Uma coisa era certa: nada seria como antes.

Predicativa: a oração subordinada predicativa tem a função de predicado da oração principal.

Acontece quando a oração principal apresenta um verbo de ligação:

Meu medo era que chovesse no dia da viagem.

Orações subordinadas adverbiais: têm valor de advérbio e formam um total de 9 tipos de orações. O mais comum em provas é cobrar o valor da conjunção. Atenção: oração = verbo - subordinada = dependência - adverbial = valor de advérbio.

Oração subordinada adverbial temporal: possui valor de tempo e traz conjunções como QUANDO, DESDE QUE, ENQUANTO, ASSIM QUE, LOGO QUE etc.

| Desde que | trabalho, meus sonhos acontecem.
Conj. temporal

## SINTAXE DO PERÍODO

Trabalho = modo indicativo (tempo)

Oração subordinada adverbial condicional: possui valor de condição e traz conjunções como SE, CASO, DESDE QUE, CONTANTO QUE etc.

| Desde que | trabalhe, meus sonhos acontecerão.
   Conj. condicional

Trabalhe = subjuntivo (hipótese)

Oração subordinada adverbial proporcional: possui valor de proporção e traz conjunções como À MEDIDA QUE, À PROPORÇÃO QUE, CONFORME, QUANTO MAIS, ASSIM COMO etc.

| Ex.: | À medida que leio, | mais inteligente fico.
      Conj. proporcional

Existem muitas conjunções que podem aparecer com valores distintos. Portanto, decorar não é a solução. Dependendo de como elas apareçam na oração e de como se relacionam com verbos, o valor de tais conectivos muda.

Oração subordinada adverbial consecutiva: possui valor de consequência e traz conjunções como TANTO QUE, TÃO QUE, TAMANHO QUE etc.

| Ex.: O tombo foi tão feio que desmaiou.
      Conj. consecutiva

Oração subordinada adverbial causal: possui valor de causa e traz conjunções como PORQUE, COMO, JÁ QUE, UMA VEZ QUE etc.

| Exs.: | Como | você não apareceu, fui ao cinema.
      Conj. causal

| Nosso produto vende mais, | porque | é fresquinho.
                            Conj. causal

> **Fique ligado**
>
> É comum confundir conjunções causais com as explicativas. Para não cair em armadilhas, pergunte "O que acontece primeiro?". A causa sempre vem primeiro, se houver conjunção na causa, a conjunção terá valor de causa, se não, terá valor de explicativa.

Oração subordinada adverbial conformativa: possui valor de conformidade e traz conjunções como CONFORME, COMO, SEGUNDO, CONSOANTE, DESTA FORMA etc.

| Ex.: Segui as instruções | como | nós havíamos combinado.
                            Conj. conformativa

Oração subordinada adverbial comparativa: possui valor de comparação e traz conjunções como QUE, TAL QUAL, QUAL, QUÃO, COMO etc.

| Ex.: Ela me tratou | como | se eu não existisse.
            Conj. comparativa

Oração subordinada adverbial final: possui valor de finalidade e traz conjunções como A FIM DE (QUE), PARA QUE, PARA etc.

| Ex.: Rezei | para que | a prova fosse adiada.
        Conj. final

Oração subordinada adverbial concessiva: possui valor de concessão (ceder) e traz conjunções como EMBORA, AINDA QUE, CONQUANTO, APESAR DE, POR MAIS QUE etc.

| Ex.: | Embora | odeie minha sogra, dependo dela.
    Conj. concessiva

### 11.2.2 Orações subordinadas adjetivas

Orações que têm valor de adjetivo. Se houver conectivos nessas orações, serão pronomes relativos QUE, O(A)(S) QUAL(IS), CUJO(A)(S) etc. Não é comum aparecerem nas provas com essa nomenclatura, porém é a vírgula quem dá toda a diferença delas. Fique atento à semântica, ao entendimento do contexto das orações.

| O gelo FRIO – adjetivo explicativo.
  Que é frio

| A mulher GANANCIOSA – adjetivo restritivo.
    Que é gananciosa

| QUE é um pronome relativo.

Para transformar adjetivos em orações, colocamos verbos neles.

Adjetiva explicativa: são aquelas orações que têm valor de adjetivo explicativo, ou seja, se retiradas não fazem diferença numa oração. Sempre são isoladas por vírgulas.

    **Exs.:** A mãe, que tem filhos, detesta fraldas de pano.
          Este menino, que rouba livros, é analfabeto.
          A menina, que nunca foi santa, aprontou mais uma.

Perceba que aqui o entendimento da oração, do idioma, fica mais evidente que a nomenclatura gramatical. Perceba que todas as orações em destaque não fazem diferença na mensagem. Todo padre faz seminário. Já se sabe quem enforcou o rato e, se a menina aprontou MAIS UMA, significa que ela nunca foi santa.

Adjetiva restritiva: são aquelas orações que têm valor de adjetivo restritivo, ou seja, são essenciais para pontuar uma mensagem. Literalmente restringem uma informação. A vírgula depois dela, uma só, é opcional.

| O padre que é bêbado (,) sempre atrasa a missa.
| O cão que latiu (,) estava bravo.

Perceba que não é qualquer padre ou qualquer cão, todos eles estão especificados, ou seja, restritos. Na terceira oração, o tempo verbal faz a diferença, veja que se falou do "cão que latiu", apenas dele.

    **Exs.:** Almocei com meu irmão que se casou. (restritiva)
          Almocei com meu irmão, que se casou. (explicativa)

A diferença entre as duas é gritante. Na primeira, o sujeito possui mais de um irmão, ele especifica com qual deles almoçou. Na segunda, ele possui apenas um irmão.

As nomenclaturas reforçam a tese. Repare que na segunda, sendo explicativa, já se sabe com qual irmão ele almoçou. Na primeira ele restringe com qual irmão almoçou.

    **Exs.:** Vi o senador que é meu vizinho. (restritiva)
          Vi o senador, que é meu vizinho. (explicativa)

Na primeira, sei de qual senador o sujeito se refere. Na segunda, pode-se falar que o sujeito esteja na Câmara do Senado, por especificar qual senador, entre muitos que lá trabalham, ele viu.

Vimos neste capítulo como o valor das conjunções pode e vai confundir você, caso sua mente não esteja atenta. Saber quais são as conjunções é válido, porém saber o valor que possuem é ainda mais útil e eficaz para êxito numa prova de concurso. Assim como na coordenadas, as subordinadas pedem uma atenção ainda maior. O lado positivo é que representam literalmente o nome que recebem. Já nas substantivas, não se esqueça de que a conjunção é sempre integrante e que você consegue substituir toda uma oração substantiva por ISSO. Nas adjetivas, as vírgulas diferenciam uma da outra, entretanto estar atento à mensagem é o essencial para ter êxito nas provas.

# LÍNGUA PORTUGUESA

## 12 CONCORDÂNCIA VERBAL E NOMINAL

### 12.1 Concordância Verbal

A concordância verbal é dos assuntos mais cobrados em provas de concurso, justamente pela complexidade que envolve a detecção de certos erros. O assunto por si só gera problemas, e as bancas agravam a abordagem do conteúdo, conduzindo, muitas vezes, o candidato ao erro. Saber as regras é importante, mas seguir alguns passos para isso é ainda melhor. Uma dica: em primeiro lugar, deve-se encontrar o sujeito. Fazendo isso, o candidato perceberá a relação do verbo com o sujeito, de modo que fica mais fácil unir o conhecimento das regras à coerência da mensagem.

A concordância verbal ocorre quando o verbo concorda com o núcleo do sujeito. Porém, levar isso à risca é perigoso, pois nem todos os casos seguem tal teoria e definição. Por isso, atenção aos exemplos. Vale lembrar que todos os verbos seguem as mesmas regras, com exceção de SER, que possui uma regra específica.

1ª pessoa — eu, nós
2ª pessoa — tu, vós
3ª pessoa — ele(a)(s)

Eu e tu fizemos.
  (nós)

Tu e ele fizestes – ou – Tu e ele fizeram.
  (vós)          (eles)

Percebe-se que a ordem de aparição dos sujeitos pode mudar a concordância do verbo:

Eu, ela, Maria e Paula fizemos.
  (nós)

Quando o sujeito vier posposto ao verbo, a concordância pode ser feita de duas formas: com os núcleos ou com o mais próximo.

Exs.: Fizemos eu, ela, Maria e Paula.
Fiz eu, ela, Maria e Paula.

#### 12.1.1 Casos de concordância verbal

Um(a) dos(as) que

Um dos que: pode-se concordar com o mais próximo ou a quem que se quer dar ênfase:

Ela é uma das que vieram – ou – veio.

**Fique ligado**
Muitas vezes, a mudança de concordância dos verbos pode influenciar em prejuízo semântico. A ênfase pode mudar. Saber unir seu domínio do idioma com as regras gramaticais é essencial para ter êxito em uma prova.

#### 12.1.2 Núcleos com sinônimos

A concordância é feita de duas formas, com os núcleos ou no singular, como se fosse uma coisa apenas.

Dor e sofrimento

Guiam – ou – guia minha vida.
(dor e sofrimento são sinônimos)

#### 12.1.3 Sujeito oracional

Verbo sempre no SINGULAR.
Ex.: Amar e agir não denota a mesma coisa.

#### 12.1.4 Ou como inclusão no plural

Ex.: Manga ou mexerica me aprazem.
  valor de E

#### 12.1.5 Aposto resumitivo

Verbo concorda com ele. Único caso em que o verbo não concordará com o núcleo do sujeito.

Ex.: Cinema, música, arte, dança, tudo me agrada.
                                        aposto

#### 12.1.6 Preposição com

Duas concordâncias, com um dos núcleos ou com os dois.
**Exs.:** José com o cão passeou – ou – passearam.
José passeou com o cão. – mesma semântica

#### 12.1.7 Coletivo pelo determinante

Duas concordâncias, com o coletivo e com os determinantes.
**Exs.:** A maioria das pessoas sofre – ou – sofrem.
Parte dos alunos vieram – ou – veio.

#### 12.1.8 Mais de / menos de

Ex.: Mais de um cliente surgiu – Menos de dois clientes surgiram.
| Mais de um caminhão se chocaram.
Por causa do SE (pronome reflexivo), acredita-se que seja mais de um carro mesmo, ou seja, no mínimo dois.

#### 12.1.9 Com pronomes

| Ex.: Nem eu nem ele vamos.
Equivale a "eu e ele vamos".
| (Nenhum) Nem um nem outro vai.
Ninguém apareceu.
| Ex.: Quem de nós foi? – Qual de nós vai?
Concordando sempre com o pronome no singular.
| Ex.: Quantos de nós vão – ou – vamos?
Pronomes no plural, tanto faz concordar com o coletivo ou com o determinante.

#### 12.1.10 Sujeito deslocado

Muitas vezes, achar o sujeito é o meio mais seguro de saber se a concordância está correta. Claro que saber a regra constitui um aliado. Em provas, o mais comum é a mescla dos dois.

| Ex.: Não se contrapuseram o meu e o seu ponto de vista.
  Sujeito

São dois os pontos de vista. Verifica-se que tudo fica no singular para induzir o candidato ao erro.

| Couberam (coube) a mim, um ator jovem, num mundo de ambição, o papel de mordomo e o de vilão.

Sujeito: o papel de mordomo e o de vilão. São dois os papéis.

Verifica-se que o verbo, por anteceder o sujeito, poderia vir no singular. Mas, em um concurso, a banca tende a induzir o candidato ao erro. Nota-se que não existe uma palavra no plural, e isso pode confundir o candidato. A flexão no singular COUBE é aceita porque o verbo está anteposto, podendo concordar com o primeiro núcleo do sujeito, no caso, PAPEL.

Vejamos algumas orações que podem causar dúvida quanto à concordância verbal:

**Exs.:** Soaram 10 horas no relógio.
Deu meio-dia nos relógios.
Deram 1 hora nos relógios.

#### 12.1.11 Que / quem

| Fui eu que fiz.
Quem fiz.
Quem fez.

## CONCORDÂNCIA VERBAL E NOMINAL

| Fomos nós que fizemos.
    Quem fizemos.
    Quem fez.

### 12.1.12 Países / estados

Mesmo que o nome esteja no plural, o verbo ficará no singular, a menos que apareça um artigo, daí o verbo se flexiona no plural.

**Exs.:** Estados Unidos invade o Iraque – Os Estados Unidos invadem o Iraque.
Minas Gerais abraça o Brasil – As Minas Gerais abraçam o Brasil.
Os lusíadas narra / narram a saga portuguesa.

### 12.1.13 Pronomes de tratamento

Sempre 3ª pessoa do singular.
| Vossa Santidade está bem?

### 12.1.14 Locução verbal

O verbo auxiliar concorda com o núcleo do sujeito.
| Eles vão sair.

Exceção ao verbo auxiliar PARECER, que pode flexionar concordando com o núcleo ou ficar no singular.
| Eles parecem dormir – Eles parece dormirem.

### 12.1.15 Haja vista

Pode concordar com o termo sucessor no plural ou ficar invariável.
**Ex.:** (...) HAJA VISTA o problema da saúde.
    (...) HAJAM VISTA os problemas da saúde.
(haja vista)

### 12.1.16 Silepse de pessoa

O verbo concorda com um termo implícito.
| Os brasileiros estamos calmos. (nós, termo implícito)
    (estão)

### 12.1.17 Concordância do verbo ser

As regras do verbo SER são diferentes. Ele concorda com o pronome do caso reto e/ou com pessoas, independente se estiverem no sujeito ou no predicado. Na ausência dessas duas possibilidades, o verbo SER concorda com quem estiver no plural.

**Exs.:** As crianças são o inferno.
    Meu sonho são meus pais.
    O rei somos nós.
    Tudo são (é) flores.

O verbo "ser", quando indica tempo ou distância, concordará com o predicativo:
| Ex.: São seis quilômetros daqui até a cidade.

▷ **Se a oração estiver na voz passiva, com sujeito indeterminado, o verbo ficará na terceira pessoa do singular:**
| Ex.: Precisa-se de vendedores.

▷ **Se o verbo vier acompanhado do pronome apassivador "se", deverá concordar com o sujeito:**
| Ex.: Alugam-se barcos.

▷ **Quando o sujeito for composto, o verbo ficará no plural quando aparecer depois do sujeito:**
| Ex.: Filhos e netos aplaudiram o discurso do jardineiro.

▷ **Quando o verbo aparecer antes do sujeito composto, poderá aparecer no plural ou no singular concordando com o primeiro termo:**
Exs.: Chegaram a filha, o genro e os netos.
| Chegou a filha, o genro e os netos.

▷ **Verbos que indicam fenômenos da natureza, por não possuírem sujeito, ficarão sempre na terceira pessoa do singular:**
| Exs.: Ventou a semana toda.
| Choveu por três dias.

▷ **O verbo "haver", quando apresentar o sentido de "existir", será impessoal e ficará sempre na terceira pessoa do singular:**
| Ex.: Há várias coisas para fazer aqui.

▷ **Os verbos "haver" e "fazer", quando indicarem tempo, também serão impessoais e ficarão sempre na terceira pessoa do singular:**
| Exs.: Faz duas semanas que não como doces.
    Há meses que não vou até lá.

## 12.2 Concordância Nominal

Muitas vezes, a concordância nominal aparece junto à verbal. As bancas têm o hábito de colocar as duas num mesmo exercício. O grau de atenção que o tópico pede é o mesmo que o da concordância verbal.

A concordância nominal ocorre quando existe a concordância com o nome em gênero (masculino e feminino) e número (singular e plural).

Quando houver os dois gêneros, na concordância, sempre prevalecerá o masculino.

Comprei toalha e tapete amarelos. (concorda com os dois)
Comprei toalha e tapete amarelo. (concorda apenas com TAPETE)
Comprei toalha amarela e tapete. (concorda apenas com TOALHA e deve estar "colado" ao termo feminino)
Comprei amarela toalha e tapete. (concorda com o mais próximo)
Comprei amarelos toalha e tapete. (concorda com os dois)
**Exs.:** A cerveja que desce REDONDO.
(advérbio, sem variação)
    É PROIBIDO entrada de estranhos.
    É PROIBIDA A entrada de estranhos.
(artigo muda o gênero)

### 12.2.1 Casos de concordância nominal

**Anexo**
**Ex.:** Seguem ANEXAS as planilhas.
    Seguem EM ANEXO as planilhas.

**Bom / boa**
Exs.: Salada é bom.
    A salada é boa.

**Meio / meia**
**Exs.:** Ela ficou MEIO tensa. (advérbio)
    Já é meio-dia e meia. (numeral)

**Menos**
| Ex.: Faça MENOS força.

**Mesmo**
**Ex.:** Joana MESMA fez o bolo.
    Joana fez o bolo MESMO.

**Só**
**Exs.:** Ele ficou SÓ com a menina. (concorda com o sujeito)
    Eles ficaram SÓS com a menina. (concorda com o sujeito)

**A sós**
**Exs.:** Ele ficou A SÓS com ela.
    Eles ficaram A SÓS com ela.
(ambos são advérbios, portanto, não há variação)

## Quite/quites

**Exs.:** Eu estou QUITE.
Nós estamos QUITES.

## Alerta

Ex.: As pessoas ficaram ALERTA.

Muitas vezes, saber a quem o termo se refere ajuda, e muito, para entender o conceito de concordância. Em provas, é comum deslocar a concordância do termo com o qual ela se relaciona, e o candidato pode ser induzido ao erro.

Ex.: Achei LINDA, entre todos os presentes, homens de negócio, ambiciosos cujo poder suplanta qualquer caráter, a sua atitude.

## Adjetivos compostos

Quando há dois adjetivos, em um mesmo termo, apenas o segundo se flexiona em concordância ao nome.

Reuniões afro-brasileiras.
Clínicas médico-cirúrgicas.

Exceção:
Crianças SURDAS-MUDAS.

## Cores

Cores compostas, apenas CLARO e ESCURO flexionam, os demais termos não.

**Exs.:** Blusas verde-claras.
Calças verde-escuras.
Sutiãs verde-abacate.
Cuecas vermelho-sangue.

Quando a cor funcionar também como substantivo, apenas o substantivo flexionará o adjetivo, ou seja, a cor não. O plural de CINZA, como substantivo ficará CINZAS, a cor não.

**Exs.:** Saias laranja.
Camisas vinho.
Blusas violeta.
Calcinhas creme.
Sapatos cinza.

Vimos, neste capítulo, como a atenção ao sujeito é primordial para que tanto a concordância nominal como a verbal fiquem claras para o aluno. Saber as regras é importante, porém entender os conceitos e, principalmente, dominar a semântica da Língua Portuguesa é ainda mais essencial. A leitura ajuda muito. Quem lê bastante acaba dominando as mensagens, mesmo as mais peculiares que os discursos trazem.

# 13 COLOCAÇÃO PRONOMINAL

A colocação pronominal caracteriza-se quando o pronome oblíquo aparece relacionado ao verbo. Existem 3 formas de o pronome oblíquo aparecer junto ao verbo: depois, no meio e antes dele. Apesar de a próclise ser a mais recorrente em concursos, a colocação pronominal é comum nas provas, independentemente da banca.

## 13.1 Ênclise

Caracteriza-se quando o pronome oblíquo aparece depois do verbo. É a forma natural de o pronome aparecer. Existe apenas uma regra. É comum chamar o pronome oblíquo numa ênclise de pronome enclítico.

Jamais se inicia oração com pronomes oblíquos.

| Ex.: Dê-me – Fale-me - Compre-o – Diga-lhe– Faça-o- Fizeram-me.

Não importa o pronome, importa que a ele seja dado o nome de enclítico quando vier depois do verbo.

A ênclise só é obrigatória nessas situações, fora isso, a próclise, quando o pronome oblíquo aparece antes do verbo, também pode ser correta.

> **Fique ligado**
> Não é interessante decorar regras. Entender o conceito é muito mais seguro para uma prova. Observemos a oração a seguir.

| Ex.: Aqui (se) trabalha(-se).

O pronome SE viria antes ou depois do verbo?

É aqui que a Língua Portuguesa traz mais uma vez suas particularidades. Se a resposta for "depende", haveria alguns ajustes a serem feitos.

Vejamos a sentença a seguir:

| Ex.: Aqui se trabalha.

A posição do pronome não só é correta como também é obrigatória, porque o termo AQUI é um advérbio, uma palavra atrativa, ou seja, o pronome oblíquo se torna proclítico, obrigatoriamente.

| Ex.: Aqui, trabalha-se.

Caso se opte pela ênclise, significa que a vírgula, opcional, deve aparecer na sentença. O início da oração traz um advérbio reduzido, com isso, o uso da vírgula é opcional.

Caso se opte por colocar a vírgula, a oração vai se iniciar depois dela, logo aplica-se a regra da ênclise de jamais se iniciar oração por pronome oblíquo. O pronome tem de ser enclítico, obrigatoriamente.

| Exs.: Em janeiro, permite-se tudo.
| Lá, perseguem-me.

Vejamos a oração:

| Ex.: As meninas, ontem, (me) ligaram(-me).

Percebe-se que, se a regra de colocação pronominal for meramente decorada, com certeza, o candidato seria induzido ao erro. Na oração citada, tanto faz colocar o pronome antes ou depois do verbo.

O termo ONTEM, isolado por vírgulas, está no meio da oração, é como "se ele não existisse", é possível retirá-lo, de modo que a oração não será modificada sintaticamente. Convém observar que a oração começa com AS MENINAS.

Conforme já afirmamos no início da abordagem desse tema, a próclise é tradicional no Brasil. Portanto, tanto faz falar "me ligaram" ou "ligaram-me".

Como as vírgulas são opcionais, ao retirá-las, o termo ONTEM (uma palavra atrativa) fica em evidência. Dessa forma, a oração apenas ficará certa com a seguinte formação:

| Ex.: As meninas ontem ME ligaram.

> **Fique ligado**
> A ênclise inexiste no particípio e nos futuros do presente e do pretérito do modo indicativo.
> **Ex.:** Comprado-me – Dito-lhe – Compraria-me – Darei-lhe.

## 13.2 Mesóclise

Caracteriza-se quando o pronome oblíquo aparece no meio do verbo. Os verbos que aceitam a mesóclise são os conjugados nos tempos futuro do presente e futuro do pretérito do modo indicativo. A mesóclise só será obrigatória em início de oração, caso contrário, a próclise também estará certa.

| Exs.: Dar-LHE-ei - Comprar-TE-íamos
| Ligá-LO-ei - Trá-LA-á.

Vejamos a mesóclise em exemplos apontados a seguir. Verifica-se que, obrigatoriamente, os verbos estão no início da oração. Por isso, o pronome mesoclítico é a única forma correta:

| Exs.: Comparemos a ti (TE) o pão (O).
| Comprar-TO-emos.
| Darei a ela (LHE) a palavra (A).
| Dar-LHA-ei.

> **Fique ligado**
> Percebe-se que, quando a mesóclise não aparecer no início, a próclise também estará certa. Tanto faz "O casamento REALIZAR-SE-Á à noite" ou "O casamento SE REALIZARÁ à noite".

## 13.3 Próclise

Ocorre quando o pronome oblíquo aparece antes do verbo. É a forma mais comum no Brasil. Por isso, são as mais cobradas pelas bancas. A próclise só estará errada se aparecer no início da oração. Para que ela seja OBRIGATÓRIA, existem as palavras atrativas.

Vejamos as regras:

### Advérbio

| Ex.: <u>Não</u> me desanime.

### Pronome indefinido, demonstrativo

| Exs.: <u>Isso</u> o desapontou.
| <u>Tudo</u> me anima.

### Pronome relativo

| Ex.: Este é o homem <u>que</u> lhe desobedecerá.

### Conjunção subordinativa

| Ex.: Ela falou <u>que</u> me deve dinheiro.

### Frases exclamativas e interrogativas

| Exs.: Como te maltrataram!
| Onde a deixaram?

### Expressão de desejo / imprecação (desejo ruim)

| Ex.: Deus o ilumine. O diabo te carregue.

### Verbo no gerúndio precedido, porém, de outra oração.

| Ex.: <u>Em</u> se falando de política, cale-se.

Nas orações a seguir, é possível observar que ambas estão certas:

| Ex.: Joana disse que a festa <u>se</u> realizará amanhã.

A conjunção subordinada atrai o pronome oblíquo, mas não de forma obrigatória, a ênclise também estaria certa aqui.

Ex.: Joana disse que vai chamar-me.

> **Fique ligado**
>
> Não existe ênclise com verbos no particípio. Assim como nem toda locução verbal exigirá o pronome oblíquo igual ao exemplo anterior. Ex.: O padre (ME) tinha (ME) chamado.

Mesmo que haja a palavra atrativa, existe uma locução verbal e o verbo principal no infinitivo, assim, mesmo se tivermos a oração abaixo, também estaria correta.

Exs.: Joana disse que vai me chamar. – Joana disse que me vai chamar.

Não irá convidar-me.

Não irá me convidar.

Não me irá convidar.

> **Fique ligado**
>
> Não existe ênclise com verbos no particípio. Assim como nem toda locução verbal exigirá o pronome oblíquo igual ao exemplo anterior. Ex.: O padre (ME) tinha (ME) chamado.

Vimos, neste capítulo, como a próclise predomina na colocação pronominal. Claro que saber as regras ajuda, e muito, a usar adequadamente os pronomes oblíquos em uma oração. Porém, perceber que tais termos em nada mudarão a semântica em uma mensagem é fundamental para que não se cometam erros ao se resolver uma questão.

**REGÊNCIA VERBAL E NOMINAL**

## 14 REGÊNCIA VERBAL E NOMINAL

### 14.1 Regência Verbal

A relação correta entre o verbo e seus complementos, ou seja, os termos regidos por ele.

Os verbos que exigem complemento, chamados transitivos, se relacionam de duas maneiras com seus complementos:

- **Verbos transitivos diretos:**

São os verbos que não exigem preposição antes de seus complementos:

| Ex.: Comprei frutas hoje cedo.

- **Verbos transitivos indiretos:**

São os verbos que não exigem preposição antes de seus complementos:

| Exs.: Os moradores gostaram da pintura do prédio.
| Fui à cidade de ônibus.

- **Verbos transitivos diretos e indiretos:**

São verbos que exigem dois complementos, sendo um ligado por preposição:

| Ex.: Entreguei a carta ao diretor.

- **Verbos intransitivos:**

São verbos que não exigem complemento:

| Ex.: O vizinho do apartamento ao lado morreu.

| Fique ligado |
|---|
| Em alguns casos, o emprego ou não de preposição poderá alterar o sentido do verbo: Assistir: Verbo transitivo direto quando tiver o sentido de ajudar. Verbo transitivo indireto quando tiver o sentido de ver. Ex.: Assistimos ao filme na minha casa. O médico assistiu os pacientes mesmo fora de seu horário. |

| Verbo | Sentido | Regência/Preposição | Pronomes | Exemplos |
|---|---|---|---|---|
| Chamar | convocar | TD (por) | o, a | O Diretor o chamou à sua presença. Chamei por você. (ODp) |
| | apelidar | TD / TI > a | o, a / lhe | Chamaram-no (de) charlatão. (PO) Chamaram-lhe (de) charlatão. (PO) |
| Chegar, vir, ir | - | VI > a | - | Chegou ao Rio ontem. |
| Custar | ser custoso/difícil | TDI > a | lhe | Custa ao homem o perdão. |
| Implicar | acarretar | TD | | Isso implica punição. |
| Lembrar Esquecer | - | TD | o, a | Lembrou o fato. Esqueceu a chave. |
| Lembrar-se Esquecer-se | - | TI > de | dele | Lembrou-se do fato. Esqueceu-se da chave. |
| Namorar | - | TD | o, a | Ele namora minha irmã. |
| Necessitar Precisar | - | TD / TI > de | o, a / dele | O País precisa (de) agrônomos. O País precisa deles. O País precisa-os. |
| (Des)obedecer | - | TI > a | lhe (pessoa) | Os filhos obedecem aos pais. Não devemos desobedecer-lhes. |
| Morar, residir | - | VI > em | - | Mora na Rua XV de Novembro. |
| Pagar Perdoar | coisa/algo | TD | o, a | Ela pagou a conta do restaurante. |
| | pessoa | TI > a | lhe | Perdoei aos meus devedores. Perdoei-lhes. |
| Preferir | algo a alguma coisa | TDI > a | | Prefiro água a sucos. |
| Proceder | dar início/realizar | TI > a | a ele/ela | O professor procedeu-lhe. |

# LÍNGUA PORTUGUESA

| | | | | |
|---|---|---|---|---|
| **Querer** | desejar | TD | o, a | Ele não a quis para esposa. |
| | amar/ter afeto a | TI > a | lhe | Juro que lhe quero muito. |
| **Referir-se** | | TI > a | a ele | Referiu-se à ajuda coletiva. (a ela) |
| **Responder** | dizer/escrever em resposta | TI > a TDI | lhe | Respondeu ao telegrama. Respondeu-lhe que estava doente. |
| **Visar** | fazer pontaria pôr visto em | TD | o, a | Visou o alvo e atirou. O banco visou o cheque. |
| | pretender | TI > a | a ele | O vestiba visa a uma vaga na universidade. (a ela) |
| **Agradar** | causar agrado | TI > a | lhe | O vestibular agradou aos calouros. |
| **Ajudar** | | TD | o, a | O filho ajudava o pai na roça. |
| **Aludir** | fazer/referência | TI > a TDI | a ele | Aludiu aos fatos acontecidos. (a eles) Aludiu os fatos aos ouvintes. |
| **Ansiar** | causar mal-estar/ angustiar | TD | o, a | O cansaço ansiava-o. |
| | desejar ardentemente | TD TI > por | o, a por ele | Minha alfa anseia o infinito. Ansiava por me ver fora de casa. |
| | padecer ânsias | VI | - | Anseio em viagens. |
| **Aspirar** | sorver/respirar | TD | o, a | Aspirava o cheiro das rosas abertas. |
| | desejar/pretender | TI > a | a ele | O vestiba aspira a ser médio. (a isso) |
| **Assistir** | prestar assistência | TD | o, a | O médico assiste o doente. Os missionários são assistidos por Deus. |
| | presenciar/ver | TI > a | a ele | porque não assistes às aulas, vestiba? Tenho assistido a elas (às aulas) |
| | caber/ser de direito | TI > a | lhe | Não lhe assiste o direito de oprimir os vestibas. |
| | morar/residir | VI > em | - | Assistirei na capital enquanto estiver estudando. |

## 14.2 Regência Nominal

Observe os exemplos a seguir:

> **Exs.:** Temos muito admiração pelo seu trabalho.
> A atitude dele durante a reunião foi contrária ao esperado.
> Tenho certeza de que você tem capacidade para fazer um ótimo trabalho.

Observe que os nomes são acompanhados por preposições que lhes dão sentido. Estas preposições ligam os nomes ao termos de maneira coerente.

Cada nome possui um ou mais preposições específicas que devem acompanha-los. Esta colocação correta é chamada regência nominal.

| Nomes e Respectivas Regências ||||
|---|---|---|---|
| Acessível : a | Contíguo: a | Imbuído: de, em | Preferível: a |
| Acostumado: a, com | Contrário: a | Impróprio: para | Prejudicial: a |
| Afável: com, para, a | Curioso: de | Imcompatível: com | Presente: a |
| Aflito: com, por | Descontente: com | Indeciso: em | Prestes: a |
| Agradável: a | Desejoso: de | Inepto: para | Propenso: a, para |
| Alheio: a. de | Devoto: a, de | Insensível: a | Propício: a |
| Alusão: a | Diferente: de | Liberal: com | Próximo: a, de |
| Ambicioso: de | Entendido: em | Medo: a, de | Relacionado: com, a |
| Análogo: a | Equivalente: a | Misericordioso: com, para, com | Residente, situado, sito, morador: em |
| Ansioso: de, para, por | Essencial: para | Natural: de | Respeito: a, com, para com |

53

## REGÊNCIA VERBAL E NOMINAL

| | | | |
|---|---|---|---|
| Apaixonado: de (entusiasmado), por (enamorado) | Fácil: de | Necessário: a | Satisfeito: com, de, em, por |
| Apto: a, para | Falho: de, em | Nocivo: a | Semelhante: a |
| Aversão: a, por | Fanático: por | Obediência: a | Sensível: a |
| Ávido: de, por | Favorável: a | Ódio: a, contra | Suspeito: de |
| Benéfico: a | Favorável: a | Ojeriza: a, por | União: a, com, de, entre |
| Capacidade: de, para | Generoso: com | Paralelo: a, com, entre | Único: a, em |
| Capaz: de, para | Grato: a | Parco: em, de | Útil: a, para |
| Compatível: com | Hábil: em | Parecido: a, com | Vazio: de |
| Conforme: a (semelhante), com (coerente), em (concorde) | Habituado: a | Passível: de | Versado: em |
| Constante: de, em | Horror: a | Possível: de | Vinculado: a |
| Conteporâneo: a, de | Idêntico: a | Possuído: de, por | |

# LÍNGUA PORTUGUESA

## 15 CRASE

Assunto mais do que recorrente em qualquer prova, banca e nível. Por ser tão complexa, a crase tronou-se a vilã de qualquer concurso público. O importante é entender o conceito e não apenas decorar regras. Lembre-se de que o acento indicativo da crase é o grave e que crase é o encontro vocálico entre a preposição A e o artigo A.

Existem as regras obrigatórias, as proibitivas e as facultativas. Porém, há que se ter uma base delas para entender como as bancas optam por cobrar esse assunto.

### 15.1 Regras Obrigatórias

#### 15.1.1 Em locuções conjuntivas

Ex.: à medida que, à proporção que.

> **Fique ligado**
> A medida que tomei foi a correta. - sem crase

#### 15.1.2 Em locuções adverbiais

Ex.: à direita, à esquerda, à noite, às vezes, à vista, às 10h etc.

> **Fique ligado**
> Quando o assunto se refere aos períodos de tempo, principalmente as horas, é importante saber diferenciar um período de uma hora exata. Observemos que "Ele ficou as 10h em jejum" não leva acento grave, por representar o tempo total do jejum. Deve-se atentar também para as preposições, com exceção do ATÉ - nunca haverá crase com elas: "Estou aqui desde as 9h".

#### 15.1.3 Em expressões à moda de

Bife à milanesa – Escrevo à Camões – Fiz um gol à Maradona.

#### 15.1.4 Antes de senhora, senhorita e dona

Eu obedeço à senhora – Ele se referiu à dona – Eu paguei à senhorita.

#### 15.1.5 Antes de casa, terra e distância, quando tais palavras vierem determinadas

Exs.: Cheguei à terra dos meus pais.
Fomos à casa amarela.
Fiquei à distância de 50 metros.

### 15.2 Regras Facultativas

#### 15.2.1 Antes de nomes próprios femininos

**Exs.:** Ele se referiu (a) (à) Mariana.
Nós obedecemos (a) (à) Carla
Eles pagaram (a) (à) Maria.

#### 15.2.2 Com a preposição até

**Exs.:** Todos foram *até (a) (à)* mais bela fantasia.
Ficaremos abertos *até (as) (às)* 23h.

#### 15.2.3 Pronomes possessivos femininos

Exs.: Fomos (a) (à) sua casa.
Ele se referiu *(a) (à) minha* mãe.

### 15.3 Regras Proibitivas

#### 15.3.1 Antes de palavras masculinas

Exs.: Graças a Deus
Fomos a pé.

#### 15.3.2 Entre palavras repetidas

Exs.: gota a gota – uma a uma – cara a cara – face a face.

#### 15.3.3 Antes de verbos

Exs.: Voltamos a apresentar
Contas a pagar
A partir

#### 15.3.4 Antes de palavras no plural sem que haja encontro vocálico

Exs.: Ele se referiu a mulheres
Fomos a missas.

Observação: verifica-se que só há preposição nos exemplos acima.

#### 15.3.5 Antes de numerais

Exs.: Matrículas de 15 a 30 de abril.
De segunda a sexta.
Ficamos a 10 metros de distância.

> **Fique ligado**
> Quando existir a contração da preposição DE com o artigo A, haverá uso do acento grave. Ex.: Da primeira à sexta fileiras - Escrevi DA página 1 à 40.

#### 15.3.6 Antes de pronomes

Exs.: Um beijo a todos.
Graças a Sua Santidade.
Dei um recado a ela.
Este é o filme a que assisti.

### 15.4 Crase – Casos Especiais

Decorar regras de crase pode não ser tão eficiente. É importante atentar para algumas formas de o acento grave ser cobrado em provas. A probabilidade de aparecer isso nas questões é muito grande, principalmente quando a crase aparece com regras implícitas. Vejamos:

Ex.: Vivenciei uma situação análoga à que você contou.

Verifica-se que, pelas regras, antes de pronomes, não haveria acento grave. Mas, no exemplo, há uma palavra implícita: SITUAÇÃO.

A oração ficaria assim:

**Ex.:** Vivenciei uma situação análoga à (situação) que você contou.

Como a palavra não pode ser repetida, pois seria um eco, a crase dá a impressão de estar errada. É preciso ter cuidado com esse tipo de situação.

**Ex.:** O termo À QUE pode ser trocado por À QUAL (A+A QUAL).

> **Fique ligado**
> Muitas vezes, saber a regência do verbo ajudará, e muito, no entendimento do uso do acento grave. Além de assimilar o valor correto da mensagem, também trará ao leitor uma exatidão no uso da crase.

#### 15.4.1 Outro caso

Quando o aluno decora algo e toma aquilo como lei, pode sofrer consequências inesperadas. O acento grave pode aparecer em pronomes demonstrativos. Isso ocorre quando o verbo exigir a preposição A. Nesse caso, saber a regência do verbo é primordial ao entendimento.

**Exs.:** Ele viu aquilo. (quem vê vê algo)
Obedeci àquele homem. (Quem obedece obedece a alguém)

## CRASE

> A preposição ligada ao verbo, no caso o A, junta-se ao A do pronome aquele e tem-se tal formação. Mesmo sendo pronome masculino: a+aquele.
>
> Ele se referiu àquilo.

(Quem se refere se refere a algo) a preposição ligada ao verbo, no caso o A, junta-se ao A do pronome AQUILO e tem-se tal formação: a+aquilo.

### 15.4.2 Crase com termos implícitos

Ainda no campo de palavras implícitas, percebamos, nos exemplos abaixo, como o ato de simplesmente decorar pode atrapalhar o aluno.

> Ex.: Não só fez uma homenagem à filha do vizinho como também à dele.

Não só fez uma homenagem à filha do vizinho como também (fez uma homenagem) à (filha) dele.

Neste capítulo, vimos como a crase é importantíssima para uma comunicação perfeita. Procuramos salientar como as bancas costumam agir, elaborando questões que tendem a eliminar o candidato que se ocupa em exclusivamente decorar regras. Entender o conceito que o conteúdo traz e associar as regras ao uso correto do acento será primordial para que o assunto se torne corriqueiro e de domínio do aluno, auxiliando-o, inclusive, em suas redações.

# LÍNGUA PORTUGUESA

## 16 PONTUAÇÃO

A pontuação assinala a melodia de nossa fala, ou seja, as pausas, a ênfase etc.

### 16.1 Principais Sinais e Usos

#### 16.1.1 Vírgula

É o sinal mais importante para concurso público.

Usa-se a vírgula para:

▷ **Separar termos que possuem mesma função sintática no período:**
  Ex.: *José, Maria, Antônio* e *Joana* foram ao mercado. (função de núcleo do sujeito)

▷ **Isolar o vocativo:**
  Ex.: Então, *minha cara*, não há mais o que se dizer!

▷ **Isolar um aposto explicativo (cuidado com essa regra, veja que não há verbo no aposto explicativo):**
  Ex.: O João, *ex-integrante da comissão*, veio fazer parte da reunião.

▷ **Isolar termos antecipados, como: complemento, adjunto ou predicativo:**
  Ex.: *Na semana passada*, comemos camarão no restaurante português. (antecipação de adjunto adverbial)

▷ **Separar expressões explicativas, conjunções e conectivos:**
  Ex.: isto é, ou seja, por exemplo, além disso, pois, porém, mas, no entanto, assim etc.

▷ **Separar os nomes dos locais de datas:**
  Ex.: Cascavel, 02 de maio de 2012.

▷ **Isolar orações adjetivas explicativas (pronome relativo + verbo + vírgula):**
  Ex.:O Brasil, *que é um belíssimo país*, possui ótimas praias.

▷ **Separar termos de uma enumeração:**
  Ex.: Vá ao mercado e traga *cebola, alho, sal, pimenta e coentro*.

#### Fique ligado
A vírgula pode ser utilizada antes da conjunção aditiva "e" caso se queira enfatizar a oração por ela introduzida.

▷ **Separar orações coordenadas:**
  Exs.: Esforçou-se muito, *mas não venceu o desafio*. (oração coordenada sindética adversativa)
  Roubou todo o dinheiro, *e ainda apareceu na casa*. (oração coordenada sindética aditiva).

Omitir um termo, elipse (no caso da elipse verbal, chamaremos "zeugma"):
  Ex.: De dia era um anjo, de noite um *demônio*. (omissão do verbo "ser")

Separar termos de natureza adverbial deslocado dentro da sentença:
  Exs.: *Na semana passada*, trinta alunos foram aprovados no concurso. (locução adverbial temporal)
  *Se estudar muito*, você será aprovado no concurso. (oração subordinada adverbial condicional)

#### 16.1.2 Ponto final

Usa-se o ponto final:

▷ **Ao final de frases para indicar uma pausa total; é o que marca o fim de um período:**
  Ex.: Depois de passar no concurso, comprarei um carro.

▷ **Em abreviaturas:**
  Ex.: Sr., a. C., Ltda., num., adj., obs., máx., *bat., brit.* etc.

#### 16.1.3 Ponto e vírgula

Usam-se ponto e vírgula para:

▷ **Separar itens que aparecem enumerados:**
  Ex.: Uma boa dissertação apresenta:
  Coesão;
  Coerência;
  Progressão lógica;
  Riqueza lexical;
  Concisão;
  Objetividade;
  Aprofundamento.

▷ **Separar um período que já se encontra dividido por vírgulas:**
  Ex.: Não gostava de trabalhar; queria, no entanto, muito dinheiro no bolso.

▷ **Separar partes do texto que se equilibram em importância:**
  Exs.: Os pobres dão pelo pão o trabalho; os ricos dão pelo pão a fazenda; os de espíritos generosos dão pelo pão a vida; os de nenhum espírito dão pelo pão a alma.(Vieira).
  O capitalismo é a exploração do homem pelo homem; o socialismo é exatamente o contrário.

#### 16.1.4 Dois pontos

São usados dois pontos quando:

▷ **Se vai fazer uma citação ou introduzir uma fala:**
  Exs.: José respondeu:
  - Não, muito obrigado!

▷ **Se quer indicar uma enumeração:**
  Ex.: Quero apenas uma coisa: que vocês sejam aprovados no concurso!

#### 16.1.5 Aspas

São usadas aspas para indicar:

▷ Citação presente no texto.
  Ex.: "Há distinção entre categorias do pensamento" - disse o filósofo.

▷ Expressões estrangeiras, neologismos, gírias.
  Exs.: Na parede, haviam pintado a palavra "love". (expressão estrangeira)
  Ficava "bailarinando", como diria Guimarães. (neologismo)
  "Velho", esconde o "cano" aí e "deixa baixo". (gíria)

#### 16.1.6 Reticências

São usadas para indicar supressão de um trecho, interrupção na fala, ou dar ideia de continuidade ao que se estava falando.
  Exs.: (...) Profundissimamente hipocondríaco Este ambiente me causa repugnância Sobe-me à boca uma ânsia análoga à ânsia Que se escapa pela boca de um cardíaco(...)
  Eu estava andando pela rua quando...
  Eu gostei da nova casa, mas da garagem...

#### 16.1.7 Parênteses

São usados quando se quer explicar melhor algo que foi dito ou para fazer simples indicações.
  Ex.: Foi o homem que cometeu o crime (o assassinato do irmão).

#### 16.1.8 Travessão

Indica a fala de um personagem:
  Exs.: Ademar falou.
  - Amigo, preciso contar algo para você.

# PONTUAÇÃO

Isola um comentário no texto.

> **Ex.:** O estudo bem realizado - *diga-se de passagem, que quase ninguém faz* - é o primeiro passo para a aprovação.

Isola um aposto na sentença.

> **Ex.:** A Semântica – *estudo sobre as relações de sentido* - é importantíssima para o entendimento da Língua.

Reforçar a parte final de um enunciado.

> **Ex.:** Para passar no concurso, é preciso estudar muito — *muito mesmo.*

---

## Fique ligado

### Trocas

A Banca, eventualmente, costuma perguntar sobre a possibilidade de troca de termos, portanto, atenção!

- Vírgulas, travessões e parênteses, quando isolarem um aposto, podem ser trocadas sem prejuízo para a sentença;
- Travessões podem ser trocados por dois pontos, a fim de enfatizar um enunciado.

### Regra de ouro

Na ordem natural de uma sentença, é proibido:

▷ **Separar Sujeito e Predicado com vírgulas:**

> "Aqueles maravilhosos velhos ensinamentos de meu pai foram de grande utilidade. (certo) Aqueles maravilhosos velhos ensinamentos de meu pai, foram de grande utilidade. (errado)."

▷ **Separar Verbo de Objeto:**

> "O presidente do maravilhoso país chamado Brasil assinou uma lei importante. (certo) O presidente do maravilhoso país chamado Brasil assinou, uma lei importante. (errado)"

# REDAÇÃO

# 1 REDAÇÃO PARA CONCURSOS PÚBLICOS

Os editais de concurso público disponibilizam o conteúdo programático das matérias que serão cobradas nas provas, mas nem sempre deixam explícito como se preparar para a prova discursiva, ou prova de redação – que, na grande maioria dos concursos, é uma etapa eliminatória.

Portanto, é necessário preparar-se com bastante antecedência, para que possa haver melhoras gradativas durante o processo de produção de um texto.

## 1.1 Posturas em Relação à Redação

Antes de começar a desenvolver a prática de escrita, é preciso que ter algumas posturas em relação ao processo de composição de um texto. Em posse dessas posturas, percebe-se que escrever não é tão complexo se você estiver orientado e fizer da escrita um ato constante.

### 1.1.1 Leitura

Apenas a leitura não garante uma boa escrita. Então, deve-se associar a leitura constante com a escrita constante, pois uma prática complementa a outra.

E o que ler?

Direcione sua prática de leitura da seguinte forma: fique atento às ATUALIDADES, que é um conteúdo geralmente previsto na prova de conhecimentos gerais. Ademais, conheça a instituição e o cargo a que você pretende candidatar-se, como as FUNÇÕES e RESPONSABILIDADES exigidas, as quais estão previstas no edital de abertura de um concurso. E, também, tenha uma visão crítica sobre os conhecimentos específicos, porque a tendência dos concursos é relacionar um tema ao contexto de trabalho.

Considere que, nas provas de redação, também podem ser abordados temas sobre algum assunto desafiante para o cargo ao qual o candidato está concorrendo. Uma dica é estar atento às informações veiculadas sobre o órgão público no qual pretende ingressar.

### 1.1.2 Produção do texto

A produção de um texto não depende de talento ou de um dom. No processo de elaboração de um texto, pode-se dizer que um por cento (1%) é inspiração e noventa e nove por cento (99%) é trabalho. Escrever um excelente texto é um processo que exige esforço, planejamento e organização.

### 1.1.3 Escrita

O ato de escrever é sempre desta maneira: basta começar. Escrever para ser avaliado por um corretor é colocar pensamentos organizados e articulados, num papel, a partir de um posicionamento sobre um tema estabelecido na proposta de redação.

### 1.1.4 Tema

O seu texto deve estar cem por cento (100%) adequado à proposta exigida na prova, ou seja, você não pode escrever o que quer, mas o que a proposta determina. Desse modo, antes de começar a escrever, é necessário entender o TEMA da prova.

O tema é o assunto proposto que deve ser desenvolvido. Portanto, cabe a você entendê-lo, problematizá-lo e delimitá-lo, com base no comando da proposta.

### 1.1.5 Objetividade

Seu texto deve ser objetivo, isto é, o enfoque do assunto deve ser direto, sem rodeios. Além disso, as bancas dão preferência a uma linguagem simples e objetiva. E não confunda linguagem simples com coloquialismos, pois é necessário sempre manter a sua escrita baseada na norma padrão da língua portuguesa.

Além disso, é fundamental o candidato colocar-se na posição do leitor. É um momento de estranhamento do próprio texto para indagar-se: o que escrevi é interessante e de fácil entendimento?

## 1.2 Apresentação do Texto

Para que se consiga escrever um bom texto, é preciso aliar duas posturas: ter o hábito da leitura e praticar a escrita de textos. Além disso, é importante conhecer as propostas das bancas e saber quais são os critérios de correção previstos em edital.

### 1.2.1 Letra - legibilidade

Escreva sempre com letra legível. Pode ser letra cursiva ou de imprensa. Tenha atenção para o espaçamento entre as letras/palavras e para a distinção entre maiúsculas e minúsculas.

### 1.2.2 Respeito às margens

As margens (tanto esquerda quanto direita) existem para serem respeitadas, portanto, não as ultrapasse no momento em que escreve a versão definitiva. Tampouco deixe "buracos" entre as palavras.

### 1.2.3 Indicação de parágrafos

É preciso deixar um espaço antes de iniciar um parágrafo (mais ou menos dois centímetros).

### 1.2.4 Título

**Colocar título na redação vale mais pontos?**

Se o título for solicitado, ele será obrigatório. Caso não seja colocado na redação, haverá alguma perda, mas não muito. Os editais, em geral, não informam pontuações exatas. No caso de o título não ser solicitado, ele se torna facultativo. Logo, se o candidato decidir inseri-lo, ele fará parte do texto, sendo analisado como tal, mas não terá um valor extra por isso.

**O título era obrigatório, e não o coloquei... E agora?**

Quando há a obrigatoriedade, a ausência do título não anula a questão, a menos que haja essa orientação nas instruções dadas na prova. Não há um desconto considerável em relação ao esquecimento do título, porque a maior pontuação, em uma redação para concurso, está relacionada ao conteúdo do texto.

**É preciso pular linha após o título?**

Em caso de obrigatoriedade do título, procure não pular linha entre o título e o início do texto, porque essa linha em branco não é contada durante a correção.

**Quando se deve escrever o título?**

O título é a síntese de sua redação, portanto, prefira escrevê-lo ao término da redação.

---

**Fique ligado**

Não rasure seu texto.
Não escreva a palavra entre parênteses, mesmo se estiver riscada: (exeção) (exeção).
Não use a expressão "digo".

## 1.2.5 Erros na versão final

Quando você está escrevendo e, por distração, erra uma palavra, você deve passar um traço sobre a palavra e escrevê-la corretamente logo em seguida:

| Ex.: ~~exeção~~ exceção

## 1.2.6 Translineação

Quando não dá para escrever uma palavra completa ao final da linha, deve-se escrever até o limite, sem ultrapassar a margem direita da linha, e o sinal de separação será sempre o hífen.

Sempre respeite as regras de separação silábica. Nunca uma palavra será separada de maneira a desrespeitar as sílabas:

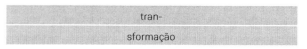

Caso a próxima sílaba não caiba no final da linha, embora ainda haja um espaço, deixe-a e continue na próxima linha.

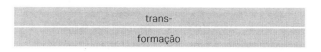

**Fique ligado**

Em relação ao posicionamento do hífen de separação, deixe-o ao lado da sílaba. Nunca acima.

Quando a palavra for escrita com hífen e a separação ocorrer justo nesse espaço, você deve usar duas marcações. Por exemplo: entende-se

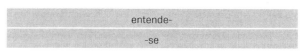

Se a palavra não tiver hífen em sua estrutura, use apenas uma marcação:

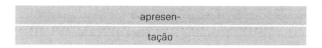

## 1.2.7 Impessoalidade

O texto dissertativo (expositivo-argumentativo) é impessoal. Portanto, pode-se escrever com verbos em:

- **3ª pessoa:**
 | Ex.: A qualidade no atendimento **precisa** ser prioridade.
 **Percebe-se** que a qualidade no atendimento é essencial.
 Notam-se várias mudanças no setor público.

- **1ª pessoa do plural:**
 **Observamos** muitas mudanças e melhorias no serviço público.
 NÃO escreva na 1ª pessoa do singular:
 | Ex.: Observo mudanças significativas.

## 1.2.8 Adequação vocabular

Adequação vocabular diz respeito ao desempenho linguístico de acordo com o nível de conhecimento exigido para o cargo/área/especialidade, e a adequação do nível de linguagem adotado à produção proposta.

Portanto, devem-se escolher palavras adequadas, evitando-se o uso de jargões, chavões, termos muito técnicos que possam dificultar a compreensão.

## 1.2.9 Domínio da norma padrão da língua

Deve-se ficar atento aos aspectos gramaticais, principalmente:
- Estrutura sintática de orações e períodos
- Elementos coesivos
- Concordância verbal e nominal
- Pontuação
- Regência verbal e nominal
- Emprego de pronomes
- Flexão verbal e nominal
- Uso de tempos e modos verbais
- Grafia
- Acentuação

## 1.2.10 Repetição

Prejudica a coesão textual, e ocorre quando se usa muitas vezes a mesma palavra ou ideia, as quais poderiam ser substituídas por sinônimos e conectivos.

## 1.2.11 Informações óbvias

Explicações que não precisam ser mencionadas, pois já se explicam por si próprias.

## 1.2.12 Generalização

É percebida quando se atribui um conceito que é específico de uma forma generalizada.

| Exs.: Os menores infratores saem dos centros de ressocialização e retornam ao o do crime. (isso ocorre com todos?)
| É preciso que o governo tome medidas urgentes para resolver esse problema. (que medidas?)

## 1.2.13 Gerúndio

É muito comum usarmos o gerúndio na fala, mas não se usa com tanta recorrência na escrita.

## 1.3 O Texto Dissertativo

Dissertar é escrever sobre algum assunto e pressupõe ou defender uma ideia, analisá-la criticamente, discuti-la, opinar, ou apenas esclarecer conceitos, dar explicações, apresentar dados sobre um assunto, tudo de maneira organizada, quer dizer, com início, meio e fim bem claros e objetivos.

A dissertação pode ser classificada quanto à maneira como o assunto é abordado:

**EXPOSITIVA**: são expostos fatos (de conhecimento e domínio público, divulgados em diversos meios de comunicação), mas não é apresentada uma discussão, um ponto de vista.

A dissertação expositiva também é usada quando a proposta exige um texto técnico. Este tipo de texto pode ter duas abordagens: Estudo de Caso (em que é feito um parecer a partir de sua situação hipotética) e Questão Teórica (em que é preciso apresentar conceitos, normas, regras, diretrizes de um determinado conteúdo).

**ARGUMENTATIVA**: há a exposição de pontos de vista pessoais, com juízos de valor sobre um fato ou assunto.

**E qual a melhor maneira de abordar um assunto numa prova de redação para concursos públicos?**

Para que seu texto seja MUITO BEM avaliado, o ideal é conseguir chegar a uma forma mista de abordagem, ou seja, escrever um texto dissertativo em que você expõe um assunto e, ao mesmo tempo, dá sua opinião sobre ele. Desse modo, os fatos que são conhecidos (domínio público) podem se transformar em exemplificação atualizada, a qual pode ser relacionada à sua argumentação de forma contextualiza e crítica.

### 1.3.1 Aspectos gerais da produção de textos

Em face da limitação de espaço, é muito difícil apresentar muitos enfoques relativos ao tema. Por essa razão, dependendo do limite em relação à quantidade de linhas, a dissertação deve conter de 4 a 5 parágrafos, sendo UM para Introdução, DOIS a TRÊS para Desenvolvimento e UM para Conclusão.

Além disso, cada parágrafo deve possuir, no mínimo, dois períodos. Cuidado com as frases fragmentadas, ambiguidades e os erros de paralelismo.

Procure elaborar uma introdução que contenha, de maneira clara e direta, o tema, o primeiro enfoque, o segundo enfoque, etc. E mantenha sempre o caráter dissertativo. Por isso, no desenvolvimento, dê um parágrafo para cada enfoque selecionado, e empregue os articuladores adequados. Por fim, fundamente sempre suas ideias.

Quanto aos exemplos, procure selecionar aqueles que sejam de domínio público, os que tenham saído na mídia: jornais, revistas, TV. E nunca analise temas por meio de emoções exageradas – especialmente política, futebol, religião, etc.

Nunca use frases feitas, chavões.

Não repita palavras ou expressões. Use sinônimos.

Jamais converse com o leitor: nunca use você ou tu. Não empregue verbos no imperativo.

### 1.3.2 Estrutura de um texto dissertativo

Para escrever uma dissertação, é preciso que haja uma organização do texto a fim de que se obtenha um texto claro e bem articulado:

**01. INTRODUÇÃO:** consiste na apresentação do assunto a fim de deixar claro qual é o recorte temático e qual a ideia que será defendida e/ou esclarecida, ou seja, a TESE.

**02. DESENVOLVIMENTO:** é a parte em que são elaborados os parágrafos argumentativos e/ou informativos, nos quais você explica a sua TESE. É o momento mais importante do texto, por isso, É NECESSÁRIO que a TESE seja explicada, justificada, e isso pode ser feito por meio de exemplos e explicações.

**03. CONCLUSÃO:** esta parte do texto não traz informações novas, muito menos argumentos, porque consiste no fechamento das ideias apresentadas, ou seja, é feita uma reafirmação da TESE. Dependendo do comando da proposta de redação e do tema, pode ser apresentada uma hipótese de solução de um problema apresentado na TESE.

| TESE | | |
|---|---|---|
| | Introdução | - Assunto<br>- Recorte temático<br>- TESE |
| | Desenvolvimento | - Tópico/TESE +<br>justificativa |
| | Conclusão | - Retomada da introdução<br>- Reafirmação da TESE |

#### 1. Introdução

É o primeiro parágrafo e serve de apresentação da dissertação, por essa razão deve estar muito bem elaborada, ser breve e apresentar apenas informações sucintas. Deve apenas apresentar o TEMA e os ENFOQUES e ter em torno de cinco linhas.

#### 2. Desenvolvimento

É a redação propriamente dita. Deve ser constituído de dois a três parágrafos (a depender do tema da proposta), um para cada enfoque apresentado na Introdução. É a parte da redação em que argumentos são apresentados para explicitar, em um parágrafo distinto, cada um dos enfoques. Cada parágrafo deve ter de 5 a 8 linhas. Pode-se desenvolver os argumentos por meio de relações que devem ser usadas para deixar seu texto coeso e coerente.

##### Conectores

As relações comentadas acima são estabelecidas com CONECTORES:

**Prioridade, relevância:** em primeiro lugar, antes de mais nada, antes de tudo, em princípio, primeiramente, acima de tudo, principalmente, primordialmente, sobretudo.

**Tempo:** atualmente, hoje, frequentemente, constantemente às vezes, eventualmente, por vezes, ocasionalmente, sempre, raramente, não raro, ao mesmo tempo, simultaneamente, nesse ínterim, enquanto, quando, antes que, depois que, logo que, sempre que, assim que, desde que, todas as vezes que, cada vez que, então, enfim, logo, logo depois, imediatamente, logo após, a princípio, no momento em que, pouco antes, pouco depois, anteriormente, posteriormente, em seguida, afinal, por fim, finalmente, agora.

**Semelhança, comparação, conformidade:** de acordo com, segundo, conforme, sob o mesmo ponto de vista, tal qual, tanto quanto, como, assim como, como se, bem como, igualmente, da mesma forma, assim também, do mesmo modo, semelhantemente, analogamente, por analogia, de maneira idêntica, de conformidade com.

**Condição, hipótese:** se, caso, eventualmente.

**Adição, continuação:** além disso, demais, ademais, outrossim, ainda mais, por outro lado, também, e, nem, não só ... mas também, não só... como também, não apenas ... como também, não só ... bem como, com, ou (quando não for excludente).

**Dúvida:** talvez, provavelmente, possivelmente, quiçá, quem sabe, é provável, não é certo, se é que.

**Certeza, ênfase:** certamente, decerto, por certo, inquestionavelmente, sem dúvida, inegavelmente, com toda a certeza.

**Ilustração, esclarecimento:** por exemplo, só para ilustrar, só para exemplificar, isto é, quer dizer, em outras palavras, ou por outra, a saber, ou seja, aliás.

**Propósito, intenção, finalidade:** com o fim de, a fim de, com o propósito de, com a finalidade de, com o intuito de, para que, a fim de que, para.

**Resumo, recapitulação, conclusão:** em suma, em síntese, em conclusão, enfim, em resumo, portanto, assim, dessa forma, dessa maneira, desse modo, logo, dessa forma, dessa maneira, assim sendo.

**Explicação:** por consequência, por conseguinte, como resultado, por isso, por causa de, em virtude de, assim, de fato, com efeito, tão (tanto, tamanho)... que, porque, porquanto, pois, já que, uma vez que, visto que, como (= porque), portanto, logo, que (= porque), de tal sorte que, de tal forma que, haja vista.

**Contraste, oposição, restrição:** pelo contrário, em contraste com, salvo, exceto, menos, mas, contudo, todavia, entretanto, no entanto, embora, apesar de, apesar de que, ainda que, mesmo que, posto que, conquanto, se bem que, por mais que, por menos que, só que, ao passo que, por outro lado, em contrapartida, ao contrário do que se pensa, em compensação.

**Contraposição:** é possível que... no entanto...

É certo que... entretanto...

É provável que ... porém...

Organização de ideias: em primeiro lugar ..., em segundo ..., por último ...; por um lado ..., por outro ...; primeiramente, ...,em seguida, ..., finalmente, ....

Enumeração: é preciso considerar que ...; Também não devemos esquecer que ...; Não podemos deixar de lembrar que...

Reafirmação/Retomada: compreende-se, então, que ...

É bom acrescentar ainda que ...

É interessante reiterar ...

### 3. Conclusão

É o último parágrafo. Deve ser breve, contendo em torno de cinco linhas. Na conclusão, deve-se retomar o tema e fazer o fechamento das ideias apresentadas em todo o texto e não somente em relação às ideias contidas no último parágrafo do desenvolvimento.

Pode-se concluir:
- Fazendo uma síntese das ideias expostas.
- Esclarecendo um posicionamento e/ou questionamento, desde que coerente, com o desenvolvimento.
- Estabelecendo uma dedução ou demonstrando uma consequência dos argumentos expostos.
- Levantando uma hipótese ou uma sugestão coerente com as afirmações feitas durante o texto.
- Apresentando possíveis soluções para os problemas expostos no desenvolvimento, buscando prováveis resultados.

#### Conectores

Pode-se iniciar o parágrafo da conclusão com:

Assim; Assim sendo; Portanto; Mediante os fatos expostos; Dessa forma; Diante do que foi dito; Resumindo; Em suma; Em vista disso, pode-se concluir que; Finalmente; Nesse sentido; Com esses dados, conclui-se que; Considerando as informações apresentadas, entende-se que; A partir do que foi discutido.

## 1.4 Critérios de Correção da Redação para Concursos Públicos

### 1.4.1 Conteúdo

Neste critério, observa-se se há apresentação marcada do recorte temático, o qual deve nortear o desenvolvimento do texto; se o recorte está contextualizado no texto, por exemplo: quando a proposta propuser uma situação hipotética, ela deve estar diluída em seu texto.

Lembre-se: a proposta não faz parte de seu texto, ou seja, sua produção não pode depender da proposta para ter sentido claro e objetivo.

Em outras palavras: se há algum texto ou uma coletânea de textos, eles têm caráter apenas motivador. Portanto, não faça cópias de trechos dos textos, tampouco pense que o tema da redação é o assunto desses textos. É preciso verificar o recorte temático, o qual fica evidente no corpo da proposta.

> **Fique ligado**
> O único gênero textual que permite a referência ao texto motivador, bem como a cópia de alguns trechos, é o estudo de caso, pois é preciso fazer uma análise em relação a uma situação hipotética.

### 1.4.2 Gênero

Neste critério, verifica-se se a produção textual está adequada à modalidade redacional, ou seja, se o texto expressa o domínio da linguagem do gênero: narrar, relatar, argumentar, expor, descrever ações, etc.

Os concursos públicos, quase em sua totalidade, têm como gênero textual a dissertação argumentativa ou o texto expositivo-argumentativo. Desse modo, a banca avalia a objetividade e o posicionamento frente ao tema, a articulação dos argumentos, a consistência e a coerência da argumentação.

Isso significa que há uma valorização quanto do conteúdo do texto: a opinião, a justificativa dessa opinião e a seletividade de informações sobre o tema.

### 1.4.3 Coerência

Neste critério, avalia-se se há atendimento total do comando, com informações novas que evidenciam conhecimento de mundo e que atestam excelente articulação entre os aspectos exigidos pela proposta, o recorte temático e o gênero textual requisitado. Ou seja, é preciso trazer informações ao texto que não estão disponíveis na proposta. Além disso, é essencial garantir a progressão textual, quer dizer, seu texto precisa ter uma evolução e não pode trazer a mesma informação em todos os parágrafos.

### 1.4.4 Coesão e gramática

Neste critério, percebe-se se há erros gramaticais; se os períodos estão bem organizados e articulados, com uso de vocabulário e conectivos adequados; e se os parágrafos estão divididos de modo consciente, a fim de garantir a progressão textual.

## 1.5 Critérios de Correção das Bancas

Cada Banca Examinadora delimita, na publicação do edital de abertura de um concurso, que critérios serão utilizados para corrigir as redações. Por isso, é essencial que se conheça quais são esses critérios e como cada Banca os organiza. A seguir, são apresentados critérios de algumas Bancas. Você perceberá que são predominantemente os mesmos itens; o que muda é a nota atribuída para cada um e como a proposta é organizada.

### 1.5.1 Banca cespe

Aspectos Macroestruturais

1. Apresentação (legibilidade, respeito às margens e indicação de parágrafos) e estrutura textual (organização das ideias em texto estruturado).

2. Desenvolvimento do tema: tópicos da proposta

Aspectos Microestruturais

Ortografia

Morfossintaxe

Propriedade vocabular

Quando forem apresentados tópicos, deve-se escrever 1 (um) parágrafo para cada tópico.

### 1.5.2 Banca fcc

O candidato deverá desenvolver texto dissertativo a partir de proposta única, sobre assunto de interesse geral. Considerando que o texto é único, os itens discriminados a seguir serão avaliados em estreita correlação:

Conteúdo: até 40 (quarenta) pontos:
- perspectiva adotada no tratamento do tema;
- capacidade de análise e senso crítico em relação ao tema proposto;
- consistência dos argumentos, clareza e coerência no seu encadeamento.

# REDAÇÃO PARA CONCURSOS PÚBLICOS

Obs.: A nota será prejudicada, proporcionalmente, caso ocorra abordagem tangencial, parcial ou diluída em meio a divagações e/ou colagem de textos e de questões apresentados na prova.

Estrutura: até 30 (trinta) pontos:
- respeito ao gênero solicitado;
- progressão textual e encadeamento de ideias;
- articulação de frases e parágrafos (coesão textual).

Expressão: até 30 (trinta) pontos:

A avaliação da expressão não será feita de modo estanque ou mecânico, mas sim de acordo com sua estreita correlação com o conteúdo desenvolvido. A avaliação será feita considerando-se:
- desempenho linguístico de acordo com o nível de conhecimento exigido para o cargo/área/especialidade;
- adequação do nível de linguagem adotado à produção proposta e coerência no uso;
- **domínio da norma culta formal, com atenção aos seguintes itens:** estrutura sintática de orações e períodos, elementos coesivos; concordância verbal e nominal; pontuação; regência verbal e nominal; emprego de pronomes; flexão verbal e nominal; uso de tempos e modos verbais; grafia e acentuação.

## 1.5.3 Banca cesgranrio

A Redação será avaliada conforme os critérios a seguir:
- adequação ao tema proposto;
- adequação ao tipo de texto solicitado;
- emprego apropriado de mecanismos de coesão (referenciação, sequenciação e demarcação das partes do texto);
- capacidade de selecionar, organizar e relacionar de forma coerente argumentos pertinentes ao tema proposto; e
- pleno domínio da modalidade escrita da norma-padrão (adequação vocabular, ortografia, morfologia, sintaxe de concordância, de regência e de colocação).

## 1.5.4 Banca esaf

A avaliação da prova discursiva abrangerá:

Quanto à capacidade de desenvolvimento do tema proposto: a compreensão, o conhecimento, o desenvolvimento e a adequação da argumentação, a conexão e a pertinência, a objetividade e a sequência lógica do pensamento, o alinhamento ao assunto abordado e a cobertura dos tópicos apresentados, valendo, no máximo, 20 (vinte) pontos para cada questão, que serão aferidos pelo examinador com base nos critérios a seguir indicados:

▷ **Conteúdo da resposta (seguem os pontos a deduzir para cada questão):**
- Capacidade de argumentação (até 6)
- Sequência lógica do pensamento (até 4)
- Alinhamento ao tema (até 4)
- Cobertura dos tópicos apresentados (até 6)

Quanto ao uso do idioma: a utilização correta do vocabulário e das normas gramaticais, valendo, no máximo, 10 (dez) pontos para cada questão, que serão aferidos pelo examinador com base nos critérios a seguir indicados:

▷ **Tipos de erro (seguem os pontos a deduzir):**
- **Aspectos formais:** Erros de forma em geral e erros de ortografia (-0,25 cada erro).

- **Aspectos Gramaticais:** Morfologia, sintaxe de emprego e colocação, sintaxe de regência e pontuação (-0,50 cada erro).
- **Aspectos Textuais:** Sintaxe de construção (coesão prejudicada); concordância; clareza; concisão; unidade temática/estilo; coerência; propriedade vocabular; paralelismo semântico e sintático; paragrafação (-0,75 cada erro).
- Cada linha excedente ao máximo exigido (-0,40).
- Cada linha não escrita, considerando o mínimo exigido (-0,80).

## 1.6 Propostas de Redação

### 1.6.1 Proposta 01

As vendas de automóveis de passeio e de veículos comerciais leves alcançaram 340 706 unidades em junho de 2012, alta de 18,75%, em relação a junho de 2011, e de 24,18%, em relação a maio de 2012, segundo informou, nesta terça-feira, a Federação Nacional de Distribuição de Veículos Automotores (Fenabrave). Segundo a entidade, este é o melhor mês de junho da história do setor automobilístico.

<sub>Disponível em: <http://br.financas.yahoo.com>. Acesso em: 3 jul. 2012 (adaptado).</sub>

Na capital paulista, o trânsito lento se estendeu por 295 km às 19 h e superou a marca de 293 km, registrada no dia 10 de junho de 2009. Na cidade de São Paulo, registrou-se, na tarde desta sexta-feira, o maior congestionamento da história, segundo a Companhia de Engenharia de Tráfego (CET). Às 19 h, eram 295 km de trânsito lento nas vias monitoradas pela empresa. O índice superou o registrado no dia 10 de junho de 2009, quando a CET anotou, às 19 h, 293 km de congestionamento.

<sub>Disponível em: <http://noticias.terra.com.br>. Acesso em: 03 jul. 2012 (adaptado).</sub>

O governo brasileiro, diante da crise econômica mundial, decidiu estimular a venda de automóveis e, para tal, reduziu o imposto sobre produtos industrializados (IPI). Há, no entanto, paralelamente a essa decisão, a preocupação constante com o desenvolvimento sustentável, por meio do qual se busca a promoção de crescimento econômico capaz de incorporar as dimensões socioambientais.

Considerando que os textos acima têm caráter unicamente motivador, redija um texto dissertativo sobre sistema de transporte urbano sustentável, contemplando os seguintes aspectos:
- **Conceito de desenvolvimento sustentável; (valor:** 3,0 pontos)
- **Conflito entre o estímulo à compra de veículos automotores e a promoção da sustentabilidade; (valor:** 4,0 pontos)
- **Ações de fomento ao transporte urbano sustentável no Brasil. (valor:** 3,0 pontos)

### 1.6.2 Proposta 02

I

Venham de onde venham, imigrantes, emigrantes e refugiados, cada vez mais unidos em redes sociais, estão aumentando sua capacidade de incidência política sobre uma reivindicação fundamental: serem tratados como cidadãos, em vez de apenas como mão de obra (barata ou de elite).

<sub>(Adaptado de: http://observatoriodadiversidade.org.br)</sub>

II

A intensificação dos fluxos migratórios internacionais das últimas décadas provocou o aumento do número de países orientados a regulamentar a imigração. Os argumentos alegados não são novos: o medo de uma "invasão migratória", os riscos de desemprego para os trabalhadores autóctones, a perda da identidade nacional.

# REDAÇÃO

É certo que... entretanto...

É provável que ... porém...

Organização de ideias: em primeiro lugar ..., em segundo ..., por último ...; por um lado ..., por outro ...; primeiramente, ...,em seguida, ..., finalmente, ....

Enumeração: é preciso considerar que ...; Também não devemos esquecer que ...; Não podemos deixar de lembrar que...

Reafirmação/Retomada: compreende-se, então, que ...

É bom acrescentar ainda que ...

É interessante reiterar ...

## 3. Conclusão

É o último parágrafo. Deve ser breve, contendo em torno de cinco linhas. Na conclusão, deve-se retomar o tema e fazer o fechamento das ideias apresentadas em todo o texto e não somente em relação às ideias contidas no último parágrafo do desenvolvimento.

Pode-se concluir:
- Fazendo uma síntese das ideias expostas.
- Esclarecendo um posicionamento e/ou questionamento, desde que coerente, com o desenvolvimento.
- Estabelecendo uma dedução ou demonstrando uma consequência dos argumentos expostos.
- Levantando uma hipótese ou uma sugestão coerente com as afirmações feitas durante o texto.
- Apresentando possíveis soluções para os problemas expostos no desenvolvimento, buscando prováveis resultados.

### Conectores

Pode-se iniciar o parágrafo da conclusão com:

Assim; Assim sendo; Portanto; Mediante os fatos expostos; Dessa forma; Diante do que foi dito; Resumindo; Em suma; Em vista disso, pode-se concluir que; Finalmente; Nesse sentido; Com esses dados, conclui-se que; Considerando as informações apresentadas, entende-se que; A partir do que foi discutido.

## 1.4 Critérios de Correção da Redação para Concursos Públicos

### 1.4.1 Conteúdo

Neste critério, observa-se se há apresentação marcada do recorte temático, o qual deve nortear o desenvolvimento do texto; se o recorte está contextualizado no texto, por exemplo: quando a proposta propuser uma situação hipotética, ela deve estar diluída em seu texto.

Lembre-se: a proposta não faz parte de seu texto, ou seja, sua produção não pode depender da proposta para ter sentido claro e objetivo.

Em outras palavras: se há algum texto ou uma coletânea de textos, eles têm caráter apenas motivador. Portanto, não faça cópias de trechos dos textos, tampouco pense que o tema da redação é o assunto desses textos. É preciso verificar o recorte temático, o qual fica evidente no corpo da proposta.

> **Fique ligado**
> O único gênero textual que permite a referência ao texto motivador, bem como a cópia de alguns trechos, é o estudo de caso, pois é preciso fazer uma análise em relação a uma situação hipotética.

### 1.4.2 Gênero

Neste critério, verifica-se se a produção textual está adequada à modalidade redacional, ou seja, se o texto expressa o domínio da linguagem do gênero: narrar, relatar, argumentar, expor, descrever ações, etc.

Os concursos públicos, quase em sua totalidade, têm como gênero textual a dissertação argumentativa ou o texto expositivo-argumentativo. Desse modo, a banca avalia a objetividade e o posicionamento frente ao tema, a articulação dos argumentos, a consistência e a coerência da argumentação.

Isso significa que há uma valorização quanto do conteúdo do texto: a opinião, a justificativa dessa opinião e a seletividade de informações sobre o tema.

### 1.4.3 Coerência

Neste critério, avalia-se se há atendimento total do comando, com informações novas que evidenciam conhecimento de mundo e que atestam excelente articulação entre os aspectos exigidos pela proposta, o recorte temático e o gênero textual requisitado. Ou seja, é preciso trazer informações ao texto que não estão disponíveis na proposta. Além disso, é essencial garantir a progressão textual, quer dizer, seu texto precisa ter uma evolução e não pode trazer a mesma informação em todos os parágrafos.

### 1.4.4 Coesão e gramática

Neste critério, percebe-se se há erros gramaticais; se os períodos estão bem organizados e articulados, com uso de vocabulário e conectivos adequados; e se os parágrafos estão divididos de modo consciente, a fim de garantir a progressão textual.

## 1.5 Critérios de Correção das Bancas

Cada Banca Examinadora delimita, na publicação do edital de abertura de um concurso, que critérios serão utilizados para corrigir as redações. Por isso, é essencial que se conheça quais são esses critérios e como cada Banca os organiza. A seguir, são apresentados critérios de algumas Bancas. Você perceberá que são predominantemente os mesmos itens; o que muda é a nota atribuída para cada um e como a proposta é organizada.

### 1.5.1 Banca cespe

Aspectos Macroestruturais

1. Apresentação (legibilidade, respeito às margens e indicação de parágrafos) e estrutura textual (organização das ideais em texto estruturado).

2. Desenvolvimento do tema: tópicos da proposta

Aspectos Microestruturais

Ortografia

Morfossintaxe

Propriedade vocabular

Quando forem apresentados tópicos, deve-se escrever 1 (um) parágrafo para cada tópico.

### 1.5.2 Banca fcc

O candidato deverá desenvolver texto dissertativo a partir de proposta única, sobre assunto de interesse geral. Considerando que o texto é único, os itens discriminados a seguir serão avaliados em estreita correlação:

Conteúdo: até 40 (quarenta) pontos:
- perspectiva adotada no tratamento do tema;
- capacidade de análise e senso crítico em relação ao tema proposto;
- consistência dos argumentos, clareza e coerência no seu encadeamento.

# REDAÇÃO PARA CONCURSOS PÚBLICOS

Obs.: A nota será prejudicada, proporcionalmente, caso ocorra abordagem tangencial, parcial ou diluída em meio a divagações e/ou colagem de textos e de questões apresentados na prova.

Estrutura: até 30 (trinta) pontos:
- respeito ao gênero solicitado;
- progressão textual e encadeamento de ideias;
- articulação de frases e parágrafos (coesão textual).

Expressão: até 30 (trinta) pontos:

A avaliação da expressão não será feita de modo estanque ou mecânico, mas sim de acordo com sua estreita correlação com o conteúdo desenvolvido. A avaliação será feita considerando-se:
- desempenho linguístico de acordo com o nível de conhecimento exigido para o cargo/área/especialidade;
- adequação do nível de linguagem adotado à produção proposta e coerência no uso;
- **domínio da norma culta formal, com atenção aos seguintes itens:** estrutura sintática de orações e períodos, elementos coesivos; concordância verbal e nominal; pontuação; regência verbal e nominal; emprego de pronomes; flexão verbal e nominal; uso de tempos e modos verbais; grafia e acentuação.

### 1.5.3 Banca cesgranrio

A Redação será avaliada conforme os critérios a seguir:
- adequação ao tema proposto;
- adequação ao tipo de texto solicitado;
- emprego apropriado de mecanismos de coesão (referenciação, sequenciação e demarcação das partes do texto);
- capacidade de selecionar, organizar e relacionar de forma coerente argumentos pertinentes ao tema proposto; e
- pleno domínio da modalidade escrita da norma-padrão (adequação vocabular, ortografia, morfologia, sintaxe de concordância, de regência e de colocação).

### 1.5.4 Banca esaf

A avaliação da prova discursiva abrangerá:

Quanto à capacidade de desenvolvimento do tema proposto: a compreensão, o conhecimento, o desenvolvimento e a adequação da argumentação, a conexão e a pertinência, a objetividade e a sequência lógica do pensamento, o alinhamento ao assunto abordado e a cobertura dos tópicos apresentados, valendo, no máximo, 20 (vinte) pontos para cada questão, que serão aferidos pelo examinador com base nos critérios a seguir indicados:

▷ **Conteúdo da resposta (seguem os pontos a deduzir para cada questão):**
- Capacidade de argumentação (até 6)
- Sequência lógica do pensamento (até 4)
- Alinhamento ao tema (até 4)
- Cobertura dos tópicos apresentados (até 6)

Quanto ao uso do idioma: a utilização correta do vocabulário e das normas gramaticais, valendo, no máximo, 10 (dez) pontos para cada questão, que serão aferidos pelo examinador com base nos critérios a seguir indicados:

▷ **Tipos de erro (seguem os pontos a deduzir):**
- **Aspectos formais:** Erros de forma em geral e erros de ortografia (-0,25 cada erro).
- **Aspectos Gramaticais:** Morfologia, sintaxe de emprego e colocação, sintaxe de regência e pontuação (-0,50 cada erro).
- **Aspectos Textuais:** Sintaxe de construção (coesão prejudicada); concordância; clareza; concisão; unidade temática/estilo; coerência; propriedade vocabular; paralelismo semântico e sintático; paragrafação (-0,75 cada erro).
- Cada linha excedente ao máximo exigido (-0,40).
- Cada linha não escrita, considerando o mínimo exigido (-0,80).

## 1.6 Propostas de Redação

### 1.6.1 Proposta 01

As vendas de automóveis de passeio e de veículos comerciais leves alcançaram 340 706 unidades em junho de 2012, alta de 18,75%, em relação a junho de 2011, e de 24,18%, em relação a maio de 2012, segundo informou, nesta terça-feira, a Federação Nacional de Distribuição de Veículos Automotores (Fenabrave). Segundo a entidade, este é o melhor mês de junho da história do setor automobilístico.

<small>Disponível em: <http://br.financas.yahoo.com>. Acesso em: 3 jul. 2012 (adaptado).</small>

Na capital paulista, o trânsito lento se estendeu por 295 km às 19 h e superou a marca de 293 km, registrada no dia 10 de junho de 2009. Na cidade de São Paulo, registrou-se, na tarde desta sexta-feira, o maior congestionamento da história, segundo a Companhia de Engenharia de Tráfego (CET). Às 19 h, eram 295 km de trânsito lento nas vias monitoradas pela empresa. O índice superou o registrado no dia 10 de junho de 2009, quando a CET anotou, às 19 h, 293 km de congestionamento.

<small>Disponível em: <http://noticias.terra.com.br>. Acesso em: 03 jul. 2012 (adaptado).</small>

O governo brasileiro, diante da crise econômica mundial, decidiu estimular a venda de automóveis e, para tal, reduziu o imposto sobre produtos industrializados (IPI). Há, no entanto, paralelamente a essa decisão, a preocupação constante com o desenvolvimento sustentável, por meio do qual se busca a promoção de crescimento econômico capaz de incorporar as dimensões socioambientais.

Considerando que os textos acima têm caráter unicamente motivador, redija um texto dissertativo sobre sistema de transporte urbano sustentável, contemplando os seguintes aspectos:
- **Conceito de desenvolvimento sustentável; (valor:** 3,0 pontos)
- **Conflito entre o estímulo à compra de veículos automotores e a promoção da sustentabilidade; (valor:** 4,0 pontos)
- **Ações de fomento ao transporte urbano sustentável no Brasil. (valor:** 3,0 pontos)

### 1.6.2 Proposta 02

I

Venham de onde venham, imigrantes, emigrantes e refugiados, cada vez mais unidos em redes sociais, estão aumentando sua capacidade de incidência política sobre uma reivindicação fundamental: serem tratados como cidadãos, em vez de apenas como mão de obra (barata ou de elite).

<small>(Adaptado de: http://observatoriodadiversidade.org.br)</small>

II

A intensificação dos fluxos migratórios internacionais das últimas décadas provocou o aumento do número de países orientados a regulamentar a imigração. Os argumentos alegados não são novos: o medo de uma "invasão migratória", os riscos de desemprego para os trabalhadores autóctones, a perda da identidade nacional.

III

Ainda não existe uma legislação internacional sólida sobre as migrações internacionais. Assim, enquanto que os direitos relativos ao investimento estrangeiro foram se reforçando cada vez mais nas regras estabelecidas para a economia global, pouca atenção vem sendo dada aos direitos dos trabalhadores.

(II e III adaptados de: http://www.migrante.org.br)

Considerando o que se afirma em I, II e III, desenvolva um texto dissertativo-argumentativo, posicionando-se a respeito do seguinte tema:

Mobilidade Humana e Cidadania na atualidade.

# MATEMÁTICA

# 1 CONJUNTOS

## 1.1 Definição

Os conjuntos numéricos são advindos da necessidade de contar ou quantificar as coisas ou os objetos, adquirindo características próprias que os diferem. Os componentes de um conjunto são chamados de elementos. Costuma-se representar um conjunto nomeando os elementos um a um, colocando-os entre chaves e separando-os por vírgula, o que chamamos de representação por extensão. Para nomear um conjunto, usa-se geralmente uma letra maiúscula.

$$A = \{1,2,3,4,5\} \to \text{conjunto finito}$$

$$B = \{1,2,3,4,5,\ldots\} \to \text{conjunto infinito}$$

Ao montar o conjunto das vogais do alfabeto, os **elementos** serão a, e, i, o, u.

A nomenclatura dos conjuntos é formada pelas letras maiúsculas do alfabeto.

Conjunto dos estados da região Sul do Brasil:
A = {Paraná, Santa Catarina, Rio Grande do Sul}.

### 1.1.1 Representação dos conjuntos

Os conjuntos podem ser representados em **chaves** ou em **diagramas**.

> **Fique ligado**
>
> Quando é dada uma característica dos elementos de um conjunto, diz-se que ele está representado por compreensão.
> A = {x | x é um múltiplo de dois maior que zero}

▷ **Representação em chaves**

Conjunto dos estados brasileiros que fazem fronteira com o Paraguai:
**B** = {Paraná, Mato Grosso do Sul}.

▷ **Representação em diagramas**

Conjunto das cores da bandeira do Brasil:

### 1.1.2 Elementos e relação de pertinência

Quando um elemento está em um conjunto, dizemos que ele pertence a esse conjunto. A relação de pertinência é representada pelo símbolo $\in$ (pertence).

Conjunto dos algarismos pares: **G** = {2, 4, 6, 8, 0}.
Observe que:
$4 \in G$
$7 \notin G$

### 1.1.3 Conjuntos unitário, vazio e universo

**Conjunto unitário**: possui um só elemento.
Conjunto da capital do Brasil: K = {Brasília}.

**Conjunto vazio**: simbolizado por $\emptyset$ ou $\{\}$, é o conjunto que não possui elemento.

Conjunto dos estados brasileiros que fazem fronteira com o Chile:
M = $\emptyset$.

**Conjunto universo**: em inúmeras situações é importante estabelecer o conjunto U ao qual pertencem os elementos de todos os conjuntos considerados. Esse conjunto é chamado de conjunto universo. Assim:
- Quando se estuda as letras, o conjunto universo das letras é o alfabeto.
- Quando se estuda a população humana, o conjunto universo é constituído de todos os seres humanos.

Para descrever um conjunto A por meio de uma propriedade característica p de seus elementos, deve-se mencionar, de modo explícito ou não, o conjunto universo U no qual se está trabalhando.

$A = \{x \in R \mid x > 2\}$, onde $U = R \to$ forma explícita.
$A = \{x \mid x > 2\} \to$ forma implícita.

## 1.2 Subconjuntos

Diz-se que B é um subconjunto de A se todos os elementos de B pertencem a A.

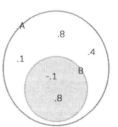

Deve-se notar que A = {-1, 0, 1, 4, 8} e B = {-1, 8}, ou seja, todos os elementos de B também são elementos do conjunto **A**.

- Os símbolos $\subset$ (contido), $\supset$ (contém), $\not\subset$ (não está contido) e $\not\supset$ (não contém) são utilizados para relacionar conjuntos.

Nesse caso, diz-se que B está contido em A ou B é subconjunto de A ($B \subset A$). Pode-se dizer também que A contém B ($A \supset B$).

**Observações:**

- Se $A \subset B$ e $B \subset A$, então $A = B$.
- Para todo conjunto A, tem-se $A \subset A$.
- Para todo conjunto A, tem-se $\emptyset \subset A$, onde $\emptyset$ representa o conjunto vazio.
- Todo conjunto é subconjunto de si próprio ($D \subset D$).
- O conjunto vazio é subconjunto de qualquer conjunto ($\emptyset \subset D$).
- Se um conjunto A possui p elementos, então ele possui 2p subconjuntos.
- O conjunto formado por todos os subconjuntos de um conjunto A, é denominado conjunto das partes de A. Assim, se A = {4, 7}, o conjunto das partes de A, é dado por {$\emptyset$, {4}, {7}, {4, 7}}.

## 1.3 Operações com conjuntos

**União de conjuntos**: a união de dois conjuntos quaisquer será representada por $A \cup B$ e terá os elementos que pertencem a A ou a B, ou seja, todos os elementos.

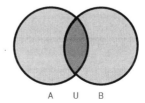

**Interseção de conjuntos**: a interseção de dois conjuntos quaisquer será representada por $A \cap B$. Os elementos que fazem parte do conjunto interseção são os comuns aos dois conjuntos.

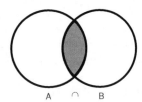

**Conjuntos disjuntos:** se dois conjuntos não possuem elementos em comum, diz-se que eles são disjuntos. Simbolicamente, escreve-se $A \cap B = \emptyset$. Nesse caso, a união dos conjuntos A e B é denominada união disjunta. O número de elementos $A \cap B$ nesse caso é igual a zero.

$$n(A \cap B) = 0$$

Seja $A = \{1, 2, 3, 4, 5\}$, $B = \{1, 5, 6, 3\}$, $C = \{2, 4, 7, 8, 9\}$ e $D = \{10, 20\}$. Tem-se:
$A \cup B = \{1, 2, 3, 4, 5, 6\}$
$B \cup A = \{1, 2, 3, 4, 5, 6\}$
$A \cap B = \{1, 3, 5\}$
$B \cap A = \{1, 3, 5\}$
$A \cup B \cup C = \{1, 2, 3, 4, 5, 6, 7, 8, 9\}$ e
$A \cap D = \emptyset$
É possível notar que A, B e C são todos disjuntos com D, mas A, B e C não são dois a dois disjuntos.

**Diferença de conjuntos**: a diferença de dois conjuntos quaisquer será representada por $A - B$ e terá os elementos que pertencem somente a A, mas não pertencem a B, ou seja, que são exclusivos de A.

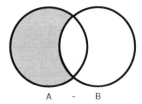

**Complementar de um conjunto**: se A está contido no conjunto universo U, o complementar de A é a diferença entre o conjunto universo e o conjunto A, será representado por $CU(A) = U - A$ e terá todos os elementos que pertencem ao conjunto universo, menos os que pertencem ao conjunto A.

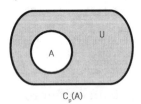

# 2 CONJUNTOS NUMÉRICOS

Os números surgiram da necessidade de contar ou quantificar coisas ou objetos. Com o passar do tempo, foram adquirindo características próprias.

## 2.1 Números naturais

É o primeiro dos conjuntos numéricos. Representado pelo símbolo $\mathbb{N}$ e formado pelos seguintes elementos:

$\mathbb{N} = \{0, 1, 2, 3, 4, 5, 6, 7, 8, 9, 10, 11, 12, 13, ... + \infty\}$

O símbolo $\infty$ significa infinito, o + quer dizer positivo, então $+\infty$ quer dizer infinito positivo.

## 2.2 Números inteiros

Esse conjunto surgiu da necessidade de alguns cálculos não possuírem resultados, pois esses resultados eram negativos. Representado pelo símbolo $\mathbb{Z}$ e formado pelos seguintes elementos:

$\mathbb{Z} = \{-\infty, ..., -3, -2, -1, 0, 1, 2, 3, ..., +\infty\}$

### 2.2.1 Operações e propriedades dos números naturais e inteiros

As principais operações com os números naturais e inteiros são: adição, subtração, multiplicação, divisão, potenciação e radiciação (as quatro primeiras são também chamadas operações fundamentais).

### Adição

Na adição, a soma dos termos ou das parcelas resulta naquilo que se chama **total**.

| $2 + 2 = 4$

As propriedades da adição são:
- **Elemento neutro:** qualquer número somado ao zero tem como total o próprio número.
| $2 + 0 = 2$
- **Comutativa:** a ordem dos termos não altera o total.
| $2 + 3 = 3 + 2 = 5$
- **Associativa:** o ajuntamento de parcelas não altera o total.
| $(2 + 3) + 5 = 2 + (3 + 5) = 10$

### Subtração

Operação contrária à adição é conhecida como diferença.

Os termos ou parcelas da subtração, assim como o total, têm nomes próprios:

M – N = P; em que M = minuendo, N = subtraendo e P = diferença ou resto.

| $7 - 2 = 5$

Quando o subtraendo for maior que o minuendo, a diferença será negativa.

### Multiplicação

É a soma de uma quantidade de parcelas fixas. O resultado da multiplicação chama-se produto. Os sinais que indicam a multiplicação são o × e o ·.

| $4 \times 7 = 7 + 7 + 7 + 7 = 28$
| $7 \cdot 4 = 4 + 4 + 4 + 4 + 4 + 4 + 4 = 28$

As propriedades da multiplicação são:

**Elemento neutro**: qualquer número multiplicado por 1 terá como produto o próprio número.

| $5 \cdot 1 = 5$

**Comutativa**: ordem dos fatores não altera o produto.
| $3 \cdot 4 = 4 \cdot 3 = 12$

**Associativa**: o ajuntamento dos fatores não altera o resultado.
| $2 \cdot (3 \cdot 4) = (2 \cdot 3) \cdot 4 = 24$

**Distributiva**: um fator em evidência multiplica todas as parcelas dentro dos parênteses.
| $2 \cdot (3 + 4) = (2 \cdot 3) + (2 \cdot 4) = 6 + 8 = 14$

> **Fique ligado**
>
> Na multiplicação existe jogo de sinais. Veja a seguir:
>
> | Parcela | Parcela | Produto |
> |---|---|---|
> | + | + | + |
> | + | − | − |
> | − | + | − |
> | − | − | + |
>
> | $2 \cdot (-3) = -6$
> | $-3 \cdot (-7) = 21$

### Divisão

É o inverso da multiplicação. Os sinais que indicam a divisão são: ÷, :, /.

| $14 \div 7 = 2$
| $25 : 5 = 5$
| $36/12 = 3$

> **Fique ligado**
>
> Por ser o inverso da multiplicação, a divisão também possui o jogo de sinal.

## 2.3 Números racionais

Os números racionais são os números que podem ser escritos na forma de fração, são representados pela letra $\mathbb{Q}$ e podem ser escritos em forma de frações.

| $\mathbb{Q} = \dfrac{a}{b}$ (com b diferente de zero → $b \neq 0$); em que a é o numerador e b é o denominador.

Pertencem também a este conjunto as dízimas periódicas (números que apresentam uma série infinita de algarismos decimais, após a vírgula) e os números decimais (aqueles que são escritos com a vírgula e cujo denominador são potências de 10).

Toda fração cujo numerador é menor que o denominador é chamada de fração própria.

### 2.3.1 Operações com números racionais

### Adição e subtração

Para somar frações deve estar atento se os denominadores das frações são os mesmos. Caso sejam iguais, basta repetir o denominador e somar (ou subtrair) os numeradores, porém se os denominadores forem diferentes é preciso fazer o MMC (mínimo múltiplo comum) dos denominadores, constituindo novas frações equivalentes às frações originais e proceder com o cálculo.

$$\frac{2}{7} + \frac{4}{7} = \frac{6}{7}$$

$$\frac{2}{3} + \frac{4}{5} = \frac{10}{15} + \frac{12}{15} = \frac{22}{15}$$

### Multiplicação

Multiplicar numerador com numerador e denominador com denominador das frações.

$$\frac{3}{4} \cdot \frac{5}{7} = \frac{15}{28}$$

### Divisão

Para dividir frações, multiplicar a primeira fração com o inverso da segunda fração.

$$\frac{2}{3} \div \frac{4}{5} = \frac{2}{3} \cdot \frac{5}{4} = \frac{10}{12} = \frac{5}{6}$$

(Simplificado por 2)

Toda vez, que for possível, deve simplificar a fração até sua fração irredutível (aquela que não pode mais ser simplificada).

### Potenciação

Se a multiplicação é a soma de uma quantidade de parcelas fixas, a potenciação é a multiplicação de uma quantidade de fatores fixos, tal quantidade indicada no expoente que acompanha a base da potência.

A potenciação é expressa por: $a^n$, cujo **a** é a base da potência e o **n** é o expoente.

$$4^3 = 4 \cdot 4 \cdot 4 = 64$$

**Propriedades das potências:**

$a^0 = 1$
$3^0 = 1$
$a^1 = a$
$5^1 = 5$
$a^{-n} = 1/a^n$
$2^{-3} = 1/2^3 = 1/8$
$a^m \cdot a^n = a^{(m+n)}$
$3^2 \cdot 3^3 = 3^{(2+3)} = 3^5 = 243$
$a^m : a^n = a^{(m-n)}$
$4^5 : 4^3 = 4^{(5-3)} = 4^2 = 16$
$(a^m)^n = a^{m \cdot n}$
$(2^2)^4 = 2^{2 \cdot 4} = 2^8 = 256$
$a^{m/n} = \sqrt[n]{a^m}$
$7^{2/3} = \sqrt[3]{7^2}$

Não confunda: $(a^m)^n \neq a^{m^n}$

Não confunda também: $(-a)^n \neq -a^n$.

### Radiciação

É a expressão da potenciação com expoente fracionário.

A representação genérica da radiciação é: $\sqrt[n]{a}$; cujo **n** é o índice da raiz, o **a** é o radicando e $\sqrt{\phantom{a}}$ é o radical.

Quando o índice da raiz for o 2 ele não precisa aparecer e essa raiz será uma raiz quadrada.

**Propriedades das raízes:**

$\sqrt[n]{a^m} = (\sqrt[n]{a})^m = a^{m/n}$

$\sqrt[m]{\sqrt[n]{a}} = \sqrt[m \cdot n]{a}$

$\sqrt[m]{a^m} = a = a^{m/m} = a^1 = a$

**Racionalização**: se uma fração tem em seu denominador um radical, faz-se o seguinte:

$$\frac{1}{\sqrt{a}} = \frac{1}{\sqrt{a}} \cdot \frac{\sqrt{a}}{\sqrt{a}} = \frac{\sqrt{a}}{\sqrt{a^2}} = \frac{\sqrt{a}}{a}$$

## 2.3.2 Transformação de dízima periódica em fração

Para transformar dízimas periódicas em fração, é preciso atentar-se para algumas situações:

- Verifique se depois da vírgula só há a parte periódica, ou se há uma parte não periódica e uma periódica.
- Observe quantas são as casas periódicas e, caso haja, as não periódicas. Lembre-se sempre que essa observação só será para os números que estão depois da vírgula.
- Em relação à fração, o denominador será tantos 9 quantos forem as casas do período, seguido de tantos 0 quantos forem as casas não periódicas (caso haja e depois da vírgula). Já o numerador será o número sem a vírgula até o primeiro período menos toda a parte não periódica (caso haja).

$$0{,}6666\ldots = \frac{6}{9}$$

$$0{,}36363636\ldots = \frac{36}{99}$$

$$0{,}123333\ldots = \frac{123 - 12}{900} = \frac{111}{900}$$

$$2{,}8888\ldots = \frac{28 - 2}{9} = \frac{26}{9}$$

$$3{,}754545454\ldots = \frac{3754 - 37}{990} = \frac{3717}{990}$$

## 2.3.3 Transformação de número decimal em fração

Para transformar número decimal em fração, basta contar quantas casas existem depois da vírgula; então o denominador da fração será o número 1 acompanhado de tantos zeros quantos forem o número de casas, já o numerador será o número sem a vírgula.

$$0{,}3 = \frac{3}{10}$$

$$2{,}45 = \frac{245}{100}$$

$$49{,}586 = \frac{49586}{1000}$$

## 2.4 Números irracionais

São os números que não podem ser escritos na forma de fração.

O conjunto é representado pela letra $\mathbb{I}$ e tem como elementos as dízimas não periódicas e as raízes não exatas.

## 2.5 Números reais

Simbolizado pela letra $\mathbb{R}$, é a união do conjunto dos números racionais com o conjunto dos números irracionais.

Representado, temos:

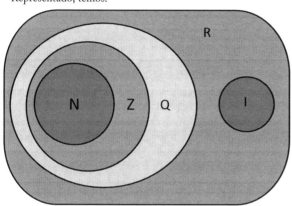

Colocando todos os números em uma reta, temos:

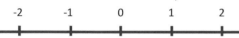

As desigualdades ocorrem em razão de os números serem maiores ou menores uns dos outros.

**Os símbolos das desigualdades são:**

≥ maior ou igual a.

≤ menor ou igual a.

> maior que.

< menor que.

Dessas desigualdades surgem os intervalos, que nada mais são do que um espaço dessa reta, entre dois números.

Os intervalos podem ser abertos ou fechados, depende dos símbolos de desigualdade utilizados.

Intervalo aberto ocorre quando os números não fazem parte do intervalo e os sinais de desigualdade são:

> maior que.

< menor que.

Intervalo fechado ocorre quando os números fazem parte do intervalo e os sinais de desigualdade são:

≥ maior ou igual a.

≤ menor ou igual a.

## 2.6 Intervalos

Os intervalos numéricos podem ser representados das seguintes formas:

### 2.6.1 Com os símbolos <, >, ≤, ≥

Quando usar os símbolos < ou >, os números que os acompanham não fazem parte do intervalo real. Quando usar os símbolos ≤ ou ≥, os números farão parte do intervalo real.

| 2 < x < 5: o 2 e o 5 não fazem parte do intervalo.
| 2 ≤ x < 5: o 2 faz parte do intervalo, mas o 5 não.
| 2 ≤ x ≤ 5: o 2 e o 5 fazem parte do intervalo.

### 2.6.2 Com os colchetes [ ]

Quando os colchetes estiverem voltados para os números, significa que farão parte do intervalo. Quando os colchetes estiverem invertidos, significa que os números não farão parte do intervalo.

| ]2;5[: o 2 e o 5 não fazem parte do intervalo.
| [2;5[: o 2 faz parte do intervalo, mas o 5 não faz.
| [2;5]: o 2 e o 5 fazem parte do intervalo.

### 2.6.3 Sobre uma reta numérica

▷ **Intervalo aberto**

2<x<5:

Em que 2 e 5 não fazem parte do intervalo numérico, representado pela marcação aberta (sem preenchimento - O).

▷ **Intervalo fechado e aberto**

2≤x<5:

Em que 2 faz parte do intervalo, representado pela marcação fechada (preenchida ●) em que 5 não faz parte do intervalo, representado pela marcação aberta (O).

▷ **Intervalo fechado**

2≤x≤5:

Em que 2 e 5 fazem parte do intervalo numérico, representado pela marcação fechada (●).

## 2.7 Múltiplos e divisores

Os múltiplos são resultados de uma multiplicação de dois números naturais.

| Os múltiplos de 3 são: 0, 3, 6, 9, 12, 15, 18, 21, 24, 27, 30... (os
| múltiplos são infinitos).

Os divisores de um número são os números, cuja divisão desse número por eles será exata.

| Os divisores de 12 são: 1, 2, 3, 4, 6, 12.

> **Fique ligado**
>
> Números quadrados perfeitos são aqueles que resultam da multiplicação de um número por ele mesmo.
> | 4 = 2 · 2
> | 25 = 5 · 5

## 2.8 Números primos

São os números que têm apenas dois divisores, o 1 e ele mesmo. (Alguns autores consideram os números primos aqueles que tem 4 divisores, sendo o 1, o -1, ele mesmo e o seu oposto – simétrico.)

| 2 (único primo par), 3, 5, 7, 11, 13, 17, 19, 23, 29, 31, 37, 41, 43,
| 47, 53, 59, ...

Os números primos servem para decompor outros números.

A decomposição de um número em fatores primos serve para fazer o MMC e o MDC (máximo divisor comum).

## 2.9 MMC e MDC

O MMC de um, dois ou mais números é o menor número que, ao mesmo tempo, é múltiplo de todos esses números.

O MDC de dois ou mais números é o maior número que pode dividir todos esses números ao mesmo tempo.

Para calcular, após decompor os números, o MMC de dois ou mais números será o produto de todos os fatores primos, comuns e não comuns, elevados aos maiores expoentes. Já o MDC será apenas os fatores comuns a todos os números elevados aos menores expoentes.

$6 = 2 \cdot 3$
$18 = 2 \cdot 3 \cdot 3 = 2 \cdot 3^2$
$35 = 5 \cdot 7$
$144 = 2 \cdot 2 \cdot 2 \cdot 2 \cdot 3 \cdot 3 = 2^4 \cdot 3^2$
$225 = 3 \cdot 3 \cdot 5 \cdot 5 = 3^2 \cdot 5^2$
$490 = 2 \cdot 5 \cdot 7 \cdot 7 = 2 \cdot 5 \cdot 7^2$
$640 = 2 \cdot 2 \cdot 2 \cdot 2 \cdot 2 \cdot 2 \cdot 2 \cdot 5 = 2^7 \cdot 5$
MMC de 18 e 225 = $2 \cdot 3^2 \cdot 5^2 = 2 \cdot 9 \cdot 25 = 450$
MDC de 225 e 490 = 5

Para saber a quantidade de divisores de um número basta, depois da decomposição do número, pegar os expoentes dos fatores primos, somar +1 e multiplicar os valores obtidos.

$225 = 3^2 \cdot 5^2 = 3^{2+1} \cdot 5^{2+1} = 3 \cdot 3 = 9$

Nº de divisores = $(2 + 1) \cdot (2 + 1) = 3 \cdot 3 = 9$ divisores. Que são: 1, 3, 5, 9, 15, 25, 45, 75, 225.

## 2.10 Divisibilidade

As regras de divisibilidade servem para facilitar a resolução de contas, para ajudar a descobrir se um número é ou não divisível por outro. Veja algumas dessas regras.

**Divisibilidade por 2**: para um número ser divisível por 2, ele tem de ser par.

14 é divisível por 2.
17 não é divisível por 2.

**Divisibilidade por 3**: para um número ser divisível por 3, a soma dos seus algarismos tem de ser divisível por 3.

174 é divisível por 3, pois 1 + 7 + 4 = 12.
188 não é divisível por 3, pois 1 + 8 + 8 = 17.

**Divisibilidade por 4**: para um número ser divisível por 4, ele tem de terminar em 00 ou os seus dois últimos números devem ser múltiplos de 4.

300 é divisível por 4.
532 é divisível por 4.
766 não é divisível por 4.

**Divisibilidade por 5**: para um número ser divisível por 5, ele deve terminar em 0 ou em 5.

35 é divisível por 5.
370 é divisível por 5.
548 não é divisível por 5.

**Divisibilidade por 6**: para um número ser divisível por 6, ele deve ser divisível por 2 e por 3 ao mesmo tempo.

78 é divisível por 6.
576 é divisível por 6.
652 não é divisível por 6.

**Divisibilidade por 9**: para um número ser divisível por 9, a soma dos seus algarismos deve ser divisível por 9.

75 é não divisível por 9.
684 é divisível por 9.

**Divisibilidade por 10**: para um número ser divisível por 10, ele tem de terminar em 0.

90 é divisível por 10.
364 não é divisível por 10.

## 2.11 Expressões numéricas

Para resolver expressões numéricas, deve-se seguir a ordem:
- Resolva os parênteses ( ), depois os colchetes [ ], depois as chaves { }, sempre nessa ordem.
- Dentre as operações, resolva primeiro as potenciações e raízes (o que vier primeiro), depois as multiplicações e divisões (o que vier primeiro) e, por último, as somas e subtrações (o que vier primeiro).

Calcule o valor da expressão:

$8 - \{5 - [10 - (7 - 3 \cdot 2)] \div 3\}$
$8 - \{5 - [10 - (7 - 6)] \div 3\}$
$8 - \{5 - [10 - (1)] \div 3\}$
$8 - \{5 - [9] \div 3\}$
$8 - \{5 - 3\}$
$8 - \{2\}$
$6$

# 3 SISTEMA LEGAL DE MEDIDAS

## 3.1 Medidas de tempo

A unidade padrão do tempo é o segundo (s), mas devemos saber as seguintes relações:

1min = 60s

1h = 60min = 3.600s

1 dia = 24h = 1.440min = 86.400s

30 dias = 1 mês

2 meses = 1 bimestre

6 meses = 1 semestre

12 meses = 1 ano

10 anos = 1 década

100 anos = 1 século

15h47min18s + 11h39min59s = 26h86min77s = 26h87min17s = 27h27min17s= 1 dia 3h27min17s.

8h23min − 3h49min51s = 7h83min − 3h49min51s = 7h82min60s − 3h49min51s = 4h33min9s.

Cuidado com as transformações de tempo, pois elas não seguem o mesmo padrão das outras medidas.

## 3.2 Sistema métrico decimal

Serve para medir comprimentos, distâncias, áreas e volumes. Tem como unidade padrão o metro (m). Veja a seguir seus múltiplos, variações e algumas transformações.

**Metro** (m):

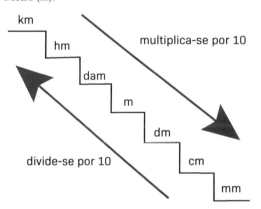

Ao descer um degrau da escada, multiplica-se por 10, e ao subir um degrau, divide-se por 10.

Transformar 2,98km em cm = 2,98 · 100.000 = 298.000cm (na multiplicação por 10 ou suas potências, basta deslocar a vírgula para a direita).

Transformar 74m em km = 74 ÷ 1.000 = 0,074km (na divisão por 10 ou suas potências, basta deslocar a vírgula para a esquerda).

> **Fique ligado**
>
> O grama (g) e o litro (l) seguem o mesmo padrão do metro (m).

**Metro quadrado** ($m^2$):

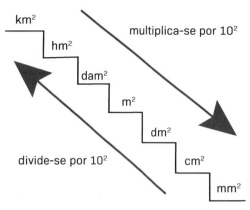

Ao descer um degrau da escada, multiplica por $10^2$ ou 100, e ao descer um degrau, divide por $10^2$ ou 100.

Transformar 79,11$m^2$ em $cm^2$ = 79,11 · 10.000 = 791.100$cm^2$.

Transformar 135$m^2$ em $km^2$ = 135 ÷ 1.000.000 = 0,000135$km^2$.

**Metro cúbico** ($m^3$):

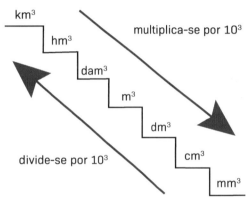

Ao descer um degrau da escada, multiplica-se por $10^3$ ou 1.000, e ao subir um degrau, divide-se por $10^3$ ou 1.000.

Transformar 269$dm^3$ em $cm^3$ = 269 · 1.000 = 269.000$cm^3$.

Transformar 4.831$cm^3$ em $m^3$ = 4.831 ÷ 1.000.000 = 0,004831$m^3$.

O metro cúbico, por ser uma medida de volume, tem relação com o litro (l), e essa relação é:

$1m^3$ = 1.000 litros.

$1dm^3$ = 1 litro.

$1cm^3$ = 1 mililitro.

# 4 NOÇÕES DE MATEMÁTICA FINANCEIRA

Porcentagem e juros fazem parte da matemática financeira e são assuntos amplamente difundidos em variados segmentos.

## 4.1 Porcentagem

É a aplicação da taxa percentual a determinado valor.

**Taxa percentual:** é o valor que vem acompanhado do símbolo %.

Para fins de cálculo, usa-se a taxa percentual em forma de fração ou em números decimais.

$3\% = 3/100 = 0{,}03$
$15\% = 15/100 = 0{,}15$
$34\%$ de $1.200 = 34/100 \cdot 1.200 = 40.800/100 = 408$
$65\%$ de $140 = 0{,}65 \cdot 140 = 91$

## 4.2 Lucro e prejuízo

Lucro e prejuízo são resultados de movimentações financeiras.

**Custo (C):** gasto.
**Venda (V):** ganho.
**Lucro (L):** quando se ganha mais do que se gasta.

$$L = V - C$$

**Prejuízo (P):** quando se gasta mais do que se ganha.

$$P = C - V$$

Basta substituir no lucro ou no prejuízo o valor da porcentagem, no custo ou na venda.

Um computador foi comprado por R$ 3.000,00 e revendido com lucro de 25% sobre a venda. Qual o preço de venda?
Como o lucro foi na venda, então $L = 0{,}25V$:
$L = V - C$
$0{,}25V = V - 3.000$
$0{,}25V - V = -3.000$
$-0{,}75V = -3.000 \ (-1)$
$0{,}75V = 3.000$
$V = \dfrac{3.000}{0{,}75} = \dfrac{300.000}{75} = 4.000$

Logo, a venda se deu por R$ 4.000,00.

## 4.3 Juros simples

**Juros:** atributos (ganhos) de uma operação financeira.

**Juros simples:** os valores são somados ao capital apenas no final da aplicação. Somente o capital rende juros.

Para o cálculo de juros simples, usa-se a seguinte fórmula:

$$J = C \cdot i \cdot t$$

### Fique ligado

Nas questões de juros, as taxas de juros e os tempos devem estar expressos pela mesma unidade.

- J = juros.
- C = capital.
- i = taxa de juros.
- t = tempo da aplicação.

Um capital de R$ 2.500,00 foi aplicado a juros de 2% ao trimestre durante um ano. Quais os juros produzidos?
Em 1 ano há exatamente 4 trimestres, como a taxa está em trimestre, agora é só calcular:
$J = C \cdot i \cdot t$
$J = 2.500 \cdot 0{,}02 \cdot 4$
$J = 200$

## 4.4 Juros compostos

Os valores são somados ao capital no final de cada período de aplicação, formando um novo capital, para incidência dos juros novamente. É o famoso caso de juros sobre juros.

Para o cálculo de juros compostos, usa-se a seguinte fórmula:

$$M = C \cdot (1 + i)^t$$

- M = montante.
- C = capital.
- i = taxa de juros.
- t = tempo da aplicação.

Um investidor aplicou a quantia de R$ 10.000,00 à taxa de juros de 2% a.m. durante 4 meses. Qual o montante desse investimento?
Aplique a fórmula, porque a taxa e o tempo estão na mesma unidade:
$M = C \cdot (1 + i)^t$
$M = 10.000 \cdot (1 + 0{,}02)^4$
$M = 10.000 \cdot (1{,}02)^4$
$M = 10.000 \cdot 1{,}08243216$
$M = 10.824{,}32$

## 4.5 Capitalização

**Capitalização:** acúmulo de capitais (capital + juros).
Nos juros simples, calcula-se por: $M = C + J$.
Nos juros compostos, calcula-se por: $J = M - C$.

Em algumas questões terão de ser calculados os montantes dos juros simples ou dos juros compostos.

# 5 PROPORCIONALIDADE

Os conceitos de razão e proporção estão ligados ao quociente. Esse conteúdo é muito solicitado pelas bancas de concursos.

Primeiramente, vamos compreender o que é grandeza, em seguida, razão e proporção.

## 5.1 Grandeza

É tudo aquilo que pode ser contado, medido ou enumerado.

| Comprimento (distância), tempo, quantidade de pessoas e/ou coisas etc.

**Grandezas diretamente proporcionais**: são aquelas em que o aumento de uma implica o aumento da outra.

| Quantidade e preço.

**Grandezas inversamente proporcionais**: são aquelas em que o aumento de uma implica a diminuição da outra.

| Velocidade e tempo.

## 5.2 Razão

É a comparação de duas grandezas. Essas grandezas podem ser da mesma espécie (unidades iguais) ou de espécies diferentes (unidades diferentes). Nada mais é do que uma fração do tipo $\frac{a}{b}$, com $b \neq 0$.

Nas razões, os numeradores são também chamados de antecedentes e os denominadores de consequentes.

**Escala:** comprimento no desenho comparado ao tamanho real.
**Velocidade:** distância comparada ao tempo.

## 5.3 Proporção

É determinada pela igualdade entre duas razões.

$$\frac{a}{b} = \frac{c}{d}$$

Dessa igualdade, tiramos a propriedade fundamental das proporções: o produto dos meios igual ao produto dos extremos (a chamada multiplicação cruzada).

$$\boxed{b \cdot c = a \cdot d}$$

É basicamente essa propriedade que ajuda resolver a maioria das questões desse assunto.

Dados três números racionais a, b e c, não nulos, denomina **quarta proporcional** desses números um número x tal que:

$$\frac{a}{b} = \frac{c}{x}$$

Proporção contínua é a que apresenta os meios iguais.

De um modo geral, uma proporção contínua pode ser representada por:

$$\frac{a}{b} = \frac{b}{c}$$

As outras propriedades das proporções são:

Numa proporção, a soma dos dois primeiros termos está para o 2º (ou 1º) termo, assim como a soma dos dois últimos está para 4º (ou 3º).

$$\frac{a+b}{b} = \frac{c+d}{d} \quad \text{ou} \quad \frac{a+b}{a} = \frac{c+d}{c}$$

Numa proporção, a diferença dos dois primeiros termos está para o 2º (ou 1º) termo, assim como a diferença dos dois últimos está para o 4º (ou 3º).

$$\frac{a-b}{b} = \frac{c-d}{d} \quad \text{ou} \quad \frac{a-b}{a} = \frac{c-d}{c}$$

Numa proporção, a soma dos antecedentes está para a soma dos consequentes, assim como cada antecedente está para o seu consequente.

$$\frac{a+c}{b+d} = \frac{c}{d} = \frac{a}{b}$$

Numa proporção, a diferença dos antecedentes está para a diferença dos consequentes, assim como cada antecedente está para o seu consequente.

$$\frac{a-c}{b-d} = \frac{c}{d} = \frac{a}{b}$$

Numa proporção, o produto dos antecedentes está para o produto dos consequentes, assim como o quadrado de cada antecedente está para quadrado do seu consequente.

$$\frac{a \cdot c}{b \cdot d} = \frac{a^2}{b^2} = \frac{c^2}{d^2}$$

A última propriedade pode ser estendida para qualquer número de razões.

$$\frac{a \cdot c \cdot e}{b \cdot d \cdot f} = \frac{a^3}{b^3} = \frac{c^3}{d^3} = \frac{e^3}{f^3}$$

## 5.4 Divisão em partes proporcionais

Para dividir um número em partes direta ou inversamente proporcionais, devem-se seguir algumas regras.

▷ **Divisão em partes diretamente proporcionais**

| Divida o número 50 em partes diretamente proporcionais a 4 e a 6.
|
| $4x + 6x = 50$
|
| $10x = 50$
|
| $x = \frac{50}{10}$
|
| $x = 5$
|
| x = constante proporcional
|
| Então, $4x = 4 \cdot 5 = 20$ e $6x = 6 \cdot 5 = 30$
|
| Logo, a parte proporcional a 4 é o 20 e a parte proporcional ao 6 é o 30.

▷ **Divisão em partes inversamente proporcionais**

Divida o número 60 em partes inversamente proporcionais a 2 e a 3.

$$\frac{x}{2} = \frac{x}{3} = 60$$

$$\frac{3x}{6} + \frac{2x}{6} = 60$$

$5x = 60 \cdot 6$

$5x = 360$

$x = \dfrac{360}{5}$

$x = 72$

x = constante proporcional

Então, $\dfrac{x}{2} = \dfrac{72}{2} = 36$ e $\dfrac{x}{3} = \dfrac{72}{3} = 24$

Logo, a parte proporcional a 2 é o 36 e a parte proporcional ao 3 é o 24.

Perceba que, na divisão diretamente proporcional, quem tiver a maior parte ficará com o maior valor. Já na divisão inversamente proporcional, quem tiver a maior parte ficará com o menor valor.

## 5.5 Regra das torneiras

Sempre que uma questão envolver uma situação que pode ser feita de um jeito em determinado tempo (ou por uma pessoa) e, em outro tempo, de outro jeito (ou por outra pessoa), e quiser saber em quanto tempo seria se fosse feito tudo ao mesmo tempo, usa-se a regra da torneira, que consiste na aplicação da seguinte fórmula:

$$t_T = \frac{t_1 \cdot t_2}{t_1 + t_2}$$

Em que **T** é o tempo.

Quando houver mais de duas situações, é melhor usar a fórmula:

$$\frac{1}{t_T} = \frac{1}{t_1} + \frac{1}{t_2} + \ldots + \frac{1}{t_n}$$

Em que **n** é a quantidade de situações.

Uma torneira enche um tanque em 6h. Uma segunda torneira enche o mesmo tanque em 8h. Se as duas torneiras forem abertas juntas quanto tempo vão levar para encher o mesmo tanque?

$t_T = \dfrac{6 \cdot 8}{6 + 8} = \dfrac{48}{14} = $ 3h25min43s

## 5.6 Regra de três

Mecanismo prático e/ou método utilizado para resolver questões que envolvem razão e proporção (grandezas).

### 5.6.1 Regra de três simples

Aquela que só envolve duas grandezas.

Durante uma viagem, um carro consome 20 litros de combustível para percorrer 240km, quantos litros são necessários para percorrer 450km?

Primeiro, verifique se as grandezas envolvidas na questão são direta ou inversamente proporcionais, e monte uma estrutura para visualizar melhor a questão.

| Distância | Litro |
|---|---|
| 240 | 20 |
| 450 | x |

Ao aumentar a distância, a quantidade de litros de combustível necessária para percorrer essa distância também vai aumentar, então, as grandezas são diretamente proporcionais.

$$\frac{20}{x} = \frac{240}{450}$$

Aplicando a propriedade fundamental das proporções:
$240x = 9.000$

$x = \dfrac{9.000}{240} = 37,5$ litros

### 5.6.2 Regra de três composta

Aquela que envolve mais de duas grandezas.

Dois pedreiros levam nove dias para construir um muro com 2m de altura. Trabalhando três pedreiros e aumentando a altura para 4m, qual será o tempo necessário para completar esse muro? Neste caso, deve-se comparar uma grandeza de cada vez com a variável.

| Dias | Pedreiros | Altura |
|---|---|---|
| 9 | 2 | 2 |
| x | 3 | 4 |

Note que, ao aumentar a quantidade de pedreiros, o número de dias necessários para construir um muro diminui, então as grandezas pedreiros e dias são inversamente proporcionais. No entanto, se aumentar a altura do muro, será necessário mais dias para construí-lo. Dessa forma, as grandezas muro e dias são diretamente proporcionais. Para finalizar, monte a proporção e resolva. Lembre-se que quando uma grandeza for inversamente proporcional à variável sua fração será invertida.

$$\frac{9}{x} = \frac{3}{2} \cdot \frac{2}{4}$$

$$\frac{9}{x} = \frac{6}{8}$$

Aplicar a propriedade fundamental das proporções:
$6x = 72$

$x = \dfrac{72}{6} = 12$ dias

# 6 ANÁLISE COMBINATÓRIA

As primeiras atividades matemáticas estavam ligadas à contagem de objetos de um conjunto, enumerando seus elementos.

Vamos estudar algumas técnicas para a descrição e contagem de casos possíveis de um acontecimento.

## 6.1 Definição

A análise combinatória é utilizada para descobrir o **número de maneiras possíveis** para realizar determinado evento, sem que seja necessário demonstrar essas maneiras.

> Quantos são os pares formados pelo lançamento de dois **dados** simultaneamente?
> No primeiro dado, temos 6 possibilidades – do 1 ao 6 – e, no segundo dado, também temos 6 possibilidades – do 1 ao 6. Juntando todos os pares formados, temos 36 pares (6 · 6 = 36).
> (1,1), (1,2), (1,3), (1,4), (1,5), (1,6),
> (2,1), (2,2), (2,3), (2,4), (2,5), (2,6),
> (3,1), (3,2), (3,3), (3,4), (3,5), (3,6),
> (4,1), (4,2), (4,3), (4,4), (4,5), (4,6),
> (5,1), (5,2), (5,3), (5,4), (5,5), (5,6),
> (6,1), (6,2), (6,3), (6,4), (6,5), (6,6).
> Logo, temos **36 pares**.

Não há necessidade de expor todos os pares formados, basta que saibamos quantos pares existem.

Imagine se fossem 4 dados e quiséssemos saber todas as quadras possíveis, o resultado seria 1.296 quadras. Um número inviável de ser representado. Por isso utilizamos a análise combinatória.

Para resolver as questões de análise combinatória, utilizamos algumas técnicas, que veremos a seguir.

## 6.2 Fatorial

É comum, nos problemas de contagem, calcularmos o produto de uma multiplicação cujos fatores são números naturais consecutivos. Fatorial de um número (natural) é a multiplicação deste número por todos os seus antecessores, em ordem, até o número 1 ·

$$n! = n(n-1)(n-2)\ldots 3.2.1, \text{sendo } n \in \mathbb{N} \text{ e } n > 1.$$

Por definição, temos:
- 0! = 1
- 1! = 1
- 4! = 4 · 3 · 2 · 1 = 24
- 6! = 6 · 5 · 4 · 3 · 2 · 1 = 720
- 8! = 8 · 7 · 6 · 5 · 4 · 3 · 2 · 1 = 40.320

Observe que:
- 6! = 6 · 5 · 4!
- 8! = 8 · 7 · 6!

Para n = 0, teremos: 0! = 1.
Para n = 1, teremos: 1! = 1.

> Qual deve ser o valor numérico de n para que a equação (n + 2)! = 20 · n! seja verdadeira?
> O primeiro passo na resolução deste problema consiste em escrevermos **(n + 2)!** em função de **n!**, em busca de uma equação que não mais contenha fatoriais:
> (n+2)(n+1) n! = 20n!, dividindo por n!, tem os:
> (n+2)(n+1) = 20, fazendo a distributiva.
> $n^2 + 3n + 2 = 20 \Rightarrow n^2 + 3n - 18 = 0$
> Conclui-se que as raízes procuradas são **-6** e **3**, mas como não existe fatorial de números negativos, já que eles não pertencem ao conjunto dos números naturais, ficamos apenas com a raiz igual a **3**.
> Portanto:
> O valor numérico de n, para que a equação seja verdadeira, é igual a 3.

## 6.3 Princípio fundamental da contagem (PFC)

O PFC é utilizado nas questões em que os elementos podem ser repetidos **ou** quando a ordem dos elementos fizer diferença no resultado.

É uma das técnicas mais importantes e uma das mais utilizadas nas questões de análise combinatória.

> **Fique ligado**
>
> Esses elementos são os dados das questões, os valores envolvidos.

Consiste de dois princípios: o **multiplicativo** e o **aditivo**. A diferença dos dois consiste nos termos utilizados durante a resolução das questões.

**Multiplicativo:** usado sempre que na resolução das questões utilizarmos o termo e. Como o próprio nome já diz, faremos multiplicações.

**Aditivo:** usado quando utilizarmos o termo **ou**. Aqui realizaremos somas.

> Quantas senhas de 3 algarismos são possíveis com os algarismos 1, 3, 5 e 7?
> Como nas senhas os algarismos podem ser repetidos, para formar senhas de 3 algarismos temos a seguinte possibilidade:
> SENHA = Algarismo E Algarismo E Algarismo
> Nº de SENHAS = 4 · 4 · 4 (já que são 4 os algarismos que temos na questão, e observe o princípio multiplicativo no uso do e). Nº de SENHAS = 64.

> Quantos são os números naturais de dois algarismos que são múltiplos de 5?
> Como o zero à esquerda de um número não é significativo, para que tenhamos um número natural com dois algarismos, ele deve começar com um dígito de 1 a 9. Temos, portanto, 9 possibilidades.
> Para que o número seja um múltiplo de 5, ele deve terminar em 0 ou 5, portanto, temos apenas 2 possibilidades. A multiplicação de 9 por 2 nos dará o resultado desejado. Logo: são 18 os números naturais de dois algarismos e múltiplos de 5.

## 6.4 Arranjo e combinação

Duas outras técnicas usadas para resolução de problemas de análise combinatória, sendo importante saber quando usa cada uma delas.

**Arranjo**: usado quando os elementos (envolvidos no cálculo) não podem ser repetidos E quando a ordem dos elementos faz diferença no resultado.

A fórmula do arranjo é:

$$A_{n,p} = \frac{n!}{(n-p)!}$$

Sendo:
- **n** = todos os elementos do conjunto.
- **p** = os elementos utilizados.
> pódio de competição

**Combinação**: usado quando os elementos (envolvidos no cálculo) não podem ser repetidos E quando a ordem dos elementos não faz diferença no resultado.

A fórmula da combinação é:

$$C_{n,p} = \frac{n!}{p! \cdot (n-p)!}$$

Sendo:

**n** = a todos os elementos do conjunto.

**p** = os elementos utilizados.

| salada de fruta.

## 6.5 Permutação

### 6.5.1 Permutação simples

Seja **E** um conjunto com **n** elementos. Chama-se permutação simples dos **n** elementos, qualquer agrupamento (sequência) de **n** elementos distintos de **E** em outras palavras. Permutação é a **organização** de **todos** os elementos

Podemos, também, interpretar cada permutação de **n** elementos como um arranjo simples de **n** elementos tomados **n** a **n**, ou seja, p = n.

Nada mais é do que um caso particular de arranjo cujo p = n.

Logo:

Assim, a fórmula da permutação é:

$$P_n = n!$$

| Quantos anagramas tem a palavra prova?
| A palavra **prova** tem 5 letras, e nenhuma repetida, sendo assim
| **n** = 5, é:
| P5 = 5!
| P5 = 5 · 4 · 3 · 2 · 1
| P5 = 120 anagramas

#### Fique ligado

As permutações são muito usadas nas questões de anagramas.
Anagramas são palavras formadas com todas as letras de uma palavra, desde que essas novas palavras tenham sentido ou não na linguagem comum.

### 6.5.2 Permutação com elementos repetidos

Na permutação com elementos repetidos, usa-se a seguinte fórmula:

$$P_n^{k,y,\ldots,w} = \frac{n!}{k! \cdot y! \cdot \ldots \cdot w!}$$

Sendo:

**n** = o número total de elementos do conjunto.

**k, y, w** = as quantidades de elementos repetidos.

| Quantos anagramas tem a palavra concurso?
| Observe que na palavra **concurso** existem duas letras repetidas,
| C e O, e cada uma duas vezes, portanto, n = 8, k = 2 e y = 2, sendo:

$$P_8^{2,2} = \frac{8!}{2! \cdot 2!}$$

$$P_8^{2,2} = \frac{8 \cdot 7 \cdot 6 \cdot 5 \cdot 4 \cdot 3 \cdot 2!}{2 \cdot 1 \cdot 2!} \text{ (Simplificando o 2!)}$$

$$P_8^{2,2} = \frac{20.160}{2}$$

$$P_8^{2,2} = 10.080 \text{ anagramas}$$

**Resumo:**

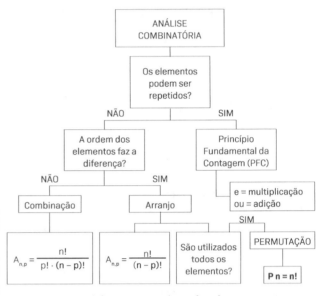

Para saber qual das técnicas utilizar, faça duas, no máximo, três perguntas para a questão, como segue:

**Os elementos podem ser repetidos?**

Se a resposta for sim, deve-se trabalhar com o PFC; se a resposta for não, passe para a próxima pergunta.

**A ordem dos elementos faz diferença no resultado da questão?**

Se a resposta for sim, trabalha-se com arranjo; se a resposta for não, trabalha-se com as combinações (todas as questões de arranjo podem ser feitas por PFC).

**Vou utilizar todos os elementos para resolver a questão? (opcional)**

Para fazer a 3ª pergunta, dependerá se a resposta da 1ª for não e a 2ª for sim; se a resposta da 3ª for sim, trabalha-se com as permutações.

### 6.5.3 Permutações circulares e combinações com repetição

#### Casos especiais dentro da análise combinatória

**Permutação circular**: usada quando houver giro horário ou anti-horário. Na permutação circular o que importa são as posições, não os lugares.

$$PC_n = (n-1)!$$

Sendo:

**n** = o número total de elementos do conjunto.

**Pc** = permutação circular.

**Combinação com repetição**: usada quando p > n ou quando a questão deixar subentendido que pode haver repetição.

$$A_{n,p} = C_{(n + p - 1,p)} = \frac{(n + p - 1)!}{p! \cdot (n - 1)!}$$

Sendo:

**n** = o número total de elementos do conjunto.

**p** = o número de elementos utilizados.

**Cr** = combinação com repetição.

# 7 PROBABILIDADE

A que temperatura a água entra em ebulição? Ao soltar uma bola, com que velocidade ela atinge o chão? Ao conhecer certas condições, é perfeitamente possível responder a essas duas perguntas, antes mesmo da realização desses experimentos.

Esses experimentos são denominados determinísticos, pois neles os resultados podem ser previstos.

Considere agora os seguintes experimentos:
- No lançamento de uma moeda, qual a face voltada para cima?
- No lançamento de um dado, que número saiu?
- Uma carta foi retirada de um baralho completo. Que carta é essa?

Mesmo se esses experimentos forem repetidos várias vezes, nas mesmas condições, não poderemos prever o resultado.

Um experimento cujo resultado, mesmo que único, é imprevisível, é denominado experimento aleatório. E é justamente ele que nos interessa neste estudo. Um experimento ou fenômeno aleatório apresenta as seguintes características:
- Pode se repetir várias vezes nas mesmas condições.
- É conhecido o conjunto de todos os resultados possíveis.
- Não se pode prever o resultado.

A teoria da probabilidade surgiu para nos ajudar a medir a chance de ocorrer determinado resultado em um experimento aleatório.

## 7.1 Definições

Para o cálculo das probabilidades, temos que saber primeiro os três conceitos básicos acerca do tema:

> **Fique ligado**
>
> Maneiras possíveis de se realizar determinado evento (análise combinatória).
> ≠ (diferente)
> Chance de determinado evento ocorrer (probabilidade).

**Experimento aleatório**: é o experimento em que não é possível garantir o resultado, mesmo que esse seja feito diversas vezes nas mesmas condições.

> **Lançamento de uma moeda**: ao lançar uma moeda os resultados possíveis são cara ou coroa, mas não tem como garantir qual será o resultado desse lançamento.
>
> **Lançamento de um dado**: da mesma forma que a moeda, não temos como garantir qual é o resultado (1, 2, 3, 4, 5 e 6) desse lançamento.

**Espaço amostral (Ω) ou (U)**: é o conjunto de todos os resultados possíveis para um experimento aleatório.

> **Na moeda**: o espaço amostral na moeda é Ω = 2, pois só temos dois resultados possíveis para esse experimento, que é ou cara ou coroa.
>
> **No dado**: o espaço amostral no dado é U = 6, pois temos do 1 ao 6, como resultados possíveis para esse experimento.

**Evento**: qualquer subconjunto do espaço amostral é chamado evento.

> No lançamento de um dado, por exemplo, em relação à face voltada para cima, podemos ter os eventos:
> **O número par**: {2, 4, 6}.
> **O número ímpar**: {1, 3, 5}.
> **Múltiplo de 8**: { }.

## 7.2 Fórmula da probabilidade

Considere um experimento aleatório em que para cada um dos n eventos simples, do espaço amostral U, a chance de ocorrência é a mesma. Nesse caso, o cálculo da probabilidade de um evento qualquer dado pela fórmula:

$$P(A) = \frac{n(A)}{n(U)}$$

Na expressão acima, **n (U)** é o número de elementos do espaço amostral **U** e **n (A)**, o número de elementos do evento **A**.

$$P = \frac{\text{evento}}{\text{espaço amostral}}$$

Os valores da probabilidade variam de 0 (0%) a 1 (100%).

Quando a probabilidade é de 0 (0%), diz-se que o evento é impossível.
| Chance de você não passar num concurso.

Quando a probabilidade é de 1 (100%), diz-se que o evento é certo.
| Chance de você passar num concurso.

Qualquer outro valor entre 0 e 1, caracteriza-se como a probabilidade de um evento.

Na probabilidade também se usa o PFC, ou seja, sempre que houver duas ou mais probabilidades ligadas pelo conectivo e elas serão multiplicadas, e quando for pelo ou, elas serão somadas.

## 7.3 Eventos complementares

Dois eventos são ditos **complementares** quando a chance do evento ocorrer somado à chance de ele não ocorrer sempre dá 1.

$$P(A) + P(\bar{A}) = 1$$

Sendo:
- **P(A)** = a probabilidade do evento ocorrer.
- **P(Ā)** = a probabilidade do evento não ocorrer.

## 7.4 Casos especiais de probabilidade

A partir de agora, veremos algumas situações típicas da probabilidade, que servem para não perdermos tempo na resolução das questões.

### 7.4.1 Eventos independentes

Dois ou mais eventos são independentes quando não dependem uns dos outros para acontecer, porém ocorrem simultaneamente. Para calcular a probabilidade de dois ou mais eventos independentes, multiplicar a probabilidade de cada um deles.

> Uma urna tem 30 bolas, sendo 10 vermelhas e 20 azuis. Se sortear 2 bolas, 1 de cada vez e repondo a sorteada na urna, qual será a probabilidade de a primeira ser vermelha e a segunda ser azul?
>
> Sortear uma bola vermelha da urna não depende de uma bola azul ser sorteada e vice-versa, então a probabilidade da bola ser vermelha é $\frac{10}{30}$, e para a bola ser azul a probabilidade é $\frac{20}{30}$. Dessa forma, a probabilidade de a primeira bola ser vermelha e a segunda azul é:

$$P = \frac{20}{30} \cdot \frac{10}{30}$$

$$P = \frac{200}{900}$$

$$P = \frac{2}{9}$$

### 7.4.2 Probabilidade condicional

É a probabilidade de um evento ocorrer, sabendo que já ocorreu outro, relacionado a esse.

A fórmula para o cálculo dessa probabilidade é:

$$P_{A/B} = \frac{P(A \cap B)}{P_B}$$

$$P = \frac{\text{probabilidade dos eventos simultâneos}}{\text{probabilidade do evento condicional}}$$

### 7.4.3 Probabilidade da união de dois eventos

Assim como na teoria de conjuntos, faremos a relação com a fórmula do número de elementos da união de dois conjuntos. É importante lembrar o que significa união.

A fórmula para o cálculo dessa probabilidade é:

$$P(A \cup B) = P(A) + P(B) - P(A \cap B)$$

Ao lançar um dado, qual é a probabilidade de obter um número primo ou um número ímpar?

Os números primos no dado são 2, 3 e 5, já os números ímpares no dado são 1, 3 e 5, então os números primos e ímpares são 3 e 5. Ao aplicar a fórmula para o cálculo da probabilidade fica:

$$P_{(A \cup B)} = \frac{3}{6} + \frac{3}{6} - \frac{2}{6}$$

$$P_{(A \cup B)} = \frac{4}{6}$$

$$P_{(A \cup B)} = \frac{2}{3}$$

### 7.4.4 Probabilidade binomial

Essa probabilidade é a chamada probabilidade estatística e será tratada aqui de forma direta e com o uso da fórmula.

A fórmula para o cálculo dessa probabilidade é:

$$P = C_{n,s} \cdot P^s_{sucesso} \cdot P^f_{fracasso}$$

Sendo:
- **C** = o combinação.
- **n** = o número de repetições do evento.
- **s** = o número de sucessos desejados.
- **f** = o número de fracassos.

# 8 SEQUÊNCIAS NUMÉRICAS

Neste capítulo, conheceremos a formação de uma sequência e também do que trata a P.A. (Progressão Aritmética) e a P.G. (Progressão Geométrica).

## 8.1 Definições

**Sequências**: conjunto de elementos organizados de acordo com certo padrão, ou seguindo determinada regra. O conhecimento das sequências é fundamental para a compreensão das progressões.

**Progressões**: são sequências numéricas com algumas características exclusivas.

Cada elemento das sequências e/ou progressões são denominados termos.

**Sequência dos números quadrados perfeitos:** (1, 4, 9, 16, 25, 36, 49, 64, 81, 100...).

**Sequência dos números primos:** (2, 3, 5, 7, 11, 13, 17, 19, 23, 29, 31, 37, 41, 43, 47, 53...).

O que determina a formação na sequência dos números é: $a_n = n^2$.

## 8.2 Lei de formação de uma sequência

Para determinar uma sequência numérica é preciso uma lei de formação. A lei que define a sequência pode ser a mais variada possível.

> A sequência definida pela lei $a_n = n^2 + 1$, com $n \in N$, cujo $a_n$ é o termo que ocupa a n-ésima posição na sequência é: 0, 2, 5, 10, 17, 26... Por esse motivo, $a_n$ é chamado de termo geral da sequência.

## 8.3 Progressão aritmética (P.A.)

Progressão aritmética é uma sequência numérica em que cada termo, a partir do segundo, é igual ao anterior adicionado a um número fixo, chamado razão da progressão (r).

Quando r > 0, a progressão aritmética é crescente; quando r < 0, decrescente e quando r = 0, constante ou estacionária.

- (2, 5, 8, 11, ... ), temos r = 3. Logo, a P.A. é crescente.
- (20, 18, 16, 14, ... ), temos r = -2. Logo, a P.A. é decrescente.
- (5, 5, 5, 5, ... ), temos r = 0. Logo, a P.A. é constante.

A representação matemática de uma progressão aritmética é: $(a_1, a_2, a_3, ..., a_n, a_{n+1}, ...)$ na qual:

$$\begin{cases} a_2 = a_1 + r \\ a_3 = a_2 + r \\ a_4 = a_3 + r \\ \vdots \end{cases}$$

Se a razão de uma P.A. é a quantidade que acrescentamos a cada termo para obter o seguinte, podemos dizer que ela é igual à diferença entre qualquer termo, a partir do segundo, e o anterior. Assim, de modo geral, temos:

$$r = a_2 - a_1 = a_3 - a_2 = ... = a_{n+1} - a_n$$

Para encontrar um termo específico, a quantidade de termos ou até mesmo a razão de uma P.A., dispomos de uma relação chamada termo geral de uma P.A.: $a_n = a_1 + (n-1) r$, onde:

- $a_n$ é o termo geral.
- $a_1$ é o primeiro termo.
- n é o número de termos.
- r é a razão da P.A.

**Propriedades:**

$P_1$. Em toda P.A. finita, a soma de dois termos equidistantes dos extremos é igual à soma dos extremos.

```
1    3    5    7    9    11
          5 + 7 = 12
     3 + 9 = 12
1 + 11 = 12
```

Dois termos são equidistantes quando a distância entre um deles para o primeiro termo da P.A. é igual a distância do outro para o último termo da P.A.

$P_2$. Uma sequência de três termos é P.A. se o termo médio é igual à média aritmética entre os outros dois, isto é, (a, b, c) é P.A. $\Leftrightarrow b = \dfrac{a+c}{2}$

> Seja a P.A. (2, 4, 6), então, $4 = \dfrac{2+6}{2}$

$P_3$. Em uma P.A. com número ímpar de termos, o termo médio é a média aritmética entre os extremos.

> (3, 6, 9, 12, 15, 18, 21, 24, 27, 30, 33, 36, 39), $21 = \dfrac{3+39}{2}$

$P_4$. A soma $S_n$ dos n primeiros termos da P.A. $(a_1, a_2, a_3, ... a_n)$ é dada por:

$$S_n = \dfrac{(a_1 + a_n) \cdot n}{2}$$

> Calcule a soma dos termos da P.A. (1, 4, 7, 10, 13, 16, 19, 22, 25).
> $a_1 = 1$; $a_n = 25$; n = 9
>
> $S_n = \dfrac{(a_1 + a^n) \cdot n}{2}$
>
> $S_n = \dfrac{(1 + 25) \cdot 9}{2}$
>
> $S_n = \dfrac{(26) \cdot 9}{2}$
>
> $S_n = \dfrac{234}{2}$
>
> $S_n = 117$

### 8.3.1 Interpolação aritmética

Interpolar significa inserir termos, ou seja, interpolação aritmética é a colocação de termos entre os extremos de uma P.A. Consiste basicamente em descobrir o valor da razão da P.A. e inserir esses termos.

Utiliza-se a fórmula do termo geral para a resolução das questões, em que **n** será igual a **k + 2**, cujo **k** é a quantidade de termos que se quer interpolar.

> Insira 5 termos em uma P.A. que começa com 3 e termina com 15.
> $a_1 = 3$; $a_n = 15$; k = 5 e    | (3, 5, 7, 9, 11, 13, 15)
> n = 5 + 2 = 7
> $a_n = a_1 + (n-1) \cdot r$
> $15 = 3 + (7-1) \cdot r$
> $15 = 3 + 6r$
> $6r = 15 - 3$
> $6r = 12$
> $r = \dfrac{12}{6}$
> $r = 2$
> Então, P.A.

## 8.4 Progressão geométrica (P.G.)

Progressão geométrica é uma sequência de números não nulos em que cada termo, a partir do segundo, é igual ao anterior multiplicado por um número fixo, chamado razão da progressão (q).

A representação matemática de uma progressão geométrica é $(a_1, a_2, a_3, ..., a_{n-1}, a_n)$, na qual $a_2 = a_1 \cdot q$, $a_3 = a_2 \cdot q$,... etc. De modo geral, escrevemos: $a_{n+1} = a_n \cdot q$, $\forall\ n \in \mathbb{N}^*$ e $q \in \mathbb{R}$.

Em uma P.G., a razão q é igual ao quociente entre qualquer termo, a partir do segundo, e o anterior.

$\begin{vmatrix} (4, 8, 16, 32, 64) \\ q = \dfrac{8}{4} = \dfrac{16}{8} = \dfrac{32}{16} = \dfrac{64}{32} = 2 \\ (6, -18, 54, -162) \\ q = \dfrac{186}{6} = \dfrac{54}{-18} = \dfrac{-162}{54} = -3 \end{vmatrix}$

Assim, podemos escrever:
$\dfrac{a_2}{a_1} = \dfrac{a_3}{a_2} = ... = \dfrac{a_{n+1}}{a_n} = q$, sendo q a razão da P.G.

Podemos classificar uma P.G. como:

**Crescente:**

Quando $a_1 > 0$ e $q > 1$

| (2,6,18,54,...) é uma P.G. crescente com $a_1 = 2$ e $q = 3$

Quando $a_1 < 0$ e $0 < q < 1$

| (-40, -20, -10,...) é uma P.G. crescente com $a_1 = -40$ e $q = 1/2$

**Decrescente:**

Quando $a_1 > 0$ e $0 < q < 1$

| (256, 64, 16,...) é uma P.G. decrescente com $a_1 = 256$ e $q = 1/4$

Quando $a_1 < 0$ e $q > 1$

| (-2, -10, -50,...) é uma P.G. decrescente com $a_1 = -2$ e $q = 5$

**Constante:**

Quando $q = 1$

| (3, 3, 3, 3, 3,...) é uma P.G. constante com $a_1 = 3$ e $q = 1$

**Alternada:**

Quando $q < 0$

| (2,-6,18,-54) é uma P.G. alternada com $a_1 = 2$ e $q = -3$

A fórmula do termo geral de uma P.G. nos permite encontrar qualquer termo da progressão.

$$a_n = a_1 \cdot q^{n-1}$$

**Propriedades:**

$P_1$. Em toda P.G. finita, o produto de dois termos equidistantes dos extremos é igual ao produto dos extremos.

```
1        3        9       27       81      243
                  └── 9 · 27 = 243 ──┘
         └────── 3 · 81 = 243 ──────┘
└────────────── 1 · 243 = 243 ──────────────┘
```

Dois termos são equidistantes quando a distância de um deles para o primeiro termo P.G. é igual a distância do outro para o último termo da P.G.

$P_2$. Uma sequência de três termos, em que o primeiro é diferente de zero, é uma P.G., e sendo o quadrado do termo médio igual ao produto dos outros dois, isto é, $a \neq 0$.

$\begin{vmatrix} (a, b, c)\ \text{é P.G.} \Leftrightarrow b^2 = ac \\ (2, 4, 8) \Leftrightarrow 4^2 = 2 \cdot 8 = 16 \end{vmatrix}$

$P_3$. Em uma P.G. com número ímpar de termos, o quadrado do termo médio é igual ao produto dos extremos.

| (2, 4, 8, 16, 32, 64, 128, 256, 512), temos que $32^2 = 2 \cdot 512 = 1.024$.

$P_4$. Soma dos n primeiros termos de uma P.G.: $S_n = \dfrac{a_1(q^n - 1)}{q - 1}$

$P_5$. Soma dos termos de uma P.G. infinita:

$\begin{vmatrix} S_\infty = \dfrac{a_1}{q - 1}, \text{se}\ -1 < q < 1 \\ 1 - q \end{vmatrix}$

- $S_\infty = +\infty$, se $q > 1$ e $a_1 > 0$
- $S_\infty = -\infty$, se $q > 1$ e $a_1 < 0$

### 8.4.1 Interpolação geométrica

Interpolar significa inserir termos, ou seja, interpolação geométrica é a colocação de termos entre os extremos de uma P.G. Consiste basicamente em descobrir o valor da razão da P.G. e inserir esses termos.

Utiliza-se a fórmula do termo geral para a resolução das questões, em que **n** será igual a **p + 2**, cujo **p** é a quantidade de termos que se quer interpolar.

Insira 4 termos em uma P.G. que começa com 2 e termina com 2.048.

$a_1 = 2$; $a_n = 2.048$; $p = 4$ e $n = 4 + 2 = 6$
$a_n = a_1 \cdot q^{(n-1)}$
$2.048 = 2 \cdot q^{(6-1)}$
$2.048 = 2 \cdot q^5$
$q^5 = \dfrac{2.048}{2}$
$q^5 = 1.024$ $(1.024 = 4^5)$
$q^5 = 4^5$
$q = 4$
P.G. (2, **8**, **32**, **128**, **512**, 2.048).

### 8.4.2 Produto dos termos de uma P.G.

Para o cálculo do produto dos termos de uma P.G., usar a seguinte fórmula:

$$P_n = \sqrt{(a_1 \cdot a_n)^n}$$

Qual o produto dos termos da P.G. (5, 10, 20, 40, 80, 160)?
$a_1 = 5$; $a_n = 160$; $n = 6$
$P_n = \sqrt{(a_1 \cdot a_n)^n}$
$P_n = \sqrt{(5 \cdot 160)^6}$
$P_n = (5 \cdot 160)^3$
$P_n = (800)^3$
$P_n = 512.000.000$

# 9 FUNÇÕES

## 9.1 Definições

A função é uma relação estabelecida entre dois conjuntos A e B, em que exista uma associação entre cada elemento de A com um único de B por meio de uma lei de formação.

Podemos dizer que a função é uma relação de dois valores, por exemplo: $f(x) = y$, sendo que x e y são valores, nos quais x é o domínio da função (a função está dependendo dele) e y é um valor que depende do valor de x, sendo a imagem da função.

As funções possuem um conjunto chamado domínio e outro, imagem da função, além do contradomínio. No plano cartesiano, que o eixo x representa o **domínio** da função, enquanto no eixo y apresentam-se os valores obtidos em função de x, constituindo a imagem da função (o eixo y seria o **contradomínio** da função).

Com os conjuntos A = {1, 4, 7} e B = {1, 4, 6, 7, 8, 9, 12} cria-se a função f: A → B definida por $f(x) = x + 5$, que também pode ser representada por $y = x + 5$. A representação, utilizando conjuntos, desta função é:

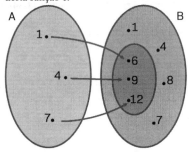

O conjunto A é o conjunto de saída e o B é o conjunto de chegada. Domínio é um sinônimo para conjunto de saída, ou seja, para esta função o domínio é o próprio conjunto A = {1, 4, 7}.

Como, em uma função, o conjunto de saída (domínio) deve ter todos os seus elementos relacionados, não precisa ter subdivisões para o domínio.

O domínio de uma função é chamado de campo de definição ou campo de existência da função, e é representado pela letra D.

O conjunto de chegada B, também possui um sinônimo, é chamado de contradomínio, representado por CD.

Note que é possível fazer uma subdivisão dentro do contradomínio e ter elementos do contradomínio que não são relacionados com algum elemento do domínio e outros que são. Por isso, deve-se levar em consideração esta subdivisão.

Este subconjunto é chamado de conjunto **imagem**, e é composto por todos os elementos em que as flechas de relacionamento chegam.

O conjunto imagem é representado por Im, e cada ponto que a flecha chega é chamado de imagem.

## 9.2 Plano cartesiano

Criado por René Descartes, o plano cartesiano consiste em dois eixos perpendiculares, sendo o horizontal chamado de eixo das abscissas e o vertical de eixo das ordenadas. O plano cartesiano foi desenvolvido por Descartes no intuito de localizar pontos em determinado espaço.

As disposições dos eixos no plano formam quatro quadrantes, mostrados na figura a seguir:

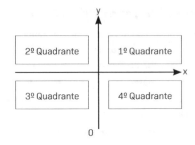

O encontro dos eixos é chamado de origem. Cada ponto do plano cartesiano é formado por um par ordenado (x, y), em que x: abscissa e y: ordenada.

### 9.2.1 Raízes

Em matemática, uma raiz ou zero da função consiste em determinar os pontos de interseção da função com o eixo das abscissas no plano cartesiano. A função $f$ é um elemento no domínio de $f$ tal que $f(x) = 0$.

Considere a função:
$f(x) = x^2 - 6x + 9$
3 é uma raiz de $f$, porque:
$f(3) = 3^2 - 6 \cdot 3 + 9 = 0$

## 9.3 Funções injetoras, sobrejetoras e bijetoras

**Função injetora:** é a função em que cada x encontra um único y, ou seja, os elementos distintos têm imagens distintas.

**Função sobrejetora:** a função em que o conjunto imagem é exatamente igual ao contradomínio (y).

**Função bijetora:** a função que for injetora e sobrejetora ao mesmo tempo.

## 9.4 Funções crescentes, decrescentes e constantes

**Função crescente:** à medida que x aumenta, as imagens vão aumentando.

Com $x_1 > x_2$ a função é crescente para $f(x_1) > f(x_2)$, isto é, aumentando valor de x, aumenta o valor de y.

**Função decrescente:** à medida que x aumenta, as imagens vão diminuindo (decrescente).

Com $x_1 > x_2$ a função é crescente para $f(x_1) < f(x_2)$, isto é, aumentando x, diminui o valor de y.

**Função constante:** em uma função constante qualquer que seja o elemento do domínio, eles sempre terão a mesma imagem, ao variar x encontra sempre o mesmo valor y.

## 9.5 Funções inversas e compostas

### 9.5.1 Função inversa

Dada uma função $f: A \to B$, se f é bijetora, se define a função inversa $f^{-1}$ como sendo a função de B em A, tal que $f^{-1}(y) = x$.

Determine a inversa da função definida por:
$y = 2x + 3$
Trocando as variáveis x e y:
$x = 2y + 3$

Colocando y em função de x:
$2y = x - 3$
$y = \dfrac{x-3}{2}$, que define a função inversa da função dada.

### 9.5.2 Função composta

A função obtida que substitui a variável independente x por uma função, chama-se função composta (ou função de função).

Simbolicamente fica:

$$f_o g(x) = f(g(x)) \text{ ou } g_o f(x) = g(f(x))$$

Dadas as funções $f(x) = 2x + 3$ e $g(x) = 5x$, determine $g_o f(x)$ e $f_o g(x)$.
$g_o f(x) = g[f(x)] = g(2x + 3) = 5(2x + 3) = 10x + 15$
$f_o g(x) = f[g(x)] = f(5x) = 2(5x) + 3 = 10x + 3$

## 9.6 Função afim

Chama-se função polinomial do 1º grau, ou função afim, qualquer função $f$ dada por uma lei da forma $f(x) = ax + b$, cujo a e b são números reais dados e a ≠ 0.

Na função $f(x) = ax + b$, o número a é chamado de coeficiente de x e o número b é chamado termo constante.

### 9.6.1 Gráfico

O gráfico de uma função polinomial do 1º grau, y = ax + b, com a ≠ 0, é uma reta oblíqua aos eixos x e y.

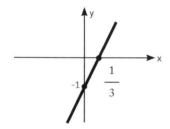

### 9.6.2 Zero e equação do 1º grau

Chama-se zero ou raiz da função polinomial do 1º grau $f(x) = ax + b$, a ≠ 0, o número real x tal que $f(x) = 0$.

Assim: $f(x) = 0 \Rightarrow ax + b = 0 \Rightarrow x = \dfrac{-b}{a}$

### 9.6.3 Crescimento e decrescimento

A função do 1º grau $f(x) = ax + b$ é crescente, quando o coeficiente de x é positivo (a > 0).

A função do 1º grau $f(x) = ax + b$ é decrescente, quando o coeficiente de x é negativo (a < 0).

### 9.6.4 Sinal

Estudar o sinal de qualquer $y = f(x)$ é determinar o valor de x para os quais y é positivo, os valores de x para os quais y é zero e os valores de x para os quais y é negativo.

Considere uma função afim $y = f(x) = ax + b$, essa função se anula para a raiz $x = \dfrac{-b}{a}$.

Há dois casos possíveis:

**a > 0 (a função é crescente)**

$y > 0 \Rightarrow ax + b > 0 \Rightarrow x > \dfrac{-b}{a}$

$y < 0 \Rightarrow ax + b < 0 \Rightarrow x < \dfrac{-b}{a}$

Logo, y é positivo para valores de x maiores que a raiz; y é negativo para valores de x menores que a raiz.

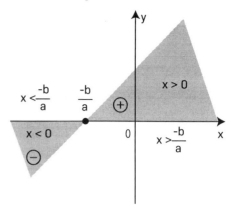

**a < 0 (a função é decrescente)**

$y > 0 \Rightarrow ax + b > 0 \Rightarrow x < \dfrac{-b}{a}$

$y < 0 \Rightarrow ax + b < 0 \Rightarrow x < \dfrac{-b}{a}$

Portanto, y é positivo para valores de x menores que a raiz; y é negativo para valores de x maiores que a raiz.

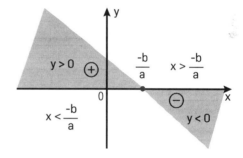

### 9.6.5 Equações e inequações do 1º grau

#### Equação

Uma equação do 1º grau na incógnita x é qualquer expressão do 1º grau que pode ser escrita em uma das seguintes formas:

$$ax + b = 0$$

Para resolver uma equação, basta achar o valor de x.

▷ **Sistema de equação**

Um sistema de equação de 1º grau com duas incógnitas é formado por duas equações de 1º grau com duas incógnitas diferentes em cada equação.

$$\begin{cases} x + y = 20 \\ 3x - 4y = 72 \end{cases}$$

Para encontrar o par ordenado desse sistema, é preciso utilizar dois métodos para a sua solução, são eles: substituição e adição.

▷ **Método da substituição**

Esse método consiste em escolher uma das duas equações, isolar uma das incógnitas e substituir na outra equação.

Dado o sistema $\begin{cases} x + y = 20 \\ 3x - 4y = 72 \end{cases}$ enumeramos as equações.

$\begin{cases} x + y = 20 \quad \boxed{1} \\ 3x - 4y = 72 \quad \boxed{2} \end{cases}$

Escolhemos a equação 1 e isolamos o x:

x + y = 20

x = 20 - y

Na equação 2, substituímos o valor de x = 20 - y.

3x + 4y = 72

3(20 - y) + 4y = 72

60 - 3y + 4y = 72

- 3y + 4y = 72 - 60

**y = 12**

Para descobrir o valor de x, substituir y por 12 na equação:

x = 20 - y.

x = 20 - y

x = 20 - 12

**x = 8**

Portanto, a solução do sistema é S = (8, 12)

▷ **Método da adição**

Este método consiste em adicionar as duas equações de tal forma que a soma de uma das incógnitas seja zero. Para que isso aconteça, será preciso que multipliquemos as duas equações ou apenas uma equação por números inteiros para que a soma de uma das incógnitas seja zero.

Dado o sistema:

$\begin{cases} x + y = 20 \\ 3x - 4y = 72 \end{cases}$

Para adicionar as duas equações e a soma de uma das incógnitas de zero, teremos que multiplicar a primeira equação por –3.

$\begin{cases} x + y = 20 \quad \boxed{(-3)} \\ 3x - 4y = 72 \end{cases}$

Agora, o sistema fica assim:

$\begin{cases} -3x - 3y = -60 \\ 3x + 4y = 72 \end{cases}$

Adicionando as duas equações:

- 3x - 3y = - 60

+ 3x + 4y = 72

**y = 12**

Para descobrir o valor de x, escolher uma das duas equações e substituir o valor de y encontrado:

x + y = 20

x + 12 = 20

x = 20 - 12

**x = 8**

Portanto, a solução desse sistema é: S = (8, 12)

## Inequação

Uma inequação do 1º grau na incógnita x é qualquer expressão do 1º grau que pode ser escrita em uma das seguintes formas:

| |
|---|
| ax + b > 0 |
| ax + b < 0 |
| ax + b ≥ 0 |
| ax + b ≤ 0 |

Sendo **a**, **b** são números reais com a ≠ 0.

$\begin{cases} -2x + 7 > 0 \\ x - 10 \leq 0 \\ 2x + 5 \leq 0 \\ 12 - x < 0 \end{cases}$

▷ **Resolvendo uma inequação de 1º grau**

Uma maneira simples de resolver uma inequação do 1º grau é isolar a incógnita x em um dos membros da desigualdade.

Resolva a inequação $-2x + 7 > 0$:

$-2x > -7 \cdot (-1)$

$2x < 7$

$x < \dfrac{7}{2}$

Logo, a solução da inequação é $x < \dfrac{7}{2}$.

Resolva a inequação $2x - 6 < 0$:

$2x < 6$

$x < \dfrac{6}{2}$

$x < 3$

Portanto, a solução da inequação é x < 3.

Pode-se resolver qualquer inequação do 1º grau por meio do estudo do sinal de uma função do 1º grau, com o seguinte procedimento:

- Iguala-se a expressão ax + b a zero.
- Localiza-se a raiz no eixo x.
- Estuda-se o sinal conforme o caso.

$-2x + 7 > 0$

$-2x + 7 = 0$

$x = \dfrac{7}{2}$

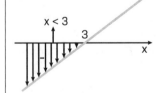

x < 7/2

$2x - 6 < 0$

$2x - 6 = 0$

$x = 3$

x < 3

## 9.7 Equação e função exponencial

Equação exponencial é toda equação na qual a incógnita aparece em expoente.

Para resolver equações exponenciais, devem-se realizar dois passos importantes:
- Redução dos dois membros da equação a potências de mesma base.
- **Aplicação da propriedade:**

$a^m = a^n \Rightarrow m = n$ ($a \neq 1$ e $a > 0$)

### 9.7.1 Função exponencial

Funções exponenciais são aquelas nas quais temos a variável aparecendo em expoente.

A função $f: \mathbb{R} \to \mathbb{R}_+$, definida por $f(x) = a^x$, com $a \in \mathbb{R}_+$ e $a \neq 1$, é chamada função exponencial de base a. O domínio dessa função é o conjunto $\mathbb{R}$ (reais) e o contradomínio é $\mathbb{R}_+$ (reais positivos, maiores que zero).

### 9.7.2 Gráfico cartesiano da função exponencial

Há dois casos a considerar:

**Quando a > 1:**

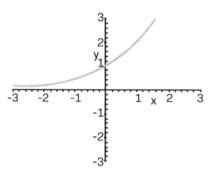

$f(x)$ é crescente e $\text{Im} = \mathbb{R}_+$

Para quaisquer $x_1$ e $x_2$ do domínio: $x_2 > x_1 \Rightarrow y_2 > y_1$ (as desigualdades têm mesmo sentido).

**Quando 0 < a < 1:**

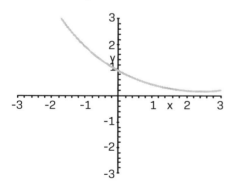

$f(x)$ é decrescente e $\text{Im} = \mathbb{R}_+$

Para quaisquer $x_1$ e $x_2$ do domínio: $x_2 > x_1 \Rightarrow y_2 < y_1$ (as desigualdades têm sentidos diferentes).

Nas duas situações, pode-se observar que:
- O gráfico nunca intercepta o eixo horizontal.
- A função não tem raízes; o gráfico corta o eixo vertical no ponto (0,1).
- Os valores de y são sempre positivos (potência de base positiva é positiva), portanto, o conjunto imagem é $\text{Im} = \mathbb{R}_+$.

## 9.7.3 Inequações exponenciais

Inequação exponencial é toda inequação na qual a incógnita aparece em expoente.

Para resolver inequações exponenciais, devem-se realizar dois passos:
- Redução dos dois membros da inequação a potências de mesma base.
- **Aplicação da propriedade:**

**a > 1**

$a^m > a^n \Rightarrow m > n$

(as desigualdades têm mesmo sentido)

**0 < a < 1**

$a^m > a^n \Rightarrow m < n$

(as desigualdades têm sentidos diferentes)

## 9.8 Equação e função logarítmica

### 9.8.1 Logaritmo

$$a^x = b \Leftrightarrow \log_a b = x$$

Sendo $b > 0$, $a > 0$ e $a \neq 1$

Na igualdade $x = \log_a b$ tem:

a = base do logaritmo

b = logaritmando ou antilogaritmo

x = logaritmo

### Consequências da definição

Sendo $b > 0$, $a > 0$ e $a \neq 1$ e m um número real qualquer, em seguida, algumas consequências da definição de logaritmo:

$\log_a 1 = 0$

$\log_a a = 1$

$\log_a a^m = m$

$a^{\log_a b} = b$

$\log_a b = \log_a c \Leftrightarrow b = c$

### Propriedades operatórias dos logaritmos

$\log_a (x \cdot y) = \log_a x + \log_a y$

$\log_a \left[\dfrac{x}{y}\right] = \log_a x - \log_a y$

$\log_a x^m = m \cdot \log_a x$

$\log_a \sqrt[n]{x^m} = \log_a x^{\frac{m}{n}} = \dfrac{m}{n} \cdot \log_a x$

### Cologaritmo

$\text{colog}_a b = \log_a \dfrac{1}{b}$

$\text{colog}_a b = -\log_a b$

Mudança de base

$$\log_a x = \frac{\log_b x}{\log_b a}$$

### 9.8.2 Função logarítmica

A função $f: \mathbb{R}_+ \to \mathbb{R}$, definida por $f(x) = \log_a x$, com $a \neq 1$ e $a > 0$, é chamada função logarítmica de base a. O domínio dessa função é o conjunto $\mathbb{R}_+$ (reais positivos, maiores que zero) e o contradomínio é IR (reais).

### Gráfico cartesiano da função logarítmica

Há dois casos a se considerar:

**Quando a>1:**

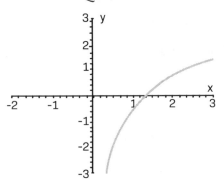

$f(x)$ é crescente e Im = IR

Para quaisquer $x_1$ e $x_2$ do domínio: $x_2 > x_1 \Rightarrow y_2 < y_1$ (as desigualdades têm mesmo sentido).

**Quando 0<a<1:**

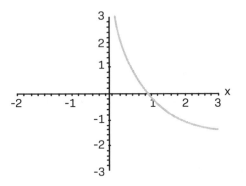

$f(x)$ é decrescente e Im = IR

Para quaisquer $x_1$ e $x_2$ do domínio: $x_1 > x_2 \Rightarrow y_1 < y_2$ (as desigualdades têm sentidos diferentes).

Nas duas situações, pode-se observar que:
- O gráfico nunca intercepta o eixo vertical.
- O gráfico corta o eixo horizontal no ponto (1, 0).
- A raiz da função é x = 1.
- Y assume todos os valores reais, portanto, o conjunto imagem é Im = IR.

### 9.8.3 Equações logarítmicas

Equações logarítmicas são toda equação que envolve logaritmos com a incógnita aparecendo no logaritmando, na base ou em ambos.

### 9.8.4 Inequações logarítmicas

Inequações logarítmicas são toda inequação que envolve logaritmos com a incógnita aparecendo no logaritmando, na base ou em ambos.

Para resolver inequações logarítmicas, devem-se realizar dois passos:
- Redução dos dois membros da inequação a logaritmos de mesma base.
- **Aplicação da propriedade:**

**a > 1**

$\log_a m > \log_a n \Rightarrow m > n > 0$

(as desigualdades têm mesmo sentido)

**0 < a < 1**

$\log_a m > \log_a n \Rightarrow 0 < m < n$

(as desigualdades têm sentidos diferentes)

# 10 GEOMETRIA PLANA

- **Ceviana:** são segmentos de reta que partem do vértice do triângulo para o lado oposto.
- **Mediana:** é o segmento de reta que liga um vértice deste triângulo ao ponto médio do lado oposto a este vértice. As medianas se encontram em um ponto chamado de baricentro.
- **Altura:** altura de um triângulo é um segmento de reta perpendicular a um lado do triângulo ou ao seu prolongamento, traçado pelo vértice oposto. As alturas se encontram em um ponto chamado ortocentro.
- **Bissetriz:** é o lugar geométrico dos pontos que equidistam de duas retas concorrentes e, por consequência, divide um ângulo em dois ângulos congruentes. As bissetrizes se encontram em um ponto chamado incentro.
- **Mediatrizes:** são retas perpendiculares a cada um dos lados de um triângulo. As mediatrizes se encontram em um ponto chamado circuncentro.

## 10.1 Semelhanças de figuras

Duas figuras (formas geométricas) são semelhantes quando satisfazem a duas condições: os seus ângulos têm o mesmo tamanho e os lados correspondentes são proporcionais.

Nos triângulos existem alguns casos de semelhanças bem conhecidos:

- **1º caso: LAL (lado, ângulo, lado):** dois lados congruentes e o ângulo entre esses lados também congruente.

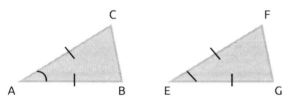

- **2º caso: LLL (lado, lado, lado):** os três lados congruentes.

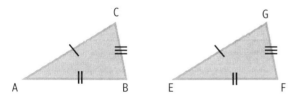

- **3º caso: ALA (ângulo, lado, ângulo):** dois ângulos congruentes e o lado entre esses ângulos também congruente.

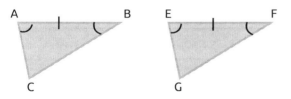

- **4º caso: LAAo (lado, ângulo, ângulo oposto):** congruência do ângulo adjacente ao lado, e congruência do ângulo oposto ao lado.

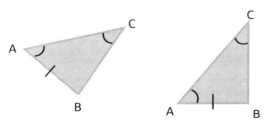

## 10.2 Relações métricas nos triângulos

### 10.2.1 Triângulo retângulo e suas relações métricas

Denomina-se triângulo retângulo o triângulo que tem um de seus ângulos retos, ou seja, um de seus ângulos mede 90°. O triângulo retângulo é formado por uma hipotenusa e dois catetos, a hipotenusa é o lado maior, o lado aposto ao ângulo de 90°, e os outros dois lados são os catetos.

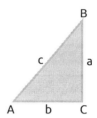

Na figura, podemos observar o triângulo retângulo de vértices A, B e C, e lados a, b e c. Como o ângulo de 90° está no vértice C, então a hipotenusa do triângulo é o lado c, e os catetos são os lados a e b.

Assim, podemos separar um triângulo em dois triângulos semelhantes:

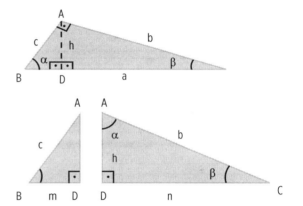

Neste segundo triângulo, podemos observar uma perpendicular à hipotenusa até o vértice A; essa é a altura h do triângulo, separando a hipotenusa em dois segmentos, o segmento m e o segmento n, separando esses dois triângulos obtemos dois triângulos retângulos, o triângulo $\triangle ABD$ e $\triangle ADC$. Como os ângulos dos três triângulos são congruentes, então podemos dizer que os triângulos são semelhantes.

Com essa semelhança, ganhamos algumas relações métricas entre os triângulos:

$$\frac{c}{a} = \frac{m}{c} \Rightarrow c^2 = am$$

$$\frac{c}{a} = \frac{h}{b} \Rightarrow cb = ah$$

$$\frac{b}{a} = \frac{n}{b} \Rightarrow b^2 = an$$

$$\frac{h}{m} = \frac{n}{h} \Rightarrow h^2 = mn$$

Da primeira e da terceira equação, obtemos:
$c^2 + b^2 = am + an = a(m+n)$.

Como vimos na figura que m+n=a, então temos:
$c^2 + b^2 = aa = a^2$

ou seja, trata-se do Teorema de Pitágoras.

## 10.2.2 Lei dos cossenos

Para um triângulo qualquer demonstra-se que:

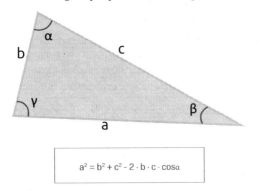

$$a^2 = b^2 + c^2 - 2 \cdot b \cdot c \cdot \cos\alpha$$

Note que o lado a do triângulo é oposto ao cosseno do ângulo α.

## 10.2.3 Lei dos senos

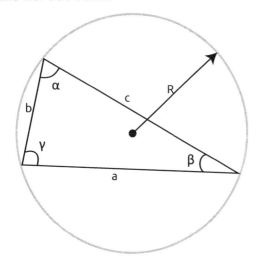

R é o raio da circunferência circunscrita a esse triângulo.

Neste caso, valem as seguintes relações, conforme a lei dos senos:

$$\frac{a}{\operatorname{sen}\alpha} = \frac{b}{\operatorname{sen}\beta} = \frac{c}{\operatorname{sen}\gamma} = 2R$$

## 10.3 Quadriláteros

Quadrilátero é um polígono de quatro lados. Eles possuem os seguintes elementos:

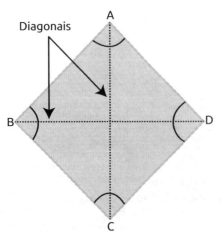

Vértices: A, B, C, e D.
Lados: AB, BC, CD, DA.
Diagonais: AC e BD.
Ângulos internos ou ângulos do quadrilátero ABCD: $\hat{A}, \hat{B}, \hat{C}, \hat{D}$.
Todo quadrilátero tem duas diagonais.

O perímetro de um quadrilátero ABCD é a soma das medidas de seus lados, ou seja, AB + BC + CD + DA.

### 10.3.1 Quadriláteros importantes

▷ **Paralelogramo:** é o quadrilátero que tem os lados opostos paralelos.

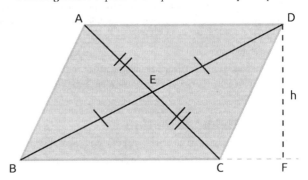

h é a altura do paralelogramo.

Em um paralelogramo:
- Os lados opostos são congruentes.
- Cada diagonal o divide em dois triângulos congruentes.
- Os ângulos opostos são congruentes.
- As diagonais interceptam-se em seu ponto médio.

▷ **Retângulo:** é o paralelogramo em que os quatro ângulos são congruentes (retos).

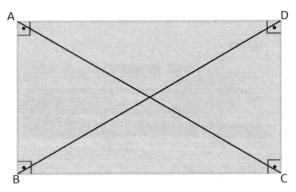

▷ **Losango:** é o paralelogramo em que os quatro lados são congruentes.

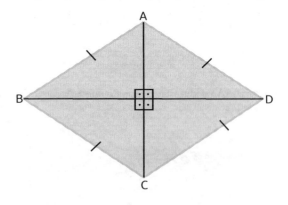

▷ **Quadrado:** é o paralelogramo em que os quatro lados e os quatro ângulos são congruentes.

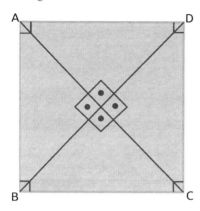

▷ **Trapézio:** é o quadrilátero que apresenta somente dois lados paralelos chamados bases.

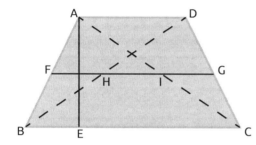

- **Trapézio retângulo:** é aquele que apresenta dois ângulos retos.

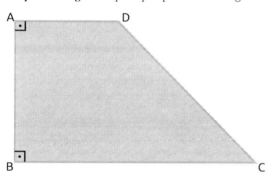

- **Trapézio isósceles:** é aquele em que os lados não paralelos são congruentes.

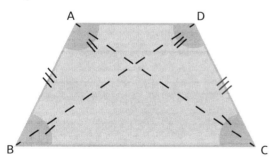

## 10.4 Polígonos regulares

Um polígono é regular se todos os seus lados e todos os seus ângulos forem congruentes.

Os nomes dos polígonos dependem do critério que se utiliza para classificá-los. Usando **o número de ângulos** ou **número de lados**, tem-se a seguinte nomenclatura:

| Número de lados (ou ângulos) | Nome do Polígono ||
|---|---|---|
| | Em função do número de ângulos | Em função do número de lados |
| 3 | triângulo | trilátero |
| 4 | quadrângulo | quadrilátero |
| 5 | pentágono | pentalátero |
| 6 | hexágono | hexalátero |
| 7 | heptágono | heptalátero |
| 8 | octógono | octolátero |
| 9 | eneágono | enealátero |
| 10 | decágono | decalátero |
| 11 | undecágono | undecalátero |
| 12 | dodecágono | dodecalátero |
| 15 | pentadecágono | pentadecalátero |
| 20 | icoságono | icosalátero |

Nos polígonos regulares cada ângulo externo é dado por:

$$e = \frac{360°}{n}$$

A soma dos ângulos internos é dada por:

$$S_i = 180 \cdot (n-2)$$

E cada ângulo interno é dado por:

$$i = \frac{180(n-2)}{n}$$

### 10.4.1 Diagonais de um polígono

O segmento que liga dois vértices não consecutivos de polígono é chamado de diagonal.

O número de diagonais de um polígono é dado pela fórmula:

$$d = \frac{n \cdot (n-3)}{2}$$

## 10.5 Círculos e circunferências

### 10.5.1 Círculo

É a área interna a uma circunferência.

### 10.5.2 Circunferência

É o contorno do círculo. Por definição, é o lugar geométrico dos pontos equidistantes ao centro.

A distância entre o centro e o lado é o raio.

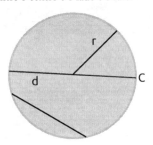

### Corda

É o seguimento que liga dois pontos da circunferência.

A maior corda, ou corda maior de uma circunferência, é o diâmetro. Também dizemos que a corda que passa pelo centro é o diâmetro.

### Posição relativa entre reta e circunferência

Uma reta é:
- **Secante:** distância entre a reta e o centro da circunferência é menor que o raio.
- **Tangente:** a distância entre a reta e o centro da circunferência é igual ao raio.
- **Externa:** a distância entre a reta e o centro da circunferência é maior que o raio.

### Posição relativa entre circunferência

As posições relativas entre circunferência são basicamente 5:

▷ **Circunferência secante:** a distância entre os centros é menor que a soma dos raios das duas, porém, é maior que o raio de cada uma.

▷ **Externo:** a distância entre os centros é maior que a soma do raio.

▷ **Tangente:** distância entre os centros é igual à soma dos raios.

▷ **Interna:** distância entre os centros mais o raio da menor é igual ao raio da maior.

▷ **Interior:** distância entre os centros menos o raio da menor é menor que o raio da maior.

### Ângulo central e ângulo inscrito

Central      Inscrito

Um ângulo central sempre é o dobro do ângulo inscrito de um mesmo arco.

As áreas de círculos e partes do círculo são:

Área do círculo = $\pi \cdot r^2 = \dfrac{1}{4} \pi \cdot D^2$

Área do setor circular = $\pi \cdot r^2 = \dfrac{\alpha}{360°} = \dfrac{1}{2} \alpha \cdot r^2$

Área da coroa = área do círculo maior − área do círculo menor

> **Fique ligado**
> Os ângulos podem ser expressos em graus (360° = 1 volta) ou em radianos (2π = 1 volta)

## 10.6 Polígonos regulares inscritos e circunscritos

As principais relações entre a circunferência e os polígonos são:
- Qualquer polígono regular é inscritível em uma circunferência.
- Qualquer polígono regular e circunscritível a uma circunferência.

92

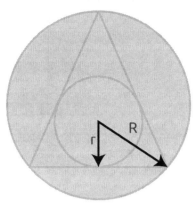

Polígono circunscrito a uma circunferência é o que possui seus lados tangentes à circunferência. Ao mesmo tempo, dizemos que esta circunferência está inscrita no polígono.

Um polígono é inscrito em uma circunferência se cada vértice do polígono for um ponto da circunferência, e neste caso dizemos que a circunferência é circunscrita ao polígono.

Da inscrição e circunscrição dos polígonos nas circunferências podem-se ter as seguintes relações:

**Apótema** de um polígono regular é a distância do centro a qualquer lado. Ele é sempre perpendicular ao lado.

Nos polígonos inscritos:

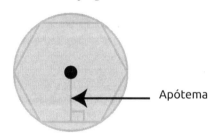

### 10.6.1 No quadrado

Cálculo da medida do lado (L):

$$L = R\sqrt{2}$$

Cálculo da medida do apótema (a).

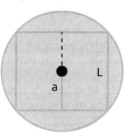

$$a = \frac{R\sqrt{2}}{2}$$

### 10.6.2 No hexágono

Cálculo da medida do lado (L):

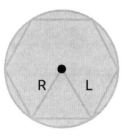

$$L = R$$

Cálculo da medida do apótema (a):

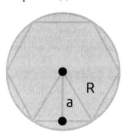

$$a = \frac{R\sqrt{3}}{2}$$

### 10.6.3 No triângulo equilátero

Nos polígonos circunscritos:

Cálculo da medida do lado (L):

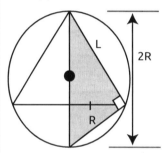

$$L = R\sqrt{3}$$

Cálculo da medida do apótema (a):

$$a = \frac{R}{2}$$

### 10.6.4 No quadrado

Cálculo da medida do lado (L):

$$L = 2R$$

Cálculo da medida do apótema (a):

$$a = R$$

### 10.6.5 No hexágono

Cálculo da medida do lado (L):

$$L = \frac{2R\sqrt{3}}{3}$$

Cálculo da medida do apótema (a):

$$a = R$$

### 10.6.6 No triângulo equilátero

Cálculo da medida do lado (L):

$$L = 2R\sqrt{3}$$

Cálculo da medida do apótema (a):

$$a = R$$

## 10.7 Perímetros e áreas dos polígonos e círculos

### 10.7.1 Perímetro

É o contorno da figura, ou seja, a soma dos lados da figura.
Para calcular o perímetro do círculo utilize: $P = 2\pi \cdot r$

### 10.7.2 Área

É o espaço interno, ou seja, a extensão que ela ocupa dentro do perímetro.

Principais áreas (S) de polígonos

Retângulo
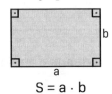
$S = a \cdot b$

Quadrado
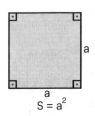
$S = a^2$

Paralelogramo
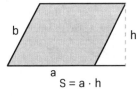
$S = a \cdot h$

Losango
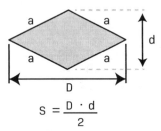
$S = \dfrac{D \cdot d}{2}$

Trapézio
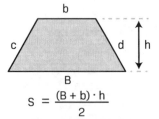
$S = \dfrac{(B + b) \cdot h}{2}$

Triângulo
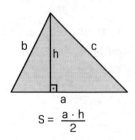
$S = \dfrac{a \cdot h}{2}$

Triângulo equilátero
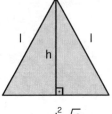
$S = \dfrac{l^2 \sqrt{3}}{4}$

Círculo
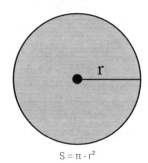
$S = \pi \cdot r^2$

# 11 PROPOSIÇÕES

## 11.1 Definições

Proposição é uma sentença declarativa que admite apenas um dos dois valores lógicos (verdadeiro ou falso). As sentenças podem ser classificadas em abertas – que são as expressões que não podemos identificar como verdadeiras ou falsas – ou fechadas – que são as expressões que podemos identificar como verdadeiras ou falsas.

A seguir exemplos de algumas sentenças:

**p:** Danilo tem duas empresas.
**Q:** Susana comprou um carro novo.
**a:** Beatriz é inteligente.
**B:** 2 + 7 = 10

Nos exemplos acima, as letras do alfabeto servem para representar (simbolizar) as proposições.

### 11.1.1 Valores lógicos das proposições

Uma proposição só pode ser classificada em dois valores lógicos, que são: **Verdadeiro (V)** ou **Falso (F)**, não admitindo outro valor.

As proposições têm três princípios básicos, no entanto, o princípio fundamental é:

▷ **Princípio da não contradição:** diz que uma proposição não pode ser verdadeira e falsa ao mesmo tempo.

▷ Os outros dois são:

▷ **Princípio da identidade:** diz que uma proposição verdadeira sempre será verdadeira e uma falsa sempre será falsa.

▷ **Princípio do terceiro excluído:** diz que uma proposição só pode ter dois valores lógicos, – verdadeiro ou falso – se **não existir** um terceiro valor.

Interrogações, exclamações, ordens e frase sem verbo não são proposições.

Que dia é hoje?
Que maravilha!
Estudem muito.
Ótimo dia.

### 11.1.2 Sentenças abertas e quantificadores lógicos

Existem algumas sentenças abertas com incógnitas (termo desconhecido) ou com sujeito indefinido, como x + 2 = 5, ou seja, não sendo consideradas proposições, porque não se pode classificá-las sem saber o valor de x ou se ter a definição do sujeito. Com o uso dos **quantificadores lógicos**, tornam-se proposições, uma vez que eles passam a dar valor ao x ou definir o sujeito.

Os quantificadores lógicos são:

∀: para todo; qualquer que seja; todo;

∃: existe; existe pelo menos um; algum;

∄: não existe; nenhum.

x + 2 = 5 (sentença aberta – não é proposição).

p: ∃ x, x + 2 = 5 (lê-se: existe x tal que, x + 2 =5). Agora é proposição, porque é possível classificar a proposição como verdadeira, já que sabemos que tem um valor de x que somado a dois é igual a cinco.

### 11.1.3 Negação de proposição (modificador lógico)

Negar uma proposição significa modificar o seu valor lógico, ou seja, se uma proposição é verdadeira, a sua negação será falsa, e se uma proposição for falsa, a sua negação será verdadeira.

Os símbolos da negação são (~) ou (¬) antes da letra que representa a proposição.

**p:** 3 é ímpar.
**~p:** 3 **não** é ímpar.
**¬p:** 3 é **par** (outra forma de negar a proposição).
**~p: não é verdade** que 3 é ímpar (outra forma de negar a proposição).
**¬p: é mentira** que 3 é ímpar (outra forma de negar a proposição).

**Lei da dupla negação:**

**~(~p) = p**, negar uma proposição duas vezes significa voltar para a própria proposição:

**q:** 2 é par;
**~q:** 2 não é par;
**~(~q):** 2 **não** é **ímpar**;
Portanto:
**q:** 2 é par.

### 11.1.4 Tipos de proposição

**Simples ou atômica:** são únicas, com apenas um verbo (ação), não pode ser dividida/separada (fica sem sentido) e não tem conectivo lógico.

Na proposição "João é professor", tem-se uma única informação, com apenas um verbo. Não é possível separá-la e não ter um conectivo.

**Composta ou molecular:** tem mais de uma proposição simples, unidas pelos conectivos lógicos. Podem ser divididas/separadas e ter mais de um verbo (pode ser o mesmo verbo referido mais de uma vez).

"Pedro é advogado e João é professor". É possível separar em duas proposições simples: "Pedro é advogado" e "João é professor".

| Simples (atômicas) | Compostas (moleculares) |
|---|---|
| Não têm conectivo lógico | Têm conectivo lógico |
| Não podem ser divididas | Podem ser divididas |
| 1 verbo | + de 1 verbo |

### Conectivo lógico

Serve para unir as proposições simples, formando proposições compostas. São eles:

**e:** conjunção (∧)
**ou:** disjunção (∨)
**ou... ou:** disjunção exclusiva (⊻)
**se..., então:** condicional (→)
**se..., e somente se:** bicondicional (↔)

Alguns autores consideram a negação (~) como um conectivo, aqui não faremos isso, pois os conectivos servem para formar proposição composta, e a negação faz apenas a mudança do valor das proposições.

O e possui alguns sinônimos, que são: mas, porém, nem (nem = e não) e a vírgula. O condicional também tem alguns sinônimos que são: portanto, quando, como e pois (pois = condicional invertido, como: A, pois B = B → A).

**a:** Maria foi à praia.
**b:** João comeu peixe.
**p:** Se Maria foi a praia, então João comeu peixe.
**q:** ou 4 + 7 = 11 ou a Terra é redonda.

95

## 11.2 Tabela verdade e valores lógicos das proposições compostas

A tabela verdade é um mecanismo usado para dar valor às proposições compostas (podendo ser verdadeiras ou falsas), por meio de seus respectivos conectivos.

A primeira coisa que precisamos saber numa tabela verdade é o seu número de linhas, e que esse depende do número de proposições simples que compõem a proposição composta.

**Número de linhas = $2^n$**

Em que **n** é o número de proposições simples que compõem a proposição composta. Portanto, se houver 3 proposições simples formando a proposição composta, então, a tabela dessa proposição terá 8 linhas ($2^3 = 8$). Esse número de linhas da tabela serve para que tenhamos as possíveis relações entre V e F das proposições simples. Veja:

| P | Q | R |
|---|---|---|
| V | V | V |
| V | V | F |
| V | F | V |
| V | F | F |
| F | V | V |
| F | V | F |
| F | F | V |
| F | F | F |

Observe que temos as relações entre os valores lógicos das proposições, que são três verdadeiras (1ª linha), três falsas (última linha), duas verdadeiras e uma falsa (2ª, 3ª e 5ª linhas), e duas falsas e uma verdadeira (4ª, 6ª e 7ª linhas). Nessa demonstração, observamos uma forma prática de como organizar a tabela, sem se preocupar se foram feitas todas relações entre as proposições.

Para o correto preenchimento da tabela, devemos seguir algumas regras:

- Comece sempre pelas proposições simples e suas negações, se houver.
- Resolva os parênteses, colchetes e chaves, respectivamente (igual à expressão numérica), se houver.
- Faça primeiro as conjunções e disjunções, depois os condicionais e, por último, os bicondicionais.
- Em uma proposição composta, com mais de um conectivo, o conectivo principal será o que for resolvido por último (importante saber o conectivo principal).
- A última coluna da tabela deverá ser sempre a da proposição toda, conforme as demonstrações a seguir.

O valor lógico de uma proposição composta depende dos valores lógicos das proposições simples que a compõem e do conectivo utilizado. Veja a seguir.

**Valor lógico de uma proposição composta por conjunção (e) = tabela verdade da conjunção ($\wedge$)**

**Conjunção e:** p e q são proposições, sua conjunção é denotada por $p \wedge q$. Essas proposições só são verdadeiras simultaneamente (se p ou q for falso, então $p \wedge q$ será falso).

| $P \wedge Q$

| P | Q | P∧Q |
|---|---|-----|
| V | V | V |
| V | F | F |
| F | V | F |
| F | F | F |

| Representado por meio de conjuntos, temos: $P \wedge Q$

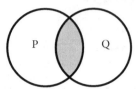

**Valor lógico de uma proposição composta por disjunção (ou) = tabela verdade da disjunção ($\vee$)**

**Disjunção "ou":** sejam p e q proposições, a disjunção é denotada por $p \vee q$. Essas proposições só são falsas simultaneamente (se p ou q for verdadeiro, então $p \vee q$ será verdadeiro).

| $P \vee Q$

| P | Q | P∨Q |
|---|---|-----|
| V | V | V |
| V | F | V |
| F | V | V |
| F | F | F |

| Representado por meio de conjuntos, temos: $P \vee Q$

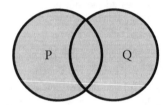

**Valor lógico de uma proposição composta por disjunção exclusiva (ou, ou) = tabela verdade da disjunção exclusiva ($\underline{\vee}$)**

**Disjunção Exclusiva ou ..., ou ...:** p e q são proposições, sua disjunção exclusiva é denotada por $p \underline{\vee} q$. Essas proposições só são verdadeiras quando p e q tiverem valores diferentes/contrários (se p e q tiverem valores iguais, então $p \underline{\vee} q$ será falso).

| $P \underline{\vee} Q$

| P | Q | P$\underline{\vee}$Q |
|---|---|-----|
| V | V | F |
| V | F | V |
| F | V | V |
| F | F | F |

| Representado por meio de conjuntos, temos: $P \underline{\vee} Q$

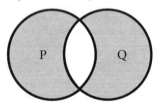

**Valor lógico de uma proposição composta por condicional (se, então) = tabela verdade do condicional ($\rightarrow$)**

**Condicional Se p, e ntão q:** p e q sãoproposições, sua condicional é denotada por $p \rightarrow q$, onde se lê p condiciona q ou se p, então q. A proposição assume o valor falso somente quando p for verdadeira e q for falsa. A seguir, a tabela para a condicional de p e q.

| $P \rightarrow Q$

| P | Q | P→Q |
|---|---|---|
| V | V | V |
| V | F | F |
| F | V | V |
| F | F | V |

**Dicas:**

P é antecedente e Q é consequente = $P \rightarrow Q$

P é consequente e Q é antecedente = $Q \rightarrow P$

P é suficiente e Q é necessário = $P \rightarrow Q$

P é necessário e Q é suficiente = $Q \rightarrow P$

| Representado por meio de conjuntos, temos: $P \rightarrow Q$

**Valor lógico de uma proposição composta por bicondicional (se e somente se) = tabela verdade do bicondicional (↔)**

**Bicondicional se, e somente se:** p e q são proposições, a bicondicional de p e q é denotada por p ↔ q, onde se lê p bicondicional q. Essas proposições só são verdadeiras quando tiverem valores iguais (se p e q tiverem valores diferentes, então p ↔ q será falso).

No bicondicional, P e Q são ambos suficientes e necessários ao mesmo tempo.

| $P \leftrightarrow Q$

| P | Q | P↔Q |
|---|---|---|
| V | V | V |
| V | F | F |
| F | V | F |
| F | F | V |

| Representado por meio de conjuntos, temos: $P \leftrightarrow Q$

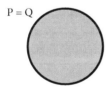

| Proposição composta | Verdadeira quando: | Falsa quando: |
|---|---|---|
| P ∧ Q | P e Q são verdadeiras | Pelo menos uma falsa |
| P ∨ Q | Pelo menos uma verdadeira | P e Q são falsas |
| P ⊻ Q | P e Q têm valores diferentes | P e Q têm valores iguais |
| P → Q | P = verdadeiro, Q = verdadeiro ou P = falso | P = verdadeiro e Q = falso |
| P ↔ Q | P e Q têm valores iguais | P e Q têm valores diferentes |

## 11.3 Tautologias, contradições e contingências

▷ **Tautologia:** proposição composta que é **sempre verdadeira**, independente dos valores lógicos das proposições simples que a compõem.

| $(P \wedge Q) \rightarrow (P \vee Q)$

| P | Q | P∧Q | P∨Q | (P∧Q)→(P∨Q) |
|---|---|---|---|---|
| V | V | V | V | V |
| V | F | F | V | V |
| F | V | F | V | V |
| F | F | F | F | V |

▷ **Contradição:** proposição composta que é **sempre falsa**, independente dos valores lógicos das proposições simples que a compõem.

| $\sim(P \vee Q) \wedge P$

| P | Q | P∨Q | ~(P∨Q) | ~(P∨Q)∧P |
|---|---|---|---|---|
| V | V | V | F | F |
| V | F | V | F | F |
| F | V | V | F | F |
| F | F | F | V | F |

▷ **Contingência:** ocorre quando não é tautologia nem contradição.

| $\sim(P \veebar Q) \leftrightarrow P$

| P | Q | P⊻Q | ~(P⊻Q) | ~(P⊻Q)↔P |
|---|---|---|---|---|
| V | V | F | V | V |
| V | F | V | F | F |
| F | V | V | F | V |
| F | F | F | V | F |

## 11.4 Equivalências lógicas

Duas ou mais proposições compostas são equivalentes, quando são formadas pelas mesmas proposições simples, e suas tabelas verdades (resultado) são iguais.

**Fique Ligado**

Atente-se para o princípio da equivalência. A tabela verdade está aí só para demonstrar a igualdade.

Seguem algumas demonstrações importantes:

▷ $P \wedge Q = Q \wedge P$: trocar as proposições de lugar – chamada de **recíproca**.

| P | Q | P∧Q | Q∧P |
|---|---|---|---|
| V | V | V | V |
| V | F | F | F |
| F | V | F | F |
| F | F | F | F |

▷ P ∨ Q = Q ∨ P: trocar as proposições de lugar – chamada de **recíproca**.

| P | Q | P∨Q | Q∨P |
|---|---|---|---|
| V | V | V | V |
| V | F | V | V |
| F | V | V | V |
| F | F | F | F |

P ⊻ Q = Q ⊻ P: trocar as proposições de lugar – chamada de **recíproca**.
P ⊻ Q = ~P ⊻ ~Q: negar as proposições – chamada de **contrária**.
P ⊻ Q = ~Q ⊻ ~P: trocar as proposições de lugar e negar – chamada de **contrapositiva**.
P ⊻ Q = (P ∧ ~Q) ∨ (~P ∧ Q): observe a seguir a exclusividade dessa disjunção.

| P | Q | ~P | ~Q | P∧~Q | ~P∧Q | P⊻Q | Q⊻P | ~P⊻~Q | ~Q⊻~P | (P∧~Q)∨(~P∧Q) |
|---|---|---|---|---|---|---|---|---|---|---|
| V | V | F | F | F | F | F | F | F | F | F |
| V | F | F | V | V | F | V | V | V | V | V |
| F | V | V | F | F | V | V | V | V | V | V |
| F | F | V | V | F | F | F | F | F | F | F |

P ↔ Q = Q ↔ P: trocar as proposições de lugar – chamada de **recíproca**.
P ↔ Q = ~P ↔ ~Q: negar as proposições – chamada de **contrária**.
P ↔ Q = ~Q ↔ ~P: trocar as proposições de lugar e negar – chamada de **contrapostiva**.
P ↔ Q = (P → Q) ∧ (Q → P): observe a seguir a condicional para os dois lados, ou seja, bicondicional.

| P | Q | ~P | ~Q | P→Q | Q→P | P↔Q | Q↔P | ~P↔~Q | ~Q↔~P | (P→Q)∧(Q→P) |
|---|---|---|---|---|---|---|---|---|---|---|
| V | V | F | F | V | V | V | V | V | V | V |
| V | F | F | V | F | V | F | F | F | F | F |
| F | V | V | F | V | F | F | F | F | F | F |
| F | F | V | V | V | V | V | V | V | V | V |

> **Fique Ligado**
> A disjunção exclusiva e o bicondicional são as proposições com o maior número de equivalências.

P → Q = ~Q → ~P: trocar as proposições de lugar e negar – chamada de **contrapositiva**.
P → Q = ~P ∨ Q: negar o antecedente ou manter o consequente.

| P | Q | ~P | ~Q | P→Q | ~Q→~P | ~P∨Q |
|---|---|---|---|---|---|---|
| V | V | F | F | V | V | V |
| V | F | F | V | F | F | F |
| F | V | V | F | V | V | V |
| F | F | V | V | V | V | V |

Equivalências importantes e mais cobradas em concursos.

98

## 11.4.1 Negação de proposição composta

São também equivalências lógicas. Veja

▷ $\sim(P \wedge Q) = \sim P \vee \sim Q$ (Leis de Morgan)

Para negar a conjunção, troca-se o conectivo **e** ($\wedge$) por **ou** ($\vee$) e nega-se as proposições que a compõem.

| P | Q | ~P | ~Q | P∧Q | ~(P∧Q) | ~P∨~Q |
|---|---|---|---|---|---|---|
| V | V | F | F | V | F | F |
| V | F | F | V | F | V | V |
| F | V | V | F | F | V | V |
| F | F | V | V | F | V | V |

▷ $\sim(P \vee Q) = \sim P \wedge \sim Q$ (Leis de Morgan)

Para negar a disjunção, troca-se o conectivo **ou** ($\vee$) por **e** ($\wedge$) e negam-se as proposições simples que a compõem.

| P | Q | ~P | ~Q | P∨Q | ~(P∨Q) | ~P∧~Q |
|---|---|---|---|---|---|---|
| V | V | F | F | V | F | F |
| V | F | F | V | V | F | F |
| F | V | V | F | V | F | F |
| F | F | V | V | F | V | V |

▷ $\sim(P \to Q) = P \wedge \sim Q$

Para negar o condicional, mantém-se o antecedente e nega-se o consequente.

| P | Q | ~Q | P→Q | ~(P→Q) | P∧~Q |
|---|---|---|---|---|---|
| V | V | F | V | F | F |
| V | F | V | F | V | V |
| F | V | F | V | F | F |
| F | F | V | V | F | F |

▷ $\sim(P \veebar Q) = P \leftrightarrow Q$

Para negar a disjunção exclusiva, faz-se o bicondicional ou nega-se a disjunção exclusiva com a própria disjunção exclusiva, mas negando apenas uma das proposições que a compõe.

| P | Q | P⊻Q | ~(P⊻Q) | P↔Q |
|---|---|---|---|---|
| V | V | F | V | V |
| V | F | V | F | F |
| F | V | V | F | F |
| F | F | F | V | V |

▷ $\sim(P \leftrightarrow Q) = (P \veebar Q)$

Para negar a bicondicional, faz-se a disjunção exclusiva ou nega-se o bicondicional com o próprio bicondicional, mas negando apenas uma das proposições que a compõe.

| P | Q | P↔Q | ~(P↔Q) | P⊻Q |
|---|---|---|---|---|
| V | V | V | F | F |
| V | F | F | V | V |
| F | V | F | V | V |
| F | F | V | F | F |

## 11.5 Relação entre todo, algum e nenhum

Têm algumas relações entre si, conhecidas como **quantificadores lógicos**. Veja:

**"Todo A é B"** equivale a **"nenhum A não é B"**, vice-versa.

| "todo amigo é bom = nenhum amigo não é bom."

**"Nenhum A é B"** equivale a **"todo A não é B"**, vice-versa.

| "nenhum aluno é burro = todo aluno não é burro."

**"Todo A é B"** tem como negação **"algum A não é B"**, vice-versa.

| ~(todo estudante tem insônia) = algum estudante não tem insônia.

**"Nenhum A é B"** tem como negação **"algum A é B"**, vice-versa.

| ~(algum sonho é impossível) = nenhum sonho é impossível.

Representado em forma de conjuntos:

**TODO A é B:**

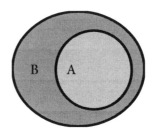

**ALGUM A é B:**

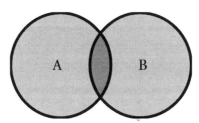

**NENHUM A é B:**

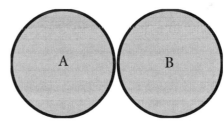

| Relação de Equivalência | Relação de Negação |
|---|---|
| Todo A é B = Nenhum A não é B. *Todo diretor é bom ator. = Nenhum diretor é mau ator.* | Todo A é B = Algum A não é B. *Todo policial é honesto. = Algum policial não é honesto.* |
| Nenhum A é B = Todo A não é B. *Nenhuma mulher é legal. = Toda mulher não é legal.* | Nenhum A é B = Algum A é B. *Nenhuma ave é mamífera. = Alguma ave é mamífera.* |

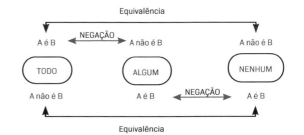

# 12 ARGUMENTOS

Os argumentos são uma extensão das proposições, mas com algumas características e regras próprias. Veja:

## 12.1 Definições

Argumento é um conjunto de proposições, divididas em premissas (proposições iniciais – hipóteses) e conclusões (proposições finais – teses).

$p_1$: Toda mulher é bonita.
$p_2$: Toda bonita é charmosa.
$p_3$: Maria é bonita.
c: Portanto, Maria é charmosa.

$p_1$: Se é homem, então gosta de futebol.
$p_2$: Mano gosta de futebol.
c: Logo, Mano é homem.

p1, p2, p3, pn, correspondem às premissas, e c à conclusão.

### 12.1.1 Representação dos argumentos

Os argumentos podem ser representados das seguintes formas:

$$P_1$$
$$P_2$$
$$P_3$$
$$\cdots$$
$$\underline{P_n}$$
$$C$$

ou

$$P_1 \wedge P_2 \wedge P_3 \wedge \cdots \wedge P_n \rightarrow C$$

ou

$$P_1, P_2, P_3, \cdots, P_n \vdash C$$

### 12.1.2 Tipos de argumentos

A seguir, conheça os tipos de argumentos.

#### Dedução

O argumento dedutivo é aquele que procede de proposições gerais para as proposições particulares. Esta forma de argumento é válida quando suas premissas, sendo verdadeiras, fornecem uma conclusão também verdadeira.

$p_1$: Todo professor é aluno.
$p_2$: Daniel é professor.
c: Logo, Daniel é aluno.

#### Indução

O argumento indutivo é o contrário do argumento dedutivo, procede de proposições particulares para proposições gerais. Quanto mais informações nas premissas, maior chance da conclusão estar correta.

$p_1$: Cerveja embriaga.
$p_2$: Uísque embriaga.
$p_3$: Vodca embriaga.
c: Portanto, toda bebida alcoólica embriaga.

#### Analogia

As analogias são comparações (nem sempre verdadeiras). Neste caso, procede de uma proposição conhecida para outra desconhecida, mas semelhante. Na analogia, não temos certeza.

$p_1$: No Piauí faz calor.
$p_2$: No Ceará faz calor.
$p_3$: No Paraná faz calor.
c: Sendo assim, no Brasil faz calor.

#### Falácia

As falácias são falsos argumentos, logicamente inconsistentes, inválidos ou que não provam o que dizem.

$p_1$: Eu passei num concurso público.
$p_2$: Você passou num concurso público.
c: Logo, todos passaram num concurso público.

#### Silogismos

Tipo de argumento formado por três proposições, sendo duas premissas e uma conclusão. São em sua maioria dedutivos.

$p_1$: Todo estudioso passará no concurso.
$p_2$: Beatriz é estudiosa.
c: Portanto, Beatriz passará no concurso.

### 12.1.3 Classificação dos argumentos

Os argumentos só podem ser classificados como válidos ou inválidos:

#### Válidos ou bem construídos

Os argumentos são válidos quando as premissas garantirem a conclusão, ou seja, quando a conclusão for uma consequência obrigatória do seu conjunto de premissas.

$p_1$: Toda mulher é bonita.
$p_2$: Toda bonita é charmosa.
$p_3$: Maria é mulher.
c: Portanto, Maria é bonita e charmosa.

Se Maria é mulher, toda mulher é bonita e toda bonita é charmosa, conclui-se que Maria só pode ser bonita e charmosa.

#### Inválidos ou mal construídos

Os argumentos são inválidos quando as premissas **não** garantem a conclusão, ou seja, quando a conclusão **não** for uma consequência obrigatória do seu conjunto de premissas.

$p_1$: Todo professor é aluno.
$p_2$: Daniel é aluno.
c: Logo, Daniel é professor.

Se Daniel é aluno, nada garante que ele seja professor, pois o que sabemos é que todo professor é aluno, não o contrário.

Alguns argumentos serão classificados apenas por meio desse conceito (da GARANTIA).

## 12.2 Métodos para classificar os argumentos

Os argumentos nem sempre podem ser classificados da mesma forma, por isso existem os métodos para sua classificação. Veja:

▷ **1º método:** diagramas lógicos (ou método dos conjuntos).

Utilizado sempre que houver as expressões **todo**, **algum** ou **nenhum** e seus respectivos sinônimos.

> **Fique ligado**
>
> Esse método é muito utilizado pelas bancas de concursos e tende a confundir o concurseiro, principalmente nas questões em que temos mais de uma opção de diagrama para o mesmo enunciado. Lembre-se que quando isso ocorrer, a questão só estará correta se a conclusão estiver presente em todas as representações e se todos os diagramas corresponderem à mesma condição.

Representaremos o que for dito em forma de conjuntos e verificaremos se a conclusão está correta (presente nas representações).

**As representações genéricas são:**

TODO A é B:

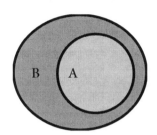

ALGUM A é B:

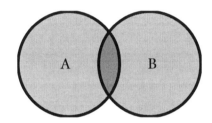

NENHUM A é B:

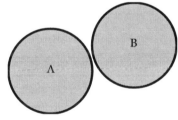

▷ **2º método:** premissas verdadeiras (proposição simples ou conjunção).

Utilizado sempre que não for possível os diagramas lógicos e se houver proposição simples ou conjunção.

A proposição simples ou a conjunção serão os pontos de partida da resolução, já que consideraremos todas as premissas verdadeiras e elas só admitem uma maneira de serem verdadeiras.

O método considera todas as premissas como verdadeiras, dá valor às proposições simples que as compõem e, no final, avalia a conclusão. Se a conclusão for verdadeira o argumento é válido, porém se a conclusão for falsa o argumento é inválido.

Premissas verdadeiras e conclusão verdadeira = argumento válido.

Premissas verdadeiras e conclusão falsa = argumento inválido.

▷ **3º método:** conclusão falsa (proposição simples, disjunção ou condicional).

Utilizado sempre que não for possível um dos dois métodos citados anteriormente e se na conclusão houver proposição simples, disjunção ou condicional.

A proposição simples, a disjunção ou o condicional serão os pontos de partida da resolução, já que consideraremos a conclusão como sendo falsa e elas só admitem um jeito de serem falsas.

O método considera a conclusão como falsa, dá valor às proposições simples que as compõem, pressupondo as premissas como verdadeiras e atribui valor às proposições simples das premissas. Se a conclusão for falsa e as premissas verdadeiras, o argumento será inválido; porém se uma das premissas mudar de valor, então o argumento passa a ser válido.

Conclusão falsa e premissas verdadeiras = argumento inválido.

Conclusão falsa e pelo menos uma premissa falsa = argumento válido.

Para o 2º método e o 3º método, podemos definir a validade dos argumentos da seguinte forma:

| Premissas | Conclusão | Argumento |
|---|---|---|
| Verdadeiras | Verdadeira | Válido |
| Verdadeiras | Falsa | Inválido |
| Pelo menos uma falsa | Falsa | Válido |

▷ **4º método:** tabela verdade.

Utilizado em último caso, quando não for possível usar qualquer um dos anteriores.

Depende da quantidade de proposições simples que tiver o argumento, esse método fica inviável, pois temos que desenhar a tabela verdade. No entanto, esse método é um dos mais garantidos nas resoluções das questões de argumentos.

Consiste em desenhar a tabela verdade do argumento em questão e avaliar se as linhas em que as premissas forem todas verdadeiras – ao mesmo tempo – a conclusão também será toda verdadeira. Caso isso ocorra, o argumento será válido, porém se uma das linhas em que as premissas forem todas verdadeiras e a conclusão for falsa, o argumento será inválido.

Linhas da tabela verdade em que as premissas são todas verdadeiras e a conclusão, for verdadeira = argumento válido.

Linhas da tabela verdade em que as premissas são todas verdadeiras e pelo menos uma conclusão for falsa = argumento inválido.

# 13 PSICOTÉCNICOS

Questões psicotécnicas são as que não precisamos de conhecimento adicional para resolvê-las. As questões podem ser de associações lógicas, verdades e mentiras, sequências lógicas, problemas com datas – calendários, sudoku, entre outras.

Abordar-se-á, agora, as questões mais simples do raciocínio lógico para uma melhor familiarização.

Não existe teoria, somente prática e é com ela que vamos trabalhar e aprender.

**01.** (FCC) Considere que os dois primeiros pares de palavras foram escritos segundo determinado critério.

Temperamento → totem

Traficante → tetra

Massificar → ?

De acordo com esse mesmo critério, uma palavra que substituiria o ponto de interrogação é:

a) ramas.
b) maras.
c) armas.
d) samar.
e) asmar.

**Resposta: C.**

Ao analisar os dois primeiros pares de palavras, observamos que a segunda palavra de cada par é formada pela última sílaba + a primeira sílaba da primeira palavra do par, logo, teremos AR + MAS = armas.

**02.** (FCC) Observe atentamente a disposição das cartas em cada linha do esquema seguinte. A carta que está oculta é:

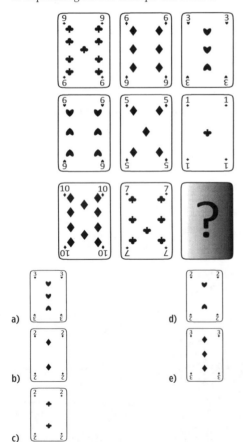

**Resposta: A.**

Ao observar cada linha (horizontal), temos nas duas primeiras três naipes iguais (copas, paus e ouros, só mudando a ordem). A terceira carta é o resultado da subtração da primeira pela segunda; portanto, a carta que está oculta tem que ser o 3 de copas, pois 10 – 7 = 3 e o naipe que não apareceu na terceira linha foi o de copas.

**03.** (FCC) Considere a sequência de figuras abaixo. A figura que substitui corretamente a interrogação é:

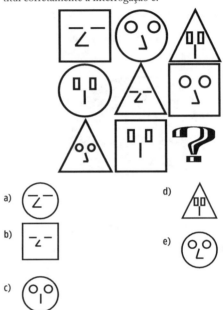

**Resposta: A.**

Observe que em cada fila (linha ou coluna) temos um círculo, um triângulo e um quadrado, fazendo o contorno da careta. Os olhos são círculos, quadrados ou tiras; o nariz é reto, para direita ou para esquerda; sendo assim, no ponto de interrogação o que está faltando é a carta redonda com os olhos em tiras e o nariz para a esquerda.

**04.** (FGV) Certo dia, três amigos fizeram, cada um deles, uma afirmação:

Aluísio: Hoje não é terça-feira.

Benedito: Ontem foi domingo.

Camilo: Amanhã será quarta-feira.

Sabe-se que um deles mentiu e que os outros dois falaram a verdade. Assinale a alternativa que indique corretamente o dia em que eles fizeram essas afirmações.

a) Sábado.
b) Domingo.
c) Segunda-feira.
d) Terça-feira.
e) Quarta-feira.

**Resposta: C.**

Com base no que foi dito na questão, Benedito e Camilo não podem estar falando a verdade, pois teríamos dois dias diferentes. Conclui-se que Aluísio e Benedito falaram a verdade, e que Camilo está mentindo. Logo, o dia em que foi feita a afirmação é uma segunda-feira.

**05.** (FUMARC) Heloísa, Bernardo e Antônio são três crianças. Uma delas tem 12 anos a outra tem 10 anos e a outra 8 anos. Sabe-se que apenas uma das seguintes afirmações é verdadeira:
I.   Bernardo tem 10 anos.
II.  Heloísa não tem 10 anos.
III. Antônio não tem 12 anos.

Considerando estas informações é correto afirmar que:
a) Heloísa tem 12 anos, Bernardo tem 10 anos e Antônio tem 8 anos.
b) Heloísa tem 12 anos, Bernardo tem 8 anos e Antônio tem 10 anos.
c) Heloísa tem 10 anos, Bernardo tem 8 anos e Antônio tem 12 anos.
d) Heloísa tem 10 anos, Bernardo tem 12 anos e Antônio tem 8 anos.

**Resposta: D.**

Como a questão informa que só uma afirmação é verdadeira, vejamos: se **I** for a verdadeira, teremos Bernardo e Heloísa, com 10 anos, o que pelo enunciado não é possível; se **II** for a verdadeira, teremos Bernardo e Heloísa com 8 anos, o que também não é possível; se **III** for a verdadeira, teremos Heloísa com 10 anos, Bernardo com 12 anos e Antônio com 8 anos.

**06.** (FCC) Na sentença seguinte falta a última palavra. Você deve escolher a alternativa que apresenta a palavra que MELHOR completa a sentença.

Devemos saber empregar nosso tempo vago; podemos, assim, desenvolver hábitos agradáveis e evitar os perigos da:
a) Desdita.
b) Pobreza.
c) Ociosidade.
d) Bebida.
e) Doença.

**Resposta: C.**

Qual dessas alternativas tem a palavra que mais se relaciona com tempo vago? A palavra é OCIOSIDADE.

No livro *Alice no País dos Enigmas*, o professor de matemática e lógica Raymond Smullyan apresenta vários desafios ao raciocínio lógico que têm como objetivo distinguir entre verdadeiro e falso. Considere o seguinte desafio inspirado nos enigmas de Smullyan.

Duas pessoas carregam fichas nas cores branca e preta. Quando a primeira pessoa carrega a ficha branca, ela fala somente a verdade, mas, quando carrega a ficha preta, ela fala somente mentiras. Por outro lado, quando a segunda pessoa carrega a ficha branca, ela fala somente mentira, mas, quando carrega a ficha preta, fala somente verdades.

Com base no texto acima, julgue o item a seguir.

**07.** (CESPE) Se a primeira pessoa diz "Nossas fichas não são da mesma cor" e a segunda pessoa diz "Nossas fichas são da mesma cor", então, pode-se concluir que a segunda pessoa está dizendo a verdade.
        Certo ( )         Errado ( )

**Resposta: Certo.**

Ao analisar, a seguir, linha por linha da tabela, encontramos contradições nas três primeiras linhas, ficando somente a quarta linha como certa, o que garante que a segunda pessoa está falando a verdade.

| 1ª pessoa: Nossas fichas não são da mesma cor | 2ª pessoa: Nossas fichas são da mesma cor |
|---|---|
| Ficha branca (verdade) | Ficha branca (mentira) |
| Ficha branca (verdade) | Ficha preta (verdade) |
| Ficha preta (mentira) | Ficha branca (mentira) |
| Ficha preta (mentira) | Ficha preta (verdade) |

Uma proposição é uma afirmação que pode ser julgada como verdadeira (V) ou falsa (F), mas não como ambas. As proposições são usualmente simbolizadas por letras maiúsculas do alfabeto, como, por exemplo, P, Q, R etc. Se a conexão de duas proposições é feita pela preposição "e", simbolizada usualmente por ∧, então obtém-se a forma P∧Q, lida como "P e Q" e avaliada como V se P e Q forem V, caso contrário, é F. Se a conexão for feita pela preposição "ou", simbolizada usualmente por ∨, então obtém-se a forma P∨Q, lida como "P ou Q" e avaliada como F se P e Q forem F, caso contrário, é V. A negação de uma proposição é simbolizada por ¬P, e avaliada como V, se P for F, e como F, se P for V.

Um argumento é uma sequência de proposições P1, P2, ..., Pn, chamadas premissas, e uma proposição Q, chamada conclusão. Um argumento é válido, se Q é V sempre que P1, P2, ..., Pn forem V, caso contrário, não é argumento válido.

A partir desses conceitos, julgue o próximo item.

**08.** (CESPE) O quadro abaixo pode ser completamente preenchido com algarismos de 1 a 6, de modo que cada linha e cada coluna tenham sempre algarismos diferentes.
        Certo ( )         Errado ( )

| 1 |   |   |   | 3 | 2 |
|---|---|---|---|---|---|
|   |   | 5 | 6 |   | 1 |
|   | 1 |   | 6 | 5 |   |
| 5 | 4 |   |   | 2 |   |
|   | 3 | 2 | 4 |   |   |
| 4 |   |   | 2 |   | 3 |

**Resposta: Certo.**

Vamos preencher o quadro, de acordo com o que foi pedido:

| 1 | 6 | 4 | 5 | 3 | 2 |
|---|---|---|---|---|---|
| 3 | 2 | 5 | 6 | 4 | 1 |
| 2 | 1 | 6 | 3 | 5 | 4 |
| 5 | 4 | 3 | 1 | 2 | 6 |
| 6 | 3 | 2 | 4 | 1 | 5 |
| 4 | 5 | 1 | 2 | 6 | 3 |

# CONHECIMENTOS GERAIS

**CONHECIMENTOS GERAIS**

# 1 A IDADE CONTEMPORÂNEA E SEUS PRINCIPAIS ACONTECIMENTOS

## 1.1 Imperialismo do século XIX - A Expansão Imperialista

Na Segunda metade do século XIX, a economia capitalista entrou num período de grande crescimento, tanto na Europa quanto nos Estados Unidos. Esse crescimento refletiu-se na ampliação do comércio mundial e no enorme acúmulo de capitais entre os empresários das grandes potências. Calcula-se que 80% do capital mundial concentraram-se em poucas nações ricas, como Inglaterra, França, Alemanha e Estados Unidos.

A expansão capitalista estava relacionada ao grande desenvolvimento técnico e científico registrado nesse período (1860-1900). Esse extraordinário desenvolvimento tecnológico costuma ser denominado Segunda Revolução Industrial.

### 1.1.1 Capitalismo financeiro e monopolista

A nova fase da economia capitalista foi marcada pela concentração da produção e do capital em torno de grandes empresas ou associações de empresas.

A livre concorrência entre empresas capitalistas transformou-se numa verdadeira batalha de preços, na qual as empresas mais poderosas foram vencendo as mais fracas.

Na luta dos negócios, as empresas vencedoras foram concentrando capitais e dominando a produção de alguns setores. Surgiram, então, os monopólios industriais, que eliminavam a concorrência e podiam fixar preços em busca de maiores lucros.

Esses monopólios industriais eram representados pelo cartel, pela holding e pelo truste, que eram novas formas de organização das empresas.

O processo de concentração econômica também se desenvolveu no setor financeiro. Os grandes bancos associaram-se às grandes indústrias para financiar seus investimentos e participar dos lucros de seus projetos.

A fusão do capital bancário com o capital industrial marcou essa nova fase do capitalismo, conhecido como capitalismo financeiro e monopolista e caracterizado por:
- Grande aumento da produção industrial que acabou gerando a necessidade de ampliação dos mercados consumidores;
- Enorme acúmulo de capitais, que acabou gerando a busca de novos projetos para investimentos lucrativos.

### Neocolonialismo

Nessa nova fase, o capitalismo começou a enfrentar um problema. A expansão da produção industrial e os novos investimentos financeiros estavam condicionados aos limites do mercado interno das grandes potências capitalistas. É que as grandes nações tomavam medidas protecionistas para impedir a invasão de seus mercados pelos países concorrentes.

A solução do capitalismo para expandir a produção industrial e investir os capitais acumulados foi conquistar novos mercados. O alvo dessa expansão foram as nações pobres, que ainda não tinham atingido o desenvolvimento industrial: regiões da África, da Ásia e da Oceania. Assim, para expandirem-se, as grandes potências adotaram uma política imperialista, responsável pelo neocolonialismo do século XIX.

O objetivo do neocolonialismo era a repartição econômica e política do mundo entre as grandes potências capitalistas. O Neocolonialismo buscava:
- Novos mercados para investir os capitais excedentes;
- Novas fontes de matérias-primas e mercados consumidores;
- Novas áreas para deslocar o excedente populacional.

A luta internacional pelo controle das fontes de matérias-primas, a disputa pela conquista de novos mercados e a necessidade de exportação de capitais (investimentos no exterior) não eram apenas problemas econômicos gerados pelo capitalismo monopolista. Eram também problemas políticos, cuja solução exigia a participação ativa dos governos das principais potências.

Essas nações passaram a estimular a expansão colonialista movidas por questões estratégicas. Assim, a conquista de territórios em diversas partes do mundo assumiu grande importância em termos de poderio militar e de segurança nacional.

### Ideologia imperialista

A principal justificativa ideológica para o neocolonialismo do século XIX era a missão civilizadora das grandes potências que, segundo o discurso imperialista, tinham por obrigação, difundir o progresso e a cultura pelo mundo.

Afirmavam ser necessário levar a civilização e a cultura aos "menos favorecidos", posteriormente chamados "preguiçosos", "incapazes" e "selvagens".

**Criou-se, assim, o mito da superioridade da civilização industrial do Ocidente, tendo por base elementos como:**
- Características biológicas do povo (raça branca);
- Fé religiosa (cristianismo);
- Desenvolvimento técnico e científico (Revolução Industrial).

Com base em ideias racistas e de superioridade cultural, formularam-se argumentos para justificar a exploração brutal de diferentes povos.

### Conquista da áfrica e da ásia

O fenômeno da dominação imperialista europeia sobre os continentes africano e asiático é conhecido, respectivamente, como Partilha da África e Partilha da Ásia.
- Partilha da África - mais de 90% das terras africanas foram dominadas por nações europeias.
- Conferência de Berlim (1885) - estabelecia as regras para a partilha da África.
- Partilha da Ásia - a expansão europeia enfrentou forte resistência em países como China e Japão. Entretanto, o poderio militar dos europeus, aliado ao dos Estados Unidos, foi vencendo, gradativamente, a resistência dos diversos povos asiáticos. A partir de 1867, o próprio Japão entrou numa fase de rápida modernização de sua estrutura socioeconômica, caminhando no sentido de tornar-se uma potência imperialista na Ásia. (Era Meiji)

## 1.2 Primeira Guerra Mundial - 1914 a 1918

### As tensões europeias

Alguns autores consideram a Primeira Guerra Mundial como o verdadeiro início do século XX. Ela aconteceu como uma consequência do choque de interesses das potências imperialistas. Esse choque se estendeu ao longo do século XIX e teria seus resultados mais significativos entre os anos de 1914 - 1918, período em que se desenrolou a Primeira Guerra Mundial. Muitos fatores contribuíram para essa situação conflituosa, destacando-se entre eles:

# A IDADE CONTEMPORÂNEA E SEUS PRINCIPAIS ACONTECIMENTOS

Disputa colonial - buscando novos mercados para a venda de seus produtos, os países industrializados entravam em choque na disputa por colônias na África e na Ásia e Oceania;

Concorrência econômica - cada um dos grandes países industrializados dificultava a expansão econômica do país concorrente. Essa briga econômica foi especialmente intensa entre Inglaterra e Alemanha;

Disputa nacionalista - em diversas regiões da Europa surgiram movimentos nacionalistas que pretendiam agrupar sob um mesmo Estado os povos de raízes culturais semelhantes. O nacionalismo exaltado provocava um desejo de expansão territorial.

### 1.2.1 Movimentos nacionalistas

O clima de rivalidade deu origem à chamada paz armada. Como o risco de guerra era iminente, as principais potências iniciaram uma corrida armamentista, isto é, estimularam a produção de armas e fortaleceram seus exércitos.

Foram realizadas duas conferências de paz em Haia (1899 e 1907) na tentativa de manter a paz na Europa.

### 1.2.2 Política de alianças

Durante a paz armada, o clima de tensão levou as grandes potências a firmarem tratados de aliança. O objetivo desses tratados era somar forças para enfrentar a potência rival.

Depois de muitas negociações e tratados bilaterais, existiam na Europa, em 1907, dois blocos distintos:

Tríplice Aliança - formada por Alemanha, Áustria-Hungria e Itália;

Tríplice Entente - formada por Inglaterra, França e Rússia.

A aliança original entre os países de cada bloco sofreu alterações, conforme seus interesses imediatos. Alguns países mudaram de lado, após o início da guerra, como a Itália, que, em 1915, passou para o lado da Entente por ter recebido a promessa de recompensas territoriais.

As tensões entre os dois blocos foram se agravando, e qualquer incidente serviria de estopim para deflagrar a guerra.

**Nesse contexto de disputas entre as potências europeias, podemos destacar duas grandes crises, que contribuíram para a guerra mundial:**

- Questão balcânica

Um dos principais focos de atrito entre as potências europeias era a península Balcânica, onde se chocavam o nacionalismo da Sérvia (apoiada pela Rússia) - Pan-eslavismo - e o expansionismo da Áustria (aliada da Alemanha). Em 1908, a Áustria anexou a região da Bósnia-Herzegovina, ferindo os interesses da Sérvia, que pretendia criar a Grande Sérvia, incorporando aquelas regiões habitadas por eslavos. Os movimentos nacionalistas da Sérvia passaram a reagir violentamente contra a anexação austríaca da Bósnia-Herzegovina. Sérvia e Rússia colocaram-se como "Protetora dos eslavos".

Um incidente ligado ao movimento nacionalista da Sérvia serviria de estopim para deflagrar a guerra mundial pouco tempo depois.

O estopim que detonou a Primeira Guerra Mundial foi o assassinato do arquiduque Francisco Ferdinando, herdeiro do trono austríaco, e de sua esposa, na cidade de Sarajevo, em 28 de junho de 1914. O autor do assassinato foi o estudante Gavrilo Princip, pertencente à organização secreta nacionalista Unidade ou Morte, que tinha o apoio do governo sérvio, ligado, por sua vez, à Rússia.

### 1.2.3 As fases da guerra

A Primeira Guerra Mundial pode ser dividida em três grandes fases:

**Primeira fase (1914-1915)**

Marcada pela intensa movimentação dos exércitos beligerantes. Depois de uma rápida ofensiva das forças alemãs em território francês em setembro de 1914, a França organizou uma contraofensiva, detendo o avanço germânico sobre Paris (Batalha do Marne). A partir desse momento nenhum dos lados conseguiu estabelecer vitórias significativas sobre o outro. Havia um equilíbrio de forças nas frentes de combate.

**Segunda fase (1915-1917)**

A intensa movimentação de tropas da primeira fase foi substituída por uma guerra de trincheiras, em que cada um dos lados procurava garantir suas posições, evitando a penetração do inimigo. Destaca-se a batalha de Verdun e a batalha naval da Jutlândia, que neutraliza a ofensiva naval alemã.

**Terceira fase (1917-1918)**

A marinha alemã, utilizando seus submarinos, afundou navios de países tidos como neutros, alegando que transportavam alimentos para os inimigos. Foi o caso, por exemplo, dos navios Lusitânia e Arábia, dos Estados Unidos, e do navio Paraná, do Brasil. Essa fase da guerra foi assinalada por dois grandes acontecimentos: a entrada dos Estados Unidos no conflito (6 de abril de 1917) e a saída da Rússia (3 de março de 1918). Ocorre a segunda batalha do Marne na qual a Alemanha é derrotada.

### 1.2.4 Fim da guerra

O apoio financeiro e material dado pelos Estados Unidos ao entrarem na guerra foi decisivo para a vitória da Entente e de seus aliados.

No início de 1918, a Alemanha, perdendo fôlego, foi ficando isolada e sem condições de sustentar a guerra, após a derrota do Marne foi proclamada a República - República de Weimar. Em 11 de novembro de 1918, acabou assinando um armistício em situação bastante desvantajosa.

Terminava a Primeira Guerra Mundial, um conflito sangrento que deixou um saldo de mais de 10 milhões de mortos e 30 milhões de feridos.

## 1.3 Período Entreguerras

### 1.3.1 Revolução russa - 1917

A Revolução Russa de 1917 foi uma série de eventos políticos na Rússia, que, após a eliminação da autocracia russa, e depois do Governo Provisório (Duma), resultou no estabelecimento do poder soviético sob o controle do partido bolchevique. O resultado desse processo foi a criação da União Soviética, que durou até 1991.

No começo do século XX, a Rússia era um país de economia atrasada e dependente da agricultura, pois 80% de sua economia estava concentrada no campo (produção de gêneros agrícolas).

▷ **Antecedentes:**
- Absolutismo (Czar Nicolau II);
- País mais atrasado da Europa;
- Ausência de liberdades individuais;
- Igreja Ortodoxa monopolizava o ensino e possuía privilégios;
- Concentração fundiária (boiardos = nobres proprietários);
- Camponeses (mujiques) explorados de forma quase feudal;
- Poucas indústrias (capital estrangeiro da Bélgica, França, Alemanha e Inglaterra).

▷ **Movimento oposicionista (desde fins do século XIX):**
- Todos clandestinos;
- Niilistas (anarquistas) - prática de atentados;
- Populistas Narodiniques - socialismo com base na comunidade rural camponesa (MIR);
- Partido Socialista-Revolucionário (1901) - composto por camponeses e intelectuais;
- POSDR - Partido Operário Social Democrata Russo (1898) formado por intelectuais.
  - Dividido em 1903.

**Os grupos políticos:**

Mencheviques (minoria) - Revolução liberal burguesa aos moldes da Revolução Francesa.

Defendia a implantação gradual do regime socialista, por etapas, comprometida com a aliança dos grupos de esquerda e setores da burguesia.

Líder: Martov.

Bolcheviques (maioria): Revolução socialista com participação de operários e camponeses, liderada por partido 100% revolucionário e absolutamente disciplinado.

Apostava na implantação do regime socialista por uma insurreição revolucionária do proletariado.

Líder: Lênin.

Kadet (1905) - Partido Constitucional Democrata, formado pela burguesia. Politicamente fraco.

## A revolução de 1905: o ensaio geral
- Rússia X Japão (posse da Coreia e da Manchúria);
- Crise de abastecimento, inflação, greves;
- "Domingo Sangrento" (jan/1905);
  - Manifestação pacífica de 200 mil trabalhadores;
  - Reivindicavam melhorias trabalhistas e convocação da Duma;
  - Massacre de populares pela polícia czarista (OKHRANA);
- Insurreições em vários pontos do país (camponeses, outras nacionalidades e militares - Encouraçado Potenkin);
- Repressão violenta do czar.

## O ano em que a rússia foi palco de 2 revoluções

A Revolução de Fevereiro (março de 1917, pelo calendário ocidental), que derrubou a autocracia do Czar Nicolau II da Rússia, o último Czar a governar, e procurou estabelecer em seu lugar uma república de cunho liberal.

A Revolução de Outubro (novembro de 1917, pelo calendário ocidental), na qual o Partido Bolchevique, liderado por Vladimir Lênin, derrubou o governo provisório e impôs o governo socialista soviético.

Em 1922, Lênin criaria a URSS (União das Repúblicas Socialistas Soviéticas) e em 1923 após sua morte, Josef Stálin e Leon Trotski disputariam o poder da União Soviética. Stalin consegue vencer Trótski, e comanda a União Soviética até 1953, ano da sua morte.

### Regimes totalitários

Recebem esse nome os regimes políticos que aconteceram no período entreguerras e que se opunham às democracias liberais. As principais características dos regimes totalitários foram:
- Monopartidarismo;
- Líder forte;
- Estado bélico e forte;
- Nacionalismo exacerbado;
- Antiliberalismo;
- Anticomunismo.

O Nazismo e o Fascismo foram representantes desses regimes na Alemanha e Itália respectivamente.

### 1.3.2 A crise de 1929 - o capitalismo em xeque

A crise atingiu o mercado de ações e em 24 de outubro de 1929, a "quinta-feira negra" ocorreu o crack ("quebra") da Bolsa de Valores de Nova York.

Era na Bolsa de Valores que as grandes empresas americanas negociavam suas ações. Com a crise, muitas empresas foram à falência e o valor das ações na Bolsa caiu assustadoramente de um dia para outro.

A desvalorização refletia a estagnação do parque industrial norte-americano, cujas empresas faliam cada vez mais. Bancos faliram e milhões de trabalhadores americanos perderam seus empregos.

A quebra da Bolsa de Valores de Nova York repercutiu na maioria dos países capitalistas.

Muitas pessoas perderam grandes somas de dinheiro com isso. Houve pânico, desespero, tendo ocorrido até mesmo numerosos casos de suicídio.

O desemprego aumentou em todo o país: a miséria atingiu grande parte da população, pois a economia como um todo ficou profundamente desorganizada. Com a crise em 1929 e 1932, a produção industrial americana foi reduzida em 54%. Os 13 milhões de desempregados, em outubro de 1933, representavam 27% da população economicamente ativa no país.

fonte: http://www.historiamais.com/crise_de_1929.html

A saída para a crise foi encontrada pelo presidente Franklin D. Roosevelt e ficou conhecida como New Deal, que foi a aplicação das ideias keynesianas, promovendo a intervenção do Estado na economia

# A IDADE CONTEMPORÂNEA E SEUS PRINCIPAIS ACONTECIMENTOS

com a finalidade de regular as relações econômicas. A recuperação completa contudo, só seria possível com a Segunda Guerra Mundial.

## 1.4 A Segunda Guerra Mundial (1939 - 1945)

Envolveu povos de várias regiões do planeta, num total de 58 países, embora os principais choques armados tenham sido travados na Europa, no norte da África e no Extremo Oriente.

Podemos dividir as operações militares da Segunda Guerra em duas grandes etapas: a guerra na Europa e a guerra no mundo.

### 1.4.1 Guerra na europa - 1939 a 1941

Essa primeira etapa da guerra caracterizou-se pela rápida ofensiva das forças nazistas. Foi a chamada guerra-relâmpago (Blitzkrieg), marcada pelo impetuoso e rápido avanço dos tanques blindados (Panzers), apoiados pela aviação (Luftwaffe), sobre as linhas de defesa adversárias. Depois vinham as tropas de ocupação, consolidando a vitória dos alemães.

Ainda nessa fase, houve a participação dos italianos, do lado alemão, e a entrada dos Estados Unidos e da União Soviética no conflito, ao lado dos países aliados, mudando os rumos da guerra.

#### 1941 - entrada da urss e dos eua

Aos poucos se foram organizando movimentos de resistência nos países europeus ocupados pelos nazistas. Esses movimentos, agindo na clandestinidade, procuravam destruir instalações alemãs por meio de sabotagem e guerrilha. Grandes líderes comunistas destacaram-se na resistência europeia.

▷ **No ano de 1941, ocorreram dois fatos decisivos que mudaram profundamente os rumos da guerra:**
- A entrada da União Soviética no conflito - rompendo acordos anteriores, Hitler decidiu invadir a União Soviética (22 de junho) com a "Operação Barba Roxa";
- A entrada dos Estados Unidos no conflito - os japoneses atacaram a base militar dos Estados Unidos de Pearl Harbor, no oceano Pacífico (8 de dezembro de 1941).

### 1.4.2 A guerra mundial (1942-1945)

Com a participação da União Soviética e dos Estados Unidos, a guerra ganhou proporções verdadeiramente mundiais. Formaram-se, então, dois grandes blocos: potências do eixo (Alemanha, Itália e Japão) e potências aliadas (Inglaterra, Estados Unidos, União Soviética e França).

No período de 1941 a 1942, os exércitos alemães, apoiados por aliados húngaros, finlandeses, italianos e espanhóis, avançaram de modo fulminante pelo território soviético, aniquilando cerca de um terço do exército russo. Esses dramáticos acontecimentos foram aproveitados pelo ditador Stalin para fortalecer a vontade de resistência nacional do povo russo contra a agressão nazista.

### 1.4.3 Bombardeio aliado sobre a alemanha

Em setembro de 1942, tropas blindadas do exército alemão entraram em Stalingrado, onde foi travada uma das mais sangrentas batalhas de toda a guerra. Alemães e soviéticos combateram com garra e ferocidade. O comando alemão percebeu a enorme dificuldade de prosseguir a luta, mas recebeu ordens diretas de Hitler para não retroceder.

A partir de 19 de novembro de 1942, iniciou-se uma grande contraofensiva do exército soviético que terminou com a rendição das tropas alemãs, em fevereiro de 1943. Pela primeira vez na guerra, um general alemão (Friedrich Paulus) e seu exército foram obrigados a se render. A Batalha de Stalingrado colocava fim ao mito da invencibilidade alemã. Começava a derrota da Alemanha nazista.

A partir de Stalingrado, os soviéticos tomaram vigorosamente a iniciativa dos contra-ataques. Assim, iam conquistando, um por um, os países antes controlados pelos nazistas: Finlândia, Bulgária, Hungria, Romênia, Polônia e Tchecoslováquia. Seu avanço era violento e irreversível. Foram eles os primeiros, no final da guerra, a entrar vitoriosamente em Berlim.

Os norte-americanos concentraram o poderio de sua força industrial a serviço das necessidades militares exigidas pela guerra. Milhares de navios, tanques, aviões e toneladas de equipamentos bélicos foram produzidos pelos Estados Unidos.

A partir de 1942, começaram os bombardeios aéreos ingleses e norte-americanos sobre as grandes cidades alemãs. Esses bombardeios aumentaram de intensidade até 1945. Aos poucos, a aviação aliada destruía as redes de comunicação e as zonas petrolíferas dos nazistas, paralisando assim a indústria bélica germânica.

### 1.4.4 Dia d e rendição alemã

Uma nova frente de combate contra os alemães foi cuidadosamente planejada pelos aliados. No dia 6 de junho de 1944, as tropas aliadas desembarcaram na Normandia (França) e fizeram o mais forte ataque contra as tropas alemãs. Esse dia ficou conhecido como "Dia D", é a Operação OverLord, que foi arquitetada durante a Conferência de Teerã.

Mesmo percebendo a esmagadora pressão dos adversários, tanto na frente oriental (soviéticos) quanto na ocidental (ingleses e norte-americanos), o comando nazista, situado em Berlim, decidiu lutar até a morte. Para isso, promoveu uma mobilização maciça de toda a população, incluindo crianças, mulheres e velhos, que foram obrigados a lutar até o fim.

Em 25 de abril de 1945, a cidade de Berlim estava totalmente cercada. Em 30 de abril, Hitler, sua mulher, Eva Braun, e Goebbels (ministro da Propaganda) suicidaram-se.

No dia 2 de maio, os defensores de Berlim renderam-se, e, no mesmo dia, os alemães que estavam no norte da Itália também.

No dia 8 de maio de 1945, deu-se a completa rendição da Alemanha. Esse é considerado o Dia da Vitória na Europa.

### 1.4.5 Rendição japonesa

No Extremo Oriente, a guerra prosseguiu por mais quatro meses, até a rendição do Japão, em setembro de 1945. A resistência japonesa foi feita, inclusive, com pilotos suicidas (kamikases).

No começo de 1945, os norte-americanos ocuparam Iwojima e Okinawa. Apesar de resistir, o governo japonês, chefiado pelo Almirante Suzuki, estava disposto a negociar a paz, chegando a fazer propostas nesse sentido aos EUA. Mas, os aliados exigiam a rendição incondicional, se recusando a qualquer negociação de paz com o Japão.

Os Estados Unidos que, desde o ataque a Pearl Harbor (1941), vinham combatendo os japoneses, desferiram o golpe definitivo em agosto de 1945. Numa demonstração de seu poderio militar ao mundo, explodiram duas bombas atômicas em território japonês: a primeira, na cidade de Hiroshima (6 de agosto) e a segunda, em Nagasaki (9 de agosto).

## 1.5 A Guerra Fria (+ - 1946 - 1991)

Entendemos por Guerra Fria, o conflito político, armamentista, territorial, espacial, científico, tecnológico, ideológico, com duração

108

## CONHECIMENTOS GERAIS

de mais ou menos 45 anos, entre dois mundos que jamais chegaram a se enfrentar diretamente num campo de batalha devido ao potencial bélico equivalente. A guerra era improvável, e a paz era impossível. Devido ao fato de as duas potências (Estados Unidos e União Soviética) nunca terem se enfrentado militarmente de maneira direta é que nós chamamos o conflito de Guerra Fria.

A Guerra Fria tem início logo após a Segunda Guerra Mundial. A maneira como a Segunda Guerra (1939-1945) se desenrolou, bem como seu desfecho, permitiu que tanto Estados Unidos como União Soviética se tornassem os dois maiores expoentes do novo período que se iniciava. Ambos disputaram a hegemonia política, econômica e militar do mundo.

A União Soviética possuía um sistema socialista baseado na economia planificada, partido único (Partido Comunista), igualdade social e falta de democracia. Já os Estados Unidos, a outra potência mundial, defendia a expansão do sistema capitalista, baseado na economia de mercado, sistema democrático e propriedade privada. Na segunda metade da década de 1940 até 1989, estas duas potências tentaram implantar em outros países os seus sistemas políticos.

### Fique ligado

Socialismo é a denominação genérica de um conjunto de teorias socioeconômicas, ideológicas e políticas que postulam a abolição das desigualdades entre as classes sociais. Incluem-se nessa denominação desde o socialismo utópico e a social-democracia até o comunismo e o anarquismo.
As múltiplas variantes de socialismo partilham de uma base comum de tendência sentimental e humanitária. Para caracterizar uma sociedade exclusivamente socialista são necessários os seguintes elementos: limitação do direito à propriedade privada, controle dos principais recursos econômicos pelos poderes públicos com a finalidade, teórica, de promover a igualdade social, política e jurídica.

Capitalismo é o sistema econômico que se caracteriza pela propriedade privada dos meios de produção e pela liberdade de iniciativa dos próprios cidadãos.

No sistema capitalista, as padarias, as fábricas, confecções, gráficas, papelarias etc., pertencem a empresários e não ao Estado. Nesse sistema, a produção e a distribuição das riquezas são regidas pelo mercado, no qual, em tese, os preços são determinados pelo livre jogo da oferta e da procura. O capitalista, proprietário de empresa, compra a força de trabalho de terceiros para produzir bens que, após serem vendidos, lhe permitem recuperar o capital investido e obter um excedente denominado lucro.

### 1.5.1 Paz armada

Na verdade, uma expressão explica muito bem este período (Guerra Fria): a existência da Paz Armada. As duas potências se envolveram numa corrida armamentista, espalhando exércitos e armamentos em seus territórios e nos países aliados. Enquanto houvesse um equilíbrio bélico entre as duas potências, a paz estaria garantida. Mais uma vez a teoria de que apenas o poder limita o poder, ganhava força. Nesta época formaram-se dois blocos militares, cujo objetivo era defender os interesses militares dos países membros.

OTAN: Organização do Tratado do Atlântico Norte - Surge em abril de 1949, coincidência ou não, mesmo ano em que a URSS entra na era atômica, com o desenvolvimento de sua bomba. A OTAN, liderada pelos Estados Unidos, tinha suas bases nos países membros, principalmente na Europa Ocidental. O principal objetivo era defender os países sob a tutela militar do Ocidente. Alguns países membros: Estados Unidos, Canadá, Itália, Inglaterra, Alemanha Ocidental, França, Suécia, Espanha, Bélgica, Holanda, Dinamarca, Áustria e Grécia.

Pacto de Varsóvia: Criado em 1955, comandado pela União das Repúblicas Socialistas Soviéticas, e defendia militarmente os países socialistas. Alguns países membros: URSS, Cuba, China, Coreia do Norte, Romênia, Alemanha Oriental, Iugoslávia, Albânia, Tchecoslováquia e Polônia.

### 1.5.2 Corrida espacial

EUA e URSS travaram uma disputa gigantesca no que se refere aos avanços espaciais. Ambos corriam para tentar atingir objetivos significativos nessa área. Isso ocorria devido ao fato de haver uma disputa entre as potências, que objetivava mostrar ao mundo qual era o sistema mais avançado. Foi a verdadeira "*Star Wars*", na qual o espaço era realmente a fronteira final. Vida longa e próspera a todos!

De início, a vantagem foi Soviética: Em 1957 a URSS lançou o primeiro satélite artificial, o Sputnik, logo em seguida, ela envia o primeiro ser vivo ao espaço, a cadela Laika, e em 1961, Yuri Gagárin, torna-se o primeiro homem a subir ao espaço. É dele a famosa frase "A terra é azul", e aproveitando-se da crença comum de que os comunistas são ateus, ele diz "Estive no céu e não vi Deus".

No fim da década de 1960, porém, os Estados Unidos ultrapassam a URSS na corrida espacial, e em 1969 o mundo todo pode acompanhar pela televisão a chegada do homem a lua, com a missão espacial norte-americana e a nave Apolo 11.

*Aposentadoria aos 30 anos - Atlantis encerra programa espacial americano*

*"A missão de 12 dias do ônibus espacial Atlantis, que terminou em 20 de julho de 2011, marcou o fim do programa espacial dos Estados Unidos. Depois de 30 anos, 135 missões, da construção da Estação Espacial Internacional (ISS, na sigla em inglês) e de muitos avanços, os EUA anunciam que os equipamentos estão velhos, são caros demais e que agora farão parte do passado. A decisão deixa a Rússia como único país no mundo capaz de transportar astronautas ao espaço".*

(Gabriela Gervason para o www.revistaonline.com.br - Almanaque de Atualidades).

### 1.5.3 Os planos econômicos durante a guerra fria

Plano Marshall - conhecido oficialmente como Programa de Recuperação Europeia, foi um plano dos EUA para reconstrução dos países europeus aliados destruídos pela Segunda Guerra Mundial. O nome é uma homenagem ao Secretário de Estado dos Estados Unidos, George Marshall.

COMECON ou (*Council for Mutual Economic Assistance*, Conselho para Assistência Econômica Mútua) foi fundado em 1949, e era o equivalente soviético do Plano Marshall. O COMECON foi um plano de ajuda econômica mútua destinado aos países do Leste Europeu. Essa organização extinguiu-se em 1991.

### 1.5.4 Mundo bipolar

| Localização geopolítica | Ocidente | Oriente |
|---|---|---|
| Potência | Estados unidos | União soviética |
| Sistema econômico | Capitalismo | Socialismo |
| Pacto militar | Otan | Pacto de varsóvia |
| Ajuda econômica | Plano Marshall | Comecon |
| Agência de inteligência | Cia | Kgb |
| Símbolo armamentista | M-16 | Ak-47 |

109

# A IDADE CONTEMPORÂNEA E SEUS PRINCIPAIS ACONTECIMENTOS

## 1.6 Conflitos Durante a Guerra Fria

### 1.6.1 A revolução chinesa de 1949 - liderada por mao - tse tung

Durante o Governo de Mao (1949-1975 - com alguns intervalos) tivemos vários acontecimentos marcantes no contexto chinês, como por exemplo: nacionalização dos grandes meios de produção e a oficialização do PCC (Partido Comunista Chinês), em 1951 ocorreu a anexação do Tibete, entre 1953 - 1958, o Primeiro plano Quinquenal, em 1956 ruptura com a URSS, Revolução Cultural e em 1958 o Grande Salto (uma proposta de revitalização econômica).

Com a morte de Mao, em 1976, a China passa por transições políticas. Na década de 80, Deng Xiaoping inicia um processo de abertura econômica, introduzindo o que ficou conhecido como Socialismo de Mercado, uma vez que o Estado administrava as relações econômicas de produção. A economia se abriu para Investimentos privados estrangeiros, empresas privadas e a criação das ZEE Zonas Econômicas Especiais. Em 2001 a China foi aceita na OMC (Organização Mundial do Comércio). Vale lembrar que o regime político chinês continua sendo fechado e ditatorial. O que se abre na China é a sua economia. Uma amostra disso foi a Primavera de Pequim em 1989. Estudantes protestavam exigindo maiores transformações e liberdade. O governo reagiu e reprimiu o protesto.

A Revista Veja publicou em sua capa uma foto que ficou internacionalmente conhecida: a do jovem estudante que tenta deter um veículo militar.

### 1.6.2 Guerra da coreia - 1950 - 1953

Com a derrota japonesa na 2ª Guerra Mundial, a Coreia, país ocupado por tropas nipônicas desde 1910, passou a sofrer a ocupação de forças militares norte-americanas ao sul, e soviéticas ao norte. Os novos ocupantes do país estavam divididos pelo paralelo 38º, conforme já havia sido estabelecido durante a Conferência de Potsdam.

Mesmo sem a conivência da URSS, a ONU programou eleições nas "duas Coreias" em 1947. Mas, em 1948, foi fundada a República Democrática da Coreia (ou Coreia do Norte), ligada à União Soviética e a República da Coreia (ou Coreia do Sul), ligada à influência dos Estados Unidos.

Como era de se esperar, tanto Coreia do Norte, quanto Coreia do Sul tinham o interesse de dominar toda a região, anulando a divisão imposta pela ONU. Tendo o apoio do governo comunista chinês, os norte-coreanos atacaram a Coreia do Sul em 1950, violando o paralelo 38º.

De imediato, sob forte influência dos Estados Unidos, a ONU autorizou o envio de tropas de 15 nações, lideradas pelos norte-americanos.

Tropas que apoiavam a Coreia do Sul partem para o contra-ataque, aproximando-se inclusive da fronteira chinesa. Mas, diante da ofensiva chinesa, os combates se tornaram cada vez mais pesados, chegando a criar a hipótese do uso de armas nucleares.

Em 1953, foi proposta pelo governo dos Estados Unidos a assinatura do Armistício de Panmunjon, colocando fim ao conflito, mas deixando um povo dividido em duas nações e dois regimes distintos. A divisão continuou inalterada e o paralelo 38º era ainda a base da divisão.

Em 2011, a morte do ditador Kim Jong II suscitou especulações sobre o futuro da Coreia do Norte, uma das nações mais fechadas e militarizadas de todo o globo. O regime norte-coreano segue um modelo de ditadura, inspirada nos moldes stalinistas de governo. Isso se torna perceptível no culto aos dirigentes, o regime mantém-se fechado e extremamente militarizado. Quase dois milhões de pessoas morreram de fome nas décadas de 1990 e 2000.

Após a morte de Kim Jong II, seu filho, Kim Jong-Un foi elevado ao posto de líder supremo da nação e dá continuidade aos rumos do governo que seu pai e seu avô (Kim II Sung que governou a Coreia do Norte entre 1948 - 1994) estabeleceram.

### 1.6.3 Revolução cubana - 1959

Cuba conquista sua independência em relação à Espanha em 1898 com o apoio dos Estados Unidos, que passaram a ser os novos "conquistadores" do território Cubano. Essa nova dominação foi oficializada em 1901, através da imposição da Emenda Platt, por meio da qual os norte-americanos se reservavam o direito de instalar bases militares no país e de intervir militarmente toda vez que considerassem seus interesses ameaçados.

Em 1903, os Estados Unidos instalaram em Guantánamo uma base naval, presente até os dias de hoje.

Em 26 de julho de 1953, Fidel Castro tenta um golpe malogrado ao quartel de Moncada. A invasão fracassou por vários motivos, dentre eles a perda do elemento surpresa, que contribuiu para que os soldados armassem o contra-ataque e perseguissem os sobreviventes. Fidel foi preso, e na sua autodefesa proferiu a clássica frase: "Podem me condenar, a história me absolverá".

Em janeiro de 1959, quase dois anos depois de iniciada a guerrilha, Fidel e seus companheiros, conseguiram conquistar o poder, obrigando o então ditador Fulgêncio Batista a honrar seu primeiro nome e "fugir" do país.

A Revolução Cubana foi a primeira revolução vitoriosa no continente americano no séc. XX. Vale lembrar que num primeiro momento a Revolução tinha um caráter nacionalista, aliando-se a Moscou apenas quase três anos depois. Porém a postura estreita de Che, declaradamente marxista e de Raúl Castro (irmão de Fidel) que também professava abertamente sua convicção comunista, acabou aproximando os comunistas de Cuba, por trás das cortinas, muito antes de 1961.

Logo após assumir o poder de fato, algumas medidas radicais foram tomadas com objetivo de tentar recuperar anos de defasagem econômica e dependência das empresas estrangeiras. As principais medidas do novo governo foram:

▷ A reforma agrária com distribuição de terras a 200 mil famílias;
▷ Redução em 50% nos aluguéis, de 25% nos livros escolares e 30% das tarifas de eletricidade;
▷ Nacionalização de usinas, indústrias e refinarias.

Essas últimas ações acabam afetando os interesses norte-americanos na ilha. Os Estados Unidos então declaram o Embargo Econômico a Cuba (que dura até os dias de hoje).

Em 1962, ocorreu o momento mais tenso de toda a Guerra Fria, chamado de a "Crise dos Mísseis", quando o então presidente norte-americano, John Kennedy, bloqueou a ilha por mar, ameaçando invadi-la sob a alegação de que os soviéticos tinham ali instalado mísseis nucleares.

O conflito foi resolvido por meio de um acordo entre os EUA e a URSS que determinava a retirada dos mísseis soviéticos, em troca do compromisso de os norte-americanos não invadirem a ilha. Neste mesmo ano, Cuba foi expulsa da OEA (Organização dos Estados Americanos) sob a alegação de que estava exportando os ideais socialistas para todo o continente. Com isso, os EUA visavam isolar o governo de Fidel Castro. Entretanto, nas décadas seguintes, os países latino-americanos foram reatando pouco a pouco suas relações com Cuba. Mas o bloqueio dura até hoje.

Em 2006, a era Fidel chegava ao fim e seu irmão, Raul Castro, assumiu o poder. Essa transição se tornou mais evidente ainda em abril de 2011 durante o 6º Congresso do Partido Comunista de Cuba, quando Fidel Castro saiu oficialmente do poder e Raul Castro anunciou medidas para abertura da economia. Isso trouxe um certo ânimo às relações com os Estados Unidos. O presidente norte-americano, Barack Obama, disse que espera ver uma mudança real na ilha, para que o governo dos Estados Unidos possa normalizar suas relações com Havana, depois de mais de meio século de distanciamento.

## 1.6.4 Guerra do vietnã (1963-1975)

O atual Vietnã foi parte da Indochina, colônia francesa desde o final do século XVIII. Após a Segunda Guerra mundial temos o processo de descolonização da região, a partir de violenta luta envolvendo as tropas francesas e os guerrilheiros do Viet Minh (Liga para a Independência do Vietnã) ligada ao Partido Comunista, que por sua vez havia sido fundado em 1930 por Ho Chi Minh.

As primeiras lutas foram travadas pelo movimento guerrilheiro em 1941, durante a 2° Guerra contra o domínio japonês e manteve a luta contra a França quando essa, após o final da Grande Guerra, tentou recuperar seu domínio a partir dos bombardeios promovidos sobre a região norte do Vietnã. De 1946 a 1954, aconteceu a Guerra da Indochina, onde os norte vietnamitas, liderados pelo Viet Minh e com o apoio da China, derrotaram os Franceses, obrigando Paris a aceitar a independência.

Em 1954, a Conferência de Genebra reconheceu a independência do Laos, Camboja, e do Vietnã, dividido em dois pelo paralelo 17º. Ao norte formou-se a República Democrática do Vietnã, pró soviética e ao sul formou-se a República do Vietnã, pró-ocidental, determinando ainda que, em 1956, um plebiscito deveria acontecer para promover a unificação do país.

Em 1955, o primeiro-ministro Ngo Dinh Diem liderou um golpe militar que depôs a monarquia e organizou uma república ditatorial, que recebeu apoio norte-americano, executando principalmente uma política repressiva, desdobramento da Doutrina Truman que se preocupava em conter a expansão socialista.

A violenta política repressiva, associada aos gastos militares e à estagnação da economia, fez com que surgissem os movimentos de oposição, destacando-se a Frente de Liberação Nacional e seu braço armado, o exército vietcong. Dentro da proposta de contenção da expansão socialista, os Estados Unidos passam a interferir na guerra, que se prolonga até 1975.

Os Estados Unidos usaram armamento pesado contra a população vietnamita, incluindo bombas de Napalm. A saída dos EUA da guerra em 1973, fez com que o conflito seguisse de forma localizada, envolvendo as forças de resistência do Vietnã do Sul, que se mantiveram em luta até 1975, quando o governo de Saigon (Vietnã do Norte) rendeu-se.

## 1.6.5 Camboja - 1975

Em 1975, os comunistas do Khmer Vermelho, liderados por Pol Pot e apoiados pela China, tomaram o poder no país e estabeleceram uma ditadura de atuações grotescas, bárbaras e sem precedentes, mesmo para os moldes do comunismo. Na ditadura cambojana, milhares de pessoas morreram em campos de trabalhos forçados. Tais atrocidades só foram reveladas em 1979, quando tropas do Vietnã invadiram o país, dando início a um prolongado período de conflitos internos. Somente a partir de 1991, com a atuação da ONU, foi iniciada a reconstrução do país, apesar de ainda existirem grupos fiéis aos antigos membros do governo do Khmer Vermelho.

## 1.6.6 Guerra do golfo

Desde o começo do século, o Iraque reivindicava o território do Kuwait como província iraquiana. Protegido militarmente pela Grã-Bretanha, os governos do Kuwait evitaram as tentativas de invasões iraquianas. Devido a essa proteção ocidental, o Kuwait não contava com relações tão amistosas com seus vizinhos árabes.

Em 1988, agravaram-se os problemas entre Iraque e Kuwait tendo em vista a disputa por territórios de fronteira. Essa disputa provocou incursões militares do Iraque em território kuwaitiano e serviu para mostrar como era relativamente poderoso o exército iraquiano, que vinha sendo armado com modernos equipamentos bélicos.

Em 2 de agosto de 1990, as tensões entre os dois países finalmente explodiram. De forma relâmpago, o exército de Saddam Hussein invadiu e ocupou o Kuwait, apresentando várias razões de ordem econômica para justificar a invasão: o Kuwait era um dos principais credores da dívida externa do Iraque, além de ser uma região extremamente rica devido às suas reservas petrolíferas (a terceira do mundo, depois das da Arábia Saudita e da URSS).

A invasão iraquiana do Kuwait provocou reações de repúdio da maioria das nações ocidentais e foi tema de reunião extraordinária do Conselho de Segurança da ONU que, em princípio, aprovou sanções econômicas ao Iraque para obrigá-lo a retirar-se do território ocupado. Entretanto, como o bloqueio econômico não surtiu o efeito esperado, o Conselho de Segurança autorizou a formação de uma aliança internacional para exigir a desocupação do Kuwait mediante o uso da força militar.

Liderada pelos Estados Unidos, uma poderosa coligação militar internacional foi enviada ao golfo Pérsico e, em 17 de janeiro de 1991, iniciou o maciço bombardeio a Bagdá (capital do Iraque). Essa operação militar, conhecida como "Tempestade no Deserto", tinha como finalidades:

# A IDADE CONTEMPORÂNEA E SEUS PRINCIPAIS ACONTECIMENTOS

▷ Libertar o Kuwait da ocupação iraquiana;
▷ Destruir a força militar do Iraque, que possuía, inclusive, armas químicas;
▷ Exibir ao mundo a moderna tecnologia militar das grandes potências capitalistas (Estados Unidos, Inglaterra e França).

Durante o curto período da guerra, o mundo assistiu pela televisão às batalhas com os sofisticados equipamentos bélicos da coligação militar internacional. O Iraque foi quase inteiramente destruído e seu exército esfacelado. Entretanto, grande parte das riquezas kuwaitianas foram saqueadas e os valiosos campos de petróleo foram minados e incendiados pelo exército invasor.

A Guerra do Iraque terminou em 27 de fevereiro de 1991. Embora humilhado pela derrota, Saddam Hussein permaneceu à frente do governo em seu país.

Aproveitando-se do colapso político-econômico do Iraque, grupos étnicos de oposição ao governo de Saddam (xiitas, ao sul, e curdos, ao norte) lançaram-se à guerra civil. Mesmo com sua máquina militar semidestruída, Saddam Hussein enfrentou os revoltosos, mantendo-se no controle político do país.

Em janeiro de 2002, o presidente dos Estados Unidos classifica o Irã, o Iraque e a Coreia do Norte como formadores do "Eixo do Mal", que ameaçam a paz mundial por serem os patrocinadores do terrorismo internacional e, junto com o Reino Unido, acusam Saddam Hussein de acumular armas de destruição em massa. O governo de George W. Bush começa os preparativos para a guerra e as autoridades iraquianas negam as acusações e aceitam a volta das inspeções de armas da ONU.

A Guerra no Iraque se inicia em março de 2003 com bombardeios à cidade de Bagdá e Saddam Hussein é deposto em abril de 2003. O governo de Bush oferece uma recompensa de 25 milhões de dólares por qualquer notícia que leve à captura de Saddam Hussein.

É formado pelos vitoriosos um Conselho de Governo composto por diferentes grupos religiosos e étnicos e em 21 de agosto de 2003 o responsável pela reorganização de um novo governo no Iraque, o brasileiro Sérgio Vieira de Mello, é morto junto com 22 pessoas num atentado com um caminhão-bomba no quartel-general da ONU em Bagdá.

Em dezembro de 2003, Saddam é capturado por tropas americanas em Tikrit, no norte do Iraque.

Em abril de 2004, são divulgadas fotos de abusos cometidos por soldados americanos contra presos iraquianos na prisão de Abu Ghraib que provocam grande comoção mundial.

O Conselho de Governo assina uma Constituição provisória em março de 2004 e o inspetor de armas dos Estados Unidos no Iraque, Charles Duelfer, conclui seu relatório em outubro de 2004 afirmando que as armas de destruição em massa do país haviam sido eliminadas há mais de 10 anos.

No início de 2006, apesar da realização de eleições democráticas, os conflitos e atentados à bomba por terroristas continuam sendo uma rotina dentro dos territórios iraquianos. Os Estados Unidos preparam-se para, dentro dos próximos meses, devolver definitivamente o controle do Estado iraquiano ao governo democraticamente constituído. Saddam Hussein foi condenado e enforcado em fins de 2006 e as imagens do enforcamento percorreram o mundo por meio da internet.

## 1.6.7 Europa ocidental

No período do pós-guerra, os países da Europa ocidental participaram de uma estratégia de desenvolvimento socioeconômico capitalista, liderada pelos Estados Unidos.

Embora se fortalecessem, disputando eleições e participando do poder, os partidos de esquerda (socialistas e comunistas) da Europa ocidental orientaram-se no sentido de corrigir as principais injustiças do capitalismo, e não desmontar o sistema como um todo.

Assim, sem destruir o capitalismo, esses partidos de esquerda influíram na construção de Estados europeus voltados para o bem-estar social. As medidas adotadas melhoraram as condições de vida dos trabalhadores em aspectos como a elevação dos salários, a segurança no emprego, a habitação, os transportes, a assistência médica e educacional etc.

Além da ajuda econômica norte-americana efetivada pelo Plano Marshall, muito contribuiu para a recuperação da Europa ocidental a progressiva superação das diversidades regionais europeias. Isso se deu com a criação de organismos de integração econômica supranacionais. Dentre as principais etapas da política de integração europeia, destacam-se:

Em 1944, Bélgica, Holanda e Luxemburgo uniram-se para a criação do Benelux, visando o estímulo do comércio e a eliminação das barreiras alfandegárias.

Em 1951, foi criada a Comunidade Europeia do Carvão e do Aço (Ceca), com a participação de França, Alemanha Ocidental, Bélgica, Luxemburgo e Holanda.

Em 1957, surgiu o Mercado Comum Europeu (MCE), que também é conhecido como Comunidade Econômica Europeia (CEE). Seu objetivo básico era promover entre os países-membros a integração alfandegária, a livre circulação de capitais e a progressiva uniformização de uma política trabalhista e fiscal. No princípio pertenciam ao Mercado Comum Europeu seis países: França, Alemanha Ocidental, Itália, Holanda, Luxemburgo e Bélgica. Posteriormente, foram admitidos: Irlanda, Grã-Bretanha, Dinamarca, Espanha, Grécia, Portugal, Áustria, Finlândia e Suécia.

Em 1992, consolidando a CEE e ampliando seus objetivos, foi criada a União Europeia (UE) por meio do Tratado de Maastrich. Os objetivos são: união econômica, mediante a criação de uma moeda europeia única e a adoção de políticas econômicas comuns a todos os membros; união política, mediante a criação de uma cidadania europeia para o cidadão cujo país pertença à UE, e a adoção de uma política exterior e de segurança comum.

Com o fim da URSS (1991), países do leste europeu têm solicitado seu ingresso na União Europeia (Hungria, Polônia, República Tcheca, Eslováquia etc.). A integração desses países ainda depende de ajustes de suas instituições político-econômicas aos padrões da UE.

Esses fatos mostram que a União Europeia, um dos mais ricos espaços econômicos do mundo, tem grande força política; é em torno dela que se organiza o continente europeu.

**CONHECIMENTOS GERAIS**

# 2 GLOBALIZAÇÃO, NEOLIBERALISMOS, A QUESTÃO AMBIENTAL E A SOCIEDADE DO CONHECIMENTO

## 2.1 As Teorias Econômicas e a Consolidação do Capitalismo no Século XX

### 2.1.1 Teorias econômicas

Dentro do Capitalismo Industrial, algumas ideias surgem para ampliar a capacidade de produção e lucro. Nesse contexto é que se desenvolvem as Teorias Econômicas (Liberalismo, Keynesianismo, Neoliberalismo) e as Teorias ou Sistemas Produtivos (Taylorismo, Fordismo, Toyotismo).

### Liberalismo

Pensamento que ganha força no séc. XVIII e é caracterizado por contestar a economia mercantilista.

O individualismo metodológico ensina que os indivíduos constituem a unidade básica de compreensão, juízo e ação na realidade. O individualismo jurídico significa que as relações de direitos e deveres têm como agente as pessoas humanas. Coletividades não podem possuir direitos ou deveres a não ser pela coincidência desses com os indivíduos que as compõem.

A propriedade privada é a instituição jurídica que reconhece a exclusividade de uso de um bem material pelo seu possuidor.

Governo limitado é a consequência da redução do poder político. Para os liberais, todo poder coercitivo deve ser justificado, sendo a liberdade humana uma presunção universal.

Por ordem espontânea compreende-se o conjunto de instituições que são criadas pela ação humana sem a premeditação humana. A linguagem e o mercado são exemplos de ordem que emergem da sociedade independente do controle de um indivíduo ou de um grupo. Grandes contribuições foram feitas sobre a teoria de ordem espontânea pelo economista Friederich Hayek.

Estado de direito é a aplicação política da igualdade perante a lei. As leis pairam igualmente acima de todos os grupos da sociedade, independente de cor, sexo ou cargo político. Não deve, portanto, representar determinado arbítrio, mas ser objetivamente imparcial.

Livre mercado é o conjunto de interações humanas sobre os recursos escassos sem ser restrito pela imposição política de interesses particulares. Difere-se, assim, de sistemas protecionistas ou mercantilistas. Enquanto explicava o funcionamento do mercado, a economia clássica de Adam Smith, David Ricardo, Anne Robert, Jacques Turgot e Jean-Baptiste Say também se caracterizava pela oposição às formas de restrições ao comércio.

O Liberalismo começou a se fortalecer em meados do século XIX, após as décadas de 1830-1840, teve sua maior representação na França. Juntou-se mais tarde à ideia no Nacionalismo, onde foi usado como pilar da Unificação da Alemanha (1864-1870 - Otto von Bismarck) e a Unificação da Itália (1848 - Mazzini e Garibaldi).

Em síntese, o LIBERALISMO tem como característica:
- Crítica ao mercantilismo;
- Autonomia moral e econômica da sociedade civil;
- Diminuição do papel do Estado (governo limitado);
- Propriedade Privada;
- Livre Mercado;
- Estado de Direito;
- Individualismo Metodológico;
- Ordem espontânea;

- **Principal obra:** A Riqueza das Nações.

### Taylorismo

Também conhecido como Administração Científica, o Taylorismo é um sistema de organização industrial criado pelo engenheiro mecânico e economista norte-americano Frederick Winslow Taylor, no final do século XIX. A principal característica deste sistema é a organização e divisão de tarefas dentro de uma empresa com o objetivo de obter o máximo de rendimento e eficiência com o mínimo de tempo e atividade.

Principais características e objetivos do Taylorismo:
- Divisão das tarefas de trabalho dentro de uma empresa;
- Especialização do trabalhador;
- Treinamento e preparação dos trabalhadores de acordo com as aptidões apresentadas;
- Análise dos processos produtivos dentro de uma empresa como objetivo de otimização do trabalho;
- Adoção de métodos para diminuir a fadiga e os problemas de saúde dos trabalhadores;
- Implantação de melhorias nas condições e ambientes de trabalho;
- Uso de métodos padronizados para reduzir custos e aumentar a produtividade;
- Criação de sistemas de incentivos e recompensas salariais para motivar os trabalhadores e aumentar a produtividade;
- Uso de supervisão humana especializada para controlar o processo produtivo;
- Disciplina na distribuição de atribuições e responsabilidades;
- Uso apenas de métodos de trabalho que já foram testados e planejados para eliminar o improviso.

### Fordismo

A melhor maneira de definir o Fordismo é entender que ele foi uma aplicação prática do Taylorismo. Funciona assim, Taylor pensa, mas é Ford que aplica. Isso mesmo, Ford ganhou dinheiro com a ideia de Taylor.

Um sistema de produção, criado pelo empresário norte-americano Henry Ford, cuja principal característica é a FABRICAÇÃO EM MASSA, baseado numa linha de montagem.

#### Objetivo do sistema

O objetivo principal deste sistema era reduzir ao máximo os custos de produção e assim baratear o produto, podendo vender para o maior número possível de consumidores. Desta forma, dentro deste sistema de produção, uma esteira rolante conduzia o produto, no caso da Ford os automóveis, e cada funcionário executava uma pequena etapa. Logo, os funcionários não precisavam sair do seu local de trabalho, resultando numa maior velocidade de produção. Também não era necessária utilização de mão de obra muito capacitada, pois cada trabalhador executava apenas uma pequena tarefa dentro de sua etapa de produção.

O fordismo foi o sistema de produção que mais se desenvolveu no século XX, sendo responsável pela produção em massa de mercadorias das mais diversas espécies.

#### Declínio do fordismo

Na década de 1980, o fordismo entrou em declínio com o surgimento de um novo sistema de produção mais eficiente. O Toyotismo, surgido no Japão, seguia um sistema enxuto de produção, aumentando a produção, reduzindo custos e garantindo melhor qualidade e eficiência no sistema produtivo.

#### Fordismo para os trabalhadores

Enquanto para os empresários o fordismo foi muito positivo, para os trabalhadores ele gerou alguns problemas como, por exemplo, trabalho repetitivo e desgastante, além da falta de visão geral sobre todas as etapas de produção e baixa qualificação profissional. O sistema também se baseava no pagamento de baixos salários como forma de reduzir custos de produção.

113

# GLOBALIZAÇÃO, NEOLIBERALISMOS, A QUESTÃO AMBIENTAL E A SOCIEDADE DO CONHECIMENTO

**Fique ligado**

Um filme interessante que aborda o fordismo é "Tempos Modernos", produzido e estrelado por Charles Chaplin. O filme faz uma crítica ao sistema de produção em série, além de mostrar a combalida economia norte-americana após a crise econômica de 1929. Eu sei que é quase um clichê dos professores de História ou Sociologia citar esse filme, mas acreditem, ele é o melhor filme para que você possa entender o mecanismo Fordista e a proposta Taylorista.

## A Crise de 1929 – O Colapso do Capitalismo

A Crise de 1929 foi o momento da maior tensão econômica dentro do mundo capitalista, na primeira metade do séc. XX. O modelo norte-americano, bem como toda a sua produção foi atacada por essa crise que só não atingiu a U.R.S.S. (União das Repúblicas Socialistas Soviéticas) pelo fato de que a economia socialista era planificada e não estava diretamente integrada ao capitalismo mundial. A seguir poderemos entender o contexto da crise e o momento em que o LIBERALISMO precisou ser revisto.

No início do século XX, os Estados Unidos viviam o seu período de prosperidade e de pleno desenvolvimento, até que a partir de 1925, apesar de toda a euforia, a economia norte-americana começou a passar por sérias dificuldades. Podemos identificar dois motivos que acarretaram a crise:

- O aumento da produção não acompanhou o aumento dos salários. Além de a mecanização ter gerado muito desemprego.
- A recuperação dos países europeus, logo após a 1ª Guerra Mundial. Esses eram potenciais compradores dos Estados Unidos, porém reduziram isso drasticamente devido à recuperação de suas economias.
- Excesso de produção (industrial e agrária), queda no consumo.

Diante da contínua produção, gerada pela euforia norte-americana, e a falta de consumidores, houve uma crise de superprodução. Os agricultores, para armazenar os cereais, pegavam empréstimos, e logo após, perdiam suas terras. As indústrias foram forçadas a diminuir a sua produção e demitir funcionários, agravando mais ainda a crise.

A crise naturalmente chegou ao mercado de ações. Os preços dos papéis na Bolsa de Nova York, um dos maiores centros capitalistas da época, despencaram, ocasionando o crash (quebra). Com isso, milhares de bancos, indústrias e empresas rurais foram à falência e pelo menos 12 milhões de norte-americanos perderam o emprego.

Abalados pela crise, os Estados Unidos reduziram a compra de produtos estrangeiros e suspenderam os empréstimos a outros países, ocasionando uma crise mundial. Um exemplo disso é o Brasil, que tinha os Estados Unidos como principal comprador de café. Com a crise, o preço do café despencou e houve uma superprodução, gerando milhares de desempregados no Brasil.

Para solucionar a crise, o eleito presidente Franklin Roosevelt, propôs mudar a política de intervenção americana. Se antes, o Estado não interferia na economia, deixando tudo agir conforme o mercado, agora passaria a intervir fortemente. O resultado disso foi a criação de grandes obras de infraestrutura, salário-desemprego e assistência aos trabalhadores, concessão de empréstimos etc. Com isso, os Estados Unidos conseguiram retomar seu crescimento econômico, de forma gradual, tentando esquecer a crise que abalou o mundo. Esse plano econômico ficou conhecido como NEW DEAL, e a teoria que expressa muito bem essa intenção é chamada de KEYNESIANISMO.

## Keynesianismo

Conjunto de ideias que propunham a intervenção estatal na vida econômica com o objetivo de conduzir a um regime de pleno emprego. As teorias de John Maynard Keynes tiveram enorme influência na renovação das teorias clássicas e na reformulação da política de livre mercado. Acreditava que a economia seguiria o caminho do pleno emprego, sendo o desemprego uma situação temporária que desapareceria graças às forças do mercado.

O objetivo do keynesianismo era manter o crescimento da demanda em paridade com o aumento da capacidade produtiva da economia, de forma suficiente para garantir o pleno emprego, mas sem excesso, pois isso provocaria um aumento da inflação. Na década de 1970 o keynesianismo sofreu severas críticas por parte de uma nova doutrina econômica: o monetarismo. Em quase todos os países industrializados o pleno emprego e o nível de vida crescente alcançados nos 25 anos posteriores à II Guerra Mundial foram seguidos pela inflação.

Os keynesianos admitiram que seria difícil conciliar o pleno emprego e o controle da inflação, considerando, sobretudo, as negociações dos sindicatos com os empresários por aumentos salariais. Por esta razão, foram tomadas medidas que evitassem o crescimento dos salários e preços, mas a partir da década de 1960 os índices de inflação foram acelerados de forma alarmante.

A partir do final da década de 1970, os economistas têm adotado argumentos monetaristas em detrimento daqueles propostos pela doutrina keynesiana; mas as recessões, em escala mundial, das décadas de 1980 e 1990 refletem os postulados da política econômica de John Maynard Keynes.

## Toyotismo

Toyotismo é um sistema de organização voltado para a produção de mercadorias. Criado no Japão, após a Segunda Guerra Mundial, pelo engenheiro japonês Taiichi Ohno, o sistema foi aplicado na fábrica da Toyota (origem do nome do sistema). O Toyotismo espalhou-se a partir da década de 1960 por várias regiões do mundo e até hoje é aplicado em muitas empresas.

Principais características do Toyotismo:

- Mão-de-obra multifuncional e bem qualificada. Os trabalhadores são educados, treinados e qualificados para conhecer todos os processos de produção, podendo atuar em várias áreas do sistema produtivo da empresa.
- Sistema flexível de mecanização, voltado para a produção somente do necessário, evitando ao máximo o excedente. A produção deve ser ajustada à demanda do mercado.
- Uso de controle visual em todas as etapas de produção como forma de acompanhar e controlar o processo produtivo.
- Implantação do sistema de qualidade total em todas as etapas de produção. Além da alta qualidade dos produtos, busca-se evitar ao máximo o desperdício de matérias-primas e tempo.
- Aplicação do sistema *Just in Time*, ou seja, produzir somente o necessário, no tempo necessário e na quantidade necessária.
- Uso de pesquisas de mercado para adaptar os produtos às exigências dos clientes.

## Neoliberalismo

O que se convencionou chamar de Neoliberalismo é uma prática político-econômica baseada nas ideias dos pensadores monetaristas (representados principalmente por Milton Friedman, dos EUA, e Friedrich August Von Hayek, da Grã-Bretanha).

Após a crise do petróleo de 1973, eles começaram a defender a ideia de que o governo já não podia mais manter os pesados investimentos que havia realizado após a 2ª Guerra Mundial, pois agora tinha déficits públicos, balanças comerciais negativas e inflação. Defendiam, portanto, uma redução da ação do Estado na economia.

Essas teorias ganharam força depois que os conservadores foram vitoriosos nas eleições de 1979 no Reino Unido (ungindo Margareth Thatcher como primeira ministra) e, de 1980, nos Estados Unidos (eleição de Ronald Reagan para a presidência daquele país). Desde então o Estado passou apenas a preservar a ordem política e econômica, deixando as empresas privadas livres para investirem como quisessem. Além disso, os Estados passaram a desregulamentar e a privatizar inúmeras atividades econômicas antes controladas por eles.

# CONHECIMENTOS GERAIS

Características do NEOLIBERALISMO:
- Mínima participação estatal nos rumos da economia de um país;
- Pouca intervenção do governo no mercado de trabalho;
- Política de privatização de empresas estatais;
- Livre circulação de capitais internacionais e ênfase na globalização;
- Abertura da economia para a entrada de multinacionais;
- Adoção de medidas contra o protecionismo econômico;
- **Desburocratização do estado:** leis e regras econômicas mais simplificadas para facilitar o funcionamento das atividades econômicas;
- Diminuição do tamanho do estado, tornando-o mais eficiente;
- Posição contrária aos impostos e tributos excessivos;
- Aumento da produção, como objetivo básico para atingir o desenvolvimento econômico;
- Contra o controle de preços dos produtos e serviços por parte do estado, ou seja, a lei da oferta e demanda é suficiente para regular os preços;
- A base da economia deve ser formada por empresas privadas;
- Defesa dos princípios econômicos do capitalismo.

Principais órgãos de defesa das ideias e práticas do neoliberalismo:
- FMI - Fundo Monetário Internacional
- BIRD - Banco Internacional de Reconstrução e Desenvolvimento
- OMC - Organização Mundial do Comércio

## Socialismo de mercado

Conceito utilizado pela China para definir seu sistema econômico em processo de transição de uma economia planificada (típica dos modelos socialistas) para uma economia de mercado.

Características econômicas:
- **Planejamento econômico:** o governo centraliza todo o planejamento dos investimentos e da regulação do mercado, permitindo a livre-iniciativa privada em áreas que considera relevante. Muito semelhante ao modelo desenvolvimentista no capitalismo politicamente orientado.
- **Propriedade dos meios de produção:** o governo continua sendo o maior proprietário de empresas, fábricas e indústrias consideradas estratégicas, embora na maior parte dos casos como acionista majoritário e não mais como único proprietário (propriedade estatal típica). A propriedade da terra continua sendo prerrogativa do Estado, que cede legalmente seu uso aos camponeses (impedindo que estes vendam estas propriedades). O sistema financeiro continua sendo controlado diretamente pelo Estado, que é acionista importante, muitas vezes majoritário, da maior parte dos bancos e instituições financeiras.

## 2.2 Nova Ordem Mundial

### 2.2.1 Globalização

A integração da economia em caráter global após o fim da Guerra Fria. A Globalização, porém, transcende os fenômenos meramente econômicos, e deve ser entendida também em suas dimensões políticas, ecológicas e culturais. Ela é oriunda de evoluções ocorridas, principalmente, nos meios de transportes e nas telecomunicações, fazendo com que o mundo "encurtasse" as distâncias.

O processo de globalização surgiu para atender ao capitalismo, e principalmente os países desenvolvidos; de modo que os mesmos pudessem buscar novos mercados, tendo em vista que o consumo interno se encontrava saturado.

A globalização é a fase mais avançada do capitalismo. Com o declínio do socialismo, o sistema capitalista se tornou predominante no mundo. A consolidação do capitalismo iniciou a era da globalização, principalmente, econômica e comercial.

A integração mundial decorrente do processo de globalização ocorreu em razão de dois fatores: as inovações tecnológicas e o incremento no fluxo comercial mundial.

As inovações tecnológicas, principalmente nas telecomunicações e na informática, promoveram o processo de globalização. A partir da rede de telecomunicação (telefonia fixa e móvel, internet, televisão, aparelho de fax, entre outros) foi possível a difusão de informações entre as empresas e instituições financeiras, ligando os mercados do mundo.

O incremento no fluxo comercial mundial tem como principal fator a modernização dos transportes, especialmente o marítimo, pelo qual ocorre grande parte das transações comerciais (importação e exportação). O transporte marítimo possui uma elevada capacidade de carga, que permite também a mundialização das mercadorias, ou seja, um mesmo produto é encontrado em diferentes pontos do planeta.

O processo de globalização estreitou as relações comerciais entre os países e as empresas. As multinacionais ou transnacionais contribuíram para a efetivação do processo de globalização, tendo em vista que essas empresas desenvolvem atividades em diferentes territórios.

A Globalização também é marcada por uma nova ordem que se estabelece, e é caracterizada pela multipolaridade, com existência de grandes blocos econômicos.

### Blocos econômicos:

ALCA - A Área de Livre Comércio das Américas (Alca),

APEC - A Cooperação Econômica da Ásia e do Pacífico (Apec),

ASEAN - A Associação das Nações do Sudeste Asiático (Asean),

CARICOM - O Mercado Comum e Comunidade do Caribe (Caricom),

CEI - A Comunidade dos Estados Independentes (CEI),

Mercosul - Criado em 1991, o Mercado Comum do Sul (Mercosul).

Nafta - O Acordo de Livre Comércio da América do Norte (Nafta).

Pacto Andino - Bloco econômico instituído em 1969 pelo Acordo de Cartagena,

União Europeia - Originada da CEE, a UE é o segundo maior bloco econômico do mundo em termos de PIB: 8 trilhões de dólares. Formado por 15 países da Europa Ocidental, conta com população de 374 milhões. Em 1992 é consolidado o Mercado Comum Europeu, com a eliminação das barreiras alfandegárias entre os países-membros. Aprovado em 1991, em Maastricht (Holanda), o Tratado da União Europeia entra em vigor em 1993.

> É composto de dois outros - o da União Política e o da União Monetária e Econômica, que estabelece a criação de uma moeda única. Há cinco pré-requisitos para que os países sejam admitidos na União Monetária e Econômica: déficit público máximo de 3% do PIB; inflação baixa e controlada; dívida pública de no máximo 60% do PIB; moeda estável, dentro da banda de flutuação do Mecanismo Europeu de Câmbio; e taxa de juro de longo prazo controlada. No âmbito social são definidos quatro direitos básicos dos cidadãos da UE: livre circulação, assistência previdenciária, igualdade entre homens e mulheres e melhores condições de trabalho. O EURO, moeda comum dos países da U.E., começou a ser utilizado como moeda de referência em janeiro de 1999, e a circular normalmente em janeiro de 2002.

### Consequências da globalização

#### O crescimento sem emprego

Uma das características mais paradoxais da globalização atual é que, longe de levar ao aumento das oportunidades de emprego, apoia-se pelo contrário, na redução dos efetivos tanto no setor privado como no setor público.

O emprego diminuiu em cerca de 15 % nos setores que não foram atingidos pelo livre comércio-câmbio, em comparação a uma redução de 8 % nos setores que o foram. De fato, o Acordo apenas contribuiu

# GLOBALIZAÇÃO, NEOLIBERALISMOS, A QUESTÃO AMBIENTAL E A SOCIEDADE DO CONHECIMENTO

para desacelerar a queda do emprego no setor manufatureiro. De maneira mais significativa, Quebec conheceu taxas de desemprego particularmente elevadas nos últimos doze anos (mais de 11 %), chegando a 9,9 % no final de 1998.

A deterioração da conjuntura revela-se também no aumento do número de pessoas que se beneficiam de auxílio social (595.000 em 1991 e 793.000 em 1997), no limite máximo de assalariados (2,7 milhões) e na diminuição importante da sindicalização (de 48,5 % em 1991 a 40,3 % em 1997). Estes fatores explicam porque os postos de emprego são criados principalmente nos setores sem força política, pois são empregos precários.

### O empobrecimento

Assistimos atualmente à expansão de um duplo fenômeno: o aumento das diferenças entre países pobres e países ricos por um lado, e o aumento das diferenças entre ricos e pobres em todos os países que não preveem medidas específicas para lutar contra os efeitos do empobrecimento, por outro lado.

Também assistimos ao surgimento de um fenômeno novo: o aumento da pobreza absoluta que tem até sexo, pois são principalmente as mulheres as primeiras vítimas, tanto nas sociedades industrializadas como nas sociedades tradicionais.

### As crises financeiras

A crise asiática e a que ameaça a América Latina são causadas diretamente por uma característica específica da globalização, que se identifica em geral como sendo a globalização dos mercados e, em particular, como a globalização dos mercados financeiros e especulativos.

Esta crise foi provocada a partir de 1997 pelas grandes retiradas de capitais efetuadas pelos investidores privados internacionais à procura de melhores rendimentos, mas nervosos, com medo das situações duvidosas. O desmantelamento dos diferentes controles nacionais sobre os movimentos internacionais de capitais, realizado sob pressão do Fundo Monetário Internacional (FMI) e a favor de tratados como o ALENA, é um fator que contribuiu para a instabilidade criada pelos fluxos maciços de capitais.

Fingindo não ver a corrupção e a repressão de muitos "dragões" da Ásia, o FMI apresentava estes países como modelos. Hoje, o mesmo FMI obriga estes países a aplicar políticas draconianas de austeridade, provocando deste modo o surgimento de milhões de desempregados e a queda dramática do padrão da vida da população. No caso da Indonésia, que tem quase 200 milhões de habitantes com um rendimento anual de apenas 980 milhões de US$ por habitante, a atividade econômica diminuiu em 15,5 % em 2009.

A crise asiática de 2006 foi seguida pela da Rússia em 2007 e pela do Brasil e de outros países da América Latina em 2008. Para cada caso, a receita ditada pelo FMI e pelas instituições financeiras privadas era a mesma: privatização dos serviços públicos, redução importante dos orçamentos sociais, majoração das taxas de juros, redução dos salários efetivos.

A aplicação destas políticas resultou fatalmente numa explosão de desemprego, de miséria e de tensões sociais. Reagindo a esta situação, organizações progressistas nos vários continentes exigem uma reformulação das instituições financeiras internacionais (entre as quais o FMI), e a aplicação de controles nacionais sobre os fluxos internacionais de capitais além da criação de um imposto mundial sobre as transações financeiras internacionais (mais conhecido como a taxa Tobin).

### A deterioração do meio ambiente

Em consequência da desregulamentação dos mercados e do compromisso entre os governos de atrair a qualquer preço o investimento estrangeiro, assistimos atualmente a uma super exploração das riquezas naturais renováveis e não renováveis, assim como a uma forte deterioração do meio ambiente.

A globalização dos mercados tem consequências importantes sobre o meio ambiente. O comércio internacional causa necessariamente efeitos nefastos para o meio ambiente como a super exploração dos recursos naturais renováveis e não renováveis, o aumento de todo tipo de resíduos, a perda da biodiversidade e um aumento do consumo energético devido ao sistema de transporte a longas distâncias levando bens e mercadorias. Os efeitos sobre o meio ambiente serão acentuados com as iniciativas visando a liberar ainda mais o comércio internacional.

Por outro lado, o quadro atual no que diz respeito ao comércio e aos investimentos internacionais não inclui os custos ambientais na regulamentação do comércio internacional. São custos ignorados (não incluídos nos custos de produção) por ação das empresas e dos Estados, que consideram o fato como uma vantagem competitiva. Disso resulta uma corrida dos Estados para desregulamentar tudo o que se refira ao meio ambiente, caracterizando uma maior tolerância (até mesmo indiferença) quanto à aplicação das normas e dos mecanismos de controle ambientais ainda existentes. As consequências sobre o meio ambiente provocam fatalmente uma crescente deterioração no nosso patrimônio natural causada pela super exploração e pelo aumento da poluição que finalmente se refletem na perda de espaços naturais e na ameaça direta à saúde e à subsistência das gerações humanas atuais e futuras.

A exteriorização dos custos ambientais, muitas vezes chamada "*dumping* ambiental" na realidade se constitui num subsídio disfarçado à produção e é portanto, um fracasso tanto sob o ponto de vista do livre comércio internacional como do desenvolvimento durável.

Uma regulamentação mais aprimorada do comércio e dos investimentos internacionais tem a possibilidade de atenuar e de compensar alguns dos efeitos inevitáveis sobre o meio ambiente, evitar outros e até mesmo ter efeitos positivos. No entanto, nenhum resultado substancial será obtido se a proteção ao meio ambiente não se tornar uma questão primordial nos acordos internacionais sobre o comércio e os investimentos, o que implicaria:

- Reconhecimento da preponderância dos acordos ambientais multilaterais (AEM) sobre os acordos de comércio e de investimento, assim como os limites ambientais ao crescimento econômico;
- Incorporação de mecanismos de proteção ao meio ambiente diretamente nos acordos de comércio e de investimento, e não só nos acordos paralelos;
- Adoção de normas ambientais mínimas a nível internacional, que determinem também os procedimentos e os métodos de produção, e não só os produtos;
- Reconhecimento de uma dívida ecológica para com alguns países e regiões, e disponibilização de recursos para garantir a transferência de bens, serviços e tecnologias ambientais e a aplicação efetiva das legislações ambientais nacionais e internacionais em todos os países, em particular os mais desfavorecidos;
- Portanto a globalização dos mercados deve passar tanto por uma justificativa ambiental e social como por uma justificativa econômica. Para isso, é preciso entre outras coisas, que se estabeleça uma forma de consulta direta e democrática aos cidadãos e aos organismos da sociedade civil, para os quais seriam apresentadas estas justificativas para avaliação e análise. Seria uma consulta a ser feita antes de dar continuidade ao processo de globalização dos mercados e o procedimento seria repetido então em cada processo de decisão, tornando-o transparente.

# CONHECIMENTOS GERAIS

# 3 O PERÍODO JOANINO E A INDEPENDÊNCIA

## 3.1 Família Real no Brasil

Dom João, acompanhado de 15 mil pessoas, em novembro de 1807, deixou Portugal em navios ingleses.

Em 22 de janeiro de 1808, A Família Real e sua comitiva chegaram à Bahia, deslocando-se para o Rio de Janeiro, a capital do Brasil, em março de 1808.

> **Fique ligado**
> A presença da corte portuguesa alterou profundamente a vida político-econômica e o cotidiano do Brasil Colônia.

O Brasil passa a ser sede do governo português e em 28 de janeiro, aconselhado por José da Silva Lisboa, Dom João proclamou a Abertura dos Portos a todas as nações amigas. Findava-se dessa forma o pacto colonial.

Para a Inglaterra esse ato representava uma saída para o Bloqueio Continental.

Outras medidas: revogação do Alvará de 1785, que proibia a instalação de manufaturas no Brasil e a assinatura de Acordos de Aliança e Amizade e de Comércio e Navegação com a Inglaterra, além da criação do Banco do Brasil.

### 3.1.1 Tratados

Para os produtos ingleses pagava-se uma taxa de importação de 15%, enquanto para os produtos oriundos de Portugal essa taxa elevava-se a 16% e para os de outras nações pulava para 24%, o que contribuiu para sufocar o surto industrial brasileiro iniciado com a revogação do Alvará de 1785. Outra cláusula firmada entre as duas nações, era a da abolição do tráfico de escravos africanos por Portugal, o que afetava a economia brasileira, cuja produção estava assentada na mão de obra escrava.

> **Fique ligado**
> Os acordos assinados em 1810 concediam aos ingleses tarifas alfandegárias preferenciais.

### As principais medidas de d. João vi no brasil e a modernização do brasil

A inversão brasileira, consistiu na implantação de todos os órgãos do Estado português no Brasil.

Foram criados a Biblioteca Real, a Academia de Belas-Artes, a Imprensa Régia, o Teatro Real de São João, a Academia Militar, o Jardim Botânico.

### Política joanina

Política externa de dom João no Brasil – a anexação ao Brasil da Guiana Francesa, em 1809, como resposta à invasão de Portugal, e a invasão em 1816 e incorporação em 1821 do Uruguai, como Província da Cisplatina.

As artes plásticas brasileiras moldadas segundo os modelos europeus, principalmente franceses, devido à vinda de uma missão artística francesa, em 1816, a convite de dom João.

### Arte no brasil no século xix

Com a chegada da "Missão Francesa" em 1816, liderada por Lebreton, inicia-se, no Brasil, o período neoclássico. Temos entre os principais artistas os pintores Debret e Taunay e o arquiteto Gradjean de Montigny, responsável por projetar a Academia Imperial de Belas Artes em 1826.

> **Fique ligado**
> Debret foi um dos mais importantes "retratistas" do cotidiano e dos costumes dos índios, dos escravos, das pessoas do Rio de Janeiro e vários retratos da Família Real.

Johann-Moritz Rugendas esteve no Brasil entre 1821 e 1825, contratado como desenhista da expedição Langsdorff, da sua estada no Brasil resultou o livro Viagem Pitoresca através do Brasil, que expõe a natureza mais documental de suas obras, em particular dos desenhos que produziu.

### Revolução do Porto (1820)

O rei estava na colônia, que se tornara sede do governo, e o reino era governado por uma junta governativa inglesa.

Influenciada por ideias iluministas, em 1820, na cidade do Porto, em Portugal, estourou uma revolução de caráter liberal, convocando as cortes gerais extraordinárias constituintes da nação portuguesa, que exigiam imediato retorno do rei e estabelecimento de uma monarquia constitucional.

Em relação ao Brasil, exigiam o restabelecimento do pacto colonial.

Como regente do reino do Brasil, o rei deixou seu filho Pedro, a quem teria dito, segundo a tradição, "Pedro, se o Brasil se separar de Portugal, antes seja para ti, que me hás de respeitar, do que para algum desses aventureiros"

> **Fique ligado**
> O rei Dom João VI decidiu pela sua permanência no Brasil, com o poder de aprovar ou vetar a Constituição que estava sendo elaborada e do retorno de seu filho Pedro. Ante a presença das forças militares portuguesas estacionadas no Rio de Janeiro, o rei foi obrigado a jurar antecipadamente a Constituição, modificar seu ministério e retornar com sua corte a Portugal.

## 3.2 Processo de Independência do Brasil

### 3.2.1 Regência de dom pedro (1821-1822)

Entre abril de 1821 e setembro de 1822, as forças recolonizadoras encontraram resistência das elites brasileiras que, pouco a pouco, foram fechando o cerco em torno do príncipe, obrigando-o a romper com as cortes gerais.

Em março, suas relações com as cortes gerais tornaram-se mais acirradas, pois baixou o decreto do Cumpra-se, estabelecendo que as ordens vindas de Portugal só entrariam em vigor com a aprovação do príncipe.

Em agosto, outro decreto estabeleceu que todas as tropas portuguesas que chegassem ao Brasil deveriam ser consideradas inimigas.

Em 7 de setembro de 1822, Dom Pedro oficializou a Independência do brasil. Em dezembro foi aclamado Imperador do Brasil como Pedro I.

# 4 BRASIL IMPERIAL

Pernambuco permaneceu como principal exportador brasileiro durante o Período Imperial graças à cana-de-açúcar.

Até a metade do século XVIII o mais importante núcleo econômico do Brasil era a Capitania de Pernambuco que ainda era uma das mais importantes no século XIX durante o Império, superando as províncias vizinhas do Ceará, Alagoas, Rio Grande do Norte, Paraíba e Sergipe. Sua capital, Recife, só perdia em importância política e econômica para o Rio de Janeiro, porém, sua economia fortemente abalada pela decadência do açúcar e do algodão, já que sua estrutura agrária, ainda com base no período colonial, é embasada no latifúndio em um reduzido número de proprietários que controlam a maior parte das terras. Vale destacar o que afirmava Nabuco de Araújo: "Enumerai os engenhos da província e vos damos fiança de que um terço deles pertencem aos Cavalcanti."

## 4.1 Primeiro Reinado (1822-1831)

O período que seguiu o 7 de setembro foi marcado por lutas entre forças que buscavam assegurar a Independência contra as que se mantinham fiéis a Portugal e pela disputa do poder entre o "partido" português e o "partido" brasileiro.

> **Fique ligado**
>
> A independência do Brasil não representou nenhuma alteração para a grande massa da população brasileira, que ficou à margem de todo o movimento.

Na verdade, a Independência foi um arranjo político das elites para garantir a manutenção do modelo agrário-exportador e escravista.

**Primeira Constituição do Brasil**

A Assembleia Constituinte de 1823, convocada por dom Pedro I, foi o palco de conflito entre três projetos políticos:

O "partido" português desejava a implantação de uma monarquia absolutista; o "partido" brasileiro dividia-se em duas correntes: a dos "aristocratas" almejava uma Constituição que mantivesse as conquistas do período Joanino e a dos "democratas" que defendia uma maior autonomia das províncias, com a diminuição do Poder Executivo central.

> **Fique ligado**
>
> Fechamento da Assembleia Constituinte em 12 de novembro de 1823 por ordem do imperador - "Noite da Agonia" terminou com a prisão e o desterro de vários deputados.

A Constituição, outorgada pelo imperador em março de 1824 considerou o imperador inviolável e sagrado (artigo 99), não podendo ser responsabilizado por seus atos; concedeu a cidadania aos portugueses que lutaram pela Independência (artigo 6); estabeleceu o voto censitário, em que votavam somente homens livres com mais de 21 anos; direito de voto aos analfabetos desde que tendo a renda mínima; catolicismo como a religião oficial; criou o Poder Moderador, de atribuição exclusiva do imperador.

Delegava ao Imperador direitos sobre a igreja, tais como: Padroado – permitia ao imperador nomear membros do clero e Beneplácito – aceitar ou não as decisões do Vaticano no Brasil.

Os poderes do imperador eram: nomear os senadores, que eram vitalícios; nomear ministros de Estado; suspender magistrados; dissolver a câmara; amenizar ou perdoar condenações; criar um Conselho de Estado com funções apenas consultivas (e não de veto).

## 4.1.1 Confederação do equador (1824)

Trata-se de um movimento revolucionário de caráter emancipacionista e republicano ocorrido em Pernambuco, que foi a principal reação contra as ideias absolutistas e a política centralizadora de D. Pedro I (1822-1831) que ficou demonstrada na outorga da Constituição em 1824, a primeira Constituição do Brasil. Os revolucionários queriam formar uma república baseada na Constituição da Colômbia, ou seja, uma República Representativa e Federativa, facilitando a descentralização política e o fim do autoritarismo.

Pode-se dizer que este conflito tem raízes em outros movimentos ocorridos na região, tais como a Guerra dos Mascates e a Revolução Pernambucana, esta com ideais republicanos. É considerada, por muitos, uma continuação da Revolução Pernambucana de 1817.

> **Fique ligado**
>
> A dissolução da Assembleia Constituinte por D. Pedro I não foi bem recebida em Pernambuco e os dois representantes liberais na província eram Manuel de Carvalho Pais de Andrade e Frei Caneca que consideravam os Bonifácios como culpados pela dissolução. Criticavam, portanto, a Constituição de 1824 e a consideravam centralizadora.

Os jornais, notadamente o Typhis Pernambucano, dirigido por Frei Caneca que também era seu redator, criticavam dura e abertamente o governo imperial e absolutista do Imperador D. Pedro I e incitavam a população à rebelião. Em 1822 foi fundada pelo padre Venâncio Henriques de Resende uma Sociedade Patriótica Pernambucana durante o governo de Gervásio Pires que reunia figuras importantes da política local, inclusive Frei Caneca.

A Província de Pernambuco foi o centro irradiador e o líder da revolta. Já havia se rebelado em 1817 passava por dificuldades econômicas e encontrava problemas para pagar as elevadas taxas para o Império que tentava controlar as guerras provinciais pós-independência, pois algumas províncias resistiam à separação de Portugal.

Pernambuco desejava maior autonomia para as províncias resolverem suas questões internas, o que não ocorreu com a Constituição do Império de 1824.

A Província de Pernambuco estava dividida entre duas facções políticas: monarquistas liderados por Francisco Pais Barreto, e liberais e republicanos liderados por Pais de Andrade. O governador da província era Pais Barreto, Presidente indicado por D. Pedro I. Ante a pressão dos liberais, Pais Barreto renunciou em 13 de dezembro de 1823 e os liberais elegeram, ilegalmente, Pais de Andrade. O imperador Pedro I requisitou a recondução de Pais Barreto ao cargo e dois navios de guerra – Niterói e Piranga – foram enviados ao Recife sob comando do britânico John Taylor. Os Liberais não acataram a ordem de reempossar Pais Barreto e alardearam: "morramos todos, arrase-se Pernambuco, arda à guerra". Os intelectuais do movimento Frei Caneca, José da Natividade Saldanha e João Soares Lisboa queriam preservar os interesses da aristocracia. D. Pedro I tentou evitar um conflito nomeando um novo presidente para a província, José Carlos Mayrink da Silva Ferrão, ligado aos Liberais que não o aceitaram.

Manuel Carvalho Paes de Andrade proclamou a independência da Província de Pernambuco e enviou convites às demais províncias do Norte e Nordeste do Brasil para que se unissem a Pernambuco e formassem a Confederação do Equador. O novo Estado republicano seria formado pelas províncias do Piauí, Ceará, Rio Grande do Norte, Alagoas, Sergipe, Paraíba e Pernambuco. Porém, não houve adesão ao movimento separatista com exceção de algumas vilas da Paraíba e do Ceará, sendo estas comandadas por Gonçalo Inácio de Loyola Albuquerque e Mello, mais conhecido por Padre Mororó. Fortaleza reafirmou a sua lealdade ao Império. Em Pernambuco, Pais de Andrade pode contar somente com a colaboração de Olinda, enquanto o restante da província não aderiu à revolta. O líder confederado organizou suas tropas, inclusive alistando à força velhos e crianças, sabendo que o governo central enviaria soldados para atacar os confederados, formando brigadas populares para radicalizar a luta.

> **Fique ligado**
> O Brasil era independente, mas seus administradores eram todos portugueses, desde o imperador até os ministros e senadores.

A adesão popular amedrontou as elites agrárias que iniciaram o movimento, pois os interesses dessas camadas sociais eram opostos: a elite desejava construir um Estado que lhe assegurasse a propriedade, enquanto as massas populares, ao integrarem as forças militares desse novo Estado, viram a possibilidade de se expressarem politicamente.

Surgiram algumas dissidências internas no movimento, devido às disparidades sociais entre os grupos participantes do movimento e a proposta de Pais de Andrade para libertar os escravos; havia, ainda o exemplo do Haiti que se libertara da França por meio de uma revolta popular não tranquilizava as elites que passaram a colaborar com o governo imperial.

Enfraquecidas e enfrentando duas forças de oposição, a da elite local e a do imperador, as massas populares resistiram até novembro de 1824, quando seus últimos líderes foram presos, entre eles, frei Joaquim do Amor Divino Rabelo e Caneca.

Frei Caneca e vários rebeldes foram condenados por um tribunal militar à forca. Comenta-se que houve uma recusa dos carrascos em executar o Frei Caneca, sendo ele então fuzilado em 13 de janeiro de 1825, diante dos muros do Forte de São Tiago das Cinco Pontas localizado na cidade do Recife. Fato semelhante ocorreu com o Padre Mororó condenado à forca em Fortaleza e fuzilado em 30 de abril de 1825.

D. Pedro I, como punição a Pernambuco, determinou por meio de decreto de 07/07/1825, o desligamento do extenso território da Comarca do Rio São Francisco (atual Oeste Baiano), passando-o, a princípio, para Minas Gerais e, depois, para a Bahia.

### Abdicação de dom pedro i

Em consequência do aumento de sua impopularidade, ocorreu impopularidade, ocorreu a abdicação do imperador. Essa impopularidade pode ser atribuída a uma série de fatores: favorecimento dos portugueses; autoritarismo imposto mediante a criação do poder moderador; massacre dos revoltosos da Confederação do Equador em 1824; o reconhecimento da Independência por Portugal em 1825, que custou ao Brasil 2 milhões de libras esterlinas; a perda da Cisplatina em 1825; renovação dos acordos de 1810 com a Inglaterra em 1827; sucessão do trono português; a falência do Banco do Brasil e a Noite das Garrafadas em março de 1831.

Registra-se ainda o medo da elite brasileira de que a união das duas coroas provocasse uma recolonização do Brasil, o que os leva pressionar d. Pedro a abdicar ao trono português, o que ele fez em favor de sua filha dona Maria da Glória.

O irmão do imperador, dom Miguel, tentou dar um golpe de estado e para defender os interesses da filha, Dom Pedro I acabou envolvendo-se nas questões portuguesas.

## 4.2 Período Regencial

Entre 1831 e 1840 o poder político foi exercido por regentes em função da menoridade do príncipe herdeiro do trono brasileiro.

Essa fase caracterizou-se por inúmeros conflitos político-partidários, que abriram espaços para os movimentos populares, que ao desejar reformas mais radicais, como a libertação dos escravos e a reforma agrária, contestaram a ordem aristocrática.

| Período Regencial de 1831 a 1840 ||
|---|---|
| **Fases** | **Época** |
| Trina Provisória | 1831 |
| Trina Permanente | 1831 a 1835 |
| Una de Padre Feijó | 1835 a 1837 |
| Una de Araújo Lima | 1937 a 1840 |

### 4.2.1 Conflitos político-partidários

Os diferentes setores da elite brasileira passaram a disputar o poder entre si.

Os Moderados, formaram a sociedade defensora da liberdade e da independência nacional. Seus líderes eram padre Diogo Antônio Feijó, Evaristo da Veiga e Bernardo Pereira Vasconcelos, conhecidos popularmente como Chimangos.

Os Exaltados, que integravam a sociedade federal, desejavam reformas mais radicais, como a abolição da escravidão e uma maior autonomia para os poderes locais.

Os Restauradores ou Caramurus, em torno de José Bonifácio, tutor do príncipe herdeiro, eram representados formado por nobres, altos funcionários e comerciantes portugueses, que desejavam o retorno de Pedro I e, em último caso, a recolonização do brasil.

Foram essas as facções que passaram a disputar o poder após 1831.

Com a morte de Dom Pedro I, em setembro de 1834, essa disputa ficou restrita aos moderados e exaltados, o que permitiu às camadas populares expressarem suas reivindicações e trazer à tona as contradições da sociedade brasileira.

### Situação social e econômica no norte e nordeste

As disputas entre as facções da elite brasileira e o predomínio do latifúndio e da escravidão favorecem o aparecimento de movimentos que buscavam mais autonomia provincial e propunham a implantação de uma república e o fim do trabalho escravo.

O comércio de importação e exportação, bem como o varejo, estava sob o controle de ingleses e portugueses.

Os artesãos e as pequenas manufaturas brasileiras ressentiam-se da concorrência dos produtos europeus.

Verifica-se o aumento no preço dos escravos pressionado pela Inglaterra que desejava extinguir o tráfico de escravos, bem como o agravamento da condição de vida destes.

As populações sertanejas andavam pelos sertões ou se dirigiam aos centros urbanos da região.

Essa era a situação social e econômica reinante nas províncias do Norte e Nordeste, que proporcionou a eclosão de movimentos populares.

Dentre eles, podem-se citar a Cabanagem (1833-1836), a Guerra dos Farrapos (1835-1845), a Sabinada (1837-1838) e a Balaiada (1838-1841).

A elite conseguiu manter o controle sobre a guerra dos farrapos.

# BRASIL IMPERIAL

## 4.2.2 Regências trinas

Formada pelo Senador Campos Vergueiro, o Brigadeiro Francisco de Lima e Silva e o Marquês de Caravelas, representando os moderados e os restauradores.

Algumas medidas liberais foram tomadas: reintegração do ministério dos brasileiros; diminuição do poder dos regentes – proibidos de dissolver a assembleia, conceder títulos de nobreza e de assinar tratados com o estrangeiro; anistia a presos políticos.

Em 17 de junho de 1831, Bráulio Muniz, representante do Norte, e Costa Carvalho, do Sul, permanecendo o Brigadeiro Francisco de Lima e Silva.

Para ocupar a pasta da Justiça, foi nomeado o Padre Feijó, que organizou a Guarda Nacional criada em agosto de 1831 composta, inclusive por fazendeiros, que recebiam o título de Coronel. Essas milícias reforçaram o poder local.

Em 1832, foi aprovado o Código de Processo Penal.

Entre 1831 e 1834, o país sofreu inúmeros levantes e assistiu a tentativas de golpes.

Em 1834 foi aprovada uma reforma na Constituição, que ficou conhecida como Ato Adicional que suprimia o Conselho de Estado, mas mantinha o poder moderador, a vitaliciedade do senado e os conselhos gerais das províncias foram transformados em assembleias.

A regência Trina passou a ser Una, sendo o regente eleito por sufrágio direto, por um período de quatro anos.

## 4.2.3 Regências unas

Em junho de 1835, foi eleito o Padre Feijó que, incapaz de conter as revoltas que se intensificaram a partir da aprovação do ato adicional de 1834, renunciou em 1837. Interinamente, assumiu o cargo Araújo Lima.

Tem início a Política do Regresso, em que medidas são tomadas no sentido de restabelecer a centralização política que predominou no Primeiro Império (1822-1831), com nítido objetivo de conter as revoltas populares que pontilhavam o território nacional e garantir a hegemonia político-econômica da elite brasileira.

A cisão da facção Moderada, em 1837, e o fato de os Exaltados e Restauradores terem sido alijados do poder redefiniram o quadro partidário.

Organizaram-se dois partidos – Liberal e Conservador –, conhecidos respectivamente como Progressista e Regressista, que se alternam no poder durante o reinado de Pedro II (1840-1889).

## 4.3 Revoltas Regenciais

### 4.3.1 Cabanagem (1833–1836)

Ocorreu no Pará e contou com a participação de camadas populares que organizam movimentos de oposição ao poder central. Estas camadas eram compostas por escravos e por uma massa de homens livres – índios e mestiços – que viviam em cabanas à beira dos rios.

Daí o motivo de se denominar o movimento de cabanagem e mesmo a repressão empreendida pelo governador Lobo de Sousa, em dezembro de 1833, não impediu novos levantes.

Novos líderes apareceram: Eduardo Angelim, os irmãos Francisco e Antônio Vinagre, Félix Antônio Malcher.

As forças legalistas dominaram apenas a capital. No interior, Angelim e Antônio Vinagre tentaram organizar uma resistência . Porém devido à falta de um projeto político e uma unidade em decorrência da heterogeneidade do grupo e por interesses opostos, o movimento acabou fracassando em 1836.

Outro fator que colaborou para seu fracasso foi o desembarque, na região, de uma nova expedição militar.

Em 1839, ao findar o movimento, a população da província de 100 000 habitantes estava reduzida a 40.000 e de todos os movimentos populares do período regencial, a cabanagem foi o único no qual as camadas populares conseguiram ocupar o poder, embora desorganizada.

### 4.3.2 Sabinada (1837-1838)

O movimento foi liderado pelo cirurgião Francisco Sabino Álvares da Rocha Vieira que comandou um novo levante contra o poder regencial que pretendia tornar a província da Bahia independente, sob um governo republicano, até a maioridade do imperador.

Ocorrido em Salvador, esse movimento foi um protesto contra a Lei Interpretativa e a prisão do líder farroupilha Bento Gonçalves em Salvador.

Por ter sido realizado por elementos das classes médias, não foi capaz de mobilizar os setores mais pobres e tampouco ganhar a simpatia da elite local.

Mesmo tendo recebido o apoio de parte das tropas do governo, a sabinada, como ficou conhecido o movimento, foi reprimida por tropas do governo com o apoio dos proprietários do Recôncavo Baiano em 1838.

### 4.3.3 Balaiada (1838-1841)

Ocorreu no maranhão e atingiu parte do Piauí e seu nome é uma referência a um de seus líderes: Manuel dos Anjos Ferreira, conhecido como "balaio" e foi um movimento em que as massas populares puderam se rebelar contra a sociedade latifundiária e escravocrata.

A província do Maranhão estava conturbada por disputas políticas entre Bem-te-vis e Cabanos, desde a abdicação de Pedro I, pois durante o governo de Feijó (1835-1837), os liberais, popularmente chamados de Bem-te-vis, exerceram completa autoridade sobre a província, relegando seus inimigos políticos, os cabanos, ao ostracismo. Com a regência de Araújo Lima, a situação inverteu-se.

Enquanto os setores políticos se enfrentavam o vaqueiro Raimundo Gomes iniciava uma marcha pelo interior do Maranhão arregimentando desertores da guarda nacional, escravos fugidos, pequenos artesãos sem residência fixa, vaqueiros sem trabalho, assaltantes de estradas e agricultores espoliados de suas terras.

Em janeiro de 1839, Manuel dos Anjos Ferreira, o "balaio", integrou o movimento, tendo seu grupo ocupado a vila de Caxias em julho do mesmo ano.

A repressão foi comandada pelo Coronel Luís Alves Lima, que fora nomeado governador do Maranhão em 1840. Dessa forma, o futuro Barão e, depois, Duque de Caxias, pacificou a província.

### 4.3.4 Farroupilha (1835-1845)

Foi o único movimento popular do período regencial ocorrido no Sul do país com a participação da elite da região que manteve o controle do início ao fim do movimento impedindo que as camadas populares pudessem apresentar suas reivindicações, além de ter sido o mais longo.

A produção de charque no sul não conseguia concorrer com a produção platina, pois o governo mantinha baixos impostos sobre o charque, couros e gado muar vindos dessa região, além de elevar os impostos nos portos nacionais.

O interesse dos fazendeiros gaúchos em escolher seu presidente de província até então nomeado pelo poder central, provocara a eclosão dessa revolta, que ficou conhecida por Farroupilha ou Guerra dos Farrapos.

A elite gaúcha rompeu com o Império dando início ao movimento em 1835 e no ano seguinte foi proclamada a República Rio-Grandense.

Comandados por Davi Canabarro e Giuseppe Garibaldi, em 1839, o movimento avançou sobre as terras catarinenses onde foi proclamada a República Juliana.

Embora os farrapos proclamassem "repúblicas", não era seu desejo separar-se do Brasil. O que queriam era uma maior autonomia para a província, ou seja, federalismo.

A nomeação do Barão Caxias para presidente da província em 1842 marcou o início da pacificação, e a revolta dos farrapos findou com a anistia aos revoltosos, o fortalecimento da assembleia local e a diminuição dos impostos.

## 4.4 Política do Regresso

Diante da ameaça da fragmentação territorial do Império e da perda do poder frente aos levantes populares, os conservadores procuraram minimizar os conflitos internos mediante a aprovação da Lei Interpretativa do Ato Adicional de 1837 que, na regência de Araújo Lima, revogava alguns aspectos do Ato Adicional de 1834, tais como: diminuía a autonomia das províncias e submetia a Guarda Nacional ao poder do Estado. A Lei Interpretativa foi um dos principais motivos das revoltas que surgiram de 1840 a 1848, pois deu início ao descontentamento do povo e de alguns políticos, devido à diminuição da autonomia das províncias.

Os liberais a fim de impedir a aprovação dessa lei, desencadearam um movimento em favor da antecipação da maioridade e José Martiniano de Alencar, em abril de 1840, organizou o Clube da Maioridade, cujo presidente era o deputado Antônio Carlos de Andrada.

A coroação do príncipe como imperador representava o retorno do poder moderador, que viria resolver a crise de autoridade.

## 4.5 Segundo Reinado (1840-1889)

O jovem imperador nomeou um Ministério Liberal, cujos integrantes eram os irmãos Antônio Carlos e Martim Francisco de Andrada, os irmãos Cavalcanti da Província de Pernambuco, Aureliano Coutinho, mas eles não se mantiveram no poder por longo tempo.

Em 1841, devido à não solução das guerras no sul, pressão inglesa para que se decretasse o fim do tráfico de escravos negros e à realização das Eleições do Cacete dom Pedro II substituiu esse gabinete liberal por um conservador.

Em novembro de 1841 restabeleceram o Conselho de Estado extinto pelo Ato Adicional em 1834. No mesmo ano, foi decretada a reforma do Código Criminal. Os conservadores dissolveram a Câmara dos Deputados, de maioria liberal, escolhida nas eleições do cacete. Essa medida deflagrou as revoltas liberais de 1842, em Barbacena (MG) e em Sorocaba (SP) que foram sufocadas pelo barão de Caxias.

Os liberais governaram de 1844 a 1848. Em 1844, aprovaram a tarifa Alves Branco que aumentava as tarifas sobre produtos importados.

Foi feita uma Reforma Eleitoral, em 1846 que elevou a renda para dar direito ao voto e, no ano seguinte, foi criado o cargo de Presidente do Conselho de Ministros, formalizando a implantação do sistema parlamentarista no Brasil, embora às avessas. Em 1848 o ministério liberal foi substituído pelos conservadores.

Ficaram no poder até 1853, quando foram substituídos por um ministério liderado pelo Marquês do Paraná, que procurou formar um gabinete composto por conservadores e liberais. Iniciou-se, dessa forma, o Período da Conciliação.

### 4.5.1 Lei de terras de 1850

Durante o século XIX, a economia mundial passou por uma série de transformações abrindo espaço para o capitalismo industrial. As grandes potências da época pressionavam as nações mais pobres para que se adequassem aos novos caminhos do capitalismo, como por exemplo, os ingleses que pressionavam pelo fim do tráfico negreiro para atender a seus interesses econômicos.

O uso da terra e sua posse eram símbolo de distinção social e com o avanço do capitalismo mercantil a terra deveria ter um uso integrado ao comércio, assim, passou-se a discutir as funções e os direitos sobre a terra.

No Brasil, os sesmeiros e posseiros realizavam a apropriação de terras e tomavam a posse das terras,de modo que após a Independência, alguns projetos de lei tentaram regulamentar essa questão. Porém, somente em 1850, a chamada Lei 601 ou Lei de Terras de 1850 apresentou novos critérios com relação aos direitos e deveres dos proprietários de terra.

O tráfico negreiro estava proibido em terras brasileiras e a atividade, que representava uma grande fonte de riqueza, teria de ser substituída por uma economia que melhor explorasse o potencial produtivo da agricultura. Inicia-se um projeto de incentivo à imigração que deveria ser financiado com a dinamização da economia agrícola e regularizaria o acesso à terra. Com a Lei, ex-escravos e imigrantes teriam grandes restrições para se tornarem pequenos ou médios proprietários e nenhuma nova sesmaria poderia ser concedida a um proprietário de terras ou seria reconhecida a ocupação por meio da ocupação das terras. As chamadas terras devolutas, que não tinham dono e não estavam sob os cuidados do Estado, poderiam ser obtidas somente por meio da compra junto ao Governo.

Uma série de documentos falsos garantia e ampliava a posse de terras dos grandes fazendeiros e aquele que se tivesse interesse em possuir terras deveria dispor de grandes quantias de dinheiro. Dessa maneira, a Lei de Terras transformou a terra em mercadoria, ao mesmo tempo em que garantiu a posse da mesma aos antigos latifundiários. Em 1850, após a promulgação da Lei de Terras, as autoridades locais pediram ao governo da Província de Pernambuco o fim do aldeamento, alegando que os índios já eram caboclos, e a Lei de Terras de 1850 regulamentou questões relacionadas à propriedade privada da terra e à mão de obra agrícola atendendo aos interesses dos grandes fazendeiros cafeicultores da região Sudeste.

### 4.5.2 Surto industrial

Mesmo após a Independência a economia brasileira continuou alicerçada no latifúndio, na escravidão e na monocultura.

Na segunda metade do século XIX, o trabalho escravo foi substituído pelo trabalho livre e assalariado.

A lavoura cafeeira consolidou-se como o principal setor da economia nacional. As cidades cresceram e com elas, surgem as primeiras indústrias, cuja rápida expansão ficou conhecida por surto industrial.

Entre 1850 e 1860 foram criadas 70 fábricas no Brasil, 14 bancos, 3 Caixas Econômicas, 20 companhias de navegação a vapor, 23 companhias de seguro, 8 estradas de ferro, empresas de gás, de transporte urbano, de mineração.

# BRASIL IMPERIAL

Um dos fatores que favoreceu esse crescimento foi o fim do tráfico de escravos, impulsionado pelos ingleses com a Bill Aberdeen (1845) e pela aprovação pela Assembleia Geral, em 1850, da Lei Eusébio de Queirós, pois o fim desse comércio liberava grandes somas de capital que poderia ser investido em outras áreas.

Outro fator foi a tarifa Alves Branco (1844), criada pelos liberais com o objetivo de solucionar o déficit público, mas que acabou se tornando uma medida protecionista, favorecendo a indústria nacional.

O governo passou a adotar uma política emissionista, o que tornava mais fácil a obtenção de empréstimos.

O crescimento da lavoura cafeeira também possibilitou esse crescimento industrial, pois, à medida que os lucros aumentavam, os cafeicultores sentiam-se motivados a investir em outros setores da economia.

Irineu Evangelista de Sousa, o Barão de Mauá em 1846, adquiriu o Estaleiro Ponta de Areia, produzindo dezenas de barcos a vapor. Ele investiu no setor de transporte, criando companhias de navegação no Rio Grande do Sul e no Amazonas. Foi o pioneiro no setor de serviços públicos, criando a companhia de gás para iluminação das ruas do Rio de Janeiro e a empresa de bondes puxados a burro e em sociedade com ingleses, Mauá construiu as primeiras ferrovias, o Banco Mauá, Mac Gregor & Cia que tinha filiais em cidades europeias e norte-americanas bem como nas principais cidades do Brasil, da Argentina e do Uruguai.

O pioneirismo de Mauá levou os historiadores a denominarem esse período de Era Mauá, uma era que encontrou seu fim na Lei Ferraz de 1860, que extinguia a tarifa Alves Branco. Era o fim do protecionismo alfandegário. Por pressão dos ingleses, as taxas de importação foram reduzidas, e o governo deu início a uma política deflacionária, que significava uma retração dos créditos governamentais.

## 4.6 Política Externa

O Brasil procurou impedir o fortalecimento das nações platinas, principalmente da Argentina. Isso significava garantir o livre acesso aos rios da Bacia Platina, que garantiam o acesso à província do Mato Grosso e ao oeste das províncias do Paraná e de Santa Catarina. Citam-se ainda as tensões diplomáticas entre Brasil e Inglaterra decorrentes da questão da extinção do tráfico de escravos, que culminaram na Questão Christie.

### 4.6.1 Revolta praieira (1848-1850)

Foi a última manifestação do liberalismo, pois a Província de Pernambuco resistia à política centralizadora do Rio de Janeiro. Foi assim na Revolução Pernambucana de 1817 e na Confederação do Equador em 1824. O movimento de caráter liberal e separatista eclodiu na Província de Pernambuco durante o Segundo Reinado entre os anos de 1848 e 1850.

#### Fique ligado

Entre 1831 e 1834 explodiram na região a Setembrada, a Novembrada, a Abrilada, a Carneirada e a Cabanada que expressaram os descontentamentos populares com a situação local e a crise por que passava o país.

Esta revolta também ficou conhecida como "Insurreição Praieira", "Revolução Praieira" ou simplesmente "Praieira", a última das revoltas provinciais e que está ligada às lutas político-partidárias que marcaram o Período Regencial e o início do Segundo Reinado. Sua derrota representou uma demonstração de força do governo de D. Pedro II (1840-1889).

Este movimento encontra-se no contexto das revoluções liberais, socialistas e nacionalistas que se desencadearam na Europa no século XIX, incluindo a Revolução de 1848 na França, que promoveu a extinção do Absolutismo no país e ficou conhecida como Primavera dos Povos em função das repercussões na Europa. O ano de 1848, portanto, assistiu a várias revoluções na Europa como, por exemplo, na França e na Itália. O espírito "quarenta e oito", como se chamou este período, também atingiu o Brasil e, particularmente, Pernambuco. A Revolução Praieira, assim, associa-se à concentração da propriedade fundiária e ao monopólio do comércio a retalho concentrado pelos portugueses.

No Brasil o movimento foi influenciado pelas ideias liberais dos que buscavam maior autonomia para as províncias e dos que eram favoráveis à República. Não há, portanto, como se analisar a Revolução Praieira sem se considerar a atuação do partido liberal na Província de Pernambuco. O movimento contou, ainda, com a participação das camadas menos favorecidas da Província de Pernambuco, oprimidas pela grande concentração fundiária e pela rivalidade com os portugueses, que dominavam o comércio na província. A Praieira é uma rebelião liberal, influenciada pelos movimentos sociais que se desenvolviam na Europa naquele momento. O movimento, em Pernambuco, correspondeu à última etapa das agitações políticas e sociais iniciadas com a emancipação. Em 1842, membros do Partido Liberal se rebelaram e fundaram o Partido Nacional de Pernambuco - que seria conhecido como Partido da Praia. Esses inconformados pertenciam a famílias que haviam feito fortuna em época recente, ao longo da primeira metade do século XIX, e tinham como eleitores senhores de engenho, lavradores, comerciantes e bacharéis.

A Rebelião Praieira apresenta, dentre suas principais causas: o predomínio do latifúndio; o monopólio dos comerciantes portugueses; a dependência e marginalização do pequeno agricultor; o êxodo rural e a crise econômica da Província.

A causa imediata da revolta foi a destituição do Presidente da Província, Antônio Pinto Chichorro da Gama (1800-1887), representante dos liberais, que foi substituído pelo conservador ex-regente Araújo Lima. Os rebeldes queriam alterar a Constituição Brasileira de 1824 estabelecendo a liberdade de imprensa, desejavam o voto livre e universal, garantia de trabalho, a extinção do poder moderador e do cargo vitalício de senador, além da nacionalização do comércio varejista que estava nas mãos dos portugueses.

O Partido Liberal Pernambucano possuía uma ala mais radical que, por meio do jornal Diário Novo, localizado na Rua da Praia, no Recife, (por isso conhecidos como praieiros) condenaram a destituição de Chichorro da Gama, em abril de 1848, interpretando esse gesto como mais um ato arbitrário do governo imperial. O Partido da Praia, integrado por liberais pernambucanos, tinha no jornal o Diário Novo um instrumento de veiculação de suas ideias políticas.

A revolta contra o novo governo da Província eclodiu em Olinda, a 7 de novembro de 1848, sob a liderança do General José Inácio de Abreu e Lima, do Capitão de Artilharia Pedro Ivo Veloso da Silveira, do Tenente Coronel da Guarda Nacional Bernardo José da Câmara, futuro Barão de Palmares, do deputado liberal Joaquim Nunes Machado e do militante da ala radical do Partido Liberal, Antônio Borges da Fonseca. O presidente nomeado da Província, Herculano Ferreira Pena, foi afastado e o movimento espalhou-se rapidamente pela Província.

A sua primeira batalha foi travada no povoado de Maricota, atual cidade de Abreu e Lima e, em 1º de janeiro de 1849, os revoltosos lançaram um documento chamado Manifesto ao Mundo, com conteúdo socialista utópico, supostamente escrito por Borges da Fonseca, um jornalista. O manifesto defendia: voto livre e universal; liberdade de

122

imprensa; o trabalho como garantia de vida para o cidadão brasileiro; comércio a retalho só para os cidadãos brasileiros; a independência dos poderes constituídos e a extinção do Poder Moderador e do direito de agraciar. Apesar do caráter liberal da revolução, os revoltosos não cogitavam a abolição da escravidão.

O movimento expressou, na verdade, as aspirações das classes médias como pode ser constatado pelo manifesto ao mundo, publicado em 1849, em que as principais reivindicações eram: "comércio a retalho para os brasileiros", "trabalho com garantia de vida para o cidadão", "completa reforma judicial em ordem de assegurar as garantias individuais dos cidadãos" e "voto direto e universal do povo brasileiro".

Com a participação da população urbana que vivia em extrema pobreza e a era composta por pequenos arrendatários, boiadeiros, mascates e negros libertos, os praieiros marcharam sobre o Recife em fevereiro de 1849 com quase 2.500 combatentes em três Divisões, uma comandada por João Inácio de Ribeiro Roma, a segunda por Bernardo Câmara e a terceira por Pedro Ivo Veloso da Silveira, porém foram derrotados.

A província foi pacificada pelo novo presidente Manuel Vieira Tosta que foi auxiliado pelo Brigadeiro José Joaquim Coelho, novo Comandante das Armas. As forças rebeldes foram derrotadas nos combates de Água Preta e de Igaraçu.

Os líderes do movimento pertencentes à classe dominante foram julgados apenas em 28 de novembro de 1851, quando o governo imperial lhes concedeu anistia. Porém, os rebeldes das camadas sociais menos privilegiadas não tiveram direito a julgamento, sofreram recrutamento forçado ou foram anistiados por intervenção de seus superiores para retornarem ao trabalho, exceto aqueles que foram sumariamente fuzilados durante e logo após os combates.

## Consequências

Com o fim da Praieira, no início de 1850, iniciou-se outra parte do Segundo Reinado, um período de tranquilidade política, fruto do parlamentarismo e da política de conciliação implantados por D. Pedro II, e da prosperidade trazida pelo café.

### 4.6.2 Questão christie

Em 1861, o navio inglês Príncipe de Gales afundou nas costas do Rio Grande do Sul, sendo sua carga pilhada pelos brasileiros.

O governo inglês, representado por William Christie, exigiu uma indenização de 3200 libras e as relações entre as duas nações se tornaram mais tensas quando três oficiais ingleses, embriagados e à paisana, foram presos por promoverem desordens.

Christie exigia a soltura dos oficiais e a punição dos policiais que efetuaram as prisões. Tem início nesse momento a Questão Christie.

O imperador aceitou indenizar os ingleses pelos prejuízos no afundamento de seu navio no litoral gaúcho e soltar os oficiais. Mas, recusou-se a punir os policiais brasileiros.

Christie ordenou o aprisionamento de cinco navios brasileiros, o que gerou indignação e atitudes de hostilidade dos brasileiros em relação aos ingleses aqui radicados.

As relações entre Inglaterra e Brasil foram rompidas em 1863, sendo reatadas dois anos mais tarde, diante do fortalecimento do Paraguai na região Platina.

### 4.6.3 Guerras no prata

O Brasil sempre apoiou a independência de pequenos países, como o Paraguai e o Uruguai e, dessa forma, assegurava sua hegemonia na região e o livre acesso às províncias do centro-oeste e sudeste do continente.

A ação do Brasil na região passou a ser militar a partir de 1851 e tinha por objetivo atender aos interesses dos estancieiros e produtores de charque do Rio Grande do Sul. Isso aumentaria a influência do governo central no sul do país.

As forças imperiais derrubaram Manuel Rosas, que ocupara o poder na Argentina após lutas internas. Sua política de fortalecimento do país implicava o controle de todo o estuário do Prata e a reincorporação do Paraguai, fato que ameaçava a livre navegação na região.

Para o Brasil, isso significava o fechamento do acesso ao seu interior. Na República do Uruguai, intensificou-se a disputa pelo poder entre o grupo dos Colorados, formado por comerciantes de Montevidéu e comandado por Rivera, e o dos Blancos, integrado por estancieiros e chefiado por Oribe.

O Brasil acabou por intervir no conflito interno, dando apoio a Rivera. Em contrapartida, Oribe contou com o apoio de Rosas, o que lhe permitiu criar um governo rebelde no interior e sitiar a capital uruguaia.

Esse apoio representou o fim da soberania uruguaia, pois, em 1851, os tratados assinados entre o governo de montevidéu e o do império do Brasil davam a este o direito de intervir no Uruguai.

Aproveitando-se das divergências internas da Argentina, o império brasileiro apoiou um levante de Justo José Urquiza, caudilho e governador da província de Entre-Rios, contra Rosas, o que enfraqueceria seu aliado uruguaio, e em 1851 tropas brasileiras, aliadas às do argentino Urquiza, invadiram o Uruguai e derrotaram Oribe.

Depois, nova aliança foi realizada entre o Uruguai, o Brasil e as províncias de Corrientes e Entre-Rios, dessa vez para derrubar Rosas.

Comandando o "grande exército libertador da América", Urquiza derrotou as forças de Rosas na Batalha de Monte Caseros, mas a derrota de Rosas e Oribe não trouxe a paz desejada pelo governo brasileiro.

No Uruguai, as disputas internas prosseguiram e, em 1864, os Blancos, liderados por Anastácio Aguirre, voltaram ao poder. Na ausência de seu aliado natural, o argentino Manuel Rosas, os Blancos procuraram o apoio de Solano López, presidente do Paraguai.

> **Fique ligado**
>
> Essa aliança e os conflitos internos no Uruguai levaram a Argentina a unir-se ao Brasil em apoio aos Colorados.

O Uruguai foi invadido por forças militares brasileiras e em 1864, atendendo aos interesses dos estancieiros gaúchos, o governo brasileiro enviou a Montevidéu a missão Saraiva, com o objetivo de obrigar o governo uruguaio a indenizar os proprietários brasileiros que tiveram suas propriedades violadas pelos uruguaios durante suas contendas internas. Diante da negativa de Aguirre, o governo imperial o depôs, sendo substituído pelo líder dos Colorados, Venâncio Flores, que prontamente indenizou os proprietários brasileiros.

### 4.6.4 Guerra do paraguai

O desenvolvimento econômico e social do Paraguai foi completamente diferente do desenvolvimento da Argentina, do Brasil e do Uruguai.

A Inglaterra via seus interesses comerciais contrariados por não conseguir introduzir seus produtos manufaturados no país.

Para neutralizar o crescimento econômico paraguaio, praticamente impôs a formação da Tríplice Aliança.

O fornecimento de armamentos e empréstimos aos três países aliados garantiam mais lucros aos ingleses.

## BRASIL IMPERIAL

Até a guerra, o Paraguai esteve isolado do resto do continente e do mundo, pois em 1814 foi eleito Rodriguez de Francia, que se autointitulou "*El supremo dictador*" e que governou até 1840.

Seu sucessor foi Carlos Antônio López (1840-1862), que tratou de ocupar áreas despovoadas do Paraguai mediante o incentivo da imigração e organizou uma esquadra comprando navios ingleses.

Em 1862, Antônio López foi sucedido por seu filho Francisco Solano López, que instalou linhas de telégrafo, estradas de ferro, fábricas de material de construção, tecidos, louça, tinta e pólvora.

As exportações paraguaias equivaliam ao dobro das importações graças à política protecionista e nacionalista, sua balança comercial era favorável, sua moeda era forte e estável e não havia crianças analfabetas.

Crescer significava ter que romper o isolamento em que se encontrava e essa situação levou Solano López, em 1864, à política ofensiva com a finalidade de obter uma saída para o atlântico. Daí sua aliança com Aguirre, presidente do Uruguai.

Solano López invadiu o Mato Grosso e as províncias argentinas de Corrientes e Entre-Rios, dando início ao conflito.

Em maio de 1865, Brasil, Argentina e Uruguai assinaram um tratado secreto, formando a Tríplice Aliança. Esse acordo estabelecia que: o Paraguai perderia a soberania sobre os rios devido a uma disputa pela livre navegação na Bacia do Prata; parte do território paraguaio seria dividida entre Brasil e Argentina; nenhum país da tríplice aliança poderia firmar acordo de paz, em separado ou em conjunto, até a deposição de Solano López.

Em 1866 os aliados obtiveram as primeiras duas grandes e significativas vitórias – Passo da Pátria e Tuiuti.

Caxias reorganiza as forças brasileiras e retoma a ofensiva conquistando Humaitá em 1867. O Exército brasileiro começava a dar vitórias significativas ao Brasil, as batalhas de Itororó, Avaí, Lomas Valentinas e Angostura decidiram a guerra com os aliados invadindo assunção em 1869. Caxias passou o comando ao genro do imperador, o Conde d'Eu, que empreendeu violenta perseguição a Solano López, morto em 1870 na Batalha de Cerro Corá.

Depois da guerra, o Paraguai estava arruinado. Para o império brasileiro, esse conflito agravou a situação financeira e a dependência econômica, pois novos empréstimos foram contraídos junto à Inglaterra. As vitórias obtidas na guerra permitiram ao Exército reivindicar posições políticas mais significativas.

# 5 BRASIL REPÚBLICA

## 5.1 Crise da Monarquia e Proclamação da República

Os ideais republicanos existiam no Brasil desde a colônia, aparecendo em episódios como a Inconfidência Mineira, a Revolução Pernambucana de 1817 e a Confederação do Equador, em 1824.

Com a Guerra do Paraguai, o imperador perdeu a força política, e o movimento republicano começou a ganhar vulto.

O Manifesto Republicano, de cuja redação Quintino Bocaiúva participou ativamente, foi publicado no primeiro número do Jornal A Revolução, transformando-se no ideário básico do movimento, que ganhou a adesão de intelectuais e, a partir de 1878, dos militares descontentes com a Monarquia.

O processo da Proclamação da República pode ser assim resumido:

Conflitos Internacionais: com a Inglaterra (Questão Christie 1863-1865), Intervenção contra Oribe (Uruguai) e Rosas (Argentina) - 1851-1852. A Guerra contra Aguirre (1864-1865), presidente do Uruguai. Guerra do Paraguai (1865-1870). Brasil, Argentina e Uruguai (Tríplice Aliança) contra o Paraguai no mais longo e sangrento conflito armado já ocorrido na América do Sul.

Questão Abolicionista: Lei do Ventre Livre (1871); Lei dos Sexagenários (1885); 13 de maio de 1888: Lei Áurea promulgada pela princesa Isabel: a escravidão foi extinta no Brasil.

Questão Republicana: Partido Republicano Paulista, fazendeiros de café de São Paulo; contava com seguidores no Rio de Janeiro, em Minas Gerais e no Rio Grande do Sul.

Questão Religiosa: bispos de Olinda e de Belém contra maçons D. Pedro II, influenciado pela maçonaria, decidiu intervir na questão, solicitando aos bispos que suspendessem as punições.

Questão Militar: depois da Guerra do Paraguai, o Exército brasileiro foi adquirindo maior importância na sociedade. Os ideais republicanos contagiaram os oficiais, divulgados por homens como o Coronel Benjamin Constant, professor da Escola Militar do Rio de Janeiro.

O Fim do Segundo Império: a oposição de tantos setores da sociedade à Monarquia tornou possível o tranquilo sucesso do golpe político que instaurou a República no Brasil.

Rui Barbosa, Benjamin Constant, Aristides Lobo, Quintino Bocaiúva e Francisco Glicério, reunidos em 11 de novembro de 1889 na residência do Marechal Deodoro da Fonseca, convenceram-no a derrubar a monarquia. Assim, em 15 de novembro, Deodoro da Fonseca anunciou o fim da monarquia e proclamou a República dos Estados Unidos do Brasil

### 5.1.1 Proclamação da república – 15 de novembro de 1889

"O povo assistiu bestializado à Proclamação da República" escreveu o republicano Aristides Lobo, na época do evento. De fato, muitos participantes do golpe, inclusive, demoraram a perceber que aquilo era um golpe, uma quartelada. Muitos achavam que o golpe era contra Visconde de Ouro-Preto. Poucos estavam cientes de que aquele movimento visava derrubar o Imperador, afinal o próprio Marechal Deodoro da Fonseca (responsável pela proclamação) era amigo pessoal de D. Pedro II. O "golpe" consistiu na entrada do Marechal Deodoro no gabinete do Primeiro Ministro e na entrega de um documento onde se declarava a República. Visconde de Ouro-Preto foi preso e o golpe foi dado.

**Fique ligado**

Logo após a Proclamação da República, o Marechal Deodoro da Fonseca assumiu a presidência do país, chefiando um governo provisório.

As medidas mais importantes foram: escolha de uma nova bandeira nacional(19 de novembro) com o lema "ordem e progresso", banimento da família imperial, grande naturalização de imigrantes, convocação de uma assembleia Constituinte, escolha de uma República Federativa como regime político e a reforma do Código Penal.

### 5.1.2 República da espada (1889-1894)

O movimento Republicano iniciou-se em 1870, com a fundação do Clube Republicano, do jornal "A República" e o lançamento do Manifesto Republicano. O Partido Republicano não era coeso quanto à forma de implantação do novo regime. Havia discussões internas e isso acabou resultando em duas correntes:

Evolucionista - liderada pelos republicanos históricos, optava pela via pacífica para conseguir o poder;

Revolucionária - liderada por Silva Jardim, que pregava a revolução popular.

**Fique ligado**

Vale lembrar que a corrente evolucionista predominou. Entre os jovens oficiais do Exército também pairavam as ideias republicanas, influenciadas pela doutrina positivista de Auguste Comte. Esses oficiais eram liderados por Benjamin Constant.

Positivismo - Nasceu das ideias do pensador francês Auguste Comte (1798 - 1857). Em meio a uma gama de teorias, baseadas em sua filosofia da história e na sua classificação das ciências, Comte criou o que chamou de Religião da Humanidade: culto não teísta, no qual Deus deveria ser substituído por uma humanidade racional e evoluída, que atingiria esse estágio mais elevado conduzida por homens mais esclarecidos. Para Comte, a melhor forma de governo era a ditadura republicana, um governo de salvação nacional exercido no interesse do povo. O ditador comtiano, em tese, deveria ser representativo, mas poderia afastar-se do povo em nome do bem da República. Em resumo, por meio da Ordem controlada, chegar-se-ia ao Progresso.

Na tentativa de reduzir a oposição, cada vez maior, o ministro Afonso Celso de Assis Figueiredo, o Visconde de Ouro Preto, elaborou, em meados de 1889, um programa de reformas, que incluía: liberdade de culto, autonomia para as províncias, mandatos limitados (não vitalícios) no Senado, liberdade de ensino, redução das prerrogativas do Conselho de Estado, entre outras medidas. As propostas de Ouro Preto visavam preservar a Monarquia, mas foram vetadas pela maioria conservadora que constituía a Câmara dos Deputados. Foi considerado radical por alguns e liberal por outros.

### 5.1.3 Constituição de 1891

Foi promulgada, é a primeira da República e a segunda do país.

Entre suas principais características e determinações temos: estabeleceu-se o Presidencialismo, o Federalismo e o Regime Representativo – o Chefe de Estado seria o Presidente o federalismo correspondia às aspirações de autonomia local, transformando as Províncias em Estados (20) e a representatividade era por voto direto em todos os níveis, sendo excluídos do direito ao voto os analfabetos, as mulheres, os soldados e os menores de idade; o voto aberto foi mantido; três poderes independentes e harmônicos entre si. Executivo, Legislativo e Judiciário; o texto constitucional tirou a obrigatoriedade de o governo

# BRASIL REPÚBLICA

oferecer a instrução primária que existia durante o império e excluía também os socorros públicos. A União, por sua vez, ficou com os impostos de importação, com os direitos de criar bancos emissores de moeda e de organizar as Forças Armadas nacionais, podendo inclusive intervir nos Estados para restabelecer a ordem e para manter a forma republicana federativa. Extinguiu-se a pena de morte; Estado e Igreja se tornariam instituições separadas e os cemitérios passaram à administração municipal, além de sair da Igreja o registro civil para nascimento e morte (1893) e a instituição do casamento civil. Separar Estado de Igreja era uma das medidas para integrar imigrantes ao Brasil.

## 5.1.4 Encilhamento

O Ministro da Fazenda era o jurista baiano Rui Barbosa que achava que o único obstáculo para a industrialização brasileira era a falta de crédito, o que o levou a autorizar alguns bancos privados a emitirem papel-moeda, ampliando o crédito.

Mas a emissão de papel-moeda provocou a desvalorização da moeda e, consequentemente, inflação. Os aproveitadores criaram empresas-fantasmas, especulando com elas na bolsa de valores.

> **Fique ligado**
>
> Em 3 de novembro de 1891, Deodoro fechou o congresso nacional e decretou estado de sítio prometendo novas eleições e uma revisão constitucional.

Esse movimento de intensa especulação bolsista resultou em inflação e desorganização da economia brasileira (crise do encilhamento). Em 1891 veio uma forte crise com a queda dos preços das ações, falência de estabelecimento bancários e empresas, fato que levou à desvalorização monetária. Com isso, o custo de vida ficou cada vez mais alto.

## 5.1.5 Revolta da armada

Comandada pelo almirante Custódio de Melo e inicia-se uma greve dos trabalhadores da Estrada de Ferro Central do Brasil.

Deodoro renunciou em 23 de novembro de 1891.

Assume o vice-presidente marechal Floriano Peixoto que decretou a redução de impostos e aluguéis, lançou um projeto de construção de casas populares e reabriu o congresso.

> **Fique ligado**
>
> No entanto, o governo de Floriano era inconstitucional, pois ele, como vice, assumiu quando seu antecessor ainda não tinha cumprido, pelo menos, metade do mandato.

Deveria ser convocada uma nova eleição. Floriano não concordava.

Manifesto dos Treze Generais, no qual exigiam o cumprimento da constituição.

Explodiu uma nova Revolta da Armada no Rio de Janeiro, liderada pelo almirante Saldanha da Gama.

O maior foco de oposição a Floriano surgiu no sul com a Revolução Federalista.

O apoio a Floriano era liderado pelo governador gaúcho Júlio de Castilhos e seus seguidores, os chamados Pica-Paus, enquanto os opositores, contrários a uma excessiva centralização de poderes, eram os Federalistas ou Maragatos, liderados por Silveira Martins.

O ponto alto da guerra foi quando os Federalistas se juntaram aos da Revolta Armada.

Apesar de os federalistas avançarem sobre Santa Catarina e parte do Paraná, chegando inclusive a Curitiba, as tropas florianistas resistiram por um longo tempo na Lapa (PR), permitindo a preparação de uma contraofensiva do governo de Floriano Peixoto.

> **Fique ligado**
>
> Devido à violência de seu governo, Floriano ganhou a alcunha de Marechal de Ferro.

No entanto, apesar de os militares positivistas defenderem um projeto republicano baseado na industrialização, este não vingou, pois não havia uma classe social forte e influente para lhe dar sustentáculo. Basta observar que o domínio econômico cabia aos grandes fazendeiros, principalmente os cafeicultores paulistas, além de não haver um proletariado urbano organizado. Floriano se viu obrigado a ceder e convocar eleição presidencial em 1894, quando foi eleito Prudente de Morais, hábil político e membro da elite cafeeira de São Paulo. Iniciava-se uma nova fase na vida política brasileira.

## 5.2 República Velha ou Oligárquica (1894-1930)

A hegemonia política durante a República Velha cabia aos grandes fazendeiros, conhecidos como coronéis.

O coronelismo se sustentava devido ao voto de cabresto, pelo qual a população pobre e carente, e até mesmo setores médios, eram obrigados a votar no candidato indicado pelo rico fazendeiro, pois ele era o "pai", o padrinho, o juiz, o compadre, enfim, o mediador e solucionador dos problemas que afligiam a população.

Os grupos de latifundiários mais poderosos se encontravam nos estados de São Paulo (cafeicultores) e Minas Gerais (pecuaristas), criando a chamada Política do Café com Leite, e lançavam o seu candidato à Presidência.

Este sempre se sagrava vitorioso, pois o número de eleitores desses dois estados era superior a todos os eleitores do resto do país.

Durante a República Velha havia o domínio das oligarquias do café (SP) e do leite (MG). O revezamento dos fazendeiros do café com fazendeiros do leite na presidência ficou conhecido como política do café com leite.

### 5.2.1 Prudente de morais (1894-1898)

Primeiro presidente civil do Brasil, que enfrentou diversos movimentos, "O Pacificador.

Encerrou a Revolução Federalista no Rio Grande do Sul e concedeu anistia política aos oficiais da Marinha rebelados.

Questão da Trindade: o Brasil ganhou a posse sobre a ilha do mesmo nome em disputa com os ingleses.

Questão de Palmas ou Missões: definiram-se as fronteiras com a Argentina graças à mediação do Barão do Rio Branco. O presidente Cleeveland dos Estados Unidos deu ganho de causa ao Brasil.

### 5.2.2 Guerra de canudos

O principal fator para a explosão do movimento de Canudos, no sertão baiano, foi o descaso das autoridades com a miserável população sertaneja.

Foi liderado por Antônio Vicente Mendes Maciel, conhecido como o beato Antônio Conselheiro, que percorria os sertões fazendo pregações em defesa do catolicismo, reformando cemitérios e igrejas e confortando os aflitos. O Conselheiro passou a ter muitos seguidores e, em 1893, fundou um povoado na antiga Fazenda de Canudos, junto ao Ribeirão Vaza-Barris, era o arraial do Belo Monte.

# CONHECIMENTOS GERAIS

> **Fique ligado**
>
> Faziam-se críticas ao governo republicano. Canudos preocupava as elites da época e tanto a primeira quanto a segunda expedição militar contra Canudos fracassaram antes de chegar ao local.

A terceira expedição, comandada pelo Coronel Moreira César, mesmo com mais de 1400 homens, foi espetacularmente derrotada.

Somente a quarta expedição, com mais de 8 000 homens sob o comando do Gal. Arthur Oscar conseguiu derrotar Canudos, cuja população não se rendeu, caindo homem a homem em agosto de 1897.

Essa triste página da história do Brasil foi muito bem retratada na magnífica obra Os Sertões, de Euclides da Cunha enviado especial do jornal O Estado de São Paulo: "Canudos não se rendeu... resistiu até o esmagamento completo, quando caíram seus últimos defensores, quase todos morreram. Eram quatro apenas: um velho, dois homens feitos e uma criança."

Em 5 de novembro de 1897, Prudente foi vítima de um atentado, o qual culminou na morte do Ministro da Guerra.

Desconfiou-se de uma articulação dos florianistas, pois o autor dos disparos era um militar pertencente a esse grupo. Imediatamente, desencadeou-se uma violenta perseguição contra os inimigos do presidente, esfacelando o poder político do Exército.

### 5.2.3 Campos sales (1898-1902)

Político paulista que tinha o apoio de seu antecessor.

> **Fique ligado**
>
> Criou a "política dos governadores", pela qual os governadores estaduais e seus deputados e senadores apoiavam o presidente em qualquer situação.

Na verdade, temia-se que o presidente usasse a Comissão de Verificação de Poderes (ou votos), órgão que poderia anular as eleições de políticos considerados fraudulentos.

Foi criado o funding loan, com o qual o Brasil renegociou suas dívidas, fazendo um acordo com o banco Rothschild & Sons. Por este acordo o Brasil receberia um empréstimo de 10 milhões de libras esterlinas para saldar os juros da dívida externa; o início do pagamento desse empréstimo dar-se-ia a partir de 1911; o governo se comprometia a estabilizar a economia e combater a inflação; os credores teriam acesso às receitas alfandegárias do porto do rio de janeiro, da Estrada de Ferro Central do Brasil e do serviço de água da capital federal.

Essa política de saneamento financeiro estruturada pelo presidente e seu ministro da fazenda Joaquim Murtinho, obteve resultados satisfatórios, mas sacrificou a classe média e os trabalhadores.

> **Fique ligado**
>
> Na política externa, resolveu-se a Questão do Amapá, em que foram definidas as fronteiras entre o Brasil e a Guiana Francesa.

### 5.2.4 Rodrigues alves (1902-1906)

O Rio de Janeiro passou por profundas transformações urbanas, nas quais se destacaram o prefeito pereira passos e o engenheiro Paulo de Frontin.

A cidade se transformou em um campo de batalha: a Revolta da Vacina. A repressão foi extremamente violenta.

Questão do Acre: resolvida no Tratado de Petrópolis, o Brasil pagando 2 milhões de libras esterlinas por parte do território boliviano e se comprometendo a construir a ferrovia Madeira-Mamoré.

Questão do Pirara: Foram acertadas as fronteiras do Brasil com a Guiana Inglesa.

Convênio de Taubaté: Os governos dos principais estados produtores (SP, MG e RJ) se comprometiam em comprar a produção cafeeira e criar estoques reguladores para depois exportá-los quando tivessem um bom preço. Estabeleceu a primeira política de valorização do café.

Porém, essa política de valorização do café naufragou devido à concorrência de outros países, cuja produção fez aumentar a quantidade do produto no mercado.

### 5.2.5 Afonso pena (1906-1909)

Pela primeira vez, um mineiro assumia a Presidência do país, mas com o devido apoio dos cafeicultores paulistas.

Adotou como lema "Governar é povoar", com um estímulo à entrada de imigrantes, o que possibilitou a entrada de um milhão de estrangeiros no Brasil durante o seu governo. O setor ferroviário foi ampliado ligando São Paulo ao Rio Grande do Sul e o Rio de Janeiro ao Espírito Santo, além de iniciar a construção da Estrada de Ferro Noroeste do Brasil, a qual ligaria o interior de São Paulo à fronteira com a Bolívia, criando condições de ocupação de parte do oeste do país.

A maior parte das ferrovias era construída e administrada por ingleses. Foi fundado o instituto Soroterápico de Manguinhos (atual Osvaldo Cruz).

### 5.2.6 Nilo peçanha (1909-1910)

Como Afonso Pena havia falecido após ter governado além da metade de seu mandato, assumiu o Vice-Presidente Nilo Peçanha.

> **Fique ligado**
>
> Foi criado o Serviço de Proteção ao Índio, cujo incentivador e primeiro diretor foi o Marechal Cândido Mariano Rondon, grande indigenista e patrono das comunicações do Exército.

No final do mandato, ocorreu a ruptura na Política do Café com Leite, pois o presidente e os políticos mineiros aliados dos gaúchos, apoiavam a candidatura do Marechal Hermes da Fonseca. Já os paulistas, ficaram isolados e apoiaram Rui Barbosa, o qual encabeçou a chamada Campanha Civilista, em que tentou atrair o voto da classe média urbana, defendendo os princípios democráticos e o voto secreto. Sua campanha se apresentou como a luta da inteligência pelas liberdades públicas, pela cultura, pelas tradições liberais, contra o Brasil inculto, oligárquico e autoritário.

O isolamento de São Paulo permitiu a vitória de Hermes da Fonseca, cuja articulação política se deu graças aos acordos acertados pelo senador gaúcho Pinheiro Machado, o qual conseguiu apoio à candidatura hermista em diversos estados.

### Borracha amazônica

Entre 1898 e 1910, a borracha representou mais de 25% das exportações brasileiras. Isso se deveu, em parte, ao desenvolvimento da bicicleta e do automóvel. A expansão da borracha foi responsável por uma significativa migração para a Amazônia. Calcula-se que entre 1890 e 1900 a migração líquida para a região foi de mais de cem mil pessoas. Belém e Manaus cresceram significativamente, porém, a vida dos seringueiros continuou miserável. Na produção de borracha atuaram com grandes investimentos os grupos Ford e Belterra. A crise veio avassaladora a partir de 1910 com uma forte queda de preços, cuja razão básica era a concorrência internacional.

## BRASIL REPÚBLICA

### 5.2.7 Hermes da fonseca (1910-1914)

Em novembro de 1908, após regressar de uma viagem à Europa, onde assistira a manobras militares foi indicado para a sucessão presidencial. E nas eleições de 1910 contou com o apoio do presidente Nilo Peçanha, que assumiu após a morte de Afonso Pena, e das representações estaduais no Congresso Nacional, à exceção das bancadas de São Paulo e Bahia que apoiavam o nome do senador Rui Barbosa. Deu-se início, assim, à Campanha Civilista e pela primeira vez no governo republicano instalou um clima de disputa eleitoral entre civilistas e hermistas.

#### Política de salvações

O Governo Federal pretendia intervir nos governos estaduais, combatendo, preferencialmente, as oligarquias que tinham apoiado a candidatura de Rui Barbosa. No entanto, temendo o crescimento de Pinheiro Machado, Hermes da Fonseca começou a combater oligarquias que também estivessem ligadas ao senador gaúcho. Essa atuação criou um pesado clima de violência em determinados estados, principalmente na região Nordeste.

#### Revolta da chibata

Em novembro de 1910, as tripulações de quatro encouraçados que serviam a Marinha Brasileira no Rio de Janeiro se rebelaram. O líder da revolta, João Cândido, o Almirante Negro, e seus comandados, ameaçavam bombardear a capital federal, o que levou o governo a prometer que iria eliminar as punições violentas e conceder anistia aos rebeldes. No entanto, após o desembarque dos revoltosos, todos foram presos, alguns executados na cadeia, enquanto outros foram transferidos para a Amazônia. João Cândido foi julgado, mas acabou sendo absolvido.

#### Sedição de juazeiro

Após as terríveis consequências da Guerra de Canudos, os coronéis da política nordestina passaram a ter os beatos, ou qualquer tipo de líder religioso, ao seu lado; daí o prestígio do Padre Cícero Romão Batista. Ele era considerado autor de milagres pelos sertanejos na região de Juazeiro do Norte, no Ceará. Seu poder era tamanho que, em 1911, ele presidiu o pacto dos coronéis, em que chefes políticos locais aceitavam o comando da família Acioli, a mais poderosa oligarquia cearense.

Entretanto, a Política das Salvações do Governo Federal decidiu perseguir os Acioli, pois estes eram ligados a Pinheiro Machado. Explodiu uma violenta oposição, em que jagunços eram comandados pelo deputado Floro Bartolomeu e pelo Padre Cícero.

#### Cangaço

Banditismo social que ocorreu no interior do nordeste entre 1870 e 1940.

Geralmente, o cangaceiro era originário da sociedade rural, tendo a condição de excluído, fosse pela seca ou por não ter direito à herança por não ser o primogênito.

O grande proprietário rural, procurando impor sua autoridade a qualquer preço, recrutava os "serviços" de um cangaceiro, uma espécie de "bandido social", fosse para expulsar posseiros de suas terras, eliminar algum inimigo político ou proteger suas propriedades de invasões de flagelados da seca.

Os cangaceiros andavam em bandos pelo Sertão nordestino, sempre protegidos por um coronel da política, também chamado popularmente de coiteiro.

O mais famoso dos cangaceiros foi Virgulino Ferreira da Silva, o Lampião, morto por uma Volante (polícia anticangaço) em 1938, enquanto o último dos cangaceiros foi Corisco, morto em 1940.

O Cangaço foi um dos instrumentos usados pelo coronelismo nordestino durante a República Velha.

### Guerra do contestado (1912-1916)

Ocorreu em uma área disputada por Santa Catarina e pelo Paraná. A região abrigava uma população pobre, em sua maioria composta por agregados de coronéis da política local. Porém, a construção de uma ferrovia na área, ligando São Paulo ao Rio Grande do Sul.

O Governo Federal concedeu o direito à construtora da ferrovia de explorar 15 quilômetros de cada margem da estrada, o que provocou a expulsão de diversas famílias.

Os trabalhadores que atuaram durante a construção da ferrovia ficaram desempregados e abandonados após o término da obra, formando uma massa de desocupados. Soma-se a toda essa situação, o fanatismo religioso, pois surgiram monges, semelhantes aos beatos do Nordeste, os quais agregaram diversos seguidores na região de Taquaruçu, prometendo a ressurreição para aqueles que morressem na luta. Os rebeldes acabaram sendo massacrados por tropas federais, garantindo os interesses dos coronéis e da empresa que construiu a ferrovia e que, posteriormente, passou a extrair a madeira da região.

### 5.2.8 Venceslau brás(1914-1918)

Paulistas e mineiros se uniram novamente e conseguiram eleger um novo presidente, originário da oligarquia de Minas Gerais. Seu governo ocorreu durante a Primeira Guerra Mundial, situação que estimulou um pouco a industrialização brasileira. A participação do Brasil no conflito foi bastante discreta. Foi promulgado o Código Civil Brasileiro elaborado por Clóvis Bevilácqua. A Guerra do Contestado chegou ao fim; a Gripe Espanhola fez inúmeras vítimas; o crescimento industrial, apesar de ser insignificante se comparado com a economia cafeeira, já permitia o aparecimento de uma Classe Operária, a qual, devido à presença de imigrantes europeus, começava a ser influenciada por ideias sindicalistas.

Em 1917, explodiu uma grande greve em Santos, São Paulo, (onde predominou o anarquismo, ou seja, o anarco-sindicalismo que acreditava que seus ideais seriam atingidos com a derrubada da burguesia do poder, isso só seria alcançado por meio da greve geral revolucionária) e Rio de Janeiro, (onde o movimento operário buscava alcançar reivindicações imediatas, como aumento de salário, limitações da jornada de trabalho, reconhecimento dos sindicatos pelos patrões e pelo Estado). A capital paulista foi dominada pelos operários grevistas, o comércio fechou e os transportes ficaram muito restritos.

Entre 1917 e 1920, um ciclo de greves aconteceu. Este ciclo foi resultado da carestia e da especulação sobre gêneros alimentícios. Verificou-se ainda, nesse momento, uma forte influência da Revolução Russa de 1917, pois no ano de 1918 quase 20 mil pessoas estavam filiadas a sindicatos. Os trabalhadores não pretendiam revolucionar a sociedade, mas melhorar sua condição de vida e conquistar um mínimo de direitos. O Comitê de Defesa Proletária, que se formou em São Paulo durante a greve de 1917, tinha como pontos principais: aumento de salários; proibição do trabalho de menores de 14 anos; abolição do trabalho noturno de mulheres e menores de 18; jornada de 08 horas, com acréscimo de 50% nas horas extras; fim de trabalho nos sábados à tarde; garantia de emprego; respeito ao direito de associação; 50% de redução nos aluguéis. A onda grevista arrefeceu a partir de 1920, seja pela dificuldade de alcançar êxitos, seja pela repressão. Leis foram criadas em 1921 para acabar com os movimentos grevistas.

Para a sucessão de Venceslau Brás, foi eleito Rodrigues Alves, mas este faleceu por causa da gripe espanhola pouco antes de sua posse.

Coube ao Vice-Presidente Delfim Moreira assumir temporariamente até a posse do novo Presidente eleito, o paraibano Epitácio Pessoa.

### 5.2.9 Epitácio pessoa (1919-1922)

Por ser da região Nordeste, destacou-se em empreendimentos contra a seca. Foram criados diversos quartéis, principalmente nas áreas de fronteira na região Centro-Oeste.

Em 1921, as finanças públicas sofreram um forte abalo, pois o café estava com o preço em queda no mercado internacional, o que levava o governo a comprar o excedente da safra, conforme os termos do Convênio de Taubaté e os movimentos operários passaram a ser controlados pela polícia. Além disso, a Lei da Imprensa estabeleceu uma forte censura.

O governo defendia os interesses das oligarquias agrárias, principalmente dos cafeicultores, deixando de lado os aumentos salariais e o controle sobre o custo de vida e da inflação. Quem mais sofria com essa situação eram os trabalhadores. Nestas circunstâncias, as greves trabalhistas eclodiram paralisando várias indústrias.

#### Lei de repressão ao anarquismo

A fim de conter a ascensão do movimento operário e a onda de greves e revoltas dos trabalhadores, o Presidente Epitácio Pessoa promulgou, em 1921, a Lei de Repressão ao Anarquismo. A nova lei foi uma ação do governo visando eliminar a influência das ideias anarquistas no movimento sindical.

#### 18 do forte de copacabana

Levante do Forte de Copacabana, levou jovens oficiais a se rebelarem contra o presidente Epitácio Pessoa e contra a candidatura de Artur Bernardes, em 5 de julho de 1922, onde durante a revolta, apenas os tenentes Eduardo Gomes e Siqueira Campos sobreviveram. Era o início do Tenentismo, movimento que rompeu com a estabilidade da República Velha na década de 20.

#### Semana de arte moderna

O Movimento Modernista de 1922 pode ser dividido em fases: em um primeiro momento temos influência dos experimentalismos de vanguarda que chegavam com as obras de Di Cavalcanti, Vicente R. Monteiro, Osvaldo Goeldi, Ismael Nery, Victor Brecheret e Tarsila do Amaral.

| Fique ligado |
|---|
| Semana de Arte Moderna – São Paulo nos dias 13, 15 e 17 de fevereiro de 1922. |

Destaca-se a percepção da miscigenação cultural observada por Oswald de Andrade e defendida na criação do Manifesto Antropofágico de 1928. A Antropofagia tornou-se teoria entre os modernistas, expressando a tentativa do grupo de combinar as particularidades nacionais e as tendências artísticas mundiais, a herança cultural e os impulsos da modernização.

Em seguida, as obras de Cândido Portinari retratam as diversidades culturais brasileiras, as festas, as brincadeiras infantis, os negros e seus costumes, a música. Ele também se destaca, ao lado de Tarsila do Amaral por integrar a corrente politicamente engajada na pintura social.

Desenvolve-se, ainda, em São Paulo um tipo de pintura simples e paisagista realizada no ateliê do "Grupo Santa Helena" ligada aos nomes de Francisco Rebolo, Clóvis Graciano, Mário Zanini e Alfredo Volpi.

### 5.2.10 Artur bernardes (1922-1926)

A gestão de Artur Bernardes à frente do Governo Federal foi marcada por uma permanente instabilidade política, derivada da crise econômica e dos conflitos políticos e revoltas armadas que se intensificaram neste período. Nessa situação só pode governar valendo-se do dispositivo constitucional denominado estado de sítio, que ampliou os poderes do Executivo federal em detrimento dos direitos e das liberdades individuais.

Profundas revoltas internas, lideradas por jovens oficiais do Exército, fizeram surgir o Tenentismo – que tinha suas bases na classe média urbana, da qual vinha a maioria dos jovens oficiais agora muito mais profissionalizados devido à Academia Militar de Realengo (RJ). Pregavam a moralização da estrutura política, o voto secreto e a reforma no ensino, defendendo a ideia de que o governo deveria ser exercido por pessoas cultas. O movimento tenentista não queria apenas purificar a sociedade, mas também sua própria instituição, pois pretendia a formação de um poder centralizado, com o objetivo de educar o povo e seguir uma política nacionalista. O maior problema, segundo os tenentistas, era a fragmentação do poder no Brasil devido ao grande poder das oligarquias. Queriam, pois, uma moralização eleitoral. O Partido Comunista Brasileiro, o PCB, surgiu em 1922 como uma crítica aos anarquistas, apesar de seus líderes serem ex-partidários do anarquismo. Na América Latina, com exceção do Brasil, os comunistas vieram de divisões de partidos socialistas.

Em 1923, explodiu no Rio Grande do Sul uma revolta de políticos liderados por Assis Brasil, contrários à quarta reeleição de Borges de Medeiros. O conflito só chegou ao fim com a assinatura do Pacto das Pedras Altas, pelo qual estavam proibidas as reeleições dos governadores.

No ano seguinte, a capital paulista foi tomada por tenentes rebeldes durante 23 dias, sob a liderança do General Isidoro Dias Lopes.

#### Coluna prestes

Os rebeldes percorreram cerca de 25.000 quilômetros entre 1924 e 1927; foram duramente perseguidos por tropas legais e jagunços. Embora não tendo sofrido uma derrota militar durante os combates, seu objetivo de derrubar as oligarquias não foi atingido, daí os líderes da coluna, Luís Carlos Prestes, Miguel Costa e Siqueira Campos, optarem pelo exílio na Bolívia.

Ao final de um governo em que atuou em constante estado de sítio, Artur Bernardes se comparou a um chefe de polícia e não a um presidente.

### 5.2.11 Washington luís (1926-1930)

O "paulista falsificado", pois, embora tivesse sido governador de São Paulo, era nascido em Macaé, no Rio de Janeiro, iniciou seu governo anunciando a construção de estradas com o lema:"Governar é construir estradas". E apesar do fim do estado de sítio, não anistiou militares que estavam presos ou exilados. Ainda decretou a Lei Celerada em 1927 cortando liberdades políticas e ideológicas e censurando a imprensa alegando combater o comunismo.

Em 1929, a Quebra da Bolsa de Valores de Nova York desencadeou uma terrível crise econômica mundial, levando o café brasileiro à bancarrota, pois a maior parte da safra era vendida aos Estados Unidos, país que deixou de consumir nosso produto. A base de sustentação política do presidente foi duramente abalada pela crise, o que deixou o governo Washington Luís em uma situação extremamente frágil, a ponto de ter sido deposto pela Revolução de 1930.

# 6 REVOLUÇÃO DE 1930

Durante a década de 1920, as estruturas políticas da República Velha, baseadas no voto de cabresto, no poder das oligarquias rurais e no coronelismo que fraudava as eleições, estavam bastante desgastadas, a ponto de ter surgido o Tenentismo, um movimento que pretendia moralizar a vida pública brasileira, com apoio, modesto, da classe média urbana que, na realidade, era de onde vinham os jovens oficiais.

O crescimento das atividades industriais permitiu um pequeno fortalecimento da burguesia industrial que ambicionava o poder político e uma política econômica que favorece esse setor da economia, já que, o poder do Estado apoiava o setor rural. Esse descontentamento fazia com que as fileiras de descontentes aumentassem, pois o proletariado urbano desejava a implantação de leis trabalhistas.

A classe média urbana, mais esclarecida, pregava a moralização da vida pública, pondo fim às fraudes eleitorais e ao poder das oligarquias rurais.

Com a crise econômica de 1929, a partir da quebra da Bolsa de Valores de Nova York, os cafeicultores paulistas foram à falência, o que desestabilizou o poder político de São Paulo.

O Presidente da República era o paulista Washington Luís que deveria indicar como sucessor o governador de Minas Gerais, Antônio Carlos de Andrada, dando continuidade à Política do Café com Leite.

Os desentendimentos começaram quando, de forma surpreendente, Washington Luís insistiu na candidatura de um paulista à sua sucessão fechando acordo em torno do governador de São Paulo, Júlio Prestes para dar continuidade à política de valorização do café. A atitude de Washington Luís empurrou mineiros e gaúchos para um acordo, a Aliança Liberal em oposição aos paulistas e que reunia Minas Gerais, Rio Grande do Sul e Paraíba.

A Aliança Liberal era uma união de oligarquias estaduais contrárias aos paulistas que funcionava dentro do seguinte raciocínio político: a proposta vinha do governador de Minas Gerais lançando o governador gaúcho Getúlio Vargas, representante do Sul, à Presidência, enquanto o cargo de Vice seria do governador da Paraíba, João Pessoa, representante do Nordeste. Esta Aliança reunia três forças políticas regionais contrárias a São Paulo e refletia um forte sentimento regionalista dos estados que sempre foram marginalizados da vida política durante a República Velha, exceto Minas Gerais.

A Aliança Liberal defendia a necessidade de se incentivar a produção nacional em outros setores e não apenas o café, combatia, ainda, os esquemas de valorização do produto. Propunha algumas medidas de proteção aos trabalhadores, já que o proletariado urbano exigia leis trabalhistas, como a extensão do direito à aposentadoria a setores ainda não beneficiados por ela, a regulamentação do trabalho dos menores e das mulheres e aplicação da lei de férias, defesa das liberdades individuais, da anistia e da reforma política.

Em 1929 com a quebra da Bolsa de Nova York e com a crise mundial os preços internacionais caíram devido à retração do consumo. Tornou-se impossível compensar a queda de preços com a ampliação do volume de vendas. Os fazendeiros que haviam contraído dívidas, contando com a realização de lucros futuros, ficaram sem saída e muitos acabaram falindo.

Surgiu então o desentendimento entre o setor cafeeiro e o Governo Federal, este preocupado em manter o plano de estabilidade cambial recusou-se a defender o café. Uma onda de descontentamento iniciou-se em São Paulo.

Os tenentes desejavam moralizar a vida pública brasileira com apoio da classe média urbana e esta queria por fim às fraudes eleitorais.

As estruturas políticas da República Velha, representadas pelo voto de cabresto, pelo poder das oligarquias rurais e pelo coronelismo, e que garantiam a posição e os lucros das oligarquias, estavam abaladas.

Houve ainda, um crescimento das atividades industriais fato que fortalecia o proletariado urbano.

Júlio Prestes venceu as eleições de 1930, pois as "máquinas eleitorais" produziram votos em todos os Estados e a vitória indicava fraude.

Houve, então, a união de políticos e jovens militares rebeldes iniciando-se articulações políticas para tentar impedir a posse do presidente eleito.

O governador eleito de Pernambuco, João Pessoa, tentou submeter ao seu comando os "coronéis" do interior. Suas iniciativas se chocaram com os interesses dos produtores do interior – sobretudo de algodão. Foi assassinado em Recife por razões passionais, mas sua morte foi divulgada como se fosse crime político. A morte de João Pessoa teve grande ressonância e foi explorada politicamente. Seu enterro na capital da República, para onde o corpo foi transladado, reuniu uma grande massa. Os oposicionistas recebiam de presente um motivo para a revolução. Daí em diante, tornou-se mais fácil desenvolver a articulação revolucionária.

Em 3 de outubro, iniciou-se o levante contra o governo de Washington Luís e a revolução iniciou-se a partir de Minas Gerais e Rio Grande do Sul em outubro de 1930. São Paulo ficou, praticamente, à margem das articulações revolucionárias e a situação não se alterou. No Nordeste o movimento inicia-se em 4 de outubro, sob o comando de Juarez Távora, tendo a Paraíba como centro de operações. Para garantir o êxito da revolução em Pernambuco, Juarez Távora contou com o apoio da população recifense.

As forças do Sul se articulavam para atacar São Paulo e os revolucionários estacionaram em Ponta Grossa, no Paraná, onde Góis Monteiro montou seu quartel general e Getúlio Vargas, com suas comitivas, instalou-se em um vagão de trem. Aí foi planejado um ataque geral às forças militares que apoiavam Washington Luís, a partir de Itararé, já em território paulista.

Antes do confronto decisivo, a 24 de outubro, o presidente foi deposto no Distrito Federal (Rio de Janeiro), e foi constituída uma junta provisória de governo. A junta tentou permanecer no poder, mas recuou, diante das manifestações populares e da pressão dos revolucionários vindos do Sul. Getúlio deslocou-se de trem a São Paulo e daí seguiu para o Rio de Janeiro, aonde chegou precedido de 3 mil soldados gaúchos. A posse de Getúlio Vargas na Presidência, a 3 de novembro de 1930, marcou o fim da Primeira República e deu início a um novo período da história política brasileira.

O candidato "natural" à sucessão de Washington Luís, o representante da oligarquia mineira Antônio Carlos de Andrada, com suas palavras expressa, e muito bem, caráter oportunista e elitista da revolução de 1930: "Façamos a revolução antes que o povo a faça."

## 6.1 Era Vargas (1930-1945)

Um novo tipo de Estado nasceu após 1930, distinguindo-se do Estado Oligárquico, não apenas pela centralização como também pela atuação econômica, voltada para o objetivo de promover a industrialização; a atuação social, com o intuito de dar proteção aos trabalhadores urbanos; e o papel central atribuído às Forças Armadas como suporte da criação de uma indústria de base, e sobretudo; como fator de garantia da ordem interna.

O Estado Getulista promoveu o capitalismo nacional, tendo como base o aparelho do Estado e as Forças Armadas e contando na sociedade com uma aliança entre burguesia industrial e setores da classe trabalhadora urbana.

## 6.1.1 Governo provisório (1930-1934)

Pela urgência em estruturar esta nova realidade política foram nomeados novos governadores denominados interventores, geralmente políticos ligados ao Estado ou tenentes rebeldes. Esse último grupo representava um setor provido de visões nacionalistas e desejosas de modernização, mas desprovido de clareza ideológica.

O governo era exercido por Decretos-Leis, não havia uma Constituição e o congresso Nacional, as Assembleias Legislativas e as Câmaras Municipais estavam fechados.

A partir de 1932, Vargas começou a se aproximar dos políticos afastando-se cada vez mais dos tenentes, pelo fato destes demorarem para tomar um posicionamento político.

Foi iniciada uma política de valorização do café, e o Governo Federal passava a cobrar impostos sobre o café exportado e comprava o excedente da produção cafeeira para depois queimá-lo. Reduzindo a quantidade do produto no mercado, a tendência era ter seu preço aumentado.

## 6.1.2 Revolução constitucionalista (são paulo - 1932)

A Revolução de 1930 excluiu a velha elite cafeeira de São Paulo do poder e a valorização do café foi uma tentativa de se aproximar dos políticos paulistas. Vargas se aproximou dos industriais paulistas, mas os anúncios de que seriam criadas leis trabalhistas no país fizeram com que os industriais de São Paulo se afastassem do governo.

O Governo Federal nomeou um militar pernambucano como interventor de São Paulo.

Foi fundada a Frente Única Paulista que exigia a redemocratização do país e o retorno de uma Constituição. Estudantes realizaram uma manifestação contrária ao governo, mas foram dispersos a tiros pela polícia, ocasionando a morte de manifestantes.

Em 9 de julho de 1932, explodiu a Revolução Constitucionalista, cujo símbolo era a bandeira paulista com as letras MMDC, iniciais dos nomes dos estudantes mortos pela polícia – Martins, Miragaia, Dráusio e Camargo.

Desprovido de treinamento e de armas adequadas, o exército paulista foi derrotado e seus principais líderes acabaram sendo exilados.

Em 1933 foi convocada uma Assembleia Constituinte, cujos trabalhos culminaram na promulgação da Constituição de 1934.

## Constituição de 1934

Inspirada nas Constituições Alemã, de 1919, e Espanhola, de 1931, foi concebida em um momento de lutas sociais. A Constituição promulgada em 1934 introduziu novos direitos, sobretudo na área social, como o direito de voto para as mulheres, bem como instaurado o voto secreto.

As mulheres já votavam desde 1932, porém, somente as solteiras e viúvas e que possuíssem renda própria e as casadas desde que tivessem autorização dos maridos, de acordo com o Código Eleitoral de 32. O Código Eleitoral de 1934 eliminou estas restrições, porém, permaneceu facultativo e só se tornou obrigatório, como o masculino, em 1946.

Dois terços da população – os analfabetos, soldados e religiosos – ainda foram excluídos do direito do voto.

Essa carta também aumentou a intervenção do Estado na economia e na política, estabelecendo monopólios e a compra (nacionalização) de empresas estrangeiras no Brasil.

Ela incorporou as leis trabalhistas decretadas por Getúlio desde 1930. A aprovação de direitos trabalhistas envolvia a regulamentação da jornada de trabalho de 8 horas, trabalho de mulheres e crianças, férias anuais remuneradas e previdência social.

Foi instituída a carteira profissional obrigatória para registro do empregado. A Carteira de Trabalho serviu como instrumento de controle do operário pelo governo.

Associação sindical única por categoria foi instaurada. Aumentou a proteção ao trabalhador, assim como o controle, pois os sindicatos tinham que ser autorizados pelo Ministério do Trabalho.

Garantia total liberdade de crença, de reunião, de associação política e de imprensa.

Foram criadas, ainda, a Justiça Eleitoral, a Justiça do Trabalho e a Militar.

Previa a mudança da capital para uma área central do Brasil, porém, o Distrito Federal, isto é, a sede do governo, continuava sendo a cidade do Rio de Janeiro.

## 6.1.3 Governo constitucional (1934-1937)

Foi promulgada uma Nova Constituição, uma série de conquistas políticas foi concretizadas e ocorreram eleições em todos os níveis, exceto para presidente, pois foi estabelecido que esta última ocorreria em 1938.

Foi criada a Justiça Eleitoral para organizar as eleições e combater as fraudes. Foram estabelecidas leis de amparo à classe trabalhadora, fato que acaba levando Vargas a ser conhecido pela alcunha de – pai dos pobres.

Nos anos de 1930 ocorreu uma bipolarização ideológica entre o fascismo e o socialismo.

A crise de 1929 favoreceu os regimes ditatoriais de direita que culpam a democracia pela tragédia financeira.

### Ação integralista brasileira

Foi fundada a Ação Integralista Brasileira, liderada por Plínio Salgado que defendia ideais fascistas; como: regime de partido único, nacionalismo exaltado, organização hierárquica e uma férrea disciplina de seus membros.

O lema utilizado era: "Deus, Pátria e Família", com o apoio da classe média urbana, militares, latifundiários, líderes religiosos e alguns industriais. Usavam uniforme verde-oliva e preto, usando a letra Σ como símbolo e saudavam-se com a expressão Anauê.

### Aliança nacional libertadora

Em 1935 foi fundada a Aliança Nacional Libertadora, formada por opositores ao Fascismo, e contendo as seguintes propostas: suspensão do pagamento da dívida externa, nacionalização das empresas estrangeiras instaladas no Brasil, reforma agrária, instalação de um governo popular e combate ao Fascismo.

Luís Carlos Prestes lançou um manifesto em 5 de julho de 1935, em que as palavras de ordem culminavam em "todo poder à ANL".

Alegando se tratar de uma base política ligada ao Comunismo internacional, Vargas decretou a ilegalidade da Aliança.

Luís Carlos Prestes havia convencido o governo soviético de que seria possível criar uma revolução socialista no país e o governo soviético dispunha do komintern que era encarregado de apoiar movimentos revolucionários em qualquer parte do planeta.

### Intentona comunista

Apesar da grande falta de estrutura e de comunicação em novembro de 1935, teve início a Intentona Comunista. O movimento, envolvendo

# REVOLUÇÃO DE 1930

somente quartéis, redundou em um grande fracasso, levando os envolvidos à prisão.

---

**Fique ligado**

Propaganda Anticomunista tinha por objetivo colocar a classe média e os integralistas ao lado do governo, tendo em vista que a política sindicalista de Vargas com suas leis trabalhistas já garantia o apoio da massa trabalhadora.

---

Vargas passou a governar em estado de sítio até 1937 e criou o Tribunal de Segurança Nacional e a Comissão Nacional de Repressão ao Comunismo.

O número de presos políticos aumentou consideravelmente, levando para as prisões qualquer tipo de opositor, independentemente de ser ou não defensor do Comunismo.

## 6.2 Plano Cohen

Para concretizar um autogolpe, foi arquitetado o Plano Cohen, com grande participação do próprio Presidente e de seu Ministro da Justiça, Francisco Campos. Tratou-se de um documento apócrifo, em que se colocava um suposto Plano de Implantação do Comunismo no País, o qual teria sido encontrado pelo Capitão Olímpio Mourão Filho em 30 de outubro de 1937.

O plano serviu como argumento para que as eleições fossem suspensas, o Congresso Nacional fosse fechado, os partidos políticos colocados fora da lei e uma nova Constituição outorgada, instalando-se a ditadura do Estado Novo.

Getúlio Vargas continuava no comando político do país.

## 6.3 Estado Novo

### 6.3.1 Golpe de estado (1937)

Vargas deu o autogolpe do Estado Novo em novembro de 1937, fechando o Congresso Nacional, outorgando a Constituição de 1937 e estabelecendo uma ditadura pessoal, cuja duração se estendeu até 1945.

Não houve resistência ao golpe, pois a classe média e a massa trabalhadora o apoiavam.

Os governadores estaduais apoiaram a instalação do Estado Novo, excetuando-se o baiano Juraci Magalhães, pois dessa forma, poderiam se eternizar no poder.

A única oposição contra o Estado Novo veio em 1938, articulada pelos Integralistas.

Os seguidores de Plínio Salgado haviam apoiado a ditadura varguista devido à sua postura anticomunista.

Não sendo nomeado Ministro da Educação, Plínio Salgado comandou uma tentativa de golpe contra Getúlio Vargas em 11 de maio de 1938.

Foram vencidos pelas tropas do exército, levando seus participantes para a prisão, alguns foram fuzilados, e Plínio Salgado acabou sendo exilado.

### 6.3.2 Constituição de 1937

Foi outorgada por Vargas e deveria ser realizado um plebiscito para aprová-la, o que nunca aconteceu.

Essa Constituição ficou conhecida como polaca, pelo fato de seu elaborador, Francisco Campos – um dos colaboradores pessoais de Vargas – ter-se inspirado na Constituição autoritária da Polônia. Estabeleceu-se uma grande concentração do poder nas mãos do Executivo com a anulação do Poder Legislativo. A iniciativa de elaborar as leis ficou com o "Presidente", permitindo-lhe governar por Decretos-Leis. Amplos poderes eram concedidos ao Presidente da República e o houve a extinção do cargo de Vice Presidente.

---

**Fique ligado**

O sistema federativo foi abolido, limitando-se a autonomia dos Estados em favor do poder central podendo o Executivo intervir nos Estados, nomeando interventores.

---

*Artigo 1º - (...) O Governo Federal intervirá nos estados, mediante a nomeação, pelo presidente, de um interventor, que assumirá no Estado as funções que, pela sua Constituição, competirem ao Poder Executivo (...).*

Os direitos trabalhistas da Carta de 1934 foram mantidos; foi promulgada a CLT (1943); criada a Previdência Social; maior intervencionismo do Estado Novo, que passou a tomar medidas de diversificação da agricultura e incentivos à industrialização.

Proibiu-se o direito de greve e só se admitiam sindicatos reconhecidos pelo Ministério do Trabalho, uma forma de controle do operariado.

Na Carta de 1937, as garantias individuais foram reduzidas e houve um aumento da censura e da restrição à liberdade do indivíduo.

## 6.4 Estrutura Política do Estado Novo

### Departamento de imprensa e propaganda (dip)

Responsável pela censura à imprensa e pela propaganda em favor do governo, procurando sempre exaltar a figura do presidente.

### Departamento administrativo do serviço público (dasp)

Com a função era melhorar os serviços públicos, dando-lhe um caráter mais eficiente e profissional, sem perder a postura centralizadora do governo.

---

**Fique ligado**

Legislação trabalhista inspirada no modelo fascista de Mussolini (carta del Lavoro).

---

Para reprimir qualquer movimento contrário ao governo, foi criada a Polícia Especial, cujo chefe era Filinto Müller.

Uma das mais famosas vítimas da repressão do Estado Novo foi Olga Benário, primeira esposa de Prestes. Nascida na Alemanha foi presa e deportada, mesmo estando grávida, e foi confinada em um campo de concentração em Ravensbrück, vindo a ser executada em uma câmara de gás.

Controle da classe trabalhadora por meio de sindicatos oficiais.

Foram introduzidos o salário mínimo, as férias remuneradas, carteira de trabalho, jornada semanal de 48 horas.

Essa postura criou as bases para o populismo no Brasil, isto é, um chefe político carismático e manipulador das massas urbanas.

Criou-se o ministério da aeronáutica e Clóvis Salgado foi o primeiro titular desta pasta.

## 6.5 Economia no Estado Novo

### Avanço no setor industrial.

Foram criados órgãos públicos de assistência econômica, como os institutos do açúcar e do álcool, do chá, do mate, do cacau, do sal e do café.

O Estado instalou grandes indústrias para dar apoio à nacional, entre elas: Companhia Siderúrgica Nacional, Companhia Vale do Rio Doce, Fábrica Nacional de Motores, Fábrica Nacional de Álcalis e Companhia Hidrelétrica do Vale do São Francisco; Fábrica de Aviões, Usina Hidrelétrica em Paulo Afonso, estradas de ferro e de rodagem.

Política econômica nacionalista e estatizante.

## 6.6 Brasil e a Segunda Guerra Mundial

Em 1939 Vargas demonstrava grande indefinição, pois vários importantes membros de seu governo eram simpatizantes do Nazismo, como Filinto Müller (Chefe da Polícia Especial), Francisco Campos (Ministro da Justiça), Lourival Fontes (Chefe do DIP) e o General Dutra (Chefe do Estado Maior).

Diante de vitórias alemãs na Europa, Vargas proferiu um discurso em 11 de junho de 1940 saudando o sucesso alemão diante da rendição francesa.

O Ministro das Relações Exteriores, Osvaldo Aranha, defendia o alinhamento brasileiro com os Estados Unidos, fato este que foi concretizado em 22 de agosto de 1942, diante do torpedeamento de navios brasileiros por submarinos hipoteticamente alemães.

O governo brasileiro rompeu relações com as nações do eixo (Alemanha, Itália e Japão). Os Estados Unidos emprestaram ao Brasil 20 milhões de dólares, os quais foram usados na implantação da Companhia Siderúrgica Nacional, em Volta Redonda.

Houve a instalação de uma base americana de suprimentos em Natal, no Rio Grande do Norte, para apoiar as tropas norte-americanas no norte da África e o envio de mais soldados na luta contra as tropas alemãs e a marinha de Guerra brasileira cooperou no patrulhamento do Atlântico.

Foi criada a Força Expedicionária Brasileira (FEB) – lutou contra o Exército Alemão na Itália, ao lado do 5.º Exército Norte-Americano. Isso fez com que o Brasil fosse a única nação latino-americana a enviar tropas à Segunda Guerra Mundial.

Os pracinhas da FEB conseguiram obter importantes vitórias em Monte Castelo, Fornovo e Montese.

### 6.6.1 Fim do estado novo e redemocratização

A participação vitoriosa do Brasil na Segunda Guerra Mundial criou uma situação bastante constrangedora para o governo Vargas, pois tropas brasileiras lutaram contra as ditaduras Nazifacistas na Europa, enquanto havia um ditador governando o Brasil.

Em 1943 circulou clandestinamente o Manifesto dos Mineiros, documento elaborado por alguns intelectuais que reivindicava a redemocratização do país.

Em 28 de fevereiro de 1945 – permissão para a fundação de partidos políticos, o fim da censura, a libertação dos presos políticos e a convocação de eleições gerais para o final de 1945.

Entre os partidos políticos recém-fundados:

Partido Trabalhista Brasileiro (PTB), criado para que Vargas pudesse controlar os sindicatos;

Partido Social Democrata (PSD), composto por políticos que sempre estiveram ligados a Vargas durante o Estado Novo;

A oposição se organizou na União Democrática Nacional (UDN), a qual defendia um governo liberal, estando ligada às forças políticas tradicionalmente contrárias a Vargas, como multinacionais, latifundiários e determinados setores das Forças Armadas, além de setores da classe média urbana.

O Partido Comunista Brasileiro conquistou sua legalidade e tinha em Luís Carlos Prestes seu principal comandante.

### 6.6.2 Queremismo

Vargas estava organizando o Queremismo, movimento que realizava grandes manifestações de operários e pregava a redemocratização do país, mas mantendo Getúlio no poder. Até mesmo alguns militantes comunistas aderiram ao movimento queremista.

Com a queda pacífica de Vargas em outubro de 1945, a Presidência do país passou a ser exercida por José Linhares, ministro que presidia o Supremo Tribunal Federal.

Vargas retirou-se para sua fazenda em São Borja, no Rio Grande do Sul, e as eleições de 2 de dezembro de 1945 deram a vitória ao Marechal Dutra, candidato da coligação PSD-PTB e ex-ministro da guerra durante o Estado Novo.

#### Renúncia ou golpe?

Nem todos apoiavam Vargas e muitos escreviam na lapela do paletó um "R", de renúncia.

A nomeação de Benjamin (irmão de Vargas) para a chefatura de polícia no Rio de Janeiro, provocou a reação imediata dos militares que, mediante o cerco ao Catete, deram o golpe, forçando a renúncia de Vargas em 1945.

## 6.7 Governo Eurico Gaspar Dutra (1946-1950)

A força do PSD (fundado por Getúlio) apareceu com a conquista da maioria das cadeiras: 201 deputados eleitos. A aliança com o PTB durante as eleições garantiu a vitória do General Eurico Gaspar Dutra, ex-ministro de Vargas.

O apoio de Vargas à candidatura de Dutra reuniu a maioria das forças políticas e derrotou outro militar: o Brigadeiro Eduardo Gomes, da UDN. As eleições de 1945 eram constituintes, ou seja, os senadores e deputados eleitos elaboraram a Constituição brasileira de 1946.

### 6.7.1 Constituição de 1946

A participação do Brasil na Segunda Guerra Mundial levou o Estado Novo (governo ditatorial de Vargas) a uma contradição: lutar contra regimes totalitários enquanto internamente um regime de exceção tolhia a liberdade e censurava a sociedade. Os militares foram os principais agentes do fim do Estado Novo. Em 1945, Getúlio renunciou ao cargo pressionado pelos militares. As eleições seguintes foram constituintes, ou seja, a população brasileira elegeu deputados e senadores para uma Assembleia Constituinte que elaborou e promulgou a Constituição de 1946.

Apesar de promulgada em nome da democracia, essa Carta manteve as regras de controle dos sindicatos pelo Ministério do Trabalho, inclusive a concessão de verbas para os sindicatos que mantinham a obediência dos líderes sindicais, os pelegos.

A intervenção na economia foi mantida na nova Carta: os Institutos e órgãos oficiais (Café, Cacau e Açúcar) criados durante os 15 anos de poder de Getúlio.

Instituiu o voto direto para todos os cargos eletivos e o mandato presidencial de 5 anos.

Acabou com a intervenção nos Estados, tendo o país novamente governadores eleitos.

Restaurou as liberdades democráticas, pondo fim à censura e ao controle da imprensa.

Vigorou até o Golpe de Estado de 1964, deflagrado pelos militares. Em seguida, o governo militar elaborou uma nova Carta Constitucional. Após a guerra, os EUA surgiram como hegemônicos na Europa

# REVOLUÇÃO DE 1930

ocidental, enquanto a URSS estabeleceu a hegemonia no leste europeu fato que ficou conhecido como Guerra Fria.

O Partido Comunista Brasileiro (PCB) foi cassado em 1947 e houve o rompimento de relações diplomáticas com a URSS. Dutra manifestava sua ligação com o capitalismo e com o imperialismo norte-americano.

Durante o ano de 1947, Dutra iniciou o Plano Salte – saúde, alimentação, transportes e energia – áreas prioritárias de ação. Os recursos vieram de investimentos externos, porém não foram aplicados onde a população mais precisava e o plano fracassou.

## 6.8 Getúlio Vargas (1951-1954)

O governo Dutra representou o liberalismo (distanciamento do governo dos assuntos econômicos e abertura aos investimentos estrangeiros).

A instabilidade política e econômica favoreceu o candidato nacionalista, Getúlio Vargas. Em janeiro de 1951, ele ganhou as eleições e recebeu a faixa presidencial das mãos de Dutra.

Os Estados Unidos pediram a participação do Brasil na Guerra da Coreia, o que Getúlio recusou. A criação da Petrobrás (1953), constituída como empresa estatal de monopólio rígido.

Os problemas se agravaram constantemente, marcando o final do governo Vargas. Getúlio Vargas ainda tentou contornar a crise nomeando João Goulart Ministro do Trabalho e aumentando em 100% o salário mínimo.

Os ataques mais fortes a Vargas vinham da Tribuna da Imprensa, jornal de Carlos Lacerda, que se pronunciava nos microfones da Rádio Globo, de Roberto Marinho, e nas telas da TV Tupi, de Assis Chateaubriand. Lacerda lançava constantes apelos às Forças Armadas para que interviessem com um golpe de Estado.

### 6.8.1 Atentado da rua toneleros: fim da era vargas

O estopim da crise que desestabilizou politicamente Vargas foi o Atentado da Rua Toneleros, quando pistoleiros em tocaia aguardavam Carlos Lacerda na frente de sua residência. Lacerda saiu ferido, e seu guarda-costas, Major Aviador Rubem Florentino Vaz, morreu.

Em apenas 29 horas, a Aeronáutica encontrava o culpado, um membro da guarda pessoal do presidente Vargas, Climério Eurides de Almeida, que denunciou Gregório Fortunato, chefe da guarda presidencial de Vargas.

O clima ficou insustentável.

O suicídio foi a saída encontrada por Vargas. Logo após a reunião com seus ministros, Getúlio cumpria sua promessa: "Só morto sairei do Catete".

O suicídio de Vargas enfraqueceu a oposição. A população ao receber a notícia atacou os Udenistas, quebrou jornais, e Carlos Lacerda teve que se refugiar.

Com o suicídio de Vargas o povo saiu às ruas e o Vice, Café Filho, assumiu a Presidência e formou um ministério com maioria udenista e garantiu a realização de eleições em 1955. Juscelino Kubitschek político do PSD de Minas Gerais e ex-governador conseguiu o apoio do PTB garantindo sua vitória frente a Juarez Távora, da UDN. Em sua campanha, JK insistia na necessidade de avançar no rumo do desenvolvimento econômico apoiando-se no capital público e privado, Juarez, por sua vez, insistia na moralização dos costumes políticos e era contrário à - excessiva - intervenção do Estado na economia.

Houve uma tentativa de desmoralizar o Vice Jango, atribuindo a ele a comprometedora Carta Brandi publicada no jornal Tribuna da Imprensa de Carlos Lacerda, que mostrava a articulações entre Jango e Peron para deflagrar no Brasil um movimento armado, que instalaria a República Sindicalista. Por motivo de doença, Café Filho se afasta da Presidência, sendo substituído por Carlos Luz, Presidente da Câmara dos Deputados, que permaneceu no poder apenas 48 horas.

Após a vitória de JK e Jango, desencadeou-se uma campanha contra a posse levando a um golpe preventivo, ou seja, uma intervenção militar para garantir a posse do presidente eleito. O executor foi o General Lott, que mobilizou tropas do Rio de Janeiro que ocuparam edifícios governamentais, estações de rádio e jornais. Os comandos do Exército se colocaram ao lado de Lott, enquanto os Ministros da Marinha e da Aeronáutica denunciavam a ação como "ilegal e subversiva". Carlos Luz, Presidente interino, bem como Lacerda, fugiram no cruzador Tamandaré. Carlos luz foi impedido pelo Congresso e assumiu o Presidente do Senado, Nereu Ramos que assumiu a chefia do Executivo, decretou estado de sítio por 60 dias e garantiu a posse do novo Presidente.

O movimento operário e a organização sindical estabeleceram em1955, em São Paulo, o Pacto de Unidade Intersindical, ou seja, a união dos sindicatos, pacto este que foi dissolvido em 1957. No Rio de Janeiro foi criado o Pacto de Unidade e Ação, uma frente de ferroviários, marítimos e portuários que articulava o processo para a organização do Comando Geral dos Trabalhadores – CGT, com uma participação importante no governo de João Goulart.

O sindicalismo não se firmou nas indústrias automobilísticas, devido, entre outros fatores, à forte presença de comunistas no movimento sindical e pela desorientação dos dirigentes sindicais diante das novas relações de trabalho implantadas pelas empresas multinacionais, atraindo os trabalhadores com benefícios e esperança de promoções.

Os sindicatos aos poucos foram se politizando. Isso significava que eles deveriam apoiar a corrente nacionalista e as propostas de reformas sociais – as chamadas reformas de base –, entre as quais se incluía a reforma agrária. Em 1960, ocorreu a greve pela paridade de vencimentos, os "pelegos" se voltaram contra o movimento. Por fim, as reivindicações dos grevistas foram atendidas.

## 6.9 Juscelino Kubitschek (1956-1960)

A vitória de Kubitschek levou a oposição, sobretudo a UDN, ao desespero. O governo JK foi marcante pela estabilidade social e política. O grande lema do governo era o desenvolvimentismo: 50 anos em 5, com abertura aos capitais estrangeiros e construção de grandes obras.

### 6.9.1 Plano de metas

Estava dividido em cinco setores básicos: energia, transportes, alimentos, indústrias de base e educação.

O capital estrangeiro foi a forma mais eficaz para sustentar o plano. Financiamentos e investimentos na indústria automobilística, na energia elétrica, na construção de estradas, nos transportes aéreos e na fabricação de aço.

Juscelino viajou ao Nordeste em 1958, durante uma grande seca, e criou a SUDENE (Superintendência do Desenvolvimento do Nordeste), mas não interveio na questão da distribuição da terra e nas relações de poder no campo.

> **Fique ligado**
>
> Com o costume de mandar bilhetes, que tinham o valor de leis informais, tomou algumas decisões: regulamentou o maiô das misses, proibiu o biquíni, as rinhas (brigas) de galo e as corridas de cavalo em dias úteis e lança-perfume no Carnaval.

A construção de Brasília – projeto de Lúcio Costa e Oscar Niemeyer – foi o símbolo concreto da euforia desenvolvimentista. A quantidade de investimentos gerou sérios problemas, que foram herdados pelo governo seguinte. No final do governo de Juscelino, greves estouravam em São Paulo, a carestia aumentava. Assim, o PSD passou a aproximar-se da UDN, e Juscelino terminou seu mandato em séria dificuldade, crise que favoreceu o aparecimento de políticos demagogos como Jânio Quadros.

## 6.10 Jânio Quadros (1961)

Jânio usava a vassoura como símbolo de sua campanha, prometendo varrer a sujeira e a corrupção. A UDN resolveu apoiar Jânio Quadros para presidente; os operários de São Paulo apoiaram uma combinação de candidatos: nascendo Jan/Jan – Jânio (para Presidente) e Jango (para Vice). Jânio teve uma das mais expressivas votações da história do Brasil.

Personalista e autoritário, Jânio, depois da posse, exigia cada vez mais poderes.

Os Estados Unidos pediram ajuda ao governo brasileiro para invadir Cuba em 1961. Jânio negou-se a ajudar na invasão, e, mais, promoveu a condecoração de Che Guevara, ministro de Fidel Castro após a Revolução Cubana, e do astronauta soviético Yuri Gagárin.

Representantes brasileiros foram até a China, Cuba, e Alemanha oriental para reatar relações diplomáticas.

Para obter o apoio popular, Jânio renunciou, esperando voltar com maiores poderes. Contudo, a renúncia soou para o povo como uma traição, e a opinião pública voltou seus olhos para o Vice, João Goulart, que estava na China.

Aceita a renúncia de Jânio, os militares não apoiavam a posse do Vice, João Goulart por razões de segurança nacional. Argumentavam que Jango, enquanto Ministro do trabalho de Vargas, estava envolvido com greves e não escondia suas simpatias pelo Comunismo.

Outros militares e Leonel Brizola iniciaram a batalha pela Legalidade e o Congresso adotou uma solução de compromisso. O sistema de governo passou de presidencialista a parlamentarista, e João Goulart tomou posse, como poderes diminuídos, em 7 de setembro de 1961. Utilizado como simples expediente para resolver uma crise, o parlamentarismo não poderia durar muito.

## 6.11 João Goulart (1961-1964)

A solução chegou no início de setembro de 1961: o Parlamentarismo, com a presença de Tancredo Neves como Primeiro-Ministro. Jango foi empossado Presidente. Tancredo Neves não ficou muito tempo no poder, por concorrer às eleições em Minas, sendo substituído por Brochado da Rocha.

A renúncia de Brochado fez com que um plebiscito fosse marcado para consultar o povo sobre a manutenção ou não do regime parlamentarista. Assim, voltou, em 1963, o presidencialismo.

Jango lançou o Plano Trienal, que tinha como característica a contenção de salários e do orçamento, que gerou revoltas. A inflação beirava os 70% ao ano. Greves agravaram mais a situação. Os próprios militares se revoltaram, demonstrando a falta de seu apoio a Jango, que se aproximou dos partidos de esquerda, nos quais a questão da reforma agrária estava em pauta.

Em comício na Cinelândia pelas Reformas de Base (reforma eleitoral, agrária), Jango decretou a encampação (desapropriação) das empresas multinacionais no Brasil e das terras às margens das ferrovias e rodovias.

A crise política se agravou, sucederam-se manifestações públicas, com o apoio da UDN (ex.: Marcha da Família com Deus pela Liberdade), gerando a intervenção militar, com movimentação das tropas de Minas em direção ao Rio de Janeiro. Em 1.º de abril de 1964, uma junta militar tomou o poder, iniciando um período de governos militares.

As Ligas Camponesas competiam em importância com o grande crescimento urbano e a industrialização. Dos movimentos rurais da época, o mais importante era a Liga de Francisco Julião. As Ligas defendiam os camponeses contra a expulsão da terra e os altos preços dos arrendamentos. Em novembro de 1961, realizou-se em Belo Horizonte o I Congresso Nacional dos Trabalhadores Agrícolas e em 1963 foi adotado o Estatuto do Trabalhador Rural que instituiu a carteira profissional para o trabalhador do campo, regulou a duração do trabalho e a observância do salário mínimo e previu direitos como o repouso semanal e férias remuneradas.

# 7 CULTURA MUSICAL BRASILEIRA NOS ANOS 80 E 90

Depois do "envelhecimento" da Jovem Guarda, a MPB acabou virando a principal voz musical da nação brasileira da década de 1970. Somente o Rock conseguiu voltar às paradas em 1980, com o humor descompromissado e carioca da Gang 90, que foi precursora da nova onda nacional. Fundada por Júlio Barroso, poeta ligado ao movimento "udigrude" dos anos 70. Outra banda, a Blitz, aproveitou a mesma onda e a propagou em escala muito maior, com o sucesso "Você Não Soube me Amar". Mas foi com sotaque anglo-saxão e letras politizadas que o Rock se estabeleceu de vez entre a moçada *tupiniquim* e se tornou o fato cultural mais significativo dos anos 1980 no Brasil. Tudo começou com roqueiros que moravam em Brasília. Foi nas proximidades do Planalto que o grupo Aborto Elétrico, tendo no vocal Renato Russo, fez seu primeiro show em 1980.

O Aborto Elétrico, após seu fim, daria origem a duas bandas importantes do cenário musical nacional: Legião Urbana e Capital Inicial. O grupo Legião Urbana se destacou ao longo de sua carreira por letras que abordavam temas relacionados à política (Que País é Esse?, Conexão Amazônica), homossexualidade (Daniel na Cova dos Leões, Meninos e Meninas), amor (Monte Castelo, Quando o Sol Bater na Janela do teu Quarto, Maurício, 7 cidades), drogas (Só por Hoje), enfim, temas com os quais a juventude se identificava bastante. Renato Russo foi o mais carismático letrista e vocalista de seu tempo.

Divide o posto de tal glória com o carioca Agenor de Miranda Araújo Neto, o Cazuza, líder da banda Barão Vermelho. Ambos (Renato e Cazuza) injetaram poesia no Rock; ambos fizeram o Brasil mostrar a sua cara com questões simples e diretas, os dois morreram no auge da fama, vitimados pela Aids, o mal do fim do século.

Outro líder dos jovens dos anos 1980 foi Raul Varela Seixas, o Raul Seixas. Apesar de sua ausência do cenário musical durante os anos 80 (ficou praticamente afastado dos palcos entre 1983 - 1988) sua influência, que vinha dos LPs gravados nos anos 70, motivava a moçada interessada em mudanças. Outras Bandas e cantores se detacaram: Ultraje a Rigor, RPM, Paralamas do Sucesso, Abóboras Selvagens, Kid Abelha, Plebe Rude, Inimigos do Rei, Titãs, Engenheiros do Hawaii, Nenhum de Nós, Lulu Santos, Camisa de Vênus, Biquíni Cavadão, IRA, Lobão.

### Rock in Rio (1985)

Evento que, sem dúvida, colocou o Brasil no trajeto do Rock internacional. Uma grande iniciativa do empresário brasileiro Roberto Medina que viu, na propagação da cultura jovem, uma possibilidade de expandir esse mercado no Brasil. O Rock in Rio foi realizado, pela primeira vez, na cidade do Rio de Janeiro, entre 11 e 20 de janeiro de 1985, em área especialmente construída para receber o evento. O local, um terreno de 250 mil metros quadrados, que fica no bairro de Jacarepaguá, ficou conhecido como "Cidade do Rock" e contava com o maior palco do mundo já construído até então: com 5 mil metros quadrados de área, além de dois imensos *fast foods*, dois *shopping centers* com 50 lojas, dois centros de atendimento médico e uma grande infra-estrutura para atender a quase 1,5 milhão de pessoas que frequentaram o evento.

Infelizmente, há pouco a se falar sobre a cultura dos anos 90. As *boy bands* começaram a tomar conta do cenário nacional e a consistência do Rock foi, aos poucos, perdendo espaço. Há ainda bandas alternativas que tantam se manter num contexto de música globalizada.

136

**CONHECIMENTOS GERAIS**

# 8 GLOBALIZAÇÃO

## 8.1 Origens da Globalização e suas Características

Muitos historiadores afirmam que este processo teve início nos séculos XV e XVI com as Grandes Navegações e Descobertas Marítimas. Neste contexto histórico, o homem europeu entrou em contato com povos de outros continentes, estabelecendo relações comerciais e culturais. Porém, a globalização efetivou-se no final do século XX, logo após a queda do Socialismo no leste europeu e na União Soviética. O Neoliberalismo, que ganhou força na década de 1970, impulsionou o processo de globalização econômica.

Com os mercados internos saturados, muitas empresas multinacionais buscaram conquistar novos mercados consumidores, principalmente dos países recém saídos do socialismo. A concorrência fez com que as empresas utilizassem cada vez mais recursos tecnológicos para baratear os preços e também para estabelecerem contatos comerciais e financeiros de forma rápida e eficiente. Neste contexto, entra a utilização da Internet, das redes de computadores, dos meios de comunicação via satélite etc.

Outra característica importante da globalização é a busca pelo barateamento do processo produtivo pelas indústrias. Muitas delas produzem suas mercadorias em vários países, com o objetivo de reduzir os custos.

Optam por países onde a mão de obra, a matéria-prima e a energia são mais baratas. Um tênis, por exemplo, pode ser projetado nos Estados Unidos, produzido na China, com matéria-prima do Brasil, e comercializado em diversos países do mundo.

Para facilitar as relações econômicas, as instituições financeiras (bancos, casas de câmbio, financeiras) criaram um sistema rápido e eficiente para favorecer a transferência de capital e comercialização de ações em nível mundial. Investimentos, pagamentos e transferências bancárias podem ser feitos em questão de segundos através da Internet ou de telefone celular.

Os Tigres Asiáticos (Hong Kong, Taiwan, Cingapura e Coreia do Sul) são países que souberam usufruir dos benefícios da globalização. Investiram muito em tecnologia e educação, nas décadas de 1980 e 1990. Como resultado, conseguiram baratear custos de produção e agregar tecnologias aos produtos. Atualmente, são grandes exportadores e apresentam ótimos índices de desenvolvimento econômico e social.

Neste período de globalização, o pensamento econômico predominante em escala mundial é conhecido por consenso de Washington, também batizado de Neoliberalismo. Suas diretrizes são a desregulamentação da economia, livre circulação de capitais, as privatizações e a diminuição da ação estatal na vida econômica.

## 8.2 Internet, Aldeia Global e a Língua Inglesa

Como dissemos, a globalização extrapola as relações comerciais e financeiras. As pessoas estão cada vez mais descobrindo na Internet uma maneira rápida e eficiente de entrar em contato com pessoas de outros países ou, até mesmo, de conhecer aspectos culturais e sociais de várias partes do planeta. Junto com a televisão, a rede mundial de computadores quebra barreiras e vai, cada vez mais, ligando as pessoas e espalhando as ideias, formando, assim, uma Grande Aldeia Global.

Saber ler, falar e entender a língua inglesa torna-se fundamental, dentro deste contexto, pois é o idioma universal e o instrumento pelo qual as pessoas podem se comunicar.

## 8.3 Blocos Econômicos e Globalização

Dentro deste processo econômico, muitos países se juntaram e formaram blocos econômicos, cujo objetivo principal é aumentar as relações comerciais entre os membros.

A integração dos blocos regionais é feita por etapas, avançando gradativamente em cada objetivo almejado pelos países, tanto no aspecto econômico como político, ambiental, de defesa, sociocultural etc. Essas etapas podem ser assim definidas:

- **Zona de livre comércio:** nessa etapa, há livre circulação das mercadorias entre os países do bloco e as tarifas alfandegárias vão diminuindo gradativamente, até a sua total eliminação.
- **União aduaneira:** etapa em que as mercadorias circulam livremente pelo bloco e há a adoção de tarifas alfandegárias comuns para a realização de comércio com outros países não membros.
- **Mercado comum:** esse estágio envolve as etapas anteriores e mais a livre circulação de pessoas, serviços e capitais, completando a fase de integração econômica.
- **União monetária:** engloba todas as fases anteriores, padroniza as leis econômicas, fiscais e trabalhistas, entre outras, e acrescenta a utilização de uma moeda única entre os países membros, emitida por um Banco Central.
- **União política:** é a fase final da integração, envolvendo todas as anteriores e unificando as políticas de relações exteriores, de segurança interna e externa e de defesa dos países membros.

Neste contexto, surgiram a União Europeia, o Mercosul, a Comecom, o NAFTA, o Pacto Andino e a Apec. Estes blocos se fortalecem

## GLOBALIZAÇÃO

cada vez mais e já se relacionam entre si. Desta forma, cada país, ao fazer parte de um bloco econômico, consegue mais força nas relações comerciais internacionais.

### 8.4 Principais Blocos Econômicos

### 8.5 Desigualdades

Desse modo, as questões sociais são muitas vezes esquecidas, dando-se importância somente à produção industrial e a ações especulativas no mercado financeiro. Nesse sistema, a insegurança (econômica e financeira) acompanha constantemente as nações, pois como os mercados mantêm relação com as famosas bolsas de valores, elas estão sujeitas a sofrerem alterações das mais diversas possíveis, pois estão interligadas em todo o mundo, podendo concentrar um crescimento espetacular ou um declínio/recessão por muitos anos. O mundo é posto como uma grande mercadoria, que pode ser comprada ou ser descartada do mercado mundial, ocasionando uma exclusão econômica, social e política.

A globalização acenou com perspectivas que não se concretizaram. Imaginou-se um mundo plenamente integrado, sem fronteiras. Novas tecnologias e métodos gerenciais levariam ao bem-estar dos indivíduos e à redução das desigualdades. Na realidade, nos últimos anos, registrou-se aumento das desigualdades no cenário mundial.

**CONHECIMENTOS GERAIS**

# 9 TERRORISMO GLOBALIZADO

No início do século XXI, o cenário internacional privilegiava os grandes acontecimentos econômicos estadunidenses no mundo, as relações eram no âmbito mais geoeconômico do que geopolítico. Porém, os acontecimentos de 11 de setembro de 2001 expuseram ao mundo amplas consequências dos atos terroristas.

## 9.1 O que é Terrorismo?

O terrorismo envolve ações violentas, tanto físicas quanto psicológicas, desencadeadas contra uma situação específica, relacionada a questões políticas, raciais, religiosas, entre outras. Podemos, também definir como o uso sistemático da violência contra uma população para criar um ambiente de medo e, assim, alcançar um objetivo político.

As ações terroristas podem ser aleatórias, quando não visam a um agente específico, isto é, não existe um alvo previamente escolhido. A intenção maior é espalhar o medo, instalando um período de instabilidade. Como exemplo, podem ser citadas as bombas em metrôs, cafés, parques etc.

As ações terroristas seletivas escolhem um alvo mais específico e conhecido, visando à chantagem, à vingança ou à eliminação do alvo. Essas ações estão mais relacionadas às questões políticas.

A seguir, os principais grupos terroristas e onde estão localizados, no espaço geográfico mundial.

**Al Qaeda:** grupo fundamentalista islâmico que possui financiadores para o desenvolvimento de ataques em diferentes pontos do planeta. Além disso, detém ramificações da organização, configurando, assim, uma atitude globalizada. Esse grupo surgiu no Oriente Médio, porém, os ataques ocorrem nessa região e em outros pontos do planeta.

**Hamas (Movimento de Resistência Islâmica):** grupo que atua em locais próximos à fronteira entre a Palestina e Israel, que busca a formação do Estado Palestino por meio de atentados com homens-bomba e outras modalidades.

**Jihad Islâmico da Palestina:** desenvolve suas práticas em Israel, em áreas ocupadas pela Jordânia e Líbano.

**Hizbollah (Partido de Deus):** desenvolve-se no Líbano, com participantes nos Estados Unidos, Europa, Ásia, África e América do Sul.

**Al Jihad:** age no Egito, busca implantar um Estado Islâmico, possui ligação no Afeganistão, Paquistão, Iêmen, Sudão, Líbano e Reino Unido.

**Organização Abu Nidal:** age principalmente no Iraque, Líbano, Líbia e Egito.

**Frente Popular para a Libertação da Palestina:** atua na Síria, Líbano, Israel e na Palestina.

**Frente popular de Libertação da Palestina:** Comando Geral: representa um grupo terrorista que surgiu na Palestina, atua na faixa de Gaza, Síria e Líbano.

**Brigada dos Mártires do Al-Aqsa:** grupo palestino terrorista que atua com ataques, atentados, rebeliões contra Israel.

**Grupo Abu Sayyaf:** age especialmente no sul das Filipinas e Malásia.

**Grupo Islâmico Armado (GIA):** age na Argélia. Esse grupo terrorista se formou em 1992.

**Kach e Kahane Chai:** grupo terrorista israelense que busca a implantação do território conforme está expresso na Bíblia. Dessa forma, seu maior inimigo é a Palestina.

**Grupo Islâmico (GI):** grupo terrorista que atua no Egito, além do Afeganistão, Sudão, Reino Unido, Iêmen e Áustria.

**HUM (Harakat ul-Mujahidin):** grupo extremista que age em função do Islamismo em países como o Paquistão e Índia, na região da Caxemira.

**Movimento Islâmico do Usbequistão:** tem suas atuações, sobretudo, no Usbequistão, além do Afeganistão, Tajiquistão e Quirguízia.

**Partido dos Trabalhadores do Curdistão:** corresponde a um grupo que aspira a território e independência, representa o povo curdo. Age na Turquia, Iraque, Síria e Europa Ocidental.

**Exército de Libertação Nacional do Irã:** grupo que busca a expansão do Islamismo.

**Tigres Tâmeis:** grupo separatista que busca a independência entre o norte e o sul do Sri Lanka.

**ETA (Pátria Basca e Liberdade):** busca a independência territorial da França e Espanha.

**Ira (Exército Republicano Irlandês):** luta pela saída das forças britânicas do território da Irlanda. Atua em partes da Europa, especialmente na Irlanda do Norte. Esse é um grupo católico.

**Ensinamentos da Verdade Suprema:** grupo com base religiosa que acredita que o fim do mundo está próximo e esse será decorrente da Terceira Guerra Mundial entre Estados Unidos e Japão.

**Farc (Forças Armadas Revolucionárias da Colômbia):** corresponde a um grupo guerrilheiro que desenvolve um Estado paralelo na Colômbia, sua atuação é mais evidenciada na Venezuela, Panamá e Equador, além dos ataques, atentados e sequestros ocorridos internamente.

**Exército de Libertação Nacional – Colômbia:** esse grupo tem sua atuação na Colômbia e tem ideais semelhantes aos praticados em Cuba, promove uma grande quantidade de sequestros no país, principalmente de estrangeiros.

**Autodefesas Unidas da Colômbia:** grupo vinculado ao narcotráfico que visa a proteger seus negócios contra as ações da Farc, além de garantir o plantio da coca e o mercado de cocaína.

**Sendero Luminoso:** grupo guerrilheiro que age no Peru em busca da implantação de um Estado comunista.

**Movimento Revolucionário Tupac Amaru:** grupo que atua no Peru e visa à instauração do regime socialista no país.

**Frente Revolucionária de Libertação Popular:** grupo com ideais marxistas que age na Turquia e contra os Estados Unidos.

**Organização Revolucionária 17 de Novembro:** atua na Grécia contra Estados Unidos, OTAN e União Europeia.

**Luta Revolucionária do Povo:** grupo que foi criado para confrontar o governo militar e a ditadura que vigorou na Grécia, na década de 70.

# TERRORISMO GLOBALIZADO

**Grupos separatistas chechenos**: grupos terroristas que buscam a independência da Chechênia em relação à Rússia. Cometem uma série de atentados.

Independente do tipo de ação terrorista, ela envolve o uso sistemático do medo e da violência imprevisível para alcançar objetivos políticos, religiosos ou ideológicos.

As conquistas do meio técnico-científico–informacional também repercutiram na evolução das ações terroristas tanto nas comunicações quanto na sofisticação e precisão dos equipamentos: uso de armas químicas, biológicas ou bacteriológicas.

## 9.2 Doutrina Bush

A resposta dos EUA aos atentados de 11 de setembro não se limitou à guerra no Afeganistão. O governo *Bush* (2001 – 2008) considerou o terrorismo a principal ameaça à segurança mundial e inaugurou um novo cenário geopolítico.

A Doutrina Bush considerou as relações internacionais como um embate entre as forças do bem (sociedades livres) e as forças do mal (organizações e países que patrocinam o terrorismo). Na lista de inimigos divulgada e redefinida pelos EUA, existiam vários países e organizações muçulmanas. A doutrina de Bush criou uma disputa entre o mundo ocidental o e o mundo islâmico.

## 9.3 A doutrina Defendia

- O unilateralismo, a possibilidade de os EUA agirem no mundo de forma unilateral, ou seja, sem a preocupação de receber o aval das organizações multilaterais como a ONU, a OTAN, entre outros;
- **Os ataques preventivos:** o uso da força de forma preventiva, ou seja, antes do inimigo e contra qualquer país que os EUA considerassem ameaçador contra à sua segurança.

Com base nessas ideias, os EUA fortalecem seu contingente militar em todos os continentes, ampliaram seu orçamento militar e partem numa guerra com o Iraque, em 2003.

Um dos grandes momentos atuais foi a ação militar norte americana que levou à morte o terrorista Osama Bin Laden.

# CONHECIMENTOS GERAIS

## 10 PROBLEMAS AMBIENTAIS: EROSÃO E POLUIÇÃO DO SOLO

Erosão do solo é caracterizada como a perda da camada superficial da litosfera, rica em matéria orgânica, onde existe a vida microbiana e que permite o desenvolvimento da vida vegetal. Entre as várias formas em que o homem provoca ou agrava a erosão dos solos, podemos destacar:

### 10.1 Os Desmatamentos Desordenados

Os países mais atingidos pelos desmatamentos estão localizados na faixa tropical do globo. Apesar da sua importância, as florestas tropicais têm sido destruídas por várias atividades humanas, entre elas:
- A utilização dos terrenos para agricultura.
- A exploração de recursos minerais.
- A extração da madeira.
- As queimadas.

Os impactos ambientais decorrentes do desmatamento são muitos:
- Extinção e redução da biodiversidade.
- Extermínio de indígenas.
- Erosão e empobrecimento dos solos.
- Assoreamento do leito dos rios.
- Desertificação.
- Aumento de $CO_2$ na atmosfera, provocado pelas queimadas.
- Rebaixamento do lençol freático.
- Mudanças climáticas.
- A desertificação

▷ Causas
- Uso intensivo do solo para agricultura.
- Fragilidade do ecossistema.
- Desmatamentos.
- Pecuária extensiva.
- Técnicas não apropriadas de irrigação e cultivo.

▷ **Consequências:**
- **Problemas sociais:** fome, desnutrição, analfabetismo, diminuição da renda e do consumo.
- **Migração dos habitantes de áreas secas:** pobreza urbana, desestruturação familiar e desemprego.
- Destruição da biodiversidade.
- Erosão do solos e formação de areia.
- Redução dos recursos hídricos.
- Redução das terras cultiváveis.

### 10.2 A Prática da Agricultura

A agricultura causou os primeiros impactos ambientais quando o homem aprendeu a cultivar plantas alimentícias e criar animais. O crescimento populacional só fez agravar as consequências desses impactos.

Grande parte das terras ocupadas por atividades agrárias é formada por áreas de solos de baixa fertilidade ou por terrenos acidentados com pouca produtividade.

Entre os muitos impactos ambientais provocados pela agricultura estão a erosão e a contaminação dos solos por agrotóxicos, que podem atingir lençóis de água subterrânea, rios e lagos.

Algumas técnicas de cultivo podem auxiliar para que grande parte do solo das lavouras não seja levada pela água das chuvas. Destacamos:

Proteção e conservação ambiental

1 - Área florestada
2 - Cultivo com faixas de proteção
3 - mata ciliar / rio protegido
2 - Cultivo em curva de nível
4 - Pastagens
6 - Curso d'água livre de assoramento

- Plantio em curvas de nível.
- Terraceamento.
- Associação de culturas.

### 10.3 Os Deslizamentos Provocados por Abertura de Estradas e Construções em Geral

A camada superficial do solo em terrenos inclinados tem a tendência de deslizar de cima para baixo. A velocidade e a intensidade desse deslizamento vão depender da maior ou menor permeabilidade dos solos e do declive do terreno. Quando temos a ação antrópica em áreas de grande declividade, os deslizamentos podem ocorrer de forma mais violenta, originando grandes tragédias. Um desmatamento anterior da área contribui para agilizar o processo.

# 11 QUESTÕES ATMOSFÉRICAS

A poluição do ar atmosférico causa muitos impactos ambientais, tanto em escala local como regional ou global. Nas escalas local e regional, destacam-se a inversão térmica, as ilhas de calor e a chuva ácida. Em escala global, são muito preocupantes o aquecimento global (efeito estufa) e a destruição da camada de ozônio.

## 11.1 Inversão Térmica

A inversão térmica ocorre em todo o planeta. Porém quando ocorre no espaço urbano, principalmente nas grandes cidades, contribui para agravar o problema da poluição.

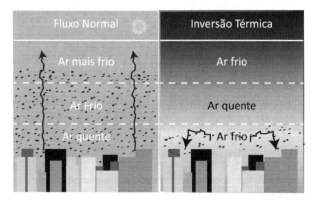

Na inversão térmica, o que acontece é a retenção de calor pelas camadas mais baixas da atmosfera, cujas moléculas do ar tendem a subir, formando correntes de convecção. Os poluentes contidos no ar tendem a ocupar as camadas mais altas da atmosfera. Até aí tudo normal. No inverno, porém, o ar frio e o ar quente formam uma barreira impedindo que os gases poluentes subam para as camadas mais altas da atmosfera. O resultado é a formação de uma névoa densa e tóxica próxima à superfície do solo, com graves efeitos sobre a saúde das pessoas (bronquite, pneumonia, por exemplo).

## 11.2 Ilhas de Calor

O crescimento desordenado da cidade pressiona as condições naturais da flora e da fauna. O uso inadequado do solo, os parques industriais e a concentração de poluentes, a pavimentação asfáltica, a queima de combustíveis fósseis resultam numa contaminação ambiental geral, alterando condições e a composição da camada mais próxima à superfície terrestre: a troposfera.

Essas são as condições propícias para a formação de um aumento nas temperaturas no centro das cidades. Esse fenômeno é conhecido como: ilha de calor. O centro da cidade, onde se concentram os edifícios e cujos materiais são de grande retenção de calor, favorece o aquecimento de grandes volumes de ar. Com isso, há uma grande diferença da temperatura do centro e da periferia das cidades, principalmente se essa contar com áreas verdes e reservatórios de água.

## 11.3 Chuva Ácida

A queima de combustíveis fósseis, como o petróleo e o carvão mineral, produz vários poluentes, dentre os quais, o dióxido de enxofre e os óxidos de nitrogênio. Esses gases, quando em contato com o vapor de água e oxigênio atmosféricos, formam moléculas de ácido sulfúrico e ácido nítrico, resultando em precipitações ácidas.

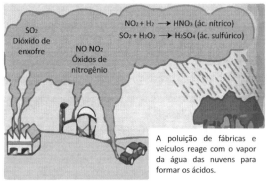

A chuva ácida prejudica a saúde humana, diminui a vida aquática, destrói florestas e expõe o solo à erosão, ou seja, impacta os ecossistemas naturais, a agricultura e os monumentos.

## 11.4 Aquecimento Global (Efeito Estufa)

O efeito estufa é um fenômeno natural. Graças a ele, nosso planeta dispõe de um clima suficientemente quente e propício à vida, tornando-o habitável.

O efeito estufa está ficando cada vez mais acentuado. Ele é causado pela exagerada elevação dos níveis de dióxido de carbono e de outros gases do efeito estufa, provocando o aquecimento excessivo do clima da Terra e colocando em risco o equilíbrio ecológico do planeta. Sua origem tem como marco histórico a Revolução Industrial e o uso, a partir de então, dos combustíveis fósseis como fonte de energia.

▷ **Os impactos do efeito estufa acentuado são:**
- Acréscimo na temperatura nos últimos 100 anos.
- Alteração do regime de chuvas e de ventos, interferindo na cobertura vegetal do planeta.
- Intensificação do processo de desertificação.
- Transferências de doenças propagadas por vetores que podem migrar do Sul para o Norte, dentre elas, a malária.
- **Perda de áreas agrícolas que são hoje grandes produtoras:** Sul da Europa e dos EUA, Oeste da Austrália.
- Migração humana em razão de secas, inundações costeiras, empobrecimento biótico.
- Aumento da aridez em regiões marcadas pela escassez da água.
- Elevação do nível dos oceanos em razão do degelo das calotas polares, glaciares e geleiras, com sérios problemas nas zonas costeiras.

## 11.5 Camada de Ozônio

O ozônio é um gás de cor azul, de ocorrência natural, resultado da reação química do oxigênio na presença da radiação solar ultravioleta. Está concentrado na estratosfera. A importância desse gás está em sua propriedade protetora contra a ação direta dos raios ultravioleta. No entanto, ele se decompõe por reações químicas na presença, principalmente, dos clorofluorcarbonetos (CFC), usados nas indústrias como fluido de refrigeração, na embalagem de espuma e como propelente de *sprays*, que persistem na atmosfera, pelo menos, 60 anos; outras substâncias sintéticas como o metilclorofórmio, e ainda outros compostos de bromo também têm participação na decomposição do ozônio.

O Protocolo de Montreal refere-se ao controle das substâncias químicas que danificam a camada de ozônio. Foi assinado em 1987 e entrou em vigor em 1989.

## 11.6 Principais Discussões e Conferências Sobre Meio Ambiente

**Março 1972** - Clube de Roma publica Limites do Crescimento. O relatório provoca controvérsia ao associar o crescimento econômico ao esgotamento dos recursos naturais.

**Junho 1972** - ONU realiza a Conferência sobre Meio Ambiente Humano, em Estocolmo, na Suécia.

**Março 1979** - Acidente na usina nuclear de Three Mile Island, na Pensilvânia (EUA).

**Março 1980** - Estratégia Mundial de Conservação é lançada pela IUCN (em português União Internacional para a Conservação da Natureza) em colaboração com WWF e Pnuma, levando em conta as pressões econômicas sobre a natureza e a necessidade do Desenvolvimento Sustentável.

**Julho 1980** - A Comissão Independente sobre Questões de Desenvolvimento Internacional publica Norte-Sul: um Programa para a Sobrevivência (Relatório Brandt), que defende maior equilíbrio entre países ricos e em desenvolvimento.

**Dezembro 1984** - Vazamento de gás da fábrica de agrotóxicos da Union Carbide em Bhopal, na Índia, matou perto de 22 mil pessoas. Foi o maior acidente químico já registrado. A indenização de 2 mil libras por vítima paga pela Dow Química, que comprou a Union Carbide em 1999, é contestada há anos pelos sobreviventes do desastre industrial.

**Maio 1985** - Cientistas britânicos publicam carta na Nature comunicando descoberta do buraco na camada de ozônio sobre a Antártida.

**Abril 1986** - Explosão em reator da estação nuclear de Chernobyl, na Ucrânia (na época, parte da então União Soviética), espalha nuvem radioativa pela Europa. O maior acidente nuclear de todos os tempos obrigou a evacuação de 350 mil pessoas das áreas contaminadas.

**Abril 1987** - Nosso Futuro Comum (Relatório Brundtland) populariza a expressão "Desenvolvimento Sustentável" e lança as bases para a Rio-92.

**Setembro 1987** - Adoção do Protocolo de Montreal, que inicia o controle de CFCs e outras substâncias químicas que danificam a camada de ozônio.

**Março 1989** - O navio-tanque Exxon Valdez colide com um recife e derrama em torno de 355 mil barris de petróleo na costa do Alasca.

**Junho 1992** - Também conhecida como Cúpula da Terra, Eco-92 e Rio-92, a Conferência das Nações Unidas sobre Meio Ambiente e Desenvolvimento acontece na cidade do Rio de Janeiro.

**Janeiro 2001** - Movimentos sociais promovem em Porto Alegre (RS) o primeiro Fórum Social Mundial (FSM), que, desde então, repete-se anualmente. Tem como finalidade discutir propostas alternativas de sociedade, contemplando os Direitos Humanos, direitos trabalhistas, proteção ambiental e economia solidária.

**Agosto 2002** - Cúpula Mundial sobre Desenvolvimento Sustentável, a Rio+10, aprova em Johanesburgo, na África do Sul, plano para implementar os compromissos da Rio-92.

**Dezembro 2004** - Pela primeira vez, o Prêmio Nobel da Paz é concedido a um ambientalista, a queniana Wangari Maathai, por sua luta em defesa do meio ambiente e dos Direitos Humanos.

**Fevereiro 2005** - Adotado em dezembro de 1997, o Protocolo de Kyoto passa a vigorar, obrigando os países industrializados a cortar em 5% suas emissões de gases-estufa em relação aos níveis de 1990.

**Fevereiro 2007** - IPCC lança a primeira parte do 4º Relatório de Avaliação, que afirma ser muito provável que a maior parte do aumento na temperatura global é devida ao aumento nas concentrações atmosféricas de gases-estufa emitidos por atividades humanas.

**2008** - Crises alimentar, energética e financeira convergem, provocando recessão econômica. Incentivos a tecnologias verdes são incluídos nos pacotes de estímulo econômico anticrise.

**2008** - Acontecimento inédito na História da humanidade, a população urbana ultrapassa a das zonas rurais.

**Dezembro 2009** - A 15ª Conferência das Partes da Convenção sobre Mudanças Climáticas (COP-15), realizada em Copenhague, consolida o tema climático nas agendas pública, corporativa e da sociedade civil, mas decepciona pelo insucesso em fechar um acordo para diminuir as emissões após 2012.

**Fevereiro 2011** – Pnuma lança Rumo à Economia Verde: Caminhos para o Desenvolvimento Sustentável e a Erradicação da Pobreza.

**Junho 2012** - Rio de Janeiro sedia a Conferência das Nações Unidas sobre Desenvolvimento Sustentável, a Rio+20.

# 12 ÁGUA

A água do mundo

Água salgada: 97,5%

Água doce: 2,5%
- 68,9% Presa em geleiras
- 30,8% Subsolo
- 0,3% Lagos e Rios

De toda água no mundo, apenas uma pequena parcela está disposição da vida do planeta. Essa pequena parcela, a cada dia, está sendo mais difícil de se encontrar limpa, potável, ideal para o consumo.

▷ **A poluição das águas superficiais é produzida:**
- Pelas industrias.
- Pela queima de combustíveis fósseis responsáveis pelo aquecimento global que interfere no ciclo hidrológico, no regime pluviométrico.
- **Pelos efluentes domésticos:** lixo e esgoto urbano.
- Pelo mercúrio dos garimpos.
- Pelo assoreamento das águas, pela grande quantidade de solos escoados para rios e lagos.
- Pelo uso da irrigação intensiva.
- Pelos fertilizantes e agrotóxicos responsáveis pela revolução verde.

Tudo isso tem ocasionado não só a escassez dos recursos hídricos para o consumo, mas também está comprometendo sua qualidade. A demanda por água no planeta também está aumentando num ritmo acelerado, graças ao crescimento populacional, o desenvolvimento industrial e a expansão da agricultura irrigada. Sendo assim, está diminuindo a água para o consumo e está cada vez mais aumentando a demanda por água.

Observe que a distribuição da disponibilidade de água pelo planeta é irregular, pois algumas áreas têm muita água e outras estão próximas à escassez física do recurso hídrico.

- Pouca ou nenhuma escassez de água
- Escassez física de água
- Não avaliado
- Escassez econômica de água
- Próximo de escassez física de água

No Brasil, os recursos hídricos estão concentrados na bacia hidrográfica Amazônica, do Paraná e São Francisco. À primeira vista, parece que somos um povo afortunado em recursos hídricos e, no entanto, temos três grandes limitações:
- As maiores reservas de água estão na Amazônia, portanto, a uma grande distância dos grandes centros de consumo.
- O mau uso dos recursos hídricos das demais bacias brasileiras que apresentam grave degradação em relação a sua qualidade.
- A limitação relaciona-se a uma distribuição irregular de seu potencial aquífero e uma insipiente gestão de seus recursos hídricos.

▷ **Os principais problemas das águas no Brasil são:**
- O uso de rios e córregos para lançamentos de esgotos e lixos.
- Aumento da demanda em razão da expansão dos centros urbanos.
- Desmatamento e queimadas.
- Manejo e gestão inadequados dos ecossistemas aquáticos.
- Rios da região amazônica e do Pantanal estão sendo contaminados pelo mercúrio dos garimpos clandestinos.
- São Paulo e Rio de Janeiro sofrem, simultaneamente, pela falta de água e pelas enchentes, pois a água que inunda é muito poluída e não pode ser utilizada para o consumo.
- Se o Nordeste sofre com a escassez na região do Sertão, o Sul e o Sudeste sofrem com a poluição das suas águas.

## 12.1 Eutrofização

É o processo contaminação pelo qual passam corpos d'água (rios, córregos, vertentes, olhos d'água, lagos e lagoas). Esse processo de poluição provoca alteração na cor da água, deixando-a turva e com níveis muito baixos de oxigênio. Com isso, há uma alteração natural da composição físico-química da água, o que provoca morte tanto de espécies animais como de vegetais.

A eutrofização é provocada pela ação antrópica (ser humano), através de atividades industriais, quando não há tratamento adequado de efluentes, lançamento e não tratamento de esgotos domésticos e comerciais, acidentes próximos de corpos d'água e a falta de saneamento básico (água tratada e esgoto, além de coletado, tratado).

## 12.2 Unidades de Conservação e a preservação dos ecossistemas, da flora e da fauna brasileira

Segundo levantamento do Instituto Chico Mendes, há no Brasil 320 Unidades de Conservação espalhadas entre parques e reservas. Essas unidades foram criadas por Decreto Presidencial de nº 9.985, de 18 de julho de 2000. As unidades estão divididas em dois grupos principais – o de Proteção Integral e o de Uso Sustentável que, no conjunto, são 12 categorias.

Os grupos de proteção integral:
- Estação Ecológica.
- Reserva Biológica.
- Parque Nacional.
- Monumento Natural.
- Refúgio de Vida Silvestre.

Os grupos de uso sustentável:
- Área de Proteção Ambiental.
- Área de Relevante Interesse Ecológico.
- Floresta Nacional.
- Reserva Extrativista.
- Reserva de Fauna.
- Reserva de Desenvolvimento Sustentável.

## CONHECIMENTOS GERAIS

- Reserva Particular do Patrimônio Natural.

Unidades de Conservação no Paraná:

- Floresta Nacional de Piraí do Sul.
- Floresta Nacional do Açungui (Campo Largo).
- Floresta Nacional de Irati.
- Parque Estadual de Vila Velha.
- Parque Estadual do Cerrado (Jaguariaíva).
- Monumento Natural Salto de São João (Prudentópolis).
- Monumento Natural da Lancinha (Tibagi).
- Área de Relevante Interesse Ecológico da Serra do Tigre (Mallet).
- Área de Relevante Interesse Ecológico do Buriti (Pato Branco).
- Refúgio de Vida Silvestre dos Campos de Palmas.
- Reserva Biológica das Araucárias (Imbituva, Ipiranga, Teixeira Soares e Fernandes Pinheiro).
- Reserva Biológica Estadual da Biodiversidade (1º e 2º Planalto da Floresta Ombrófila Mista).
- Área de Proteção Ambiental de Guaratuba.
- Área de Proteção Ambiental da Escarpa Devoniana.
- Estação Ecológica Ilha do Mel.
- Estação Ecológica Guaraqueçaba.
- Estação Ecológica Fernandes Pinheiro.
- Floresta Estadual do Palmito (Paranaguá).
- Floresta Estadual Córrego da Biquinha (Tibagi).

# GEOLOGIA

## 13 GEOLOGIA

### 13.1 Eras Geológicas

Há 4,5 bilhões de anos, a Terra já era um planeta consolidado, já tinha sofrido um resfriamento que aconteceu de fora para dentro, formando as camadas que estruturam a Terra internamente. Estava, desta forma, iniciando um cenário de inúmeras transformações, origem da vida, a evolução das espécies e o aparecimento do ser humano. Essa história toda é contada numa cronologia dividida em: Éons, Eras, Períodos e Épocas. Dessa forma, as Eras se subdividem em:

- **Pré-Cambriana: com apenas dois períodos:** Arqueozóico e o proterozóico.
- **Paleozoica:** com 6 períodos- Cambriano, Ordoviciano, Siluriano, Devoniano, Carbonífero e Permiano.
- **Mesozoica: com 3 períodos:** Triássico, Jurássico e o Cretáceo.
- **Cenozoica:** com 2 períodos-Terciário (épocas-Paleoceno, Eoceno, Oligoceno, Mioceno e Plioceno) e Quaternário (época-Pleistoceno e Recente).

| EON | ERA | PERÍODO | ÉPOCA | EVENTOS IMPORTANTES | IDADE "MILHÕES DE ANOS" |
|---|---|---|---|---|---|
| FANEROZÓICO | CENOZÓICO | Quaternário | Holoceno | Dispersão da espécie humana | 0,01 |
| | | | Pleistoceno | Extinção de muitos mamíferos, aves e plantas; surgimento da espécie humana | 1,64 |
| | | Terciário | Plioceno | Surgimento dos primeiros hominídeos | 5,2 |
| | | | Mioceno | Diversificação de mamíferos. Vários fósseis da Bacia de Taubaté | 23,3 |
| | | | Oligoceno | Surgimento dos primatas | 35,4 |
| | | | Eoceno | Expansão das aves | 56,5 |
| | | | Paleoceno | Irradiação dos mamíferos | 65 |
| | MESOZÓICO | | Cretáceo | Extinção dos dinossauros, pterossauros e répteis marinhos. | 145,6 |
| | | | Jurássico | Surgimento dos grandes dinossauros e aves. | 208 |
| | | | Triássico | Surgimento dos dinossauros e mamíferos; separação da Pangea | 245 |
| | PALEOZÓICO | | Permiano | Diversificação dos répteis e extinção de muitos invertebrados marinhos | 290 |
| | | | Carbonífero | Auge dos anfíbios e explosão de vida na terra. | 362,5 |
| | | | Devoniano | Diversificação dos peixes e surgimento dos anfíbios e insetos | 408,5 |
| | | | Siluriano | Invasão das plantas e dos artropodas no ambiente terrestre | 439 |
| | | | Ordoviciano | Surgimento dos peixes sem mandíbulas (Agnathas) | 510 |
| | | | Cambriano | Explosão de vida no mar; origem da maioria dos filos de animais | 570 |
| | PROTEROZÓICO | | | Origem dos primeiros seres fotossintetizantes e primeiros invertebrados. | 2500 |
| | ARQUEOZÓICO | | | Origem da Terra; primeiros fósseis de procariontes. | 4600 |

### 13.2 Teoria da Deriva Continental e da Tectônica de Placas

Lembre-se de que em 1912, o alemão Alfred Wegener elaborou essa teoria baseada na ideia de que os continentes já estiveram unidos, porém, devido às forças internas, ocorreu a quebra e foram se afastando uns dos outros. No Permeano (Paleozoica), tínhamos no planeta um grande continente chamado Pangeia e um grande oceano chamado Pantalassa. Devido a forças internas, começou, no Mesozoico, o processo de deriva.

# CONHECIMENTOS GERAIS

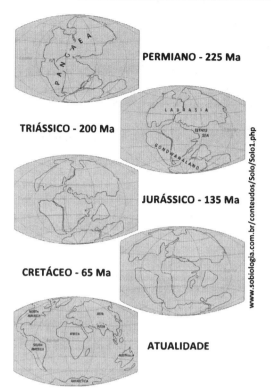

Em 1967, o pesquisador Jason Morgan elaborou a teoria segundo a qual a litosfera é formada por um conjunto de placas irregulares, denominadas placas tectônicas. Essas placas deslizam lentamente umas contra as outras, flutuando sobre o magma existente abaixo da crosta terrestre.

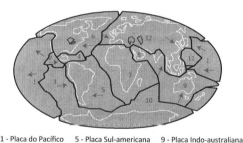

1 - Placa do Pacífico
2 - Placa dos Cocos
3 - Placa de Nazca
4 - Placa das Caraibas
5 - Placa Sul-americana
6 - Placa Norte Americana
7 - Placa Africana
8 - Placa Arábica
9 - Placa Indo-australiana
10 - Placa Antártica
11 - Placa Fiupina
11 - Placa Eurasiana

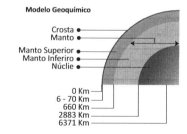

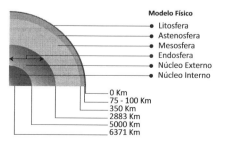

A parte externa da Terra é a crosta terrestre ou litosfera. É a parte formada de rochas e minerais. Sua espessura é de aproximadamente 50 a 60 km e divide-se em duas zonas: SIAL (porção mais externa, correspondente ao solo e ao subsolo, onde predomina o silício e o alumínio) e SIMA (porção interna da crosta terrestre, onde predomina o silício e o magnésio). A superfície da litosfera não é uniforme, acaba sendo mais espessa nos continentes e menos espessa nos mares. Entre a crosta terrestre e o manto, temos a descontinuidade de Mohorovicic ou de Moho e uma corrente de convecção que possibilita a ocorrência da subida do magma até a superfície terrestre, podendo gerar vulcanismos, terremotos, maremotos, movimentos de placas, etc.

A segunda camada da estrutura interna da Terra é o manto, a porção mais volumosa (80%) da estrutura interna da Terra, sendo uma vasta porção do interior da Terra, formada pelo magma e divide-se em manto superior e manto inferior. O manto é grosseiramente homogêneo formado essencialmente por rochas ultrabásicas (baixo teor de silício) e oferece as melhores condições para a propagação de ondas sísmicas, recebendo a denominação de "janela telessísmica". No período de 1965 a 1970, os geólogos e geofísicos concentraram seus esforços para pesquisar as primeiras centenas de quilômetros abaixo da superfície terrestre como parte do Projeto Internacional do manto Superior. Muitas descobertas importantes foram feitas entre elas a definição de "astenosfera", nessa região, em que se acredita que as rochas estão parcialmente fundidas. O manto inferior, que se estende de 700 km até 2900 km (limite do núcleo), é uma região que apresenta pequenas mudanças na composição e fases mineralógicas. A densidade e a velocidade aumentam gradualmente com a profundidade da mesma forma que a pressão. Entre o manto e o núcleo se apresenta a descontinuidade de Gutemberg.

A parte mais interna da Terra é o núcleo. Ela pode apresentar outro nome, NIFE, por possuir grande quantidade de níquel e ferro. Essa porção corresponde a cerca de 14% do volume e 32% da massa do planeta. O núcleo divide-se em duas partes, a externa que se encontra em estado de fusão e representa um material liquido fortemente metálico e o interno que se encontra no estado sólido. Entre a transição dos dois núcleos, encontramos a descontinuidade de Wichert.

Com aproximadamente 1% da massa do planeta, a litosfera ou crosta terrestre, é a camada que mais nos interessa, pois é onde vivemos e de onde retiramos aquilo que precisamos para a nossa existência. A litosfera é composta por rochas, minerais e solo. Uma das partes mais importantes são as rochas, que são agregados naturais de minerais.

▷ **Na natureza existem três tipos de rochas:**

▷ **Magmáticas ou ígneas** – São rochas formadas pela solidificação do magma pastoso. Quando a solidificação ocorre no interior da Terra são chamados de intrusivas ou plutônicas. Seu processo de formação é lento. Ex.: granito. Quando a solidificação do magma ocorre na parte externa da Terra são chamadas de extrusivas, efusivas ou vulcânicas. Seu processo de formação é rápido. Ex.: basalto.

▷ **Sedimentares** – São rochas formadas ou resultantes da desagregação de outras rochas. Podem ser detríticas ou clásticas, ou seja, rochas constituídas, em sua maior parte, por fragmentos de rochas e/ou minerais provenientes do intemperismo e erosão de rochas pré-existentes, como, por exemplo, arenito, areia, argila e outros.

As rochas sedimentares químicas se formam quando o líquido no qual os detritos minerais foram dissolvidos se torna saturado: esse processo frequentemente resulta na formação de belos cristais, o que faz com que, às vezes, sejam parecidas com rochas ígneas. As rochas sedimentares quimicamente formadas mais comuns são a calcita, aragonita e dolomita. E ainda temos as rochas sedimentares orgânicas As rochas sedimentares orgânicas são formadas por restos de animais e vegetais mortos, que vão se acumulando em alguns locais e, por meio de grande pressão e temperatura, dão origem a rochas e minerais como calcário, carvão mineral e petróleo.

## GEOLOGIA

▷ **Metamórficas** – São rochas resultantes das transformações sofridas por outras rochas (magmáticas e sedimentares) em virtude de (novas) alterações de temperatura e pressão no interior da Terra. Como exemplos, mármore (provém do calcário), gnaisse (provém do granito), ardósia (provém do argilito), quartzito (provém da argila).

- **Agentes internos** – Os agentes internos também são chamados de endógenos ou estruturais, exatamente por atuarem de dentro para fora, muitas vezes, com grande violência e rapidez, como terremotos e os vulcanismos, criando ou modificando a fisionomia do relevo. Os agentes internos são o tectonismo, o vulcanismo e os abalos sísmicos.

**Agentes Internos**

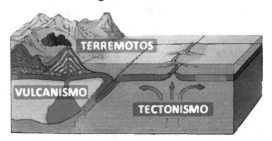

**Agentes Internos**

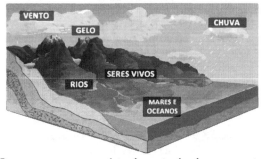

Os agentes externos, também denominados de agentes exógenos, são os que realizam um trabalho escultural ou de moldagem da paisagem terrestre. É um trabalho contínuo e incessante. Lembrando que os agentes endógenos têm a sua ação baseada na erosão, no transporte de sedimentos e na deposição ou sedimentação.

Os agentes externos são intemperismo, águas correntes, geleiras, trabalho dos mares, ventos e ação do homem e dos animais.

### 13.3 Os Solos

É a porção exterior, superficial da crosta terrestre, formada pelas rochas que foram decompostas e associadas a restos orgânicos.

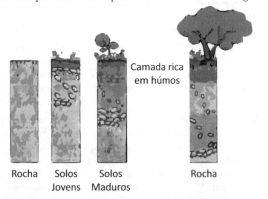

Os solos evoluídos possuem, normalmente, várias camadas sobrepostas, designadas por horizontes. Estas camadas são formadas pela ação simultânea de processos físicos, químicos e biológicos e podem distinguir-se entre si por meio de determinadas propriedades, como, por exemplo, a cor, a textura e o teor em argila.

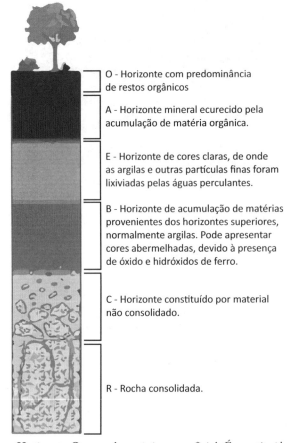

**Horizonte O**: camada orgânica superficial. É constituído por detritos vegetais e substâncias húmicas acumuladas na superfície, ou seja, em ambientes onde a água não se acumula (ocorre drenagem). É bem visível em áreas de floresta e distingui-se pela coloração escura e pelo conteúdo em matéria orgânica (cerca 20%).

**Horizonte A**: camada mineral superficial adjacente à camada O ou H. É o horizonte onde ocorre grande atividade biológica, o que lhe confere coloração escurecida pela presença de matéria orgânica. Existem diferentes tipos de horizontes A, dependendo de seus ambientes de formação. Esta camada apresenta maior quantidade de matéria orgânica que os horizontes subjacentes B e C.

**Horizonte E ou B**: camada mineral situada mais abaixo do horizonte A. Apresenta menor quantidade de matéria orgânica e acúmulo de compostos de ferro e argila minerais. Ocorre concentração de minerais resistentes, como quartzo em pequenas partículas (areia e silte). É o horizonte de máximo acúmulo, com bom desenvolvimento estrutural.

**Horizonte C**: camada mineral de material inconsolidado, ou seja, por ser relativamente pouco afetado por processos pedogenéticos, o solo pode ou não ter se formado, apresentando-se sem ou com pouca expressão de propriedades identificadoras de qualquer outro horizonte principal.

**Horizonte R**: camada mineral de material consolidado, que constitui substrato rochoso contínuo ou praticamente contínuo, a não ser pelas poucas e estreitas fendas que pode apresentar (rocha).

### 13.3.1 Quanto a origem os solos podem ser

**Eluviais** – São solos formados no local em que se encontra permanecendo sobre a rocha matriz. São chamados também de solos zonais. Ex.: terra roxa.

**Aluviais** – São solos transportados (pelo vento, água etc) para local diferente daquele onde teve origem. São denominados azonais. Ex.: *Loess*.

**Orgânicos** – Solos formados por grande quantidade de restos orgânicos (vegetais e animais) Ex.: *Podzol, Tchernozion*.

# 14 ESTRUTURA GEOLÓGICA E RELEVO DO BRASIL

## 14.1 Estrutura Geológica

Chamamos de "estrutura geológica de um local" as rochas que o compõem e se dispõem em diferentes camadas, que apresentam diferentes tipos e idades e se originaram de diferentes processos geológicos.

A estrutura geológica brasileira é constituída por escudos cristalinos, que abrangem cerca de 36% do território nacional. Os terrenos cristalinos podem ser divididos entre os que se formaram no Período Arqueozoico (32%) e os que se formaram na Era Proterozoica (4%).

Os terrenos sedimentares ocupam 64% do total do país, são de diversas idades, desde a Paleozoica ate a Cenozoica e apresentam duas riquezas principais: o carvão e o petróleo.

▷ **Principais bacias sedimentares:**
- **Era Paleozoica:** Paranaica e San-franciscana
- **Era Mesozoica:** Maranhão-Piauí (meio-norte) e Recôncavo Baiano.
- **Era Cenozoica:** Amazônica, Pantaneira e Litorânea (costeira).

## 14.2 Classificações de Relevo do Brasil

### 14.2.1 Aroldo de azevedo

É a mais antiga e utilizada, dividindo o Brasil em dois planaltos e três planícies. O principal critério para essa classificação foi a altimetria, pela qual foram consideradas planaltos as superfícies com altitudes médias superiores a 200 metros. Consideram-se planícies as superfícies com altitudes médias inferiores a 200 metros.

### 14.2.2 Aziz ab' saber

Essa classificação baseou-se nos processos de erosão e de sedimentação para diferenciar planalto de planície. Todas as superfícies onde predominam agentes da erosão são consideradas planaltos, e as superfícies onde ocorre a deposição de sedimentos são classificadas de planície.

## ESTRUTURA GEOLÓGICA E RELEVO DO BRASIL

### 14.2.3 Jurandyr ross

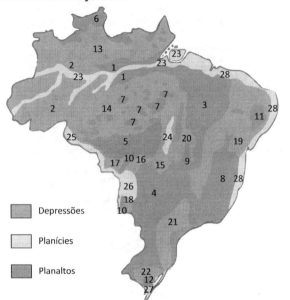

Esta classificação é a mais recente, baseada no levantamento realizado pelo projeto Radambrasil, que fotografou cada parte do Brasil por meio de radar. Dividiu o Brasil em 28 unidades de relevo.

# 15 CLIMAS DA TERRA

## 15.1 Atmosfera

É uma fina camada que envolve a Terra, composta principalmente, por Nitrogênio e Oxigênio. Podemos dividir a atmosfera em várias camadas, destacando entre elas a:

**Troposfera** – de 0 a 18km de altitude, está em contato direto com a superfície do planeta. É nessa camada que ocorrem os principais fenômenos meteorológicos, como chuva, ventos e nuvens. Quanto mais aumenta a altitude nessa camada, as temperaturas diminuem.

**Estratosfera** – de 18 a 50km, quanto mais elevada for a altitude, maior será a temperatura nessa camada. Encontramos a camada de Ozônio, responsável por filtrar os raios ultravioleta do Sol.

**Ionosfera** – de 80 a 600 km, constituída de íons que refletem as ondas de rádio.

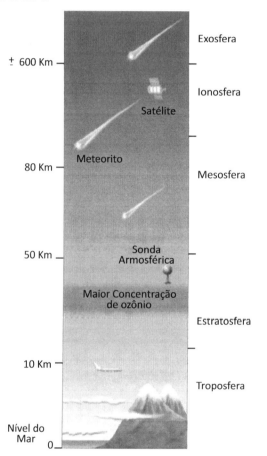

## 15.2 Funções da Atmosfera

### 15.2.1 Filtro

Uma das funções dos gases da atmosfera é a de impedir a passagem dos raios solares. Esses gases impedem cerca de dois terços das radiações solares, fazendo com que os raios em excesso e nocivos não cheguem à superfície terrestre. Assim, como consequência, permite a vida em nosso planeta.

### 15.2.2 Proteção

No espaço, há muitos fragmentos de astros que se desintegram, e, constantemente, os planetas são atingidos por esses fragmentos. A atmosfera é responsável por não deixar que eles cheguem até a superfície.

### 15.2.3 Conservação

Dentre as funções da atmosfera, a conservação é muito importante, pois ela é responsável por permitir a vida durante a noite. Todo o calor incidido no planeta durante o dia é conservado pela atmosfera, para que, durante a noite, o planeta continue aquecido.

## 15.3 Clima

**Clima:** conjunto de fenômenos meteorológicos (elementos), como a chuva, a temperatura, a pressão atmosférica, a umidade e os ventos. Ou, um ambiente atmosférico constituído pela série de estados da atmosfera em sua sucessão habitual. Elementos físicos também contribuem com o clima:

**Tempo:** combinação passageira dos elementos do clima.

▷ **Elementos do clima:**
- Temperatura.
- Pressão atmosférica.
- Umidade do ar.
- Ventos.
- Massas de ar.

- **Fatores do clima:**
- Altitude.
- Latitude.
- Correntes marítimas.
- Relevo.
- Continentalidade/maritimidade.
- Vegetação.

## 15.4 Tipos de Climas

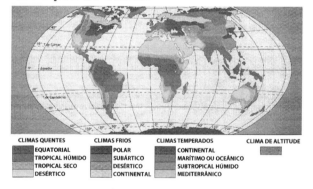

### 15.4.1 Equatorial

- Quente e úmido.
- Médias térmicas entre 24° a 28°C.
- Baixa amplitude térmica.
- Elevado índice pluviométrico, acima de 2.000 mm.
- Ex.: Amazônia, Floresta do Congo e S Ásia.

### 15.4.2 Tropical

Tropical úmido
- Quente e úmido.
- Temperaturas acima de 20°C.
- Elevado índice pluviométrico, entre 1.500 a 2.000mm.
- Ex.: Brasil: faixa litorânea.

## CLIMAS DA TERRA

## Tropical úmido e seco (continental/típico)

- Possui verão chuvoso e inverno seco.
- Média térmica e amplitude térmica moderada.
- Chuvas entre 1.000 a 1.500mm.

  Ex.: Brasil: Centro-Oeste, África: Savanas, N da Austrália, N da Índia e L Malaio.

## Tropical monçônico

- Possui verões quentes com chuvas torrenciais e invernos secos.
- As monções de verão provocam chuvas e as monções de inverno, secas.

  Ex.: S e SE da Ásia e L da África.

### 15.4.3 Temperado

## Temperado continental

- Possui verões rigorosos.
- Elevada amplitude térmica anual.
- As chuvas variam entre 500 a 1.200 mm e concentram-se no verão e na primavera.

  Ex.: países da Europa Oriental, Centro dos USA, Centro-Leste da China.

## Temperado oceânico

- Os verões são moderadamente quentes e os invernos amenizados, devido às massas úmidas.
- A chuvas se concentram no inverno entre 500 a 2.500 mm.

  Ex. W da Europa, L dos USA, NE da China.

## Temperado mediterrâneo

- Possui verões quentes e secos e invernos chuvosos.
- As chuvas ficam entre 300 a 900 mm.

  Ex.: S da Europa, S da África do Sul, N da África, W do Chile, Península da Califórnia, SO da Austrália.

### 15.4.4 Climas frios

## Polar

- Localizado em elevadas latitudes.
- Possui verões curtos e invernos longos.
- Verões com 10°C e invernos com – 35°C.
- As chuvas não ultrapassam 200 mm.

  Ex.: Groenlândia, Antártida, Extremo-Norte da Rússia e Canadá.

## Montanhas e continental

- O clima de montanha é frio, devido à altitude.
- O clima frio continental está localizado no norte do Canadá e da Rússia possuindo baixas pluviosidades.

  Ex.: Alpes europeus, Cordilheira andina, Rochosas americanas e canadense, Himalaia.

### 15.4.5 Climas secos

- **Extremamente árido:** quando pode ficar um ano sem chuvas (menor que 200mm).
- **Árido:** quando possui baixa precipitação anual (entre 200 e 500mm).
- **Semi-árido:** possui maior precipitação entre os climas secos (entre 500 e 1000mm).
  - **Os desertos típicos, como exemplo:** o Saara e o da Namíbia, na África, o Atacama, na América do Sul, caracterizam-se por grandes amplitudes térmicas diárias.

# CONHECIMENTOS GERAIS

## 16 CLIMAS DO BRASIL

O Brasil tem relativa diversidade climática. Isso se deve à dimensão do território, à extensão de sua faixa litorânea, à variação de altitude e, principalmente, à presença de diferentes massas de ar que modificam as condições de temperatura e de umidade das regiões em que atuam.

A posição geográfica da maior parte de suas terras, em uma zona de baixa latitude, determina o domínio de climas mais quentes. Cerca de 92% do território está situado na zona intertropical, cujas médias anuais de temperaturas estão acima de 20ºC.

### 16.1 Massas Atmosféricas

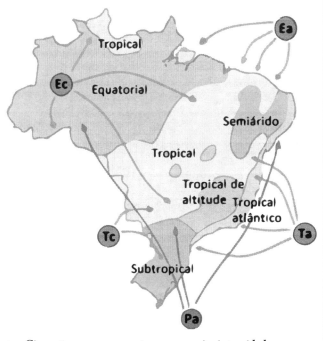

▷ **Cinco são as massas que atuam com maior intensidade em nosso território:**
- MEC – Massa Equatorial continental
- MEA – Massa Equatorial Atlântica
- MTC – Massa Tropical Continental
- MTA – Massa Tropical Atlântica
- MPA – Massa Polar Atlântica

Não existe uma única classificação para os climas. A classificação mais utilizada para os tipos de clima do Brasil é baseada nos estudos do geógrafo Arthur Strahler, que considera a circulação das massas de ar como o fator mais importante para a caracterização climática.

A classificação de Arthur Strahler, adaptada ao Brasil, reconhece cinco regiões climáticas, definidas pela atuação de massas de ar equatorial, tropical e polar.

Basicamente, pode-se dizer que o Brasil tem seis domínios climáticos: clima equatorial, tropical, tropical semiárido, litorâneo, subtropical e tropical de altitude.

Climas do Brasil

- Equatorial
- Tropical
- Semiárido
- Subtropical
- Tropical Litorâneo
- Tropical Litorâneo

### 16.1.1 Clima equatorial

Está localizado nas proximidades da Linha do Equador. Chove durante o ano todo e em grande quantidade; é bastante úmido e a temperatura varia pouco durante o ano, com média de 26ºC.

### 16.1.2 Clima tropical

Predominante no território brasileiro. Os verões são chuvosos e os invernos são secos. A temperatura nesse clima é alta e não varia muito durante o ano.

### 16.1.3 Clima semi-árido

É o clima das zonas mais secas do interior do Nordeste. Caracteriza-se pela baixa umidade e temperaturas elevadas.

### 16.1.4 Clima tropical litorâneo (atlântico)

Esse clima cobre todo o litoral do País, desde do Rio Grande do Norte até o Paraná. Caracteriza-se pelas temperaturas elevadas e pela alta umidade. No litoral do Nordeste, ocorrem chuvas, principalmente, no inverno.

### 16.1.5 Clima tropical de altitude

É o clima das áreas com altitude superior a 800 metros na região Sudeste. Os verões são quentes e chuvosos e os invernos frios e secos.

### 16.1.6 Clima subtropical

É o clima das regiões localizadas ao sul do Trópico de Capricórnio. A quantidade de chuva não varia muito durante o ano, mas as temperaturas mudam bastante.

### 16.2 Classificação de Koppen – Geiger

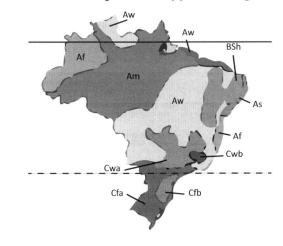

## CLIMAS DO BRASIL

### Am

Temperaturas elevadas e pluviosidade elevada. As médias de temperatura são maiores que 22°C, em todos os meses. As mínimas, no mês mais frio, são maiores que 20°C.

### Aw

Temperaturas elevadas com chuva no verão e seca no inverno. As médias de temperatura dos meses é maior que 20°C. No mês mais frio do ano, as mínimas são menores que 18°C.

### Aw'

Temperatura elevada com chuva no verão e no outono. Temperatura sempre maior que 20°C.

### Cwa

Temperaturas moderadas com verão quente e chuvoso. No mês mais frio, a média de temperatura é menor que 20°C.

### Cfa

Temperatura moderada com chuvas bem distribuídas e verão quente. Nos meses de inverno, há ocorrência de geadas. A média de temperatura, neste período, é inferior a 16°C. No mês mais quente as máximas são maiores que 30°C.

### Af

Temperatura elevada sem estação seca. Temperaturas sempre maiores que 20°C.

### As

Chuva de inverno e outono com temperaturas elevadas sempre maiores que 20°C.

### BSh

Temperaturas altas com chuvas escassas no inverno. Temperaturas maiores que 22°C.

### Cwb

Verão brando e chuvoso, com temperatura moderada. Há geadas no inverno e a média de temperatura no inverno e no outono é inferior a 18°C, com temperaturas mínimas inferiores a 12°C.

### Cfb

Temperatura moderada, com chuva bem distribuída e verão brando. Podem ocorrer geadas, tanto no inverno como no outono. As médias de temperatura são inferiores a 20°C, exceto no verão. No inverno, média inferior a 14°C, como mínimas inferiores a 8°C.

# 17 HIDROGRAFIA

## 17.1 Águas Continentais

As principais civilizações mundiais se desenvolveram às margens de grandes rios. Além de fornecer água para o abastecimento das cidades e das indústrias, os rios são usados como vias de transporte e para gerar energia. Muitos rios são usados como limite entre os países.

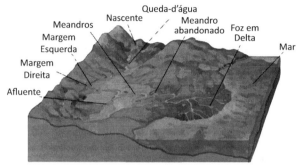

Os rios são cursos naturais de água. Sua nascente ou cabeceira é o local onde o rio nasce, podendo ser oriundo de uma fonte de água subterrânea, de uma geleira, de um lago ou, simplesmente, de uma junção de rios. Podemos dividir o rio em três partes:

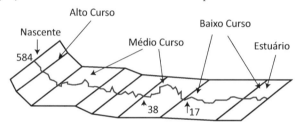

- ▷ **Curso superior** - Trecho situado próximo às nascentes.
- ▷ **Curso médio** - Trecho intermediário situado entre os outros dois cursos.
- ▷ **Curso Inferior** - Trecho situado próximo à foz.
  - De acordo com seu regime fluvial, definimos a forma de alimentação dos rios.
- ▷ **Regime pluvial** - São alimentados pela chuva.
- ▷ **Regime nival/alpino** - São alimentados pelo degelo, principalmente das grandes montanhas do planeta.
- ▷ **Regime misto/complexo** - São alimentados tanto pela chuva, como pelo degelo. Como exemplo, temos o Rio Amazonas.

Um rio, seus afluentes e subafluentes e toda a área banhada por eles formam uma bacia hidrográfica. Quando a drenagem dos rios se dá em direção ao oceano, é denominada de exorreica; se, ao contrário, dá-se para o interior do continente, não desaguando no oceano, denominamos endorreica.

Em relação à topografia do terreno, as áreas mais elevadas constituem os divisores de água entre dois ou mais rios. A variação do relevo classificará os rios em:

- **Rios de Planalto** - Excelentes para gerar energia.
- **Rios de Planície** - Excelentes para a navegação.
- ▷ **Os rios podem, ainda, ser classificados em:**
  - **Rios perenes ou permanentes** - Quando mantêm água corrente o ano todo;
  - **Rios temporários ou intermitentes** - Quando secam no período de estiagem.

- ▷ **A foz dos rios podem ser classificadas em:**
  - **Estuário** - Tipo de foz que se apresenta sem ilhas, sendo geralmente profunda.
  - **Delta** - Tipo de foz que apresenta várias ilhas separadas por canais, indicando acumulação de sedimentos.

Por meio do perfil transversal de um rio, definimos as margens, porções laterais de um rio, chamadas de margem direita ou esquerda. Identificam-se as margens de um rio, voltando-se as costas para a nascente.

- ▷ **Outros termos:**
  - **Meandros** - São curvas apresentadas pelos rios, geralmente provocadas pelo acúmulo de sedimentos.
  - **Leito** - Lugar por onde as águas do rio correm, o seu tamanho varia de acordo com o volume de água do rio.
  - **Talvegue** - É o canal mais profundo do leito do rio.
  - **Montante** - Sentido contrário ao curso do rio.
  - **Jusante** - Sentido do curso do rio.

## 17.2 Lagos

São depressões continentais onde se verifica o acúmulo de água. Os lagos, de acordo com a sua origem, podem ser:

- ▷ **Tectônicos** - surgem por meio do movimento de placas.
- ▷ **Vulcânicos** - correspondem a antigas crateras vulcânicas.
- ▷ **Glaciais** - São formados em vales glaciais obstruídos por sedimentos transportados pelo próprio gelo.
- ▷ **Fluviais** - São formados pela modificação do curso do rio, de forma natural, gerando a formação de meandros abandonados.
- ▷ **Restingas** - depósitos arenosos podem fechar antigas baías, enseadas, formando lagoas costeiras.

ÁGUAS OCEÂNICAS

# 18 ÁGUAS OCEÂNICAS

Os oceanos e mares cobrem aproximadamente 2/3 da superfície terrestre. Os oceanos são as maiores porções de massas líquidas da superfície terrestre, separando massas continentais. Para melhor identificá-los, são divididos em três grandes porções:

**Oceano Pacífico** - É o mais extenso. Apresenta a maior profundidade de todos os oceanos e separa o continente americano do asiático.

**Oceano Atlântico** - É o mais importante devido à navegação. Separa o continente americano da Europa e África.

**Oceano Índico** - É menor do que os outros dois e banha o sul da Ásia, o oeste da Oceania e o leste da África.

Os mares são porções menores e mais rasas que os oceanos e estão em contato com o continente.

**Mares costeiros ou abertos** – Têm comunicação ampla com os oceanos.

**Mares continentais, interiores ou mediterrâneos** - São aqueles que têm comunicação com os oceanos, por meio de pequenos estreitos. Como exemplo, temos o próprio Mar Mediterrâneo, Mar Vermelho e o Mar Báltico.

**Mares fechados ou isolados** – São aqueles que não apresentam comunicação com os oceanos. Como exemplo, temos o Mar Aral, Mar Cáspio e o Mar Morto (lago Asfaltite).

Características das águas oceânicas:

**Temperatura** – A temperatura das águas oceânicas variam de acordo com a latitude, a profundidade e as correntes marítimas. As principais consequências da temperatura é o teor de salinidade e o congelamento da água oceânica, ocasionando as formações de banquisas.

**Coloração** – A coloração das águas oceânicas depende da quantidade e da qualidade dos sedimentos em suspensão.

**Movimentos** – Entre os vários movimentos das águas oceânicas, destacamos:

**Marulhos** – Pequena oscilação da água marinha ocasionada pelas brisas.

**Vagas ou ondas** – São ocasionadas pelos ventos. As áreas mais altas da onda são denominadas crista e a porção mais baixa se chama cava ou cavado.

**Vagas Sísmicas** – Também conhecidas como *tsunami*, são ocasionadas pelo tectonismo que provoca maremotos.

**Marés** – É o movimento de fluxo e de refluxo marinho. Ao que tudo indica, é ocasionada pela atração que a Lua e o Sol exercem sobre a superfície da Terra. As marés podem ser de:

**Sizígia ou de águas vivas** – Marés de grande amplitude, que ocorrem no período de Lua Cheia (plenilúnio ou oposição) ou Nova (novilúnio ou conjunção).

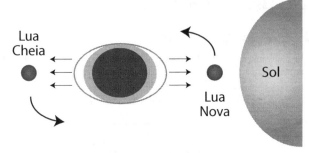

**Quadratura ou de águas mortas** – Marés de pequena amplitude, que ocorrem na fase de Lua Minguante ou Crescente.

**Macaréu** – É o choque das águas de um rio caudaloso com as ondas durante o período de marés de grande amplitude. Pode ser chamado de pororoca.

**Correntes marítimas** - São movimentos das águas oceânicas, com direção constante, temperatura e salinidade próprias, ocasionados pelo movimento de rotação da Terra, pelas diferenças de aquecimento do planeta e também pela ação dos ventos.

▷ **Frias:**
- Corrente da Califórnia.
- Corrente de Humboldt.
- Corrente das Canárias.
- Corrente de Labrador.
- Corrente de Bengala.
- Corrente da Groelândia.
- Corrente Oya Shivo.

▷ **Quentes:**
- Corrente das Guianas.
- Corrente do Brasil.
- Corrente do Golfo.
- Corrente Centro Equatorial.
- Corrente Sul Equatorial.
- Corrente Deriva Norte-Pacífico.
- Corrente Kuro Shivo.
- Relevo oceânico

O relevo oceânico pode ser dividido em plataforma continental, talude continental e fundo oceânico.

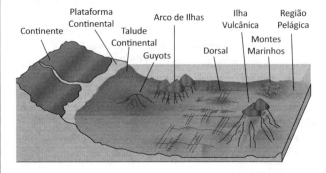

# 19 HIDROGRAFIA DO BRASIL

O Brasil possui a rede hidrográfica mais extensa do Globo, com 55.457km². Muitos de seus rios destacam-se pela profundidade, largura e extensão, o que constitui um importante recurso natural. Em decorrência da natureza do relevo, predominam os rios de planalto. A energia hidráulica é a fonte primária de geração de eletricidade mais importante do Brasil.

**Maiores Bacias Hodrográficas do Mundo**

América do Norte
1 - Yokon
2 - Machenzie
3 - Nelson
4 - Mississipi
5 - St. Lawewnce

América do Sul
6 - Amazônia
7 - Paraná

Europa
25 - Danúbio

África e Oriente Médio
8 - Nger
9 - Lago Chan Basin
10 - Congo
11 - Nilo
12 - Zambezi
26 - Orange
24 - Eufrates e Tigre

Ásia
13 - Volga
14 - Ob

15 - Yenisey
16 - Lena
17 - Kolyma
18 - Amur
19 - Gages e Brahmaputra
20 - Yangtze
21 - Indo
22 - Huang Ho

Austrália
23 - Murry Darling

A densidade de rios de uma bacia está relacionada ao clima da região. Na Amazônia, que apresenta altos índices pluviométricos, existem muitos rios perenes e caudalosos. Em áreas de clima árido ou semiárido, os rios secam no período em que não chove.

As bacias brasileiras são divididas em dois tipos: Bacia de Planície, utilizada para navegação, e Bacia Planáltica, que permite aproveitamento hidrelétrico.

**A Hidrografia brasileira apresenta os seguintes aspectos:**

Não possui lagos tectônicos, devido à transformação das depressões em bacias sedimentares. No território brasileiro, só existem lagos de várzea e lagoas costeiras, como a dos Patos (RS) e a Rodrigo de Freitas (RJ), formadas por restingas.

Com exceção do Amazonas, todos os rios brasileiros possuem regime fluvial. Uma quantidade de água do rio Amazonas é proveniente do derretimento de neve da Cordilheira dos Andes, o que caracteriza um regime misto (pluvial e nival).

- Todos os rios são exorreicos, ou seja, têm como destino final o oceano.
- Só existem rios temporários no Sertão nordestino, que apresenta clima semiárido. No restante do País, os rios são perenes.
- Os rios de planalto predominam em áreas de elevado índice pluviométrico. A existência de desníveis no terreno e o grande volume de água contribuem para a produção de hidreletricidade.

## 19.1 Bacias Hidrográficas Brasileiras

As principais bacias hidrográficas brasileiras são: Bacia Amazônica, Bacia do Araguaia/Tocantins, Bacia Platina, Bacia do São Francisco e Bacia do Atlântico Sul.

### 19.1.1 Bacia amazônica

É a maior bacia hidrográfica do planeta, com cerca de 7.000.000 km², dos quais aproximadamente 3,8 milhões km² estão situados em território brasileiro, e o restante distribuído por oito países sul-americanos: Guiana Francesa, Suriname, Guiana, Venezuela, Colômbia, Peru, Equador, Bolívia. Tem a sua vertente delimitada pelos divisores de água da Cordilheira dos Andes, pelo Planalto das Guianas e pelo Planalto Central.

Seu principal rio nasce no Peru, com o nome de Vilcanota, e depois recebe as denominações de Ucaiali, Urubamba e Marañon. Ao entrar no Brasil, passa a se chamar Solimões, até o encontro com o Rio Negro, passando a ser chamado, a partir daí, de Rio Amazonas. É o rio mais extenso do planeta, com 6.992 km de comprimento, e de maior volume de água, com drenagem superior a 5,8 milhões de km². Sua largura média é de 5 km, chegando a mais de 50 km em alguns trechos. Possui cerca de 7 mil afluentes. Possui, ainda, grande número

# HIDROGRAFIA DO BRASIL

de cursos de águas menores e canais fluviais criados pelos processos de cheia e vazante.

A maioria de seus afluentes nasce nos escudos dos Planaltos das Guianas e Brasileiro na Venezuela, Colômbia, Peru e Bolívia. Possui o maior potencial hidrelétrico do País, mas a baixa declividade do seu terreno dificulta a instalação de Usinas Hidrelétricas. Na época das cheias, ocorre o fenômeno conhecido como "Pororoca", provocado pelo encontro de suas águas com o mar. Enormes ondas se formam, invadindo o continente.

Localizada numa região de planície, a Bacia Amazônica possui cerca de 23 mil km de rios navegáveis, possibilitando o desenvolvimento do transporte hidroviário. O Rio Amazonas é totalmente navegável.

A Bacia Amazônica abrange os Estados do Amazonas, Pará, Amapá, Acre, Roraima, Rondônia e Mato Grosso.

O Rio Amazonas é atravessado pela Linha do Equador, portanto, possui afluentes nos dois hemisférios. Os principais afluentes da margem esquerda são o Japurá, o Negro e o Trombetas, e da margem direita, o Juruá, o Purus, o Madeira, o Xingu e o Tapajós.

## 19.1.2 Bacia do tocantins-araguaia

É a maior bacia localizada inteiramente em território brasileiro. Dentre os principais afluentes da bacia Tocantins-Araguaia, estão os rios do Sono, Palma e Melo Alves, todos situados na margem direita do rio Araguaia.

Seu rio principal, o Tocantins, nasce na confluência dos rios Maranhão e Paraná, em Goiás, percorrendo 2.640 km até desembocar na foz do Amazonas. Durante o período de cheias, seu trecho navegável é de 1.900 km, entre as cidades de Belém (PA) e Peixe (GO). Em seu curso inferior, situa-se a Hidrelétrica de Tucuruí, a segunda maior do País, que abastece os projetos de mineração da Serra do Carajás e da Albrás.

O rio Araguaia nasce na serra das Araras, no Mato Grosso, na fronteira com Goiás. Tem cerca de 2.600 km de extensão. Desemboca no rio Tocantins em São João do Araguaia, logo antes de Marabá. No extremo Nordeste de Mato Grosso, o rio divide-se em dois braços, pela margem esquerda, o rio Araguaia, e pela margem direita, o rio Javaés, por aproximadamente 320 km, formando a ilha de Bananal, maior ilha fluvial do mundo. O rio é navegável por cerca de 1.100 km, entre São João do Araguaia e Beleza, porém, não possui nenhum centro urbano de destaque ao longo desse trecho.

O regime hidrológico da bacia é bem definido. No Tocantins, a época de cheia estende-se de outubro a abril, com pico em fevereiro, no curso superior, e março, nos cursos médio e inferior. No Araguaia, as cheias são maiores e um mês atrasadas, em decorrência do extravasamento da planície do Bananal. Os dois rios secam entre maio e setembro, com picos de seca em setembro.

A construção da hidrovia Araguaia-Tocantins tem sido questionada por ONGs que criticam os impactos ambientais que poderão ser causados. Por exemplo, a hidrovia cortaria 10 áreas de conservação ambiental e 35 áreas indígenas, afetando cerca de 10 mil índios.

## 19.1.3 Bacia do são francisco

Possui área de aproximadamente 645.000 km² e é responsável pela drenagem de 7,5% do território nacional. É a terceira bacia hidrográfica do Brasil, ocupando 8% do território nacional. É a segunda maior bacia localizada inteiramente em território nacional. A bacia encontra-se no Estados da Bahia, Minas Gerais, Pernambuco, Sergipe, Alagoas, Goiás e no Distrito Federal. Situa-se quase inteiramente em áreas de planalto.

O rio São Francisco nasce em Minas Gerais, na serra da Canastra e atravessa o sertão semiárido mineiro e baiano, o que possibilita a sobrevivência da população ribeirinha de baixa renda, a irrigação de pequenas propriedades e a criação de gado. Possui grande aproveitamento hidrelétrico, abastecendo não só a região Nordeste, como também parte da região Sudeste. Até a sua foz, na divisa dos Estados de Alagoas e Sergipe, o São Francisco percorre 2.700 km.

Seus principais afluentes são os rios Paracatu, Carinhanha e Grande, na margem esquerda, e os rios Salitre, das Velhas e Verde Grande, na margem direita. Embora atravesse um longo trecho em clima semiárido, é um rio perene e navegável por cerca de 1.800 km, desde Pirapora (MG) até a cachoeira de Paulo Afonso. Apresenta fortes quedas em alguns trechos e tem seu potencial hidrelétrico aproveitado por meio das Usinas de Paulo Afonso, Sobradinho, Três Marias e Moxotó, entre outras. O rio São Francisco liga as duas regiões mais populosas e de mais antigo povoamento: Sudeste e Nordeste.

## 19.1.4 Bacia platina

É a segunda maior bacia hidrográfica do planeta, com 1.397.905 km2. Estende-se por Brasil, Uruguai, Bolívia, Paraguai e Argentina. Possui cerca de 60,9% das hidrelétricas em operação ou construção do Brasil.

O rio da Prata se origina do encontro dos três principais rios desta bacia: Paraná, Paraguai e Uruguai. Eles se encontram na fronteira entre a Argentina e o Uruguai.

A bacia do Paraná possui localização geográfica privilegiada, situada na parte central do Planalto Meridional brasileiro.

O rio Paraná possui cerca de 3.000 km de extensão e é o segundo em extensão na América. É formado pela junção dos rios Grande e Parnaíba. Apresenta o maior aproveitamento hidrelétrico do Brasil, abrigando a Usina de Itaipu, entre outras. Os afluentes do Paraná, como o Tietê e o Paranapanema, também apresentam grande potencial hidrelétrico. Sua navegabilidade e a de seus afluentes vem sendo aumentada pela construção da hidrovia Tietê-Paraná.

A hidrovia serve para o transporte de cargas, pessoas e veículos, tornando-se uma importante ligação com os países do Mercosul. São 2.400 km de percurso navegável, ligando as localidades de Anhembi e Foz do Iguaçu. Em função de suas diversas quedas, o rio Paraná possui navegação de porte até a cidade argentina de Rosário. O rio Paraná é o quarto do mundo em drenagem, drenando todo o centro-sul da América do Sul, desde as encostas dos Andes até a Serra do Mar.

A bacia do Paraguai é típica de planície e sua área é de 345.000 km2. Atravessa a Planície do Pantanal e é muito utilizada na navegação.

O rio Paraguai possui cerca de 2.550 km de extensão ao longo dos territórios brasileiro e paraguaio. Tem sua origem na serra de Araporé, a 100 km de Cuiabá (MT). Seus principais afluentes são os rios Miranda, Taquari, Apa e São Lourenço. Antes de se juntar ao rio Paraná para formarem o rio da Prata, o rio Paraguai banha o Paraguai e a Argentina. O rio Paraguai drena áreas de importância, como o Pantanal mato-grossense.

A bacia do Uruguai tem um trecho planáltico, com potencial hidrelétrico, e outro de planície, entre São Borja e Uruguaiana (RS).

O rio Uruguai nasce pela fusão dos rios Canoas (SC) e Pelotas (RS), servindo de divisa entre Rio Grande do Sul e Santa Catarina, Brasil e Argentina, e mais ao sul, entre Uruguai e Argentina. Possui uma extensão de aproximadamente 1.500 km e deságua no Estuário do Prata. Seu curso superior é planáltico e possui expressivo potencial hidrelétrico. Os cursos médio e inferior são de planície e oferecem condições favoráveis para a navegação. É navegável desde sua foz até a cidade de Salto. Fazem parte de sua bacia os rios Peixe, Chapecó, Peperiguaçu, Ibicuí, Turvo, Ijuí e Piratini.

O aproveitamento econômico da bacia do Uruguai é pouco expressivo, quer seja em termos de navegação, quer seja em termos de produção hidrelétrica.

## 19.2 Região Hidrográfica do Atlântico

Trata-se de um conjunto de bacias costeiras formadas por rios que deságuam no Atlântico, exceto os do Amapá, que fazem parte da Região Hidrográfica Amazônica. São cinco regiões:
- A Atlântico Nordeste Ocidental, abriga os rios situados entre a foz do Gurupi (PA/MA) e a do Rio Parnaíba ).
- A Nordeste Oriental , fica entre a foz do rio Parnaíba e a do São Francisco, na divisa entre Alagoas e Sergipe.
- A região Leste vai da foz do rio São Francisco ao rio Mucuri (extremo sul da Bahia).
- A Atlântico Sudeste, vai do rio Mucuri à área da divisa entre São Paulo e Paraná.
- O Atlântico Sul abrange bacias do rio Itajaí, Capivari e aquelas ligadas ao rio Guaíba.

## 19.3 O Atlântico e a economia (a produtividade marinha)

O Atlântico, no Brasil, pela sua extensão e características físicas, se torna um dos litorais mais importantes, mas acaba sendo subaproveitado.

A exploração de petróleo (águas rasas, médias e profundas, como o pré-sal), a pesca, os portos, o sal marinho, o gás natural, os portos e até esportes náuticos são as atividades econômicas mais relevantes do litoral brasileiro.

A extensão do litoral vai do Amapá na parte norte do País até o extremo sul no Rio Grande do Sul. O litoral brasileiro é banhado por três correntes marítimas, sendo duas quentes (do Brasil e Guianas) e uma fria (Malvinas ou Falklands). Nosso litoral é pouco recortado, apresentando algumas baías, um golfo (do Maranhão), muitas enseadas, tômbolos e outras características próprias de um litoral, como mangues e restingas.

A história brasileira desde os tempos coloniais até os dias atuais sempre estiveram juntas no que tange ao desempenho econômico, tanto que duas capitais (Salvador e Rio de Janeiro) são cidades litorâneas, a concentração da população brasileira se dá no litoral e não muito distante dele, os portos brasileiros tem uma importância fundamental nas relações comerciais do país e até a questão do lazer faz com que muitas cidades litorâneas dependam diretamente dessa atividade.

Apesar do consumo do brasileiro ser muito aquém em termos de pescado, nosso litoral apresenta um enorme potencial para essa atividade. Santa Catarina é o Estado que mais produz pescado no Brasil, com aproximadamente ¼ da produção nacional, e o porto de Itajaí é o mais importante. Como região, o Nordeste com seu vasto e rico litoral, é o que apresenta a maior quantidade de pescado no Brasil, sendo a Bahia o principal Estado na atividade.

A pesca da lagosta é outra atividade econômica importante no litoral brasileiro e ela acontece desde o Amapá até o litoral capixaba.

## 19.4 O mar territorial brasileiro

Pela sua extensão e importância econômica o Estado brasileiro definiu o seu mar territorial que é uma faixa que se estende por 12 milhas náuticas de largura, incluindo, nesse trecho, as ilhas além-costa, como é o caso do arquipélago de Fernando de Noronha e os penedos de São Pedro e São Paulo.

## BIOMAS TERRESTRES

# 20 BIOMAS TERRESTRES

A distribuição dos biomas terrestres e seus tipos de fauna e flora estão ligados diretamente com o clima. Desse modo, a cada tipo climático, corresponde um bioma, marcado por uma cobertura vegetal. O relevo (altitude), as águas continentais ou oceânicas e os solos também influenciam a distribuição dos biomas na superfície da Terra.

Em relação aos aspectos vegetacionais, destacamos alguns termos importantes para definir as características de cada vegetação:

- **Aciculifoliada** – Folha em forma de agulha ou pontiaguda.
- **Arbustiva** – Formação vegetal de porte médio.
- **Coníferas** – Árvores com aparelho reprodutor em forma de cone (pinheiros).
- **Decídua** – Folhas caducas, ou seja, plantas que perdem suas folhas em certas épocas do ano (principalmente no inverno).
- **Higrófila** – Planta adaptada a climas muito úmidos.
- **Latifoliada** – folhas largas.
- **Orófila** – Planta adaptada às grandes altitudes.
- **Perenifólia** – Floresta sempre verde, não perdendo as folhas em nenhuma estação.
- **Tropófila** – Planta acostumada à alternância de uma estação seca e outra chuvosa.
- **Vegetação Heterogênea** – Vegetação constituída de grande variedade de espécies.
- **Vegetação Homogênea** – Vegetação constituída de poucas ou de uma única espécie.
- **Xerófita** – Planta adaptada a ambientes secos.

## 20.1 Principais Biomas

### 20.1.1 Tundra

- Vegetação herbácea que se desenvolve no degelo, quando as sementes encontram condições.
- Ciclo vegetativo rápido.
- Composição botânica em função do solo e do clima.
- **Epécies:** musgos, liquens e plantas rasteiras.
- Solo fica congelado a maior parte do ano.
- Tundra arbórea, arbustiva, herbácea e muscinal. Bioma mais frio do planeta.
- **A palavra tundra tem origem no finlandês:** tuntuna – Planície sem árvores.

### 20.1.2 De montanha

- **Ocorre nas cadeias montanhosas:** Andes, Rochosas, Alpes, Himalaia e outros.
- Vegetação em patamares.
- Vegetação que alcança 2500 a 3000 m é composta de plantas orófilas.
- O fator do bioma é a altitude.
- Ecossistema que evidencia bem a adaptação em função do clima e altitude.

### 20.1.3 Taiga, boreal ou coníferas

- Ocorre apenas no Hemisfério Norte, lat. 50o e 60o n.
- **Floresta homogênea formada por coníferas:** abetos e pinheiros (aciculifoliadas) resistentes e perenes.
- Escandinávia e Canadá utilizam como matéria-prima na indústria de papel e celulose.

### 20.1.4 Floresta temperada

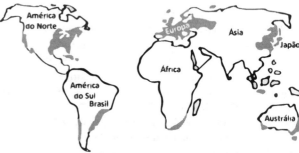

- Típica do clima temperado e estações bem definidas.
- Recobria áreas que são densamente povoadas.
- Floresta decídua (perde folhas no inverno).
- **Não são homogêneas:** há espécies perenes como flores, tapetes de musgos e cogumelos.
- Em regiões mais chuvosas, aparecem árvores de grande porte.

# CONHECIMENTOS GERAIS

## 20.1.5 Formações mediterrâneas

- Também conhecidas como bosques esclerófilos.
- Vegetação característica das margens do mediterrâneo, porém, aparece em outras partes do mundo.
- Bioma marcado por uma estação seca e quente e por outra úmida e fria.
- Formado por vegetação arbustiva ou bosques de árvores de folhas duras (esclerófilas).
- Podem ser denominadas de Maquis e Garrigues.

## 20.1.6 Estepes

- Bioma seco, frio e com vegetação rasteira.
- Aparecem no ecótono (zona de transição) deserto-savana.
- Nesse domínio, os verões são quentes e os invernos rigorosos.
- Com um pouco mais de chuva, a estepe pode ser classificada como pradaria.

## 20.1.7 Pradarias

- Vegetação herbácea.
- **Pradaria:** América do norte, pampas da América do Sul.
- No Sul recebem mais chuva.
- Apresentam-se, geralmente, em relevo suavemente inclinado.

## 20.1.8 Savanas

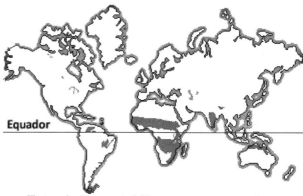

- Típicas de clima tropical. Uma estação seca e outra chuvosa.
- **Há vários tipos, as mais conhecidas são africanas com uma zoogeografia muito rica:** leões, zebras, girafas, elefantes, gazelas e outros.
- Na América do Sul, ocupam áreas na Colômbia e Venezuela e são denominadas de lhanos.
- No Brasil, aparece como cerrado em grande parte do Centro-Oeste, composta de arbustos e gramíneas.
- **Encontrado na Austrália:** destaque para eucalipto.
- Na Índia, denominado de *jungle*.

## 20.1.9 Florestas tropicais

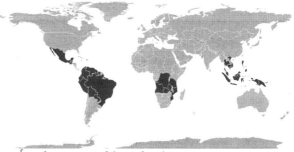

- Área de ocorrência delimitada pelos trópicos.
- Elevada temperatura e grande pluviosidade.
- São heterogêneas, perenes, higrófilas e latifoliadas.
- Maior biodiversidade entre os biomas.
- Próxima ao Equador, são mais densas e estratificadas.
- No Brasil destacamos a floresta Amazônica e a Mata Atlântica.

## 20.1.10 Vegetação desértica

- Adaptam-se à escassez de água e em alguns casos de xerofilia extrema.
- Possuem espinhos para diminuir a evapotranspiração, caules cobertos com camada de cera para impedir a evaporação e raízes longas para absorção de umidade.
- A vegetação desértica é chamada de xeromorfas.
- No Brasil, apresentamos a vegetação da Caatinga, típica do Sertão nordestino, como xerófita.

# 21 DOMÍNIOS MORFOCLIMÁTICOS

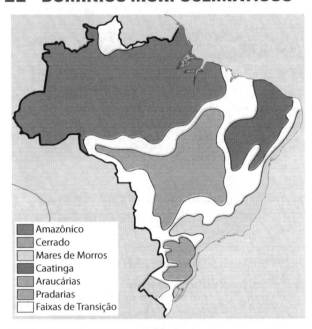

- Amazônico
- Cerrado
- Mares de Morros
- Caatinga
- Araucárias
- Pradarias
- Faixas de Transição

## 21.1 Domínio Amazônico

É formado por terras baixas: depressões, planícies aluviais e planaltos, cobertos pela extensa floresta latifoliada equatorial Amazônica. É banhado pela Bacia Amazônica, que se destaca pelo grande potencial hidrelétrico.

Apresenta grave problema de degradação ambiental, representado pelas queimadas e desmatamentos.

Amazônia - Devastação (2007)

FLORESTA

Área Devastada

O Governo brasileiro, por meio do Programa Piloto para a Proteção das Florestas Tropicais do Brasil, adotará o ecoturismo e a biotecnologia como formas de desenvolver a Amazônia, preservando-a.

## 21.2 Domínio do Cerrado

Corresponde à área do Brasil Central e apresenta extensos chapadões e chapadas, com domínio do clima tropical semiúmido e vegetação do Cerrado.

A vegetação do Cerrado é formada por arbustos com troncos e galhos retorcidos, recobertos por casca grossa. Os solos são pobres e ácidos, mas com a utilização do método da calagem, colocando-se calcário no solo, estão sendo aproveitados pelo setor agrícola, transformando-se na nova fronteira da agricultura, representada pela expansão do cultivo da soja, feijão, arroz e outros produtos.

Nesse domínio, estão as áreas dispersoras da Bacia do Paraná, do Paraguai, do Tocantins, do Madeira e outros rios destacáveis.

## 21.3 Domínio dos Mares de Morros

Esse domínio acompanha a faixa litorânea do Brasil, desde o Nordeste até o Sul do País. Caracteriza-se pelo relevo com topografia em "meia-laranja", mamelonares ou mares de morros, formados pela intensa ação erosiva na estrutura cristalina das Serras do Mar, da Mantiqueira e do Espinhaço.

Apresenta, predominantemente, clima tropical quente e úmido, caracterizado pela floresta latifoliada tropical, que na encosta da Serra do Mar, é conhecida como Mata Atlântica.

Essa paisagem sofreu grande degradação, em consequência da forte ocupação humana.

Além do desmatamento, esse domínio sofre intenso processo erosivo (relevo acidentado e clima úmido), com deslizamentos frequentes e formação de voçorocas.

## 21.4 Domínio da Caatinga

Corresponde à região da depressão sertaneja nordestina, com clima quente e semiárido e típica vegetação de caatinga formada por cactáceas, bromeliáceas e árvores.

Destaca-se o extrativismo vegetal de fibras, como o caroá, o sisal e a piaçava.

A bacia do São Francisco atravessa o domínio da caatinga e tem destaque pelo aproveitamento hidrelétrico e pelos projetos de irrigação no seu vale, onde a produção de frutas (melão, manga, goiaba, uva) tem apresentado expansão.

A tradicional ocupação da caatinga é a pecuária extensiva de corte, com baixo aproveitamento.

No domínio da caatinga, aparecem os *inselbergs*, ou morros residuais, resultantes do processo de pediplanação em clima semiárido.

## 21.5 Domínio da Araucária

## 21.6 Domínio das Pradarias

Domínio representado pelo Pampa, ou Campanha Gaúcha, onde o relevo é baixo, com suaves ondulações (coxilhas) e coberto pela vegetação herbácea das pradarias (campos).

A ocupação econômica desse domínio tem-se efetuado pela pecuária extensiva de corte, com gado tipo europeu, obtendo altos rendimentos e pela rizicultura irrigada.

## 21.7 As Faixas de Transição

Na passagem de um domínio para outro, aparecem áreas onde é possível perceber a existência de duas ou mais paisagens diferentes que compõem um espaço diferenciado e muito representativo. São as faixas de transição e delas se pode destacar:

- **No Nordeste:**
- Os manguezais na zona costeira.
- O agreste entre a Zona da Mata e o Sertão.
- A mata dos cocais no meio-norte entre a caatinga e a floresta Amazônica.
- **No Sul:**
- Zona de transição das pradarias, situada entre os domínios da Araucária e das pradarias.
- **No Centro-Oeste:**
- O Pantanal

# 22 URBANIZAÇÃO BRASILEIRA

As mudanças econômicas, sociais e políticas pelas quais o Brasil passou ao longo do século XVIII (particularmente com o desenvolvimento da economia mineradora) levaram ao surgimento de um grande número de vilas e povoações como São João Del Rey, Vila Rica, Mariana, Sabará, entre outras.

▷ No entanto, foi no século XIX que ocorreu um intenso movimento de fundação de novas vilas e cidades, no interior das diferentes regiões brasileiras. Veja, a seguir, alguns fatores que contribuíram para esse processo:

- A construção de ferrovias ligada à economia cafeeira.
- A intensificação da ocupação do território por meio do avanço da lavoura de café, da exploração da borracha na Amazônia, da colonização europeia no Sul e da expansão do comercio de gado no Nordeste.
- O fim da escravidão e a introdução do trabalho livre assalariado, que tornaram mais do que nunca, a cidade um local de moradia, de trabalho e de acesso ao mercado.

Com o desenvolvimento da industrialização, a partir da década de 1940, lançaram-se as bases do processo de urbanização do País.

Como em outros países, a urbanização brasileira ocorreu como resultado da modernização da economia: instalação de indústrias, expansão do trabalho assalariado e ampliação do mercado consumidor.

No Brasil, o processo de urbanização foi muito rápido. Em 1950, cerca de 64% da população ainda vivia no campo. Apenas vinte anos depois, a população urbana já era a maioria no total do País, alcançando a cifra de 56% da população. Várias foram as consequências do modelo adotado pelo Brasil, e a maior parte delas foi decorrente do contínuo crescimento das regiões metropolitanas. Tais regiões originaram-se do processo de expansão da mancha urbana em volta de determinadas cidades que, por sua importância econômica, foram denominadas metrópoles.

As metrópoles acabaram absorvendo a área rural em volta da cidade e também de outras cidades. Em geral, essa expansão trouxe como resultado o fenômeno da conurbação.

## 22.1 Regiões Metropolitanas

No Brasil, o grande crescimento das regiões metropolitanas ocorreu na década de 1970, quando sua população cresceu muito mais do que a população das cidades médias e pequenas. Nas metrópoles brasileiras, concentraram-se as grandes indústrias nacionais e multinacionais, as principais instituições do Estado–universidade, centros de pesquisa e outros órgãos públicos, além de um diversificado e moderno setor terciário: bancos, hotéis, empresas comerciais, de comunicação etc.

No Brasil, como exemplos de regiões metropolitanas, podemos citar a Grande São Paulo, o Grande Rio de Janeiro, a Grande Belo Horizonte, a Grande Salvador, a Grande Porto Alegre, o Grande Recife, a Grande Belém, a Grande Fortaleza, a Grande Curitiba e etc.

Hoje, os brasileiros concentram-se principalmente, nas cidades médias e pequenas, que, a partir de 1980, apresentaram índices de crescimento maiores que os das grandes capitais. A desconcentração da economia, ou seja, o processo de transferência de atividades econômicas, sobretudo industriais, para outras regiões como a Norte, a Nordeste e a Centro-oeste e para as cidades médias e pequenas da região Sul explicam essa forte desmetropolização.

## 22.2 A Hierarquia Urbana

Todas as cidades, e não apenas as metrópoles obedecem a uma certa ordem de importância, de acordo com as funções que exercem. Quanto maior a importância de uma cidade, maior será a área atingida por suas funções.

Em algumas cidades, a função principal é o comércio; em outras, a atividade industrial. Há também cidades que desempenham função portuária, religiosa, turística ou político-administrativa. Quanto mais funções a cidade apresentar, mais importante e maior será sua influência sobre a zona rural e sobre as outras cidades.

▷ **Na ordem de importância, ou hierarquia, uma cidade pode ser:**
- Metrópole global.
- Metrópole nacional.
- Metrópole regional.
- Centro regional.
- Centro local.

## Fique ligado

O modelo de urbanização pautado na metropolização trouxe graves consequências sociais e ambientais para o Brasil e o mundo. A urbanização brasileira foi anômala, gerando vários problemas como:
*O desemprego e pobreza.

| Ano | Taxa de desocupação (%) |
|---|---|
| 2002 | 12,67 |
| 2003 | 12,32 |
| 2004 | 11,47 |
| 2005 | 9,82 |
| 2006 | 9,97 |
| 2007 | 9,39 |
| 2008 | 8,08 (est.) |

*Precariedades das estruturas físicas das habitações, surgindo favelas e cortiços.
*Violência e criminalidade.
*Congestionamentos e poluição.

## 22.3 Redes Urbanas

O crescimento da economia através de atividades urbanas e industriais provocou uma divisão territorial do trabalho, subordinando o campo à cidade, ou seja, o meio rural produz de acordo com o que a cidade dita. Essa divisão fez com que cidades menores ficassem subordinadas às cidades maiores, ocasionando uma verdadeira hierarquia urbana.

Essa hierarquia urbana faz com que hoje, no País, haja doze grandes redes de influência que, além de interligarem cidades a outras no mesmo Estado, causam influência de uma cidade de um Estado em relação a outras cidades de outro Estado. Exemplo disso é o que acontece com Curitiba em relação a algumas cidades de Santa Catarina; São Paulo em relação a parte de Minas Gerais, do Mato Grosso do Sul, Mato Grosso, Rondônia e Acre; ou então, ao Rio de Janeiro que além de influenciar o próprio Estado, influencia o Espírito Santo, sul da Bahia e na Zona da Mata mineira.

Brasília, Manaus, Belém, Fortaleza, Recife, Salvador, Goiânia, Belo Horizonte e Porto Alegre são as outras capitais que formam redes de influência no Brasil.

Atividades governamentais federais e estaduais (Executivo, Legislativo e Judiciário) com sedes em algumas cidades, serviços de saúde com clínicas, hospitais, laboratórios, redes de farmácias, universidades e faculdades, sedes de empresas, comércio, equipamentos e serviços são os principais elementos que definem a hierarquia urbana de uma cidade.

A hierarquia urbana, segundo o IBGE, no Brasil, se apresenta da seguinte forma:

- **Grande metrópole nacional** – São Paulo
- **Metrópoles nacionais** – Rio de Janeiro e Brasília
- **Metrópoles** – Manaus, Belém, Fortaleza, Recife, Salvador, Belo Horizonte, Curitiba, Goiânia e Porto Alegre
- **Capitais regionais – são 70 centros que, como as metrópoles, exercem influência de acordo com a sua localização geográfica, muito embora num nível imediatamente inferior. As capitais regionais apresentam três subdivisões:**
  - Capital regional A (11 cidades com população entre 955.000 habitantes e 487 relacionamentos).
  - Capital regional B (20 cidades com população de 435.000 habitantes e 406 relacionamentos).
  - Capital regional C (39 cidades com população de 250.000 habitantes e 162 relacionamentos).
- **Centro sub-regional** - 169 centros, com atividades de gestão menos complexas, área de atuação mais reduzida, e relacionamentos com centros externos à própria rede, em geral, apenas com as três metrópoles nacionais.
  - Centro sub-regional A (85 cidades com população média de 95.000 habitantes e 112 relacionamentos).
  - Centro sub-regional B (79 cidades com população média de 71.000 habitantes e 71 relacionamentos).
- **Centro de zona** - 556 cidades, menor porte, atuação restrita à sua área imediata, funções elementares de gestão.
  - Centro de zona A (192 cidades com população média de 45.000 habitantes e 49 relacionamentos).
  - Centro de zona B (364 cidades com população média de 23.000 habitantes e 16 relacionamentos).
- **Centro local:** demais 4.473 cidades, cuja centralidade e atuação não extrapolam os limites do seu Município, servindo apenas aos seus habitantes (média de 8.133 habitantes).

# 23 AGROPECUÁRIA BRASILEIRA

A agropecuária sempre foi um fator econômico importante na configuração do território brasileiro. Inicialmente, a agricultura da cana-de-açúcar, principal produto econômico do Brasil Colônia, ajudou a organizar o espaço do litoral nordestino. A pecuária contribuiu na ocupação do interior do Nordeste, seguindo o Vale do Rio São Francisco.

## 23.1 Engenhos de Cana-de-Açúcar

No século XIX e durante os trinta primeiros anos do século XX, foi o café que levou à ocupação de novos espaços, especialmente a Região Sudeste e se constituiu, nesse período, o principal produto econômico brasileiro.

Com a industrialização brasileira, a partir da década de 50, passou a ocorrer a modernização da agricultura brasileira, novas relações de trabalho, o aumento da produtividade em menor área de cultivo. A produção passou a ser feita, principalmente, para atender as agroindústrias. Nesse período, o Brasil viveu a 'Revolução Verde'.

A partir da década de 70, foi incentivada, por meio, da agropecuária, a ocupação das duas últimas fronteiras agrícolas: as regiões Centro-Oeste e Norte, onde se observa a ocorrência de latifúndios monocultores.

Na década de 90, o Brasil começa a viver a influência da III Revolução Industrial, no campo, por meio dos setores da biotecnologia e informatização.

## 23.2 Estrutura Fundiária

Desde a colonização até hoje, a distribuição das terras no Brasil sempre foi injusta e desigual. Há uma grande concentração de terras nas mãos de um pequeno número de proprietários, que possuem os melhores solos. Essa concentração dá origem aos grandes latifúndios que ocupam a maior parte da área rural brasileira, enquanto os minifúndios predominam em maior número de estabelecimentos, mas ocupam uma parcela muito pequena da área total.

▷ **Classificação dos imóveis rurais:**
  - Minifúndio.
  - Latifúndio por dimensão.
  - Latifúndio por exploração.
  - Empresa rural.

## 23.3 As Lutas Pela Posse da Terra

Nos conflitos pela posse de terra, estão, principalmente, os posseiros que são trabalhadores rurais que ocupam áreas de terras, sem o título de propriedade; os grileiros (fazendeiros ou empresas) que invadem, sob ameaça, terras de posseiros ou terras devolutas. Também envolvidos nesse cenário de disputa de terras, frequentemente, estão os indígenas e os seringueiros que veem as suas reservas invadidas e desmatadas por empresas ou madeireiras e pequenos proprietários que querem ampliar suas áreas de domínios.

A reforma agrária, que visa a resolver o problema dos trabalhadores rurais sem-terra e da pobreza do campo, a cargo do **Incra**, caminha lentamente, diante de dificuldades que enfrenta para a desapropriação das terras, e diante da falta de recursos e assistência, que devem ser oferecidos aos assentandos.

▷ **As principais áreas de conflitos, atualmente, são:**
  - Acre.
  - Sul do Pará e norte de Tocantins, região denominada de Bico do Papagaio.

  - Paraná e Rio Grande do Sul.
  - Pontal do Paranapanema, no Estado de São Paulo.
  - Principais produtos da agricultura brasileira

| Os produtos do agrobusiness em que o País é líder mundial ||
|---|---|
| **Açúcar** | **Soja em Grão** |
| Vender 29% de todo o açúcar consumido no mundo | Detém 38,4% do mercado mundial |
| **Café** | **Suco de Laranja** |
| Vender 28,5% do café em grão consumido no planeta e 43,6% do café solúvel | Vender 81,9% do suco distribuído no planeta |
| **Carne Bovina** | **Carne de Frango** |
| Assumiu a liderança em 2003, com 19% de participação no mercado mundial | É o primeiro em vendas, com exportações de 1,9 bilhão de dólares |
| **Tabaco** ||
| Vender 23,1% do tabaco consumido no mundo ||

Os produtos para exportação são cultivados em latifúndios, como, por exemplo, a cana-de-açúcar, a laranja, o cacau, o café, o algodão e a soja, produto que mais cresceu em produção e área cultiva nos últimos anos. Aqueles alimentos geralmente voltados para o mercado interno são produzidos em pequenas e médias propriedades.

## 23.4 Principais Rebanhos Brasileiros

O rebanho de bovinos brasileiro é o segundo do mundo, perdendo para a Índia, e o terceiro maior rebanho de suínos e aves, colocando-se apenas depois da China e EUA. A maior parte da produção destina-se ao mercado interno, mas a exportação de carne tem crescido nos últimos anos, especialmente a de suínos.

# RECURSOS MINERAIS NO BRASIL

## 24 RECURSOS MINERAIS NO BRASIL

O extrativismo mineral consiste na exploração de minerais. Todo e qualquer mineral explorado é um recurso natural não renovável. Desse modo o extrativismo mineral é a atividade econômica mais predatória que existe.

No Brasil, 36% da nossa estrutura geológica são escudos cristalinos, sendo que em 4% dessas áreas encontramos os minerais metálicos como ferro, manganês, bauxita, cassiterita, ouro, nióbio, cobre etc. As bacias sedimentares são responsáveis por 64% da cobertura geológica do Brasil, onde aparecem as jazidas de minerais não metálicos como o sal-marinho, calcário, fosfato, entre outros.

▷ Serra dos Carajás no Pará

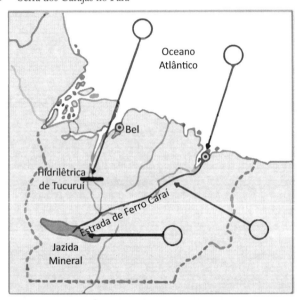

**Fique ligado**

Minas Gerais é o maior extrator de minério de ferro do País.

**Ferro**: É o nome genérico de rochas como a hematita, limonita e magnetita. É um recurso fundamental para a elaboração de ferro fundido e para o aço.

O Brasil apresenta varias jazidas de minério de ferro no Estado do Pará (Serra dos Carajás), Estado de Minas Gerais (Serra do Espinhaço) e Estado de Mato Grosso do Sul (Maciço de Urucum).

**Manganês**: é o nome genérico de uma rocha denominada de pirolusita. É o minério fundamental para a fabricação de aço, pois é o manganês que dá a maleabilidade e impede a oxidação.

O Brasil apresenta várias jazidas de minério de manganês; Estado do Pará (Serra dos Carajás), Estado de Minas Gerais (Serra do Espinhaço) e Estado de Mato Grosso do Sul (Maciço de Urucum).

A Serra do Navio no Estado do Amapá já foi uma das maiores áreas de exploração do Brasil, mas, nos dias atuais, está em esgotamento.

▷ **Bauxita:** da bauxita é extraído o alumínio, metal muito importante por ser utilizado na fabricação de carros, aviões, portas, janelas, panelas etc. É um grande condutor de eletricidade e anticorrosivo.

No Brasil, as maiores reservas de bauxita se localizam no Vale do Rio Trombetas (Oriximiná), no Estado do Pará e em Poços de Caldas, em Minas Gerais.

**Cassiteria**: do minério da cassiterita é extraído o estanho que é muito utilizado, na liga com chumbo, como solda nas áreas de eletrônica e de decoração, por ser resistente à oxidação.

**Fique ligado**

As maiores extrações são realizadas na Serra dos Carajás.

As maiores jazidas se encontram na região Norte, destacando os Estados do Amazonas, Rondônia e Pará.

**Ouro**: o Brasil não está entre os maiores produtores mundiais, mas está entre os países que possuem as maiores reservas. O ouro é utilizado em joias, em tratamentos dentários e em muitos setores industriais.

As reservas brasileiras se localizam em vários Estados como em Roraima (Reserva dos Yanomamis), Pará (Serra Pelada e Serra do Leste), Mato Grosso, Rondônia e Minas Gerais.

**Nióbio**: é um mineral utilizado na composição de ligas metálicas empregadas na fabricação de fios supercondutores, turbinas de aviões, entre outros usos (tubulações de água e petróleo).

O Brasil possui as maiores reservas de nióbio do mundo, O nosso país é responsável por quase 90% da produção mundial. As maiores reservas estão em Minas Gerais, próximo à cidade de Araxá.

### 24.1 Outros Minerais

O Brasil ainda produz chumbo (Minas Gerais e Tocantins), cobre (Bahia e Rio Grande do Sul) e Tungstênio (Rio Grande do Norte).

### 24.1.1 Minerais não metálicos

▷ **Sal:** os Estados do Rio Grande Norte, Ceará, Piauí e Rio de Janeiro são, respectivamente, os maiores produtores nacionais de sal. O sal é utilizado na indústria do vidro, na pecuária e na alimentação, como sal de cozinha.

▷ **Calcário:** é uma rocha sedimentar constituída, principalmente, de carbonato de cálcio. É usado na fabricação de cimento, cal, vidro e também como mármore (processo de matamorfismo). O Brasil possui calcário em abundância. Mato Grosso do Sul, Minas Gerais e Bahia são seus maiores produtores.

▷ **Fosfato:** é um minério utilizado na fabricação de fertilizantes e sua principais jazidas no Brasil encontram-se em Araxá (MG), Jacupiranga (SP), Olinda (PE) e Monteiro (PB).

# CONHECIMENTOS GERAIS

## 25 ENERGIA NO BRASIL

### 25.1 As Fontes de Energia no Brasil

As fontes de energia, assim como todos os recursos naturais que o homem utiliza, podem ser de dois tipos: as renováveis, isto é, que podem ser aproveitadas indefinidamente, tais como a biomassa, a energia hidráulica, a solar, os ventos etc; e as não renováveis, constituídas pelos recursos que existem em quantidade limitada no planeta e tendem a esgotar-se, como é o caso do petróleo, do carvão mineral, do urânio e do xisto betuminoso.

As fontes de energia não renováveis, portanto, apresentam o problema de se esgotarem completamente, daqui a algumas décadas ou séculos. Além disso, normalmente, elas provocam maior poluição que as fontes renováveis. Os combustíveis fósseis, tais como o petróleo e o carvão, são os mais poluentes de todos, tendo uma grande parte de responsabilidade pela poluição atual dos oceanos, da atmosfera, dos solos e dos rios.

### 25.2 Energia e Indústria

A industrialização de uma sociedade sempre provoca um notável aumento do consumo energético. As fontes de energia constituem um dos pré-requisitos básicos para o desenvolvimento da atividade industrial, pois, para haver fábricas, é necessário que existam petróleo, carvão, além de matérias-primas – minérios, madeiras etc.

No Brasil, notamos que o setor que mais gasta energia é o industrial, com mais de 40% do total. Em segundo lugar, vêm os transportes, com mais de 20%. Depois, aparecem, como maiores consumidores de energia, o setor residencial, o comércio e o setor público.

### 25.3 Energia Hidroelétrica

Ela apresenta uma série de vantagens em relação à energia produzida em usinas termelétricas e atômicas. Uma delas é que a água não se esgota; outra, que seu custo operacional é menor que o das usinas nucleares e termelétricas. Mais uma vantagem é o fato de ser menos poluente que essas outras formas de obtenção de eletricidade. A grande desvantagem das usinas hidrelétricas é o espaço que ocupa com o lago artificial imposto pela construção da usina: com o represamento do rio e a formação do lago, sempre há perda de bons solos agricultáveis e a necessidade de remoção de populações.

As hidrelétricas são responsáveis por cerca de 14,7% da energia no Brasil, em 2007.

#### 25.3.1 Hidrelétrica de itaipu

Itaipu, construída no Rio Paraná, gera 25% da energia consumida no País. É uma das maiores do mundo.

As usinas do Rio São Francisco integraram o plano de desenvolvimento regional do Governo Federal da década de 60.

Bacias do Amazonas e Tocantins abrigam um potencial estimado de mais do que o dobro de toda a capacidade do País.

Tucuruí é a segunda maior geradora de energia do País. Começou a funcionar em 1984 para dar vida à produção de minério de ferro em Carajás, além do alumínio do sistema Albrás – Alunorte.

Balbina foi projetada para suprir a cidade de Manaus. Porém, sua capacidade geradora já foi superada.

Balbina e Tucuruí causaram a inundação de enormes áreas de florestas. Uma grande quantidade de madeiras nobres e de matéria-prima farmacêutica foi destruída ou inutilizada. A decomposição da biomassa chega a comprometer a própria geração de energia, além dos custos adicionais com manutenção.

### 25.4 O Petróleo

A produção nacional de petróleo, que se concentra nos Estados do Rio de Janeiro, Bahia, Rio Grande do Norte e Sergipe, ocupa 1° lugar dentre as fontes de energia utilizadas no Brasil e é responsável por cerca de 36,7% (2007) do total de energia consumida no Brasil. Além de servir como fonte de energia, o petróleo é importante como matéria-prima para vários tipos de indústrias.

▷ **As principais áreas produtoras de petróleo, no Brasil, são:**
- Recôncavo Baiano.
- Bacias de Sergipe, Alagoas e Rio Grande do Norte;
- Bacia do Espírito Santo.
- Áreas da Plataforma Continental. Essas áreas vão da Bahia até o Rio de Janeiro, onde se destaca a Bacia de Campos.

No segundo semestre de 2007, o Brasil anunciou a descoberta do megacampo de petróleo de Tupi, na Bacia de Santos. O petróleo, cuja quantidade ainda está em avaliação, está localizado na camada do pré-sal, a cerca de 5 km abaixo do solo do oceano, na plataforma continental brasileira.

# ENERGIA NO BRASIL

## 25.5 O Carvão Mineral

As maiores reservas nacionais de carvão mineral encontram-se no Sul do País, em formações sedimentares do Paleozoico, e vão do Rio Grande do Sul ao Paraná. As jazidas de melhor qualidade encontram-se em Santa Catarina, de onde se extrai a maior parte de carvão utilizado no País.

O Brasil é um país importador de carvão mineral, não tanto devido à carência desse produto e, sim, pelo fato de os alto-fornos das siderúrgicas necessitarem de carvão de boa qualidade, que não deixa resíduo.

## 25.6 Gás natural

O gás natural é responsável por 9,3 % da energia brasileira. Mais barato do que o petróleo e bem menos poluente, o gás natural é uma das nossas principais fontes de energia. É utilizado em fogões industriais e residenciais, altos-fornos, motores à explosão, entre outros. O mercado do gás natural tem crescido ultimamente. A maior parte das reservas encontram-se nos estados do Rio de Janeiro, do Amazonas e da Bahia. Entre as reservas descobertas recentemente, podemos citar a de Urucum, na Amazônia e a Bacia de Santos, em São Paulo.

O gasoduto Brasil – Bolívia possui 3150 km de extensão. O projeto Gásbol alavancou a demanda de gás natural do país, abrindo as perspectivas de novos projetos que possibilitam a integração energética e o desenvolvimento do Mercosul.

## 25.7 O Álcool

O Programa Nacional do Álcool (Proálcool) foi criado em 1975 como uma tentativa brasileira de desenvolver fontes alternativas de energia que substituíssem, pelo menos parcialmente, o petróleo.

Apesar de o Proálcool ter sido um dos elementos (juntamente com os grandes aumentos do preço do petróleo) que contribuíram para a desaceleração das importações de petróleo, ele apresenta uma série de aspectos negativos, que são:

▷ O cultivo da cana-de-açúcar expandiu-se muito nos últimos anos, ocupando terras que produziam gêneros alimentícios. Isso trouxe consequências para a alimentação do povo e contribuiu para a elevação de preços dos gêneros agrícolas básicos.

▷ O uso do álcool como combustível em substituição à gasolina não alterou o modelo de desenvolvimento e de transportes do Brasil, onde os beneficiários são sempre uma minoria da população.

Assim, continua-se a dar prioridade ao automóvel particular, em detrimento dos transportes coletivos.

Hoje, o álcool vem se tornando como a "menina dos olhos" dos governos internacionais. Não só pelos motivos políticos, mas também pelo fator ambiental. Especialistas creem que o Brasil tornar-se-á a nova "Árabia" devido ao seu avanço em pesquisas sobre o etanol e também devido as suas condições físicas e ambientais.

## 25.8 A Energia Nuclear

No final da década de 60, o Governo brasileiro começou a definir o Programa Nuclear Brasileiro, em especial o acordo nuclear com a Alemanha, que vem sendo objeto de inúmeras críticas, por vários motivos:

▷ Em primeiro lugar, foi uma decisão tomada de "cima para baixo", isto é, sem consulta à população e nem a associações científicas do País.

▷ Em segundo lugar, porque se percebeu que o argumento usado para a assinatura do Acordo Nuclear era falso, pois o potencial hidráulico do País não estava se esgotando (como foi dito).

Devemos lembrar, ainda, que os custos de construção e operação das usinas nucleares são bastante altos, cerca de 3 vezes mais que os de uma usina hidrelétrica equivalente. Além disso, os riscos que a energia nuclear envolve são enormes.

O programa brasileiro de geração de energia de eletricidade por meio da energia nuclear, administrado pela Eletronuclear, atualmente, está restrito a Angra I, a Angra II, a qual entrou em operação em 2000, e a Angra III, que poderá entrar em funcionamento. Essas três usinas formam a Central Nuclear Almirante Álvaro Alberto (CNAA).

## 25.9 Outras Fontes

Além das fontes de energia anteriores, oferecem alguma importância, para o Brasil, outras fontes que são:

▷ **Xisto betuminoso:** o Brasil é um dos países que possuem grandes reservas de xisto, localizadas principalmente na área da formação Irati, que vai de São Paulo até o Rio Grande do Sul.

O aproveitamento desse minério ainda é muito pequeno devido a inúmeras dificuldades técnicas e ocorrências de poluição a serem superadas.

A única usina de processamento desses minerais no país é mantida pela Petrobras (petrosix) em São Mateus do Sul, no Paraná, cuja a produção é insignificante, quando comparada à produção e consumo diário de petróleo pelo Brasil.

### 25.9.1 Lenha e carvão vegetal

A lenha e o carvão vegetal sempre desempenharam um papel importante para a industrialização brasileira, tendo sido fonte básica para um grande número de indústrias. Mas sua importância foi decaindo com o tempo.

Seu uso implica um desmatamento muito grande, e o reflorestamento da área desmatada torna a exploração dessa fonte inviável economicamente.

### 25.9.2 Energia solar

Essa fonte de energia mostra um futuro promissor no País, porém, a tecnologia para uso dessa fonte encontra-se ainda em estágio incipiente. Seu uso mais comum, no Brasil, é para aquecimento de água em residências e hotéis.

Entretanto, a tecnologia existente, ainda rudimentar, aproveita muito pouco da enorme quantidade de energia proveniente dos raios solares, além de ainda não dominar perfeitamente a técnica de armazenamento.

# 26 INDUSTRIALIZAÇÃO BRASILEIRA

A industrialização brasileira pode ser caracterizada como um processo:

- **Tardio ou retardatário:** porque ocorreu cerca de duzentos anos após a Revolução Industrial, iniciada na Inglaterra no final do século XVIII.
- **Substitutivo de importações:** porque os produtos importados pelo Brasil começaram a ser fabricados internamente e foram bem recebidos pelo mercado consumidor.
- **Dependente:** porque precisou importar, de países já industrializados e mais desenvolvidos economicamente, máquinas e equipamentos para indústrias nacionais.

A industrialização brasileira não era muito significativa até o século XIX. Foi somente no século XX, especialmente durante a década de 1930, que atividade industrial assumiu uma importância crescente na economia nacional. Antes de o Brasil passar pelo processo de industrialização, o principal produto da nossa economia era o café. A cafeicultura proporcionou condições favoráveis à industrialização, tais como:

- Acumulação monetária.
- Desenvolvimento de infraestrutura.
- Mão de obra do imigrante.

No período compreendido entre a Segunda Guerra Mundial e 1956, destacamos a Era Vargas, na qual houve forte participação do Estado na implantação de indústrias de base, criando a CSN, a Petrobras, a CVRD e a CBA, adquirindo, dessa forma, condições de exportar para os países aliados produtos da metalurgia, derivados da borracha e minerais.

Getúlio Vargas visita a FNM. Guedes Muniz, com a farda branca, dá explicações sobre o motor em construção:

Em 1956, o Governo de Juscelino Kubitschek, por meio do Plano de Metas, que objetivava um rápido crescimento econômico do País com bases industriais, fez grandes investimentos em infraestrutura nos setores de energia e de transportes. O Brasil passou a atrair expressivo número de empresas estrangeiras (transnacionais).

Em janeiro de 1961, no fim da era JK, a Exposição da Indústria Automobilística–veículos e auto peças, realizada no Museu de Arte Moderna (RJ), mostra que as metas de nacionalização estão praticamente atingidas.

O Golpe Militar em 1964 internacionalizou ainda mais a economia brasileira, apoiando, protegendo e importando capitais e tecnologias estrangeiras. O Estado passou a ocupar os setores básicos da economia (transporte, comunicação, energia, exploração mineral e outros). A produção industrial cresceu consolidada no que se chamou "tripé" da indústria brasileira.

A economia brasileira desenvolveu-se rapidamente entre 1967 e 1973, período que ficou conhecido como "milagre econômico". As crises petrolíferas da década de 70 fizeram com que a economia brasileira entrasse em recessão, perdurando por toda a década de 80 (chamada de década perdida) e início da década de 90 acompanhada de uma hiperinflação.

A partir de 1990, com a globalização e Fernando Collor de Melo na Presidência, iniciou-se a abertura da economia brasileira para a importação de industrializados e o fim das barreiras alfandegárias protecionistas. Esse processo continuou com o Governo de Fernando Henrique Cardoso, que adotou a política neoliberal, cuja essência se resume em "fim do intervencionismo estatal na economia". O Governo deixou a economia do País a cargo da iniciativa particular e, assim, iniciou-se o processo de privatizações.

A indústria, nos últimos anos, vem crescendo de forma mais lenta e ocorrendo a descentralização industrial, ou seja, está ocorrendo uma fuga das empresas da região Sudeste para as outras regiões brasileiras.

A região metropolitana de São Paulo é a área mais industrializada do País, com imenso parque industrial, e se caracteriza por possuir o maior número de empresas, o maior valor de produção e o maior número de pessoas empregadas nessa atividade, abrangendo todos os ramos industriais.

Atualmente, os padrões mais caros nas principais vias industrializadas do País (Sudeste) e os incentivos fiscais praticados pelas outras regiões estão favorecendo o surgimento de novos polos industriais principalmente:

- Curitiba e Porto Alegre, no Sul do País.
- Salvador, Recife e Fortaleza, no Nordeste.
- Manaus e Belém, no Norte.

# NOÇÕES BÁSICAS DE INFORMÁTICA

# SISTEMA WINDOWS 10

## 1 SISTEMA WINDOWS 10

O Windows 10 é um sistema operacional da Microsoft lançado em 29 de julho de 2015. Essa versão trouxe inúmeras novidades, principalmente, por conta da sua portabilidade para celulares e também tablets.

### 1.1 Requisitos Mínimos

Para instalar o Windows 10, o computador deve possuir no mínimo 1 GB de memória RAM para computadores com processador 32 bits de 1GHz, e 2GB de RAM para processadores de 32bits de 1GHz. Todavia, recomenda-se um mínimo de 4GB.

A versão 32 bits do Windows necessita, inicialmente, de 16GB de espaço livre em disco, enquanto o Windows 64 bits utiliza 20GB. A resolução mínima recomendada para o monitor é de 1024 x 768.

### 1.2 Novidades

O Windows 10 nasce com a promessa de ser o último Windows lançado pela Microsoft. Isso não significa que não será atualizado. A proposta da Microsoft é não lançar mais versões, a fim de tornar as atualizações mais constantes, sem a necessidade de aguardar para atualizar junto de uma versão enumerada. Com isso, ao passar dos anos, a empresa espera não usar mais a referência Windows 10, mas apenas Windows.

O novo sistema trouxe inúmeras novidades como também alguns retrocessos.

O objetivo do projeto do novo Windows foi baseado na interoperabilidade entre os diversos dispositivos como tablets, smartphones e computadores, de modo que a integração seja transparente, sem que o usuário precise, a cada momento, indicar o que deseja sincronizar.

A barra Charms, presente no Windows 8 e 8.1, foi removida, e a tela inicial foi fundida ao botão (menu) Iniciar.

Algumas outras novidades apresentadas pela Microsoft são:

- Xbox Live e o novo Xbox app que proporcionam novas experiências de jogo no Windows 10. O Xbox, no Windows 10, permite que jogadores e desenvolvedores acessem à rede de jogos do Xbox Live, tanto nos computadores Windows 10 quanto no Xbox One. Os jogadores podem capturar, editar e compartilhar seus melhores momentos no jogo com Game DVR, e disputar novos jogos com os amigos nos dispositivos, conectando a outros usuários do mundo todo. Os jogadores também podem disputar jogos no seu computador, transmitidos por stream diretamente do console Xbox One para o tablet ou computador Windows 10, dentro de casa.
- **Sequential Mode:** em dispositivos 2 em 1, o Windows 10 alterna facilmente entre teclado, mouse, toque e tablet. À medida que detecta a transição, muda convenientemente para o novo modo.
- **Novos apps universais:** o Windows 10 oferece novos aplicativos de experiência, consistentes na sequência de dispositivos, para fotos, vídeos, música, mapas, pessoas e mensagens, correspondência e calendário. Esses apps integrados têm design atualizado e uniformidade de app para app e de dispositivo para dispositivo. O conteúdo é armazenado e sincronizado por meio do OneDrive, e isso permite iniciar uma tarefa em um dispositivo e continuá-la em outro.

### 1.2.1 Área de trabalho

A barra de tarefas do Windows 10 apresenta como novidade a busca integrada.

### 1.2.2 Cortana

Tal recurso opera junto ao campo de pesquisa localizado na barra de tarefas do Windows.

Está é uma ferramenta de execução de comandos por voz. Porém, ainda não conta com versão para o Português do Brasil. Outro ponto importante é a privacidade, pois tal ferramenta guarda os dados.

### 1.2.3 Continue de onde parou

Tal característica, presente no Windows 10, permite uma troca entre computador – tablet – celular, sem que o usuário tenha de salvar os arquivos e os enviar para os aparelhos; o próprio Windows se encarrega da sincronização.

Ao abrir um arquivo, por exemplo, em um computador e editá-lo, basta abri-lo em outro dispositivo, de modo que as alterações já estarão acessíveis (a velocidade e disponibilidade dependem da velocidade da conexão à Internet).

### 1.2.4 Desbloqueio imediato de usuário

Trata-se de um recurso disponível, após a atualização do Windows, que permite ao usuário que possua *webcam*, devidamente instalada, usar uma forma de reconhecimento facial para *logar* no sistema, sem a necessidade de digitar senha.

### 1.2.5 Múltiplas áreas de trabalho

Uma das novidades do Windows 10 é a possibilidade de manipular "múltiplas Áreas de Trabalho", uma característica que já estava há tempos presente no Linux e no MacOS. Ao usar o atalho Windows + Tab, é possível criar uma nova Área de Trabalho e arrastar as janelas desejadas para ela.

### 1.2.6 Botão iniciar

Com essa opção em exibição, ao arrastar o mouse ligeiramente para baixo, são listados os programas abertos pela tela inicial. Programas abertos dentro do desktop não aparecem na lista, conforme ilustrado a seguir:

## NOÇÕES BÁSICAS DE INFORMÁTICA

### 1.2.7 Aplicativos

Os aplicativos podem ser listados clicando-se no botão presente na parte inferior do Botão Iniciar, mais à esquerda.

### 1.2.8 Acessórios

O Windows 10 reorganizou seus acessórios ao remover algumas aplicações para outro grupo (sistema do Windows).

Os aplicativos listados como acessórios são, efetivamente:
- Bloco de Notas
- Conexão de Área de Trabalho Remota
- Diário do Windows
- Ferramenta de Captura
- Gravador de Passos
- Internet Explorer
- Mapa de Caracteres
- Notas Autoadesivas
- Painel de Entrada de Expressões Matemática
- Paint
- Visualizador XPS
- Windows Fax and Scan
- Windows Media Player
- Wordpad

### Bloco de notas

O Bloco de Notas é um editor de texto simples, e apenas texto, ou seja, não aceita imagens ou formatações muito avançadas. A imagem a seguir ilustra a janela do programa.

Contudo, são possíveis algumas formatações de fonte:
- Tipo/nome da fonte;
- Estilo de fonte (Negrito Itálico);
- Tamanho da fonte.

Atenção, pois a cor da fonte não é uma opção de formatação presente. A janela a seguir ilustra as opções.

## SISTEMA WINDOWS 10

### Conexão de área de trabalho remota

A conexão remota do Windows não fica ativa por padrão, por questões de segurança.

Para habilitar a conexão, é necessário abrir a janela de configuração das Propriedades do Sistema, ilustrada a seguir. Tal opção é acessível pela janela Sistema do Windows.

A conexão pode ser limitada à rede por restrição de autenticação em nível de rede, ou pela Internet usando contas de e-mail da Microsoft.

A figura a seguir ilustra a janela da Conexão de Área de Trabalho Remota.

### Diário do windows

A ferramenta Diário do Windows é uma novidade no Windows 8. Ela permite que o usuário realize anotações como em um caderno.

Os recursos de formatação são limitados, de modo que o usuário pode escrever manuscritamente ou por meio de caixas de texto.

### Ferramenta de captura

A ferramenta de captura, presente desde o Windows 7, permite a captura de partes da tela do computador. Para tanto, basta selecionar a parte desejada usando o aplicativo.

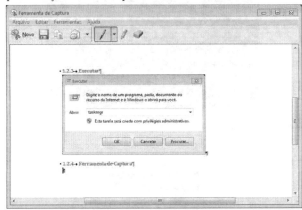

### Gravador de passos

O Gravador de Passos é um recurso novo do Windows 8, muito útil para atendentes de suporte que precisam apresentar o passo a passo das ações que um usuário precisa executar para obter o resultado esperado.

A figura a seguir ilustra a ferramenta com um passo gravado para exemplificação.

### Mapa de caracteres

Frequentemente, faz-se necessário utilizar alguns símbolos diferenciados. Esses símbolos são chamados de caracteres especiais. O Mapa de Caracteres permite listar os caracteres não presentes no teclado para cada fonte instalada no computador e copiá-los para a área de transferência do Windows.

# NOÇÕES BÁSICAS DE INFORMÁTICA

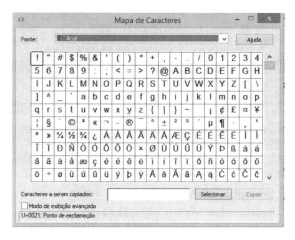

### Notas autoadesivas

Por padrão, as notas autoadesivas são visíveis na Área de Trabalho, elas se parecem com Post its.

### Painel de entrada de expressões matemáticas

Esta ferramenta possibilita o usuário de desenhar, utilizando o mouse ou outro dispositivo de inserção como *tablet canetas*, fórmulas matemáticas como integrais e somatórios, e ainda colar o resultado produzido em documentos.

### Paint

O tradicional editor de desenho do Windows, que salva seus arquivos no formato PNG, JPEG, JPG, GIF, TIFF e BMP (Bitmap), não sofreu mudanças em comparação com a versão presente no Windows 7.

### Wordpad

É um editor de texto que faz parte do Windows, ao contrário do MS Word, com mais recursos que o Bloco de Notas.

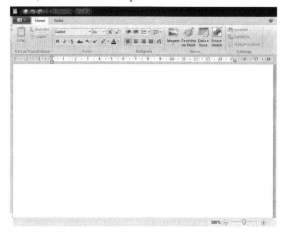

## 1.2.9 Facilidade de acesso

Anteriormente conhecida como ferramentas de acessibilidade, são recursos que têm por finalidade auxiliar pessoas com dificuldades para utilizar os métodos tradicionais de interação com o computador.

### Lupa

Ao utilizar a lupa, pode-se ampliar a tela ao redor do ponteiro do mouse, como também é possível usar metade da tela do computador exibindo a imagem ampliada da área próxima ao ponteiro.

### Narrador

O narrador é uma forma de leitor de tela que lê o texto das áreas selecionadas com o mouse.

### Teclado virtual

É preciso ter muito cuidado para não confundir o teclado virtual do Windows com o teclado virtual usado nas páginas de Internet Banking.

# SISTEMA WINDOWS 10

## 1.2.10 Outras ferramentas

O Windows 10 separou algumas ferramentas a mais que o Windows 8, tais como a calculadora e o calendário.

### Calculadora

A calculadora do Windows 10 deixa de ser associada aos acessórios. Outra grande mudança é o fato de que sua janela pode ser redimensionada, bem como perde um modo de exibição, sendo eles:

- Padrão;
- Científica;
- Programador;

A calculadora do Windows 10 apresenta inúmeras opções de conversões de medidas, conforme ilustrado respectivamente ilustradas a seguir.

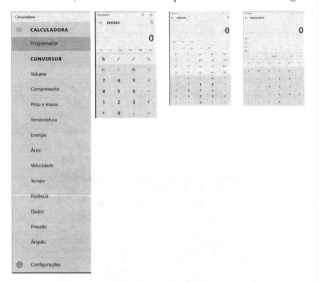

## 1.2.11 Painel de controle

O Painel de Controle do Windows é o local onde se encontram as configurações do sistema operacional Windows.

Ele pode ser visualizado em dois modos: ícones ou categorias. As imagens a seguir representam, respectivamente, o modo ícones e o modo categorias.

No modo Categorias, as ferramentas são agrupadas de acordo com sua similaridade, como na categoria Sistema e Segurança, que envolve o Histórico de Arquivos e a opção Corrigir Problemas.

A opção para remover um programa possui uma categoria exclusiva chamada de Programas.

Na categoria Relógio, Idioma e Região, temos acesso às opções de configuração do idioma padrão do sistema. Por consequência, é possível também o acesso às unidades métricas e monetárias, como também alterar o layout do teclado ou botões do mouse.

Algumas das configurações também podem ser realizadas pela janela de configurações acessível pelo botão Iniciar.

### Segurança e manutenção

### Dispositivos e impressoras

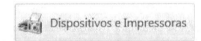

### Firewall do windows

# NOÇÕES BÁSICAS DE INFORMÁTICA

Data e hora

Contas de usuário

Opções de energia

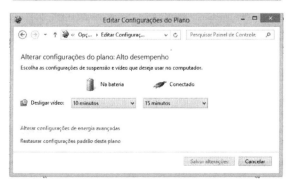

Opções do explorador de arquivos

Programas e recursos

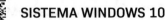

## SISTEMA WINDOWS 10

Programas padrão

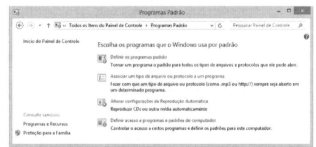

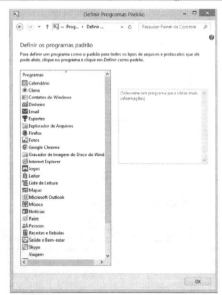

Sistema

### 1.2.12 Windows defender

No Windows 10, o Windows Defender passou a ser também antivírus além de ser antispyware.

### 1.2.13 Estrutura de diretórios

Uma estrutura de diretórios é como o Sistema Operacional organiza os arquivos, separando-os de acordo com sua finalidade.

O termo diretório é um sinônimo para pasta, que se diferencia apenas por ser utilizado, em geral, quando se cita alguma pasta Raiz de um dispositivo de armazenamento ou partição.

Quando citamos o termo Raiz, estamos fazendo uma alusão a uma estrutura que se parece com uma árvore que parte de uma raiz e cria vários ganhos, que são as pastas, e as folhas dessa árvore são os arquivos.

Dessa maneira, observamos que o **diretório Raiz do Windows** é o diretório **C:** ou **C:\** enquanto que o **diretório Raiz do Linux** é o /.

Podemos ser questionados com relação à equivalência dos diretórios do Windows em relação ao Linux.

180

# NOÇÕES BÁSICAS DE INFORMÁTICA

Principais diretórios windows

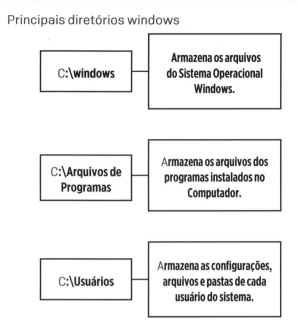

## 1.2.14 Ferramentas administrativas

### Limpeza de disco

Apaga os arquivos temporários, como, por exemplo, arquivos da Lixeira, da pasta Temporários da Internet e, no caso do Windows, a partir da versão Vista, as miniaturas.

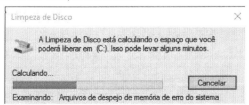

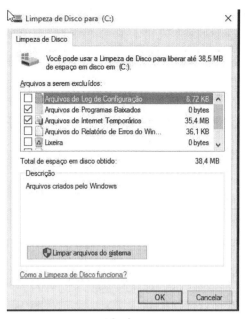

Lixeira

A capacidade da Lixeira do Windows é calculada. Assim, para HDs de até 40GB, a capacidade é de 10%. Todavia, para discos rígidos maiores que 40GB, o cálculo não é tão direto. Vamos a um exemplo: caso um HD possua o tamanho de 200GB, então é necessário descontar 40GB, pois até 40GB a lixeira possui capacidade de 10%; assim, sobram 160GB. A partir desse valor, deve-se calcular mais 5%, ou seja, 8GB. Com isso, a capacidade total da lixeira do HD de 200GB fica com 4GB + 8GB = 12GB.

É importante, ainda, destacar que a capacidade da lixeira é calculada para cada unidade de armazenamento. Desse modo, se um HD físico de 500GB estiver particionado, é necessário calcular separadamente a capacidade da lixeira para cada unidade.

A Lixeira é um local, e não uma pasta. Ela lista os arquivos que foram excluídos, porém nem todos arquivos excluídos vão para a Lixeira. Vejamos a lista de situações em que um arquivo não será movido para a lixeira:

- Arquivos maiores do que a capacidade da Lixeira;
- Arquivos que estão compartilhados na rede;
- Arquivos de unidades removíveis;
- Arquivos que foram removidos de forma permanente pelo usuário.

### Desfragmentar e otimizar unidades

É responsabilidade do Desfragmentador organizar os dados dentro do HD de forma contínua/contígua para que o acesso às informações em disco seja realizado mais rapidamente.

# SISTEMA WINDOWS 10

## Configuração do sistema

A Configuração do Sistema é também acessível ao ser digitado o comando msconfig na janela Executar. Permite configurar quais serviços serão carregados com o Sistema. No entanto, para configurar quais programas serão carregados junto com o sistema operacional, deve-se proceder ao acesso pelo Gerenciador de Tarefas.

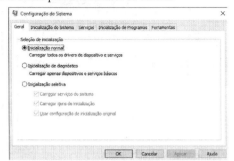

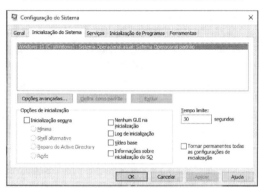

### Monitor de recursos

Permite monitorar os recursos do computador e qual o uso que está sendo realizado.

## Scandisk

O ScankDisk é o responsável por verificar o HD em busca de falhas de disco. Às vezes, ele consegue corrigi-las.

### 1.2.15 Configurações

Uma novidade do Windows 10 é a opção Configurações, presente no Botão Iniciar, que apresenta uma estrutura similar ao Painel de Controle, inclusive realizando a separação por categorias de ferramentas, conforme ilustra a figura a seguir.

### Opção sistema

Nesta opção, são apresentadas as ferramentas de configuração de resolução de tela, definição de monitor principal (caso possua mais de um), modos de gestão de energia (mais utilizados em notebooks).

Também é possível encontrar a opção Mapas Offline, que permite o download de mapas para a pesquisa e o uso por GPS, principalmente usado em dispositivos móveis ou dotados de GPS.

### Opção dispositivos

A opção Dispositivos lista os dispositivos que foram instalados em algum momento no sistema, como as impressoras.

# NOÇÕES BÁSICAS DE INFORMÁTICA

### Opção rede e internet

Para configurar rapidamente o proxy de uma rede, ou ativar/desativar a wi-fi, a opção Rede e Internet oferece tais opções com facilidade, inclusive a opção para configurar uma VPN.

### Opção personalização

Para personalizar os temas de cores da Área de Trabalho do Windows e os papéis de parede, a opção de personalização pode ser acessada pelas Configurações. Também é possível clicar com o botão direito do mouse sobre uma área vazia da Área de Trabalho e selecionar a opção Personalizar.

### Opção contas

### Opção hora e idioma

### Opção facilidade de acesso

Além de contar com as ferramentas para acessibilidade, é possível configurar algumas características com Alto Contraste para melhorar o acesso ao uso do computador.

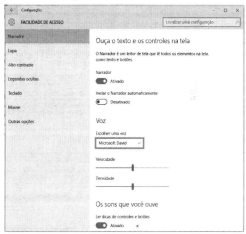

### Opção privacidade

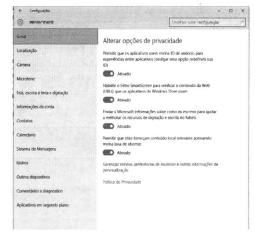

### Opção atualização e segurança

A opção Atualização e Segurança talvez seja uma das principais opções da janela de configurações, pois, como necessidade mínima para a segurança, o Sistema Operacional deve estar sempre atualizado, assim como precisa possuir um programa antivírus que também esteja atualizado.

Vale lembrar que a realização periódica de backups também é considerada como um procedimento de segurança.

183

# SISTEMA WINDOWS 10

O Windows 10 realiza o backup dos arquivos usando a ferramenta Histórico de Arquivos (conforme ilustra a figura a seguir), embora ainda permita realizar backups como no Windows 7.

A opção Para desenvolvedores é uma novidade do Windows que assusta alguns usuários desavisados, pois, ao tentarem instalar algum aplicativo que não seja originário da Loja da Microsoft, não logram êxito. Esse impedimento ocorre por segurança. De qualquer forma, para poder instalar aplicativos "externos", basta selecionar a opção Sideload ou Modo Desenvolvedor.

## 1.2.16 Backup no windows 10

Um backup consiste em uma cópia de segurança dos Arquivos, que deve ser feita periodicamente, preferencialmente em uma unidade de armazenamento separada do computador.

Apesar do nome cópia de segurança, um backup não impede que os dados sejam acessados por outros usuários. Ele é apenas uma salvaguarda dos dados para amenizar os danos de uma perda.

No Windows 8 e Windows 10, o backup é gerenciado pelo Histórico de Arquivos, ilustrado a seguir.

## 1.2.17 Backup e restauração (windows 7)

Esta ferramenta existe para manter a compatibilidade com a versão anterior de backup do Windows.

Na sequência, são citados os tipos de backup e ferramentas de backup.

### Backup da imagem do sistema

O Backup do Windows oferece a capacidade de criar uma imagem do sistema, que é uma imagem exata de uma unidade. Uma imagem do sistema inclui o Windows e as configurações do sistema, os programas e os arquivos. É possível usar uma imagem do sistema para restaurar o conteúdo do computador, se em algum momento o disco rígido ou o computador pararem de funcionar. Quando se restaura o computador a partir de uma imagem do sistema, trata-se de uma restauração completa; não é possível escolher itens individuais para a restauração, e todos os atuais programas, as configurações do sistema e os arquivos serão substituídos. Embora esse tipo de backup inclua arquivos pessoais, é recomendável fazer backup dos arquivos regularmente, usando o Backup do Windows, a fim de que seja possível restaurar arquivos e pastas individuais conforme a necessidade. Quando for configurado um backup de arquivos agendado, o usuário poderá escolher se deseja incluir uma imagem do sistema. Essa imagem do sistema inclui apenas as unidades necessárias à execução do Windows. É possível criar manualmente uma imagem do sistema, caso o usuário queira incluir unidades de dados adicionais.

### Disco de restauração

O disco de restauração armazena os dados mais importantes do sistema operacional Windows, em geral, o que é essencial para seu funcionamento. Esse disco pode ser utilizado quando o sistema vier a apresentar problemas, por vezes decorrentes de atualizações.

### Tipos de backup

#### Completo/Normal

Também chamado de Backup Total, é aquele em que todos os dados são salvos em uma única cópia de segurança. Ele é indicado para ser feito com menor frequência, pois é o mais demorado para ser processado, como também para ser recuperado. Contudo, localizar um arquivo fica mais fácil, pois se tem apenas uma cópia dos dados.

### Diferencial

Este procedimento de backup grava os dados alterados desde o último backup completo. Assim, no próximo backup diferencial, somente serão salvos os dados modificados desde o último backup completo. No entanto, esse backup é mais lento de ser processado do que o backup incremental, porém é mais rápido de ser restaurado do que o incremental, pois é necessário apenas restaurar o último backup completo e o último backup diferencial.

### Incremental

Neste tipo de backup, são salvos apenas os dados que foram alterados após a última cópia de segurança realizada. Este procedimento é mais rápido de ser processado, porém leva mais tempo para ser restaurado, pois envolve restaurar todos os backups anteriores. Os arquivos gerados são menores do que os gerados pelo backup diferencial.

### Backup Diário

Um backup diário copia todos os arquivos selecionados que foram modificados no dia de execução do backup diário. Os arquivos não são marcados como arquivos que passaram por backup (o atributo de arquivo não é desmarcado).

### Backup de Cópia

Um backup de cópia copia todos os arquivos selecionados, mas não os marca como arquivos que passaram por backup (ou seja, o atributo de arquivo não é desmarcado). A cópia é útil caso o usuário queira fazer backup de arquivos entre os backups normal e incremental, pois ela não afeta essas outras operações de backup.

## 1.2.18 Explorador de arquivos

Conhecido até o Windows 7 como Windows Explorer, o gerenciador de arquivos do Windows usa a chamada Interface Ribbon (por faixas) no Windows 8 e 10. Com isso, torna mais acessíveis algumas ferramentas como a opção para exibir as pastas e os arquivos ocultos.

A figura a seguir ilustra a janela Este Computador que apresenta os dispositivos e unidades de armazenamento locais como HDs e Drives de mídias ópticas, bem como as mídias removíveis.

Um detalhe interessante sobre o Windows 10 é que as bibliotecas, ilustradas na figura, não estão visíveis por padrão; o usuário precisa ativar sua exibição.

Na figura a seguir, é ilustrada a guia Exibir da janela Este Computador.

Ao selecionar arquivos ou pastas de determinados tipos, como imagens, algumas guias são exibidas como ilustra a série de figuras a seguir.

É possível notar que há opções específicas para facilitar o compartilhamento dos arquivos e pastas.

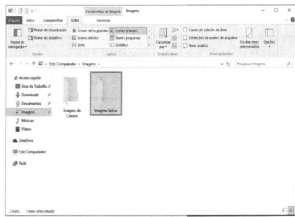

EDITORES DE TEXTO

# 2 EDITORES DE TEXTO

Questões sobre os editores, principalmente o editor de textos Word, são a respeito de funcionalidades do programa, mais especificamente sobre os passos para executar determinadas tarefas.

## 2.1 Editores de Texto Contidos no Windows

Um equívoco muito comum entre os que iniciam o estudo da informática para concursos é confundir o Microsoft Office com o Windows. Devemos deixar claro que se trata de dois produtos diferentes: o Windows é um Sistema Operacional, enquanto o Microsoft Office é uma suíte de escritório.

Também é importante ressaltar que o Windows possui nativamente dois editores de texto mais simples: o Bloco de Notas (Notepad) e o Wordpad.

## 2.2 Formatos de Arquivos

Um ponto bastante relevante para resolver inúmeras questões é conhecer o formato padrão em que um arquivo do Word pode ser salvo. No Word 2010, o formato padrão para arquivos é o .DOCX, assim como no Word 2007. Entretanto, no Word 2003, o formato padrão é o .DOC.

Também devemos considerar os formatos de Modelo de arquivos, que, por sua vez, são arquivos para serem utilizados como base de formatação para criar documentos. Um modelo pode ser criado pelo usuário, para tanto, deve ser salvo no formato .DOTX no Word 2010 e 2007, ou .DOT no Word 2003.

### 2.2.1 Formatos comuns

Existem ainda os formatos comuns aos editores de texto que são associados, por vezes, a eles.

**TXT**: formato de texto puro. Aceita formatações básicas de fonte como Tipo, Estilo de Fonte e Tamanho, porém, elas são aplicadas ao documento inteiro. Logo, não é possível atribuir configurações diferentes para diferentes parágrafos.

O formato TXT é o formato padrão do bloco de notas, e o Wordpad também trabalha com esse formato.

**RTF (Rich Text Format)**: formato desenvolvido pela Microsoft com a finalidade de ser multiplataforma, ou seja, foi criado para poder ser utilizado pela maioria dos editores de texto.

O Wordpad trabalha, por padrão, com o RTF, mas vale lembrar que tanto o RTF quanto o TXT são formatos comuns aos outros editores já citados.

**HTML (Hypertext Markup Language)**: a Linguagem de Marcação de Hipertexto é bastante relacionada nas provas também aos editores de texto, pois, analisando pela propriedade da transitividade, podemos salvar arquivos nos editores no formato HTML e esse é o formato padrão de páginas da Internet; portanto, por meio do editor de texto Word podemos criar páginas para a Internet.

O formato HTM é o mesmo HTML, só tem o nome reduzido porque antigamente as regras de nomenclatura limitavam a apenas 3 caracteres para a extensão.

**XML (Extensible Markup Language)**: é um formato no qual normalmente são armazenadas informações extras como características de um sistema ou outro arquivo. É também chamado de MetaFile e arquivo de MetaDados.

## 2.3 Word 2010

Nesta seção é apresentado o editor de texto do Microsoft Office 2010 e suas ferramentas, pois são frequentes as questões de provas nas quais são cobrados tais assuntos.

### 2.3.1 A janela do word 2010

É muito importante que se conheçam as principais partes da janela do programa, pois elas são citadas nas provas para indicar o local de uma opção ou passos de uma ação.

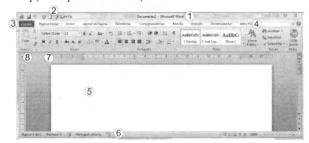

#### Barra de título - 1

Nessa barra são apresentadas as informações sobre o nome do documento em edição e seu formato, bem como o nome do programa que, no caso da figura, indica Microsoft Word. Também se observa na imagem que não há a indicação do formato do arquivo, isso significa que o documento em questão ainda não foi salvo em disco.

#### Barra de ferramentas de acesso rápido - 2

Apresenta as opções mais frequentemente usadas, principalmente por meio das teclas de atalho. Por padrão, mostra as opções Salvar, Desfazer e a opção que se alterna entre Repetir e Refazer. A opção ↻ Repetir repete a última ação executada, corresponde a utilizar a tecla de atalho: F4 e também **CTRL + R,** quando esta opção está exibida na barra. Cuidado, no Word 2007 a tecla de atalho é **CTRL+Y**.

Já a opção Refazer ↶ é como um desfazer para a ação **desfazer**.

#### Menu arquivo - 3

Diante do desastre da opção do botão office implantado na versão 2007, a Microsoft voltou a utilizar a opção Arquivo, na qual estão disponíveis opções relacionadas aos arquivos, como documentos a serem salvos, impressos, abertos, recentes, bem como acesso às opções do programa.

#### Faixa de opções - 4

A faixa de opções foi outra inovação para substituir a barra de menus. Ofereceu-se maior produtividade ao usuário, dispondo as opções mais utilizadas de maneira mais direta e prática. É possível aumentar a área útil da tela, fazendo com que as opções só sejam exibidas quando clicado na opção na Faixa de opções; basta utilizar o clique duplo do mouse sobre uma das Guias. As opções da Faixa de opções são:

**Página Inicial**

Composta pelos blocos: Área de Transferência, Fonte, Parágrafo, Estilo e Edição.

**Inserir**

Constituída pelos blocos: Páginas, Tabelas, Ilustrações, Links, Cabeçalho e Rodapé, Texto e Símbolos.

**Layout de Página**

Contém os blocos: Temas, Configurar Página, Plano de Fundo da Página, Parágrafo e Organizar.

**Referências**

Composta pelos blocos: Sumário, Notas de Rodapé, Citações e Bibliografia, Legendas, Índice e Índice de Autoridades.

**Correspondências**

Organizada pelos blocos: Criar, Iniciar Mala Direta, Gravar e Inserir Campos, Visualizar Resultados e Concluir.

**Revisão**

Definida pelos blocos: Revisão de Texto, Idioma, Comentários, Controle, Alterações, Comparar e Proteger.

### Exibição

Composta pelos blocos: Modos de Exibição de Documento, Mostrar, Zoom, Janela e Macros.

**Obs**.: Na figura, há mais alternativas na faixa de opção, contudo, não são cobradas em específico. Elas foram representadas para ilustrar a possibilidade de uso de complementos no programa. O símbolo à direita na guia Página Inicial, logo abaixo da opção ajuda, corresponde a um "jogo" disponibilizado pela Microsoft como forma de conhecer melhor as opções do programa.

### Página do documento em edição - 5

Consiste no próprio documento que está em edição.

### Barra de status - 6

Nela são apresentadas algumas informações como número da página atual e total, total de palavras selecionadas e no documento inteiro, modos de exibição e controle de zoom.

### Régua - 7

A Régua possui finalidade de orientação e também, por meio dela, podemos configurar diversas informações como as margens de um documento sem ter que necessariamente abrir a opção nas opções do programa.

### Alinhamentos de tabulação - 8

Uma tabulação ESQUERDA define a posição de início do texto, que correrá para a direita conforme você digita.

Uma tabulação CENTRALIZADA define a posição do meio do texto. O texto é centralizado nessa posição, conforme você digita.

Uma tabulação DIREITA define a extremidade do texto à direita. Conforme você digita, o texto é movido para a esquerda.

Uma tabulação DECIMAL alinha números com base em um ponto decimal. Independentemente do número de dígitos, o ponto decimal ficará na mesma posição.

Uma tabulação BARRA não posiciona o texto. Ela insere uma barra vertical na posição de tabulação.

### 2.3.2 Menu arquivo

No menu arquivo encontram-se as opções que se relacionam à estrutura de um documento. No Word 2010, essa opção foi a que mais apresentou mudanças em relação à versão anterior.

### Opção informações

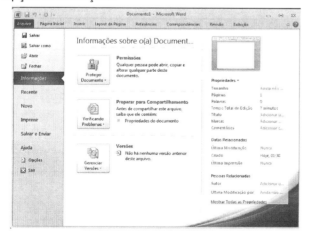

Quando acionado, ele ocupa toda a janela do programa, sendo que, por padrão, ele exibe a guia Informações aberta. Dentro do menu Arquivo agora existem guias. Observe na figura acima que, à direita da tela, são exibidas algumas propriedades do documento em edição.

Como pode ser observado, mais ao centro da figura existem três botões grandes: Proteger Documento, Verificando Problemas e Gerenciar Versões, dos quais destacam-se dois. Na figura a seguir é ilustrada a opção Proteger Documento com suas possíveis ações.

#### Marcar como Final

A opção serve para salvar o arquivo como somente leitura, assim ajuda a evitar que sejam feitas alterações no arquivo, ou seja, desabilita ou desativa a inserção de texto, a edição e as marcas de controle; além de definir o "Status" do documento como Final. Contudo, o comando Marcar como Final não é um recurso de segurança, pois basta que o usuário remova o Status Marcar como Final para que possa editar novamente o arquivo.

O Recurso Marcar como Final só tem efeito se o documento for aberto pela mesma versão do Ms Office; se for aberto por versões anteriores, como 2003, irá abrir normalmente, permitindo ao usuário alterar o arquivo.

#### Criptografar com Senha

Por meio dessa opção é possível definir uma senha para que o documento possa ser acessado. Contudo, vale ressaltar que a criptografia realizada pela opção Criptografar com Senha **não tem** relação com Certificação Digital.

#### Restringir Edição

Por meio da opção Restringir Edição é possível escolher dentre três opções de ação:

**Restrições de formatação:** pela qual é possível limitar as opções de formatação, permitindo apenas que seja escolhido dentre um conjunto de estilos selecionados no momento da ativação do recurso.

**Restrições de edição:** essa opção está relacionada às ferramentas de controle de edição, como controle de alterações e comentários, até mesmo preenchimento de formulários. Com ela, o usuário pode limitar que opções outro usuário que acessar o documento poderá realizar. Ainda é possível determinar apenas partes do documento para que possam ser editadas, protegendo assim o resto das alterações.

**Aplicar proteção:** depois de configuradas as opções de um ou ambos os itens acima, a opção **Sim, Aplicar Proteção** fica habilitada. Com isso será aberta uma janela para determinar uma senha ou para que seja utilizado um ID (e-mail) de usuários.

#### Restringir Permissão por Pessoas

Essa opção permite limitar o acesso ao documento, utilizando como critério contas do Windows Live ID ou uma conta do Microsoft Windows.

#### Adicionar uma Assinatura Digital

Por meio dessa opção é possível assinar digitalmente o documento em edição, a fim de garantir a Integridade e a Autenticidade do mesmo, por

## EDITORES DE TEXTO

consequência, também o Não Repúdio. Contudo é necessário possuir Certificado Digital para realizar esse procedimento.

Na sequência são ilustradas as opções relacionadas à opção Verificando Problemas.

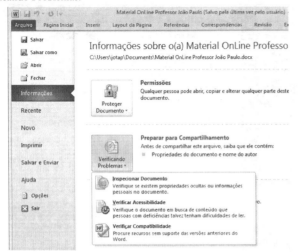

### Inspecionar Documento

Essa opção também pode ser citada como Inspetor do documento e possibilita diversas opções, com a finalidade de buscar no documento dados pessoais, informações ocultas, marcas, comentários, estruturas de controle, dentre outras, para que possam ser facilmente removidas.

### Verificar Acessibilidade

Permite verificar se a estrutura do elemento possui recursos ou formatações que dificultem a leitura por pessoas com deficiência, por exemplo, documentos que serão lidos por leitores de telas, utilizados por pessoas com baixa visão ou ausência de visão.

### Verificar Compatibilidade

Essa opção permite verificar se o documento possui estruturas que não existem nas versões anteriores do Word, assim, quando o documento for salvo em .DOC, não apresentará problemas de compatibilidade.

## Opção recentes

No Word 2010, a forma de apresentação dos documentos recentes também mudou. Nessa versão, além dos documentos recentemente abertos no Word, também são listadas as pastas recentemente acessadas, ou seja, as que contêm os arquivos que foram abertos, conforme ilustra a figura a seguir.

## Opção novo

A opção **Novo,** presente no menu Arquivo permite criar um novo documento com base em modelos, como também escolher o tipo de arquivo que se pretende salvar posteriormente, como o arquivo para postagem em blog.

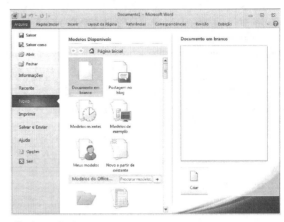

## Opção imprimir

Ao contrário das versões anteriores, nas quais era aberta uma janela à parte do programa para se configurar a impressão, na versão 2010 as opções de configuração de impressão foram agregadas ao menu Arquivo, a fim de se tornarem mais práticas e acessíveis ao usuário. Juntamente com as configurações, observa-se a pré-visualização do documento a ser impresso, ou seja, não há a outra opção Visualizar Impressão a não ser essa; a figura a seguir ilustra as características descritas.

## Opção salvar e enviar

Cuidado com essa opção, pois ela também é uma guia, conforme ilustra a figura a seguir. Por meio dela é possível visualizar várias opções de integração que o Office 2010 oferece, como enviar por e-mail o arquivo em edição ou publicar em um blog.

# NOÇÕES BÁSICAS DE INFORMÁTICA

## 2.3.3 Aba página inicial

Na Aba Página Inicial do Word 2010, encontramos as opções divididas nos blocos: Área de Transferência; Fonte; Parágrafo; Estilo; Edição, conforme a figura a seguir.

### Bloco área de transferência

A Área de Transferência é uma área temporária, onde são colocadas as estruturas (textos, imagens, etc.) que são copiadas de algum lugar, seja um documento, página da Internet, ou mesmo do Sistema Operacional, para que possam ser coladas.

A Área de Transferência do Word possui 24 posições, conforme figura a seguir. Ela armazena não apenas a última informação copiada, mas as 24 últimas; com isso é possível colar trechos copiados ou recortados em momentos anteriores. Vale lembrar que a área de transferência fica em memória RAM, portanto, quando o computador é desligado, ela é perdida.

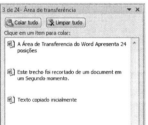

**Opção Colar**

No bloco Transferência, encontra-se a opção Colar. Deve-se atentar ao detalhe do botão, que, quando sobreposto pelo mouse, apresenta uma divisão, ou seja, executa duas ações diferentes: clicar na parte superior, é colado o dado que foi colocado por último na área de transferência de forma equivalente a utilizar as teclas de atalho CTRL + V; clicar na parte inferior, o Word exibe uma lista de opções de colagem, bem como dá acesso à opção colar especial.

**Pincel de Formatação**

O Pincel de Formatação, aqui ilustrado, permite realizar a cópia de formatação de um trecho de texto previamente selecionado e aplicar em outro trecho de texto a ser selecionado em posterior clique no botão pincel.

### Bloco fonte

Nesse bloco são encontradas as ferramentas mais usadas durante a edição de um documento e as opções relacionadas à formatação de Fonte. A figura acima ilustra as opções existentes no bloco que discutiremos na sequência.

**Tipo/Nome da Fonte**

Essa opção permite alterar a grafia da fonte, ou seja, o seu traço. Ao modificar o tipo da fonte, ela pode sofrer alteração no seu tamanho, no entanto, mantendo o mesmo valor numérico de tamanho de fonte. A figura acima destaca o campo, por padrão, no estilo normal do Word 2010; a fonte pré-definida é a Calibri.

**Tamanho da Fonte**

A opção de tamanho de fonte oferece um campo, ilustrado na sequência, para definir o tamanho das letras de um texto selecionado. É possível também selecionar o tamanho pela alça.

**Aumentar e Diminuir Fonte**

Também é possível controlar o tamanho das fontes pelos botões aumentar fonte, à esquerda da figura acima, e diminuir fonte, à direita da figura. Eles alteram o tamanho da fonte de um texto previamente selecionado, de acordo com os valores da lista disponibilizada na alça tamanho da fonte. Também se pode acionar essas opções por meio das teclas de atalho CTRL + SHIFT + >, para aumentar o tamanho da fonte; CTRL + SHIFT + <, para diminuir o tamanho dela.

**Maiúsculas e Minúsculas**

A opção permite alterar o trecho selecionado entre letras maiúsculas e minúsculas, de acordo com as opções abaixo ilustradas.

**Limpar Formatação**

A opção é útil quando se deseja limpar a formatação de um texto de forma rápida e prática, como um texto extraído da Internet que possui fontes grandes, fundo e letras coloridas. Basta que o usuário selecione o trecho do qual deseja limpar a formatação e em seguida clicar o botão.

**Estilos de Fonte**

Cuidado para não confundir o efeito de texto com o estilo de fonte, ou ainda com os estilos de formatação. As opções de efeito de fonte são a opção **Negrito**, *Itálico* e Sublinhado, conforme ilustrado na figura acima. As teclas de atalho para tais funções são, respectivamente, CTRL + N, CTRL + I, CTRL + S.

Observe que o sublinhado, no, Word 2010, apresenta uma seta para baixo, indicando mais opções de formatação do traço do sublinhado. Permite escolher entre o traço simples (padrão) e outros como: duplo, espesso, pontilhado, tracejado, traço ponto, traço ponto ponto, dentre outros; a figura a seguir ilustra o resultado de se acionar a alça do sublinhado. Também é possível alterar a cor do traço do sublinhado.

189

## EDITORES DE TEXTO

### Tachado

A propriedade **tachado** é comumente utilizada em textos de lei e resoluções, cujos itens foram revogados, contudo, permanecem no corpo da lei. Para acionar essa opção, basta selecionar o texto desejado e clicar o botão tachado ilustrado acima.

O efeito proporcionado pela opção é a de um traço a meia altura da linha sobrepondo as palavras, como o exemplo. Também é possível utilizar o tachado duplo por meio da janela Propriedades de Fonte.

### Subscrito e Sobrescrito

Por vezes, desejamos escrever texto com estruturas diferenciadas, ou mesmo indicar numerais ordinais de forma reduzida, como primeiros = 1os. Para colocar as letras "os" com fonte reduzida na parte superior da linha, basta clicar o botão sobrescrito, que o cursor de texto será posicionado no topo, digitar o texto desejado e clicar novamente no sobrescrito. O botão fica à direita do botão subscrito, conforme figura acima. Este permite escrever um texto com fonte reduzida na parte inferior da linha, como utilizado em algumas equações químicas, exemplo: texto normal texto subscrito.

### Efeitos de Texto

O Office 2007 inovou nos recursos de efeitos de texto; estas propriedades e ferramentas foram mantidas e melhoradas no Office 2010. Os efeitos de texto permitem formatar os caracteres de texto de maneira mais chamativa visualmente, a de fim empregar destaque a um texto, como **EXEMPLO**.

Para utilizar esse recurso, basta selecionar o texto desejado e clicar no botão efeitos de texto no bloco fonte, indicado por um A com efeito de brilho azul ao redor, ilustrado no canto superior esquerdo da figura a seguir.

Esse recurso ainda permite trabalhar as características de formatação de maneira separada, como a sombra, o reflexo e o brilho do caractere dado à cor escolhida.

### Realce

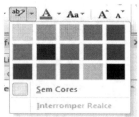

A ferramenta Realce é uma opção que aplica um resultado similar ao obtido por uma caneta marca textos. Inclusive, o conjunto de cores disponibilizado é bem limitado, apenas algumas cores estão disponíveis, como ilustra a figura acima.

### Cor da Fonte

Já quando falamos nas cores que podem ser aplicadas ao caractere (fonte), por exemplo, abrange-se um conjunto maior, também citado nas provas como paleta de cores do MS Office.

O botão que corresponde à opção é a letra **A** com uma barra abaixo que indica a última cor utilizada, como ilustrado no canto superior esquerdo da figura.

Observe que o botão cor da fonte apresenta uma ligeira divisão da seta a sua direita; isso deve ser levado em conta na resolução das questões, pois, se apenas o A for indicado como clicado, significa que será aplicado diretamente sobre o texto selecionado a última cor utilizada. Se for indicada a seta para baixo também, significa que foi clicado sobre ela, assim a alça exibe mais opções de cores e gradientes.

## Bloco parágrafo

Na Aba Página Inicial encontram-se também as opções de formatação de parágrafo mais utilizadas, como ilustrado a seguir. Algumas opções menos frequentemente usadas estão no bloco parágrafo da Aba Layout de Página.

### Marcadores

A opção marcadores permite acrescentar símbolos, caracteres ou mesmo imagens, como uma foto do usuário, como itens de marcação de tópicos para cada parágrafo.

A figura acima ilustra o botão marcadores, que, como pode ser observado, apresenta uma sutil divisão. Desse modo, se a imagem apresentada nas questões de prova for igual a ela, significa que o clique foi dado na seta à direita do botão, o que remete a mais opções, como escolher o símbolo que se deseja utilizar. Mas, caso seja apresentado sem a seta, o resultado é a inserção do último marcador utilizado.

### Numeração

Cuidado com a diferença entre os marcadores e a numeração; a finalidade de ambos é similar, porém, a Numeração segue uma sequência que pode ser numérica, utilizando números romanos maiúsculos ou minúsculos; letras maiúsculas ou minúsculas; ou ainda números arábicos. A figura ilustra o botão Numeração que, de forma equivalente ao Marcadores, apresenta seta à direita apontando para baixo.

### Lista de Vários Níveis

Uma novidade apresentada no Office 2007 e mantida no 2010 é a opção Lista de vários níveis, que permite gerenciar e atribuir marcadores diferentes para níveis diferentes, mas de forma a manter a relação entre eles como de título, subtítulo e tópico. A figura acima ilustra o botão Lista de Vários Níveis.

Quando clicado na seta à direita, um menu dropdown é aberto como ilustrado a seguir.

# NOÇÕES BÁSICAS DE INFORMÁTICA

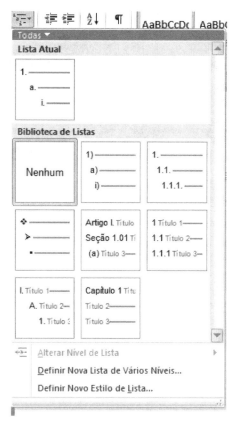

Além dos formatos de listas sugeridos pelo Word, é possível que o usuário crie a sua própria configuração de lista, que pode ser criada para utilizar apenas no documento em edição como também pode ser atribuída ao programa de forma que fique disponível para a criação e edição de outros documentos.

### Diminuir e Aumentar Recuo

As opções de Diminuir e Aumentar o Recuo estão relacionadas ao recuo esquerdo do parágrafo selecionado. Ao aumentar o recuo, botão da direita na figura acima, é aumentado inclusive o recuo da primeira linha na mesma proporção. O espaço acrescido é o mesmo de uma tabulação, ou seja, o mesmo de quando pressionada a tecla TAB (1,25 cm por padrão).

### Classificar

Essa opção pode parecer estranha ao se pensar nela no grupo de opções do bloco parágrafo, contudo, demonstra-se que é possível ordenar os textos de parágrafos e não apenas dados em tabelas.

Uma vez clicado o botão classificar ilustrado anteriormente, é aberta uma janela, ilustrada a seguir, pela qual é possível parametrizar as regras de classificação, que pode ser por colunas em caso de tabelas. Os tipos de dados que podem ser selecionados, de maneira que o programa possa classificá-los em ordem crescente ou decrescente, são: Texto, Número e Data.

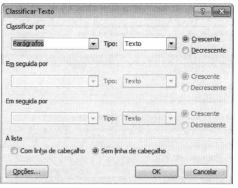

### Mostrar Tudo

A opção Mostrar Tudo, ilustrada acima, é responsável por exibir os caracteres não imprimíveis, que auxiliam na edição de um documento ao exibir marcas de edição, espaços e marcações de Parágrafos. Ela é muito importante para que se possa definir onde inicia e onde termina um parágrafo no texto.

O trecho a seguir ilustra o que é apresentado quando tal opção é selecionada.

Exemplo·de·texto·para·a·vídeo·aula·do·professor·João·Paulo·de·Informática·com·o·botão· Mostrar·Tudo·habilitado.¶

Segundo·parágrafo...¶

————————Quebra de página————————¶

Muitas pessoas entram em pânico quando, sem querer, ativam a opção e cometem o equívoco de utilizar o desfazer, com a esperança de remover tais símbolos e acabam perdendo informações ou formatações executadas. No entanto, para remover tais marcas, basta desabilitar a opção clicando novamente o botão.

### Alinhamentos de Parágrafo

Muito cuidado com as opções de alinhamento, pois existe também o alinhamento de Tabulação que oferece opções diferentes das do alinhamento de parágrafo, porém, para fins similares.

A figura anterior apresenta os quatro únicos alinhamentos de parágrafo: Esquerdo, Centralizado, Direito e Justificado. Também é possível acionar tais opções por meio das respectivas teclas de atalho: CTRL+Q, CTRL+E, CTRL+G, CTRL+J.

### Espaçamento Entre Linhas

A opção espaçamento entre Linhas, disponível no bloco parágrafo, apresenta alguns valores que não são ilustrados diretamente na janela propriedades de parágrafo, como 1,15. Contudo, é possível chegar a ela de maneira manual, como selecionar a opção "múltiplos" e em seguida digitar o valor 1,15.

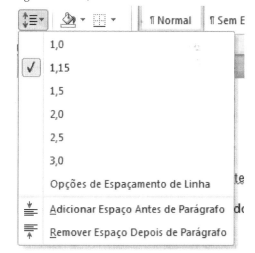

A figura anterior ilustra o botão Espaçamento entre linhas aberto; ele é apresentado no canto superior esquerdo da figura. Perceba que, por meio dele, é possível também se alterar o espaçamento antes e depois do parágrafo.

### Sombreamento

A opção sombreamento permite atribuir uma cor ao plano de fundo de um parágrafo, como o exemplo.

Mesmo o parágrafo sendo menor que a linha toda, ela (espaço de margem a margem) é preenchida com a cor selecionada.

A imagem abaixo mostra o botão sombreamento, balde de tinta, selecionado pela alça, assim ilustrando a paleta de cores do Word para que seja determinada a cor desejada.

## EDITORES DE TEXTO

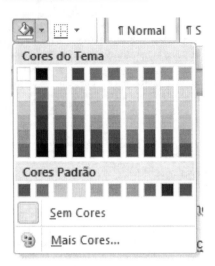

### Bordas

Também é possível atribuir uma borda a um parágrafo, como também à página do documento. A opção bordas apresentada a seguir pode ser utilizada tanto para aplicar uma borda a um parágrafo como a uma tabela, caso esteja selecionada.

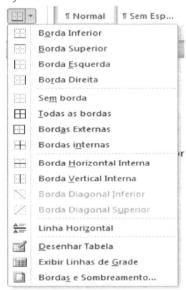

### Bloco estilos

Os estilos de formatação são uma importante ferramenta que auxiliam e otimizam o processo de edição de documentos que devam obedecer a padrões de formatação, além de serem necessários para a inserção de sumário automático.

O Office 2007 inovou muitos deles, como também melhorou alguns; estes foram mantidos no Office 2010. O estilo padrão apresentado é o estilo Normal, que define, por exemplo, a fonte como Calibri tamanho 11, espaçamento entre linhas múltiplo de 1,15 e espaço após o parágrafo de 10pt.

A figura a seguir ilustra o bloco estilo com vários dos estilos de formatação; para sumário deve-se utilizar os estilos de título.

### Bloco edição

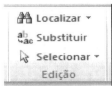

No bloco edição foram disponibilizadas as opções que estavam no menu editar do Office 2003 e ficaram perdidas, pode-se assim dizer. A figura acima ilustra o Bloco com suas opções.

**Localizar**

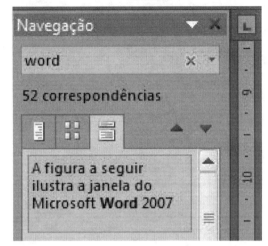

A opção Localizar oferece três opções quando clicada na seta: Localizar, Localização Avançada e Ir Para.

Clicar direto no botão Localizar é o mesmo que clicar na opção que ele oferece como Localizar; o Word abre um painel à esquerda da janela do programa, ilustrada na sequência. O mesmo painel pode ser acionado por opção encontrada na aba Exibir.

Por meio desse painel é possível realizar uma busca rápida de forma incremental, ou seja, à medida que o usuário insere o texto no campo de busca, o Word vai filtrando as ocorrências no texto.

As opções Localização Avançada, Ir Para e Substituir, ao serem acionadas, abrem a mesma janela, porém, com as respectivas abas selecionadas. Vale lembrar que a combinação de teclas de atalho CTRL + U no Word abre a opção Substituir.

### 2.3.4 Aba inserir

A aba Inserir é alvo de várias questões recorrentes, então, muito cuidado com as suas opções. A figura a seguir ilustra as opções da Guia.

### Bloco páginas

No Bloco Páginas, apresentado abaixo, é onde se encontra uma das Quebras possíveis de se inserir em um documento e justamente a que pode ser alvo de de alguma questão capiciosa, pois na Aba Inserir é encontrada apenas a opção Quebra de Página; as demais ficam na aba Layout de Página.

A opção Folha de Rosto é uma opção para inserir uma página no documento em edição com mais recursos gráficos, a fim de dar ênfase ao documento.

A opção Página em Branco permite inserir uma página em branco no documento a partir da posição do cursor de texto.

### Bloco tabelas

No bloco tabelas é disponibilizada apenas a opção Tabela, ilustrada a seguir, por meio da qual podemos tanto inserir uma Tabela no documento em edição como uma Planilha.

192

# NOÇÕES BÁSICAS DE INFORMÁTICA

## Opção tabela

Ao clicar na opção Tabela, é aberto o menu Dropdown ilustrado a seguir, no qual se pode observar a opção Planilha, que permite inserir uma planilha no documento. Mas, cuidado, a estrutura de planilhas é diferente de uma tabela.

## Bloco ilustrações

A novidade do bloco Ilustrações é a opção Instantâneo, que permite inserir uma imagem de uma janela de programa aberto, ou ainda, inserir recorte da tela do computador. A figura abaixo ilustra o bloco Ilustrações e, como as demais deste material, foi obtida por meio da ferramenta Instantâneo.

## Bloco links

No bloco Links são disponibilizadas três opções: Hiperlink, Indicador e Referência Cruzada. A opção hiperlink tem como tecla de atalho a combinação CTRL+K.

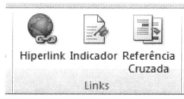

## Hiperlink

A respeito da opção Hiperlink, é importante ressaltar que é possível linkar tanto um site da Internet, como arquivos, quanto arquivos do computador do usuário.

## Indicador

A opção Indicador cria um link para um ponto do documento em edição, assim é possível fazer um link por meio da opção Hiperlink para esse ponto.

## Referência cruzada

Essa opção permite criar referências para citações como figuras, tabelas, quadros, entre outros.

## Bloco cabeçalho e rodapé

A estrutura de cabeçalho e rodapé é utilizada principalmente quando se deseja inserir uma informação em várias páginas de um documento, como numeração de páginas ou uma figura. Mas, cuidado, em um mesmo documento é possível utilizar cabeçalhos e rodapés diferentes, pois essas estruturas são as mesmas para todas as páginas da mesma seção.

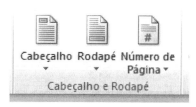

## Bloco texto

No bloco Texto devemos destacar a opção WordArt e Linha de Assinatura.

A opção WordArt, desde o Office 2007, mudou sua forma de formatação e estrutura. Ela gera agora resultado similar ao obtido pela opção Efeitos de Texto da Aba Página Inicial.

Já a opção Linha de Assinatura permite inserir uma assinatura digital no documento em edição, contudo, é necessário possuir um Certificado Digital. Essa opção também pode ser utilizada para inserir as linhas normalmente usadas para posterior assinatura manual.

## Bloco símbolos

O bloco Símbolos oferece as opções Equação e Símbolo, conforme figura a seguir. A opção Equação auxilia a escrever em um documento de texto funções complexas, entretanto, ela não resolve as equações apenas desenha. Por exemplo, inserir um somatório:

$$\sum_{i=0}^{5} i!$$

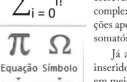

Já a opção Símbolo permite que sejam inseridos símbolos como caracteres especiais em meio ao texto.

### 2.3.5 Aba layout de página

A aba Layout de Página é muito importante durante a edição de um documento. Nela são disponibilizados os blocos: Temas, Configurar Página, Plano de Fundo da Página, Parágrafo e Organizar, conforme ilustrado na figura a seguir.

Muito cuidado com as provas, que podem descrever como Leiaute de Página, e isso não está errado.

### 2.3.6 Bloco temas

Por meio dessa opção é possível alterar o conjunto de cores e fontes que serão utilizados durante a edição de um documento; a figura a seguir ilustra este bloco.

## Bloco configurar página

O bloco configurar página é um dos principais da Aba Layout de Página, por meio dele podemos alterar as configurações de: Margens, Orientação, Tamanho, Colunas, Quebras, Números de Linhas e Hifenização. A figura a seguir ilustra essas opções.

Vale ressaltar que as configurações de página podem ser diferentes em um mesmo documento, pois a configuração é aplicada à seção,

193

# EDITORES DE TEXTO

assim é possível em um mesmo documento trabalhar com páginas nas orientações retrato e paisagem intercaladas.

## Bloco plano de fundo da página

## Bloco parágrafo

O bloco Parágrafo, presente na Aba Layout de Página, apresenta as opções de recuo, além de espaçamento antes e depois do parágrafo, como ilustra a figura a seguir.

## Bloco organizar

Por meio do Bloco Organizar é possível determinar a posição de elementos, como figuras, em relação ao texto em edição.

### 2.3.7 Aba referências

A guia Referências dispõe os blocos: Sumário, Notas de Rodapé, Citações e Bibliografia, Legendas, Índice e Índice de Autoridades, conforme ilustrado a seguir.

## Bloco sumário

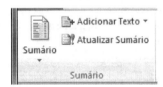

Por meio do Bloco Sumário, pode-se ter acesso à opção Sumário para a inserção do Sumário Automático no documento em edição. Lembrando que o sumário depende da utilização dos estilos de formatação de título ao longo do documento, para poder listar tais títulos e as referidas páginas em que aparecem.

Se novos títulos forem adicionados no documento após a inserção do sumário, este deverá ser atualizado por inteiro. Caso apenas sejam mudadas as páginas em que os títulos estavam, pode-se atualizá-lo por meio da opção atualizar apenas números de páginas.

## Bloco notas de rodapé

Por meio do bloco notas de rodapé é possível inserir tanto notas de Rodapé como Notas de Fim. A diferença é que aquelas são exibidas no rodapé das páginas em que são citadas, já estas podem ser configuradas para aparecerem no fim da Seção ou no fim do documento.

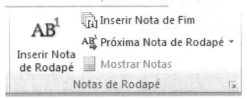

## Bloco citações e bibliografia

O Word oferece opções de criar um cadastro de fontes bibliográficas para uso facilitado, assim, quando desejar citar alguma referência, basta utilizar a opção Inserir Citação disponível no Bloco Citações e Bibliografia ilustrado a seguir.

## Bloco legendas

O bloco Legendas permite inserir legendas acima ou abaixo das figuras, tabelas, quadros e outras estruturas inseridas no documento em edição, de maneira que, quando necessário, é possível inserir um índice automático que indique cada figura e a página em que é citada.

## Bloco índice

O Bloco Índice oferece a opção Marcar Entrada e Inserir Índice, que funcionam de forma similar ao sumário, mas com a finalidade de criar um índice remissivo.

## Bloco índice de autoridades

Os Índices de Autoridades são novidade no Word 2010. Por meio dessas opções podem-se criar listas de leis, artigos, resoluções, dentre outras estruturas da legislação que sejam citadas em meio ao documento.

### 2.3.8 Aba correspondências

A aba correspondências é bastante utilizada por escritórios, pois é nela que se encontram as opções de trabalhar com Mala Direta para a geração de envelopes e etiquetas, de forma facilitada e dinâmica. Mas, atenção, é comum se questionar sobre como montar a lista de "contatos" para se trabalhar com a mala direta; para isso, é possível criar a lista utilizando o Excel ou o Access.

# NOÇÕES BÁSICAS DE INFORMÁTICA

## 2.3.9 Aba revisão

A Aba revisão oferece opções de correção e controle do conteúdo do documento, por meio dos blocos: Revisão de Texto, Idioma, Comentários, Controle, Alterações, Comparar e Proteger, conforme ilustrado a seguir.

### Bloco revisão de texto

Neste Bloco é que se encontra a ferramenta Ortografia e Gramática, que pode ser acionada por meio da tecla de atalho F7, bem como a ferramenta Pesquisar. Mas, cuidado, esta ferramenta é para pesquisar na Internet e não no documento em edição.

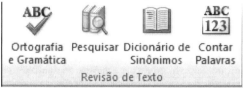

Outra opção interessante é o Dicionário de Sinônimos, que se torna muito útil quando é preciso encontrar aquela palavra diferente para se referir a algo de forma a fugir de ter de repetir algum termo.

A ferramenta Contar Palavras, ao ser acionada, abre a janela ilustrada a seguir, na qual é informada a quantidade de palavras em várias situações. O que conta mais para a prova é saber que, se um trecho do texto foi selecionado previamente à seleção da opção, os dados apresentados serão apenas referentes à seleção, porém, se nada estiver selecionado, os dados serão referentes ao documento inteiro.

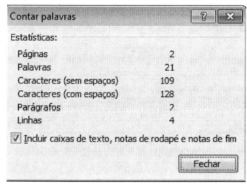

### Bloco idioma

Uma novidade também no Word 2010 é a opção Traduzir, disponível no bloco Idioma, que permite traduzir um texto selecionado utilizando a ferramenta de tradução online da Microsoft. Obviamente, observa-se a necessidade de estar conectado à Internet.

Muitas vezes, precisamos digitar trecho ou textos inteiros em outro idioma e ficamos em dúvida se as palavras estão corretas, pois aparecem sublinhadas em vermelho indicando erro. Porém, o Word 2010 é mais inteligente, pois ele busca detectar o idioma automaticamente de forma a se auto ajustar. Contudo, às vezes, precisamos definir manualmente o idioma de algumas palavras, para isso podemos utilizar a opção Idioma do Bloco Idioma.

### Bloco comentários

É possível inserir comentários no documento em edição principalmente com a finalidade de explicar alguma alteração realizada.

### Bloco controle

O Bloco Controle é uma excelente ferramenta para correção de documentos, de forma que o escritor, ao terminar sua parte, ativa a opção Controlar Alterações e salva o documento. Envia-o, então, para um corretor, que simplesmente apaga trechos do texto e insere novas estruturas, porém, essas ações apenas são marcadas no documento, como ilustrado na sequência. O corretor, ao terminar, salva novamente o documento e envia ao escritor para que aceite ou não as alterações realizadas.

Texto-a-ser-excluído- Inserir-este-texto do-documento,-para-o-exemplo.¶

### Bloco alterações

Ao receber o documento com as sugestões de alteração, o escritor apenas tem o trabalho de aceitar ou rejeitar as sugestões realizadas.

### Bloco comparar

O bloco Comparar oferece a opção Comparar, na qual é possível escolher dentre as opções: Comparar ou Combinar.

A opção Comparar permite comparar versões diferentes de um mesmo documento, a fim de destacar as diferenças. Já a opção Combinar serve para combinar as diferentes sugestões de alteração que várias pessoas fizeram com base no mesmo documento.

### Bloco proteger

A opção Restringir Edição, disponível no Bloco Proteger, é a mesma apresentada no menu Arquivo.

## 2.3.10 Aba exibição

195

## EDITORES DE TEXTO

As opções encontradas nesta guia estão relacionadas a itens que remetem à forma de apresentação da janela, do zoom, entre outas visões. A figura a seguir ilustra a aba que é composta pelos blocos: Modos de Exibição de Documento, Mostrar, Zoom, Janela e Macros.

### Bloco modos de exibição

Um dos principais da Aba Exibição em relação à cobrança nas provas, pois neste bloco são disponibilizados os cinco modos de exibição da janela do Word: Layout de Impressão, Leitura em Tela Inteira, Layout da Web, Estrutura de Tópicos e Rascunho, conforme ilustra a figura a seguir.

O modo Layout de impressão é o padrão; quando ele está ativado, é possível visualizar os limites das páginas e as réguas são exibidas tanto da horizontal como da vertical.

O modo Leitura em Tela Inteira oferece uma visualização na qual o tamanho da fonte e os espaçamentos são aumentados, proporcionando assim melhor visualização do texto.

No Layout da Web não há a divisão em páginas e apenas aparece a régua da horizontal.

Estrutura de Tópicos exibe o texto com um marcador para cada parágrafo, como ilustrado a seguir.

- Exemplo de texto para a vídeo aula do professor João Paulo de Informática com o botão Mostrar Tudo habilitado.¶
- Segundo parágrafo...¶
    Quebra de página————————¶
- ~~Texto a ser excluído~~ Inserir este texto do documento, para o exemplo.¶

O modo Rascunho é o mais simples: as figuras são omitidas e apenas o texto é exibido.

### Bloco mostrar

Por meio deste bloco é possível exibir ou ocultar algumas estruturas do Word, como a Régua, as Linhas de Grade e o Painel de Navegação, conforme a figura a seguir.

A opção régua, por padrão, é habilitada, mas ao desativá-la apenas são ocultadas as réguas da janela.

Já a opção Linhas de grade exibe o reticulado, a fim de auxiliar na edição do documento, como ilustrado a seguir.

A opção Painel de Navegação habilita, do lado esquerdo da janela do Word, a exibição de um painel no qual são exibidos os títulos do documento, como representado a seguir. Ao clicar em um título, o cursor de texto é posicionado na posição do título clicado; também é possível reorganizar o documento clicando, e mantendo clicado, e arrastar o arquivo para o local desejado.

### Bloco zoom

Por meio deste bloco, ilustrado a seguir, é possível se alternar entre os diversos níveis de zoom do documento.

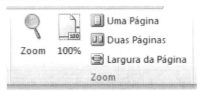

### Bloco janela

As opções deste bloco estão associadas à visualização da janela do programa.

A opção mais usual é a opção Dividir, que permite dividir a tela em duas, de forma a possibilitar a visualização de partes distantes de um mesmo documento simultaneamente, como ver a primeira e a última página de um documento com várias folhas.

### 2.3.11 Tabela

Devemos tomar muito cuidado com a estrutura de tabela nas provas, pois uma tabela é diferente de uma planilha, tanto em termos organizacionais como em comportamentos.

Contudo, em uma tabela também é possível realizar cálculos por intermédio de fórmulas, porém, as fórmulas disponíveis para operar em tabelas são muito inferiores em número e opções do que as de um editor de planilha.

### Operações com tabelas

Em uma tabela, ao teclar Enter dentro de uma célula, é inserido nesta um novo parágrafo em uma nova linha de texto. Outro detalhe diferenciado é que, ao teclar TAB quando o cursor estiver em uma célula da tabela, a célula da direita é selecionada, à exceção da última célula da última linha da tabela, nesse caso, teclar TAB insere uma nova linha na tabela com o número de colunas da última linha.

É importante observar também que a opção para inserir uma planilha está disponível dentro da opção inserir Tabela; o motivo de estar ali é simples: foi o lugar que sobrou, que mais se aproximava da categoria.

### 2.3.12 Formatar fonte

Uma das opções mais utilizadas em um editor de texto são as formatações de fonte, que permitem alterar como o caractere de texto será apresentado no documento.

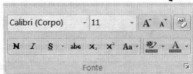

Repare que, no Word 2010, a opção Maiúsculas e Minúsculas Aa⁻ é disponibilizada junto ao bloco Fonte.

E os botões A⁺ A⁻ servem respectivamente para aumentar e diminuir o tamanho do texto selecionado.

Dentre as propriedades de fonte, ilustradas na figura a cima temos na sequência:
- Tipo/Nome da Fonte;
- Estilo da Fonte;
- Tamanho da Fonte;
- Cor da Fonte;
- **Efeitos da Fonte:** os efeitos da fonte são citados em várias provas, por isso é importante destacarmos suas características.

**Tachado**: usado comumente em textos de leis revogados.

Exemplo de texto Tachado

**Tachado Duplo:**

Exemplo de texto Tachado duplo

**Versalete:**

Exemplo de texto em Versalete

**Todas em Maiúsculas:**

EXEMPLO DE TEXTO TODAS EM MAIÚSCULAS

**Sobrescrito:**

Texto normal texto sobrescrito

**Subscrito:**

Texto normal texto subscrito

## 2.3.13 Formatar parágrafo

As propriedades de parágrafo são alvo frequente de questões de concursos, que em geral envolvem alguma pegadinha, principalmente em relação aos alinhamentos de parágrafo e tabulação.

Podemos acessar as opões de propriedades de parágrafo por meio do bloco Parágrafo da Guia Página Inicial, clicando sobre a opção presente no canto inferior direito do bloco, como mostra a figura a seguir, ou clicando com o botão direito do mouse sobre o parágrafo selecionado e escolhendo a opção parágrafo. Em ambos os casos, o resultado será a abertura da mesma janela.

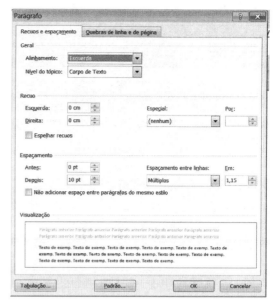

Na guia Recuos e Espaçamento, encontramos a opção Alinhamento na subseção geral, o qual diz respeito ao alinhamento do parágrafo, que pode ser do tipo: **esquerdo**, **centralizado**, **direito** ou **justificado**.

A subseção **Recuo** refere-se ao espaço entre o texto e a margem do documento; corresponde aos triângulos ilustrados na régua do programa. Podemos configurá-los tanto pela régua quanto pela janela parágrafo, definindo valores específicos para o **recuo Esquerdo** ou **Direito**.

O **recuo** do tipo **especial** diz respeito ao recuo da primeira linha, que pode estar mais ou menos recuada do que o texto. A tabela a seguir ilustra o resultado dos recuos especiais.

No recuo especial de 1ª Linha, apenas a primeira linha do parágrafo é recuada, enquanto que, no deslocamento, todas as linhas são recuadas, exceto a primeira.

A subseção Espaçamento refere-se ao espaçamento antes e depois do parágrafo. Por padrão no Word 2010, o espaçamento Depois é definido em 10pt.

O espaçamento entre Linhas é o espaço entre as linhas do parágrafo selecionado, que pode tomar a linha como base ou um valor exato em pontos (pt). Os espaçamentos entre linhas disponíveis são:
- Simples;
- Múltiplo;
- Exatamente;
- Pelo menos;
- Duplo;
- 1,5 Linha.

Um espaçamento Múltiplo em 2 é igual a um espaçamento duplo, assim como o múltiplo de 1,5 é igual ao 1,5 Linha; eles tomam a linha como referência. Portanto, se a fonte for aumentada, a altura da linha também o é, assim o espaço se mantém em escala.

## EDITORES DE TEXTO

A opção Tabulação presente no canto inferior direito da janela propriedades de parágrafo permite utilizar os alinhamentos de tabulação já citados no início da seção sobre Editores de Texto.

**Seleção de Texto**

Quando desejamos editar um texto, devemos previamente selecionar o trecho sobre o qual vamos aplicar alguma ação. Para esse procedimento, existem diversas formas diferentes, que podem ser por meio de teclas de atalho apenas, atalhos combinados com o mouse ou mesmo apenas o mouse. Na maioria dos editores de texto, inclusive os citados neste material, podemos utilizar as ações da tabela a seguir, a fim de selecionar um texto.

| Atalho | Resultado |
|---|---|
| SHIFT + Seta para direita | Seleciona o caractere à direita do cursor de texto. |
| SHIFT + Seta para esquerda | Seleciona o caractere à esquerda do cursor de texto. |
| SHIFT + Home | Seleciona o trecho entre o cursor de texto até o primeiro caractere da linha. |
| SHIFT + End | Seleciona o trecho entre o cursor de texto até o último caractere da linha. |
| CTRL + SHIFT + Home | Seleciona o trecho entre o cursor de texto até o primeiro caractere do documento. |
| CTRL + SHIFT + End | Seleciona o trecho entre o cursor de texto até o último caractere do documento. |
| CTRL + SHIFT + Seta para a direita | Seleciona a palavra à direita do cursor de texto, caso o cursor esteja posicionado à esquerda da palavra sem espaço entre o cursor e a palavra. |
| CTRL + SHIFT + Seta para a esquerda | Seleciona a palavra à esquerda do cursor de texto, caso o cursor esteja posicionado à direita da palavra sem espeço entre o cursor e a palavra |

No Word, para selecionar todo o documento em edição, podemos utilizar a tecla de atalho CTRL + T ou utilizar as ações descritas na tabela a seguir.

| Ação | Local | Para |
|---|---|---|
| Clique Simples | Sobre uma palavra | Posicionar o cursor de texto |
| Duplo Clique | Em qualquer lugar do texto | Selecionar a palavra |
| Triplo Clique | Em qualquer lugar do texto | Selecionar o parágrafo |
| Clique Simples | Na margem à esquerda da página | Selecionar a linha |
| Duplo Clique | Na margem esquerda da página | Selecionar o parágrafo |
| Triplo Clique | Na margem esquerda da página | Selecionar todo o texto |

198

# NOÇÕES BÁSICAS DE INFORMÁTICA

# 3 EDITORES DE PLANILHA

Os editores de planilha são poderosas ferramentas que auxiliam nas mais diversas tarefas do dia a dia, desde um simples controle financeiro pessoal a complexos controles de estoque e caixa, dentre inúmeros outros projetos que podem ser trabalhados.

De forma geral, nos concursos, os Editores de Texto referidos são genéricos, não citando versão. Nesse caso devemos analisar as diferenças entre as versões do Microsoft Office além do BrOffice.

Por outro lado, as questões relacionadas aos editores de planilha não têm como foco o programa, mas o processo de utilização e regras, que na maioria dos casos soam similares. Dessa maneira, adotando um caráter prático e objetivo, este capítulo aborda como trabalhar com planilhas e, quando houver, serão apontadas as diferenças em relação às versões.

## 3.1 Formato de Arquivo dos Editores de Planilha

Quando observamos a janela do Excel, independente de versão, podemos notar que na barra de títulos do programa consta o termo Pasta2, conforme ilustra a figura a seguir.

A indicação Pasta faz alusão ao formato de arquivo padrão do editor de planilhas Excel, que é chamado de Pasta de Trabalho. Esta pode ser composta por uma ou mais planilhas.

## 3.2 Estrutura de uma Planilha

Uma planilha é composta por linhas e colunas. Por padrão, em ambos os editores utilizam-se letras para representar as colunas e números para as linhas, mas é possível utilizar números para colunas também.

|  | Excel 2003 | Excel 2007 e 2010 | Calc |
|---|---|---|---|
| **Linhas** | 65.536 | 1.048.576 | 1.048.576 |
| **Colunas** | 256 | 16384 | 1.024 |

O número de Linhas e colunas é fixo, ou seja, será sempre o mesmo.

Por padrão, uma pasta de trabalho é composta por 3 planilhas, mas, como citado antes, ela pode conter uma ou mais planilhas, sendo assim, os editores de planilha possuem as opções de Inserir e Excluir Planilhas.

Também podemos renomear uma planilha, copiá-la e movê-la para outra ordem; para isso, basta clicar com o botão direito do mouse sobre a guia da planilha e escolher a opção desejada no menu suspenso que se abre.

### 3.2.1 Célula

Uma célula é definida no encontro de uma linha com uma coluna; existem 3 modos de endereçamento que podem ser utilizados.

### Endereçamento de células

Podemos endereçar uma célula de três maneiras diferentes, por meio dos modos de endereçamento: Relativo, Misto e Absoluto. Para efeitos de cálculos, os modos de endereçamento não influenciam, mas sim para encontrar a fórmula, resultado da ação de copiar e colar uma célula com fórmula, ou quando arrastamos pela alça de preenchimento.

Quando a célula de destino está à direita ou abaixo da célula de origem, o deslocamento é positivo; enquanto que, quando a célula de destino for à esquerda ou acima da célula de origem, o deslocamento é negativo.

### Relativo

No modo de endereçamento relativo, apenas precisamos indicar a coluna e a linha de uma célula, como o exemplo A3, ou seja, a célula que se encontra na junção da linha 3 com a coluna A.

A figura a seguir ilustra parte de uma planilha em que fora inserido na célula C1 a fórmula =A1+B1 e em seguida foi selecionada essa célula e copiada para a C2. Observe que o editor de planilha automaticamente reconheceu que a linha mudou, e alterou os endereços de linhas na fórmula colada.

Para obter a fórmula destino, o programa analisou qual foi o deslocamento, quer dizer, a diferença entre a célula em que estava até a célula destino e incrementou-a na fórmula em que indicava linha 1 + 1 linha = 2.

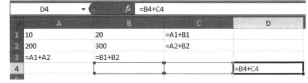

Agora imagine que a célula C1 foi copiada; após, a célula D4 foi selecionada e colada a fórmula nela. Para essa situação, temos que a célula destino está a uma coluna à direita e 3 linhas abaixo da original, portanto, devemos aplicar esse aumento na fórmula, obtendo assim =B4+C4.

### Misto

No modo de endereçamento misto é utilizado o símbolo **$** (cifrão) para indicar que o dado que estiver imediatamente a sua direita será sempre o mesmo, ou seja, não poderá ser alterado.

Existem duas formas de endereçamento misto: em uma bloqueamos a coluna, enquanto que na outra a linha é que é bloqueada.

Quando desejamos travar a coluna, escrevemos o endereço da célula, como exemplo a seguir: =**$A3**. Assim, a linha pode ser alterada quando houver deslocamento, porém, a coluna será sempre a coluna A.

Por outro lado, quando desejamos fixar uma linha, devemos escrever o **$** antes da linha, exemplo =**A$3**. Dessa forma, a coluna pode ser alterada quando houver deslocamento em relação à coluna, contudo, a linha será sempre a linha 3.

Na figura a seguir foi inserida na célula C1 a fórmula: =**$A1+B$1**; após, foi selecionada a célula C1, copiada e colada na célula C2. Observe que na fórmula destino, a primeira parcela, o endereço da linha foi incrementado de acordo com o deslocamento, porém, a linha da segunda parcela continuou sendo a linha 1, pois ela foi fixada por intermédio do **$** (cifrão).

Outro exemplo que podemos observar é o de quando a célula C1 é copiada e colada na célula D4, novamente o deslocamento é de uma coluna e 3 linhas, porém, na primeira parcela a coluna se manteve mudando apenas a linha, enquanto que na segunda parcela a coluna foi alterada de acordo com o deslocamento e a linha manteve-se.

### Absoluto

No endereçamento absoluto, tanto a coluna quanto a linha são fixadas, assim podemos dizer que a célula será sempre a mesma.

## EDITORES DE PLANILHA

### Formatações de células

Podemos formatar as células de forma individual. Mas devemos tomar cuidado, pois as provas adoram colocar pegadinhas sobre essa parte; de forma geral, formatação de células não altera os valores, somente muda a forma como os vemos.

A figura a seguir ilustra algumas das opções do Excel relacionadas à formatação de células.

O primeiro Bloco oferece as opções relacionadas ao formato do dado em uma célula; o segundo diz respeito aos estilos como cores de fundo, fonte e borda da célula; enquanto que no Bloco Células encontramos a opção Formatar, que nos dá acesso à opção formatar células, a qual também pode ser acessada clicando com o botão direito do mouse sobre a célula selecionada.

Analisemos agora os botões do bloco número:

O primeiro botão a conhecermos é o Formato de Número de Contabilização, que formata a célula com o formato contábil, conforme ilustra a figura acima. O R$ fica alinhado à esquerda enquanto que o valor fica alinhado à direita.

Observe que formato Contábil é diferente do formato Moeda e também que no Excel possuímos ambos os formatos, enquanto que no Calc encontramos apenas o formato Moeda. Este pode ser obtido simplesmente digitando direto na célula com o R$ ou por meio da formatação de célula.

O botão de formatação de percentagem é uma questão recorrente em provas. Acima de tudo, devemos reforçar que formatar não muda o valor, mas apenas como vemos, pois o símbolo de % equivale a uma divisão por 100. Dessa maneira, para manter o mesmo valor na célula, ele é multiplicado por 100 e acrescido o símbolo a sua direita, como o exemplo a seguir:

A figura representa uma célula no Calc preenchida com o número 5; em seguida essa célula foi selecionada e foi clicado no botão percentagem. Observe que o valor, ilustrado é 500,00, mas o símbolo de percentagem esta presente, ou seja, o valor é divido por 100, o que nos remete novamente ao número 5. A única diferença entre o Calc e o Excel é que no Calc são exibidas duas casas decimais, por padrão, já no Excel não.

O botão separador de milhares é uma opção disponível apenas no Excel e, ao contrário do que a maioria das pessoas imagina, ele não acrescenta 3 zeros, mas formata a célula com o formato de número, exibindo duas casas decimais e também os separadores de milhares. Veja o exemplo a seguir.

Botões Adicionar e Remover casas decimais, mais uma questão capiciosa a se cobrar na prova, pois, ao adicionar casas em um número que esteja exibindo todas as casas decimais, apenas irá adicionar zeros à direita. Por outro lado, ao se usar o diminuir casas, devemos lembrar que ocorre o arredondamento dos valores, mas novamente o número não é alterado, apenas estamos formatando-o. Então, significa que o valor ainda será o número presente na célula sem arredondamento.

### 3.3 Fórmulas e Funções

As fórmulas e funções são a especialidade dos editores de planilhas, a diferença entre elas é que uma fórmula é uma estrutura que o usuário monta a fim de obter um resultado, enquanto que uma função já é uma estrutura pronta em que resta ao usuário apenas informar os parâmetros quando necessário.

Para obter o resultado de algum cálculo por fórmulas ou funções, devemos indicar ao programa que na célula foi inserido algo a ser calculado.

### 3.3.1 Células de absorção

São as células em que inserimos fórmulas ou funções. Também podem ser chamadas de células de resultado, para tanto, utilizamos por padrão o símbolo = no inicio da expressão.

Mas esse não é o único e as provas perguntam, na maioria das vezes, de forma direta quais outros símbolos podem ser utilizados. Tanto no Calc como no Excel, pode ser utilizado, ao invés do igual, os símbolos + e – no início de uma célula; já o caractere @ só funciona como indicador de célula de absorção no Excel, o Calc interpreta esse símbolo como texto.

### 3.3.2 Operadores aritméticos

Sobre operadores aritméticos assim como sobre células de absorção, a maioria das perguntas é direta, mas as pegadinhas são colocadas na matemática desses operadores, ou seja, as regras de prioridade de operadores devem ser observadas para que não seja realizado um cálculo errado.

| Operador | Símbolo | Exemplo de uso | Resultado |
|---|---|---|---|
| Adição | + | = 5 + 5 | 10 |
| Subtração | × | = 5 - 5 | 0 |
| Multiplicação | . | = 5 . 5 | 25 |
| Divisão | / | = 5 / 5 | 1 |
| Potenciação | ^ | = 5 ^ 2 | 25 |
| Percentagem | % | = 200 . 10 % | 20 |

O símbolo de % deve ser substituído por uma divisão por 100 na hora do cálculo, para não calcular errado.

### Operador de texto

Os editores também contam com um operador que permite operar com texto; o operador de concatenação & junta o conteúdo das células na célula resultado. Cuidado, nesse caso, a ordem dos operadores altera o resultado.

A figura a seguir ilustra as células com operações de concatenação.

|   | A | B | C |
|---|---|---|---|
| 1 | 10 | 30 | =A1&B1 |
| 2 | ab | cd | =B2&A2 |
| 3 | =A2&A1 | =B1&B2 |  |

A figura abaixo mostra os resultados obtidos pelas fórmulas inseridas; atente aos resultados e perceba que a ordem dos fatores muda o resultado. Também observe que, por ter sido utilizado um operador de texto, o resultado, por padrão, fica alinhado à esquerda.

# NOÇÕES BÁSICAS DE INFORMÁTICA

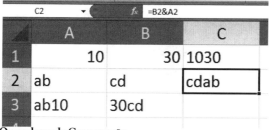

### Operadores de Comparação

Os operadores de comparação retornam como resultado a expressão (valor lógico) VERDADEIRO ou FALSO.

| Operador | Símbolo | Exemplo de uso | Resultado |
|---|---|---|---|
| Menor que | < | = 7 < 10 | VERDADEIRO |
| Maior que | > | = 7 > 10 | FALSO |
| Igual a | = | = 7 = 10 | FALSO |
| Maior ou igual a | >= | = 7 >= 10 | FALSO |
| Menor ou igual a | <= | = 7 <= 10 | VERDADEIRO |
| Diferente de | <> | = 7 <> 10 | VERDADEIRO |

Quando for utilizá-los, lembre-se de que alguns operadores são complementares, como o "diferente de" é o complementar do "igual a", ou seja, contempla o conjunto de dados que o outro operador não contempla.

### Operadores de referência

Os operadores de referência são aqueles utilizados para definir o intervalo de dados que uma função deve usar.

Por exemplo, na função soma, =**soma(A1:A4;B2)**; os dois pontos indicam que devem ser somados os valores das células A1, A2, A3 e A4, enquanto que o ponto e vírgula indica que deve ser acrescido ainda o valor da célula B2. De forma equivalente, poderíamos ter escrito a função como se segue: =**soma(A1;A2;A3;A4;B2)**.

### 3.3.3 Principais funções

As funções são organizadas em categorias, de acordo com suas finalidades de uso. As categorias se dividem em: Financeira, Lógica, Texto, Data e Hora, Pesquisa e Referência, Matemática e Trigonométrica, Estatística, Engenharia, Cubo, Informações e Compatibilidade.

Quando falamos em funções, elas devem ser escritas segundo uma estrutura definida, ao que vamos chamar de sintaxe, ou seja, cada função possui uma sintaxe de escrita; caso essa sintaxe esteja diferente da que define a função, então a célula irá apresentar um erro.

O Calc e o Excel possuem algumas pequenas diferenças, mas, de forma geral, consideramos os dois como utilizadores de mesma sintaxe para as fórmulas e funções; a única restrição é que as funções que possuem acento devem ser escritas com os acentos no Calc, senão ele acusará um erro. Já com relação a maiúsculas e minúsculas não há restrição, tanto Calc quanto Excel interpretam da mesma maneira. Na sequência estão descritas as sintaxes das principais funções.

### Soma

A função soma apresenta como resultado a soma dos valores passados por parâmetro. Por exemplo: para obter a soma dos valores contidos nas células A1 até A5, podemos escrever a função soma da seguinte maneira =**SOMA(A1:A5)** ou poderíamos escrever de outra forma e obter o mesmo resultado: =**SOMA(A1;A2;A3;A4;A5)**. Também é possível que escrevamos usando uma mescla dos operadores de referência, =**SOMA(A1:A3;A4;A5)**.

Outro exemplo que pode ser usado como pegadinha é a soma de várias linhas e várias colunas: para obter a soma dos valores contidos nas células A1 até A5 e B1 até B5, podemos escrever a função soma, =**SOMA(A1:A5;B1:B5)**, ou, de forma similar, fazer uma referência direta ao bloco contínuo de dados, =**SOMA(A1:B5)**. Observe que nesse exemplo são somados os valores de A1, A2, A3, A4, A5, B1, B2, B3, B4 e B5, ou seja, a menor coluna e menor linha até o valor da maior coluna e maior linha.

### Média

A média é a soma de N elementos dividida pela quantidade de elementos (N).

A função média é muito cobrada em provas, pois é possível que obtenhamos o mesmo resultado por diversas formas, assim, as questões colocadas, na maioria das vezes, possuem caráter comparativo.

Uma observação muito importante é que a função média ignora células vazias, ou seja, elas não entram no computo da quantidade de números para divisão da soma.

Observe na figura anterior que, à esquerda, é ilustrada a fórmula inserida e, à direita, o seu resultado. Podemos observar que a divisão foi por 4 mesmo havendo 5 células no intervalo.

### Modo

A função modo calcula a Moda de um conjunto de elementos, ou seja, retorna o valor do elemento que mais se repete. Na matemática, quando em um conjunto existem números com a mesma frequência, então o programa exibirá somente o primeiro que ele encontrar na lista. Sintaxe da função =**MODO**(endereços).

A figura à esquerda ilustra as fórmulas inseridas, enquanto que a figura à direita ilustra os resultados obtidos.

### Med

A função MED() calcula a mediana de um conjunto de elementos. Devemos atentar ao detalhe que, para o cálculo da mediana, os dados são considerados em ordem, porém, os valores nas células não são alterados, são apenas "pensados" em ordem pelo editor de planilha.

## EDITORES DE PLANILHA

A figura apresenta o conjunto de dados em coluna e a função MED(), enquanto que a coluna da direita apresenta os resultados para essas fórmulas. Vale lembrar que, para encontrar a mediana de um conjunto de elementos ímpar, basta encontrar o elemento que se encontra no meio do conjunto ordenado, porém, quando o grupo de elementos possuir um número par, a mediana é média dos dois elementos centrais do conjunto ordenado.

### Máx
Retorna o maior valor de um conjunto de elementos, porém, sua sintaxe se escreve =**MÁXIMO**(endereços das células).

### Mín
Essa função retorna o menor valor dado a um conjunto de números; sua sintaxe é =**MÍNIMO**(endereços das células).

### Arred
A função =**ARRED**(número ; número_de_dígitos) apresenta como resultado o arredondamento de um número, de acordo com o número de dígitos especificados. Se no espaço para números de dígitos for inserido o valor 0, o número será arredondado para o valor inteiro mais próximo.

### E
A função Lógica E() corresponde ao comportamento do raciocínio lógico, retornando VERDADEIRO ou FALSO. A sintaxe da função escreve-se =**E**(teste lógico 1; Teste lógico 2).

### Ou
A função Lógica =**OU()**, assim como a Função E, retorna resultado VERDADEIRO ou FALSO. A função é escrita =**OU**(teste logico 1 ; teste lógico 2 ).

### Se
A função lógica SE é um das mais cobradas em provas, a sua estrutura é composta por três parâmetros que devem ser informados. Sua sintaxe é a seguinte: =**SE**(Teste Lógico ; Ação caso o teste seja verdadeiro ; Ação caso o teste obtenha resultado Falso )

### Não
A função =**NÃO()** apenas inverte um resultado de um teste lógico, é a negação do raciocínio lógico.

### Hoje
A função Hoje exibe na célula um carimbo com a Data do Sistema.

### Agora
A função agora exibe um carimbo com a Data e a Hora do Sistema naquele instante.

### 3.3.4 Autosoma
A ferramenta AutoSoma deve ser observada com atenção, pois ela apresenta resultados diferentes dependendo da situação em que for utilizada. Vejamos alguns casos principais:

Quando um conjunto de células na coluna apresenta dados numéricos e a célula em branco na sequência é selecionada, ao clicar no botão AutoSoma ( ∑ ) na célula selecionada, será exibida a função soma com os seguintes parâmetros: =**SOMA(A1:A3)**, aguardando que o usuário confirme se era com esse conjunto de dados que ele desejava realizar a soma.

Outra situação é quando o usuário seleciona previamente as células apenas com dados e em seguida clica na opção autosoma. Após essa sequência de ações, o editor de planilhas apresentará o resultado da soma das células selecionadas na primeira célula vazia que encontrar após a sequência de dados selecionados.

A situação ilustrada na figura tem resultado similar, quando a célula A4 também estiver selecionada.

Ainda outra situação é quando várias células vazias são selecionadas. O programa apresentará o resultado da soma na última célula vazia selecionada, levando em consideração as demais vazias no meio do caminho, por exemplo: na situação da figura, já sabemos que o resultado que será apresentado é 60 na célula A6, mas ele foi obtido por meio da inserção da função =**SOMA(A1:A5)**.

### 3.4 Alinhamentos
Quando digitamos alguma informação em uma célula, ela fica apenas em uma única linha dentro da célula. Quando o texto inserido é maior do que a coluna, uma solução é aumentar a largura dela, porém, há situações em que isso não é possível; então, resta utilizar o recurso **quebrar texto automaticamente**. Para tanto, podemos encontrar essa opção na Aba Alinhamento da janela Formatar Células.

## NOÇÕES BÁSICAS DE INFORMÁTICA

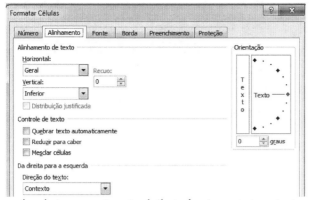

Ao selecionar a opção na janela ilustrada acima, o texto será autoajustado em várias linhas dentro da célula em que foi inserido de acordo com a largura da coluna.

Outra opção comum de ser cobrada em provas é a opção **mesclar células**, que pode ser aplicada por meio da janela ilustrada, mas tanto Calc como Excel também disponibilizam opção para mesclar e centralizar por meio da janela principal do programa.

A opção Mesclar e Centralizar (), no Excel, ao ser utilizada em um conjunto de células selecionadas com conteúdo, mantém apenas o conteúdo da célula Superior Esquerda; enquanto que, no Calc, é fornecido ao usuário opção de mover o conteúdo das células ocultas para a célula superior esquerda ou não. Ao optar por não, no Calc, ele exibe apenas o conteúdo da célula superior esquerda.

### 3.5 Formatação Condicional

É possível criar uma formatação automática para as células, de acordo com o conteúdo que for inserido nelas. Para isso, utilizamos o recurso formatação condicional por meio da opção encontrada no Bloco Estilos de Formatação.

### 3.6 Alça de Preenchimento

A alça de preenchimento é um dos recursos que mais possui possibilidades de uso e, por consequência, respostas diferentes.

Antes de entendê-la, vamos ver quem é ela. Veja a figura a seguir.

Observe que, quando uma (ou mais) células está selecionada, sempre no canto direito inferior é ilustrado um quadrado um pouco mais destacado, essa é a alça de preenchimento.

Ela possui esse nome porque é utilizada para facilitar o preenchimento de dados que obedeçam a uma regra ou padrão.

O Excel possui uma situação cujo comportamento é diferente do Calc, quando uma única célula está selecionada e o seu conteúdo é um valor numérico. Ao clicar sobre a alça de preenchimento e arrastar na horizontal ou vertical em qualquer sentido, exceto diagonal, no Excel, o valor presente na célula é copiado para as demais sobre as quais foi arrastada a alça. Já no Calc, ao arrastar para a direita ou para baixo, será preenchida com uma Progressão Aritmética (PA) de razão 1, caso seja arrastada para esquerda ou para cima, a razão é -1. A figura a seguir ilustra o comportamento no Excel.

A imagem abaixo mostra o resultado no Calc.

Em uma situação em que existem duas células adjacentes selecionadas contendo valores numéricos diferentes entre si, tanto no Calc quanto no Excel, ao arrastar pela alça de preenchimento, as células serão preenchidas com uma PA, cuja razão é a diferença entre os dois valores selecionados. A figura a seguir ilustra esse comportamento.

Podemos observar que o valor a ser exibido na célula B6 será o número 30, com isso, observamos que a célula B4 receberá o valor 20, enquanto que B5 receberá 25.

Mas devemos lembrar-nos da exceção do Excel, em que, se forem duas células selecionadas uma abaixo da outra, ao arrastar na horizontal, as células são preenchidas com o mesmo valor; caso sejam duas células uma ao lado da outra as selecionadas, ao arrastar na vertical também apenas será copiado o valor das células selecionadas. Veja a figura a seguir ilustrando esse comportamento.

Quando o conteúdo de uma única célula selecionada for um texto, esse será copiado para as demais, tanto no Calc como no Excel. Mas se o conteúdo, mesmo sendo um texto, fizer parte de uma série conhecida pelo programa, as células serão preenchidas com o próximo valor da série. Por exemplo, se **Janeiro** for o conteúdo inserido na célula, então, ao arrastar pela alça de preenchimento para a direita ou para baixo, a célula adjacente será preenchida com **Fevereiro**. Por outro lado, se for arrastado para cima ou para a esquerda, a célula adjacente será preenchida com **Dezembro**.

O mesmo vale para as sequências **Jan**, **Seg** e **Segunda-feira**. Atenção: A, B, C não são conhecidos como série nos programas, mas o usuário pode criá-las.

Já na situação em que haja duas células selecionadas que contenham textos diferentes, ao arrastar será preenchido com o padrão encontrado. Veja o exemplo a seguir.

# EDITORES DE PLANILHA

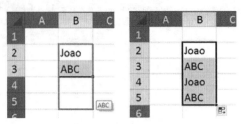

## 3.7 Classificar e Filtrar

Quando trabalhamos com grandes quantidades de dados em uma planilha, é de interesse poder organizar ou localizar as informações de forma mais facilitada. Para isso, podemos utilizar tanto o recurso filtro como o recurso Classificar.

O recurso Classificar permite organizar em ordem crescente ou decrescente um conjunto de dados selecionados, utilizando as colunas como critérios de organização.

Para classificar um conjunto de dados, devemos selecionar o conjunto, porém, dependendo de quais células sejam selecionadas, temos comportamentos diferentes.

Caso todas as adjacentes que serão organizadas tenham sido selecionadas ou apenas uma, resta clicar em qual ordem se deseja classificar (crescente ou decrescente), ou seja, em qual botão clicar:

Porém, caso apenas parte dos dados a serem organizados tenham sido selecionados, o programa apresenta a seguinte mensagem:

Por padrão, a opção expandir seleção é a ação recomendada, assim, ao clicar em classificar, o programa automaticamente selecionará as células adjacentes.

No entanto, caso seja escolhida a opção continuar com a seleção atual, somente os dados selecionados terão suas ordens alteradas, o que, na maioria das vezes, pode ocasionar um problema em relação à associação dos dados, os quais podem ser trocados por resultado da ação de classificar.

O recurso Filtro → AutoFiltro permite ocultar dados de uma planilha que não interessem no momento, simplificando a localização de uma informação. Para tanto devemos selecionar os títulos dos dados sobre os quais serão utilizados os filtros. Veja o exemplo a seguir.

Ao ativar a opção Filtro → AutoFiltro, obtemos o resultado ilustrado na figura a seguir.

Em seguida, selecionamos um filtro para exibir apenas as placas-mães. Para selecionar um determinado dado de determinada coluna, basta clicar sobre a seta que fica à direita do título da coluna desejada. A figura a seguir ilustra o resultado obtido, quando clicado na seta do título Produto.

Por padrão, na opção Filtro, todos os dados estão marcados, mas, para que possamos visualizar apenas placas-mães, devemos desmarcar os outros tipos de componentes. Assim, obtemos o resultado ilustrado a seguir, após desmarcar o item CPU e o item memória.

Em geral, as provas podem apresentar uma figura como a anterior e perguntar ao candidato se a planilha ilustrada no conjunto está ou não filtrada. Em primeiro momento, vemos que, na coluna Produto, justamente na que foram alterados os filtros, ilustra uma figura um pouco diferente, mas isso é relativo. A forma mais fácil de identificar é observando os cabeçalhos das linhas que constam como 1, 2, 5, 6, 9 e 10, ou seja, "faltam" as linhas 3, 4, 7 e 8, mas na verdade elas estão ocultas, pois continham texto na coluna A diferentes do selecionado no filtro.

# NOÇÕES BÁSICAS DE INFORMÁTICA

## 4 EDITORES DE APRESENTAÇÃO

Neste capítulo, fala-se sobre os editores de apresentação de slides, que são comumente citados como editores de apresentação nas provas dos concursos, no entanto, também são mencionados como editores de **eslaides**.

Por padrão, os editores de Apresentação, ao contrário dos outros editores (texto e planilha), exibem a barra de ferramentas de desenho, por meio da qual podemos inserir figuras em um slide, assim como autoformas, textos decorados, entre outros.

### 4.7.1 Formatos de arquivos

O formato de arquivo salvo por padrão no BrOffice (LibreOffice) Impress é o ODP (Open Document Presentation), contudo, é possível salvar uma apresentação no formato PTT do PowerPoint (2003) ou PTTX do PowerPoint 2007 e 2010.

Existe também um formato de arquivo PPS (2003) e PPSX (2007 e 2010), é um formato de autoplay, ou seja, ao ser acionado o arquivo com esse formato, ele automaticamente é exibido no modo de exibição de slides.

## 4.1 PowerPoint

O PowerPoint é o editor de Apresentações de Slides da Microsoft.

### 4.1.1 Aba página inicial

Ao comparar a Página Inicial do Word com o PowerPoint, é possível notar algumas diferenças, como o bloco Slides e o Bloco Desenho, como também algumas diferentes opções nos Blocos Fonte e Parágrafo. A figura a seguir ilustra essa aba.

### 4.1.2 Bloco slides

É um dos bloco mais utilizados. Atente à opção **novo slide,** na figura a seguir. Ela apresenta uma seta para baixo, o que significa que um menu Dropdown será aberto, conforme ilustra a figura da sequência, permitindo que seja selecionado o layout do slide a ser inserido.

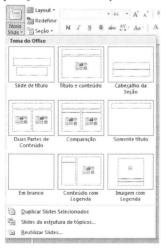

Contudo, é possível mudar o Layout (organização) de um slide mesmo após sua inserção, bastando, para tanto, selecionar o slide desejado e alterar seu layout pela opção Layout.

Já a opção **redefinir** possibilita reestabelecer as configurações padrões de posicionamento, tamanho e formatação dos espaços reservados de um slide.

Também se deve observar a opção Seção, pela qual é possível inserir novas seções em uma apresentação de slides.

### 4.1.3 Bloco fonte

O bloco **fonte** apresenta a opção sombra de texto e espaçamento entre caracteres que não aparecem no Word, como ilustra a figura a seguir.

A opção sombra indicada pela letra S mais espessa, conforme ilustrado a seguir, permite aplicar um efeito de sombra que dá um destaque ao texto, passando a impressão de volume.

No PowerPoint também é possível alterar o espaço entre os caracteres, a fim de distribuir melhor um texto em um slide. Para isso, basta selecionar o texto e a opção desejada junto à alça da opção Espaçamento Entre Caracteres, ilustrada a seguir.

### 4.1.4 Bloco parágrafo

Neste bloco, há novas funcionalidades, como: colunas, Direção do Texto, Alinhar Texto e Converter em SmartArt. Observe a figura a seguir.

A opção **Colunas** permite formatar uma caixa de texto selecionada para que exiba seu texto em diversas colunas; para isso pode-se utilizar a opção ilustrada a seguir.

A opção Direção do Texto permite alterar a forma como um texto é exibido no PowerPoint, a fim de causar um efeito mais chamativo. A opção direção do texto é apresentada abaixo.

As opções encontradas ao clicar na opção Direção do Texto são Horizontal; girar em 90°; girar em 270°; e Empilhado, conforme ilustrado na sequência.

Também é possível alinhar o texto verticalmente na caixa de texto. Para isso, pode-se utilizar a opção Alinhar Texto representada pela figura que segue.

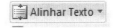

## EDITORES DE APRESENTAÇÃO

As opções são Em Cima, No Meio e Embaixo.

O recurso SmartArt existe no Word, contudo, no PowerPoint é possível converter uma estrutura de um texto em parágrafo ou tópicos em um esquema do SmartArt.

Algumas das opções possíveis são ilustradas na figura a seguir.

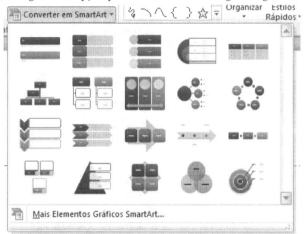

### 4.1.5 Aba inserir

Na aba Inserir são disponibilizadas inúmeras opções de estruturas que podem ser inseridas na apresentação em edição, conforme ilustrado abaixo.

Pode-se enfatizar a opção Álbum de Fotografias, a qual permite criar rapidamente por meio da seleção de uma pasta contendo as imagens um álbum de fotos, colocando apenas uma foto por slide ou mais.

### 4.1.6 Aba design

Por meio desta aba, é possível mudar a configuração de um slide, colocando-o com orientação diferente da padrão, paisagem, ou mesmo mudar suas dimensões. Também é possível alterar o conjunto de cores de fundo e fontes por meio dos temas.

### 4.1.7 Aba transições

Na aba **Transições**, encontram-se as opções referentes à troca dos slides durante a apresentação; no Office 2010 existem diversos novos efeitos que proporcionam melhor qualidade visual à apresentação. Também é possível configurar tempos para cada slide e para o efeito de transição, por meio das opções disponibilizadas no bloco Intervalo.

### 4.1.8 Aba animações

Na aba **animações** são encontradas opções que podem ser aplicadas a elementos em um slide, como figuras e textos. Da mesma maneira que é possível configurar o tempo de uma troca de slides, é possível configurar a duração de uma animação.

### 4.1.9 Aba apresentação de slides

Na aba **apresentação,** podemos configurar a apresentação como um todo.

A opção do começo exibe a apresentação de slides a partir do primeiro Slide; a tecla de atalho correspondente é a tecla F5. Já a opção do Slide atual exibe a apresentação a partir do slide selecionado; sua tecla de atalho é SHIFT + F5.

Uma das novidades do Office 2010 é a sua integração com recursos Online, como a opção Transmitir Apresentação de Slides, que possibilita disponibilizar uma apresentação de slides para que possa ser visualizada via Internet enquanto é exibida. Para tanto, é necessário utilizar uma Windows Live ID.

Outra opção Interessante é a opção **modo de exibição de apresentador,** a qual permite, quando há um monitor e um projetor ou mesmo dois monitores conectados ao computador, exibir a apresentação em um (normalmente no projetor) e no outro monitor uma tela de acompanhamento que exibe as anotações de cada slide, a sua miniatura e o tempo decorrido do início da apresentação.

# 5 REDES DE COMPUTADORES

Dois computadores conectados entre si já caracterizam uma rede. Contudo, ela normalmente é composta por diversificados dispositivos como: celulares, smartphones, tablets, computadores, servidores, impressoras, roteadores, switches, hubs, modens, etc. Devido a essa grande variedade de dispositivos, o nome genérico HOST é atribuído aos dispositivos conectados na rede.

Todo Host possui um endereço que o identifica na rede, o qual é o endereço IP. Mas também cada peça possui um número único de fábrica que o identifica, o MAC Address.

## 5.1 Paradigma de Comunicação

Paradigma é um padrão a ser seguido e, no caso das redes, é o modelo Cliente/Servidor. Nesse modelo, o usuário é o cliente que envia uma solicitação ao servidor; ao receber a solicitação, o servidor a analisa e, se é de sua competência, provê a informação/dado.

## 5.2 Dispositivos de Rede

Os Dispositivos de Rede são citados até mesmo em provas cujo conteúdo programático não cita a matéria de Hardware. E na maioria das vezes em que aparecem questões sobre o assunto, se questiona em relação à finalidade de cada dispositivo na rede, portanto, nesta seção são descritos alguns dos principais dispositivos de rede:

| | |
|---|---|
| **Modem** | Modulador/Demulador. Responsável por converter o sinal analógico da linha telefônica em um sinal digital para o computador e vice-versa. |
| **Hub** | Conecta vários dispositivos em rede, mas não oferece muita segurança, pois envia as informações para todos na rede. |
| **Switch** | É um dispositivo que permite interligar vários dispositivos de forma mais inteligente que o Hub, pois no switch os dados são direcionados aos destinos corretos. |
| **Roteador** | Um roteador já trabalha no nível de rede; em um mesmo roteador podemos definir várias redes diferentes. Ele também cria uma rota para os dados. |
| **Access Point** | Um Ponto de Acesso opera de forma similar a um Switch, só que em redes sem fio. |
| **Backbone** | É a estrutura principal dentro de uma rede, na Internet é a espinha dorsal que a suporta, ou seja, as principais ligações internacionais. |

## 5.3 Topologia de Rede

Topologia diz respeito à estrutura de organização dos dispositivos em uma rede.

### 5.3.1 Barramento

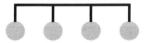

Na Topologia de Barramento, todos os dispositivos estão conectados no mesmo canal de comunicação, o que torna o tráfego de dados mais lento e, se o barramento se rompe, pode isolar parte da rede.

### 5.3.2 Anel

A estrutura em Anel conecta um dispositivo no outro; para que todos os computadores estejam conectados, é necessário que estejam ligados. Se o anel for simples, ou seja, de única via de dados, um computador desligado já é suficiente para tornar a rede inoperante para algum outro computador; o problema pode ser resolvido em partes, utilizando o anel duplo, trafegando dados em duas direções da rede, porém, se dois pontos forem desconectados, pode-se chegar à situação de duas redes isoladas.

### 5.3.3 Estrela

Uma rede organizada em forma de estrela possui um nó centralizador. Esse modelo é um dos mais utilizados, pois um nó pode estar desconectado sem interferir no resto da rede, porém, o centro é o ponto crítico.

### 5.3.4 Estrela estendida

A Estrela Estendida é utilizada em situações como, por exemplo, em uma universidade multicampi, em que um nó central é a conexão principal, a partir da qual se conecta com a Internet, enquanto que os outros campi possuem centrais secundárias como conexão entre seus computadores. A estrutura entre o nó principal e as centrais secundárias é o que chamamos de Backbone dessa rede.

### 5.3.5 Malha

A conexão em malha é o modelo da Internet, em que encontramos vários nós principais, mas também várias ligações entre diversos nós.

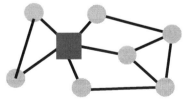

### 5.3.6 Pilhas de protocolos

Também colocadas pelas bancas examinadoras como modelos, as pilhas de protocolos definem um conjunto de protocolos e em quais camadas de rede devem operar.

Neste tópico temos dois tipos de questões que podem ser associados na prova. Questões que fazem relação com os tipos de redes e questões que tratam da finalidade dos principais protocolos utilizados em uma navegação na Internet.

**As pilhas de protocolos são:**

| TCP/IP | OSI |
|---|---|

O modelo TCP/IP é o **padrão utilizado nas redes.** Mas, em redes privadas, mesmo o TCP/IP sendo padrão, pode ser implantado o modelo OSI.

Como o modelo TCP/IP é o padrão na seção seguinte são destacados os principais protocolos de navegação.

### 5.3.7 Principais protocolos

Um protocolo é uma regra de comunicação em redes, portanto, a transferência de arquivos, mesmo entre computadores de uma mesma rede, utiliza um protocolo como forma de padronizar o entendimento entre os dois.

### Http

**HTTP** (Hyper Text Transport Protocol) é o protocolo de transferência de hipertexto. É o mais utilizado pelo usuário em uma navegação pela Internet. Hipertexto **consiste em um arquivo no formato HTML** (HyperText Markup Language) - Linguagem de Marcação de Hipertexto.

**HTML** é um arquivo que pode ser gerado por qualquer editor de texto, pois, quando é aberto no bloco de notas ou wordpad, ele apresenta apenas informações de texto. No entanto, quando é aberto pelo navegador, este interpreta o código em HTML e monta o conteúdo **Multimídia** na página. Entende-se por conteúdo multimídia: textos, áudio, vídeos e imagens.

### Https

**HTTPS** (Hyper Text Transport Protocol Secure), também conhecido como HTTP Seguro, é um protocolo que tem como diferença entre o HTTP apenas a segurança que oferece, pois, assim como o HTTP, serve para visualizar o conteúdo multimídia.

O que se questiona em relação a sua segurança é como ela é feita. O protocolo HTTPS utiliza o processo de **Criptografia** para manter sigilo sobre os dados transferidos entre o usuário e o servidor, para isso, são utilizados os protocolos **TLS** ou **SSL**.

Um detalhe muito importante é o de saber identificar se a navegação está sendo realizada por meio do protocolo HTTP ou pelo protocolo HTTPS. A forma mais confiável é observar a barra de endereços do navegador:

**Firefox 10.02**

IE 9

**Google Chrome**

Logo no início da barra, observamos a indicação do protocolo HTTPS, que, sempre que estiver em uso, deverá aparecer. Porém, deve-se ter muita atenção, pois, quando é utilizado o HTTP, alguns navegadores atuais têm omitido a informação no começo da barra de endereços.

Outra informação que nos ajuda a verificar se o acesso é por meio de uma conexão segura é o símbolo do cadeado fechado.

### Ftp

**FTP** (File Transport Protocol) é o protocolo de transferência de arquivos utilizado quando um usuário realiza download ou upload de um arquivo na rede.

O protocolo FTP tem como diferencial o fato de operar sobre duas portas: uma para tráfego dos dados e outra para autenticação e controle.

## 5.4 Firewall

O Firewall pode ser Software, Hardware, ou ambos. Ele é o responsável por **monitorar as portas da rede/computador,** permitindo ou negando a passagem dos dados na rede, seja na entrada ou saída.

O Firewall é o monitor que fica na porta olhando para uma lista na qual contém as regras que um dado tem de cumprir para passar por ela. Essa lista são os protocolos, por exemplo, o Firewall monitorando a porta 80, relativa ao protocolo HTTP, o qual só trabalha com conteúdo multimídia. Então, se um arquivo .EXE tentar passar pela porta 80, ele deve ser barrado; essa é a função do Firewall.

## 5.5 Tipos de Redes

Podemos classificar as redes de acordo com sua finalidade; neste tópico expõe-se a diferença entre as redes: Internet vs Intranet vs Extranet.

### 5.5.1 Internet

É a rede das redes, também conhecida como rede mundial de computadores.

Muitas provas citam o sinônimo WWW (World Wide Web) para internet, ou por vezes apenas Web. Ela é definida como uma rede **Pública** a qual todos com computador e servidor de acesso podem conectar-se.

### 5.5.2 Intranet

É uma rede empresarial, também chamada de rede corporativa. Tem como principal característica ser uma rede **Privada**, portanto, possui controle de acesso, o qual é restrito somente a pessoas autorizadas.

Uma Intranet geralmente é constituída com o intuito de compartilhar recursos entre os funcionários de uma empresa, de maneira que pessoas externas não tenham acesso a eles. Os recursos compartilhados podem ser: impressoras, arquivos, sistemas, entre outros.

### 5.5.3 Extranet

É quando parte de uma Intranet é disponibilizada por meio da Internet.

Também dizemos que Extranet é quando duas empresas com suas distintas Intranets possuem um sistema comum que acessam apenas parte de cada uma das Intranets.

### 5.5.4 VPN

VPN é uma forma de criar uma Intranet entre localizações geograficamente distantes, com um custo mais baixo do que ligar cabos entre os pontos. Para isso, emprega-se o processo de criptografia nos dados antes de enviá-los por meio da Internet e, quando o dado chega na outra sede, passa pelo processo de descriptografia. Dessa maneira, quem está navegando na Internet não tem acesso às informações da empresa, que continuam restritas; esse processo também é chamado de tunelamento.

## 5.6 Padrões de Infraestrutura

São padrões que definem como deve ser organizada e quais critérios precisam ser seguidos para montar uma estrutura de rede de acordo com os padrões estabelecidos pelo IEEE (Instituto de Engenheiros Eletricistas e Eletrônicos).

O padrão Ethernet define as regras para uma infraestrutura cabeada, como tipos de cabos que devem ser utilizados, distância máxima, tipos

# NOÇÕES DE ADMINISTRAÇÃO PÚBLICA

## 5.10.2 Chat

Um chat é normalmente citado como um bate-papo em tempo real; é a forma de comunicação em que ambos os interlocutores estão conectados (on-line) simultaneamente. Muitos chats operam com salas de bate-papo. Um chat pode ser em um site específico como o chat do Uol. Conversas pelo MSN ou Facebook podem ser consideradas como Chat, desde que ambos interlocutores estejam conectados.

## 5.10.3 Fórum

Também conhecidos como Listas de Discussão, os fóruns funcionam como debates sobre determinados assuntos. Em um fórum não é necessário que os envolvidos estejam conectados para receberem os comentários, pois estes ficam disponíveis para acesso futuro pelo usuário ou mesmo por pessoas que não estejam cadastradas no fórum, contudo, existem muitos fóruns fechados, nos quais só se entra por convite ou mediante aquisição. A maioria deles vincula o e-mail dos envolvidos a uma discussão, alertando-os assim, caso um novo comentário seja acrescentado.

## 5.10.4 Moodle

O Moodle é uma ferramenta fortemente utilizada pelo setor público, e também privado, para dar suporte ao Ensino a Distância (EAD).

**REDES DE COMPUTADORES**

### 5.8.2 Protocolo IP

Cada equipamento na rede ganha o nome genérico de Host, o qual deve possuir um endereço para que seja localizado na rede. Esse é o endereço IP.

O protocolo IP é o responsável por trabalhar com essa informação, para tanto, um endereço IP possui versões: IPv4 e IPv6.

Um IP também é um endereço, portanto, pode ser inserido diretamente na barra de endereços de um navegador.

O IPv4 é composto por até quatro grupos de três dígitos que atingem valor máximo de 255 cada grupo, suportando, no máximo, cerca de 4 bilhões (4.294.967.296) de endereços.

| 200.201.88.30 endereço IP da Unioeste1.

O IPv6 é uma proposta que está gradativamente substituindo o IPv4, justamente pela pouca quantidade de endereço que ele oferece. O IPv6 é organizado em 8 grupos de 4 dígitos hexadecimais, suportando cerca de 3,4 x 1038, aproximadamente 3,6 undecilhões de endereços IP.

| 0123:4567:89AB:CDEF:1011:1314:5B6C:88CC2

### 5.8.3 DNS (domain name system)

O Sistema de Nomes de Domínios é o responsável por traduzir (resolver por meio de consultas aos servidores Raiz da Internet) um Domínio para o endereço IP do servidor que hospeda (armazena) o site desejado. Esse processo ocorre em questão de segundos e obedece uma estrutura hierárquica.

## 5.9 Navegadores

Navegadores são programas que permitem acesso às páginas da Internet, são muitas vezes citados em provas pelo termo em inglês Browser.

Internet Explorer

Mozilla Firefox

Opera

Google Chrome

Safari

Também são cobrados os conceitos dos tipos de dados de navegação que estão relacionados aos navegadores.

### 5.9.1 Cache

É um armazenamento temporário. No caso dos navegadores, trata-se de uma pasta onde são armazenados os conteúdos multimídias como imagens, vídeos, áudio e inclusive textos, para que, no segundo momento em que o mesmo conteúdo for acessado, ele possa ser mostrado ao usuário mais rapidamente.

### 5.9.2 Cookies

São pequenas informações que alguns sites armazenam no computador do usuário. Exemplos de informações armazenadas nos Cookies: Senhas, obviamente que são armazenadas criptografadas; também são muito utilizados em sites de compras, para armazenar o carrinho de compras.

### 5.9.3 Dados de formulários

Quando preenchemos um formulário, os navegadores oferecem opção para armazenar os dados digitados em cada campo, assim, quando necessário preencher o mesmo formulário ou ainda outro formulário com campos de mesmo nome, o navegador sugere os dados já usados a fim de autocompletar o preenchimento do campo.

## 5.10 Conceitos Relacionados à Internet

Nesta seção são apresentados alguns conceitos, tecnologias e ferramentas relacionadas à Internet que são cobrados nas provas dos concursos.

---

1 Universidade Estadual do Oeste do Paraná

2 IP fictício.

### 5.10.1 Motores de busca

Os Motores de Busca são normalmente conhecidos por buscadores e têm como representante mor o Google. Dentre os principais estão:

- Google;
- Yahoo;
- Cadê? - O primeiro buscador nacional (comprado pelo Yahoo), pode ser chamado de Yahoo! Cadê?;
- Aonde;
- Altavista;
- MSN transformado em Bing.

É importante observar que, nos navegadores atuais, os motores de busca são integrados, com isso podemos definir qual se deseja utilizar, por exemplo: o Google Chrome e o Mozilla Firefox utilizam como motor de busca padrão o Google, já o Internet Explorer utiliza o Bing. Essa informação é relevante, pois é possível nesses navegadores digitar os termos buscados diretamente na barra de endereços, ao invés de acessar previamente o site do motor de busca.

#### Busca avançada

Os motores de busca oferecem alguns recursos para otimizar a busca, como operadores lógicos, também conhecidos como operadores booleanos3. Dentre eles podemos destacar a negação (-). Ao realizar uma busca na qual se deseja encontrar resultados que sejam relacionados a determinado assunto, porém os termos usados são comuns a outro, podemos utilizar o sinal de menos precedendo o termo do assunto irrelevante, como o exemplo de uma questão que já caiu em prova: realizar a busca por leite e cão, contudo, se for inserido apenas estes termos na busca, muitos resultados serão relacionados a gatos e leite. Para que as páginas que contenham a palavra gato não sejam exibidas na lista de páginas encontradas, basta digitar o sinal de menos (-) antes da palavra gato (sem espaço entre o sinal e a palavra), assim a pesquisa a ser inserida no buscador fica **Cão Leite -Gato**.

Também é possível realizar a busca por uma frase exata, assim, somente serão listados os sites que contenham exatamente a mesma expressão. Para isso, basta digitar a frase desejada entre aspas duplas.

**Busca por/em Domínio Específico:** para buscar sites que possuam determinado termo em seu nome de domínio, basta inserir o texto site: seguido da palavra desejada, lembrando que não deve haver espaço entre site: e o termo desejado. De forma similar, também pode-se utilizar **inurl: termo** para buscar sites que possuam o termo na URL.

Quando o domínio já é conhecido, é possível realizar a busca por determinado termo apenas nas páginas do domínio. Para tanto, deve-se digitar **site:Dominiodosite termo.**

**Calculadora**: é possível, ainda, utilizar o Google como uma calculadora, bastando digitar a expressão algébrica que se deseja resolver como 2+2 e, como resultado da "pesquisa", é apresentado o resultado da operação.

**Operador**: quando não se sabe exatamente qual é a palavra para completar uma expressão, pode-se completar a lacuna com um asterisco, assim o motor de busca irá entender que naquele espaço pode ser qualquer palavra.

**Busca por tipo de arquivo:** podemos refinar as buscas a resultados que consistam apenas em determinado formato de arquivo. Para tanto, podemos utilizar o operador filetype: assim, para buscar determinado tema, mas que seja em PDF, por exemplo, pode-se digitar **filetype: pdf tema.**

#### Tipos de busca

Os principais motores de busca permitem realizar as buscas de forma orientada a conteúdos gerais da web, como refinar a busca para exibir apenas imagens, vídeos ou mapas relacionados aos termos digitados.

---

3 Em referência à lógica de Boole, ou seja, a lógica que você estuda para o concurso.

e quantidade de dispositivos, entre outras. Já o padrão 802.11 define as regras para uma estrutura Wi-Fi, ou seja, para a rede sem fio.

## 5.7 Correio Eletrônico

O serviço de e-mail é outro ponto bastante cobrado nos concursos públicos. Em essência, o que se pede é se o concursando sabe sobre as diferentes formas de se trabalhar com ele.

O e-mail é uma forma de comunicação assíncrona, ou seja, no momento do envio apenas o emissor precisa estar conectado.

### 5.7.1 Formas de acesso

Podemos ler e escrever e-mail utilizando duas formas diferentes. Na última década, o webmail ganhou mais espaço no mercado e se tornou majoritário no ramo de e-mails, mas muitas empresas utilizam ainda os clientes de e-mail:

### Webmail

O Webmail é uma interface de acesso para o e-mail via Browser (navegador de Internet), ou seja, uma forma de visualizar o e-mail via uma página de web. Diante disso, é possível destacar que usamos os protocolos HTTP ou HTTPS para visualizar páginas da Internet. Dessa forma, ao acessar sites de e-mail como gmail.com, hotmail.com, yahoo.com.br e outlook.com, fazemos uso desses protocolos, sendo o HTTPS o mais usado atualmente pelos grandes serviços de e-mail, pois confere ao usuário maior segurança no acesso.

Dizemos que o webmail é uma forma de ler e escrever e-mails, dificilmente citado como forma de enviar e receber, uma vez que quem realmente envia é o servidor e não o computador do usuário.

Quando um e-mail é enviado, ele parte diretamente do servidor no qual o remetente possui conta para o servidor do serviço de e-mail do destinatário.

### Cliente de e-mail

Um Cliente de E-mail é um programa específico para enviar e receber mensagens de e-mail e que é, necessariamente, instalado no computador do usuário.

> **Exs.:**
> Outlook;
> Mozilla Thunderbird;
> Eudora;
> IncredMail;
> Outlook Express;
> Windows Live Mail.

Os programas clientes de e-mail usam protocolos específicos para envio e recebimento das mensagens de e-mail.

#### Protocolos utilizados pelos Clientes de E-mail

Para o envio, um cliente de e-mail utiliza o protocolo SMTP (Simple Mail Transport Protocol – Protocolo de transporte de mensagens simples). Como todo protocolo, o SMTP também opera sobre uma porta específica, que pode ser citada como sendo a porta 25, correspondente ao padrão, mas atualmente ela foi bloqueada para uso dos usuários, vindo a ser substituída pela 587.

Com isso, em questões de Certo e Errado, apenas 587 é a correta, quando abordado sobre o usuário, pois entre servidores a 25 ainda é utilizada. Já nas questões de múltipla escolha, vale o princípio da menos errada, ou seja, se não tiver a 587, a 25 responde a questão.

Mesmo que a mensagem de e-mail possua arquivos anexos a ela, envia-se por SMTP; assim o protocolo FTP não é utilizado.

Já para o recebimento, o usuário pode optar em utilizar o protocolo POP ou o protocolo IMAP, contudo, deve ser observada a diferença entre os dois, pois essa diferença é ponto para muitas questões.

O protocolo POP tem por característica baixar as mensagens de e-mail para o computador do usuário, mas por padrão, ao baixá-las, elas são apagadas do servidor. Portanto, as mensagens que um usuário está lendo estão, necessariamente, em seu computador.

Por outro lado, se o usuário desejar, ele pode configurar o protocolo de forma que sejam mantidas cópias das mensagens no servidor, no entanto, a que o usuário está lendo, efetivamente, está em seu computador. Sobre essa característica são citadas questões relacionando à configuração a uma espécie de backup das mensagens de e-mail.

Atualmente o protocolo POP encontra-se na versão 3; dessa forma ele pode aparecer nos textos de questão como POP3, não afetando a compreensão da mesma. Uma vez que o usuário necessita conectar na internet apenas para baixar as mensagens, é possível que ele desconecte-se da internet e mesmo assim leia seus e-mails. E, uma vez configurado o SMTP, também é possível redigir as respostas off-line, sendo necessário, no entanto, conectar-se novamente para que as mensagens possam ser enviadas.

Ao invés de utilizar o POP, o usuário pode optar em fazer uso do protocolo IMAP, que é para acesso a mensagens de e-mail, as quais, por sua vez, residem no servidor de e-mails. Portanto, se faz necessário estar conectado à internet para poder ler o e-mail por meio do protocolo IMAP.

### Spam

Spam é uma prática que tem como finalidade divulgar propagandas por e-mail, ou mesmo utilizar-se de e-mails que chamem a atenção do usuário e o incentivem a encaminhar para inúmeros outros contatos, para que, com isso, levantem uma lista de contatos que pode ser vendida na Internet ou mesmo utilizada para encaminhar mais propagandas.

Geralmente um spammer utiliza-se de e-mail com temas como: filantropia, hoax (boatos), lendas urbanas, ou mesmo assuntos polêmicos.

## 5.8 URL (Uniform Resource Locator)

É um endereço que identifica um site, um serviço, ou mesmo um endereço de e-mail. Abaixo temos um exemplo de URL; observe que podemos dividi-la em várias partes.

### 5.8.1 Domínio

É o nome registrado de um site para que possa ser acessado por meio da Internet. Assim como a URL, um Domínio também pode ser dividido em três partes, como ilustra a figura abaixo.

site.com.br

O .br indica que esse site está registrado no conjunto de domínios do Brasil, que é administrado e regulamentado pelo Registro.Br, componente do CGI (Comitê Gestor de Internet no Brasil).

O Registro.Br define várias normas em relação à criação de um domínio, como por exemplo o tamanho máximo de 26 caracteres, a limitação para apenas letras e números e recentemente a opção de criar domínios com letras acentuadas e o caractere **ç**.

Também compete ao Registro.Br a normatização da segunda parte do domínio, representado na figura pelo **.com**. Essa informação diz respeito ao ramo de atividade a que se destina o domínio, mas não nos garante qual a real finalidade do site. A última parte, por fim, é o próprio nome do site que se deseja registrar.

## NOÇÕES DE ADMINISTRAÇÃO PÚBLICA

# 1 DIREITOS E DEVERES INDIVIDUAIS E COLETIVOS

A Constituição Federal, ao disciplinar os direitos individuais, os coloca basicamente no Art. 5º. Logo no *caput* desse artigo, já aparece uma classificação didática dos direitos ali previstos:

> *Art. 5º. Todos são iguais perante a lei, sem distinção de qualquer natureza, garantindo-se aos brasileiros e aos estrangeiros residentes no País a inviolabilidade do direito à vida, à liberdade, à igualdade, à segurança e à propriedade, nos termos seguintes:*

Para estudarmos os direitos individuais, utilizaremos os cinco grupos de direitos previstos no *caput* do Art. 5º:

- Direito à vida;
- Direito à igualdade;
- Direito à liberdade;
- Direito à propriedade;
- Direito à segurança.

Percebe-se que os 78 incisos do Art. 5º, de certa forma, decorrem de um desses direitos que podem ser chamados de **"direitos raízes"**. Utilizando essa divisão, a seguir serão abordados os incisos mais importantes desse artigo, tendo em vista a preparação para a prova. Logicamente, não conseguiremos abordar todos os incisos, o que não tira a responsabilidade de lê-los.

## 1.1 Direito à Vida

Ao falar desse direito, que é considerado pela doutrina como o **direito mais fundamental de todos**, por ser um pressuposto para o exercício dos demais direitos, enfrenta-se um primeiro dEsafio: esse direito é absoluto?

Assim como os demais direitos, o direito à vida não é absoluto. São várias as justificativas existentes para considerá-lo um direito passível de flexibilização:

### 1.1.1 Pena de morte

Uma que já apareceu em prova: existe pena de morte no Brasil?

A sua resposta tem que ser "SIM". A alínea "a" do inciso XLVII do Art. 5º traz essa previsão expressamente:

> *XLVII. Não haverá penas:*
> *a) de morte, salvo em caso de guerra declarada, nos termos do Art. 84, XIX;*

Todas as vezes que a Constituição traz uma negação acompanhada de uma exceção, estamos diante de uma possibilidade.

### 1.1.2 Aborto

A prática de aborto no Brasil é permitida? O Art. 128 do Código Penal Brasileiro apresenta duas possibilidades de prática de aborto que são verdadeiras excludentes de ilicitude:

> *Art. 128. Não se pune o aborto praticado por médico:*

*Aborto necessário*

> *I. Se não há outro meio de salvar a vida da gestante;*

*Aborto sentimental*

> *II. Se a gravidez resulta de estupro e o aborto é precedido de consentimento da gestante ou, quando incapaz, de seu representante legal.*

São os **abortos necessário** e **sentimental**. Aborto necessário é aquele praticado para salvar a vida da gestante e o aborto sentimental é utilizado nos casos de estupro. Essas duas exceções à prática do crime de aborto são hipóteses em que se permite a sua prática no direito brasileiro. Além dessas duas hipóteses previstas expressamente na legislação brasileira, o STF também reconhece a possibilidade da prática de aborto do feto anencéfalo (feto sem cérebro)1. Mais uma vez, o direito à vida encontra-se flexibilizado.

### 1.1.3 Legítima defesa e estado de necessidade

Esses dois institutos, também excludentes de ilicitude do crime, são outras possibilidades de limitação do direito a vida, conforme disposto no Art. 23 do Código Penal Brasileiro:

> *Art. 23. Não há crime quando o agente pratica o fato:*
> *I. Em estado de necessidade;*
> *II. Em legítima defesa;*

Em linhas gerais e de forma exemplificativa, o estado de necessidade permite que, diante de uma situação de perigo, uma pessoa possa, para salvar uma vida, tirar a vida de outra pessoa. Na legítima defesa, caso sua vida seja ameaçada por alguém, existe legitimidade em retirar a vida de quem o ameaçou.

Outro ponto que deve ser ressaltado é que o direito à vida não está adstrito apenas ao fato de se estar vivo. Quando a constituição protege o direito à vida, a faz em suas diversas acepções. Existem dispositivos constitucionais que protegem o direito à vida no que tange a sua preservação da integridade física e moral (Art. 5º, III, V, XLVII, XLIX; Art. 199, §4º. A Constituição também protege o direito à vida no que tange à garantia de uma vida com qualidade (Arts. 6º; 7º, IV; 196; 205; 215).

## 1.2 Direito à Igualdade

### 1.2.1 Igualdade formal x igualdade material

Possui como sinônimo o termo Isonomia. A doutrina classifica esse direito em:

**Igualdade Formal**

Traduz-se no termo "todos são iguais perante a lei, sem distinção de qualquer natureza". É o previsto no *caput* do Art. 5º. É uma igualdade jurídica, que não se preocupa com a realidade, mas apenas evita que alguém seja tratado de forma discriminatória.

**Igualdade Material**

Também chamada de igualdade efetiva ou substancial. É a igualdade que se preocupa com a realidade. Traduz-se na seguinte expressão: "tratar os iguais com igualdade e os desiguais com desigualdade, na medida das suas desigualdades". Esse tipo de igualdade confere um tratamento com justiça para aqueles que não a possuem.

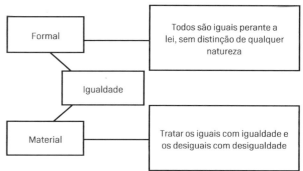

A igualdade formal é a regra utilizada pelo Estado para conferir um tratamento isonômico entre as pessoas. Contudo, por diversas vezes, um tratamento igualitário não consegue atender a todas as necessidades práticas. Faz-se necessária a utilização da igualdade em seu aspecto material para que se consiga produzir um verdadeiro tratamento isonômico.

---

1 O Tribunal, por maioria e nos termos do voto do Relator, julgou procedente a ação para declarar a inconstitucionalidade da interpretação segundo a qual a interrupção da gravidez de feto anencéfalo é conduta tipificada nos artigos 124, 126, 128, incisos I e II, todos do Código Penal, contra os votos dos Senhores Ministros Gilmar Mendes e Celso de Mello que, julgando-a procedente, acrescentavam condições de diagnóstico de anencefalia especificadas pelo Ministro Celso de Mello; e contra os votos dos Senhores Ministros Ricardo Lewandowski e Cezar Peluso (Presidente), que a julgavam improcedente. Impedido o Senhor Ministro Dias Toffoli. Plenário, 12.04.2012. ADPF 54 – Relator Min. Marco Aurélio.

# DIREITOS E DEVERES INDIVIDUAIS E COLETIVOS

Imaginemos as relações entre homens e mulheres. A regra é que homem e mulher são tratados da mesma forma conforme previsto no inciso I do Art. 5º:

> I. Homens e mulheres são iguais em direitos e obrigações, nos termos desta Constituição;

Contudo, em diversas situações, homens e mulheres serão tratados de forma diferente:

**Licença-maternidade**

Tem duração de 120 dias para a mulher. Para o homem, apenas 5 dias de licença-paternidade;

**Aposentadoria**

A mulher se aposenta 5 anos mais cedo que o homem;

**Serviço Militar Obrigatório**

Só o homem está obrigado.

Essas são algumas das situações em que são permitidos tratamentos desiguais entre as pessoas. As razões que justificam essa discriminação são as diferenças efetivas que existem entre os homens e as mulheres em cada uma das hipóteses. Exemplificando, a mulher tem mais tempo para se recuperar em razão da nítida distinção do desgaste feminino para o masculino no que tange ao parto. É indiscutível que, por mais desgastante que seja o nascimento de um filho para o pai, nada se compara ao sofrimento suportado pela mãe. Por essa razão, a licença-maternidade é maior que a licença-paternidade.

## 1.2.2 Igualdade nos concursos públicos

O tema diz respeito à igualdade nos concursos públicos. Seria possível restringir o acesso a um cargo público em razão do sexo de uma pessoa? Ou por causa de sua altura? Ou ainda, pela idade que possui?

Essas questões encontram a mesma resposta: sim! É possível, desde que os critérios discriminatórios preencham alguns requisitos:

**Deve ser Fixado em Lei**

Não basta que os critérios estejam previstos no edital, precisam estar previstos em lei, no seu sentido formal.

**Deve ser Necessário ao Exercício do Cargo**

O critério discriminatório deve ser necessário ao exercício do cargo. A título de exemplo: seria razoável exigir para um cargo de policial militar, altura mínima ou mesmo, idade máxima, que representam vigor físico, tendo em vista a natureza do cargo que exige tal condição. As mesmas condições não poderiam ser exigidas para um cargo de técnico judiciário, por não serem necessárias ao exercício do cargo.

Em suma, podem ser exigidos critérios discriminatórios desde que previstos em lei e que sejam necessários ao exercício do cargo, observados os critérios de proporcionalidade e razoabilidade.

Esse tema sempre tem sido alvo de questões em prova, principalmente sob o aspecto jurisprudencial. Veja este exemplo de questão:

No ato da posse o servidor apresentará, se entender necessário, declaração de bens e valores que constituem o seu patrimônio e, obrigatoriamente, declaração quanto ao exercício ou não de outro cargo, emprego ou função pública. ERRADO.

## 1.2.3 Ações afirmativas

Como formas de concretização da igualdade material foram desenvolvidas políticas públicas de compensação dirigidas às minorias sociais chamadas de **Ações Afirmativas ou Discriminações Positivas**. São verdadeiras ações de cunho social que visam a compensar possíveis perdas que determinados grupos sociais tiveram ao longo da história de suas vidas. Quem nunca ouviu falar nas "quotas para os pobres nas Universidades" ou ainda, "reserva de vagas para deficientes em concursos públicos"? Essas são algumas das espécies de ações afirmativas desenvolvidas no Brasil.

Mas por que reservar vagas para deficientes em concursos públicos? Ora, é óbvio que o deficiente, qualquer que seja sua deficiência, quando se prepara para um concurso público possui muito mais dificuldade que uma pessoa que tem a plenitude de seu vigor físico. Em razão dessa diferença, o Estado, na tentativa de reduzir a desigualdade existente entre os concorrentes, resolveu compensar a limitação de um portador de necessidades especiais reservando-lhe vagas especiais.

Perceba que, ao contrário do que parece, quando se reservam vagas num concurso público para deficientes estamos diante de um nítido tratamento discriminatório, que nesse caso é justificável pelas diferenças naturais entre o concorrente sadio e o concorrente deficiente. Lembre-se de que igualdade material é tratar iguais com igualdade e desiguais com desigualdade. O que se faz por meio dessas políticas de compensação é tratar os desiguais com desigualdade, na medida de suas desigualdades. Só dessa forma é possível alcançar um verdadeiro tratamento isonômico entre os candidatos.

Por fim, destaca-se o fato de o STF ter declarado constitucional a política de cotas étnico-raciais para seleção de estudantes em universidades públicas pacificando uma discussão antiga sobre esse tipo de ação afirmativa.

## 1.3 Direito à Liberdade

O direito à liberdade pertence à primeira geração de direitos fundamentais por expressarem os direitos mais ansiados pelos indivíduos como forma de defesa diante do Estado. O que se verá a seguir são algumas das acepções desse direito que podem ser cobradas em prova.

### 1.3.1 Liberdade de ação

O inciso II do Art. 5º apresenta aquilo que a doutrina chama de liberdade de ação:

> II. Ninguém será obrigado a fazer ou deixar de fazer alguma coisa senão em virtude de lei;

Essa é a liberdade por excelência. Segundo o texto constitucional, a liberdade só pode ser restringida por lei. Por isso, dizemos que esse inciso também apresenta o **Princípio da Legalidade**.

A liberdade pode ser entendida de duas formas, a depender do destinatário da mensagem:

**Para o particular**

Para o particular, liberdade significa "fazer tudo que não for proibido".

**Para o agente público**

Para o agente público, liberdade significa "poder fazer tudo o que for determinado ou permitido pela lei".

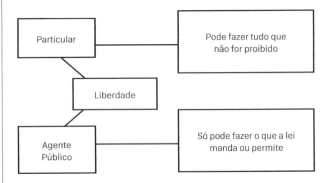

### 1.3.2 Liberdade de locomoção

Uma das liberdades mais almejadas pelos indivíduos durante as lutas sociais é o grande carro-chefe na limitação dos poderes do Estado. O inciso XV do Art. 5º já diz:

> XV. É livre a locomoção no território nacional em tempo de paz, podendo qualquer pessoa, nos termos da lei, nele entrar, permanecer ou dele sair com seus bens;

Perceba-se que o direito explanado nesse inciso não possui caráter absoluto, haja vista ter sido garantido em tempo de paz. Isso significa que em momentos sem paz seriam possíveis restrições às liberdades de locomoção. Destaca-se o Estado de Sítio que pode ser decretado nos casos previstos no Art. 137 da Constituição Federal.

214

Nessas circunstâncias, seriam possíveis maiores restrições à chamada liberdade de locomoção por meio de medidas autorizadas pela própria Constituição Federal:

> **Art. 137.** *O Presidente da República pode, ouvidos o Conselho da República e o Conselho de Defesa Nacional, solicitar ao Congresso Nacional autorização para decretar o estado de sítio nos casos de:*
> *I. Comoção grave de repercussão nacional ou ocorrência de fatos que comprovem a ineficácia de medida tomada durante o estado de defesa;*
> *II. Declaração de estado de guerra ou resposta a agressão armada estrangeira.*
> **Art. 139.** *Na vigência do estado de sítio decretado com fundamento no Art. 137, I, só poderão ser tomadas contra as pessoas as seguintes medidas:*
> *I. Obrigação de permanência em localidade determinada;*
> *II. Detenção em edifício não destinado a acusados ou condenados por crimes comuns;*

Outro ponto interessante refere-se à possibilidade de qualquer pessoa entrar, permanecer ou sair do país com seus bens. Esse direito também não pode ser encarado de forma absoluta, haja vista a possibilidade de se exigir declaração de bens ou pagamento de imposto quando da entrada no país com bens. Nesse caso, liberdade de locomoção não se confunde com imunidade tributária.

Caso a liberdade de locomoção seja restringida por ilegalidade ou abuso de poder, a Constituição reservou um poderoso instrumento garantidor, o chamado **Habeas Corpus**.

> **Art. 5º, LXVIII.** *conceder-se-á "Habeas Corpus" sempre que alguém sofrer ou se achar ameaçado de sofrer violência ou coação em sua liberdade de locomoção, por ilegalidade ou abuso de poder;*

### 1.3.3 Liberdade de pensamento

Essa liberdade serve de amparo para uma série de possibilidades no que tange ao pensamento. Assim como os demais direitos fundamentais, a manifestação do pensamento não possui caráter absoluto, sendo restringido pela própria Constituição Federal, que proíbe seu exercício de forma anônima:

> **Art. 5º, IV.** *É livre a manifestação do pensamento, sendo vedado o anonimato;*

A vedação ao anonimato, além de ser uma garantia ao exercício da manifestação do pensamento, possibilita o exercício do direito de resposta caso alguém seja ofendido.

Sobre Denúncia Anônima, é importante fazer uma observação. Diante da vedação constitucional ao anonimato, poder-se-ia imaginar que essa ferramenta de combate ao crime fosse considerada inconstitucional. Contudo, não tem sido esse o entendimento do STF. A denúncia anônima pode até ser utilizada como ferramenta de comunicação do crime, mas não pode servir como amparo para a instauração do Inquérito Policial, muito menos como fundamento para condenação de quem quer que seja.

### 1.3.4 Liberdade de consciência e crença religiosa

Uma primeira pergunta deve ser feita acerca da liberdade religiosa em nosso país: qual a religião oficial do Brasil? A única resposta possível: é nenhuma. A liberdade religiosa do Estado brasileiro é incompatível com a existência de uma religião oficial. É o que apresenta o inciso VI do Art. 5º:

> *VI. É inviolável a liberdade de consciência e de crença, sendo assegurado o livre exercício dos cultos religiosos e garantida, na forma da lei, a proteção aos locais de culto e a suas liturgias;*

Esse inciso marca a liberdade religiosa existente no Brasil. Por esse motivo, dizemos que o Brasil é um Estado laico, leigo ou não confessional. Isso significa, basicamente, que no Brasil existe uma relação de separação entre Estado e Igreja. Essa relação entre o Estado e a Igreja encontra, inclusive, vedação expressa no texto constitucional:

> **Art. 19.** *É vedado à União, aos Estados, ao Distrito Federal e aos Municípios:*
> *I. Estabelecer cultos religiosos ou igrejas, subvencioná-los, embaraçar-lhes o funcionamento ou manter com eles ou seus representantes relações de dependência ou aliança, ressalvada, na forma da lei, a colaboração de interesse público;*

Por causa da liberdade religiosa, é possível exercer qualquer tipo de crença no país. É possível ser católico, protestante, mulçumano, ateu ou satanista. Isso é liberdade de crença ou consciência. Liberdade de crer ou não crer. Perceba que o inciso VI, além de proteger as crenças e cultos, também protege as suas liturgias. Apesar do amparo constitucional, não se pode utilizar esse direito para praticar atos contrários às demais normas do direito brasileiro como, por exemplo, sacrificar seres humanos como forma de prestar culto a determinada divindade. Isso a liberdade religiosa não ampara.

Outro dispositivo importante é o previsto no inciso VII:

> *VII. É assegurada, nos termos da lei, a prestação de assistência religiosa nas entidades civis e militares de internação coletiva;*

Nese inciso, a Constituição Federal garantiu a assistência religiosa nas entidades de internação coletivas, sejam elas civis ou militares. Entidades de internação coletivas são quartéis, hospitais ou hospícios. Em razão dessa garantia constitucional, é comum encontrarmos nesses estabelecimentos capelas para que o direito seja exercido.

Apesar da importância dos dispositivos analisados anteriormente, nenhum é mais cobrado em prova que o inciso VIII:

> *VIII. Ninguém será privado de direitos por motivo de crença religiosa ou de convicção filosófica ou política, salvo se as invocar para eximir-se de obrigação legal a todos imposta e recusar-se a cumprir prestação alternativa, fixada em lei;*

Estamos diante do instituto da **Escusa de Consciência**. Esse direito permite a qualquer pessoa que, em razão de sua crença ou consciência, deixe de cumprir uma obrigação imposta sem que com isso sofra alguma consequência em seus direitos. Tal permissivo constitucional encontra uma limitação prevista expressamente no texto em análise. No caso de uma obrigação imposta a todos, se o indivíduo recusar-se ao seu cumprimento, ser-lhe-á oferecida uma prestação alternativa. Não a cumprindo também, a Constituição permite que direitos sejam restringidos. O Art. 15 prescreve que os direitos restringidos serão os direitos políticos.

> **Art. 15.** *É vedada a cassação de direitos políticos, cuja perda ou suspensão só se dará nos casos de:*
> *IV. Recusa de cumprir obrigação a todos imposta ou prestação alternativa, nos termos do Art. 5º, VIII;*

### 1.3.5 Liberdade de reunião

Acerca dessa liberdade, é importante ressaltar as condições estabelecidas pelo texto constitucional:

> *XVI. Todos podem reunir-se pacificamente, sem armas, em locais abertos ao público, independentemente de autorização, desde que não frustrem outra reunião anteriormente convocada para o mesmo local, sendo apenas exigido prévio aviso à autoridade competente;*

Enumerando-as, de forma a facilitar o estudo, tem-se que as condições estabelecidas para o exercício do direito à reunião são:

**Reunião Pacífica**

Não se legitima uma reunião que tenha fins não pacíficos;

**Sem Armas**

Para evitar a violência ou coação por meio de armas;

**Locais Abertos ao Público**

Encontra-se subentendida a reunião em local fechado;

**Independente de Autorização**

Não precisa de autorização;

**Necessidade de Prévio Aviso**

Precisa de prévio aviso;

# DIREITOS E DEVERES INDIVIDUAIS E COLETIVOS

**Não Frustrar outra Reunião convocada Anteriormente para o Mesmo Local**

Garantia de isonomia no exercício do direito prevalecendo o de quem exerceu primeiro.

Sobre o exercício da liberdade de reunião é importante saber que ele não depende de autorização, mas necessita de prévio aviso.

Outro ponto que já foi alvo de questão de prova é a possibilidade de restrição desse direito no Estado de Sítio e no Estado de Defesa. O problema está na distinção entre as limitações que podem ser adotadas em cada uma das medidas:

> *Art. 136, § 1º - O decreto que instituir o estado de defesa determinará o tempo de sua duração, especificará as áreas a serem abrangidas e indicará, nos termos e limites da lei, as medidas coercitivas a vigorarem, dentre as seguintes:*
> *I. Restrições aos direitos de:*
> *a) reunião, ainda que exercida no seio das associações;*
>
> *Art. 139. Na vigência do estado de sítio decretado com fundamento no Art. 137, I, só poderão ser tomadas contra as pessoas as seguintes medidas:*
> *IV. Suspensão da liberdade de reunião;*

Ao passo que no Estado de Defesa ocorrerão restrições ao direito de reunião, no Estado de Sítio ocorrerá a suspensão desse direito.

## 1.3.6 Liberdade de associação

São vários os dispositivos constitucionais que regulam a liberdade de associação:

> *XVII. É plena a liberdade de associação para fins lícitos, vedada a de caráter paramilitar;*
>
> *XVIII. A criação de associações e, na forma da lei, a de cooperativas independem de autorização, sendo vedada a interferência estatal em seu funcionamento;*
>
> *XIX. As associações só poderão ser compulsoriamente dissolvidas ou ter suas atividades suspensas por decisão judicial, exigindo-se, no primeiro caso, o trânsito em julgado;*
>
> *XX. Ninguém poderá ser compelido a associar-se ou a permanecer associado;*
>
> *XXI. As entidades associativas, quando expressamente autorizadas, têm legitimidade para representar seus filiados judicial ou extrajudicialmente;*

O primeiro ponto que dever ser lembrado é que a liberdade de associação só poderá ser usufruída para fins lícitos sendo proibida a criação de associação paramilitar.

Entende-se como associação de caráter paramilitar toda organização paralela ao Estado, sem legitimidade, com estrutura e organização tipicamente militar. São as facções criminosas, milícias ou qualquer outra organização que possua fins ilícitos e alheios aos do Estado.

Destaca-se, com a mesma importância para sua prova, a dispensa de autorização e interferência estatal no funcionamento e criação das associações.

Maior destaque deve ser dado ao inciso XIX, que condiciona qualquer limitação às atividades associativas a uma decisão judicial. As associações podem ter suas atividades suspensas ou dissolvidas. Em qualquer um dos casos deve haver decisão judicial. No caso da dissolução, por ser uma medida mais grave, não basta qualquer decisão judicial, tem que ser transitada em julgado. Isso significa uma decisão definitiva, à qual não caiba mais recurso.

O inciso XX tutela a chamada Liberdade Associativa, pela qual ninguém será obrigado a se associar ou mesmo a permanecer associado a qualquer entidade associativa.

Por fim, temos o inciso XXI, que permite às associações que representem seus associados tanto na esfera judicial quanto na administrativa desde que possuam expressa autorização. Expressa autorização significa por escrito, por meio de instrumento legal que comprove a autorização.

Vale destacar que, para suspender as atividades de uma associação, basta qualquer decisão judicial; para dissolver, tem que haver decisão judicial transitada em julgado.

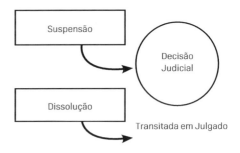

# 2 DIREITOS POLÍTICOS E PARTIDOS POLÍTICOS

## 2.1 Direitos Políticos

Os direitos políticos são um conjunto de direitos fundamentais que permitem ao indivíduo participar da vontade política do Estado. Para se falar de direitos políticos, alguns conceitos são indispensáveis.

### 2.1.1 Cidadania, democracia e soberania popular

A Cidadania é a condição conferida ao indivíduo que possui direito político. É o exercício desse direito. Essa condição só é possível em nosso país por causa do regime de governo adotado, a Democracia. A democracia parte do pressuposto de que o poder do Estado decorre da vontade popular, da Soberania Popular. Conforme o parágrafo único do Art. 1º da Constituição:

> *Art. 1º, Parágrafo único. Todo o poder emana do povo, que o exerce por meio de representantes eleitos ou diretamente, nos termos desta Constituição.*

A democracia brasileira é classificada como semidireta ou participativa, haja vista poder ser exercida tanto de forma direta como de forma indireta. Como forma de exercício direto temos o previsto no Art. 14 da CF:

> *Art. 14. A soberania popular será exercida pelo sufrágio universal e pelo voto direto e secreto, com valor igual para todos, e, nos termos da lei, mediante:*
> *I. Plebiscito;*
> *II. Referendo;*
> *III. Iniciativa popular.*

Mas ainda há a ação popular que também é forma de exercício direto dos direitos políticos:

> *Art. 5º, LXXIII. Qualquer cidadão é parte legítima para propor ação popular que vise a anular ato lesivo ao patrimônio público ou de entidade de que o Estado participe, à moralidade administrativa, ao meio ambiente e ao patrimônio histórico e cultural, ficando o autor, salvo comprovada má-fé, isento de custas judiciais e do ônus da sucumbência.*

Entendamos o que significa cada uma das formas de exercício direto dos direitos políticos:

### 2.1.2 Plebiscito

Consulta popular realizada antes da tomada de decisão. O representante do poder público quer tomar uma decisão, mas, antes de tomá-la, ele pergunta para os cidadãos quem concorda. O que os cidadãos decidirem será feito.

### 2.1.3 Referendo

Consulta popular realizada depois da tomada de decisão. O representante do poder público toma uma decisão e depois pergunta o que os cidadãos acharam.

### 2.1.4 Iniciativa popular

Essa é uma das formas de se iniciar o processo legislativo no Brasil. A legitimidade para propor criação de lei pelo eleitorado encontra amparo no Art. 61, § 2º da CF:

> *Art. 61, § 2º - A iniciativa popular pode ser exercida pela apresentação à Câmara dos Deputados de projeto de lei subscrito por, no mínimo, um por cento do eleitorado nacional, distribuído pelo menos por cinco Estados, com não menos de três décimos por cento dos eleitores de cada um deles.*

### 2.1.5 Ação popular

Remédio constitucional previsto no inciso LXXIII que funciona como instrumento de fiscalização dos poderes públicos nos termos do inciso citado.

Quando se fala em exercício indireto, significa exercício por meio dos representantes eleitos que representarão a vontade popular.

Todas essas ferramentas disponibilizadas acima constituem formas de exercício dos direitos políticos no Brasil.

A doutrina costuma classificar os direitos políticos em:
- **Direitos políticos positivos.**
- **Direitos políticos negativos.**

### 2.1.6 Direitos políticos positivos

Os direitos políticos positivos se mostram pela possibilidade de participação na vontade política do Estado. Esses direitos políticos se materializam por meio da Capacidade Eleitoral Ativa e da Capacidade Eleitoral Passiva. O primeiro é a possibilidade de votar. O segundo, de ser votado.

Para que se possa exercer a capacidade eleitoral ativa, faz-se necessário o chamado alistamento eleitoral. É, simplesmente, inscrever-se como eleitor, o que acontece quando obtemos o título de eleitor. A Constituição apresenta três regras para o alistamento e o voto:

**Voto Obrigatório**

Maiores de 18 anos;

**Voto Facultativo**

Maiores de 16 e menores de 18; analfabetos e maiores de 70 anos;

**Voto Proibido**

Estrangeiros e conscritos.

Vejamos estas regras previstas no texto constitucional:

> *Art. 14, § 1º. O alistamento eleitoral e o voto são:*
> *I. Obrigatórios para os maiores de dezoito anos;*
> *II. Facultativos para:*
> *a) os analfabetos;*
> *b) os maiores de setenta anos;*
> *c) os maiores de dezesseis e menores de dezoito anos.*
> *§ 2º - Não podem alistar-se como eleitores os estrangeiros e, durante o período do serviço militar obrigatório, os conscritos.*

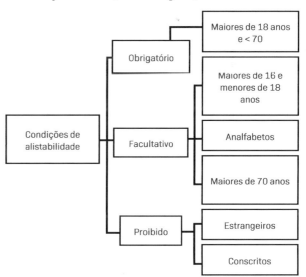

A **capacidade eleitoral passiva** é a capacidade de ser eleito. É uma das formas de participação política em que o cidadão aceita a incumbência de representar os interesses dos seus eleitores. Para que alguém possa ser eleito se faz necessário o preenchimento das Condições de Elegibilidade. São condições de elegibilidade as previstas no Art. 14, § 3º da Constituição:

> *Art. 14, § 3º - São condições de elegibilidade, na forma da lei:*
> *I. a nacionalidade brasileira;*
> *II. o pleno exercício dos direitos políticos;*
> *III. o alistamento eleitoral;*

# DIREITOS POLÍTICOS E PARTIDOS POLÍTICOS

*IV. o domicílio eleitoral na circunscrição;*
*V. a filiação partidária;*
*VI. a idade mínima de:*
*a) trinta e cinco anos para Presidente e Vice-Presidente da República e Senador;*
*b) trinta anos para Governador e Vice-Governador de Estado e do Distrito Federal;*
*c) vinte e um anos para Deputado Federal, Deputado Estadual ou Distrital, Prefeito, Vice-Prefeito e juiz de paz;*
*d) dezoito anos para Vereador.*

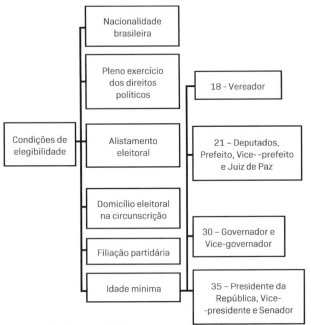

## 2.1.7 Direitos políticos negativos

Os direitos políticos negativos são verdadeiras vedações ao exercício da cidadania. São inelegibilidades, hipóteses de perda ou suspensão dos direitos políticos que se encontram previstos expressamente no texto constitucional. Só não se pode esquecer a possibilidade prevista no § 9º do Art. 14 da Constituição, que admite que sejam criadas outras inelegibilidades por Lei Complementar, desde possuam caráter relativo. Inelegibilidade absoluta, segundo a doutrina, só na Constituição Federal.

A primeira inelegibilidade está prevista no Art. 14, § 4º:

*Art. 14, § 4º - São inelegíveis os inalistáveis e os analfabetos.*

Trata-se de uma inelegibilidade absoluta que impede os inalistáveis e analfabetos a concorrerem a qualquer cargo eletivo. Nota-se primeiramente que a Constituição se refere aos inalistáveis como "inelegíveis". Todas as vezes que se encontrar o termo inalistável, deve-se pensar automaticamente em estrangeiros e conscritos. Logo, são inelegíveis os estrangeiros, conscritos e analfabetos.

Quanto aos analfabetos, uma questão merece atenção: os analfabetos podem votar, mas não podem receber votos.

Em seguida, tem-se o § 5º, que traz a chamada regra da Reeleição. Trata-se de uma espécie de inelegibilidade relativa por meio do qual alguns titulares de cargos políticos ficam impedidos de se reelegerem por mais de duas eleições consecutivas, ou seja, é permitida apenas uma reeleição:

*Art. 14, § 5º - O Presidente da República, os Governadores de Estado e do Distrito Federal, os Prefeitos e quem os houver sucedido, ou substituído no curso dos mandatos poderão ser reeleitos para um único período subsequente.*

O primeiro ponto interessante desse parágrafo está na restrição que só ocorre para os membros do poder executivo (Presidente, Governador e Prefeito). Logo, um membro do Poder Legislativo poderá se reeleger quantas vezes ele quiser, enquanto o membro do Poder Executivo só poderá se reeleger uma única vez. Ressalte-se que o impedimento se aplica também a quem suceder ou substituir o titular dos cargos supracitados.

Mais uma regra de inelegibilidade relativa encontra-se no § 6º:

*Art. 14, § 6º - Para concorrerem a outros cargos, o Presidente da República, os Governadores de Estado e do Distrito Federal e os Prefeitos devem renunciar aos respectivos mandatos até seis meses antes do pleito.*

Estamos diante da chamada regra de **Desincompatibilização**. Da mesma forma que o dispositivo anterior só se aplica aos membros do Poder Executivo, e essa norma exige que os representantes desse Poder, para que possam concorrer a outro cargo, devem renunciar os respectivos mandatos até seis meses antes do pleito.

Ainda há a chamada Inelegibilidade Reflexa, ou em razão do parentesco. Essa hipótese gera um impedimento, não ao titular do cargo político, mas aos seus parentes até segundo grau. Também se aplica apenas aos membros do Poder Executivo:

*Art. 14, § 7º - São inelegíveis, no território de jurisdição do titular, o cônjuge e os parentes consanguíneos ou afins, até o segundo grau ou por adoção, do Presidente da República, de Governador de Estado ou Território, do Distrito Federal, de Prefeito ou de quem os haja substituído dentro dos seis meses anteriores ao pleito, salvo se já titular de mandato eletivo e candidato à reeleição.*

**O impedimento gerado está relacionado ao território de jurisdição do titular da seguinte forma:**

- O Prefeito gera inelegibilidade aos cargos de Prefeito e Vereador do mesmo município;
- O Governador gera inelegibilidade aos cargos de Prefeito, Vereador, Deputado Estadual, Deputado Federal, Senador da República e Governador do mesmo Estado Federativo;
- O Presidente gera inelegibilidade a todos os cargos eletivos do país.

São parentes de 1º grau: pai, mãe, filho, sogro. São parentes de 2º grau: avô, irmão, neto, cunhado.

O STF editou a Súmula Vinculante nº 18, que diz:

*Súmula Vinculante nº 18. A dissolução da sociedade ou do vínculo conjugal, no curso do mandato, não afasta a inelegibilidade prevista no § 7º do Art. 14 da Constituição Federal.*

Lei complementar pode estabelecer novas hipóteses de inelegibilidade relativa. É o que dispõe o § 9º do Art. 14:

*Art. 14, § 9º - Lei complementar estabelecerá outros casos de inelegibilidade e os prazos de sua cessação, a fim de proteger a probidade administrativa, a moralidade para exercício de mandato considerada vida pregressa do candidato, e a normalidade e legitimidade das eleições contra a influência do poder econômico ou o abuso do exercício de função, cargo ou emprego na administração direta ou indireta.*

Com base no texto, é possível concluir que o rol de inelegibilidades relativas previstas na Constituição Federal é meramente exemplificativo. Há ainda a Lei Complementar nº 64/90 que traz várias hipóteses de inelegibilidade.

## 2.1.8 Condições para eleição do militar

O militar pode se candidatar a cargo político eletivo desde que observadas as regras estabelecidas no § 8º do Art. 14:

*Art. 14, § 8º - O militar alistável é elegível, atendidas as seguintes condições:*
*I. se contar menos de dez anos de serviço, deverá afastar-se da atividade;*
*II. se contar mais de dez anos de serviço, será agregado pela autoridade superior e, se eleito, passará automaticamente, no ato da diplomação, para a inatividade.*

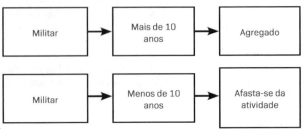

218

## NOÇÕES DE ADMINISTRAÇÃO PÚBLICA

Primeiramente, deve-se ressaltar que a Constituição veda a filiação partidária aos militares:

> **Art. 142, § 3º, V.** *O militar, enquanto em serviço ativo, não pode estar filiado a partidos políticos.*

Recordando as condições de elegibilidade, tem-se que é necessária a filiação partidária para ser elegível, contudo, no caso do militar, o TSE tem entendido que o registro da candidatura supre a falta de prévia filiação partidária.

Um segundo ponto interessante decorre da própria interpretação do § 8º, que prevê duas regras para eleição dos militares em razão do tempo de serviço:

**Militar com menos de dez anos:** deve se afastar da atividade;

**Militar com mais de dez anos:** deve ficar agregado pela autoridade superior e se eleito, passado para inatividade.

Esse prazo de dez anos escolhido pela Constituição decorre da garantia de estabilidade para os militares.

### 2.1.9 Impugnação de mandato eletivo

Estes parágrafos dispensam explicação e, quando aparecem em prova, costumam cobrar o próprio texto constitucional. Deve-se ter cuidado com o prazo de 15 dias para impugnação:

> **Art. 14, § 10** - *O mandato eletivo poderá ser impugnado ante a Justiça Eleitoral no prazo de quinze dias contados da diplomação, instruída a ação com provas de abuso do poder econômico, corrupção ou fraude.*
>
> *§ 11 - A ação de impugnação de mandato tramitará em segredo de justiça, respondendo o autor, na forma da lei, se temerária ou de manifesta má-fé.*

### 2.1.10 Cassação, suspensão e perda dos direitos políticos

Uma coisa é certa: não existe cassação de direitos políticos no Brasil. Isso não pode ser esquecido, pois sempre é cobrado em prova. Apesar dessa norma protetiva, são permitidas a perda e a suspensão desses direitos, conforme disposto no Art. 15 da Constituição:

> **Art. 15.** *É vedada a cassação de direitos políticos, cuja perda ou suspensão só se dará nos casos de:*
>
> *I. Cancelamento da naturalização por sentença transitada em julgado;*
>
> *II. Incapacidade civil absoluta;*
>
> *III. Condenação criminal transitada em julgado, enquanto durarem seus efeitos;*
>
> *IV. Recusa de cumprir obrigação a todos imposta ou prestação alternativa, nos termos do Art. 5º, VIII;*
>
> *V. Improbidade administrativa, nos termos do Art. 37, § 4º.*

Observe-se que o texto constitucional não esclareceu muito bem quais são as hipóteses de perda ou suspensão, trabalho esse que ficou a cargo da doutrina fazer. Seguem abaixo as hipóteses de perda ou suspensão:

***Cancelamento da naturalização por sentença transitada em julgado*** – trata-se de perda dos direitos políticos. Ora, se o indivíduo teve cancelado seu vínculo com o Estado Brasileiro, não há sentido em lhe garantir os direitos políticos;

***Incapacidade civil absoluta*** – apesar de ser absoluta, essa incapacidade civil pode cessar dependendo da situação. Logo, é hipótese de suspensão dos direitos políticos;

***Condenação criminal transitada em julgado, enquanto durarem seus efeitos*** – condenação criminal é suspensão, pois dura enquanto durar a pena. Deve-se ter cuidado com essa questão em prova. O efeito da suspensão sobre os direitos políticos independe do tipo de pena aplicada ao cidadão.

***Recusa de cumprir obrigação a todos imposta ou prestação alternativa, nos termos do Art. 5º, VIII*** - essa é a famosa hipótese da escusa de consciência. Em relação a esse tema, existe divergência na doutrina. Parte da doutrina Constitucional entende que é hipótese de perda, outra parte da doutrina, principalmente eleitoral, entende que seja hipótese de suspensão.

***Improbidade administrativa, nos termos do Art. 37, § 4º*** - essa é mais uma hipótese de suspensão dos direitos políticos.

### 2.1.11 Princípio da anterioridade eleitoral

Este princípio exige o prazo de um ano para aplicação de lei que altere processo eleitoral. Isso visa a evitar que os candidatos sejam pegos de surpresa com as regras eleitorais. O Art. 16 diz:

> **Art. 16.** *A lei que alterar o processo eleitoral entrará em vigor na data de sua publicação, não se aplicando à eleição que ocorra até um ano da data de sua vigência.*

O STF decidiu que essa lei não se aplica às eleições de 2010 por não ter respeitado esse princípio que requer o prazo de 1 ano para aplicação da lei que alterar o processo eleitoral.

A lei havia sido publicada em junho de 2010 e queriam que valesse para as eleições do mesmo ano. O STF disse que sua aplicação para 2010 era inconstitucional.

## DA ORGANIZAÇÃO POLÍTICO-ADMINISTRATIVA

# 3 DA ORGANIZAÇÃO POLÍTICO-ADMINISTRATIVA

Para que se possa compreender a Organização Político-Administrativa do Estado Brasileiro, faz-se necessário, primeiramente, entender como se deu essa formação. Para isso, será abordado o Princípio Federativo.

## 3.1 Princípio Federativo

A Forma de Estado adotada no Brasil é a Federativa. Quando se afirma que o nosso Estado é uma Federação, quer-se dizer como se dá o exercício do poder político em função do território. Em um Estado Federal, existe pluralidade de poderes políticos internos, os quais se organizam de forma descentralizada. No Brasil, são quatro poderes políticos, também chamados de entes federativos:

**União;**

**Estados;**

**Distrito Federal;**

**Municípios.**

Essa organização é baseada na autonomia política de cada ente federativo. Deve-se estar atento a esse tema em prova, pois as bancas gostam de trocar autonomia por soberania. Cada ente possui sua própria autonomia, enquanto que o Estado Federal possui a soberania. A autonomia de cada ente federativo se dá no âmbito político, financeiro, orçamentário, administrativo e em qualquer outra área permitida pela Constituição Federal:

*Art. 18. A organização político-administrativa da República Federativa do Brasil compreende a União, os Estados, o Distrito Federal e os Municípios, todos autônomos, nos termos desta Constituição.*

Deve-se destacar, inclusive, que o pacto federativo sobrevive em torno da Constituição Federal, que impede sua dissolução sob pena de se decretar Intervenção Federal:

*Art. 34. A União não intervirá nos Estados nem no Distrito Federal, exceto para:*

*I. Manter a integridade nacional.*

A proibição de secessão, que impede a separação de um ente federativo, também é conhecida como Princípio da Indissolubilidade.

Outro ponto muito cobrado em prova diz respeito à inexistência de hierarquia entre os entes federativos. O que distingue um ente federativo do outro não é a superioridade, mas a distribuição de competências feita pela própria Constituição Federal. Não se deve esquecer também que as Unidades da Federação possuem representação junto ao Poder Legislativo da União, mais precisamente, no Senado Federal.

Em razão dessa organização completamente diferenciada, a doutrina classifica a federação brasileira de várias formas:

**Tricotômica**

Federação constituída em três níveis: federal, estadual e municipal. O Distrito Federal não é considerado nessa classificação, haja vista possuir competência híbrida, agindo tanto como um Estado quanto como Município;

**Centrífuga**

Característica que reflete a formação da federação brasileira. É a formação "de dentro para fora". O movimento é de centrifugadora. A força de criação do estado federal brasileiro surgiu a partir de um Estado Unitário para a criação de um estado federado, ou seja, o poder centralizado que se torna descentralizado. O poder político era concentrado nas mãos de um só ente e depois passa a fazer parte de vários entes federativos;

**Por Desagregação**

Ocorre quando um Estado Unitário resolve se descentralizar politicamente, desagregando o poder central em favor de vários entes titulares de poder político.

Mais uma característica que não pode ser ignorada em prova: a Forma Federativa de Estado é uma cláusula pétrea, conforme dispõe o Art. 60, § 4º, I:

*Art. 60, § 4º - Não será objeto de deliberação a proposta de emenda tendente a abolir:*

*I. A forma federativa de Estado.*

Cumpre lembrar de que a Capital do Brasil é Brasília. Deve-se ter cuidado: há questão de prova que diz que a Capital é o Distrito Federal. O Distrito Federal é um ente federativo, ao passo que Brasília é uma Região Administrativa dentro do Distrito Federal:

*Art. 18, § 1º - Brasília é a Capital Federal.*

Outra coisa com a qual se deve ter cuidado diz respeito aos Territórios Federais:

*§ 2º - Os Territórios Federais integram a União, e sua criação, transformação em Estado ou reintegração ao Estado de origem serão reguladas em lei complementar.*

Esses não são entes federativos, pois não possuem autonomia política. São pessoas jurídicas de direito público que possuem apenas capacidade administrativa. Sua natureza jurídica é de autarquia federal e só podem ser criados por lei federal. Para sua criação se faz necessária a aprovação das populações diretamente envolvidas, por meio de plebiscito, parecer da Assembleia Legislativa e lei complementar federal. Os territórios são administrados por governadores escolhidos pelo Presidente da República e podem ser divididos em municípios. Cada território elegerá quatro deputados federais, mas não poderá eleger Senador da República. Seguem abaixo vários dispositivos constitucionais que regulamentam os Territórios:

*Art. 18, § 3º - Os Estados podem incorporar-se entre si, subdividir-se ou desmembrar-se para se anexarem a outros, ou formarem novos Estados ou Territórios Federais, mediante aprovação da população diretamente interessada, através de plebiscito, e do Congresso Nacional, por lei complementar.*

*Art. 45, § 2º - Cada Território elegerá quatro Deputados.*

*Art. 48. Cabe ao Congresso Nacional, com a sanção do Presidente da República, não exigida esta para o especificado nos Arts. 49, 51 e 52, dispor sobre todas as matérias de competência da União, especialmente sobre:*

*VI. Incorporação, subdivisão ou desmembramento de áreas de Territórios ou Estados, ouvidas as respectivas Assembleias Legislativas.*

*Art. 84. Compete privativamente ao Presidente da República:*

*XIV. Nomear, após aprovação pelo Senado Federal, os Ministros do Supremo Tribunal Federal e dos Tribunais Superiores, os Governadores de Territórios, o Procurador-Geral da República, o presidente e os diretores do banco central e outros servidores, quando determinado em lei.*

A Constituição Federal autoriza a divisão dos Territórios em Municípios. Os Territórios com mais de 100.000 habitantes possuirão Poder Judiciário próprio, bem como membros do Ministério Público e Defensores Públicos Federais. Poderão ainda eleger membros para Câmara Territorial:

*Art. 33, § 1º - Os Territórios poderão ser divididos em Municípios, aos quais se aplicará, no que couber, o disposto no Capítulo IV deste Título.*

*§ 3º - Nos Territórios Federais com mais de cem mil habitantes, além do Governador nomeado na forma desta Constituição, haverá órgãos judiciários de primeira e segunda instância, membros do Ministério Público e defensores públicos federais; a lei disporá sobre as eleições para a Câmara Territorial e sua competência deliberativa.*

## 3.2 Vedações Constitucionais

A Constituição Federal fez questão de estabelecer algumas vedações expressas aos entes federativos, as quais estão previstas no Art. 19:

*Art. 19. É vedado à União, aos Estados, ao Distrito Federal e aos Municípios:*

*I. Estabelecer cultos religiosos ou igrejas, subvencioná-los, embaraçar-lhes o funcionamento ou manter com eles ou seus representantes relações de dependência ou aliança, ressalvada, na forma da lei, a colaboração de interesse público;*

## NOÇÕES DE ADMINISTRAÇÃO PÚBLICA

*II. Recusar fé aos documentos públicos;*
*III. Criar distinções entre brasileiros ou preferências entre si.*

A primeira vedação decorre da laicidade do Estado brasileiro, ou seja, não possuímos religião oficial no Brasil, em razão da situação de separação entre Estado e Igreja. A segunda vedação decorre da presunção de veracidade dos documentos públicos. E, por último, contemplando o Princípio da Isonomia, o qual será tratado em momento oportuno, fica vedado estabelecer distinções entre brasileiros ou preferências entre si. Atente-se a esta questão.

## 3.3 Características dos Entes Federativos

### 3.3.1 União

Muitos sentem dificuldade em visualizar a União, tendo em vista ser um ente meio abstrato. O que se precisa saber é que a União é uma pessoa jurídica de direito público interno ao mesmo tempo em que é pessoa jurídica de direito público externo. É o Poder Central responsável por assuntos de interesse geral do Estado e que representa os demais entes federativos. Apesar de não possuir o atributo Soberania, a União exerce essa soberania em nome do Estado Federal. É só pensar na representação internacional do Estado. Quem celebra tratados internacionais? É o Chefe do Executivo da União, o Presidente da República.

Um dos temas mais cobrados em prova são os Bens da União. Os Bens da União estão previstos no Art. 20 da Constituição Federal:

*Art. 20. São bens da União:*
*I. Os que atualmente lhe pertencem e os que lhe vierem a ser atribuídos;*
*II. As terras devolutas indispensáveis à defesa das fronteiras, das fortificações e construções militares, das vias federais de comunicação e à preservação ambiental, definidas em lei;*
*III. Os lagos, rios e quaisquer correntes de água em terrenos de seu domínio, ou que banhem mais de um Estado, sirvam de limites com outros países, ou se estendam a território estrangeiro ou dele provenham, bem como os terrenos marginais e as praias fluviais;*
*IV. As ilhas fluviais e lacustres nas zonas limítrofes com outros países; as praias marítimas; as ilhas oceânicas e as costeiras, excluídas, destas, as que contenham a sede de Municípios, exceto aquelas áreas afetadas ao serviço público e a unidade ambiental federal, e as referidas no art. 26, II;*
*V. Os recursos naturais da plataforma continental e da zona econômica exclusiva;*
*VI. O mar territorial;*
*VII. Os terrenos de marinha e seus acrescidos;*
*VIII. os potenciais de energia hidráulica;*
*IX. Os recursos minerais, inclusive os do subsolo;*
*X. As cavidades naturais subterrâneas e os sítios arqueológicos e pré-históricos;*
*XI. As terras tradicionalmente ocupadas pelos índios.*
*§ 1º É assegurada, nos termos da lei, à União, aos Estados, ao Distrito Federal e aos Municípios a participação no resultado da exploração de petróleo ou gás natural, de recursos hídricos para fins de geração de energia elétrica e a de outros recursos minerais no respectivo território, plataforma continental, mar territorial ou zona econômica exclusiva, ou compensação financeira por essa exploração.*
*§ 2º - A faixa de até cento e cinquenta quilômetros de largura, ao longo das fronteiras terrestres, designada como faixa de fronteira, é considerada fundamental para defesa do território nacional, e sua ocupação e utilização serão reguladas em lei.*

Esse artigo, quando cobrado em prova, costuma ser trabalhado apenas com o texto literal da Constituição. A dica de estudo é a memorização dos bens que são considerados da União. Contudo, alguns bens necessitam de uma explicação maior para que sejam compreendidos.

### 3.3.2 Terras devolutas

O inciso II fala das chamadas terras devolutas, mas o que significa terras devolutas? São terras que estão sob o domínio da União sem qualquer destinação, nem pública nem privada. Serão da União apenas as terras devolutas indispensáveis à defesa das fronteiras, das fortificações e construções militares, das vias federais de comunicação e à preservação ambiental, conforme definição em lei. As demais terras devolutas serão de propriedade dos Estados Membros nos termos do Art. 26, IV:

*Art. 26. Incluem-se entre os bens dos Estados:*
*IV. As terras devolutas não compreendidas entre as da União.*

### 3.3.3 Mar territorial, plataforma continental e zona econômica exclusiva

Os incisos IV e V apresentam três bens que são muito interessantes e que se confundem nas cabeças dos alunos: mar territorial, plataforma continental e Zona Econômica Exclusiva. A Lei 8.617/93 esclarece as diferenças entre esses institutos.

O mar territorial é formado por uma faixa de água marítima ao longo da costa brasileira, com uma dimensão de 12 milhas marítimas, contadas a partir da linha base. A plataforma continental é o prolongamento natural do território terrestre, compreendidos o leito e o subsolo do mar até a distância de 200 milhas marítimas ou até o bordo exterior da margem continental.

A zona econômica exclusiva é a extensão situada além do mar territorial até o limite das 200 milhas marítimas.

Acerca desse tema sempre há confusão. O mar territorial é extensão do território nacional sobre qual o Estado exerce sua soberania. Já a plataforma continental e a zona econômica exclusiva são águas internacionais onde o direito à soberania do Estado se limita à exploração e ao aproveitamento, à conservação e a gestão dos recursos naturais, vivos ou não vivos, das águas sobrejacentes ao leito do mar, do leito do mar e seu subsolo, e no que se refere a outras atividades com vistas à exploração e ao aproveitamento da zona para fins econômicos.

### 3.3.4 Estados

Os Estados são pessoas jurídicas de direito público interno, entes federativos detentores de autonomia própria. Essa autonomia se percebe pela sua capacidade de auto-organização, autogoverno, autoadministração. Destaca-se, ainda, o seu poder de criação da própria Constituição Estadual, bem como das demais normas de sua competência:

*Art. 25. Os Estados organizam-se e regem-se pelas Constituições e leis que adotarem, observados os princípios desta Constituição.*

Percebe-se, ainda, o seu autogoverno à medida que cada Estado organiza seus próprios Poderes: Poder Legislativo (Assembleia Legislativa), Poder Executivo (Governador) e Poder Judiciário (Tribunal de Justiça). Destacam-se também suas autonomias administrativa, tributária e financeira.

Segundo o Art. 18, § 3º:

*Art. 18, § 3º - Os Estados podem incorporar-se entre si, subdividir-se ou desmembrar-se para se anexarem a outros, ou formarem novos Estados ou Territórios Federais, mediante aprovação da população diretamente interessada, através de plebiscito, e do Congresso Nacional, por lei complementar.*

O que se precisa lembrar para a prova é que, para se criar outro Estado, faz-se necessária a aprovação da população diretamente interessada por meio de plebiscito e que essa criação depende de lei complementar federal. A Constituição prevê ainda a oitiva das Assembleias Legislativas envolvidas na modificação:

*Art. 48. Cabe ao Congresso Nacional, com a sanção do Presidente da República, não exigida esta para o especificado nos Arts. 49, 51 e 52, dispor sobre todas as matérias de competência da União, especialmente sobre:*
*IV. Incorporação, subdivisão ou desmembramento de áreas de Territórios ou Estados, ouvidas as respectivas Assembleias Legislativas.*

Em razão de sua autonomia, a Constituição apresentou um rol de bens que pertencem aos Estados:

## DA ORGANIZAÇÃO POLÍTICO-ADMINISTRATIVA

*Art. 26.* Incluem-se entre os bens dos Estados:

*I.* As águas superficiais ou subterrâneas, fluentes, emergentes e em depósito, ressalvadas, neste caso, na forma da lei, as decorrentes de obras da União;

*II.* As áreas, nas ilhas oceânicas e costeiras, que estiverem no seu domínio, excluídas aquelas sob domínio da União, Municípios ou terceiros;

*III.* As ilhas fluviais e lacustres não pertencentes à União;

*IV.* As terras devolutas não compreendidas entre as da União.

Algumas regras em relação à Organização dos Poderes Legislativo e Executivo no âmbito dos Estados também aparecem na Constituição Federal. Quando cobradas em prova, a leitura e memorização dos artigos abaixo se tornam essenciais:

*Art. 27.* O número de Deputados à Assembleia Legislativa corresponderá ao triplo da representação do Estado na Câmara dos Deputados e, atingido o número de trinta e seis, será acrescido de tantos quantos forem os Deputados Federais acima de doze.

*§ 1º* - Será de quatro anos o mandato dos Deputados Estaduais, aplicando-se-lhes as regras desta Constituição sobre sistema eleitoral, inviolabilidade, imunidades, remuneração, perda de mandato, licença, impedimentos e incorporação às Forças Armadas.

*§ 2º* - O subsídio dos Deputados Estaduais será fixado por lei de iniciativa da Assembleia Legislativa, na razão de, no máximo, setenta e cinco por cento daquele estabelecido, em espécie, para os Deputados Federais, observado o que dispõem os Arts. 39, § 4º, 57, § 7º, 150, II, 153, III, e 153, § 2º, I.

*§ 3º* - Compete às Assembleias Legislativas dispor sobre seu regimento interno, polícia e serviços administrativos de sua secretaria, e prover os respectivos cargos.

*§ 4º* - A lei disporá sobre a iniciativa popular no processo legislativo estadual.

*Art. 28.* A eleição do Governador e do Vice-Governador de Estado, para mandato de quatro anos, realizar-se-á no primeiro domingo de outubro, em primeiro turno, e no último domingo de outubro, em segundo turno, se houver, do ano anterior ao do término do mandato de seus antecessores, e a posse ocorrerá em primeiro de janeiro do ano subsequente, observado, quanto ao mais, o disposto no Art. 77.

*§ 1º* - Perderá o mandato o Governador que assumir outro cargo ou função na administração pública direta ou indireta, ressalvada a posse em virtude de concurso público e observado o disposto no Art. 38, I, IV e V.

*§ 2º* - Os subsídios do Governador, do Vice-Governador e dos Secretários de Estado serão fixados por lei de iniciativa da Assembleia Legislativa, observado o que dispõem os Arts. 37, XI, 39, § 4º, 150, II, 153, III, e 153, § 2º, I.

### 3.3.5 Municípios

Os municípios são elencados pela Constituição Federal como entes federativos dotados de autonomia, a qual se percebe pela sua capacidade de auto-organização, autogoverno e autoadministração. São regidos por Lei Orgânica e possui Executivo e Legislativo próprio, os quais são representados, respectivamente, pela Prefeitura e pela Câmara Municipal e que são regulamentados pelos Arts. 29 e 29-A da Constituição. O examinador pode explorar, em prova de concurso público, questões que requeiram a memorização desses artigos. Para entender por que ele faria isso, recomenda-se a leitura:

*Art. 29.* O Município reger-se-á por lei orgânica, votada em dois turnos, com o interstício mínimo de dez dias, e aprovada por dois terços dos membros da Câmara Municipal, que a promulgará, atendidos os princípios estabelecidos nesta Constituição, na Constituição do respectivo Estado e os seguintes preceitos:

*I.* Eleição do Prefeito, do Vice-Prefeito e dos Vereadores, para mandato de quatro anos, mediante pleito direto e simultâneo realizado em todo o País;

*II.* Eleição do Prefeito e do Vice-Prefeito realizada no primeiro domingo de outubro do ano anterior ao término do mandato dos que devam suceder, aplicadas as regras do Art. 77, no caso de Municípios com mais de duzentos mil eleitores;

*III.* Posse do Prefeito e do Vice-Prefeito no dia 1º de janeiro do ano subsequente ao da eleição;

*IV.* Para a composição das Câmaras Municipais, será observado o limite máximo de:

a) 9 (nove) Vereadores, nos Municípios de até 15.000 (quinze mil) habitantes;

b) 11 (onze) Vereadores, nos Municípios de mais de 15.000 (quinze mil) habitantes e de até 30.000 (trinta mil) habitantes;

c) 13 (treze) Vereadores, nos Municípios com mais de 30.000 (trinta mil) habitantes e de até 50.000 (cinquenta mil) habitantes;

d) 15 (quinze) Vereadores, nos Municípios de mais de 50.000 (cinquenta mil) habitantes e de até 80.000 (oitenta mil) habitantes;

e) 17 (dezessete) Vereadores, nos Municípios de mais de 80.000 (oitenta mil) habitantes e de até 120.000 (cento e vinte mil) habitantes;

f) 19 (dezenove) Vereadores, nos Municípios de mais de 120.000 (cento e vinte mil) habitantes e de até 160.000 (cento sessenta mil) habitantes;

g) 21 (vinte e um) Vereadores, nos Municípios de mais de 160.000 (cento e sessenta mil) habitantes e de até 300.000 (trezentos mil) habitantes;

h) 23 (vinte e três) Vereadores, nos Municípios de mais de 300.000 (trezentos mil) habitantes e de até 450.000 (quatrocentos e cinquenta mil) habitantes;

i) 25 (vinte e cinco) Vereadores, nos Municípios de mais de 450.000 (quatrocentos e cinquenta mil) habitantes e de até 600.000 (seiscentos mil) habitantes;

j) 27 (vinte e sete) Vereadores, nos Municípios de mais de 600.000 (seiscentos mil) habitantes e de até 750.000 (setecentos cinquenta mil) habitantes;

k) 29 (vinte e nove) Vereadores, nos Municípios de mais de 750.000 (setecentos e cinquenta mil) habitantes e de até 900.000 (novecentos mil) habitantes;

l) 31 (trinta e um) Vereadores, nos Municípios de mais de 900.000 (novecentos mil) habitantes e de até 1.050.000 (um milhão e cinquenta mil) habitantes;

m) 33 (trinta e três) Vereadores, nos Municípios de mais de 1.050.000 (um milhão e cinquenta mil) habitantes e de até 1.200.000 (um milhão e duzentos mil) habitantes;

n) 35 (trinta e cinco) Vereadores, nos Municípios de mais de 1.200.000 (um milhão e duzentos mil) habitantes e de até 1.350.000 (um milhão e trezentos e cinquenta mil) habitantes;

o) 37 (trinta e sete) Vereadores, nos Municípios de 1.350.000 (um milhão e trezentos e cinquenta mil) habitantes e de até 1.500.000 (um milhão e quinhentos mil) habitantes;

p) 39 (trinta e nove) Vereadores, nos Municípios de mais de 1.500.000 (um milhão e quinhentos mil) habitantes e de até 1.800.000 (um milhão e oitocentos mil) habitantes;

q) 41 (quarenta e um) Vereadores, nos Municípios de mais de 1.800.000 (um milhão e oitocentos mil) habitantes e de até 2.400.000 (dois milhões e quatrocentos mil) habitantes;

r) 43 (quarenta e três) Vereadores, nos Municípios de mais de 2.400.000 (dois milhões e quatrocentos mil) habitantes e de até 3.000.000 (três milhões) de habitantes;

s) 45 (quarenta e cinco) Vereadores, nos Municípios de mais de 3.000.000 (três milhões) de habitantes e de até 4.000.000 (quatro milhões) de habitantes;

t) 47 (quarenta e sete) Vereadores, nos Municípios de mais de 4.000.000 (quatro milhões) de habitantes e de até 5.000.000 (cinco milhões) de habitantes.

u) 49 (quarenta e nove) Vereadores, nos Municípios de mais de 5.000.000 (cinco milhões) de habitantes e de até 6.000.000 (seis milhões) de habitantes;

v) 51 (cinquenta e um) Vereadores, nos Municípios de mais de 6.000.000 (seis milhões) de habitantes e de até 7.000.000 (sete milhões) de habitantes;

*w) 53 (cinquenta e três) Vereadores, nos Municípios de mais de 7.000.000 (sete milhões) de habitantes e de até 8.000.000 (oito milhões) de habitantes; e*

*x) 55 (cinquenta e cinco) Vereadores, nos Municípios de mais de 8.000.000 (oito milhões) de habitantes;*

*V. Subsídios do Prefeito, do Vice-Prefeito e dos Secretários Municipais fixados por lei de iniciativa da Câmara Municipal, observado o que dispõem os Arts. 37, XI, 39, § 4º, 150, II, 153, III, e 153, § 2º, I;*

*VI. O subsídio dos Vereadores será fixado pelas respectivas Câmaras Municipais em cada legislatura para a subsequente, observado o que dispõe esta Constituição, observados os critérios estabelecidos na respectiva Lei Orgânica e os seguintes limites máximos:*

*a) em Municípios de até dez mil habitantes, o subsídio máximo dos Vereadores corresponderá a vinte por cento do subsídio dos Deputados Estaduais;*

*b) em Municípios de dez mil e um a cinquenta mil habitantes, o subsídio máximo dos Vereadores corresponderá a trinta por cento do subsídio dos Deputados Estaduais;*

*c) em Municípios de cinquenta mil e um a cem mil habitantes, o subsídio máximo dos Vereadores corresponderá a quarenta por cento do subsídio dos Deputados Estaduais;*

*d) em Municípios de cem mil e um a trezentos mil habitantes, o subsídio máximo dos Vereadores corresponderá a cinquenta por cento do subsídio dos Deputados Estaduais;*

*e) em Municípios de trezentos mil e um a quinhentos mil habitantes, o subsídio máximo dos Vereadores corresponderá a sessenta por cento do subsídio dos Deputados Estaduais;*

*f) em Municípios de mais de quinhentos mil habitantes, o subsídio máximo dos Vereadores corresponderá a setenta e cinco por cento do subsídio dos Deputados Estaduais;*

*VII. O total da despesa com a remuneração dos Vereadores não poderá ultrapassar o montante de cinco por cento da receita do Município;*

*VIII. Inviolabilidade dos Vereadores por suas opiniões, palavras e votos no exercício do mandato e na circunscrição do Município;*

*IX. Proibições e incompatibilidades, no exercício da vereança, similares, no que couber, ao disposto nesta Constituição para os membros do Congresso Nacional e na Constituição do respectivo Estado para os membros da Assembleia Legislativa;*

*X. Julgamento do Prefeito perante o Tribunal de Justiça;*

*XI. Organização das funções legislativas e fiscalizadoras da Câmara Municipal;*

*XII. Cooperação das associações representativas no planejamento municipal;*

*XIII. Iniciativa popular de projetos de lei de interesse específico do Município, da cidade ou de bairros, através de manifestação de, pelo menos, cinco por cento do eleitorado;*

*XIV. Perda do mandato do Prefeito, nos termos do Art. 28, parágrafo único.*

***Art. 29-A.** O total da despesa do Poder Legislativo Municipal, incluídos os subsídios dos Vereadores e excluídos os gastos com inativos, não poderá ultrapassar os seguintes percentuais, relativos ao somatório da receita tributária e das transferências previstas no § 5º do Art. 153 e nos Arts. 158 e 159, efetivamente realizado no exercício anterior:*

*IX. 7% (sete por cento) para Municípios com população de até 100.000 (cem mil) habitantes;*

*X. 6% (seis por cento) para Municípios com população entre 100.000 (cem mil) e 300.000 (trezentos mil) habitantes;*

*XI. 5% (cinco por cento) para Municípios com população entre 300.001 (trezentos mil e um) e 500.000 (quinhentos mil) habitantes;*

*XII. 4,5% (quatro inteiros e cinco décimos por cento) para Municípios com população entre 500.001 (quinhentos mil e um) e 3.000.000 (três milhões) de habitantes;*

*XIII. 4% (quatro por cento) para Municípios com população entre 3.000.001 (três milhões e um) e 8.000.000 (oito milhões) de habitantes;*

*XIV. 3,5% (três inteiros e cinco décimos por cento) para Municípios com população acima de 8.000.001 (oito milhões e um) habitantes.*

*§1º - A Câmara Municipal não gastará mais de setenta por cento de sua receita com folha de pagamento, incluído o gasto com o subsídio de seus Vereadores.*

*§2º - Constitui crime de responsabilidade do Prefeito Municipal:*

*I. Efetuar repasse que supere os limites definidos neste artigo;*

*II. Não enviar o repasse até o dia vinte de cada mês; ou*

*III. Enviá-lo a menor em relação à proporção fixada na Lei Orçamentária.*

*§3º - Constitui crime de responsabilidade do Presidente da Câmara Municipal o desrespeito ao § 1º deste artigo.*

Mesmo sendo dotada de autonomia federativa, sua organização possui algumas limitações impostas pela própria Constituição. Entre essas limitações, deve-se destacar a ausência de Poder Judiciário no âmbito municipal, cuja função jurisdicional é exercida pelos órgãos do Judiciário Federal e Estadual. É importante lembrar que não existe representante municipal no Congresso Nacional.

A Constituição permite que sejam criados novos municípios, conforme as regras estabelecidas no Art. 18, § 4º:

***Art. 18**, § 4º - A criação, a incorporação, a fusão e o desmembramento de Municípios, far-se-ão por lei estadual, dentro do período determinado por Lei Complementar Federal, e dependerão de consulta prévia, mediante plebiscito, às populações dos Municípios envolvidos, após divulgação dos Estudos de Viabilidade Municipal, apresentados e publicados na forma da lei.*

Perceba que as regras são um pouco diferentes das necessárias para a criação de Estados. A primeira coisa que deve ser lembrada é que a criação será por Lei Ordinária Estadual, desde que haja autorização emanada de Lei Complementar Federal. As populações diretamente envolvidas na modificação devem ser consultadas por meio de plebiscito. E, por último, não se pode esquecer a exigência de Estudo de Viabilidade Municipal. Para prova, memorize essas condições.

Um fato curioso é que apesar de não existir ainda uma Lei Complementar Federal autorizando o período de criação de Municípios, vários Municípios foram criados na vigência de Constituição Federal, o que obrigou o Congresso Nacional a aprovar a Emenda Constitucional nº 57/2008, que acrescentou o Art. 96 ao Ato das Disposições Constitucionais Transitórias (ADCT), convalidando a criação dos Municípios até 31 de dezembro de 2006:

***Art. 96.** Ficam convalidados os atos de criação, fusão, incorporação e desmembramento de Municípios, cuja lei tenha sido publicada até 31 de dezembro de 2006, atendidos os requisitos estabelecidos na legislação do respectivo Estado à época de sua criação.*

### 3.3.6 Distrito federal

Se questionarem se o Distrito Federal é um Estado ou é um Município, a resposta será: "O Distrito Federal não é Estado nem Município, é Distrito Federal."

A Constituição Federal afirma que o Distrito Federal é ente federativo assim como a União, os Estados e os Municípios. Esse ente federativo é conhecido pela sua autonomia e por sua competência híbrida. Quando se fala em competência híbrida, quer-se dizer que o DF pode exercer competências tanto de Estado quanto de Município:

***Art. 32, § 1º** - Ao Distrito Federal são atribuídas as competências legislativas reservadas aos Estados e Municípios.*

Caracteriza a sua autonomia o fato de poder criar a sua própria Lei Orgânica, bem como a existência do Poder Executivo (Governador), Legislativo (Câmara Legislativa) e Judiciário (Tribunal de Justiça do Distrito Federal e Territórios):

***Art. 32.** O Distrito Federal, vedada sua divisão em Municípios, reger-se-á por lei orgânica, votada em dois turnos com interstício mínimo de dez dias, e aprovada por dois terços da Câmara Legislativa, que a promulgará, atendidos os princípios estabelecidos nesta Constituição.*

## DA ORGANIZAÇÃO POLÍTICO-ADMINISTRATIVA

*§ 2º - A eleição do Governador e do Vice-Governador, observadas as regras do Art. 77, e dos Deputados Distritais coincidirá com a dos Governadores e Deputados Estaduais, para mandato de igual duração.*

*§ 3º - Aos Deputados Distritais e à Câmara Legislativa aplica-se o disposto no Art. 27.*

Como se pode depreender da leitura do artigo, a autonomia do DF possui algumas limitações, por exemplo, a vedação da sua divisão em Municípios. Nesse mesmo sentido, deve-se lembrar que o DF não possui competência para organizar e manter as Polícias Civil e Militar, o Corpo de Bombeiros Militar, o Poder Judiciário, o Ministério Público e a Defensoria Pública. Nesses casos, a competência foi conferida à União:

*Art. 32, § 4º - Lei federal disporá sobre a utilização, pelo Governo do Distrito Federal, da polícia civil, da polícia penal, da polícia militar e do corpo de bombeiros militar.*

*Art. 21. Compete à União:*

*XIII - organizar e manter o Poder Judiciário, o Ministério Público do Distrito Federal e dos Territórios e a Defensoria Pública dos Territórios;*

*XIV - organizar e manter a polícia civil, a polícia penal, a polícia militar e o corpo de bombeiros militar do Distrito Federal, bem como prestar assistência financeira ao Distrito Federal para a execução de serviços públicos, por meio de fundo próprio;*

Por fim, é importante lembrar que o Distrito Federal não se confunde com Brasília. Isso é facilmente percebido pela leitura do Art. 18:

*Art. 18. A organização político-administrativa da República Federativa do Brasil compreende a União, os Estados, o Distrito Federal e os Municípios, todos autônomos, nos termos desta Constituição.*

*§ 1º - Brasília é a Capital Federal.*

O Distrito Federal é ente federativo, ao passo que Brasília é a Capital Federal. Sob a ótica da organização administrativa do DF, pode-se afirmar que Brasília é uma das Regiões Administrativas do Distrito Federal, haja vista não poder o DF ser dividido em municípios.

## 3.4 Competências dos Entes Federativos

Como já foi visto, entre os entes federativos não existe hierarquia. Mas o que diferencia um ente federativo do outro? A diferença está na distribuição das competências pela Constituição. Cada ente federativo possui sua parcela de responsabilidades estabelecidas dentro da Constituição Federal.

Para a fixação dessas competências, a Constituição fez uso do Princípio da Predominância de Interesse. Esse princípio define a abrangência das competências de cada ente com base na predominância de interesse. Para a União, em regra, foram previstas competências de interesse geral, de toda a coletividade. Para os Estados, a Constituição reservou competências de interesse regional. Aos Municípios, competências de interesse local. E, por fim, ao Distrito Federal, foram reservadas competências de interesse local e regional, razão pela qual a doutrina chama de competência híbrida.

As competências são classificadas em dois tipos:

**Competências Materiais ou Administrativas;**
**Competências Legislativas.**

As competências materiais ou administrativas são aquelas que preveem ações a serem desempenhadas pelos entes federativos.

As competências legislativas estão relacionadas com a capacidade que um ente federativo possui de criar leis, inovar o ordenamento jurídico. Primeiramente, serão analisadas as competências administrativas de todos os entes federativos. De início, será abordada a União.

### 3.4.1 Competências administrativas

A União possui duas formas de competências materiais: Exclusiva e Comum. As competências exclusivas estão previstas no Art. 21 da Constituição Federal:

*Art. 21. Compete à União:*

*I. Manter relações com Estados estrangeiros e participar de organizações internacionais;*

*II. Declarar a guerra e celebrar a paz;*

*III. Assegurar a defesa nacional;*

*IV. Permitir, nos casos previstos em lei complementar, que forças estrangeiras transitem pelo território nacional ou nele permaneçam temporariamente;*

*V. Decretar o estado de sítio, o estado de defesa e a intervenção federal;*

*VI. Autorizar e fiscalizar a produção e o comércio de material bélico;*

*VII. Emitir moeda;*

*VIII. Administrar as reservas cambiais do País e fiscalizar as operações de natureza financeira, especialmente as de crédito, câmbio e capitalização, bem como as de seguros e de previdência privada;*

*IX. Elaborar e executar planos nacionais e regionais de ordenação do território e de desenvolvimento econômico e social;*

*X. Manter o serviço postal e o correio aéreo nacional;*

*XI. Explorar, diretamente ou mediante autorização, concessão ou permissão, os serviços de telecomunicações, nos termos da lei, que disporá sobre a organização dos serviços, a criação de um órgão regulador e outros aspectos institucionais;*

*XII. Explorar, diretamente ou mediante autorização, concessão ou permissão:*

*a) os serviços de radiodifusão sonora, e de sons e imagens;*

*b) os serviços e instalações de energia elétrica e o aproveitamento energético dos cursos de água, em articulação com os Estados onde se situam os potenciais hidroenergéticos;*

*c) a navegação aérea, aeroespacial e a infraestrutura aeroportuária;*

*d) os serviços de transporte ferroviário e aquaviário entre portos brasileiros e fronteiras nacionais, ou que transponham os limites de Estado ou Território;*

*e) os serviços de transporte rodoviário interestadual e internacional de passageiros;*

*f) os portos marítimos, fluviais e lacustres;*

*XIII. organizar e manter o Poder Judiciário, o Ministério Público do Distrito Federal e dos Territórios e a Defensoria Pública dos Territórios;*

*XIV. organizar e manter a polícia civil, a polícia penal, a polícia militar e o corpo de bombeiros militar do Distrito Federal, bem como prestar assistência financeira ao Distrito Federal para a execução de serviços públicos, por meio de fundo próprio;*

*XV. Organizar e manter os serviços oficiais de estatística, geografia, geologia e cartografia de âmbito nacional;*

*XVI. Exercer a classificação, para efeito indicativo, de diversões públicas e de programas de rádio e televisão;*

*XVII. Conceder anistia;*

*XVIII. Planejar e promover a defesa permanente contra as calamidades públicas, especialmente as secas e as inundações;*

*XIX. Instituir sistema nacional de gerenciamento de recursos hídricos e definir critérios de outorga de direitos de seu uso;*

*XX. Instituir diretrizes para o desenvolvimento urbano, inclusive habitação, saneamento básico e transportes urbanos;*

*XXI. Estabelecer princípios e diretrizes para o sistema nacional de viação;*

*XXII. Executar os serviços de polícia marítima, aeroportuária e de fronteiras;*

*XXIII. Explorar os serviços e instalações nucleares de qualquer natureza e exercer monopólio estatal sobre a pesquisa, a lavra, o enriquecimento e reprocessamento, a industrialização e o comércio de minérios nucleares e seus derivados, atendidos os seguintes princípios e condições:*

Essas competências são exclusivas, pois a União exclui a possibilidade de outro ente federativo realizá-la. Por isso, diz-se que são indelegáveis. Só a União pode fazer.

A outra competência material da União é a comum. Ela é comum a todos os entes federativos, União, Estados, Distrito Federal e Municípios. Vejamos o que diz o Art. 23:

# NOÇÕES DE ADMINISTRAÇÃO PÚBLICA

**Art. 23.** *É competência comum da União, dos Estados, do Distrito Federal e dos Municípios:*
*I. Zelar pela guarda da Constituição, das leis e das instituições democráticas e conservar o patrimônio público;*
*II. Cuidar da saúde e assistência pública, da proteção e garantia das pessoas portadoras de deficiência;*
*III. Proteger os documentos, as obras e outros bens de valor histórico, artístico e cultural, os monumentos, as paisagens naturais notáveis e os sítios arqueológicos;*
*IV. Impedir a evasão, a destruição e a descaracterização de obras de arte e de outros bens de valor histórico, artístico ou cultural;*
*V. Proporcionar os meios de acesso à cultura, à educação, à ciência, à tecnologia, à pesquisa e à inovação; (Redação dada pela Emenda Constitucional nº 85, de 2015)*
*VI. Proteger o meio ambiente e combater a poluição em qualquer de suas formas;*
*VII. Preservar as florestas, a fauna e a flora;*
*VIII. Fomentar a produção agropecuária e organizar o abastecimento alimentar;*
*IX. Promover programas de construção de moradias e a melhoria das condições habitacionais e de saneamento básico;*
*X. Combater as causas da pobreza e os fatores de marginalização, promovendo a integração social dos setores desfavorecidos;*
*XI. Registrar, acompanhar e fiscalizar as concessões de direitos de pesquisa e exploração de recursos hídricos e minerais em seus territórios;*
*XII. Estabelecer e implantar política de educação para a segurança do trânsito.*
**Parágrafo único.** *Leis complementares fixarão normas para a cooperação entre a União e os Estados, o Distrito Federal e os Municípios, tendo em vista o equilíbrio do desenvolvimento e do bem-estar em âmbito nacional.*

Agora vejamos as competências materiais dos Estados. A primeira de que já se falou, é a competência comum prevista no Art. 23, analisada anteriormente.

Os Estados também possuem a chamada competência residual, reservada ou remanescente. Está prevista no Art. 25, § 1º, o qual cita que estão reservadas aos Estados as competências que não lhe sejam vedadas pela Constituição. Significa dizer que os Estados poderão fazer tudo aquilo que não for competência da União ou do Município:

**Art. 25, § 1º** - *São reservadas aos Estados as competências que não lhes sejam vedadas por esta Constituição.*

Em relação às competências administrativas dos Municípios, a Constituição previu duas espécies: Comum e Exclusiva. A competência comum está prevista no Art. 23 e já foi vista anteriormente. A competência exclusiva está no Art. 30, III a IX da Constituição:

**Art. 30.** *Compete aos Municípios:*
*III. Instituir e arrecadar os tributos de sua competência, bem como aplicar suas rendas, sem prejuízo da obrigatoriedade de prestar contas e publicar balancetes nos prazos fixados em lei;*
*IV. Criar, organizar e suprimir distritos, observada a legislação estadual;*
*V. Organizar e prestar, diretamente ou sob regime de concessão ou permissão, os serviços públicos de interesse local, incluído o de transporte coletivo, que tem caráter essencial;*
*VI. Manter, com a cooperação técnica e financeira da União e do Estado, programas de educação infantil e de ensino fundamental;*
*VII. Prestar, com a cooperação técnica e financeira da União e do Estado, serviços de atendimento à saúde da população;*
*VIII. Promover, no que couber, adequado ordenamento territorial, mediante planejamento e controle do uso, do parcelamento e da ocupação do solo urbano;*
*IX. Promover a proteção do patrimônio histórico-cultural local, observada a legislação e a ação fiscalizadora federal e estadual.*

No âmbito das competências administrativas, temos as competências do Distrito Federal que são chamadas de híbridas. O DF pode fazer tudo o que for de competência dos Estados ou dos Municípios.

## 3.4.2 Competências legislativas

Vejamos agora as competências legislativas de cada ente federativo. Primeiramente, no que diz respeito às competências legislativas da União, elas podem ser privativas ou concorrentes.

As competências privativas da União estão previstas no Art. 22 da Constituição Federal e possuem como característica principal a possibilidade de delegação mediante Lei Complementar aos Estados:

**Art. 22.** *Compete privativamente à União legislar sobre:*
*I. Direito civil, comercial, penal, processual, eleitoral, agrário, marítimo, aeronáutico, espacial e do trabalho;*
*II. Desapropriação;*
*III. Requisições civis e militares, em caso de iminente perigo e em tempo de guerra;*
*IV. Águas, energia, informática, telecomunicações e radiodifusão;*
*V. Serviço postal;*
*VI. Sistema monetário e de medidas, títulos e garantias dos metais;*
*VII. Política de crédito, câmbio, seguros e transferência de valores;*
*VIII. Comércio exterior e interestadual;*
*IX. Diretrizes da política nacional de transportes;*
*X. Regime dos portos, navegação lacustre, fluvial, marítima, aérea e aeroespacial;*
*XI. Trânsito e transporte;*
*XII. Jazidas, minas, outros recursos minerais e metalurgia;*
*XIII. Nacionalidade, cidadania e naturalização;*
*XIV. Populações indígenas;*
*XV. Emigração e imigração, entrada, extradição e expulsão de estrangeiros;*
*XVI. Organização do sistema nacional de emprego e condições para o exercício de profissões;*
*XVII. Organização judiciária, do Ministério Público do Distrito Federal e dos Territórios e da Defensoria Pública dos Territórios, bem como organização administrativa destes;*
*XVIII. Sistema estatístico, sistema cartográfico e de geologia nacionais;*
*XIX. Sistemas de poupança, captação e garantia da poupança popular;*
*XX. Sistemas de consórcios e sorteios;*
*XXI. Normas gerais de organização, efetivos, material bélico, garantias, convocação e mobilização das polícias militares e corpos de bombeiros militares;*
*XXII. Competência da polícia federal e das polícias rodoviária e ferroviária federais;*
*XXIII. Seguridade social;*
*XXIV. Diretrizes e bases da educação nacional;*
*XXV. Registros públicos;*
*XXVI. Atividades nucleares de qualquer natureza;*
*XXVII. Normas gerais de licitação e contratação, em todas as modalidades, para as administrações públicas diretas, autárquicas e fundacionais da União, Estados, Distrito Federal e Municípios, obedecido o disposto no Art. 37, XXI, e para as empresas públicas e sociedades de economia mista, nos termos do Art. 173, § 1º, III;*
*XXVIII. Defesa territorial, defesa aeroespacial, defesa marítima, defesa civil e mobilização nacional;*
*XXIX. Propaganda comercial.*
**Parágrafo único.** *Lei complementar poderá autorizar os Estados a legislar sobre questões específicas das matérias relacionadas neste artigo.*

As competências concorrentes, previstas no Art. 24 da Constituição, podem ser exercidas de forma concorrentes pela União, pelos Estados e pelo Distrito Federal. Atenção: Município não possui competência concorrente. Vejamos o que diz o citado artigo:

**Art. 24.** *Compete à União, aos Estados e ao Distrito Federal legislar concorrentemente sobre:*
*I. Direito tributário, financeiro, penitenciário, econômico e urbanístico;*
*II. Orçamento;*
*III. Juntas comerciais;*

## DA ORGANIZAÇÃO POLÍTICO-ADMINISTRATIVA

*IV. Custas dos serviços forenses;*

*V. Produção e consumo;*

*VI. Florestas, caça, pesca, fauna, conservação da natureza, defesa do solo e dos recursos naturais, proteção do meio ambiente e controle da poluição;*

*VII. Proteção ao patrimônio histórico, cultural, artístico, turístico e paisagístico;*

*VIII. Responsabilidade por dano ao meio ambiente, ao consumidor, a bens e direitos de valor artístico, estético, histórico, turístico e paisagístico;*

*IX. Educação, cultura, ensino, desporto, ciência, tecnologia, pesquisa, desenvolvimento e inovação; (Redação dada pela Emenda Constitucional nº 85, de 2015)*

*X. Criação, funcionamento e processo do juizado de pequenas causas;*

*XI. Procedimentos em matéria processual;*

*XII. Previdência social, proteção e defesa da saúde;*

*XIII. Assistência jurídica e Defensoria pública;*

*XIV. Proteção e integração social das pessoas portadoras de deficiência;*

*XV. Proteção à infância e à juventude;*

*XVI. Organização, garantias, direitos e deveres das polícias civis.*

*§ 1º - No âmbito da legislação concorrente, a competência da União limitar-se-á a estabelecer normas gerais.*

*§ 2º - A competência da União para legislar sobre normas gerais não exclui a competência suplementar dos Estados.*

*§ 3º - Inexistindo lei federal sobre normas gerais, os Estados exercerão a competência legislativa plena, para atender a suas peculiaridades.*

*§ 4º - A superveniência de lei federal sobre normas gerais suspende a eficácia da lei estadual, no que lhe for contrário.*

No âmbito das competências concorrentes, algumas regras são fundamentais para a prova. Aqui, a participação da União é no sentido de fixar normas gerais, ficando os Estados com a competência de suplementar a legislação federal. Caso a União não legisle sobre determinada matéria de competência concorrente, nasce para o Estado o direito de legislar de forma plena sobre a matéria. Contudo, resolvendo a União legislar sobre matéria já regulada pelo Estado, a lei estadual ficará com sua eficácia suspensa pela lei federal nos pontos discordantes. Deve-se ter cuidado com esse último ponto. Não ocorre revogação da lei estadual pela lei federal, haja vista não existir hierarquia entre leis de entes federativos distintos. O que ocorre, como bem explicitou a Constituição Federal, é a suspensão da eficácia.

Quanto às competências dos Estados, há as seguintes espécies: residual, por delegação da União, concorrente suplementar e expressa.

A competência residual dos Estados é também chamada de competência remanescente ou reservada. Está prevista no Art. 25, § 1º, o qual prevê que aos Estados serão reservadas todas as competências que não sejam previstas a União ou aos Municípios. Deve-se lembrar que esse dispositivo fundamenta tanto as competências materiais quanto as legislativas:

*Art. 25, § 1º - São reservadas aos Estados as competências que não lhes sejam vedadas por esta Constituição.*

Outra competência dos Estados é a por delegação da União, que decorre da possibilidade de serem delegadas as competências privativas da União mediante Lei Complementar. Encontra-se prevista no Art. 22, parágrafo único:

*Art. 22, Parágrafo único. Lei complementar poderá autorizar os Estados a legislar sobre questões específicas das matérias relacionadas neste artigo.*

Temos ainda as competências concorrentes suplementares previstas no Art. 24, § 2º da CF. Essas suplementam a competência legislativa da União no âmbito das competências concorrentes permitindo, inclusive, que os Estados legislem de forma plena quando não existir lei federal sobre o assunto:

*Art. 24, § 2º - A competência da União para legislar sobre normas gerais não exclui a competência suplementar dos Estados.*

*§ 3º - Inexistindo lei federal sobre normas gerais, os Estados exercerão a competência legislativa plena, para atender a suas peculiaridades.*

Há também as competências expressas dos Estados, as quais podem ser encontradas nos Art. 18, § 4º e 25, §§ 2º e 3º da Constituição Federal:

*Art. 18, § 4º - A criação, a incorporação, a fusão e o desmembramento de Municípios, far-se-ão por lei estadual, dentro do período determinado por Lei Complementar Federal, e dependerão de consulta prévia, mediante plebiscito, às populações dos Municípios envolvidos, após divulgação dos Estudos de Viabilidade Municipal, apresentados e publicados na forma da lei.*

*Art. 25, § 2º - Cabe aos Estados explorar diretamente, ou mediante concessão, os serviços locais de gás canalizado, na forma da lei, vedada a edição de medida provisória para a sua regulamentação.*

*§ 3º - Os Estados poderão, mediante lei complementar, instituir regiões metropolitanas, aglomerações urbanas e microrregiões, constituídas por agrupamentos de municípios limítrofes, para integrar a organização, o planejamento e a execução de funções públicas de interesse comum.*

Para os Municípios, a Constituição previu dois tipos de competência legislativa: exclusiva e suplementar. A legislativa exclusiva dos Municípios está prevista no Art. 30, I, o qual menciona que os Municípios possuem competência para legislar sobre assuntos de interesse local:

*Art. 30. Compete aos Municípios:*

*I. Legislar sobre assuntos de interesse local.*

A competência legislativa suplementar está prevista no Art. 30, II, o qual permite aos Municípios legislar de forma suplementar a Legislação Federal e Estadual:

*Art. 30. Compete aos Municípios:*

*II. Suplementar a legislação federal e a estadual no que couber.*

Por fim, nós há a competência legislativa do Distrito Federal que, conforme já dito, é híbrida, permitindo ao DF legislar sobre as matérias de competência dos Estados e dos Municípios. Apesar dessa competência ampla, a Constituição resolveu estabelecer algumas limitações a sua autonomia legislativa excluindo algumas matérias de sua competência. Segundo o Art. 21, XIII e XIV da CF, o Distrito Federal não possui competência para organizar e legislar sobre alguns dos seus órgãos: Poder Judiciário, Polícia Militar, Corpo de Bombeiros Militar e Polícia Civil.

*Art. 21. Compete à União:*

*XIII. Organizar e manter o Poder Judiciário, o Ministério Público do Distrito Federal e dos Territórios e a Defensoria Pública dos Territórios.*

*XIV. Organizar e manter a polícia civil, a polícia militar e o corpo de bombeiros militar do Distrito Federal, bem como prestar assistência financeira ao Distrito Federal para a execução de serviços públicos, por meio de fundo próprio;*

Diante deste estudo, algumas conclusões são muito úteis para a prova:

Não se deve confundir as competências exclusivas com as privativas da União. Competência exclusiva é administrativa e indelegável. Competência privativa é legislativa e delegável.

Não se deve confundir as competências comuns com as concorrentes. Competência comum é comum a todos os entes e é administrativa. Competência concorrente é só para União, Estados e o DF além de ser legislativa. Município tem competência comum, mas não tem concorrente.

| Competências Administrativas (Materiais) |
|---|
| **União** |
| Exclusiva (Art. 21) |
| Comum (Art. 23) |
| **Estados** |
| Comum (Art. 23) |
| Residual, reservada, remanescente (Art. 25 § 1º) |

# NOÇÕES DE ADMINISTRAÇÃO PÚBLICA

| Municípios |
|---|
| Comum (Art. 23) |
| Exclusiva (Art. 30, III-IX) |
| **Distrito Federal** |
| Competência híbrida |
| **Competências Legislativas** |
| **União** |
| Privativa (Art. 22) |
| Concorrente (Art. 24) |
| **Estados** |
| Concorrente suplementar (Art. 24) |
| Residual, reservada, remanescente (Art. 25, § 1º) |
| Por delegação da União (Art. 22, Parágrafo Único) |
| Expressos (Art. 25, § 2º e 3º) |
| **Municípios** |
| Exclusiva (Art. 30, I) |
| Suplementar ao Estado (Art. 30, II) |
| **Distrito Federal** |
| Competência híbrida (Estados e Municípios) |

## 3.5 Intervenção

A Constituição Federal está assentada no princípio federativo como forma de Estado adotada no Brasil. O fato de sermos uma federação reflete inúmeras características, dentre as quais se destaca a autonomia de cada ente federativo. A autonomia é atributo inerente aos entes federativos que exclui a possibilidade de hierarquia entre os mesmos bem como a possibilidade de intervenção de um ente federativo no outro.

A regra constitucional é a da não intervenção. Contudo, excepcionalmente, a Constituição Federal previu hipóteses taxativas que permitem a um ente federativo intervir em outro ente em situações que visem à preservação da unidade do pacto federativo, a garantia da soberania nacional e de princípios fundamentais.

A União poderá intervir nos Estados e no Distrito Federal e os Estados poderão intervir em seus Municípios. A União não pode intervir em município, salvo se for um município pertencente a Território Federal. Destaca-se, novamente, que a possibilidade de intervenção é uma exceção e só poderá ocorrer nas hipóteses taxativamente elencadas na Constituição Federal.

Outra regra comum às intervenções é que a competência para decretá-las é exclusiva do Chefe do Poder Executivo. Se a intervenção é federal, a competência para decretar é do Presidente da República. Se a intervenção é estadual, a competência é do Governador de Estado.

A seguir serão abordados as espécies de intervenção.

### 3.5.1 Intervenção federal

A intervenção federal é a intervenção da União nos Estados ou nos Municípios pertencentes aos Territórios Federais e será decretada pelo Presidente da República.

Como dito anteriormente, a possibilidade de intervenção federal constitui exceção prevista em rol taxativo, conforme disposto no Art. 34:

> *Art. 34. A União não intervirá nos Estados nem no Distrito Federal, exceto para:*
> *I. Manter a integridade nacional;*
> *II. Repelir invasão estrangeira ou de uma unidade da Federação em outra;*
> *III. Pôr termo a grave comprometimento da ordem pública;*
> *IV. Garantir o livre exercício de qualquer dos Poderes nas unidades da Federação;*
> *V. Reorganizar as finanças da unidade da Federação que:*
> *a) suspender o pagamento da dívida fundada por mais de dois anos consecutivos, salvo motivo de força maior;*
> *b) deixar de entregar aos Municípios receitas tributárias fixadas nesta Constituição, dentro dos prazos estabelecidos em lei;*
> *VI. Prover a execução de lei federal, ordem ou decisão judicial;*
> *VII. Assegurar a observância dos seguintes princípios constitucionais:*
> *a) forma republicana, sistema representativo e regime democrático;*
> *b) direitos da pessoa humana;*
> *c) autonomia municipal;*
> *d) prestação de contas da administração pública, direta e indireta;*
> *e) aplicação do mínimo exigido da receita resultante de impostos estaduais, compreendida a proveniente de transferências, na manutenção e desenvolvimento do ensino e nas ações e serviços públicos de saúde.*

A partir desse artigo, a doutrina classificou a intervenção federal em dois tipos:

**Intervenção Federal Espontânea;**
**Intervenção Federal Provocada.**

A intervenção Federal espontânea, ou de ofício, é aquela em que o Chefe do Poder Executivo, de forma discricionária, decreta a intervenção independentemente de provocação de outros órgãos. A decretação de ofício ocorrerá nas hipóteses previstas nos incisos I, II, III e do Art. 34:

> *Art. 34. A União não intervirá nos Estados nem no Distrito Federal, exceto para:*
> *I. Manter a integridade nacional;*
> *II. Repelir invasão estrangeira ou de uma unidade da Federação em outra;*
> *III. Pôr termo a grave comprometimento da ordem pública.*

A intervenção federal provocada é aquela que depende da provocação dos órgãos legitimados pela Constituição Federal, conforme o Art. 36:

> *Art. 36. A decretação da intervenção dependerá:*
> *I. No caso do Art. 34, IV, de solicitação do Poder Legislativo ou do Poder Executivo coacto ou impedido, ou de requisição do Supremo Tribunal Federal, se a coação for exercida contra o Poder Judiciário;*
> *II. No caso de desobediência a ordem ou decisão judiciária, de requisição do Supremo Tribunal Federal, do Superior Tribunal de Justiça ou do Tribunal Superior Eleitoral;*
> *III. De provimento, pelo Supremo Tribunal Federal, de representação do Procurador-Geral da República, na hipótese do Art. 34, VII, e no caso de recusa à execução de lei federal.*

A provocação se dá por meio de solicitação ou requisição. A solicitação não obriga o Presidente da República a decretar a medida, ao contrário da requisição, que está revestida de obrigatoriedade na qual caberá ao Presidente apenas executá-la.

A decretação de intervenção federal por solicitação ocorrerá na hipótese do Art. 34, IV, a qual compete ao Poder Executivo ou Legislativo das Unidades da Federação solicitar a execução da medida quando se acharem coagidos ou impedidos de executarem suas atribuições constitucionais.

A decretação de intervenção federal por requisição ocorrerá nas hipóteses previstas no Art. 34, IV, VI e VII. No inciso IV, a requisição caberá ao Supremo Tribunal Federal quando a coação for exercida contra o Poder Judiciário. No inciso VI, a requisição virá do STF, STJ ou do TSE quando houver desobediência de ordem judicial. E no inciso VI e VII a requisição será do Supremo quando houver representação interventiva feita pelo Procurador Geral da República nos casos de recusa de execução de lei federal ou ofensa aos princípios sensíveis.

O decreto interventivo especificará todas as condições em que ocorrerá a medida e terá eficácia imediata após a sua decretação pelo Presidente da República. Após sua decretação, a medida será submetida a apreciação do Congresso Nacional no prazo de 24 horas:

> *Art. 36, § 1º - O decreto de intervenção, que especificará a amplitude, o prazo e as condições de execução e que, se couber, nomeará o interventor, será submetido à apreciação do Congresso Nacional ou da Assembleia Legislativa do Estado, no prazo de vinte e quatro horas.*

## DA ORGANIZAÇÃO POLÍTICO-ADMINISTRATIVA

*§ 2º - Se não estiver funcionando o Congresso Nacional ou a Assembleia Legislativa, far-se-á convocação extraordinária, no mesmo prazo de vinte e quatro horas.*

Caberá ao Congresso Nacional aprovar ou suspender a execução da Intervenção:

*Art. 49. É da competência exclusiva do Congresso Nacional:*
*IV. Aprovar o estado de defesa e a intervenção federal, autorizar o estado de sítio, ou suspender qualquer uma dessas medidas.*

Nas hipóteses de intervenção decretada por requisição do Poder Judiciário previstas no Art. 34, VI e VII, a Constituição dispensou a necessidade e apreciação do Congresso Nacional, destacando que, nesses casos, o decreto limitar-se-á a suspensão do ato impugnado, caso essa medida seja suficiente para conter a crise. Se a mera suspensão do ato não restabelecer a normalidade, poderão ser adotadas outras medidas com o mesmo objetivo:

*Art. 36, § 3º - Nos casos do Art. 34, VI e VII, ou do Art. 35, IV, dispensada a apreciação pelo Congresso Nacional ou pela Assembleia Legislativa, o decreto limitar-se-á a suspender a execução do ato impugnado, se essa medida bastar ao restabelecimento da normalidade.*

Não podemos esquecer que nos casos de intervenção espontânea ou provocada por solicitação, o Presidente deverá consultar, antes da decretação, o Conselho da República e o Conselho da Defesa Nacional que emitirão parecer opinativo sobre a situação:

*Art. 90. Compete ao Conselho da República pronunciar-se sobre:*
*V. Intervenção federal, estado de defesa e estado de sítio;*
*Art. 91, § 1º - Compete ao Conselho de Defesa Nacional:*
*II. Opinar sobre a decretação do estado de defesa, do estado de sítio e da intervenção federal.*

Cessando a crise, a ordem será restabelecida, inclusive com o retorno das autoridades públicas afastadas, caso não possuam outra incompatibilidade:

*§ 4º - Cessados os motivos da intervenção, as autoridades afastadas de seus cargos a estes voltarão, salvo impedimento legal.*

Apesar de a Constituição Federal não mencionar sobre a possibilidade de controle judicial da Intervenção, seria possível que ocorresse este controle caso os limites constitucionais estabelecidos fossem desrespeitados. Ressalta-se que contra a Intervenção em si não cabe atuação do Poder Judiciário, considerando ser essa uma medida de natureza política.

### 3.5.2 Intervenção estadual

A intervenção estadual poderá ocorrer nos Municípios localizados em seu território mediante decreto do Governador do Estado nas hipóteses previstas no Art. 35:

*Art. 35. O Estado não intervirá em seus Municípios, nem a União nos Municípios localizados em Território Federal, exceto quando:*
*I. Deixar de ser paga, sem motivo de força maior, por dois anos consecutivos, a dívida fundada;*
*II. Não forem prestadas contas devidas, na forma da lei;*
*III. Não tiver sido aplicado o mínimo exigido da receita municipal na manutenção e desenvolvimento do ensino e nas ações e serviços públicos de saúde;*
*IV. O Tribunal de Justiça der provimento a representação para assegurar a observância de princípios indicados na Constituição Estadual, ou para prover a execução de lei, de ordem ou de decisão judicial.*

Devem ser atendidos os mesmos requisitos da Intervenção Federal: temporariedade, controle político pelo legislativo e decreto do Chefe do Executivo.

Na hipótese do inciso IV, a intervenção dependerá de representação interventiva do Procurador-Geral de Justiça, sendo dispensada a apreciação da Assembleia Legislativa. Segundo o STF, essa decisão do Tribunal de Justiça que autoriza a intervenção do Estado no Município possui natureza político-administrativa e tem caráter definitivo, sendo insuscetível de recurso extraordinário para o STF[1].

---

1 Súmula 637 do STF: não cabe recurso extraordinário contra acórdão de Tribunal de Justiça que defere pedido de intervenção estadual em Município.

# 4 ADMINISTRAÇÃO PÚBLICA

Antes de iniciar este estudo sobre a Administração Pública, definida nos Art. 37 ao 43 da Constituição Federal, é importante esclarecer que o tema analisado aqui é devidamente estudado de forma mais aprofundada na disciplina de Direito Administrativo. A missão deste estudo é apresentar os mais importantes temas acerca da Administração Pública, sob a ótica do texto constitucional.

## 4.1 Conceito

Primeiramente, faz-se necessário conceituar a Administração Pública, remetendo ao *caput* do Art. 37, CF.

*Art. 37. A administração pública direta e indireta de qualquer dos Poderes da União, dos Estados, do Distrito Federal e dos Municípios obedecerá aos princípios de legalidade, impessoalidade, moralidade, publicidade e eficiência e, também, ao seguinte:*

Neste primeiro momento, deve-se entender que alguns termos que aparecem no Art. 37. O conceito da Administração Pública deve ser visto sob dois aspectos. Sob a perspectiva objetiva, a Administração Pública constitui a atividade desenvolvida pelo poder público, que tem como função a satisfação do interesse público. Sob a perspectiva subjetiva, Administração Pública é o conjunto de órgãos e pessoas jurídicas que desempenham a atividade administrativa. Interessa aqui conhecer a Administração Pública sob essa última perspectiva, a qual se classifica em Administração Direta e Indireta.

A Administração Pública Direta é formada por pessoas jurídicas de direito público, ou pessoas políticas, entes que possuem personalidade jurídica e autonomia própria. São entes da Administração Pública Direta a União, os Estados, o Distrito Federal e os Municípios. Esses entes são pessoas jurídicas de Direito Público que exercem as atividades administrativas por meio dos órgãos e agentes pertencentes aos Poderes Executivo, Legislativo e Judiciário. Os órgãos não são dotados de personalidade jurídica própria, pois agem em nome da pessoa jurídica a qual estão vinculados.

A Administração Pública Indireta é formada por pessoas jurídicas próprias, de direito público ou privado, que executam atividades do Estado por meio da descentralização administrativa. São os entes da Administração Indireta as Autarquias, Fundações Públicas, Sociedades de Economia Mista e Empresas Públicas.

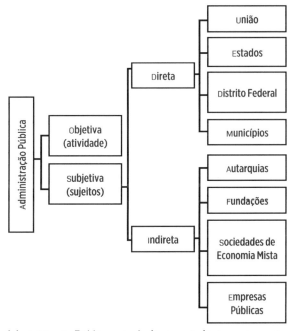

Segundo a Constituição Federal, a Administração Pública, seja ela direta ou indireta, pertencente a qualquer dos Poderes, deverá obedecer aos princípios da Legalidade, Impessoalidade, Moralidade, Publicidade e Eficiência, os quais serão estudados agora.

## 4.2 Princípios Expressos da Administração Pública

Os princípios que regem a Administração Pública são verdadeiros parâmetros que orientam o desenvolvimento da atividade administrativa, os quais são de observância obrigatória. A Administração é regida por princípios expressos e princípios implícitos. Primeiramente vamos analisar os princípios expressos no texto constitucional, que são: Legalidade, Impessoalidade, Moralidade, Publicidade e Eficiência.

### 4.2.1 Legalidade

Esse é o primeiro princípio expresso na Constituição Federal para a Administração Pública. Para se entender o Princípio da Legalidade, é preciso analisar suas duas acepções: a legalidade em relação aos particulares e a legalidade em relação à Administração Pública.

Para os particulares, a legalidade remete ao Art. 5º da Constituição: significa que ele poderá fazer tudo o que não for proibido por lei, conforme já previa o Art. 5º, II da Constituição Federal:

*II. ninguém será obrigado a fazer ou deixar de fazer alguma coisa senão em virtude de lei.*

## ADMINISTRAÇÃO PÚBLICA

Já em relação à Administração Pública, a legalidade impõe uma conduta mais rigorosa exigindo que se faça apenas o que estiver determinado por lei ou que seja permitido pela lei: quando se fala em lei, trata-se daquela em sentido estrito, ou em sentido formal, porque há exceções à aplicação do Princípio da Legalidade que já apareceram em prova, como a Medida Provisória, o Estado de Defesa e o Estado de Sítio; por isso, esse princípio não deve ser encarado de forma absoluta.

A Medida Provisória é exceção, pois é ato emitido pelo chefe do Poder Executivo, porque com sua publicação já produz efeitos na sociedade; em seguida, temos os sistemas constitucionais de crises, sendo exceções, porque o decreto que rege essas medidas prevê algumas situações excepcionais, com amparo constitucional, então são exceções à legalidade, mas com fundamento constitucional. O agente público, ao agir, deverá pautar sua conduta segundo a lei.

### 4.2.2 Impessoalidade

Esse princípio exige do administrador uma postura isenta de interesses pessoais. Ele não poderá agir com o fim de atender suas próprias vontades. Agir de forma impessoal é agir visando a atender o interesse público. A impessoalidade deve ser enxergada sob duas perspectivas: finalidade da atuação administrativa e proibição da promoção pessoal. A impessoalidade deve ser vista sob duas perspectivas: primeiro, a impessoalidade se confunde com o interesse público; segundo, a impessoalidade é a proibição da autopromoção, ou seja, vedação à promoção pessoal.

A título exemplificativo, para a finalidade da atuação administrativa, que será sempre a satisfação do interesse público em benefício da coletividade, é que se realizam os concursos públicos para contratação de pessoal e licitação para contratação dos serviços pela Administração Pública, são formas exigidas por lei que garantem o referido princípio. Isso impede que o administrador atue satisfazendo seus interesses pessoais.

Nesse sentido, fica proibida a vinculação da imagem do administrador a obras e propagandas não se permitindo também a vinculação da sigla do partido. Ressalte-se ainda o teor da Súmula Vinculante nº 13 do STF, que veda a prática de nepotismo:

> *Súmula Vinculante 13. A nomeação de cônjuge, companheiro ou parente em linha reta, colateral ou por afinidade, até o terceiro grau, inclusive, da autoridade nomeante ou de servidor da mesma pessoa jurídica, investido em cargo de direção, chefia ou assessoramento, para o exercício de cargo em comissão ou de confiança, ou, ainda, de função gratificada na Administração Pública direta e indireta, em qualquer dos Poderes da União, dos Estados, do Distrito Federal e dos municípios, compreendido o ajuste mediante designações recíprocas, viola a Constituição Federal.*

A impessoalidade também proíbe a promoção pessoal. O administrador público não poderá se utilizar da máquina administrativa para promover sua própria imagem. Veja o que diz o Art. 37, § 1º diz:

> *§1º - A publicidade dos atos, programas, obras, serviços e campanhas dos órgãos públicos deverá ter caráter educativo, informativo ou de orientação social, dela não podendo constar nomes, símbolos ou imagens que caracterizem promoção pessoal de autoridades ou servidores públicos.*

Notemos que esse parágrafo tem como objetivo trazer de forma expressa a proibição da vinculação da imagem do agente público com as obras e serviços realizadas durante seu mandato, nesse sentido, já existe proibição da utilização inclusive da sigla do partido.

### 4.2.3 Moralidade

Não é possível se definir o que é, mas é possível compreender por meio da interpretação das normas. Esse princípio prevê que o administrador deve agir conforme os fins públicos. Por esse princípio, ao administrador não basta fazer tudo conforme a lei. É importante o faça de boa-fé, respeitando os preceitos éticos, com probidade e justiça. E aqui não se fala em moral comum, mas em uma moral jurídica ou política.

A não observância do referido princípio poderá ser combatida por meio da Ação Popular, conforme prevê o Art. 5º, LXXIII da CF:

> *LXXIII. Qualquer cidadão é parte legítima para propor ação popular que vise a anular ato lesivo ao patrimônio público ou de entidade de que o Estado participe, à moralidade administrativa, ao meio ambiente e ao patrimônio histórico e cultural, ficando o autor, salvo comprovada má-fé, isento de custas judiciais e do ônus da sucumbência.*

Ressalte-se também que, se o agente público agir em desconformidade com o princípio de moralidade, sua conduta poderá ensejar a ação de improbidade administrativa, a qual é punida nos termos do Art. 37, § 4º:

> *§ 4º - Os atos de improbidade administrativa importarão a suspensão dos direitos políticos, a perda da função pública, a indisponibilidade dos bens e o ressarcimento ao erário, na forma e gradação previstas em lei, sem prejuízo da ação penal cabível.*

### 4.2.4 Publicidade

A publicidade como princípio também poderá ser analisada sob duas acepções: a primeira delas é a publicidade como condição de eficácia do ato administrativo; a segunda, como forma de se garantir a transparência destes mesmos atos.

Como condição de eficácia do ato administrativo, a publicidade muito aparece em prova; o examinador costuma dizer que a publicidade é requisito de validade do ato administrativo, mas isso é errado, porque validade e eficácia são diferentes. A publicidade é necessária, pois é a forma de tornar conhecido o conteúdo do ato, principalmente se esse ato for capaz de produzir efeitos externos ou que ensejem ônus para o patrimônio público. Em regra, a publicidade se dá pelos meios de comunicação oficiais, como o Diário Oficial da União.

A publicidade também tem a função de garantir a transparência do ato administrativo. É uma forma dos administrados fiscalizarem a atuação do poder público. Apesar de sua importância, nesse aspecto a publicidade encontra limitação na própria Constituição que prevê a possibilidade de sigilo dos atos administrativos todas as vezes que for necessário para preservar a segurança da sociedade e do Estado:

> *XXXIII. Todos têm direito a receber dos órgãos públicos informações de seu interesse particular, ou de interesse coletivo ou geral, que serão prestadas no prazo da lei, sob pena de responsabilidade, ressalvadas aquelas cujo sigilo seja imprescindível à segurança da sociedade e do Estado.*

### 4.2.5 Eficiência

O Princípio da Eficiência foi o último incluído no rol dos princípios, em razão da reforma administrativa promovida pela Emenda Constitucional nº 19/98. A sua inserção como princípio expresso está relacionada a necessidade de produção de resultados satisfatórios a sociedade. A Administração Pública deve ter produtividade em suas atividades como se fosse iniciativa privada.

Como forma de garantir uma nova postura na prestação dos seus serviços, esse princípio exige que as ações sejam praticadas com celeridade, perfeição, visando a atingir ótimos resultados, sempre tendo como destinatário o bem-estar do administrado. A celeridade dos processos encontra-se prevista no Art. 5º, LXXVIII da CF:

> *LXXVIII. A todos, no âmbito judicial e administrativo, são assegurados a razoável duração do processo e os meios que garantam a celeridade de sua tramitação.*

Em respeito ao princípio da eficiência, a Constituição Federal previu formas de participação do administrado como fiscal da Administração Pública:

*Art. 37, § 3º - A lei disciplinará as formas de participação do usuário na administração pública direta e indireta, regulando especialmente:*
*I. As reclamações relativas à prestação dos serviços públicos em geral, asseguradas a manutenção de serviços de atendimento ao usuário e a avaliação periódica, externa e interna, da qualidade dos serviços;*
*II. O acesso dos usuários a registros administrativos e a informações sobre atos de governo, observado o disposto no Art. 5º, X e XXXIII;*
*III. A disciplina da representação contra o exercício negligente ou abusivo de cargo, emprego ou função na administração pública.*

Decorre desse princípio, ainda, a necessidade de avaliação de desempenho para concessão da estabilidade ao servidor público em estágio probatório, bem como a existência da avaliação periódica de desempenho como uma das condições para perda do cargo nos termos do Art. 41 da CF:

*Art. 41. São estáveis após três anos de efetivo exercício os servidores nomeados para cargo de provimento efetivo em virtude de concurso público.*
*§ 1º - O servidor público estável só perderá o cargo:*
*I. Em virtude de sentença judicial transitada em julgado;*
*II. Mediante processo administrativo em que lhe seja assegurada ampla defesa;*
*III. Mediante procedimento de avaliação periódica de desempenho, na forma de lei complementar, assegurada ampla defesa.*
*§ 2º - Invalidada por sentença judicial a demissão do servidor estável, será ele reintegrado, e o eventual ocupante da vaga, se estável, reconduzido ao cargo de origem, sem direito a indenização, aproveitado em outro cargo ou posto em disponibilidade com remuneração proporcional ao tempo de serviço.*
*§ 3º - Extinto o cargo ou declarada a sua desnecessidade, o servidor estável ficará em disponibilidade, com remuneração proporcional ao tempo de serviço, até seu adequado aproveitamento em outro cargo.*
*§ 4º - Como condição para a aquisição da estabilidade, é obrigatória a avaliação especial de desempenho por comissão instituída para essa finalidade.*

## 4.3 Princípios Implícitos da Administração Pública

Além dos princípios expressamente previstos no *caput* do Art. 37 da Constituição Federal (Legalidade, Impessoalidade, Moralidade, Publicidade e Eficiência), a doutrina elenca outros como princípios gerais de direito que decorrem da interpretação constitucional:

### 4.3.1 Supremacia do interesse público

Esse princípio é tido pela doutrina como um dos pilares do regime jurídico administrativo. Nesse sentido, o Estado representa o interesse público ou da coletividade, e a coletividade, em regra, deve prevalecer sobre o interesse privado. A Administração Pública, em sua relação com os administrados tem prevalência sobre o interesse privado.

O Regime Democrático adotado no Estado brasileiro confere à Administração Pública o poder de representar os interesses da sociedade, é nessa relação que vamos desenvolver a supremacia do interesse público, que decorre da relação de verticalidade entre o Estado e os particulares.

Esse princípio não goza de caráter absoluto, pois o Estado também age como se fosse particular em suas relações jurídicas, geralmente econômicas, por exemplo, o Estado não pode abusar da autoridade estatal sobre os direitos e princípios fundamentais dos administrados, já que esses são os limites da supremacia do interesse público.

Decorre desse princípio o poder de império exercido pela Administração Pública, a qual poderá impor sua vontade ao particular de forma coercitiva, podendo inclusive restringir seus direitos e impor obrigações, como ocorre no caso da desapropriação e requisição administrativa. Logicamente, esse princípio não goza de caráter absoluto, não tendo aplicabilidade nos atos praticados de mera gestão administrativa ou quando o poder público atua como particular nas relações econômicas.

### 4.3.2 Indisponibilidade do interesse público

Juntamente com a Supremacia do Interesse Público, o princípio da Indisponibilidade do Interesse Público forma a base do regime jurídico-administrativo. Por esse princípio, a Administração Pública não pode ser vista como dona da coisa pública, mas apenas gestora. A coisa pública pertence ao povo, e o Estado é o responsável pelo cuidado ou gestão da coisa pública.

Como limitação a esse princípio, existe o princípio da legalidade, que determina os passos e em que condições a Administração Pública pode se utilizar dos bens públicos, sempre respeitando a indisponibilidade do interesse público. Destaca-se ainda o papel que esse princípio exerce como limitador do princípio da supremacia do interesse público.

Um ponto importante a respeito desse princípio é que os bens públicos são indisponíveis, não pertencendo aos seus administradores ou aos seus agentes os quais estão proibidos, inclusive de renunciar a qualquer direito ou prerrogativa inerente ao Poder Público.

Na desapropriação, a Administração Pública pode retirar o bem de uma pessoa pelo fundamento da Supremacia do interesse público, por outro lado, em razão da Indisponibilidade do interesse público, há vedação à Administração Pública no sentido de não se apropriar de tal bem sem que o particular seja indenizado.

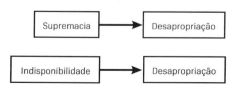

# ADMINISTRAÇÃO PÚBLICA

## 4.3.3 Razoabilidade e proporcionalidade

Esses princípios são, por vezes, vistos em separado pela doutrina; eles servem para a limitação da atuação administrativa, e devem ser vistos em conjunto, como unidade. A Razoabilidade e a Proporcionalidade decorrem do princípio do devido processo legal e são utilizados, principalmente, como limitador da discricionariedade administrativa, ainda mais quando o ato limitado restringe os direitos do administrado. Trata-se, portanto, de uma ferramenta para controle de legalidade que pode gerar a nulidade do ato administrativo. Ao pensar em Razoabilidade e Proporcionalidade, deve-se pensar em dois elementos que os identificam: adequação e necessidade.

A melhor forma de verificar a sua utilização prática é no caso concreto. Imagine uma fiscalização sanitária realizada pelo poder público em que o administrado é flagrado cometendo um ilícito sanitário, ou seja, encontra um produto com o prazo de validade vencido. Dependendo da infração cometida, será aplicada uma penalidade administrativa maior ou não. Com a aplicação dos princípios em tela, a penalidade deve ser necessária, adequada e equivalente à infração cometida. Os princípios garantem que a sanção aplicada não seja maior que a necessária para atingir o fim proposto pelo poder público. O que se busca é uma adequação entre os meios e os fins necessários, proibindo o excesso na aplicação das medidas.

Sem dúvida, esses princípios gerais de direito estão entre os mais utilizados atualmente nas decisões do Supremo Tribunal Federal, pois esses princípios são utilizados nas decisões para se adequar a lei ao caso concreto.

Em suma, esses princípios são a adequação dos meios com a finalidade proposta pela Administração Pública, com o fim de evitar os excessos cometidos pelo agente público. Em razão disso, também são conhecidos como a proibição do excesso, por isso trabalhar a razoabilidade e a proporcionalidade como unidade.

## 4.3.4 Continuidade dos serviços públicos

Esse princípio se traduz pelo próprio nome. Ele exige que a atividade administrativa seja contínua, não sofra interrupções e seja adequada, com qualidade, para que não ocorram prejuízos tanto para a Administração quanto para os administrados. Apesar disso, há situações excepcionais, em que se permite a interrupção do serviço público. Existem limitações a esse princípio, tanto para a Administração, quanto para o particular que está incumbido de executar o serviço público, e sua atuação pode ser percebida no próprio direito de greve do servidor público que se encontra condicionado à observância da lei para ser exercido.

O poder de vinculação desse princípio é tão grande que o particular, ao prestar o serviço público por delegação, não poderá interrompê-lo ainda que a administração pública não cumpra sua parte no contrato. Significa dizer que o particular prejudicado no contrato administrativo **não poderá opor a exceção do contrato não cumprido**, ficando desobrigado apenas por decisão judicial transitada em julgado, ou seja, o particular não pode deixar de cumprir sua obrigação pelo não cumprimento por parte da administração, mas o particular pode deixar de prestar o serviço público quando determinado por decisão judicial.

O responsável pela prestação do serviço público só ficaria desobrigado da sua prestação em caso de emergência e desde que haja aviso prévio em situações de **segurança**, de **ordem técnica** ou mesmo por **inadimplência do usuário**.

## 4.3.5 Autotutela

Esse princípio permite que a Administração avalie e reveja seus próprios atos, tanto em relação à legalidade do ato, quanto ao aspecto do mérito. Essa possibilidade não impede o ato de ser apreciado pelo Poder Judiciário, limitando a verificação da legalidade, nunca o mérito. Quando o ato for revisto em razão de vício de legalidade, ocorre a anulação do ato, se a questão é de mérito (discricionariedade e oportunidade), a administração revoga seus atos.

Este princípio foi consagrado pelo Supremo por meio da Súmula 473:

> **Súm. 473, STF.** *A administração pode anular seus próprios atos, quando eivados de vícios que os tornam ilegais, porque deles não se originam direitos; ou revogá-los, por motivo de conveniência ou oportunidade, respeitados os direitos adquiridos, e ressalvada, em todos os casos, a apreciação judicial.*

A autotutela dos atos administrativos não depende de provocação, podendo a administração analisar de ofício seus próprios atos. Essa é a ideia primordial da autotutela.

## 4.3.6 Segurança jurídica

Esse princípio tem fundamento inicial já no Art. 5º da CF, que decorre da própria garantia fundamental à Segurança Jurídica; no que tange a sua aplicabilidade na Administração Pública, esse princípio evoca a impossibilidade da lei nova prejudicar o direito adquirido, o ato jurídico perfeito e a coisa julgada, ou seja, esse princípio veda a aplicação retroativa de nova interpretação da norma administrativa, para que o administrado não seja surpreendido com inovações jurídicas.

Por se tratar de um direito fundamental, a administração pública fica obrigada a assegurar o seu cumprimento sob pena de ser responsabilizada.

## 4.4 Regras Aplicáveis aos Servidores Públicos

Passamos agora a analisar as regras aplicáveis aos servidores públicos, as quais estão previstas nos Arts. 37 a 41 da Constituição Federal.

### 4.4.1 Cargos, empregos e funções

Os primeiros dispositivos relacionados aos servidores públicos e que foram apresentados pela Constituição Federal regulamentam o acesso a cargos, empregos e funções públicas. Vejamos o que diz o Art. 37, I e II da CF:

> *I. Os cargos, empregos e funções públicas são acessíveis aos brasileiros que preencham os requisitos estabelecidos em lei, assim como aos estrangeiros, na forma da lei;*
> *II. A investidura em cargo ou emprego público depende de aprovação prévia em concurso público de provas ou de provas e títulos, de acordo com a natureza e a complexidade do cargo ou emprego, na forma prevista em lei, ressalvadas as nomeações para cargo em comissão declarado em lei de livre nomeação e exoneração.*

Ao iniciarmos este estudo, uma distinção se faz necessária antes de tudo: qual a diferença entre cargo, emprego e função pública?

**Cargo público** é a unidade de competência ofertada por uma pessoa jurídica de direito público e ocupada por um agente público que tenha sido criado por lei com denominação específica e quantidade certa. Quem ocupa um cargo público fez concurso público e é submetido a um regime estatutário e pode ser de provimento efetivo ou em comissão.

**Emprego público**, por sua vez, seria a unidade de competência desempenhada por agentes contratados sob regime celetista, ou seja, quem ocupa um emprego público possui uma relação trabalhista com a Administração Pública.

**Função pública** é a atribuição ocupada por quem não possui cargo ou emprego público. Ocorre em duas situações: nas contratações temporárias e nas atividades de confiança.

Os cargos, empregos e funções são acessíveis a todos os brasileiros e estrangeiros que preencherem os requisitos previstos em lei. Aos estrangeiros, o acesso é limitado, essa é norma de eficácia limitada, pois depende de regulamentação, como professores ou pesquisadores em universidades e instituições de pesquisa científica e tecnológica. Destaca-se ainda que existem cargos privativos de brasileiros natos, os quais estão previstos no Art. 12, § 3º da CF: Presidente e Vice-Presidente da República, Presidente da Câmara dos Deputados, Presidente do Senado Federal, Ministro do STF, oficial das forças armadas, carreira diplomática e Ministro do Estado da Defesa.

O acesso aos cargos e empregos públicos depende de aprovação em concurso público de provas ou de provas e títulos dependendo do cargo a ser ocupado. A realização do concurso não será necessária para o preenchimento de cargos em comissão, haja vista serem de livre nomeação e exoneração. Estão obrigados a contratar por meio de concurso toda a Administração Pública direta e indireta, seja do Poder Executivo, Legislativo, ou Judiciário, seja da União, Estados, Distrito Federal e Municípios.

É importante ressaltar, neste momento, que a função pública aqui tratada não pode ser confundida com a função que todo agente da Administração Pública detém, que é aquele conjunto de atribuições inerentes ao cargo ou emprego; neste momento a função pública foi tratada como diferenciação do cargo e do emprego públicos. Em seguida, é necessário ressaltar que os cargos em comissão dispensam o concurso público, que é meio exigido para que se ocupe um cargo ou emprego públicos.

### 4.4.2 Validade do concurso público

A Constituição Federal previu prazo de validade para os concursos públicos. Vejamos o que diz o Art. 37, III e IV:

> *Art. 37, III. O prazo de validade do concurso público será de até dois anos, prorrogável uma vez, por igual período;*
> *IV. Durante o prazo improrrogável previsto no edital de convocação, aquele aprovado em concurso público de provas ou de provas e títulos será convocado com prioridade sobre novos concursados para assumir cargo ou emprego, na carreira.*

O prazo de validade será de **até 2 anos**, podendo ser prorrogado apenas uma vez, por igual período. O prazo de validade passa a ser contado a partir da homologação do resultado. Este é o prazo que a Administração Pública terá para contratar ou nomear os aprovados para o preenchimento do emprego ou do cargo público, respectivamente.

Segundo posicionamento do STF, quem é aprovado dentro do número de vagas previstas no edital possui direito subjetivo à nomeação durante o prazo de validade do concurso. Uma forma de burlar esse sistema encontrado pela Administração Pública tem sido a publicação de edital com cadastro de reserva, que gera apenas uma expectativa de direito para quem foi classificado no concurso público.

Segundo a Constituição, durante o prazo improrrogável do concurso, os aprovados terão prioridade na convocação diante dos novos concursados, o que não impede a abertura de novos certames apesar de a Lei nº 8.112/90 proibir a abertura de novo concurso enquanto houver candidato aprovado no concurso anterior e desde que esteja dentro do prazo de validade. Na prova, deve-se responder conforme for perguntado. Se for segundo a Constituição Federal, não há proibição de realização de novo concurso enquanto existir outro com prazo de validade aberto. Se perguntar segundo a Lei nº 8.112/90, não se abrirá novo concurso enquanto houver candidato aprovado em concurso anterior com prazo de validade não expirado.

### 4.4.3 Reserva de vaga para deficiente

Essa regra sobre concurso público é uma das mais importantes de inclusão social previstas no texto constitucional; é regra de ação afirmativa que visa à inserção social dos portadores de necessidades especiais, e compensar a perda social que alguns grupos têm. Possuindo valor social relevante, diz respeito à reserva de vagas para pessoas com necessidades especiais, que não podem ser tratados da mesma forma que as pessoas que estão em pleno vigor físico. Aqui, a isonomia deve ser material observando a nítida diferença entre os deficientes e os que não são. Vejamos o que dispõe a Constituição a respeito desse tema:

> *Art. 37, VIII. A lei reservará percentual dos cargos e empregos públicos para as pessoas portadoras de deficiência e definirá os critérios de sua admissão.*

Por se tratar de norma de eficácia limitada, a Constituição exigiu regulamentação para este dispositivo o que foi feito, no âmbito federal, pela Lei nº 8.112/90:

> *Art. 5, § 2º - Às pessoas portadoras de deficiência é assegurado o direito de se inscrever em concurso público para provimento de cargo cujas atribuições sejam compatíveis com a deficiência de que são portadoras; para tais pessoas serão reservadas até 20% (vinte por cento) das vagas oferecidas no concurso.*

Esse dispositivo garante a reserva de até 20% das vagas oferecidas no concurso para os deficientes. Complementando esta norma, foi publicado o Decreto Federal nº 3.298/99 que fixou o mínimo de 5% das vagas para deficientes, exigindo nos casos em que esse percentual gerasse número fracionado, que fosse arredondado para o próximo número inteiro. Essa proteção gerou um inconveniente nos concursos com poucas vagas, fazendo com que o STF interviesse e decidisse no sentido de que se a observância do mínimo de 5% ultrapassar o máximo de 20% não será necessário fazer a reserva da vaga. Isso é perfeitamente visível em concursos com duas vagas. Se fosse reservado o mínimo, ter-se-ia pelo menos 1 vaga para deficiente, o que corresponderia a 50% das vagas, ultrapassando assim o limite de 20% estabelecido em lei.

### 4.4.4 Funções de confiança e cargos em comissão

A Constituição prevê a existência das funções de confiança e os cargos em comissão:

> *Art. 37, V. As funções de confiança, exercidas exclusivamente por servidores ocupantes de cargo efetivo, e os cargos em comissão, a serem preenchidos por servidores de carreira nos casos, condições e percentuais mínimos previstos em lei, destinam-se apenas às atribuições de direção, chefia e assessoramento.*

Existem algumas peculiaridades entre esses dois institutos que sempre são cobrados em prova. As funções de confiança são privativas de ocupantes de cargo efetivo, ou seja, para aquele que fez concurso público; já os cargos em comissão podem ser ocupados por qualquer pessoa, apesar de a Constituição estabelecer que deve se reservar um percentual mínimo para os ocupantes de cargo efetivo. Tanto as funções de confiança como os cargos em comissão destinam-se às atribuições de **direção, chefia** e **assessoramento**.

**As funções de confiança** – livre designação e livre dispensa – são apenas para servidores públicos ocupantes de cargos efetivos, os quais serão designados para seu exercício podendo ser dispensados a critério da administração pública. Já os **cargos em comissão** são de livre nomeação e livre exoneração, podendo ser ocupados por qualquer pessoa, servidor público ou não. A ocupação de um cargo em comissão por pessoa não detentora de cargo de provimento efetivo não gera direito de ser efetivado, muito menos de adquirir a estabilidade.

## ADMINISTRAÇÃO PÚBLICA

### 4.4.5 Contratação por tempo determinado

Outra forma de ingresso no serviço público é por meio de contratação por tempo determinado. A Constituição prevê:

> **Art. 37, IX.** *A lei estabelecerá os casos de contratação por tempo determinado para atender a necessidade temporária de excepcional interesse público.*

Nesse caso, temos uma norma de eficácia limitada, pois a Constituição não regulamenta, apenas prevê que uma lei vai regulamentar. Na contratação por tempo determinado, o contratado não ocupa cargo público nem possui vínculo trabalhista. Ele exercerá função pública de caráter temporário. Essa contratação tem que ser embasada em excepcional interesse público, questão emergencial. Em regra, faz-se o Processo Seletivo Simplificado, podendo ser feito por meio de provas, entrevista ou até mesmo entrega de currículo; esse processo simplificado não pode ser confundido com o concurso público.

O seu contrato com a Administração Pública é regido por norma específica de regime especial que, no caso da esfera federal, será a Lei nº 8.745/93. A referida lei traz várias hipóteses de contratação temporária para atender a essa necessidade excepcional.

### 4.4.6 Direitos sociais dos servidores públicos

Quando se fala em direitos sociais aplicáveis aos servidores públicos, significa dizer uma parcela dos direitos de natureza trabalhista prevista no Art. 7º da Constituição Federal. Vejamos quais direitos sociais trabalhistas foram destinados a esses trabalhadores ocupantes de cargos públicos.

## 4.5 Direitos Trabalhistas

A Constituição Federal não concedeu todos os direitos trabalhistas aos servidores públicos, mas apenas os previstos expressamente no texto constitucional no Art. 39, § 3º:

> **Art. 39, § 3º** - *Aplica-se aos servidores ocupantes de cargo público o disposto no Art. 7º, IV, VII, VIII, IX, XII, XIII, XV, XVI, XVII, XVIII, XIX, XX, XXII e XXX, podendo a lei estabelecer requisitos diferenciados de admissão quando a natureza do cargo o exigir.*

Segundo esse dispositivo, foram garantidos os seguintes direitos sociais aos servidores públicos:

> *VI. Salário-mínimo, fixado em lei, nacionalmente unificado, capaz de atender a suas necessidades vitais básicas e às de sua família com moradia, alimentação, educação, saúde, lazer, vestuário, higiene, transporte e previdência social, com reajustes periódicos que lhe preservem o poder aquisitivo, sendo vedada sua vinculação para qualquer fim;*
>
> *VII. Garantia de salário, nunca inferior ao mínimo, para os que percebem remuneração variável;*
>
> *VIII. Décimo terceiro salário com base na remuneração integral ou no valor da aposentadoria;*
>
> *IX. Remuneração do trabalho noturno superior à do diurno;*
>
> *XII. Salário-família pago em razão do dependente do trabalhador de baixa renda nos termos da lei;*
>
> *XIII. Duração do trabalho normal não superior a oito horas diárias e quarenta e quatro semanais, facultada a compensação de horários e a redução da jornada, mediante acordo ou convenção coletiva de trabalho;*
>
> *XV. Repouso semanal remunerado, preferencialmente aos domingos;*
>
> *XVI. Remuneração do serviço extraordinário superior, no mínimo, em cinquenta por cento à do normal;*
>
> *XVII. Gozo de férias anuais remuneradas com, pelo menos, um terço a mais do que o salário normal;*
>
> *XVIII. Licença à gestante, sem prejuízo do emprego e do salário, com a duração de cento e vinte dias;*
>
> *XIX. Licença-paternidade, nos termos fixados em lei;*
>
> *XX. Proteção do mercado de trabalho da mulher, mediante incentivos específicos, nos termos da lei;*
>
> *XXII. Redução dos riscos inerentes ao trabalho, por meio de normas de saúde, higiene e segurança;*
>
> *XXX. Proibição de diferença de salários, de exercício de funções e de critério de admissão por motivo de sexo, idade, cor ou estado civil.*

A experiência de ler os incisos destinados aos servidores públicos é muito importante para que você acerte em prova. O fato de outros direitos trabalhistas do Art. 7º não terem sido previstos no Art. 39 não significa que tais direitos não sejam concedidos aos servidores públicos. Ocorre que alguns direitos trabalhistas conferidos aos servidores públicos estão disciplinados em outros lugares na própria Constituição ou em leis esparsas. A título de exemplo, pode-se citar o direito à aposentadoria, que apesar de não ter sido referido no Art. 39, § 3º, encontra-se previsto expressamente no Art. 40 da Constituição Federal.

## 4.6 Liberdade de Associação Sindical

A Constituição Federal garante aos servidores públicos o direito à associação sindical:

> *VI. É garantido ao servidor público civil o direito à livre associação sindical.*

A Constituição concede ao servidor público civil o direito à associação sindical. Dessa forma, a livre associação profissional ou sindical não é garantida aos militares em razão da peculiaridade do seu regime jurídico, cuja vedação está prevista na própria Constituição Federal:

> **Art. 142, IV.** *Ao militar são proibidas a sindicalização e a greve.*

Segundo a doutrina, trata-se de uma norma autoaplicável, a qual não depende de regulamentação para ser exercida, pois o servidor pode prontamente usufruir desse direito.

### 4.6.1 Direito de greve

Segundo o Art. 37, VII:

> *VII. O direito de greve será exercido nos termos e nos limites definidos em lei específica;*

O direito de greve, previsto na Constituição Federal aos servidores públicos, condiciona o seu exercício a uma norma regulamentadora, por isso é uma norma de eficácia limitada.

Como até o presente momento a necessária lei não foi publicada, o Supremo Tribunal Federal adotou a Teoria Concretista Geral, a partir da análise do Mandado de Injunção, e fez com que o direito de greve tivesse efetividade e conferiu efeito erga omnes à decisão, ou seja, os seus efeitos atingem todos os servidores públicos, ainda que aquele não tenha ingressado com ação judicial para exercer seu direito de greve.

A partir disso, segundo o STF, os servidores públicos de todo o país poderão se utilizar do seu direito de greve nos termos da Lei nº 7.783/89, a qual regulamenta o direito de greve dos trabalhadores da iniciativa privada.

Ressalte-se que o direito de greve, juntamente com o de associação sindical, não se aplica aos militares pelos mesmos motivos já apresentados ao analisarmos o direito de liberdade de associação sindical.

## NOÇÕES DE ADMINISTRAÇÃO PÚBLICA

TRABALHISTAS
- Salário-mínimo
- Garantia do mínimo para os que têm remuneração variável
- 13º salário
- Duração de trabalho não superior a oito horas por dia e 44 por semana
- Repouso semanal remunerado
- Remuneração pelo serviço extraordinário (horas extras)
- Férias anuais
- Licença à gestante (120 dias)
- Licença-paternidade
- Proteção ao mercado de trabalho da mulher
- Redução dos riscos inerentes ao trabalho
- Proibição de diferença de salários

### 4.6.2 Vedação à acumulação de cargos, empregos e funções públicos

A Constituição achou por bem regular a acumulação de cargos públicos no Art. 37, XVI e XVII:

> *XVI. É vedada a acumulação remunerada de cargos públicos, exceto, quando houver compatibilidade de horários, observado em qualquer caso o disposto no inciso XI:*
> *a) a de dois cargos de professor;*
> *b) a de um cargo de professor com outro técnico ou científico;*
> *c) a de dois cargos ou empregos privativos de profissionais de saúde, com profissões regulamentadas;*
> *XVII. A proibição de acumular estende-se a empregos e funções e abrange autarquias, fundações, empresas públicas, sociedades de economia mista, suas subsidiárias, e sociedades controladas, direta ou indiretamente, pelo poder público;*

Segundo o texto constitucional, em regra, é vedada a acumulação de cargos públicos, ressalvadas as hipóteses previstas na própria Constituição Federal e quando houver compatibilidade de horário.

Além dessas hipóteses, a Constituição Federal também previu a acumulação lícita em outros casos, observemos:

**Magistrado + Magistério** – é permitida a acumulação de um cargo de juiz com um de professor:

> *Art. 95, Parágrafo único. Aos juízes é vedado:*
> *I. Exercer, ainda que em disponibilidade, outro cargo ou função, salvo uma de magistério.*

**Membro do Ministério Público + Magistério** – é permitida a acumulação de um cargo de Membro do Ministério Público com um de professor:

> *Art. 128, § 5º. Leis complementares da União e dos Estados, cuja iniciativa é facultada aos respectivos Procuradores-Gerais, estabelecerão a organização, as atribuições e o estatuto de cada Ministério Público, observadas, relativamente a seus membros:*
> *II. As seguintes vedações:*
> *d) exercer, ainda que em disponibilidade, qualquer outra função pública, salvo uma de magistério.*

**Cargo Eletivo + cargo, emprego ou função pública** – é permitida a acumulação de um cargo eletivo com um cargo emprego ou função pública:

> *Art. 38. Ao servidor público da administração direta, autárquica e fundacional, no exercício de mandato eletivo, aplicam-se as seguintes disposições:*

> *I. Tratando-se de mandato eletivo federal, estadual ou distrital, ficará afastado de seu cargo, emprego ou função;*
> *II. Investido no mandato de Prefeito, será afastado do cargo, emprego ou função, sendo-lhe facultado optar pela sua remuneração;*
> *III. Investido no mandato de Vereador, havendo compatibilidade de horários, perceberá as vantagens de seu cargo, emprego ou função, sem prejuízo da remuneração do cargo eletivo, e, não havendo compatibilidade, será aplicada a norma do inciso anterior;*
> *IV. Em qualquer caso que exija o afastamento para o exercício de mandato eletivo, seu tempo de serviço será contado para todos os efeitos legais, exceto para promoção por merecimento;*
> *V. Para efeito de benefício previdenciário, no caso de afastamento, os valores serão determinados como se no exercício estivesse.*

A proibição de acumular se estende à percepção de remuneração e aposentadoria. Vejamos o que diz o §10º do Art. 37:

> *§ 10 - É vedada a percepção simultânea de proventos de aposentadoria decorrentes do Art. 40 ou dos Arts. 42 e 142 com a remuneração de cargo, emprego ou função pública, ressalvados os cargos acumuláveis na forma desta Constituição, os cargos eletivos e os cargos em comissão declarados em lei de livre nomeação e exoneração.*

Aqui a acumulação dos proventos da aposentadoria com a remuneração será permitida nos casos em que são autorizadas a acumulação dos cargos, ou, ainda, quando acumular com cargo em comissão e cargo eletivo. Significa dizer ser possível a acumulação dos proventos da aposentadoria de um cargo, emprego ou função pública com a remuneração de cargo, emprego ou função pública.

A Constituição também vedou a percepção de mais de uma aposentadoria, ressalvados os casos de acumulação de cargos permitida, ou seja, o indivíduo pode acumular as aposentadorias dos cargos que podem ser acumulados:

> *Art. 40, § 6º - Ressalvadas as aposentadorias decorrentes dos cargos acumuláveis na forma desta Constituição, é vedada a percepção de mais de uma aposentadoria à conta do regime de previdência previsto neste artigo.*

### 4.6.3 Estabilidade

Um dos maiores desejos de quem faz concurso público é alcançar a Estabilidade. Essa é a garantia que se dá aos titulares de cargo público, ou seja, ao servidor público. Essa garantia faz que o servidor tenha certa tranquilidade para usufruir do seu cargo com maior tranquilidade; o servidor passa exercer suas atividades sem a preocupação de perder seu cargo por qualquer simples motivo. Vejamos o que diz a Constituição Federal:

> *Art. 41. São estáveis após três anos de efetivo exercício os servidores nomeados para cargo de provimento efetivo em virtude de concurso público.*
> *§ 1º - O servidor público estável só perderá o cargo:*
> *I. Em virtude de sentença judicial transitada em julgado;*
> *II. Mediante processo administrativo em que lhe seja assegurada ampla defesa;*

## ADMINISTRAÇÃO PÚBLICA

*III. Mediante procedimento de avaliação periódica de desempenho, na forma de lei complementar, assegurada ampla defesa.*

*§ 2º - Invalidada por sentença judicial a demissão do servidor estável, será ele reintegrado, e o eventual ocupante da vaga, se estável, reconduzido ao cargo de origem, sem direito a indenização, aproveitado em outro cargo ou posto em disponibilidade com remuneração proporcional ao tempo de serviço.*

*§ 3º - Extinto o cargo ou declarada a sua desnecessidade, o servidor estável ficará em disponibilidade, com remuneração proporcional ao tempo de serviço, até seu adequado aproveitamento em outro cargo.*

*§ 4º - Como condição para a aquisição da estabilidade, é obrigatória a avaliação especial de desempenho por comissão instituída para essa finalidade.*

O primeiro ponto relevante é que a estabilidade se adquire após três anos de efetivo exercício. Só adquire estabilidade quem ocupa um cargo público de provimento efetivo, após a aprovação em concurso público. Essa garantia não se estende aos titulares de emprego público nem aos que ocupam cargos em comissão de livre nomeação e exoneração.

Não confunda a estabilidade com estágio probatório. Esse é o período de avaliação inicial dentro do novo cargo a que o servidor concursado se sujeita antes de adquirir sua estabilidade. A Constituição não fala nada de estágio probatório, mas, para os servidores públicos federais, aplica-se o prazo previsto na Lei 8.112/90. Aqui temos um problema. O referido estatuto dos servidores públicos federais prevê o prazo de 24 meses para o estágio probatório.

Contudo, tem prevalecido, na doutrina e na jurisprudência, o entendimento de que não tem como se dissociar o prazo do estágio probatório da aquisição da estabilidade, de forma que até o próprio STF e o STJ reconhecem que o prazo do estágio probatório foi revogado tacitamente pela EC 19/98 que alterou o prazo de aquisição da estabilidade para 3 anos. Reforça esse entendimento o fato de que a Advocacia-Geral da União já emitiu parecer vinculante determinando a aplicação do prazo de **3 anos para o estágio probatório** em todo o Poder Executivo Federal, o que de fato acontece. Dessa forma, para prova o prazo do estágio probatório é de 3 anos.

Segundo o texto constitucional, é condição para a aquisição da estabilidade a avaliação especial de desempenhos aplicada por comissão instituída para essa finalidade.

O servidor estável só perderá o cargo nas hipóteses previstas na Constituição, as quais são:

- **Sentença judicial transitada em julgado;**
- **Procedimento Administrativo Disciplinar;**
- **Insuficiência de desempenho comprovada na Avaliação Periódica;**
- **Excesso de despesas com pessoal nos termos do Art. 169, § 3º.**

### 4.6.4 Servidores em exercício de mandato eletivo

Para os servidores públicos que estão no exercício de mandato eletivo, aplicam-se as seguintes regras:

*Art. 38. Ao servidor público da administração direta, autárquica e fundacional, no exercício de mandato eletivo, aplicam-se as seguintes disposições:*

*I. Tratando-se de mandato eletivo federal, estadual ou distrital, ficará afastado de seu cargo, emprego ou função;*

*II. Investido no mandato de Prefeito, será afastado do cargo, emprego ou função, sendo-lhe facultado optar pela sua remuneração;*

*III. Investido no mandato de Vereador, havendo compatibilidade de horários, perceberá as vantagens de seu cargo, emprego ou função, sem prejuízo da remuneração do cargo eletivo, e, não havendo compatibilidade, será aplicada a norma do inciso anterior;*

*IV. Em qualquer caso que exija o afastamento para o exercício de mandato eletivo, seu tempo de serviço será contado para todos os efeitos legais, exceto para promoção por merecimento;*

*V. Para efeito de benefício previdenciário, no caso de afastamento, os valores serão determinados como se no exercício estivesse.*

Em suma:

**Mandato Eletivo Federal, Estadual ou Distrital:** afasta-se do cargo, emprego ou função;

**Mandato Eletivo Municipal:**

**Prefeito:** Afasta-se do cargo, mas pode optar pela remuneração;

**Vereador:** Havendo compatibilidade de horário, pode exercer os dois cargos e cumular as duas remunerações respeitando os limites legais. Não havendo compatibilidade de horário, deverá afastar-se do cargo podendo optar pela remuneração de um dos dois.

Havendo o afastamento, a Constituição determinou ainda que esse período seja contabilizado como tempo de serviço gerando todos seus efeitos legais, com exceção da promoção de merecimento, além de ser contabilizado para efeito de benefício previdenciário.

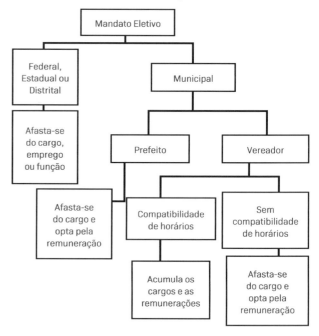

### Regras de Remuneração dos Servidores Públicos

A Constituição Federal previu várias regras referentes a remuneração dos servidores públicos, que consta no Art. 37, da CF, as quais são bem interessantes para serem cobradas em sua prova:

*X. A remuneração dos servidores públicos e o subsídio de que trata o § 4º do Art. 39 somente poderão ser fixados ou alterados por lei específica, observada a iniciativa privativa em cada caso, assegurada revisão geral anual, sempre na mesma data e sem distinção de índices;*

O primeiro ponto importante sobre a remuneração dos servidores é que ela só pode ser fixada por meio de lei específica, se a Constituição não estabelece qualquer outro critério, essa lei é ordinária. Além disso, a iniciativa da lei também é específica, ou seja, cada poder tem competência para propor a lei que altere o quadro remuneratório dos seus servidores. Por exemplo, no âmbito do Poder Executivo Federal o Presidente da República é quem tem a iniciativa para propor o projeto de lei.

Ainda há que se fazer a revisão geral anual, sem distinção de índices e sempre na mesma data, que serve para suprir as perdas inflacionárias que ocorrem com a remuneração dos servidores. No que tange à revisão geral anual, o STF entende que a competência para a iniciativa é privativa do Presidente da República, com base no Art. 61, § 1º, II, "a" da CF:

> **§ 1º** - *São de iniciativa privativa do Presidente da República as leis que:*
> *II. Disponham sobre:*
> *a) criação de cargos, funções ou empregos públicos na administração direta e autárquica ou aumento de sua remuneração.*

Outro ponto importante é o teto constitucional, que é o limite imposto para fixação das tabelas remuneratórias dos servidores; conforme o inciso XI do Art. 37, CF:

> *XI. A remuneração e o subsídio dos ocupantes de cargos, funções e empregos públicos da administração direta, autárquica e fundacional, dos membros de qualquer dos Poderes da União, dos Estados, do Distrito Federal e dos Municípios, dos detentores de mandato eletivo e dos demais agentes políticos e os proventos, pensões ou outra espécie remuneratória, percebidos cumulativamente ou não, incluídas as vantagens pessoais ou de qualquer outra natureza, não poderão exceder o subsídio mensal, em espécie, dos Ministros do Supremo Tribunal Federal, aplicando-se como limite, nos Municípios, o subsídio do Prefeito, e nos Estados e no Distrito Federal, o subsídio mensal do Governador no âmbito do Poder Executivo, o subsídio dos Deputados Estaduais e Distritais no âmbito do Poder Legislativo e o subsídio dos Desembargadores do Tribunal de Justiça, limitado a noventa inteiros e vinte e cinco centésimos por cento do subsídio mensal, em espécie, dos Ministros do Supremo Tribunal Federal, no âmbito do Poder Judiciário, aplicável este limite aos membros do Ministério Público, aos Procuradores e aos Defensores Públicos.*

Vamos entender essa regra, analisando os diversos tipos de limites previstos no texto constitucional.

O primeiro limite é o Teto Geral, que, segundo a Constituição, corresponde ao subsídio do Ministro do Supremo Tribunal Federal. Isso significa que nenhum servidor público no Brasil pode receber remuneração maior que o subsídio do Ministro do Supremo Tribunal Federal. Esse limite se aplica a todos os poderes em todos os entes federativos. Ressalte-se que a iniciativa de proposta legislativa para fixação da remuneração dos Ministros pertence aos próprios membros do STF.

Em seguida, nós temos os subtetos, que são limites aplicáveis a cada poder e em cada ente federativo. Vejamos de forma sistematizada as regras previstas na Constituição Federal:

### 4.6.5 Estados e df

**Poder Executivo:** subsídio do Governador.

**Poder Legislativo:** subsídio do Deputado Estadual ou Distrital.

**Poder Judiciário:** subsídio do Desembargador do Tribunal de Justiça. Aplica-se este limite aos membros do Ministério Público e da Defensoria Pública dos Estados e Distrito Federal.

### 4.6.6 Municípios

**Poder Executivo:** subsídio do Prefeito.

A Constituição permite que os Estados e o Distrito Federal poderão, por iniciativa do governador, adotar limite único nos termos do Art. 37, § 12, mediante emenda a Constituição Estadual ou a Lei Orgânica do DF, o qual não poderá ultrapassar 90,25% do subsídio do ministro do STF. Ressalte-se que se porventura for criado este limite único ele não será aplicado a alguns membros do Poder Legislativo, como aos Deputados Distritais e Vereadores.

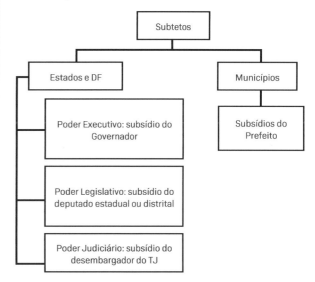

A seguir, são abordados alguns limites específicos que também estão previstos no texto constitucional, mas em outros artigos, pois são determinados a algumas autoridades:

**Governador e Prefeito:** subsídio do ministro do STF;

**Deputado Estadual e Distrital**[1]**:** 75% do subsídio do Deputado Federal;

**Vereador:** 75% do subsídio do Deputado Estadual para os municípios com mais de 500.000 habitantes. Nos municípios com menos habitantes, aplica-se a regra proporcional a população conforme o Art. 29, VI da Constituição Federal[2].

**Magistrados dos Tribunais Superiores:** 95% do subsídio dos ministros do STF. Dos demais magistrados, o subteto é 95% do subsídio dos ministros dos Tribunais Superiores.

> *Art. 93, V. O subsídio dos Ministros dos Tribunais Superiores corresponderá a noventa e cinco por cento do subsídio mensal fixado para os Ministros do Supremo Tribunal Federal e os subsídios dos demais magistrados serão fixados em lei e escalonados, em nível federal e estadual, conforme as respectivas categorias da estrutura judiciária nacional, não podendo a diferença entre uma e outra ser superior a dez por cento ou inferior a cinco por cento, nem exceder a noventa e cinco por cento do subsídio mensal dos Ministros dos Tribunais Superiores, obedecido, em qualquer caso, o disposto nos Arts. 37, XI, e 39, § 4º.*

---

1 Arts. 27, §2º e 32, §3º da Constituição Federal
2 Art. 29, VI . O subsídio dos Vereadores será fixado pelas respectivas Câmaras Municipais em cada legislatura para a subsequente, observado o que dispõe esta Constituição, observados os critérios estabelecidos na respectiva Lei Orgânica e os seguintes limites máximos: a) em Municípios de até dez mil habitantes, o subsídio máximo dos Vereadores corresponderá a vinte por cento do subsídio dos Deputados Estaduais; b) em Municípios de dez mil e um a cinquenta mil habitantes, o subsídio máximo dos Vereadores corresponderá a trinta por cento do subsídio dos Deputados Estaduais; c) em Municípios de cinquenta mil e um a cem mil habitantes, o subsídio máximo dos Vereadores corresponderá a quarenta por cento do subsídio dos Deputados Estaduais; d) em Municípios de cem mil e um a trezentos mil habitantes, o subsídio máximo dos Vereadores corresponderá a cinquenta por cento do subsídio dos Deputados Estaduais; e) em Municípios de trezentos mil e um a quinhentos mil habitantes, o subsídio máximo dos Vereadores corresponderá a sessenta por cento do subsídio dos Deputados Estaduais; f) em Municípios de mais de quinhentos mil habitantes, o subsídio máximo dos Vereadores corresponderá a setenta e cinco por cento do subsídio dos Deputados Estaduais;

## ADMINISTRAÇÃO PÚBLICA

Lembre-se de que esses limites aplicam-se quando for possível a acumulação de cargos prevista no texto constitucional, ressalvados os seguintes casos:

**Magistratura + Magistério:** a Resolução nº 14/2006 do Conselho Nacional de Justiça prevê que não se sujeita ao teto a remuneração oriunda no magistério exercido pelos juízes;

Exercício cumulativo de funções no Supremo Tribunal Federal e Tribunal Superior Eleitoral.

**Casos em que se pode ultrapassar o teto constitucional**

Os limites aplicam-se as empresas públicas e sociedades de economia mista desde que recebam recursos da União dos Estados e do Distrito Federal para pagamento do pessoal e custeio em geral:

> *§ 9º - O disposto no inciso XI aplica-se às empresas públicas e às sociedades de economia mista, e suas subsidiárias, que receberem recursos da União, dos Estados, do Distrito Federal ou dos Municípios para pagamento de despesas de pessoal ou de custeio em geral.*

A Constituição Federal também trouxe previsão expressa vedando qualquer equiparação ou vinculação de remuneração de servidor público:

> *XIII. É vedada a vinculação ou equiparação de quaisquer espécies remuneratórias para o efeito de remuneração de pessoal do serviço público.*

Antes da EC 19/1998, muitos servidores incorporavam vantagens pecuniárias calculadas sobre outras vantagens, gerando aumento desproporcional da remuneração. Isso acabou com a alteração do texto constitucional:

> *XIV. Os acréscimos pecuniários percebidos por servidor público não serão computados nem acumulados para fins de concessão de acréscimos ulteriores.*

Destaque-se, ainda, a regra constitucional que prevê a irredutibilidade da remuneração dos servidores públicos:

> *XV. O subsídio e os vencimentos dos ocupantes de cargos e empregos públicos são irredutíveis, ressalvado o disposto nos incisos XI e XIV deste artigo e nos Arts. 39, § 4º, 150, II, 153, III, e 153, § 2º, I.*

A irredutibilidade aqui é meramente nominal, não existindo direito à preservação do valor real em proteção a perda do poder aquisitivo. A irredutibilidade também não impede a alteração da composição remuneratória; significa dizer que podem ser retiradas as gratificações, mantendo-se o valor nominal da remuneração, nem mesmo a supressão de parcelas ou gratificações; é preciso considerar que o STF entende não haver direito adquirido a regime jurídico.

### 4.6.7 Regras de aposentadoria

Esse tema costuma ser trabalhado em Direito Previdenciário devido às inúmeras regras de transição que foram editadas, além das previstas no texto constitucional. Para as provas de Direito Constitucional, é importante a leitura atenta dos dispositivos abaixo:

> ***Art. 40.*** *O regime próprio de previdência social dos servidores titulares de cargos efetivos terá caráter contributivo e solidário, mediante contribuição do respectivo ente federativo, de servidores ativos, de aposentados e de pensionistas, observados critérios que preservem o equilíbrio financeiro e atuarial.*
>
> *§ 1º O servidor abrangido por regime próprio de previdência social será aposentado:*
>
> *I. por incapacidade permanente para o trabalho, no cargo em que estiver investido, quando insuscetível de readaptação, hipótese em que será obrigatória a realização de avaliações periódicas para verificação da continuidade das condições que ensejaram a concessão da aposentadoria, na forma de lei do respectivo ente federativo;*
>
> *II. compulsoriamente, com proventos proporcionais ao tempo de contribuição, aos 70 (setenta) anos de idade, ou aos 75 (setenta e cinco) anos de idade, na forma de lei complementar;*
>
> *III. no âmbito da União, aos 62 (sessenta e dois) anos de idade, se mulher, e aos 65 (sessenta e cinco) anos de idade, se homem, e, no âmbito dos Estados, do Distrito Federal e dos Municípios, na idade mínima estabelecida mediante emenda às respectivas Constituições e Leis Orgânicas, observados o tempo de contribuição e os demais requisitos estabelecidos em lei complementar do respectivo ente federativo.*
>
> *§ 2º Os proventos de aposentadoria não poderão ser inferiores ao valor mínimo a que se refere o § 2º do art. 201 ou superiores ao limite máximo estabelecido para o Regime Geral de Previdência Social, observado o disposto nos §§ 14 a 16.*
>
> *§ 3º As regras para cálculo de proventos de aposentadoria serão disciplinadas em lei do respectivo ente federativo.*
>
> *§ 4º É vedada a adoção de requisitos ou critérios diferenciados para concessão de benefícios em regime próprio de previdência social, ressalvado o disposto nos §§ 4º-A, 4º-B, 4º-C e 5º.* (Redação dada pela Emenda Constitucional nº 103, de 2019)
>
> *§ 4º-A. Poderão ser estabelecidos por lei complementar do respectivo ente federativo idade e tempo de contribuição diferenciados para aposentadoria de servidores com deficiência, previamente submetidos a avaliação biopsicossocial realizada por equipe multiprofissional e interdisciplinar.*
>
> *§ 4º-B. Poderão ser estabelecidos por lei complementar do respectivo ente federativo idade e tempo de contribuição diferenciados para aposentadoria de ocupantes do cargo de agente penitenciário, de agente socioeducativo ou de policial dos órgãos de que tratam o inciso IV do caput do art. 51, o inciso XIII do caput do art. 52 e os incisos I a IV do caput do art. 144.*
>
> *§ 4º-C. Poderão ser estabelecidos por lei complementar do respectivo ente federativo idade e tempo de contribuição diferenciados para aposentadoria de servidores cujas atividades sejam exercidas com efetiva exposição a agentes químicos, físicos e biológicos prejudiciais à saúde, ou associação desses agentes, vedada a caracterização por categoria profissional ou ocupação.*

*§ 5º* Os ocupantes do cargo de professor terão idade mínima reduzida em 5 (cinco) anos em relação às idades decorrentes da aplicação do disposto no inciso III do § 1º, desde que comprovem tempo de efetivo exercício das funções de magistério na educação infantil e no ensino fundamental e médio fixado em lei complementar do respectivo ente federativo.

*§ 6º* Ressalvadas as aposentadorias decorrentes dos cargos acumuláveis na forma desta Constituição, é vedada a percepção de mais de uma aposentadoria à conta de regime próprio de previdência social, aplicando-se outras vedações, regras e condições para a acumulação de benefícios previdenciários estabelecidas no Regime Geral de Previdência Social.

*§ 7º* Observado o disposto no § 2º do art. 201, quando se tratar da única fonte de renda formal auferida pelo dependente, o benefício de pensão por morte será concedido nos termos de lei do respectivo ente federativo, a qual tratará de forma diferenciada a hipótese de morte dos servidores de que trata o § 4º-B decorrente de agressão sofrida no exercício ou em razão da função.

*§ 8º* É assegurado o reajustamento dos benefícios para preservar-lhes, em caráter permanente, o valor real, conforme critérios estabelecidos em lei.

*§ 9º* O tempo de contribuição federal, estadual, distrital ou municipal será contado para fins de aposentadoria, observado o disposto nos §§ 9º e 9º-A do art. 201, e o tempo de serviço correspondente será contado para fins de disponibilidade.

*§ 10.* A lei não poderá estabelecer qualquer forma de contagem de tempo de contribuição fictício.

*§ 11.* Aplica-se o limite fixado no art. 37, XI, à soma total dos proventos de inatividade, inclusive quando decorrentes da acumulação de cargos ou empregos públicos, bem como de outras atividades sujeitas a contribuição para o regime geral de previdência social, e ao montante resultante da adição de proventos de inatividade com remuneração de cargo acumulável na forma desta Constituição, cargo em comissão declarado em lei de livre nomeação e exoneração, e de cargo eletivo.

*§ 12.* Além do disposto neste artigo, serão observados, em regime próprio de previdência social, no que couber, os requisitos e critérios fixados para o Regime Geral de Previdência Social.

*§ 13.* Aplica-se ao agente público ocupante, exclusivamente, de cargo em comissão declarado em lei de livre nomeação e exoneração, de outro cargo temporário, inclusive mandato eletivo, ou de emprego público, o Regime Geral de Previdência Social.

*§ 14.* A União, os Estados, o Distrito Federal e os Municípios instituirão, por lei de iniciativa do respectivo Poder Executivo, regime de previdência complementar para servidores públicos ocupantes de cargo efetivo, observado o limite máximo dos benefícios do Regime Geral de Previdência Social para o valor das aposentadorias e das pensões em regime próprio de previdência social, ressalvado o disposto no § 16.

*§ 15.* O regime de previdência complementar de que trata o § 14 oferecerá plano de benefícios somente na modalidade contribuição definida, observará o disposto no art. 202 e será efetivado por intermédio de entidade fechada de previdência complementar ou de entidade aberta de previdência complementar.

*§ 16.* Somente mediante sua prévia e expressa opção, o disposto nos §§ 14 e 15 poderá ser aplicado ao servidor que tiver ingressado no serviço público até a data da publicação do ato de instituição do correspondente regime de previdência complementar.

*§ 17.* Todos os valores de remuneração considerados para o cálculo do benefício previsto no § 3° serão devidamente atualizados, na forma da lei.

*§ 18.* Incidirá contribuição sobre os proventos de aposentadorias e pensões concedidas pelo regime de que trata este artigo que superem o limite máximo estabelecido para os benefícios do regime geral de previdência social de que trata o art. 201, com percentual igual ao estabelecido para os servidores titulares de cargos efetivos.

*§ 19.* Observados critérios a serem estabelecidos em lei do respectivo ente federativo, o servidor titular de cargo efetivo que tenha completado as exigências para a aposentadoria voluntária e que opte por permanecer em atividade poderá fazer jus a um abono de permanência equivalente, no máximo, ao valor da sua contribuição previdenciária, até completar a idade para aposentadoria compulsória.

*§ 20.* É vedada a existência de mais de um regime próprio de previdência social e de mais de um órgão ou entidade gestora desse regime em cada ente federativo, abrangidos todos os poderes, órgãos e entidades autárquicas e fundacionais, que serão responsáveis pelo seu financiamento, observados os critérios, os parâmetros e a natureza jurídica definidos na lei complementar de que trata o § 22.

*§ 21.* A contribuição prevista no § 18 deste artigo incidirá apenas sobre as parcelas de proventos de aposentadoria e de pensão que superem o dobro do limite máximo estabelecido para os benefícios do regime geral de previdência social de que trata o art. 201 desta Constituição, quando o beneficiário, na forma da lei, for portador de doença incapacitante.

*§ 22.* Vedada a instituição de novos regimes próprios de previdência social, lei complementar federal estabelecerá, para os que já existam, normas gerais de organização, de funcionamento e de responsabilidade em sua gestão, dispondo, entre outros aspectos, sobre:

I. requisitos para sua extinção e consequente migração para o Regime Geral de Previdência Social;

II. modelo de arrecadação, de aplicação e de utilização dos recursos;

III. fiscalização pela União e controle externo e social;

IV. definição de equilíbrio financeiro e atuarial;

V. condições para instituição do fundo com finalidade previdenciária de que trata o art. 249 e para vinculação a ele dos recursos provenientes de contribuições e dos bens, direitos e ativos de qualquer natureza;

VI. mecanismos de equacionamento do déficit atuarial;

VII. estruturação do órgão ou entidade gestora do regime, observados os princípios relacionados com governança, controle interno e transparência;

VIII. condições e hipóteses para responsabilização daqueles que desempenhem atribuições relacionadas, direta ou indiretamente, com a gestão do regime;

IX. condições para adesão a consórcio público;

X. parâmetros para apuração da base de cálculo e definição de alíquota de contribuições ordinárias e extraordinárias.

## 4.6.8 Dos militares dos estados, do distrito federal e dos territórios

A Constituição Federal distingue duas espécies de servidores, os civis e os militares, sendo que a estes reserva um regime jurídico diferenciado, previsto especialmente no Art. 42 (Polícias Militares e Corpos de Bombeiros Militares) e no Art. 142, § 3º (Forças Armadas – Exército, Marinha e Aeronáutica).

As Polícias Militares, os Corpos de Bombeiros Militares e as Forças Armadas são instituições organizadas com base na **hierarquia** e na **disciplina**.

Tomando de empréstimo o conceito constante do Art. 14, § 1º e 2º, da Lei nº 6.880, de 1980 (Estatuto dos Militares das Forças Armadas), temos que a **hierarquia** militar é a ordenação da autoridade, em níveis diferentes, dentro da estrutura militar e a **disciplina** é a rigorosa observância e o acatamento integral das leis, regulamentos, normas e disposições que fundamentam o organismo militar e coordenam seu funcionamento regular e harmônico, traduzindo-se pelo perfeito cumprimento do dever por parte de todos e de cada um dos componentes desses organismos.

É claro que a hierarquia e a disciplina estão presentes em todo o serviço público. No entanto, no seio militar, elas são muito mais rígidas, objetivando garantir pronta e irrestrita obediência de seus membros, o que é imprescindível para o exercício das suas atividades.

As Polícias Militares e os Corpos de Bombeiros Militares são **órgãos de Segurança Pública** (Art. 144, da CF), organizados e mantidos pelos Estados.

Às Polícias Militares cabem as atribuições de polícia administrativa, ostensiva e a preservação da ordem pública. Aos Corpos de Bombeiros Militares cabe, além das atribuições definidas em lei (atividades

## ADMINISTRAÇÃO PÚBLICA

de combate a incêndio, busca e resgate de pessoas etc.), a execução de atividades de defesa civil (Art. 144, § 5º, da CF).

Segundo o § 6º, do Art. 144, da CF, as Polícias Militares e os Corpos de Bombeiros Militares são forças auxiliares e reserva do Exército e subordinam-se aos Governadores dos Estados, do Distrito Federal e dos Territórios.

Apesar de estarem subordinadas ao Governador do Distrito Federal, a organização e a manutenção da Polícia Militar e do Corpo de Bombeiros Militares do Distrito Federal são de competência da União (Art. 21, inciso XIV, da CF).

No Art. 42, a Constituição Federal estende aos policiais militares e aos bombeiros militares praticamente as mesmas **disposições** aplicáveis aos integrantes das Forças Armadas, militares da União, previstas no Art. 142, § 2º e 3º, da CF. Assim, entre outros:

- **O militar que seja alistável é elegível.** No entanto, se contar menos de dez anos de serviço, deverá afastar-se da atividade; se contar mais de dez anos de serviço será agregado pela autoridade superior e, se eleito, passará automaticamente, no ato da diplomação, para a inatividade;
- **Não cabe Habeas** Corpus em relação a punições disciplinares militares;
- **Ao militar são proibidas** a sindicalização e a greve;
- O militar, **enquanto em serviço ativo**, não pode estar filiado a partidos políticos.

# NOÇÕES DE ADMINISTRAÇÃO PÚBLICA

## 5 DEFESA DO ESTADO E DAS INSTITUIÇÕES DEMOCRÁTICAS

No título V, Arts. 136 a 144, a Constituição Federal apresenta instrumentos eficazes na proteção do Estado e de toda estrutura democrática. Os instrumentos disponibilizados são o Sistema Constitucional de Crises que compreende o Estado de Defesa e o Estado de Sítio, Forças Armadas e Segurança Pública, os quais serão analisados a partir de agora.

### 5.1 Sistema Constitucional de Crises

O Sistema Constitucional de Crises é um conjunto de medidas criadas pela Constituição Federal para restabelecer a ordem constitucional em momentos de crises político-institucionais. Antes de tratar das espécies em si, deve-se ressaltar algumas características essenciais desses institutos.

É necessário partir do pressuposto de que o **Estado de sítio é mais grave que o estado de defesa.** Essa compreensão permite entender que as medidas adotadas no Estado de Sítio serão mais gravosas que no Estado de Defesa.

Outro ponto interessante são os princípios que regem o Sistema Constitucional de Crises. As duas medidas devem observar os seguintes princípios:

**Necessidade**

Só podem ser decretadas em último caso.

**Proporcionalidade**

As medidas adotadas devem ser proporcionais aos problemas existentes.

**Temporariedade**

As medidas do Sistema Constitucional de Crises devem ser temporárias. Devem durar apenas o tempo necessário para resolver a crise.

**Legalidade**

As medidas devem guardar respeito à lei. E aqui é possível vislumbrar duas perspectivas acerca da legalidade:

***Stricto sensu:*** As medidas devem respeitar os limites estabelecidos nos Decretos Presidenciais que autorizam a execução. É uma perspectiva mais restrita da legalidade;

***Lato sensu:*** As medidas precisam respeitar a lei em sentido amplo, ou seja, toda a legislação brasileira, incluindo a Constituição Federal.

Trabalhados esses conceitos iniciais, agora será abordado cada um dos institutos do Sistema Constitucional de Crises em espécie. Inicia-se pelo Estado de Defesa.

### 5.1.1 Estado de defesa

O Estado de Defesa está regulamentado no Art. 136 da Constituição e o seu χαπυτ apresenta algumas informações importantíssimas:

> *Art. 136. O Presidente da República pode, ouvidos o Conselho da República e o Conselho de Defesa Nacional, decretar estado de defesa para preservar ou prontamente restabelecer, em locais restritos e determinados, a ordem pública ou a paz social ameaçadas por grave e iminente instabilidade institucional ou atingidas por calamidades de grandes proporções na natureza.*

Esse dispositivo enumera as **hipóteses de cabimento da medida ou quais são os seus objetivos**: preservar ou prontamente restabelecer a ordem pública ou a paz social ameaçadas por grave e iminente instabilidade institucional ou atingidas por calamidades de grandes proporções na natureza. Qualquer circunstância dessas autoriza a decretação de Estado de Defesa. Lembre-se de que esse rol é taxativo. Só essas situações podem autorizar a medida.

Um detalhe interessante e que pode funcionar como ponto de distinção entre o Estado de Sítio e de Defesa é a área abrangida. O texto constitucional apresentado determina que as áreas abrangidas pela medida sejam locais restritos e determinados.

Outro ponto importante e que é frequente cobrado em prova diz respeito ao tempo de duração do Estado de Defesa. Segundo Art. 136, § 2º, essa medida de contenção de crises poderá durar 30 dias, podendo prorrogar mais uma vez por igual período:

> *§ 2º. O tempo de duração do estado de defesa não será superior a trinta dias, podendo ser prorrogado uma vez, por igual período, se persistirem as razões que justificaram a sua decretação.*

Não se esqueça de que o prazo só poderá ser prorrogado uma única vez.

Como característica principal da execução do Estado de Defesa está a possibilidade de se restringirem alguns direitos, os quais estão previamente definidos nos §§ 1º a 3º do Art. 136:

> *§ 1º. O decreto que instituir o estado de defesa determinará o tempo de sua duração, especificará as áreas a serem abrangidas e indicará, nos termos e limites da lei, as medidas coercitivas a vigorarem, dentre as seguintes:*
> *I. restrições aos direitos de:*
> *a) reunião, ainda que exercida no seio das associações;*
> *b) sigilo de correspondência;*
> *c) sigilo de comunicação telegráfica e telefônica;*
> *II. ocupação e uso temporário de bens e serviços públicos, na hipótese de calamidade pública, respondendo a União pelos danos e custos decorrentes.*
> *§ 3º. Na vigência do estado de defesa:*
> *I. a prisão por crime contra o Estado, determinada pelo executor da medida, será por este comunicada imediatamente ao juiz competente, que a relaxará, se não for legal, facultado ao preso requerer exame de corpo de delito à autoridade policial;*
> *II. a comunicação será acompanhada de declaração, pela autoridade, do estado físico e mental do detido no momento de sua autuação;*
> *III. a prisão ou detenção de qualquer pessoa não poderá ser superior a dez dias, salvo quando autorizada pelo Poder Judiciário;*
> *IV. é vedada a incomunicabilidade do preso.*

Alguns pontos merecem um destaque especial. Devido à gravidade da situação e à excepcionalidade das medidas, a Constituição autoriza a restrição de vários direitos fundamentais, por exemplo, o direito de reunião, o sigilo das correspondências, das comunicações telegráficas e telefônicas.

Essas medidas restritivas dispensam autorização judicial, inclusive a decretação de prisão que será determinada pela própria autoridade executora do Estado de Defesa e poderá durar até dez dias. A prisão deverá ser comunicada imediatamente ao juiz o qual poderá prorrogá-la por período superior.

Não se deve esquecer que, mesmo em um momento de crise, como esse em que muitos direitos constitucionais são flexibilizados, é vedada pela Constituição Federal a incomunicabilidade do preso. A ele deverá ser garantido o direito de falar com seu familiar ou advogado, além do direito de ter preservada sua integridade.

Para que seja decretado o Estado de Defesa, a Constituição previu alguns procedimentos. Primeiramente, deve-se lembrar que a decretação é competência do Presidente da República. Antes de executar a medida, ele deverá consultar o Conselho de Defesa Nacional e o Conselho da República os quais emitirão um parecer acerca da situação. Apesar da obrigatoriedade em ouvir os Conselhos, o Presidente

# DEFESA DO ESTADO E DAS INSTITUIÇÕES DEMOCRÁTICAS

não está vinculado ao seus pareceres. Significa dizer que os pareceres emitidos pelos conselhos são meramente opinativos.

Ouvidos os Conselhos, o Presidente decreta a medida e imediatamente submete o decreto ao Congresso Nacional para aprovação. A decisão do Congresso Nacional é definitiva. Caso o decreto seja rejeitado, o Estado de Defesa cessa imediatamente.

> *§ 4º. Decretado o estado de defesa ou sua prorrogação, o Presidente da República, dentro de vinte e quatro horas, submeterá o ato com a respectiva justificação ao Congresso Nacional, que decidirá por maioria absoluta.*
>
> *§ 5º. Se o Congresso Nacional estiver em recesso, será convocado, extraordinariamente, no prazo de cinco dias.*
>
> *§ 6º. O Congresso Nacional apreciará o decreto dentro de dez dias contados de seu recebimento, devendo continuar funcionando enquanto vigorar o estado de defesa.*
>
> *§ 7º. Rejeitado o decreto, cessa imediatamente o estado de defesa.*

Apesar de ser caracterizado por medidas excepcionais, que restringem sobremaneira os direitos e garantias fundamentais, o Controle Constitucional de Crises não está imune à fiscalização por parte dos poderes públicos. Havendo excessos nas medidas adotadas, a Constituição prevê a possibilidade de responsabilização dos agentes por seus atos. A doutrina constitucional prevê duas formas de controle: Controle Político e Controle Jurisdicional.

O Controle Político é realizado basicamente pelo Congresso Nacional, que o efetuará de três formas:

**Imediato**: ocorre logo após a decretação da medida conforme o § 4º do Art. 136.

**Concomitante**: ocorre durante a execução do Estado de Defesa conforme § 6º do Art. 136 e Art. 140.

> *Art. 140. A Mesa do Congresso Nacional, ouvidos os líderes partidários, designará Comissão composta de cinco de seus membros para acompanhar e fiscalizar a execução das medidas referentes ao estado de defesa e ao estado de sítio.*

**Sucessivo (posterior)**: ocorre após a execução da medida nos termos do Art. 141:

> *Art. 141. Cessado o estado de defesa ou o estado de sítio, cessarão também seus efeitos, sem prejuízo da responsabilidade pelos ilícitos cometidos por seus executores ou agentes.*
>
> *Parágrafo único. Logo que cesse o estado de defesa ou o estado de sítio, as medidas aplicadas em sua vigência serão relatadas pelo Presidente da República, em mensagem ao Congresso Nacional, com especificação e justificação das providências adotadas, com relação nominal dos atingidos e indicação das restrições aplicadas.*

O Controle Jurisdicional é o realizado pelo Poder Judiciário, e ocorrerá de duas formas:

**Concomitante:** durante a execução da medida. Veja-se o disposto no Art. 136, § 3º;

**Sucessivo (Posterior):** após a execução da medida nos termos do Art. 141.

## 5.1.2 Estado de sítio

O Estado de Sítio é mais gravoso que o Estado de Defesa. Por consequência, as medidas adotadas nesse caso terão maior efeito restritivo aos direitos fundamentais.

Primeiramente são abordadas às hipóteses de cabimento do Estado de Sítio, que estão previstas no Art. 137, I e II:

> *I. comoção grave de repercussão nacional ou ocorrência de fatos que comprovem a ineficácia de medida tomada durante o estado de defesa;*
>
> *II. declaração de estado de guerra ou resposta a agressão armada estrangeira.*

A doutrina faz uma distinção interessante entre os dois incisos, classificando-os em Repressivo e Defensivo. O Estado de Sítio Repressivo está previsto no inciso I, haja vista ser necessária a atuação dos poderes públicos para conter a situação de crise. Já o inciso II, é chamado de Estado de Sítio Defensivo, pois o poder público utiliza a medida como forma de se defender de agressões externas.

Um ponto distintivo entre o Estado de Defesa e o Estado de Sítio, muito cobrado em prova, refere-se à área abrangida. Segundo o inciso I do Art. 137, será decretada a medida quando a crise tiver repercussão nacional. Quando o candidato encontrar na prova o termo "repercussão nacional", deve associar com o Estado de Sítio. Diferentemente, se estiver escrito "local restrito e determinado", relacionar o dispositivo com Estado de Defesa.

Um tema muito cobrado em prova é o tempo de duração do Estado de Sítio. Vejamos o que diz o §1º do Art. 137:

> *§ 1º. O estado de sítio, no caso do Art. 137, I, não poderá ser decretado por mais de trinta dias, nem prorrogado, de cada vez, por prazo superior; no do inciso II, poderá ser decretado por todo o tempo que perdurar a guerra ou a agressão armada estrangeira.*

Qual o prazo de duração do Estado de Sítio? Depende da hipótese de cabimento.

Segundo o § 1º, se a hipótese for a do inciso I do Art. 137, o prazo será de 30 dias prorrogáveis por mais 30 dias enquanto for necessário para conter a situação. Cuidado com este prazo, pois a Constituição deixou transparecer que ele não pode ser prorrogado, contudo, o que ela quis dizer é que não pode ser prorrogado por mais de 30 dias todas as vezes que for prorrogado. Dessa forma, ele poderá ser prorrogado indefinidamente, enquanto for necessário.

Já no caso do inciso II, a Constituição regula o Estado de Sítio em caso de guerra ou agressão estrangeira e prevê que a medida durará enquanto for necessária para repelir a agressão estrangeira ou acabar com a guerra. Logo, o Estado de Sítio nestes casos não possuem prazo certo para terminar.

No que tange às medidas coercitivas que podem ser adotadas no Estado de Sítio, a Constituição prevê no Art. 139:

> *Art. 139. Na vigência do estado de sítio decretado com fundamento no Art. 137, I, só poderão ser tomadas contra as pessoas as seguintes medidas:*
>
> *I. obrigação de permanência em localidade determinada;*
>
> *II. detenção em edifício não destinado a acusados ou condenados por crimes comuns;*
>
> *III. restrições relativas à inviolabilidade da correspondência, ao sigilo das comunicações, à prestação de informações e à liberdade de imprensa, radiodifusão e televisão, na forma da lei;*
>
> *IV. suspensão da liberdade de reunião;*
>
> *V. busca e apreensão em domicílio;*
>
> *VI. intervenção nas empresas de serviços públicos;*
>
> *VII. requisição de bens.*
>
> *Parágrafo único. Não se inclui nas restrições do inciso III a difusão de pronunciamentos de parlamentares efetuados em suas Casas Legislativas, desde que liberada pela respectiva Mesa.*

O dispositivo só regulamentou as restrições adotadas na hipótese do inciso I do Art. 137, qual seja: comoção grave de repercussão nacional ou ocorrência de fatos que comprovem a ineficácia de medida tomada durante o Estado de Defesa. Esse rol de medidas é taxativo, restringindo a atuação do poder público durante sua aplicação. No caso do Art. 137, II, a Constituição nada disse, o que levou a doutrina a concluir a possibilidade de adoção de qualquer medida necessária para conter a situação, desde que compatíveis com a Ordem Constitucional e com as leis brasileiras.

Como se pode perceber, as medidas aqui são mais gravosas que as adotadas no Estado de Defesa, e isso pode ser muito bem notado pela distinção feita entre o Estado de Defesa e de Sítio no que se refere à liberdade de reunião. Enquanto no Estado de Defesa a liberdade de reunião sofre restrições, aqui ela será suspensa.

Outro dispositivo importante é o previsto no parágrafo único, que isenta os pronunciamentos dos parlamentares efetuados em suas Casas das restrições impostas no inciso III do artigo em análise, desde que liberadas pelas respectivas Mesas. As demais restrições devem ser lidas e memorizadas, pois podem ser cobradas em prova.

Vejamos agora como é o procedimento de decretação do Estado de Sítio:

> *Art. 137. O Presidente da República pode, ouvidos o Conselho da República e o Conselho de Defesa Nacional, solicitar ao Congresso Nacional autorização para decretar o estado de sítio nos casos de:*
>
> *Parágrafo único. O Presidente da República, ao solicitar autorização para decretar o estado de sítio ou sua prorrogação, relatará os motivos determinantes do pedido, devendo o Congresso Nacional decidir por maioria absoluta.*
>
> *Art. 138. O decreto do estado de sítio indicará sua duração, as normas necessárias a sua execução e as garantias constitucionais que ficarão suspensas, e, depois de publicado, o Presidente da República designará o executor das medidas específicas e as áreas abrangidas.*
>
> *§ 2º. Solicitada autorização para decretar o estado de sítio durante o recesso parlamentar, o Presidente do Senado Federal, de imediato, convocará extraordinariamente o Congresso Nacional para se reunir dentro de cinco dias, a fim de apreciar o ato.*
>
> *§ 3º. O Congresso Nacional permanecerá em funcionamento até o término das medidas coercitivas.*

Conforme estudado no Estado de Defesa, a decretação do Estado de Sítio fica a cargo do Presidente da República após ouvir o Conselho da República e o Conselho de Defesa Nacional. A consulta é obrigatória, mas os pareceres dos Conselhos não vinculam o Presidente. Apesar da similaridade de procedimentos, aqui o Presidente tem que solicitar autorização do Congresso Nacional antes de decretar o Estado de Sítio. Essa diferença é bastante cobrada em prova.

Ao passo que no Estado de Defesa o Presidente Decreta a medida e depois apresenta para o Congresso avaliar. No Estado de Sítio, antes de decretar, o Presidente deve sujeitar a medida à apreciação do Congresso Nacional.

Essa característica demonstra que, assim como no Estado de Defesa, a medida está sujeita a controle dos outros Poderes. Sendo assim, verifica-se que a fiscalização será feita tanto pelos órgãos políticos quanto pelos órgãos jurisdicionais.

**Tem-se controle político quando realizado pelo Congresso Nacional, o qual se dará de forma:**

**Prévio:** ocorre quando o Congresso Nacional autoriza a execução da medida;

**Concomitante:** ocorre durante a execução da medida;

> *Art. 140. A Mesa do Congresso Nacional, ouvidos os líderes partidários, designará Comissão composta de cinco de seus membros para acompanhar e fiscalizar a execução das medidas referentes ao estado de defesa e ao estado de sítio.*

**Sucessivo (posterior):** ocorre após a execução da medida;

> *Art. 141. Cessado o estado de defesa ou o estado de sítio, cessarão também seus efeitos, sem prejuízo da responsabilidade pelos ilícitos cometidos por seus executores ou agentes.*
>
> *Parágrafo único. Logo que cesse o estado de defesa ou o estado de sítio, as medidas aplicadas em sua vigência serão relatadas pelo Presidente da República, em mensagem ao Congresso Nacional, com especificação e justificação das providências adotadas, com relação nominal dos atingidos e indicação das restrições aplicadas.*

Também existe o controle Jurisdicional executado pelos órgãos do Poder Judiciário, o qual se dará de forma:

**Concomitante**: durante a execução da medida. Apesar de não haver previsão constitucional expressa, qualquer lesão ou ameaça a direito poderá ser apreciada pelo Poder Judiciário;

**Sucessivo (Posterior):** após a execução da medida nos termos do Art. 141.

## 5.2 Forças Armadas

### 5.2.1 Instituições

As Forças Armadas são formadas por instituições que compõem a estrutura de defesa do Estado, a Marinha, o Exército e a Aeronáutica. Possuem como funções principais a defesa da pátria, a garantia dos poderes constitucionais, da lei e da ordem. Apesar de sua vinculação à União, suas atribuições têm caráter nacional e podem ser exercidas em todo o território brasileiro:

> *Art. 142. As Forças Armadas, constituídas pela Marinha, pelo Exército e pela Aeronáutica, são instituições nacionais permanentes e regulares, organizadas com base na hierarquia e na disciplina, sob a autoridade suprema do Presidente da República, e destinam-se à defesa da Pátria, à garantia dos poderes constitucionais e, por iniciativa de qualquer destes, da lei e da ordem.*

Segundo o χαπυτ do Art. 142, são classificadas como instituições permanentes e regulares. Estão sempre prontas para agir. São regulares, pois desempenham funções sistemáticas e dependem de um efetivo de servidores para realizá-las.

Ainda, destaca-se a base de sua organização na hierarquia e na disciplina. Esses atributos típicos da Administração Pública são ressaltados nessas instituições devido ao caráter militar que possuem. As Forças Armadas valorizam demasiadamente essa estrutura hierárquica, com regulamentos que garantem uma distribuição do efetivo em diversos níveis de escalonamento, cujo comando supremo está nas mãos do Presidente da República.

Em linhas gerais, a Constituição previu algumas regras para o funcionamento das instituições militares:

> *§ 1º. Lei complementar estabelecerá as normas gerais a serem adotadas na organização, no preparo e no emprego das Forças Armadas.*
>
> *§ 3º. Os membros das Forças Armadas são denominados militares, aplicando-se-lhes, além das que vierem a ser fixadas em lei, as seguintes disposições:*
>
> *I. as patentes, com prerrogativas, direitos e deveres a elas inerentes, são conferidas pelo Presidente da República e asseguradas em plenitude aos oficiais da ativa, da reserva ou reformados, sendo-lhes privativos os títulos e postos militares e, juntamente com os demais membros, o uso dos uniformes das Forças Armadas;*
>
> *II. o militar em atividade que tomar posse em cargo ou emprego público civil permanente, ressalvada a hipótese prevista no Art. 37, inciso XVI, alínea "c", será transferido para a reserva, nos termos da lei; (Redação dada pela Emenda Constitucional nº 77, de 2014)*
>
> *III. o militar da ativa que, de acordo com a lei, tomar posse em cargo, emprego ou função pública civil temporária, não eletiva, ainda que da administração indireta, ressalvada a hipótese prevista no art. 37, inciso XVI, alínea "c", ficará agregado ao respectivo quadro e somente poderá, enquanto permanecer nessa situação, ser promovido por antiguidade, contando-se-lhe o tempo de serviço apenas para aquela promoção e transferência para a reserva, sendo depois de dois anos de afastamento, contínuos ou não, transferido para a reserva, nos termos da lei; (Redação dada pela Emenda Constitucional nº 77, de 2014);*
>
> *IV. ao militar são proibidas a sindicalização e a greve;*
>
> *V. o militar, enquanto em serviço ativo, não pode estar filiado a partidos políticos;*

# DEFESA DO ESTADO E DAS INSTITUIÇÕES DEMOCRÁTICAS

*VI. o oficial só perderá o posto e a patente se for julgado indigno do oficialato ou com ele incompatível, por decisão de tribunal militar de caráter permanente, em tempo de paz, ou de tribunal especial, em tempo de guerra;*

*VII. o oficial condenado na justiça comum ou militar a pena privativa de liberdade superior a dois anos, por sentença transitada em julgado, será submetido ao julgamento previsto no inciso anterior;*

*VIII. aplica-se aos militares o disposto no art. 7º, incisos VIII, XII, XVII, XVIII, XIX e XXV, e no Art. 37, incisos XI, XIII, XIV e XV, bem como, na forma da lei e com prevalência da atividade militar, no Art. 37, inciso XVI, alínea "c"; (Redação dada pela Emenda Constitucional nº 77, de 2014)*

*IX. (Revogado pela Emenda Constitucional nº 41, de 19.12.2003).*

*X. a lei disporá sobre o ingresso nas Forças Armadas, os limites de idade, a estabilidade e outras condições de transferência do militar para a inatividade, os direitos, os deveres, a remuneração, as prerrogativas e outras situações especiais dos militares, consideradas as peculiaridades de suas atividades, inclusive aquelas cumpridas por força de compromissos internacionais e de guerra.*

### 5.2.2 Habeas corpus

A Constituição declarou expressamente o não cabimento de *Habeas Corpus* nas punições disciplinares militares:

*§ 2º. Não caberá Habeas Corpus em relação a punições disciplinares militares.*

Essa vedação decorre do regime constritivo rigoroso existente nas instituições castrenses, o qual permite como sanção administrativa a prisão. Deve-se ter muito cuidado com isso em prova. Segundo o STF, se o *Habeas Corpus* versar sobre a ilegalidade da prisão, ele será admitido, ficando a vedação adstrita apenas ao seu mérito.

### 5.2.3 Vedações

Como foi dito anteriormente, o regime militar é bem rigoroso e a Constituição apresentou algumas vedações que sempre caem em prova:

*IV. ao militar são proibidas a sindicalização e a greve;*

*V. o militar, enquanto em serviço ativo, não pode estar filiado a partidos políticos;*

A sindicalização e a greve são medidas que dificultam o trabalho do militar, pois o influencia a questionar as ordens recebidas de seus superiores. As atribuições dos militares dependem de uma obediência irrestrita, por essa razão a Constituição os impediu de se organizarem em sindicatos e de realizarem movimentos paredistas.

Quanto à vedação de filiação a partido político, deve-se destacar que o militar, para que desenvolva suas atividades com eficiência, não pode se sujeitar às correntes político-partidárias. O militar deve obedecer apenas à Constituição Federal e executar suas atividades com determinação. Essa vedação não o impede de se candidatar a cargo eletivo, desde que não seja conscrito. Aqui cabe citar o Art. 14, § 8º da CF:

*§ 8º. O militar alistável é elegível, atendidas as seguintes condições:*

*I. se contar menos de dez anos de serviço, deverá afastar-se da atividade;*

*II. se contar mais de dez anos de serviço, será agregado pela autoridade superior e, se eleito, passará automaticamente, no ato da diplomação, para a inatividade.*

### 5.2.4 Serviço militar obrigatório

Outro tema importante acerca das Forças Armadas é a existência do serviço militar obrigatório, previsto no Art. 143:

*Art. 143. O serviço militar é obrigatório nos termos da lei.*

*§ 1º. Às Forças Armadas compete, na forma da lei, atribuir serviço alternativo aos que, em tempo de paz, após alistados, alegarem imperativo de consciência, entendendo-se como tal o decorrente de crença religiosa e de convicção filosófica ou política, para se eximirem de atividades de caráter essencialmente militar.*

*§ 2º. as mulheres e os eclesiásticos ficam isentos do serviço militar obrigatório em tempo de paz, sujeitos, porém, a outros encargos que a lei lhes atribuir.*

A Lei que regula o serviço militar obrigatório é a 4.375/64, a qual obriga todos os brasileiros a se alistarem. Destaca-se que essa obrigatoriedade não se aplica aos eclesiásticos (líderes religiosos) e às mulheres, em tempos de paz, o que nos conduz à conclusão de que eles poderiam ser convocados em momentos de guerra ou mobilização nacional.

O § 1º apresenta um tema que já foi cobrado em prova: a dispensa do serviço obrigatório pela escusa de consciência. Isso ocorre quando o indivíduo se recusa a cumprir a obrigação essencialmente militar que é imposta pela Constituição Federal em razão da sua convicção filosófica, religiosa ou política. O referido parágrafo, em consonância com o inciso VIII do Art. 5º, permite que nesses casos o interessado tenha respeitado o seu direito de escolha e de livre consciência desde que cumpra a prestação alternativa regulamentada na Lei 8.239/91, a qual consiste no desempenho de atribuições de caráter administrativo, assistencial, filantrópico ou produtivo, em substituição às atividades de caráter essencialmente militar. Não havendo o cumprimento da atividade obrigatória ou da prestação alternativa fixada em lei, o Art. 15 prevê como consequência a restrição dos direitos políticos:

*Art. 15. É vedada a cassação de direitos políticos, cuja perda ou suspensão só se dará nos casos de:*

*IV. recusa de cumprir obrigação a todos imposta ou prestação alternativa, nos termos do Art. 5º, VIII.*

Acerca desse tema, um problema surge na doutrina. A Constituição não estabelece de forma clara qual consequência deverá ser aplicada ao indivíduo que se recusa a cumprir a obrigação ou a prestação alternativa. A Lei 8.239/91, que regula a prestação alternativa ao serviço militar obrigatório, prevê que será declarada a suspensão dos direitos políticos de quem se recusar a cumprir a obrigação e a prestação alternativa. A doutrina tem se dividido entre as duas possibilidades: perda ou suspensão dos direitos políticos.

Em tese, esse tema não deveria ser cobrado em prova de concurso, considerando sua divergência doutrinária; entretanto, recentemente, para o concurso de juiz do TRF da 5ª região, a banca CESPE trouxe essa questão e sustentou em seu gabarito definitivo a posição de perda dos direitos políticos. Diante desse último posicionamento da CESPE, caso o candidato faça alguma prova desta banca, em que seja cobrada esse conteúdo, deve-se responder perda. O mesmo se aplica para FCC, que também entende que ocorre perda dos direitos políticos.

## 5.3 Segurança Pública

### 5.3.1 Órgãos

Conforme prescrito no χαπυτ do Art. 144, a Segurança Pública é dever do Estado e tem como objetivo a preservação da ordem pública e da incolumidade das pessoas e do patrimônio. Esse tema é certo em concursos públicos da área de Segurança Pública e deve ser estudado com o foco na memorização de todo o artigo. Um dos pontos mais importantes está na definição de quais órgãos compõem a chamada segurança pública, os quais estão listados de forma taxativa no Art. 144:

*Art. 144. A segurança pública, dever do Estado, direito e responsabilidade de todos, é exercida para a preservação da ordem pública e da incolumidade das pessoas e do patrimônio, através dos seguintes órgãos:*

*I. polícia federal;*

244

# NOÇÕES DE ADMINISTRAÇÃO PÚBLICA

*II. polícia rodoviária federal;*
*III. polícia ferroviária federal;*
*IV. polícias civis;*
*V. polícias militares e corpos de bombeiros militares.*
*VI. polícias penais federal, estaduais e distrital.*

O STF já decidiu que esse rol é taxativo e que os demais entes federativos estão vinculados à classificação proposta pela Constituição. Diante disso, conclui-se que os Estados, Distrito Federal e Municípios estão proibidos de criar outros órgãos de segurança pública diferentes dos estabelecidos na Constituição Federal. Vejamos esta questão de prova:

Ainda, como fruto dessa taxatividade, deve-se afirmar que nenhum outro órgão além dos estabelecidos nesse artigo poderá ser considerado como sendo de Segurança Pública. Isso se aplica às Guardas Municipais, aos Agentes Penitenciários, aos Agentes de Trânsito e aos Seguranças Privados.

Há ainda a chamada Força Nacional de Segurança, instituição criada como fruto de um acordo de cooperação entre os Estados e o Distrito Federal que possui o objetivo de apoiar ações de segurança pública nesses locais. Apesar de ser formado por membros dos órgãos de segurança pública de todo o país, não se pode afirmar, principalmente numa prova de concurso, que essa instituição faça parte dos Órgãos de Segurança Pública.

Não se pode esquecer das Polícias Legislativas criadas no âmbito da Câmara dos Deputados e do Senado Federal, previstas nos Arts. 51, IV e 52, XIII. Também não entram na classificação de Órgãos de Segurança Pública para a prova, pois não estão no rol do Art. 144:

*Art. 51. Compete privativamente à Câmara dos Deputados:*
*IV. dispor sobre sua organização, funcionamento, polícia, criação, transformação ou extinção dos cargos, empregos e funções de seus serviços, e a iniciativa de lei para fixação da respectiva remuneração, observados os parâmetros estabelecidos na lei de diretrizes orçamentárias.*
*Art. 52. Compete privativamente ao Senado Federal:*
*XIII. dispor sobre sua organização, funcionamento, polícia, criação, transformação ou extinção dos cargos, empregos e funções de seus serviços, e a iniciativa de lei para fixação da respectiva remuneração, observados os parâmetros estabelecidos na lei de diretrizes orçamentárias.*

Cada um dos órgãos será organizado em estatuto próprio, conforme preleciona o § 7º do Art. 144:

*§ 7º. A lei disciplinará a organização e o funcionamento dos órgãos responsáveis pela segurança pública, de maneira a garantir a eficiência de suas atividades.*

## 5.3.2 Polícia administrativa x polícia judiciária

Antes de iniciar uma análise mais detida do artigo em questão, uma importante distinção doutrinária deve ser feita em relação às polícias de segurança pública: Polícia Administrativa e Polícia Judiciária.

**Polícia Administrativa** é a polícia preventiva. Sua atividade ocorre antes do cometimento da infração penal com o intuito de impedir a sua ocorrência. Sua atuação é ostensiva, ou seja, visível pelos membros da sociedade. É aquela polícia a que recorremos quando temos um problema. Uma característica marcante das polícias ostensivas é o seu uniforme. É a vestimenta que identifica um policial ostensivo. O maior exemplo de polícia administrativa é a Polícia Militar. Também são consideradas como polícia preventiva: Polícia Federal (em situações específicas), Polícia Rodoviária Federal, Polícia Ferroviária Federal e Corpo de Bombeiros Militar.

**Polícia Judiciária** é a polícia repressiva. Sua atividade ocorre após o cometimento da infração penal, quando a atuação da polícia preventiva não surtiu efeito. Sua atividade é investigativa com o fim de encontrar os elementos comprobatórios do ilícito penal cometido. O resultado do trabalho das polícias judiciárias é utilizado posteriormente pelo Ministério Público para subsidiar sua atuação junto ao Poder Judiciário. Daí a razão do nome ser Polícia Judiciária. O resultado de seu trabalho é utilizado pelo Poder Judiciário em seus julgamentos. Atente-se para a seguinte diferença, pois já caiu em prova de concurso: a Polícia Judiciária não faz parte do Poder Judiciário, mas do Poder Executivo. São consideradas como Polícia Judiciária a Polícia Civil e a Polícia Federal. A Polícia Militar também possui atribuições repressivas quando atua na investigação de crimes cometidos por policiais militares.

Além dessa classificação, pode-se distinguir os órgãos do Art. 144 em federais e estaduais, a depender da sua vinculação federativa:

**Federais**

Polícia Federal, Polícia Rodoviária Federal e Polícia Ferroviária Federal;

**Estaduais**

Polícia Civil, Polícia Militar e Corpo de Bombeiro Militar.

Feitas essas considerações iniciais, prossegue-se agora com a análise de cada um dos órgãos de segurança pública do Art. 144.

## 5.3.3 Polícia federal

A Polícia Federal é o órgão de segurança pública com maior quantidade de atribuições previstas na Constituição Federal, razão pela qual é a mais cobrada em prova:

*§ 1º. A polícia federal, instituída por lei como órgão permanente, organizado e mantido pela União e estruturado em carreira, destina-se a:*
*I. apurar infrações penais contra a ordem política e social ou em detrimento de bens, serviços e interesses da União ou de suas entidades autárquicas e empresas públicas, assim como outras infrações cuja prática tenha repercussão interestadual ou internacional e exija repressão uniforme, segundo se dispuser em lei;*
*II. prevenir e reprimir o tráfico ilícito de entorpecentes e drogas afins, o contrabando e o descaminho, sem prejuízo da ação fazendária e de outros órgãos públicos nas respectivas áreas de competência;*
*III. exercer as funções de polícia marítima, aeroportuária e de fronteiras;*
*IV. exercer, com exclusividade, as funções de polícia judiciária da União.*

Deve-se destacar, como característica principal, a sua atuação como Polícia Judiciária exclusiva da União. É ela quem atuará na repressão dos crimes cometidos contra a União e suas entidades autárquicas e empresas públicas. Apesar de mencionar algumas entidades da administração indireta, não se mencionou as Sociedades de Economia Mista. Isso força uma conclusão de que a Polícia Federal não tem atribuição nos crimes que envolvam interesses de Sociedades de Economia Mista.

As demais atribuições serão exercidas concomitantemente com outros órgãos, limitando a exclusividade de sua atuação apenas à função investigativa no âmbito da União.

## 5.3.4 Polícia rodoviária federal

A Polícia Rodoviária Federal é órgão da União responsável pelo patrulhamento das rodovias federais:

*§ 2º. A polícia rodoviária federal, órgão permanente, organizado e mantido pela União e estruturado em carreira, destina-se, na forma da lei, ao patrulhamento ostensivo das rodovias federais.*

Eventualmente, sua atuação se estenderá às rodovias estaduais ou distritais mediante convênio firmado entre os entes federativos. Não havendo esse convênio, o patrulhamento das rodovias estaduais e distritais fica a cargo das Polícias Militares. É comum no âmbito das Polícias

## DEFESA DO ESTADO E DAS INSTITUIÇÕES DEMOCRÁTICAS

Militares a criação de batalhões ou companhias com essa atribuição específica, as chamadas Polícias Rodoviárias.

### 5.3.5 Polícia ferroviária federal

A Polícia Ferroviária Federal é o órgão da União responsável pelo patrulhamento das ferrovias federais:

> § 3º. A polícia ferroviária federal, órgão permanente, organizado e mantido pela União e estruturado em carreira, destina-se, na forma da lei, ao patrulhamento ostensivo das ferrovias federais.

Diante da pouca relevância das ferrovias no Brasil, esse órgão ficou no esquecimento durante vários anos. No dia 5 agosto de 2011, a Presidente Dilma sancionou a Lei 12.462, que cria no âmbito do Ministério da Justiça a Polícia Ferroviária Federal. O efetivo que comporá essa nova estrutura se originará das instituições que anteriormente cuidavam das ferrovias:

> Art. 48. A Lei nº 10.683, de 28 de maio de 2003, passa a vigorar com as seguintes alterações:
> Art. 29, XIV. Do Ministério da Justiça: o Conselho Nacional de Política Criminal e Penitenciária, o Conselho Nacional de Segurança Pública, o Conselho Federal Gestor do Fundo de Defesa dos Direitos Difusos, o Conselho Nacional de Combate à Pirataria e Delitos contra a Propriedade Intelectual, o Conselho Nacional de Arquivos, o Conselho Nacional de Políticas sobre Drogas, o Departamento de Polícia Federal, o Departamento de Polícia Rodoviária Federal, o Departamento de Polícia Ferroviária Federal, a Defensoria Pública da União, o Arquivo Nacional e até 6 (seis) Secretarias;
> § 8º. Os profissionais da Segurança Pública Ferroviária oriundos do grupo Rede, Rede Ferroviária Federal (RFFSA), da Companhia Brasileira de Trens Urbanos (CBTU) e da Empresa de Trens Urbanos de Porto Alegre (Trensurb) que estavam em exercício em 11 de dezembro de 1990, passam a integrar o Departamento de Polícia Ferroviária Federal do Ministério da Justiça (NR).

### 5.3.6 Polícia civil

Essa é a Polícia Judiciária no âmbito dos Estados e do Distrito Federal. É dirigida por delegados de polícia de carreira e possui atribuição subsidiária à da Polícia Federal e à da Polícia Militar. Significa dizer que o que não for atribuição da Polícia Federal ou da Polícia Militar será da Polícia Civil:

> § 4º - às polícias civis, dirigidas por delegados de polícia de carreira, incumbem, ressalvada a competência da União, as funções de polícia judiciária e a apuração de infrações penais, exceto as militares.

### 5.3.7 Polícia militar e corpo de bombeiros militar

Essas duas instituições possuem caráter essencialmente ostensivo dentro das atribuições próprias. A Polícia Militar é responsável pelo policiamento ostensivo e preservação da ordem pública.

É a PM quem exerce a função principal de prevenção do crime. Quando se pensa em polícia, certamente é a primeira que vem à mente, pois é vista pela sociedade. Já o Corpo de Bombeiros Militar, apesar de não ser órgão policial, possui atribuição de segurança pública à medida que executa atividades de defesa civil. São responsáveis por uma atuação voltada para a proteção da sociedade, prestação de socorro, atuação em incêndios e acidentes. Destaca-se pela agilidade no atendimento, o que muitas vezes acaba por coibir maiores tragédias:

> § 5º. às polícias militares cabem a polícia ostensiva e a preservação da ordem pública; aos corpos de bombeiros militares, além das atribuições definidas em lei, incumbe a execução de atividades de defesa civil.
> § 6º. As polícias militares e corpos de bombeiros militares, forças auxiliares e reserva do Exército, subordinam-se, juntamente com as polícias civis, aos Governadores dos Estados, do Distrito Federal e dos Territórios.

Por serem corporações militares, a eles se aplicam as mesmas regras que são aplicadas às Forças Armadas, como a proibição de greve, filiação partidária e sindicalização.

São ainda consideradas forças auxiliares e reserva do Exército. Significa que num momento de necessidade de efetivo seria possível a convocação de Policiais e Bombeiros Militares como força reserva e de apoio.

Estão subordinados aos Governadores dos Estados, a Distrito Federal e dos Territórios a quem compete a gestão da Segurança Pública em cada ente federativo.

No que tange à Polícia Militar, ao Corpo de Bombeiros Militares e à Polícia Civil do Distrito Federal, há um detalhe que não pode ser esquecido, pois já foi cobrado em prova. Apesar da subordinação destas forças ao Governador do Distrito Federal, a competência para legislar e manter estas corporações é da União.

Aqui há uma exceção na autonomia federativa do Distrito Federal, que está prevista expressamente na Constituição no Art. 21, XIV:

> Art. 21. Compete à União:
> XIV. organizar e manter a polícia civil, a polícia militar e o corpo de bombeiros militar do Distrito Federal, bem como prestar assistência financeira ao Distrito Federal para a execução de serviços públicos, por meio de fundo próprio.

### 5.3.8 Polícias penais

A Emenda Constitucional 104/2019 introduziu no rol de entidades de segurança pública as chamadas penais.

De acordo com o art. 144, §5º-A da Constituição, cabe às polícias penais, vinculadas ao órgão administrador do sistema penal da unidade federativa a que pertencem, a segurança dos estabelecimentos penais.

# 6 CONSTITUIÇÃO ESTADUAL DE SÃO PAULO

## 6.1 Poder Executivo

### 6.1.1 Governador e Vice-Governador do Estado

**Poder executivo:** é exercido pelo Governador do Estado, eleito para um mandato de quatro anos, podendo ser reeleito para um único período subsequente, na forma estabelecida na Constituição Federal.

**Substituição:** Substituirá o Governador, no caso de impedimento, e suceder-lhe-á, no de vaga, o Vice-Governador.

**Vice-governador:** além de outras atribuições que lhe forem conferidas por lei complementar, auxiliará o Governador, sempre que por ele convocado para missões especiais.

**Eleições:** A eleição do Governador e do Vice-Governador realizar-se-á no primeiro domingo de outubro, em primeiro turno, e no último domingo de outubro, em segundo turno, se houver, do ano anterior ao do término do mandato de seus antecessores, e a posse ocorrerá em primeiro de janeiro do ano subsequente, observado, quanto ao mais, o disposto no artigo 77 da Constituição Federal.

**Impedimento:** Em caso de impedimento do Governador e do Vice-Governador, ou vacância dos respectivos cargos, serão sucessivamente chamados ao exercício da Governança o Presidente da Assembleia Legislativa e o Presidente do Tribunal de Justiça.

**Vacância:** Vagando os cargos de Governador e Vice-Governador, far-se-á eleição noventa dias depois de aberta a última vaga. Ocorrendo a vacância no último ano do período governamental, aplica-se o disposto mencionado. Em qualquer dos casos, os sucessores deverão completar o período de governo restante.

**Perda do mandato:** Perderá o mandato o Governador que assumir outro cargo ou função na administração pública direta ou indireta, ressalvada a posse em virtude de concurso público e observado o disposto no artigo 38, I, IV e V, da Constituição Federal.

**Posse:** O Governador e o Vice-Governador tomarão posse perante a Assembleia Legislativa, prestando compromisso de cumprir e fazer cumprir a Constituição Federal e a do Estado e de observar as leis. Se, decorridos dez dias da data fixada para a posse, o Governador ou o Vice-Governador, salvo motivo de força maior, não tiver assumido o cargo, este será declarado vago.

**Governador e o vice-governador:** não poderão, sem licença da Assembleia Legislativa, ausentar-se do Estado por período superior a quinze dias, sob pena de perda do cargo.

**Pedido de licença:** amplamente motivado, indicará, especialmente, as razões da viagem, o roteiro e a previsão de gastos.

**Residência do governador:** o Governador deverá residir na Capital do Estado.

**Declaração de bens:** o Governador e o Vice-Governador deverão, no ato da posse e no término do mandato, fazer declaração pública de bens.

### 6.1.2 Atribuições do Governador

**Competência**: compete privativamente ao Governador, além de outras atribuições previstas nesta Constituição:

> I – representar o Estado nas suas relações jurídicas, políticas e administrativas;

II – exercer, com o auxílio dos Secretários de Estado, a direção superior da administração estadual;

III – sancionar, promulgar e fazer publicar as leis, bem como, no prazo nelas estabelecido, não inferior a trinta nem superior a cento e oitenta dias, expedir decretos e regulamentos para sua fiel execução, ressalvados os casos em que, nesse prazo, houver interposição de ação direta de inconstitucionalidade contra a lei publicada; (NR)

IV – vetar projetos de lei, total ou parcialmente;

V – prover os cargos públicos do Estado, com as restrições da Constituição Federal e desta Constituição, na forma pela qual a lei estabelecer;

VI – nomear e exonerar livremente os Secretários de Estado;

VII – nomear e exonerar os dirigentes de autarquias, observadas as condições estabelecidas nesta Constituição;

VIII – decretar e fazer executar intervenção nos Municípios, na forma da Constituição Federal e desta Constituição;

IX – prestar contas da administração do Estado à Assembleia Legislativa, na forma desta Constituição;

X – apresentar à Assembleia Legislativa, na sua sessão inaugural, mensagem sobre a situação do Estado, solicitando medidas de interesse do Governo;

XI – iniciar o processo legislativo, na forma e nos casos previstos nesta Constituição;

XII – fixar ou alterar, por decreto, os quadros, vencimentos e vantagens do pessoal das fundações instituídas ou mantidas pelo Estado, nos termos da lei;

XIII – indicar diretores de sociedade de economia mista e empresas públicas;

XIV – praticar os demais atos de administração, nos limites da competência do Executivo;

XV – subscrever ou adquirir ações, realizar ou aumentar capital, desde que haja recursos hábeis, de sociedade de economia mista ou de empresa pública, bem como dispor, a qualquer título, no todo ou em parte, de ações ou capital que tenha subscrito, adquirido, realizado ou aumentado, mediante autorização da Assembleia Legislativa;

XVI – delegar, por decreto, a autoridade do Executivo, funções administrativas que não sejam de sua exclusiva competência;

XVII – enviar à Assembleia Legislativa projetos de lei relativos ao plano plurianual, diretrizes orçamentárias, orçamento anual, dívida pública e operações de crédito;

XVIII – enviar à Assembleia Legislativa projeto de lei sobre o regime de concessão ou permissão de serviços públicos;

XIX – dispor, mediante decreto, sobre:

a) organização e funcionamento da administração estadual, quando não implicar aumento de despesa, nem criação ou extinção de órgãos públicos;

b) extinção de funções ou cargos públicos, quando vagos.

**Representação:** a representação poderá ser delegada por lei, de iniciativa do Governador, a outra autoridade.

### 6.1.3 Responsabilidade do Governador

**Admissão de acusação:** admitida a acusação contra o Governador, por dois terços da Assembleia Legislativa, será ele submetido a julgamento perante o Superior Tribunal de Justiça, nas infrações penais comuns.

**Suspensão:** o Governador ficará suspenso de suas funções:

▷ Nas infrações penais comuns, recebida a denúncia ou queixa-crime pelo Superior Tribunal de Justiça;

▷ Declarado inconstitucional, em controle concentrado, pelo Supremo Tribunal Federal.

**Decurso do prazo:** se, decorrido o prazo de cento e oitenta dias, o julgamento não estiver concluído, cessará o afastamento do Governador, sem prejuízo do prosseguimento do processo.

# CONSTITUIÇÃO ESTADUAL DE SÃO PAULO

## 6.1.4 Secretários de Estado

**Secretários de estado:** serão escolhidos entre brasileiros maiores de vinte e um anos e no exercício dos direitos políticos.

**Responsabilidade:** os Secretários de Estado, auxiliares diretos e da confiança do Governador, serão responsáveis pelos atos que praticarem ou referendarem no exercício do cargo, bem como por retardar ou deixar de praticar, indevidamente, ato de ofício.

> **Atenção!**
> Secretários de Estado responderão os requerimentos de informação formulados por Deputados e encaminhados pelo Presidente da Assembleia após apreciação da Mesa, reputando-se não praticado o ato de seu ofício sempre que a resposta for elaborada em desrespeito ao parlamentar ou ao Poder Legislativo, ou que deixar de referir-se especificamente a cada questionamento feito.

**Extensão da responsabilidade:** os Secretários de Estado respondem pelos atos dos dirigentes, diretores e superintendentes de órgãos da administração pública direta, indireta e fundacional a eles diretamente subordinados ou vinculados.

**Comissão permanente da assembleia legislativa:** caberá a cada Secretário de Estado, semestralmente, comparecer perante a Comissão Permanente da Assembleia Legislativa a que estejam afetas as atribuições de sua Pasta, para prestação de contas do andamento da gestão, bem como demonstrar e avaliar o desenvolvimento de ações, programas e metas da Secretaria correspondente.

**Comparecimento do secretário de estado:** com a finalidade de apresentar, quadrimestralmente, perante Comissão Permanente do Poder Legislativo, a demonstração e a avaliação do cumprimento das metas fiscais por parte do Poder Executivo suprirá a obrigatoriedade constante da lei.

**Universidades públicas estaduais e da fundação de amparo à pesquisa do estado de São Paulo:** no caso das Universidades Públicas Estaduais e da Fundação de Amparo à Pesquisa do Estado de São Paulo, incumbe, respectivamente, aos próprios Reitores e ao Presidente, efetivar, anualmente e no que couber.

**Secretários:** farão declaração pública de bens, no ato da posse e no término do exercício do cargo, e terão os mesmos impedimentos estabelecidos nesta Constituição para os Deputados, enquanto permanecerem em suas funções.

## 6.2 Poder Judiciário

### 6.2.1 Justiça militar do Estado

**Justiça Militar do estado:** será constituída, em primeiro grau, pelos juízes de Direito e pelos Conselhos de Justiça e, em segundo grau, pelo Tribunal de Justiça Militar.

**Competência:** compete à Justiça Militar estadual processar e julgar os militares do Estado, nos crimes militares definidos em lei e as ações judiciais contra atos disciplinares militares, ressalvada a competência do júri quando a vítima for civil, cabendo ainda decidir sobre a perda do posto e da patente dos oficiais e da graduação das praças.

**Tribunal de Justiça Militar do estado:** com jurisdição em todo o território estadual e com sede na Capital, compor-se-á de sete juízes, divididos em duas câmaras, e respeitado o art. 94 da Constituição Federal, sendo quatro militares Coronéis da ativa da Polícia Militar do Estado e três civis.

Competência do Tribunal de Justiça Militar processar e julgar:

*I – originariamente, o Chefe da Casa Militar, o Comandante-Geral da Polícia Militar, nos crimes militares definidos em lei, os mandados de segurança e os "habeas corpus", nos processos cujos recursos forem de sua competência ou quando o coator ou coagido estiverem diretamente sujeitos a sua jurisdição e às revisões criminais de seus julgados e das Auditorias Militares;*

*II – em grau de recurso, os policiais militares, nos crimes militares definidos em lei.*

**Correição:** compete ainda ao tribunal exercer a correição geral sobre as atividades de Polícia Judiciária Militar, bem como decidir sobre a perda do posto e da patente dos Oficiais e da graduação das praças.

**Juízo militar:** compete aos juízes de direito do juízo militar processar e julgar, singularmente, os crimes militares cometidos contra civis e as ações judiciais contra atos disciplinares militares, cabendo ao Conselho de Justiça, sob a presidência do juiz de direito, processar e julgar os demais crimes militares.

**Serviços de correição permanente:** sobre as atividades de Polícia Judiciária Militar e do Presídio Militar serão realizados pelo juiz de direito do juízo militar designado pelo Tribunal.

**Juízes do tribunal de justiça militar:** os juízes de direito do juízo militar gozam dos mesmos direitos, vantagens e subsídios e sujeitam-se às mesmas proibições dos Desembargadores do Tribunal de Justiça e dos juízes de Direito, respectivamente.

**Promoção:** juízes de direito do juízo militar serão promovidos ao Tribunal de Justiça Militar nas vagas de juízes civis, observado o disposto nos arts. 93, III e 94 da Constituição Federal.

## 6.3 Organização do Estado

### 6.3.1 Administração Pública

**Princípios:** administração pública direta, indireta ou fundacional, de qualquer dos Poderes do Estado, obedecerá aos princípios de legalidade, impessoalidade, moralidade, publicidade, razoabilidade, finalidade, motivação, interesse público e eficiência.

**Vedação:** é vedada a nomeação de pessoas que se enquadram nas condições de inelegibilidade nos termos da legislação federal para os cargos de Secretário de Estado, Secretário-Adjunto, Procurador-Geral de Justiça, Procurador-Geral do Estado, Defensor Público-Geral, Superintendentes e Diretores de órgãos da administração pública indireta, fundacional, de agências reguladoras e autarquias, Delegado-Geral de Polícia, Reitores das universidades públicas estaduais e ainda para todos os cargos de livre provimento dos poderes Executivo, Legislativo e Judiciário do Estado.

**Leis e atos administrativos externos:** deverão ser publicados no órgão oficial do Estado, para que produzam os seus efeitos regulares. A publicação dos atos não normativos poderá ser resumida.

**Prazos para a prática dos atos administrativos:** a lei deverá fixar prazos para a prática dos atos administrativos e estabelecer recursos adequados à sua revisão, indicando seus efeitos e forma de processamento.

**Administração:** é obrigada a fornecer a qualquer cidadão, para a defesa de seus direitos e esclarecimentos de situações de seu interesse pessoal, no prazo máximo de dez dias úteis, certidão de atos, contratos, decisões ou pareceres, sob pena de responsabilidade da autoridade ou servidor que negar ou retardar a sua expedição. No mesmo prazo deverá atender às requisições judiciais, se outro não for fixado pela autoridade judiciária.

# NOÇÕES DE ADMINISTRAÇÃO PÚBLICA

**Normas:** para a organização da administração pública direta e indireta, inclusive as fundações instituídas ou mantidas por qualquer dos Poderes do Estado, é obrigatório o cumprimento das seguintes normas:

*I – os cargos, empregos e funções públicas são acessíveis aos brasileiros que preencham os requisitos estabelecidos em lei, assim como aos estrangeiros, na forma da lei;*

*II – a investidura em cargo ou emprego público depende de aprovação prévia, em concurso público de provas ou de provas e títulos, ressalvadas as nomeações para cargo em comissão, declarado em lei, de livre nomeação e exoneração;*

*III – o prazo de validade do concurso público será de até dois anos, prorrogável uma vez, por igual período. A nomeação do candidato aprovado obedecerá à ordem de classificação;*

*IV – durante o prazo improrrogável previsto no edital de convocação, o aprovado em concurso público de provas ou de provas e títulos será convocado com prioridade sobre novos concursados para assumir cargo ou emprego, na carreira;*

*V – as funções de confiança, exercidas exclusivamente por servidores ocupantes de cargo efetivo, e os cargos em comissão, a serem preenchidos por servidores de carreira nos casos, condições e percentuais mínimos previstos em lei, destinam-se apenas às atribuições de direção, chefia e assessoramento;*

*VI – é garantido ao servidor público civil o direito à livre associação sindical, obedecido o disposto no artigo 8º da Constituição Federal;*

*VII – o servidor e empregado público gozarão de estabilidade no cargo ou emprego desde o registro de sua candidatura para o exercício de cargo de representação sindical, até um ano após o término do mandato, se eleito, salvo se cometer falta grave definida em lei;*

*VIII – o direito de greve será exercido nos termos e nos limites definidos em lei específica;*

*IX – a lei reservará percentual dos cargos e empregos públicos para os portadores de deficiências, garantindo as adaptações necessárias para a sua participação nos concursos públicos e definirá os critérios de sua admissão;*

*X – a lei estabelecerá os casos de contratação por tempo determinado, para atender a necessidade temporária de excepcional interesse público;*

*XI – a revisão geral anual da remuneração dos servidores públicos, sem distinção de índices entre servidores públicos civis e militares, far-se-á sempre na mesma data e por lei específica, observada a iniciativa privativa em cada caso;*

*XII – em conformidade com o artigo 37, XI, da Constituição Federal, a remuneração e o subsídio dos ocupantes de cargos, funções e empregos públicos da administração direta, autárquica e fundacional, os proventos, pensões ou outra espécie remuneratória, percebidos cumulativamente ou não, incluídas as vantagens pessoais ou de qualquer outra natureza, não poderão exceder o subsídio mensal do Governador no âmbito do Poder Executivo, o subsídio dos Deputados Estaduais no âmbito do Poder Legislativo e o subsídio dos Desembargadores do Tribunal de Justiça, limitado a noventa inteiros e vinte e cinco centésimos por cento do subsídio mensal, em espécie, dos Ministros do Supremo Tribunal Federal, no âmbito do Poder Judiciário, aplicável este limite aos membros do Ministério Público, aos Procuradores e aos Defensores Públicos;*

*XIII – até que se atinja o limite a que se refere o inciso anterior, é vedada a redução de salários que implique a supressão das vantagens de caráter individual, adquiridas em razão de tempo de serviço. Atingido o referido limite, a redução se aplicará independentemente da natureza das vantagens auferidas pelo servidor;*

*XIV – os vencimentos dos cargos do Poder Legislativo e do Poder Judiciário não poderão ser superiores aos pagos pelo Poder Executivo;*

*XV – é vedada a vinculação ou equiparação de quaisquer espécies remuneratórias para o efeito de remuneração de pessoal do serviço público, observado o disposto na Constituição Federal;*

*XVI – os acréscimos pecuniários percebidos por servidor público não serão computados nem acumulados para fins de concessão de acréscimos ulteriores sob o mesmo título ou idêntico fundamento;*

*XVII – o subsídio e os vencimentos dos ocupantes de cargos e empregos públicos são irredutíveis, observado o disposto na Constituição Federal;*

*XVIII – é vedada a acumulação remunerada de cargos públicos, exceto quando houver compatibilidade de horários: a) de dois cargos de professor; b) de um cargo de professor com outro técnico ou científico; c) a de dois cargos ou empregos privativos de profissionais de saúde, com profissões regulamentadas;*

*XIX – a proibição de acumular estende-se a empregos e funções e abrange autarquias, fundações, empresas públicas, sociedades de economia mista, suas subsidiárias, e sociedades controladas, direta ou indiretamente, pelo Poder Público;*

*XX – a administração fazendária e seus agentes fiscais de rendas, aos quais compete exercer, privativamente, a fiscalização de tributos estaduais, terão, dentro de suas áreas de competência e jurisdição, precedência sobre os demais setores administrativos, na forma da lei;*

*XX–A – a administração tributária, atividade essencial ao funcionamento do Estado, exercida por servidores de carreiras específicas, terá recursos prioritários para a realização de suas atividades e atuará de forma integrada com as administrações tributárias da União, de outros Estados, do Distrito Federal e dos Municípios, inclusive com o compartilhamento de cadastros e de informações fiscais, na forma da lei ou convênio;*

*XXI – a criação, transformação, fusão, cisão, incorporação, privatização ou extinção das sociedades de economia mista, autarquias, fundações e empresas públicas depende de prévia aprovação da Assembleia Legislativa;*

*XXII – depende de autorização legislativa, em cada caso, a criação de subsidiárias das entidades mencionadas no inciso anterior, assim como a participação de qualquer delas em empresa privada;*

*XXIII – fica instituída a obrigatoriedade de um Diretor Representante e de um Conselho de Representantes, eleitos pelos servidores e empregados públicos, nas autarquias, sociedades de economia mista e fundações instituídas ou mantidas pelo Poder Público, cabendo à lei definir os limites de sua competência e atuação;*

*XXIV – é obrigatória a declaração pública de bens, antes da posse e depois do desligamento, de todo o dirigente de empresa pública, sociedade de economia mista, autarquia e fundação instituída ou mantida pelo Poder Público;*

*XXV – os órgãos da administração direta e indireta ficam obrigados a constituir Comissão Interna de Prevenção de Acidentes – CIPA – e, quando assim o exigirem suas atividades, Comissão de Controle Ambiental, visando à proteção da vida, do meio ambiente e das condições de trabalho dos seus servidores, na forma da lei;*

*XXVI – ao servidor público que tiver sua capacidade de trabalho reduzida em decorrência de acidente de trabalho ou doença do trabalho será garantida a transferência para locais ou atividades compatíveis com sua situação;*

*XXVII – é vedada a estipulação de limite de idade para ingresso por concurso público na administração direta, empresa pública, sociedade de economia mista, autarquia e fundações instituídas ou mantidas pelo Poder Público, respeitando-se apenas o limite constitucional para aposentadoria compulsória;*

*XXVIII – os recursos provenientes dos descontos compulsórios dos servidores públicos, bem como a contrapartida do Estado, destinados à formação de fundo próprio de previdência, deverão ser postos, mensalmente, à disposição da entidade estadual responsável pela prestação do benefício, na forma que a lei dispuser;*

*XXIX – a administração pública direta e indireta, as universidades públicas e as entidades de pesquisa técnica e científica oficiais ou subvencionadas pelo Estado prestarão ao Ministério Público o apoio especializado ao desempenho das funções da Curadoria de Proteção de Acidentes do Trabalho, da Curadoria de Defesa do Meio Ambiente e de outros interesses coletivos e difusos.*

**Publicidade dos atos, programas, obras, serviços e campanhas da administração pública direta, indireta, fundações e órgãos controlados pelo poder público:** deverá ter caráter educacional, informativo

# CONSTITUIÇÃO ESTADUAL DE SÃO PAULO

e de orientação social, dela não podendo constar nomes, símbolos e imagens que caracterizem promoção pessoal de autoridades ou servidores públicos.

**Vedação:** é vedada ao Poder Público, direta ou indiretamente, a publicidade de qualquer natureza fora do território do Estado, para fins de propaganda governamental, exceto às empresas que enfrentam concorrência de mercado e divulgação destinada a promover o turismo estadual. A inobservância do disposto implicará a nulidade do ato e a punição da autoridade responsável, nos termos da lei.

**Pessoas jurídicas de direito público e as de direito privado:** prestadoras de serviços públicos, responderão pelos danos que seus agentes, nessa qualidade, causarem a terceiros, assegurado o direito de regresso contra o responsável nos casos de dolo ou culpa.

**Entidades da administração direta e indireta:** inclusive fundações instituídas ou mantidas pelo Poder Público, o Ministério Público, bem como os poderes legislativo e judiciário, publicarão, até o dia trinta de abril de cada ano, seu quadro de cargos e funções, preenchidos e vagos, referentes ao exercício anterior.

**Vedação:** É vedada a percepção simultânea de proventos de aposentadoria decorrentes dos arts. 40, 42 e 142 da Constituição Federal e dos arts. 126 e 138 desta Constituição com a remuneração de cargo, emprego ou função pública, ressalvados os cargos acumuláveis na forma desta Constituição, os cargos eletivos e os cargos em comissão declarados em lei de livre nomeação e exoneração. Não serão computadas, para efeito dos limites remuneratórios, as parcelas de caráter indenizatório previstas em lei.

**Poderá ser fixado no âmbito do estado:** mediante emenda à presente Constituição, como limite único, o subsídio mensal dos Desembargadores do Tribunal de Justiça, limitado a noventa inteiros e vinte e cinco centésimos por cento do subsídio mensal dos Ministros do Supremo Tribunal Federal, não se aplicando o disposto neste parágrafo aos subsídios dos Deputados Estaduais.

**Servidor público titular de cargo efetivo:** poderá ser readaptado para exercício de cargo cujas atribuições e responsabilidades sejam compatíveis com a limitação que tenha sofrido em sua capacidade física ou mental enquanto permanecer nessa condição, desde que possua a habilitação e o nível de escolaridade exigidos para o cargo de destino, mantida a remuneração do cargo de origem.

**Aposentadoria concedida com a utilização de tempo de contribuição decorrente de cargo, emprego ou função pública:** inclusive do Regime Geral de Previdência Social, acarretará o rompimento do vínculo que gerou o referido tempo de contribuição.

**Vencimentos, vantagens ou qualquer parcela remuneratória:** pagos com atraso, deverão ser corrigidos monetariamente, de acordo com os índices oficiais aplicáveis à espécie.

## 6.4 Servidores Públicos do Estado

### 6.4.1 Servidores públicos civis

**Servidores:** da administração pública direta, das autarquias e das fundações instituídas ou mantidas pelo Poder Público terão regime jurídico único e planos de carreira.

> **ATENÇÃO!**
>
> A lei assegurará aos servidores da administração direta isonomia de vencimentos para cargos de atribuições iguais ou assemelhados do mesmo Poder, ou entre servidores dos Poderes Legislativo, Executivo e Judiciário, ressalvadas as vantagens de caráter individual e as relativas à natureza ou ao local de trabalho. Não haverá alteração nos vencimentos dos demais cargos da carreira a que pertence aquele cujos vencimentos foram alterados por força da isonomia.

**Lei estadual:** poderá estabelecer a relação entre a maior e a menor remuneração dos servidores públicos, obedecido, em qualquer caso, o disposto no art. 37, XI, da Constituição Federal e no art. 115, XII, da Constituição Estadual de SP.

**Vedação:** é vedada a incorporação de vantagens de caráter temporário ou vinculadas ao exercício de função de confiança ou de cargo em comissão à remuneração do cargo efetivo.

**Exercício do mandato eletivo por servidor público:** far-se-á com observância do art. 38 da Constituição Federal.

**Servidor público:** fica assegurado ao servidor público, eleito para ocupar cargo em sindicato de categoria, o direito de afastar-se de suas funções, durante o tempo em que durar o mandato, recebendo seus vencimentos e vantagens, nos termos da lei.

**Tempo de mandato eletivo:** será computado para fins de aposentadoria especial.

**Regime próprio de previdência social dos servidores titulares de cargos efetivos:** terá caráter contributivo e solidário, mediante contribuição do estado de São Paulo, de servidores ativos, de aposentados e de pensionistas, observados critérios que preservem o equilíbrio financeiro e atuarial.

**Servidores abrangidos pelo regime de previdência:** serão aposentados:

01. por incapacidade permanente para o trabalho, no cargo em que estiver investido, quando insuscetível de readaptação, hipótese em que será obrigatório realizar avaliações periódicas para verificar a continuidade das condições que ensejaram a concessão da aposentadoria, na forma da lei;

02. compulsoriamente, nos termos do art. 40, § 1º, inciso II, da Constituição Federal;

03. voluntariamente, aos 62 (sessenta e dois) anos de idade, se mulher, e aos 65 (sessenta e cinco) anos de idade, se homem, observados o tempo de contribuição e os demais requisitos estabelecidos em lei complementar.

**Proventos de aposentadoria:** não poderão ser inferiores ao valor mínimo a que se refere o § 2º do art. 201 da Constituição Federal ou superiores ao limite máximo estabelecido para o Regime Geral de Previdência Social, quanto aos servidores abrangidos pelos §§ 14, 15 e 16.

**Vedação:** é vedada a adoção de requisitos ou critérios diferenciados para concessão de benefícios no regime próprio previsto no "caput", ressalvados, nos termos definidos em lei complementar, os casos de aposentadoria de servidores:

01. com deficiência;

02. integrantes das carreiras de Policial Civil, Polícia Técnico Científica, Agente de Segurança Penitenciária e Agente de Escolta e Vigilância Penitenciária;

03. que exerçam atividades com efetiva exposição a agentes nocivos químicos, físicos e biológicos prejudiciais à saúde, ou à associação desses agentes, não se permitindo a caracterização por categoria profissional ou ocupação.

# NOÇÕES DE ADMINISTRAÇÃO PÚBLICA

**Ocupantes do cargo de professor:** terão a idade mínima reduzida em 5 (cinco) anos em relação àquelas previstas no item 3 do § 1º, desde que comprovem tempo de efetivo exercício das funções de magistério na educação infantil, no ensino fundamental ou no médio, nos termos fixados em lei complementar.

### Atenção!
Ressalvadas as aposentadorias decorrentes dos cargos acumuláveis na forma da Constituição Federal, é vedada a percepção de mais de uma aposentadoria à conta de Regime Próprio de Previdência Social, aplicando-se outras vedações, regras e condições para a acumulação de benefícios previdenciários estabelecidas no Regime Geral de Previdência Social.

**Pensão por morte dos servidores:** será concedida de forma diferenciada, nos termos da lei.

**Reajuste:** é assegurado o reajustamento dos benefícios para preservar-lhes, em caráter permanente, o valor real, conforme critérios estabelecidos em lei.

**Tempo de contribuição federal, estadual, distrital ou municipal:** será contado para fins de aposentadoria, e o tempo de serviço correspondente será contado para fins de disponibilidade.

**Lei:** não poderá estabelecer qualquer forma de contagem de tempo de contribuição fictício.

### ATENÇÃO!
Aplica-se o limite fixado no art. 115, XII, desta Constituição e do art. 37, XI, da Constituição Federal à soma total dos proventos de inatividade, inclusive quando decorrentes da acumulação de cargos ou empregos públicos, bem como de outras atividades sujeitas a contribuição para o regime geral de previdência social, e ao montante resultante da adição de proventos de inatividade com remuneração de cargo acumulável na forma desta Constituição, cargo em comissão declarado em lei de livre nomeação e exoneração, e de cargo eletivo.

**Regime próprio de previdência social:** Além do disposto neste artigo, serão observados no Regime Próprio de Previdência Social, no que couber, os requisitos e os critérios fixados para o Regime Geral de Previdência Social.

**Agente público:** ocupante exclusivamente de cargo em comissão declarado em lei de livre nomeação e exoneração, de outro cargo temporário – inclusive aos detentores de mandato eletivo – ou de emprego público, aplica-se o Regime Geral de Previdência Social.

**Estado:** desde que institua regime de previdência complementar para os seus respectivos servidores titulares de cargo efetivo, poderá fixar, para o valor das aposentadorias e pensões a serem concedidas pelo regime, o limite máximo estabelecido para os benefícios do regime geral de previdência social.

**Regime de previdência complementar:** oferecerá plano de benefícios somente na modalidade contribuição definida, observará o disposto no art. 202 da Constituição Federal e será efetivado por intermédio de entidade fechada de previdência complementar. Somente mediante sua prévia e expressa opção, poderá ser aplicado ao servidor que tiver ingressado no serviço público até a data da publicação do ato de instituição do correspondente regime de previdência complementar.

**Valores:** todos os valores de remuneração considerados para o cálculo do benefício serão devidamente atualizados, na forma da lei.

**Contribuição sobre os proventos de aposentadorias e pensões:** Incidirá contribuição sobre os proventos de aposentadorias e pensões concedidas pelo regime de que trata este artigo que superem o limite máximo estabelecido para os benefícios do regime geral de previdência social de que trata o art. 201 da Constituição Federal, com percentual igual ao estabelecido para os servidores titulares de cargos efetivos.

**Servidor titular de cargo efetivo:** Observados os critérios a serem estabelecidos em lei, o servidor titular de cargo efetivo que tenha completado as exigências para a aposentadoria voluntária e que opte por permanecer em atividade poderá fazer jus a um abono de permanência equivalente, no máximo, ao valor da sua contribuição previdenciária, até completar a idade para aposentadoria compulsória.

**Vedação:** fica vedada a existência de mais de um Regime Próprio de Previdência Social para os servidores titulares de cargos efetivos e de mais de um órgão ou entidade gestora desse regime, abrangidos todos os Poderes, os órgãos e as entidades autárquicas e fundacionais, que serão responsáveis pelo seu financiamento, observados os critérios, os parâmetros e a natureza jurídica definidos em lei complementar federal.

**Rol de benefícios do regime próprio de previdência social:** fica limitado às aposentadorias e à pensão por morte.

**Servidor:** após noventa dias decorridos da apresentação do pedido de aposentadoria voluntária, instruído com prova de ter cumprido os requisitos necessários à obtenção do direito, poderá cessar o exercício da função pública, independentemente de qualquer formalidade.

**Servidores públicos estaduais:** Aplica-se aos servidores públicos estaduais, para efeito de estabilidade, o disposto no art. 41 da Constituição Federal.

**Vantagens de qualquer natureza:** só poderão ser instituídas por lei e quando atendam efetivamente ao interesse público e às exigências do serviço.

**Servidor público estadual:** é assegurado o percebimento do adicional por tempo de serviço, concedido no mínimo por quinquênio, e vedada a sua limitação, bem como a sexta-parte dos vencimentos integrais, concedida aos vinte anos de efetivo exercício, que se incorporarão aos vencimentos para todos os efeitos, observado o disposto no art. 115, XVI, desta Constituição. O disposto não se aplica aos servidores remunerados por subsídio, na forma da lei.

**Direito de remoção:** Ao servidor será assegurado o direito de remoção para igual cargo ou função, no lugar de residência do cônjuge, se este também for servidor e houver vaga, nos termos da lei. O disposto aplica-se também ao servidor cônjuge de titular de mandato eletivo estadual ou municipal.

**Estado:** responsabilizará os seus servidores por alcance e outros danos causados à administração, ou por pagamentos efetuados em desacordo com as normas legais, sujeitando-os ao sequestro e perdimento dos bens, nos termos da lei.

**Servidores titulares de cargos efetivos do estado:** incluídas suas autarquias e fundações, desde que tenham completado cinco anos de efetivo exercício, terão computado, para efeito de aposentadoria, nos termos da lei, o tempo de contribuição ao regime geral de previdência social decorrente de atividade de natureza privada, rural ou urbana, hipótese em que os diversos sistemas de previdência social se compensarão financeiramente, segundo os critérios estabelecidos em lei.

**Exercício do mandato:** o servidor, durante o exercício do mandato de vereador, será inamovível.

**Servidor público titular de cargo efetivo do estado:** será contado, como efetivo exercício, para efeito de aposentadoria e disponibilidade, o tempo de contribuição decorrente de serviço prestado em cartório não oficializado, mediante certidão expedida pela Corregedoria-Geral da Justiça.

# CONSTITUIÇÃO ESTADUAL DE SÃO PAULO

**Servidor público civil:** demitido por ato administrativo, se absolvido pela Justiça, na ação referente ao ato que deu causa à demissão, será reintegrado ao serviço público, com todos os direitos adquiridos.

**Lei:** assegurará à servidora gestante mudança de função, nos casos em que for recomendado, sem prejuízo de seus vencimentos ou salários e demais vantagens do cargo ou função–atividade.

## 6.4.2 Servidores públicos militares

**Servidores públicos militares estaduais:** São servidores públicos militares estaduais os integrantes da Polícia Militar do Estado. Aplica–se, no que couber, aos servidores a que se refere este artigo, o disposto no art. 42 da Constituição Federal. Naquilo que não colidir com a legislação específica, aplica–se aos servidores mencionados neste disposto.

**Servidor público militar demitido:** por ato administrativo, se absolvido pela Justiça, na ação referente ao ato que deu causa à demissão, será reintegrado à Corporação com todos os direitos restabelecidos.

**Oficial da polícia militar:** só perderá o posto e a patente se for julgado indigno do Oficialato ou com ele incompatível, por decisão do Tribunal de Justiça Militar do Estado.

**Oficial condenado na justiça comum ou militar:** à pena privativa de liberdade superior a dois anos, por sentença transitada em julgado, será submetido ao julgamento.

**Direito do servidor militar de ser transferido para a reserva ou ser reformado:** será assegurado, ainda que respondendo a inquérito ou processo em qualquer jurisdição, nos casos previstos em lei específica.

## 6.4.3 Segurança pública

**Segurança pública:** dever do Estado, direito e responsabilidade de todos, é exercida para a preservação da ordem pública e incolumidade das pessoas e do patrimônio.

**Estado:** manterá a Segurança Pública por meio de sua polícia, subordinada ao Governador do Estado.

**Polícia do estado:** será integrada pela Polícia Civil, Polícia Militar e Corpo de Bombeiros.

**Polícia militar:** integrada pelo Corpo de Bombeiros é força auxiliar, reserva do Exército.

## 6.4.4 Polícia militar

**Polícia militar:** órgão permanente, incumbe, além das atribuições definidas em lei, a polícia ostensiva e a preservação da ordem pública.

**Comandante–geral da polícia militar:** será nomeado pelo Governador do Estado dentre oficiais da ativa, ocupantes do último posto do Quadro de Oficiais Policiais Militares, conforme dispuser a lei, devendo fazer declaração pública de bens no ato da posse e de sua exoneração.

**Lei orgânica e estatuto:** disciplinarão a organização, o funcionamento, direitos, deveres, vantagens e regime de trabalho da Polícia Militar e de seus integrantes, servidores militares estaduais, respeitadas as leis federais concernentes.

**Criação e manutenção da casa militar e assessorias militares:** somente poderão ser efetivadas nos termos em que a lei estabelecer.

**Chefe da casa militar:** será escolhido pelo Governador do Estado entre oficiais da ativa, ocupantes do último posto do Quadro de Oficiais Policiais Militares.

**Corpo de bombeiros:** além das atribuições definidas em lei, incumbe a execução de atividades de defesa civil, tendo seu quadro próprio e funcionamento definidos na legislação.

# 7 ACESSO À INFORMAÇÃO EM ÂMBITO FEDERAL

## 7.1 Política de Segurança da Informação no âmbito da Receita Federal do Brasil

A Lei 12.527, de 18 de novembro de 2011, mais conhecida pelo nome de Lei de Acesso à Informação, veio regulamentar o direito ao acesso a informações previsto na Constituição Federal, em seus Arts. 5º, inciso XXXIII; 37, §3º, inciso II; e 216, § 2º:

*Art. 5º, XXXIII:*

*XXXIII. Todos têm direito a receber dos órgãos públicos informações de seu interesse particular, ou de interesse coletivo ou geral, que serão prestadas no prazo da lei, sob pena de responsabilidade, ressalvadas aquelas cujo sigilo seja imprescindível à segurança da sociedade e do Estado.*

*Art. 37, §3º, II:*

*II. o acesso dos usuários a registros administrativos e a informações sobre atos de governo, observado o disposto no Art. 5º, X e XXXIII.*

*Art. 216, § 2º:*

*§ 2º. Cabem à Administração Pública, na forma da lei, a gestão da documentação governamental e as providências para franquear sua consulta a quantos dela necessitem.*

Esse acesso à informação é importantíssimo para a transparência da Administração Pública e para permitir que a sociedade possa conhecer e controlar os atos de seus governantes.

Aliás, o direito fundamental de acesso à informação é reconhecido, inclusive, em tratados internacionais, celebrados pela República Federativa do Brasil, como a Convenção das Nações Unidas contra a Corrupção.

A Lei aplica-se à União, aos Estados, ao Distrito Federal e aos Municípios, permitindo que cada ente defina regras específicas para o cumprimento da lei, em suas respectivas esferas administrativas.

Apresentamos, a seguir, os pontos principais da Lei 12.527/11, cuja leitura integral recomendamos.

## 7.2 Conceitos Básicos

O Art. 4º da Lei 12.527/11 define alguns conceitos básicos utilizados por ela e a forma como devem ser interpretados para seus fins.

Vejamos quais são esses conceitos:

- **Informação:** dados, processados ou não, que podem ser utilizados para produção e transmissão de conhecimento, contidos em qualquer meio, suporte ou formato.
- **Documento:** unidade de registro de informações, qualquer que seja o suporte ou formato.
- **Informação sigilosa:** aquela submetida temporariamente à restrição de acesso público em razão de sua imprescindibilidade para a segurança da sociedade e do Estado.

Veremos adiante que toda informação somente pode ser mantida sigilosa por um prazo determinado, o qual dependerá justamente de seu grau de sigilo.

- **Informação pessoal:** aquela relacionada à pessoa natural identificada ou identificável.

Pessoa natural é pessoa física. Assim, não existe informação pessoal de pessoa jurídica.

O Art. 31 da Lei de Acesso à Informação deixa claro que, para ser considerada informação pessoal, a mesma deve dizer respeito à intimidade, vida privada, honra e imagem da pessoa.

Assim, por exemplo, a portaria de nomeação de um servidor público não é considerada informação pessoal, pois não diz respeito a esses direitos fundamentais.

- **Tratamento da informação:** conjunto de ações referentes à produção, recepção, classificação, utilização, acesso, reprodução, transporte, transmissão, distribuição, arquivamento, armazenamento, eliminação, avaliação, destinação ou controle da informação.

Esse tratamento deve ser feito de forma a garantir, entre outras coisas, a segurança, confiabilidade, integridade e disponibilidade da informação.

- **Disponibilidade:** qualidade da informação que pode ser conhecida e utilizada por indivíduos, equipamentos ou sistemas autorizados. Informação disponível é a informação que pode ser acessada com rapidez e segurança.
- **Autenticidade:** qualidade da informação que tenha sido produzida, expedida, recebida ou modificada por determinado indivíduo, equipamento ou sistema.
- **Integridade:** qualidade da informação não modificada, inclusive quanto à origem, trânsito e destino.
- **Primariedade:** qualidade da informação coletada na fonte, com o máximo de detalhamento possível, sem modificações.

## 7.3 Abrangência da Lei

Logo em seu Art. 1º, a Lei de Acesso à Informação deixa claro que suas disposições têm a abrangência mais ampla possível na esfera pública, aplicando-se a todas as esferas políticas (União, Estados, DF e Municípios), tanto à Administração Direta como à Indireta dos Três Poderes, Executivo, Legislativo e Judiciário, bem como a todas as entidades controladas direta ou indiretamente pelo Poder Público.

Não bastasse tal extensão, o Art. 2º da Lei afirma também que suas disposições aplicam-se, no que couber, às entidades privadas sem fins lucrativos que recebam, para realização de ações de interesse público, recursos públicos diretamente do orçamento ou mediante subvenções sociais, contrato de gestão, termo de parceria, convênios, acordo, ajustes ou outros instrumentos congêneres.

No entanto, o parágrafo único do último dispositivo citado restringe a publicidade, a que estão submetidas as entidades privadas citadas, à parcela dos recursos públicos recebidos e à sua destinação, sem prejuízo das prestações de contas a que estejam legalmente obrigadas.

Ou seja, as entidades privadas, ao lado dos recursos públicos recebidos do Poder Público, contam com recursos próprios, esses de origem, portanto, privadas. O acesso do cidadão restringir-se-á à parte pública, por questões óbvias.

## 7.4 Finalidades e Diretrizes da Lei de Acesso à Informação

O Art. 3º da Lei 12.527 afirma que os procedimentos nela previstos destinam-se a assegurar o direito fundamental de acesso à informação, e que devem ser executados em conformidade com os princípios básicos da Administração Pública e com as seguintes diretrizes:

### 7.4.1 Observância da publicidade como preceito geral e do sigilo como exceção

A regra é que as informações detidas e geradas por órgãos públicos sejam de conhecimento público. O sigilo dessas informações é situação excepcional que deve encontrar respaldo em lei.

# ACESSO À INFORMAÇÃO EM ÂMBITO FEDERAL

## 7.4.2 Divulgação de informações de interesse público, independentemente de solicitações

As informações que devem ser de conhecimento da sociedade como um todo não devem esperar solicitação para que sejam publicadas.

## 7.4.3 Utilização de meios de comunicação viabilizados pela tecnologia da informação

A lei reconhece que a publicidade meramente formal, normalmente feita pela publicação no Diário Oficial, na maioria das vezes não possui a efetividade desejada.

Por outro lado, a cada dia, a tecnologia da informação permite uma comunicação mais rápida e abrangente, através de sites, redes sociais, aplicativos etc.

Em virtude disso, coloca a lei como obrigação dos entes públicos incorporarem essas novas tecnologias em sua comunicação.

## 7.4.4 Fomento ao desenvolvimento da cultura de transparência na administração pública

A transparência é uma das principais preocupações presentes na Lei de Acesso à Informação, a qual determina que a Administração Pública deve fomentar, isso é, incentivar, favorecer, propiciar, a transparência em todas as suas instâncias.

## 7.4.5 Desenvolvimento do controle social da administração pública

Controle social é aquele exercido pela população em geral sobre a Administração Pública, e é essencial para o fortalecimento e consolidação de uma democracia. A Lei dispõe que o Governo, em todas as suas esferas e poderes, deve criar e aperfeiçoar mecanismos de controle social, incentivando a sociedade civil à fiscalização da coisa pública.

Além dessas diretrizes, o Art. 3º da Lei 12.527 afirma que a Administração Pública deve ainda obedecer aos seus princípios básicos, entre os quais apresentam-se aqueles citados no Art. 37, caput, da Constituição Federal: legalidade, impessoalidade, moralidade, publicidade e eficiência.

## 7.5 Acesso à Informação e Divulgação

### 7.5.1 Obrigações dos entes públicos em relação às informações sob sua responsabilidade

O Art. 6º da Lei de Acesso à Informação afirma que cabe aos órgãos e entidades do Poder Público, observadas as normas e procedimentos específicos aplicáveis, assegurar a:

- Gestão transparente da informação, propiciando amplo acesso a ela e sua divulgação.
- Proteção da informação, garantindo-se sua disponibilidade, autenticidade e integridade; e
- Proteção da informação sigilosa e da informação pessoal, observada a sua disponibilidade, autenticidade, integridade e eventual restrição de acesso.

Desse modo, os órgãos públicos são responsáveis por zelarem pela guarda à administração correta das informações e pela sua divulgação, em caso de necessidade ou solicitação, exceto nos casos de informação sigilosa ou pessoal, quando não haverá publicidade de seu conteúdo.

Mesmo as informações sigilosas ou pessoais, no entanto, devem ser devidamente armazenadas e protegidas pela Administração Pública. Ela deverá fornecê-las somente a quem estiver autorizado.

### 7.5.2 Informações de interesse coletivo ou geral

Estabelece o Art. 8º da Lei que é dever dos órgãos e entidades públicas promover, independentemente de requerimentos, a divulgação em local de fácil acesso, no âmbito de suas competências, de informações de interesse coletivo ou geral por eles produzidas ou custodiadas.

Nesses casos, conforme já se estudou, o ente ou órgão público não deverá aguardar a solicitação das informações para divulgá-las.

Na divulgação das informações de interesse coletivo ou geral, deverá constar, no mínimo:

- Registro das competências e estrutura organizacional, endereços e telefones das respectivas unidades e horários de atendimento ao público;
- Registros de quaisquer repasses ou transferências de recursos financeiros;
- Registros das despesas;
- Informações concernentes a procedimentos licitatórios, inclusive os respectivos editais e resultados, bem como a todos os contratos celebrados;
- Dados gerais para o acompanhamento de programas, ações, projetos e obras de órgãos e entidades; e
- Respostas a perguntas mais frequentes da sociedade.

Na divulgação das informações de interesse coletivo ou geral, os órgãos e entidades públicas deverão utilizar todos os meios e instrumentos legítimos de que dispuserem, sendo obrigatória a divulgação em sítios oficiais da Rede Mundial de Computadores (sites na Internet). Mais uma vez, encontra-se presente a ideia de efetividade da comunicação e não de sua mera formalidade.

O § 3º do Art. 8º afirma que sites deverão atender, entre outros, aos seguintes requisitos:

- Conter ferramenta de pesquisa de conteúdo que permita o acesso à informação de forma objetiva, transparente, clara e em linguagem de fácil compreensão;
- Possibilitar a gravação de relatórios em diversos formatos eletrônicos, inclusive abertos e não proprietários, tais como planilhas e texto, de modo a facilitar a análise das informações;
- Possibilitar o acesso automatizado por sistemas externos em formatos abertos, estruturados e legíveis por máquina;
- Divulgar em detalhes os formatos utilizados para estruturação da informação;
- Garantir a autenticidade e a integridade das informações disponíveis para acesso;
- Manter atualizadas as informações disponíveis para acesso;
- Indicar local e instruções que permitam ao interessado comunicar-se, por via eletrônica ou telefônica, com o órgão ou entidade detentora do site; e
- Adotar as medidas necessárias para garantir a acessibilidade de conteúdo para pessoas com deficiência.

A obrigatoriedade de divulgação em site da Internet das informações de interesse coletivo ou geral somente não se aplica aos Municípios com população de até 10.000 (dez mil) habitantes, os quais, porém, continuam obrigados à divulgação, em tempo real, de informações relativas à execução orçamentária e financeira, nos critérios e prazos previstos na Lei de Responsabilidade Fiscal.

### 7.5.3 Direitos do cidadão no acesso à informação

O Art. 7º da Lei 12.527 afirma que o acesso à informação inclui, entre outros, os direitos de o cidadão obter:

- Orientação sobre os procedimentos para a consecução de acesso, bem como sobre o local onde poderá ser encontrada ou obtida a informação almejada;
- Informação contida em registros ou documentos, produzidos ou acumulados por seus órgãos ou entidades, recolhidos ou não a arquivos públicos;
- Informação produzida ou custodiada por pessoa física ou entidade privada, decorrente de qualquer vínculo com seus órgãos ou entidades, mesmo que esse vínculo já tenha cessado;
- Informação primária, íntegra, autêntica e atualizada;
- Informação sobre atividades exercidas pelos órgãos e entidades, inclusive as relativas à sua política, organização e serviços;
- Informação pertinente à administração do patrimônio público, utilização de recursos públicos, licitação, contratos administrativos; e
- **Informação relativa:**
  - À implementação, acompanhamento e resultados dos programas, projetos e ações dos órgãos e entidades públicas, bem como metas e indicadores propostos;
  - Ao resultado de inspeções, auditorias, prestações e tomadas de contas realizadas pelos órgãos de controle interno e externo, incluindo prestações de contas relativas a exercícios anteriores.

A Lei, no entanto, afirma que o acesso à informação não compreende as informações referentes a projetos de pesquisa e desenvolvimento científicos ou tecnológicos, cujo sigilo seja imprescindível à segurança da sociedade e do Estado.

Assim, por exemplo, as pesquisas relacionadas à construção de um novo armamento pelas forças armadas serão mantidas em sigilo, por razões óbvias.

### 7.5.4 Informação parcialmente sigilosa

Algumas vezes, somente parte da informação solicitada pode ser considerada sigilosa.

Nesse caso, o § 2º do Art. 7º assegura o acesso à parte não sigilosa por meio de certidão, extrato ou cópia com ocultação da parte sob sigilo.

### 7.5.5 Negativa de acesso

O §4º do Art. 7º da Lei estipula que a negativa de acesso às informações, objeto de pedido formulado aos órgãos e entidades públicas, deverá ser fundamentada, ou seja, deverá ser devidamente justificada.

Se isso não ocorrer, o responsável estará sujeito a penalidades administrativas, sendo a pena mínima aplicada a de suspensão.

### 7.5.6 Extravio de informação

Informado do extravio da informação solicitada, poderá o interessado requerer à autoridade competente a imediata abertura de sindicância para apurar o desaparecimento da respectiva documentação.

Nesse caso, o responsável pela guarda da informação extraviada deverá, no prazo de 10 (dez) dias, justificar o fato e indicar testemunhas que comprovem sua alegação, sob pena de responsabilização.

### 7.5.7 Serviços de informação ao cidadão – sic e audiências públicas

O Art. 9º da Lei afirma que o acesso a informações públicas será assegurado mediante a criação de serviço de informações ao cidadão, nos órgãos e entidades do Poder Público, em local que deve ter condições apropriadas para:

- Atender e orientar o público quanto ao acesso a informações;
- Informar sobre a tramitação de documentos nas suas respectivas unidades;
- Protocolizar documentos e requerimentos de acesso a informações.

Além disso, determina a realização de audiências ou consultas públicas, incentivo à participação popular ou a outras formas de divulgação.

## 7.6 Procedimento de Acesso à Informação

A Lei de Acesso à Informação disciplina a forma como os cidadãos poderão solicitar informações aos órgãos públicos, bem como os prazos e a forma da prestação dessas informações.

Vejamos:

### 7.6.1 Pedido de acesso

O procedimento inicia-se com o pedido de acesso à informação, o qual poderá ser apresentado por qualquer interessado, devendo o pedido conter a identificação do requerente e a especificação da informação requerida.

### 7.6.2 Meio para apresentação do pedido

Esse pedido pode ser apresentado por qualquer meio legítimo, como carta, e-mail, notificação e outros.

Inclusive, a Lei estabelece que os órgãos e entidades do poder público devem viabilizar alternativa de encaminhamento de pedidos de acesso, por meio de seus sítios oficiais na Internet (como o conhecido "fale conosco", por exemplo).

### 7.6.3 Justificativa para o pedido de informações

Não se deverá exigir que o solicitante informe qual a razão para o pedido das informações, que poderá ou não fornecer tal informação junto com sua solicitação.

## 7.7 Fornecimento das Informações

### 7.7.1 Prazo para a prestação das informações

O Art. 11 da Lei estabelece que o órgão ou entidade pública deverão autorizar ou conceder o acesso imediato à informação disponível.

Ou seja, estando a informação à mão, deverá ser fornecida de imediato ao solicitante.

Se, por alguma razão, não for possível o acesso imediato, pelo fato de a informação não estar disponível instantaneamente, deverá o órgão ou entidade que receber o pedido, no prazo máximo de 20 (vinte) dias:

- Comunicar a data, local e modo para se realizar a consulta, efetuar a reprodução ou obter a certidão.
- Indicar as razões de fato ou de direito da recusa, total ou parcial, do acesso pretendido; ou
- Comunicar que não possui a informação e indicar, se for do seu conhecimento, o órgão ou a entidade que a detém, ou, ainda, remeter o requerimento a esse órgão ou entidade, cientificando o interessado da remessa de seu pedido de informação.

Esse prazo de 20 (vinte) dias somente poderá ser prorrogado por mais 10 (dez) dias, mediante justificativa expressa, da qual será cientificado o requerente.

### 7.7.2 Pesquisa de informações pelo cidadão

Permite-se ao órgão ou entidade pública oferecer meios para que o próprio requerente possa pesquisar a informação de que necessitar. Isso é interessante para o requerente, que poderá obter as informações

## ACESSO À INFORMAÇÃO EM ÂMBITO FEDERAL

sem depender de ninguém, e para o órgão ou entidade pública, que provavelmente verá a demanda presencial de pedidos diminuir.

### 7.7.3 Informação sobre negativa

A Lei estabelece que, quando não for autorizado o acesso, por se tratar de informação total ou parcialmente sigilosa, o requerente deverá ser informado sobre a possibilidade de recurso, prazos e condições para sua interposição, devendo, ainda, ser-lhe indicada a autoridade competente para sua apreciação.

Além disso, dispõe o Art. 14 da Lei que é direito do requerente obter o inteiro teor de decisão de negativa de acesso, por certidão ou cópia.

### 7.7.4 Informações em formato digital, impresso ou eletrônico

A informação armazenada em formato digital será fornecida nesse formato, caso haja solicitação do requerente. Nesse caso, tal informação poderá ser fornecida por e-mail ou por gravação em um suporte físico (CDS, pen drive etc.).

A Lei também dispõe que, caso a informação solicitada esteja disponível ao público em formato impresso, eletrônico ou em qualquer outro meio de acesso universal, serão informados ao requerente, por escrito, o lugar e a forma pela qual se poderá consultar, obter ou reproduzir a referida informação. Nesse caso, o órgão ou entidade pública estará desobrigado de fornecer a informação diretamente, salvo se o requerente declarar não dispor de meios para realizar por si mesmo os procedimentos de acesso à informação (alguém que não tem acesso à internet, no caso de informações disponibilizadas em sites, por exemplo).

O Art. 12 acrescenta que o serviço de busca e fornecimento da informação deve ser gratuito, exceto nas hipóteses de reprodução de documentos pelo órgão ou entidade pública consultada, situação em que poderá ser cobrado exclusivamente o valor necessário ao ressarcimento do custo dos serviços e dos materiais utilizados.

No entanto, também afirma que estará isento de ressarcir os custos de reprodução quem estiver em situação econômica que não lhe permita fazê-lo sem prejuízo do sustento próprio ou da família, declarada nos termos da Lei nº 7.115, de 29 de agosto de 1983.

### 7.7.5 Informação cuja manipulação possa causar-lhe danos

O Art. 13 estabelece que, quando se tratar de acesso à informação contida em documento cuja manipulação possa prejudicar sua integridade, deverá ser oferecida a consulta de cópia, com certificação de que esta confere com o original.

Não sendo possível a extração de cópias, o interessado poderá solicitar que, sob suas expensas e sob supervisão de servidor público, a reprodução seja feita por outro meio que não ponha em risco a conservação do documento original.

### 7.7.6 Recurso contra o indeferimento de pedido de acesso à informação

Em caso de negativa de fornecimento de informações solicitadas, prevê a Lei que o interessado poderá apresentar recurso contra a decisão.

Esse recurso deverá ser apresentado no prazo de 10 (dez) dias, a contar da sua ciência pelo solicitante.

Tal recurso deverá ser apreciado pela autoridade hierarquicamente superior à que exarou a decisão impugnada, que terá o prazo de 5 (cinco) dias para julgá-lo.

Se houver nova negativa pela autoridade julgadora do recurso, prevê o Art. 16 da Lei 12.527/11 que o requerente ainda poderá recorrer à Controladoria-Geral da União – CGU.

No entanto, de acordo com o mesmo artigo, a CGU somente deverá se manifestar se:

- O acesso à informação não classificada como sigilosa for negado.
- A decisão de negativa de acesso à informação total ou parcialmente classificada como sigilosa não indicar a autoridade classificadora ou a hierarquicamente superior a quem possa ser dirigido pedido de acesso ou desclassificação.
- Os procedimentos de classificação de informação sigilosa estabelecidos na Lei 12.527/11 não tiverem sido observados; ou
- Estiverem sendo descumpridos prazos ou outros procedimentos previstos na Lei 12.527/11.

Se a Controladoria-Geral da União verificar que o recorrente tem razão no que alega, determinará ao órgão ou entidade que adote as providências necessárias para dar cumprimento ao disposto na Lei 12.527/11.

Por fim, se a CGU também negar o acesso, estabelece a Lei que o interessado ainda poderá interpor recurso à chamada Comissão Mista de Reavaliação de Informações.

Observa-se, então, que o processo administrativo para solicitação de informações pode chegar a ter 4 (quatro) instâncias de julgamento.

No caso do Poder Judiciário e do Ministério Público, a Lei estabelece que seus órgãos deverão informar o Conselho Nacional de Justiça e o Conselho Nacional do Ministério Público, respectivamente, sobre as decisões que, em grau de recurso, negarem acesso a informações de interesse público.

O objetivo é permitir a apuração de responsabilidade daqueles que indevidamente negaram publicidade a essas informações.

### 7.8 Restrições de Acesso à Informação

Restrições de acesso à informação são as situações que farão com que a informação não seja divulgada. Elas estão regulamentadas pela Lei 12.527/11.

O Art. 21 estabelece que não poderá ser negado acesso à informação necessária à tutela judicial ou administrativa de direitos fundamentais. Isso porque tais direitos são considerados essenciais, e não podem se submeter a eventual direito de sigilo da informação.

Além disso, o referido artigo afirma que as informações ou documentos que versem sobre condutas que impliquem violação dos direitos humanos, praticada por agentes públicos ou a mando de autoridades públicas, não poderão ser objeto de restrição de acesso.

A intenção é evitar que o desrespeito aos direitos humanos seja deixado impune por desconhecimento.

Além das hipóteses de restrições que veremos, a Lei 12.527 estabelece que o que está nela disposto não exclui as demais hipóteses legais de sigilo e de segredo de justiça. Não se excluem também as hipóteses de segredo industrial, decorrentes da exploração direta de atividade econômica pelo Estado ou por pessoa física ou entidade privada, que tenha qualquer vínculo com o Poder Público.

### 7.8.1 Classificação da informação quanto ao grau e prazos de sigilo

Classificar uma informação significa atribuir a ela determinado grau de sigilo, restringindo, de alguma forma, seu acesso por terceiros.

# NOÇÕES DE ADMINISTRAÇÃO PÚBLICA

As informações que não possuem restrição de acesso – que são a grande maioria – são chamadas de não classificadas.

A Lei 12.527/11 estabelece os critérios para que a classificação seja feita, bem como a forma de realizá-la e quais são as autoridades competentes para tal.

### 7.8.2 Informações passíveis de classificação

O Art. 23 da Lei de Acesso à Informação afirma que são consideradas imprescindíveis à segurança da sociedade ou do Estado e, portanto, passíveis de classificação as informações cuja divulgação ou acesso irrestrito possam:

- Pôr em risco a defesa e a soberania nacionais ou a integridade do território nacional;
- Prejudicar ou pôr em risco a condução de negociações ou as relações internacionais do País, ou as que tenham sido fornecidas em caráter sigiloso por outros Estados e organismos internacionais;
- Pôr em risco a vida, a segurança ou a saúde da população;
- Oferecer elevado risco à estabilidade financeira, econômica ou monetária do País;
- Prejudicar ou causar risco a planos ou operações estratégicos das Forças Armadas;
- Prejudicar ou causar risco a projetos de pesquisa e desenvolvimento científico ou tecnológico, assim como a sistemas, bens, instalações ou áreas de interesse estratégico nacional;
- Pôr em risco a segurança de instituições ou de altas autoridades nacionais ou estrangeiras e seus familiares; ou
- Comprometer atividades de inteligência, bem como de investigação ou fiscalização em andamento, relacionadas com a prevenção ou repressão de infrações.

### 7.8.3 Categorias de classificação

A Lei de Acesso à Informação estabelece três categorias para as informações sigilosas.

Ela estipula que a informação em poder das entidades e dos órgãos públicos, observado o seu teor e, em razão de sua imprescindibilidade à segurança da sociedade ou do Estado, poderá ser classificada como:

- Ultrassecreta;
- Secreta; ou
- Reservada.

### 7.8.4 Prazos de restrição de acesso à informação

De acordo com a classificação da informação (ultrassecreta, secreta ou reservada), os prazos máximos de restrição de acesso serão diferenciados, da seguinte forma:

- **Informação ultrassecreta:** será mantida em sigilo 25 (vinte e cinco) anos;
- **Informação secreta:** será mantida em sigilo 15 (quinze) anos;
- **Informação reservada:** será mantida em sigilo por 5 (cinco) anos.

Nada impede que sejam adotados prazos menores do que os estabelecidos acima.

Esses prazos são contados a partir da data de produção da informação.

A Lei estabelece que, em vez da aplicação dos prazos previstos acima, poderá ser estabelecida como termo final de restrição de acesso a ocorrência de determinado evento, mas desde que este ocorra antes do transcurso do prazo máximo de classificação.

Assim, por exemplo, pode-se estabelecer, em 2015, que os planos de segurança para a organização das Olimpíadas no Rio de Janeiro sejam mantidos em sigilo até o dia seguinte ao do encerramento do evento, por exemplo.

As informações que puderem colocar em risco a segurança do Presidente e do Vice-Presidente da República, e respectivos cônjuges e filhos, serão classificadas como reservadas, mas terão um prazo diferenciado de sigilo, pois serão mantidas em segredo até o término do mandato em exercício ou do último mandato, em caso de reeleição.

Os Estados e Municípios também podem estabelecer norma semelhante para as informações relativas a seus Governadores, Prefeitos, Vices e familiares.

Transcorrido o prazo de classificação ou consumado o evento que defina o seu termo final, a informação tornar-se-á, automaticamente, de acesso público, não importando sua classificação original.

> **Fique ligado**
>
> O Art. 35, § 1º, inciso III da Lei 11.527/11 permite que a Comissão Mista de Reavaliação de Informações prorrogue o prazo de sigilo de informação classificada como ultrassecreta, sempre por prazo determinado, enquanto o seu acesso ou divulgação puder ocasionar ameaça externa à soberania nacional ou à integridade do território nacional ou grave risco às relações internacionais do País, limitando, no entanto, essa prorrogação a somente uma vez e, no máximo, por mais 25 anos.

Ou seja, no caso de informação ultrassecreta, o prazo de sigilo pode, excepcionalmente, chegar a 50 (cinquenta) anos.

Por fim, o parágrafo 5º do Art. 24 estabelece que, para a classificação da informação em determinado grau de sigilo, deverá ser observado o interesse público da informação e utilizado o critério menos restritivo possível, considerados:

- A gravidade do risco ou dano à segurança da sociedade e do Estado; e
- O prazo máximo de restrição de acesso ou o evento que defina seu termo final.

### 7.8.5 Proteção e controle das informações sigilosas

A Lei de Acesso à Informação estipula ser dever do Estado controlar o acesso e a divulgação de informações sigilosas produzidas por seus órgãos e entidades, assegurando a sua proteção.

Assim, é responsabilidade da Administração Pública evitar, por exemplo, o "vazamento" de informações sigilosas.

Para isso, o acesso, a divulgação e o tratamento de informação classificada como sigilosa ficarão restritos a pessoas que tenham necessidade de conhecê-la e que sejam devidamente credenciadas na forma da legislação.

Aquele que tiver acesso à informação classificada como sigilosa tem a obrigação legal de proteger esse sigilo contra o conhecimento por terceiros.

As autoridades públicas estão obrigadas a adotar as providências necessárias para que as pessoas a elas subordinadas hierarquicamente conheçam as normas e observem as medidas e procedimentos de segurança para tratamento de informações sigilosas.

No caso de pessoa física ou jurídica externa à Administração Pública que, por qualquer razão (contrato de guarda de documentos ou de fornecimento de cópias, por exemplo), execute atividades de tratamento de informações sigilosas, deverão elas adotar as providências

## ACESSO À INFORMAÇÃO EM ÂMBITO FEDERAL

necessárias para que seus empregados, prepostos ou representantes observem as medidas e procedimentos de segurança das informações.

### 7.8.6 Competência para classificação de informações na administração pública federal

O Art. 27 da Lei de Acesso à Informação define a competência para a classificação das informações no âmbito da Administração Pública Federal, que dependerá do grau de sigilo associado.

De acordo com tal dispositivo:

- **Podem classificar uma informação como ultrassecreta, secreta ou reservada, ou seja, podem determinar qualquer grau de sigilo:**
  - O Presidente da República;
  - O Vice-Presidente da República;
  - Os Ministros de Estado e autoridades com as mesmas prerrogativas;
  - Os Comandantes da Marinha, do Exército e da Aeronáutica; e
  - Os Chefes de Missões Diplomáticas e Consulares permanentes no exterior.

No caso dos Comandantes da Marinha, do Exército e da Aeronáutica e dos Chefes de Missões Diplomáticas e Consulares, a classificação de informação no grau de sigilo ultrassecreto deverá ser ratificada pelos respectivos Ministros de Estado.

A autoridade ou outro agente público que classificar a informação como ultrassecreta (qualquer que seja ela) deverá encaminhar a decisão à Comissão Mista de Reavaliação de Informações.

- **Podem classificar uma informação somente como secreta ou reservada:**
  - Titulares (presidentes) de autarquias, fundações ou empresas públicas e sociedades de economia mista.
- **Podem classificar uma informação somente como reservada:**
  - Servidores que exerçam funções de direção, comando ou chefia, nível DAS 101.5, ou superior, do Grupo-Direção e Assessoramento Superiores, ou de hierarquia equivalente, de acordo com regulamentação específica de cada órgão ou entidade.

### 7.8.7 Delegação de competência

A Lei permite que a competência para a classificação de uma informação como ultrassecreta ou secreta pode ser delegada pela autoridade responsável a agente público. É proibida, porém, a subdelegação pelo agente que receber a incumbência.

### 7.8.8 Requisitos da decisão de classificação

De acordo com a Lei, a classificação de informação em qualquer grau de sigilo deverá ser formalizada em decisão que conterá, no mínimo, os seguintes elementos:

- Assunto sobre o qual versa a informação;
- Fundamento da classificação, ou seja, sua fundamentação;
- Indicação do prazo de sigilo, contado em anos, meses ou dias, ou do evento que defina o seu termo final, conforme limites já vistos para cada grau de sigilo;
- Identificação da autoridade que a classificou.

### 7.8.9 Reavaliação da decisão de classificação

A Lei também estabelece que a decisão sobre a classificação seja mantida no mesmo grau de sigilo da informação classificada.

A classificação poderá ser reavaliada a qualquer momento, por iniciativa da própria autoridade classificadora ou por solicitação de terceiro, sendo que tal revisão também poderá ser feita por autoridade hierarquicamente superior à que efetuou a classificação.

Nessa reavaliação, deverão ser examinadas a permanência dos motivos do sigilo e a possibilidade de danos decorrentes do acesso ou da divulgação da informação.

Na hipótese de redução do prazo de sigilo da informação, o novo prazo de restrição continuará a ser contado a partir da data de sua produção.

### 7.8.10 Publicação das informações classificadas

A Lei 12.527/11 estabelece que, todos os anos, a autoridade máxima de cada órgão ou entidade publicará em site da Internet e destinado à veiculação de dados e informações administrativas:

- Relação das informações que tenham sido desclassificadas nos últimos 12 (doze) meses;
- Relação de documentos classificados em cada grau de sigilo, com identificação para referência futura;
- Relatório estatístico contendo a quantidade de pedidos de informação recebidos, atendidos e indeferidos, bem como informações genéricas sobre os solicitantes.

### 7.8.11 Informações pessoais

Informações pessoais são aquelas que dizem respeito à intimidade, vida privada, honra e imagem de alguma pessoa física.

A Lei determina que o tratamento de tais informações deva ser feito de forma transparente e com respeito justamente à intimidade, vida privada, honra e imagem das pessoas, bem como às liberdades e garantias individuais.

Em relação às informações pessoais, estabelece a Lei 12.527/11:

- Que terão, pelo prazo máximo de 100 (cem) anos, contados da data de sua produção, acesso restrito a agentes públicos, legalmente autorizados, e à pessoa a que elas se referirem; e
- Que poderão ter autorizada sua divulgação ou acesso por terceiros, diante de previsão legal ou consentimento expresso da pessoa a que elas se referirem.

Toda pessoa que tiver acesso às informações pessoais de outrem será responsabilizado por seu uso indevido.

A Lei estabelece ainda que o consentimento da pessoa a que se referirem as informações pessoais não será necessário, quando tais informações forem necessárias:

- À prevenção e diagnóstico médico, quando a pessoa estiver física ou legalmente incapaz, e para utilização única e exclusivamente para o tratamento médico;
- À realização de estatísticas e pesquisas científicas de evidente interesse público ou geral, previstos em lei, sendo vedada a identificação da pessoa a que as informações se referirem;
- Ao cumprimento de ordem judicial;
- À defesa de direitos humanos; ou
- À proteção do interesse público e geral preponderante.

A Lei estabelece que a restrição de acesso às informações pessoais não se aplica quando:

- For invocada com o intuito de prejudicar processo de apuração de irregularidades em que o titular das informações estiver envolvido; e
- Em ações voltadas para a recuperação de fatos históricos de maior relevância.

# NOÇÕES DE ADMINISTRAÇÃO PÚBLICA

## 7.9 Responsabilidades

A Lei de Acesso à Informação define condutas ilícitas relacionadas à gestão e ao fornecimento de informações, estipulando também penalidades.

Ela divide essas condutas em duas categorias: condutas praticadas por agentes públicos civis ou militares, e condutas praticadas por pessoa física ou jurídica, externa à Administração.

Vejamos:

### 7.9.1 Condutas ilícitas praticadas por agente público civil ou militar

### 7.9.2 Definição das condutas

O Art. 32 da Lei 12.527/11 estipula que constituem condutas ilícitas, que ensejam responsabilidade do agente público ou militar:

- Recusar-se a fornecer informação requerida nos termos da Lei, retardar deliberadamente o seu fornecimento ou fornecê-la intencionalmente de forma incorreta, incompleta ou imprecisa;
- Utilizar indevidamente, bem como subtrair, destruir, inutilizar, desfigurar, alterar ou ocultar, total ou parcialmente, informação que se encontre sob sua guarda ou a que tenha acesso ou conhecimento em razão do exercício das atribuições de cargo, emprego ou função pública;
- Agir com dolo ou má-fé na análise das solicitações de acesso à informação;
- Divulgar ou permitir a divulgação, ou acessar ou permitir acesso indevido à informação sigilosa ou informação pessoal;
- Impor sigilo à informação para obter proveito pessoal ou de terceiro, ou para fins de ocultação de ato ilegal cometido por si ou por outrem;
- Ocultar da revisão de autoridade superior competente informação sigilosa para beneficiar a si ou a outrem, ou em prejuízo de terceiros; e
- Destruir ou subtrair, por qualquer meio, documentos concernentes a possíveis violações de direitos humanos por parte de agentes do Estado.

### 7.9.3 Penalidades

Constatada a prática de alguma das condutas pelo agente público, através de processo administrativo que garanta o contraditório e a ampla defesa e respeite o devido processo legal, estará ele sujeito às seguintes penalidades:

- Se for servidor militar, estará sujeito às penalidades aplicáveis às transgressões militares médias ou graves, desde que não tipificadas em lei como crime ou contravenção penal; e
- Se for servidor civil, estará sujeito, no mínimo, à suspensão, segundo os critérios estabelecidos em lei.

Além disso, poderá o militar ou agente público responder, também, por improbidade administrativa, se for o caso.

### 7.9.4 Condutas ilícitas praticadas por pessoa física ou jurídica externa à administração e que detenha informação de órgão ou entidade pública

Nesse caso, a conduta indevida não é praticada por um agente público, mas sim por alguém que, embora externo aos quadros da Administração Pública, por alguma razão, detenha informações de órgão ou entidade pública.

Exemplo: empresa contratada para guardar ou extrair cópias de documentos públicos.

Nesse caso, se a empresa deixar de observar qualquer disposição da Lei 12.527/11, está sujeita, dependendo do caso concreto, às penalidades de:

- Advertência;
- Multa;
- Rescisão do vínculo com o Poder Público;
- Suspensão temporária de participar em licitação e impedimento de contratar com a Administração Pública por prazo não superior a 2 (dois) anos; e
- Declaração de inidoneidade para licitar ou contratar com a Administração Pública, até que seja promovida a reabilitação perante a própria autoridade que aplicou a penalidade.

A competência para a aplicação da penalidade de declaração de idoneidade é exclusiva da autoridade máxima do órgão ou entidade pública, permitida a defesa do interessado, no respectivo processo, no prazo de 10 (dez) dias da abertura de vista.

### 7.9.5 Responsabilidade por danos

A Lei de Acesso à Informação estabelece que, tanto os órgãos e entidades públicas como a pessoa física ou jurídica externa à Administração que causarem danos a terceiros, em virtude da divulgação não autorizada ou utilização indevida de informações sigilosas ou informações pessoais ou tratamento indevido a elas, serão responsáveis pela indenização da vítima.

No caso de esse dano ser causado por dolo ou culpa de servidor público, poderá ele ser cobrado em ação regressiva, com o fim de ressarcir os cofres públicos.

# 8 DECRETO Nº 58.052/2012 - REGULA O ACESSO A INFORMAÇÃO

## 8.1 Disposições Gerais

*Art. 1º - Este decreto define procedimentos a serem observados pelos órgãos e entidades da Administração Pública Estadual, e pelas entidades privadas sem fins lucrativos que recebam recursos públicos estaduais para a realização de atividades de interesse público, à vista das normas gerais estabelecidas na Lei federal nº 12.527, de 18 de novembro de 2011.*

| Quem deve seguir este Decreto Estadual (arts. 1º e 74) |
|---|
| Poder Executivo do Estado de São Paulo (Administração Direta e indireta) |
| Entidade Privada, sem fins lucrativos, que receba recursos públicos do Poder Executivo do Estado de São Paulo para fazer ações de interesse público |
| Pessoa física ou entidade privada que detiver informações em virtude de ínculo de qualquer natureza com o Poder Público |

*Art. 2º - O direito fundamental de acesso a documentos, dados e informações será assegurado mediante:*

Inicialmente, ao dizer que o acesso a documentos, dados e informações é um direito fundamental, o legislador estadual faz referência ao Art. 5º, inciso XXXIII, da Constituição Federal, que assim dispõe: "Todos têm direito a receber dos órgãos públicos informações de seu interesse particular, ou de interesse coletivo ou geral, que serão prestadas no prazo da lei, sob pena de responsabilidade, ressalvadas aquelas cujo sigilo seja imprescindível à segurança da sociedade e do Estado".

Ou seja, o acesso à informação é um direito previsto constitucionalmente, o qual deve ser exercido respeitando a intimidade, a vida privada, a honra e a imagem das pessoas.

Assim, para o exercício deste direito, foram criadas pela Lei Federal nº. 12.527/11, diretrizes a serem seguidas e que foram aqui reproduzidas pelo legislador estadual. Veja.

*I. observância da publicidade como preceito geral e do sigilo como exceção;*

*II. implementação da política estadual de arquivos e gestão de documentos;*

*III. divulgação de informações de interesse público, independentemente de solicitações;*

*IV. utilização de meios de comunicação viabilizados pela tecnologia da informação;*

*V. fomento ao desenvolvimento da cultura de transparência na administração pública;*

Referente à cultura da transparência, importante frisar a existência de dois tipos de transparência que pautam a atuação administrativa: transparência ativa e transparência passiva.

A transparência ativa consiste na divulgação de informação por iniciativa do setor público, independentemente de solicitação.

Já a transparência passiva consiste na divulgação da informação em atendimento a solicitação da sociedade.

*VI. desenvolvimento do controle social da administração pública.*

*Art. 3º - Para os efeitos deste decreto, consideram-se as seguintes definições:*

*I. arquivos públicos: conjuntos de documentos produzidos, recebidos e acumulados por órgãos públicos, autarquias, fundações instituídas ou mantidas pelo Poder Público, empresas públicas, sociedades de economia mista, entidades privadas encarregadas da gestão de serviços públicos e organizações sociais, no exercício de suas funções e atividades;*

*II. autenticidade: qualidade da informação que tenha sido produzida, expedida, recebida ou modificada por determinado indivíduo, equipamento ou sistema;*

*III. classificação de sigilo: atribuição, pela autoridade competente, de grau de sigilo a documentos, dados e informações;*

*IV. credencial de segurança: autorização por escrito concedida por autoridade competente, que habilita o agente público estadual no efetivo exercício de cargo, função, emprego ou atividade pública a ter acesso a documentos, dados e informações sigilosas;*

*V. criptografia: processo de escrita à base de métodos lógicos e controlados por chaves, cifras ou códigos, de forma que somente os usuários autorizados possam reestabelecer sua forma original;*

*VI. custódia: responsabilidade pela guarda de documentos, dados e informações;*

*VII. dado público: sequência de símbolos ou valores, representado em algum meio, produzido ou sob a guarda governamental, em decorrência de um processo natural ou artificial, que não tenha seu acesso restrito por legislação específica;*

*VIII. desclassificação: supressão da classificação de sigilo por ato da autoridade competente ou decurso de prazo, tornando irrestrito o acesso a documentos, dados e informações sigilosas;*

*IX. documentos de arquivo: todos os registros de informação, em qualquer suporte, inclusive o magnético ou óptico, produzidos, recebidos ou acumulados por órgãos e entidades da Administração Pública Estadual, no exercício de suas funções e atividades;*

*X. disponibilidade: qualidade da informação que pode ser conhecida e utilizada por indivíduos, equipamentos ou sistemas autorizados;*

*XI. documento: unidade de registro de informações, qualquer que seja o suporte ou formato;*

*XII. gestão de documentos: conjunto de procedimentos operações técnicas referentes à sua produção, classificação, avaliação, tramitação, uso, arquivamento e reprodução, que assegura a racionalização e a eficiência dos arquivos;*

*XIII. informação: dados, processados ou não, que podem ser utilizados para produção e transmissão de conhecimento, contidos em qualquer meio, suporte ou formato;*

Aqui se está diante da principal definição a pautar o seu estudo: a definição do que é informação.

Resumindo o conceito apresentado pela lei, a informação nada mais é que a produção e transmissão de conhecimento; é tudo aquilo que traz a possibilidade de se chegar a um conhecimento sobre determinada coisa.

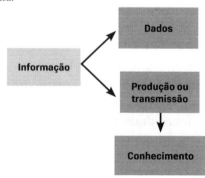

*XIV. informação pessoal: aquela relacionada à pessoa natural identificada ou identificável;*

# NOÇÕES DE ADMINISTRAÇÃO PÚBLICA

*XV. nformação sigilosa: aquela submetida temporariamente à restrição de acesso público em razão de sua imprescindibilidade para a segurança da sociedade e do Estado;*

*XVI. integridade: qualidade da informação não modificada, inclusive quanto à origem, trânsito e destino;*

*XVII. marcação: aposição de marca assinalando o grau de sigilo de documentos, dados ou informações, ou sua condição de acesso irrestrito, após sua desclassificação;*

*XVIII. metadados: são informações estruturadas e codificadas que descrevem e permitem gerenciar, compreender, preservar e acessar os documentos digitais ao longo do tempo e referem-se a:*

*a) identificação e contexto documental (identificador único, instituição produtora, nomes, assunto, datas, local, código de classificação, tipologia documental, temporalidade, destinação, versão, documentos relacionados, idioma e indexação);*

*b) segurança (grau de sigilo, informações sobre criptografia, assinatura digital e outras marcas digitais);*

*c) contexto tecnológico (formato de arquivo, tamanho de arquivo, dependências de hardware e software, tipos de mídias, algoritmos de compressão) e localização física do documento;*

*XIX. primariedade: qualidade da informação coletada na fonte, com o máximo de detalhamento possível, sem modificações;*

*XX. reclassificação: alteração, pela autoridade competente, da classificação de sigilo de documentos, dados e informações;*

*XXI. rol de documentos, dados e informações sigilosas e pessoais: relação anual, a ser publicada pelas autoridades máximas de órgãos e entidades, de documentos, dados e informações classificadas, no período, como sigilosas ou pessoais, com identificação para referência futura;*

*XXII. serviço ou atendimento presencial: aquele prestado a presença física do cidadão, principal beneficiário ou interessado no serviço;*

*XXIII. serviço ou atendimento eletrônico: aquele prestado remotamente ou à distância, utilizando meios eletrônicos de comunicação;*

*XXIV. tabela de documentos, dados e informações sigilosas e pessoais: relação exaustiva de documentos, dados e informações com quaisquer restrição de acesso, com a indicação do grau de sigilo, decorrente de estudos e pesquisas promovidos pelas Comissões de Avaliação de Documentos e Acesso - CADA, e publicada pelas autoridades máximas dos órgãos e entidades;*

*XXV. tratamento da informação: conjunto de ações referentes à produção, recepção, classificação, utilização, acesso, reprodução, transporte, transmissão, distribuição, arquivamento, armazenamento, eliminação, avaliação, destinação ou controle da informação.*

## 8.2 Do Acesso a Documentos, Dados e Informações

### 8.2.1 Disposições gerais

*Art. 4º - É dever dos órgãos e entidades da Administração Pública Estadual:*

*I. promover a gestão transparente de documentos, dados e informações, assegurando sua disponibilidade, autenticidade e integridade, para garantir o pleno direito de acesso;*

*II. divulgar documentos, dados e informações de interesse coletivo ou geral, sob sua custódia, independentemente de solicitações;*

*III. proteger os documentos, dados e informações sigilosas e pessoais, por meio de critérios técnicos e objetivos, o menos restritivo possível.*

### 8.2.2 Da gestão de documentos, dados e informações

*Art. 5º - A Unidade do Arquivo Público do Estado, na condição de órgão central do Sistema de Arquivos do Estado de São Paulo - SAESP, é a responsável pela formulação e implementação da política estadual de arquivos e gestão de documentos, a que se refere o Art. 2º, inciso II deste decreto, e deverá propor normas, procedimentos e requisitos técnicos complementares, visando o tratamento da informação.*

*Parágrafo único. Integram a política estadual de arquivos e gestão de documentos:*

*1) os serviços de protocolo e arquivo dos órgãos e entidades;*

*2) as Comissões de Avaliação de Documentos e Acesso - CADA, a que se refere o Art. 11 deste decreto;*

*3) o Sistema Informatizado Unificado de Gestão Arquivística de Documentos e Informações - SPdoc;*

*4) os Serviços de Informações ao Cidadão - SIC.*

*Art. 6º - Para garantir efetividade à política de arquivos e gestão de documentos, os órgãos e entidades da Administração Pública Estadual deverão:*

*I. providenciar a elaboração de planos de classificação e tabelas de temporalidade de documentos de suas atividades-fim, a que se referem, respectivamente, os artigos 10 a 18 e 19 a 23, do Decreto nº 48.897, de 27 de agosto de 2004;*

Classificar a informação consiste em dar a ela o grau de sigilo de acordo com o seu conteúdo, ou seja, é determinar o grau de restrição de acesso público, observando o interesse público.

Uma vez realizada esta classificação, caberá a autoridade competente determinar por quanto tempo o grau de restrição deverá recair sobre a informação.

*II. cadastrar todos os seus documentos no Sistema Informatizado Unificado de Gestão Arquivística de Documentos e Informações - SPdoc.*

*Parágrafo único - As propostas de planos de classificação e de tabelas de temporalidade de documentos deverão ser apreciadas pelos órgãos jurídicos dos órgãos e entidades e encaminhadas à Unidade do Arquivo Público do Estado para aprovação, antes de sua oficialização.*

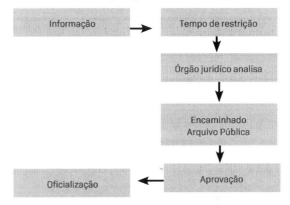

*Art. 7º - Ficam criados, em todos os órgãos e entidades da Administração Pública Estadual, os Serviços de Informações ao Cidadão - SIC, a que se refere o Art. 5º, inciso IV, deste decreto, diretamente subordinados aos seus titulares, em local com condições apropriadas, infraestrutura tecnológica e equipe capacitada para:*

*I. realizar atendimento presencial e/ou eletrônico na sede e nas unidades subordinadas, prestando orientação ao público sobre os direitos do requerente, o funcionamento do Serviço de Informações ao Cidadão - SIC, a tramitação de documentos, bem como sobre os serviços prestados pelas respectivas unidades do órgão ou entidade;*

*II. protocolar documentos e requerimentos de acesso a informações, bem como encaminhar os pedidos de informação aos setores produtores ou detentores de documentos, dados e informações;*

*III. controlar o cumprimento de prazos por parte dos setores produtores ou detentores de documentos, dados e informações, previstos no Art. 15 deste decreto;*

*IV. realizar o serviço de busca e fornecimento de documentos, dados e informações sob custódia do respectivo órgão ou entidade, ou fornecer ao requerente orientação sobre o local onde encontrá-los.*

| Funções do S. I. C |
|---|
| Atender e orientar o público quanto ao acesso à informação |
| Informar sobre a tramitação de documentos |
| Conceder o acesso à infromação |

261

# DECRETO Nº 58.052/2012 - REGULA O ACESSO A INFORMAÇÃO

**§ 1º** - As autoridades máximas dos órgãos e entidades da Administração Pública Estadual deverão designar, no prazo de 30 (trinta) dias, os responsáveis pelos Serviços de Informações ao Cidadão - SIC.

**§ 2º** - Para o pleno desempenho de suas atribuições, os Serviços de Informações ao Cidadão - SIC deverão:

1) manter intercâmbio permanente com os serviços de protocolo e arquivo;

2) buscar informações junto aos gestores de sistemas informatizados e bases de dados, inclusive de portais e sítios institucionais;

3) atuar de forma integrada com as Ouvidorias, instituídas pela Lei estadual nº 10.294, de 20 de abril de 1999, e organizadas pelo Decreto nº 44.074, de 1º de julho de 1999.

**§ 3º** - Os Serviços de Informações ao Cidadão - SIC, independentemente do meio utilizado, deverão ser identificados com ampla visibilidade.

**Art. 8º** - A Casa Civil deverá providenciar a contratação de serviços para o desenvolvimento de "Sistema Integrado de Informações ao Cidadão", capaz de interoperar com o SPdoc, a ser utilizado por todos os órgãos e entidades nos seus respectivos Serviços de Informações ao Cidadão - SIC.

**Art. 9º** - A Unidade do Arquivo Público do Estado, da Casa Civil, deverá adotar as providências necessárias para a organização dos serviços da Central de Atendimento ao Cidadão - CAC, instituída pelo Decreto nº 54.276, de 27 de abril de 2009, com a finalidade de:

**I.** coordenar a integração sistêmica dos Serviços de Informações ao Cidadão - SIC, instituídos nos órgãos e entidades;

**II.** realizar a consolidação e sistematização de dados a que se refere o Art. 26 deste decreto, bem como a elaboração de estatísticas sobre as demandas de consulta e os perfis de usuários, visando o aprimoramento dos serviços.

| Funções do C. A. C. |
|---|
| Coordenar os SIC´s |
| Consolidar e sistematizar os dados |
| Elaborar estatísticas sobre as demandas e perfil dos usuários |

*Parágrafo único* - Os Serviços de Informações ao Cidadão - SIC deverão fornecer, periodicamente, à Central de Atendimento ao Cidadão - CAC, dados atualizados dos atendimentos prestados.

**Art. 10** - O acesso aos documentos, dados e informações compreende, entre outros, os direitos de obter:

**I.** orientação sobre os procedimentos para a consecução de acesso, bem como sobre o local onde poderá ser encontrado ou obtido o documento, dado ou informação almejada;

**II.** dado ou informação contida em registros ou documentos, produzidos ou acumulados por seus órgãos ou entidades, recolhidos ou não a arquivos públicos;

**III.** documento, dado ou informação produzida ou custodiada por pessoa física ou entidade privada decorrente de qualquer vínculo com seus órgãos ou entidades, mesmo que esse vínculo já tenha cessado;

**IV.** dado ou informação primária, íntegra, autêntica e atualizada;

**V.** documento, dado ou informação sobre atividades exercidas pelos órgãos e entidades, inclusive as relativas à sua política, organização e serviços;

**VI.** documento, dado ou informação pertinente à administração o patrimônio público, utilização de recursos públicos, licitação, contratos administrativos;

**VII.** documento, dado ou informação relativa:

**a)** à implementação, acompanhamento e resultados dos programas, projetos e ações dos órgãos e entidades públicas, bem como metas e indicadores propostos;

**b)** ao resultado de inspeções, auditorias, prestações e tomadas de contas realizadas pelos órgãos de controle interno e externo, incluindo prestações de contas relativas a exercícios anteriores.

**§ 1º** - O acesso aos documentos, dados e informações previsto no "caput" deste Art. não compreende as informações referentes a projetos de pesquisa e desenvolvimento científicos ou tecnológicos cujo sigilo seja imprescindível à segurança da sociedade e do Estado.

**§ 2º** - Quando não for autorizado acesso integral ao documento, dado ou informação por ser ela parcialmente sigilosa, é assegurado o acesso à parte não sigilosa por meio de certidão, extrato ou cópia com ocultação da parte sob sigilo.

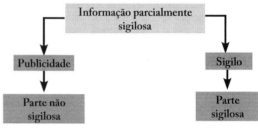

**§ 3º** - O direito de acesso aos documentos, aos dados ou às informações neles contidas utilizados como fundamento da tomada de decisão e do ato administrativo será assegurado com a edição do ato decisório respectivo.

**§ 4º** - A negativa de acesso aos documentos, dados e informações objeto de pedido formulado aos órgãos e entidades referidas no Art. 1º deste decreto, quando não fundamentada, sujeitará o responsável a medidas disciplinares, nos termos do Art. 32 da Lei federal nº 12.527, de 18 de novembro de 2011[1].

**§ 5º** - Informado do extravio da informação solicitada, poderá o interessado requerer à autoridade competente a imediata instauração de apuração preliminar para investigar o desaparecimento da respectiva documentação.

**§ 6º** - Verificada a hipótese prevista no § 5º deste artigo, o responsável pela guarda da informação extraviada deverá, no prazo de 10 (dez) dias, justificar o fato e indicar testemunhas que comprovem sua alegação.

---

1  Lei nº. 12.527/11, Art. 32 - Art. 32 - Constituem condutas ilícitas que ensejam responsabilidade do agente público ou militar:

I - recusar-se a fornecer informação requerida nos termos desta Lei, retardar deliberadamente o seu fornecimento ou fornecê-la intencionalmente de forma incorreta, incompleta ou imprecisa;

II - utilizar indevidamente, bem como subtrair, destruir, inutilizar, desfigurar, alterar ou ocultar, total ou parcialmente, informação que se encontre sob sua guarda ou a que tenha acesso ou conhecimento em razão do exercício das atribuições de cargo, emprego ou função pública;

III - agir com dolo ou má-fé na análise das solicitações de acesso à informação;

IV - divulgar ou permitir a divulgação ou acessar ou permitir acesso indevido à informação sigilosa ou informação pessoal;

V - impor sigilo à informação para obter proveito pessoal ou de terceiro, ou para fins de ocultação de ato ilegal cometido por si ou por outrem;

VI - ocultar da revisão de autoridade superior competente informação sigilosa para beneficiar a si ou a outrem, ou em prejuízo de terceiros; e

VII - destruir ou subtrair, por qualquer meio, documentos concernentes a possíveis violações de direitos humanos por parte de agentes do Estado.

§ 1o Atendido o princípio do contraditório, da ampla defesa e do devido processo legal, as condutas descritas no caput serão consideradas:

I - para fins dos regulamentos disciplinares das Forças Armadas, transgressões militares médias ou graves, segundo os critérios neles estabelecidos, desde que não tipificadas em lei como crime ou contravenção penal; ou,

II - para fins do disposto na Lei nº. 8.112, de 11 de dezembro de 1990, e suas alterações, infrações administrativas, que deverão ser apenadas, no mínimo, com suspensão, segundo os critérios nela estabelecidos.

§ 2º Pelas condutas descritas no caput, poderá o militar ou agente público responder, também, por improbidade administrativa, conforme o disposto nas Leis nº. 1.079, de 10 de abril de 1950, e 8.429, de 2 de junho de 1992.

## NOÇÕES DE ADMINISTRAÇÃO PÚBLICA

### 8.2.3 Das comissões de avaliação de documentos e acesso

***Art. 11*** *- As Comissões de Avaliação de Documentos de Arquivo, a que se referem os Decretos nº 29.838, de 18 de abril de 1989, e nº 48.897, de 27 de agosto de 2004, instituídas nos órgãos e entidades da Administração Pública Estadual, passarão a ser denominadas Comissões de Avaliação de Documentos e Acesso - CADA.*

*§ 1º - As Comissões de Avaliação de Documentos e Acesso - CADA deverão ser vinculadas ao Gabinete da autoridade máxima do órgão ou entidade.*

*§ 2º - As Comissões de Avaliação de Documentos e Acesso - CADA serão integradas por servidores de nível superior das áreas jurídica, de administração geral, de administração financeira, de arquivo e protocolo, de tecnologia da informação e por representantes das áreas específicas da documentação a ser analisada.*

*§ 3º - As Comissões de Avaliação de Documentos e Acesso - CADA serão compostas por 5 (cinco), 7 (sete) ou 9 (nove) membros, designados pela autoridade máxima do órgão ou entidade.*

| Composição do C.A.D.A. |
|---|
| 5, 7, ou 9 membros |
| Servidores de nível superior |
| Representante das áreas: Jurídica Administração geral Administração financeira Arquivo e protocolo Tecnologia da informação Específica da documentação a ser analisada |

***Art. 12*** *- São atribuições das Comissões de Avaliação de Documentos e Acesso - CADA, além daquelas previstas para as Comissões de Avaliação de Documentos de Arquivo nos Decretos nº 29.838, de 18 de abril de 1989, e nº 48.897, de 27 de agosto de 2004:*

***I.*** *orientar a gestão transparente dos documentos, dados e informações do órgão ou entidade, visando assegurar o amplo acesso e divulgação;*

***II.*** *realizar estudos, sob a orientação técnica da Unidade do Arquivo Público do Estado, órgão central do Sistema de Arquivos do Estado de São Paulo - SAESP, visando à identificação e elaboração de tabela de documentos, dados e informações sigilosas e pessoais, de seu órgão ou entidade;*

***III.*** *encaminhar à autoridade máxima do órgão ou entidade a tabela mencionada no inciso II deste artigo, bem como as normas e procedimentos visando à proteção de documentos, dados e informações sigilosas e pessoais, para oitiva do órgão jurídico e posterior publicação;*

***IV.*** *orientar o órgão ou entidade sobre a correta aplicação dos critérios de restrição de acesso constantes das tabelas de documentos, dados e informações sigilosas e pessoais;*

***V.*** *comunicar à Unidade do Arquivo Público do Estado a publicação de tabela de documentos, dados e informações sigilosas e pessoais, e suas eventuais alterações, para consolidação de dados, padronização de critérios e realização de estudos técnicos na área;*

***VI.*** *propor à autoridade máxima do órgão ou entidade a renovação, alteração de prazos, reclassificação ou desclassificação de documentos, dados e informações sigilosas;*

***VII.*** *manifestar-se sobre os prazos mínimos de restrição de acesso aos documentos, dados ou informações pessoais;*

***VIII.*** *atuar como instância consultiva da autoridade máxima do órgão ou entidade, sempre que provocada, sobre os recursos interpostos relativos às solicitações de acesso a documentos, dados e informações não atendidas ou indeferidas, nos termos do parágrafo único do Art. 19 deste decreto;*

***IX.*** *informar à autoridade máxima do órgão ou entidade a previsão de necessidades orçamentárias, bem como encaminhar relatórios periódicos sobre o andamento dos trabalhos.*

| Principais funções do C.A.D.A. |
|---|
| Orientar gestão trasnparente |
| Realizar estudos |
| Instância consultutiva da autoridade máxima |

*Parágrafo único - Para o perfeito cumprimento de suas atribuições as Comissões de Avaliação de Documentos e Acesso - CADA poderão convocar servidores que possam contribuir com seus conhecimentos e experiências, bem como constituir subcomissões e grupos de trabalho.*

***Art. 13*** *- À Unidade do Arquivo Público do Estado, órgão central do Sistema de Arquivos do Estado de São Paulo - SAESP, responsável por propor a política de acesso aos documentos públicos, nos termos do Art. 6º, inciso XII, do Decreto nº 22.789, de 19 de outubro de 1984, caberá o reexame, a qualquer tempo, das tabelas de documentos, dados e informações sigilosas e pessoais dos órgãos e entidades da Administração Pública Estadual.*

### 8.2.4 Do pedido

***Art. 14*** *- O pedido de informações deverá ser apresentado ao Serviço de Informações ao Cidadão - SIC do órgão ou entidade, por qualquer meio legítimo que contenha a identificação do interessado (nome, número de documento e endereço) e a especificação da informação requerida.*

Como mencionado no início do estudo, o acesso à informação é um direito protegido constitucionalmente. Da mesma forma, a Constituição Federal garante que a informação seja franqueada mediante procedimento objetivo e ágil, de forma transparente, clara e em linguagem de fácil compreensão.

Em outros termos, o interessado não poderá encontrar dificuldades para realizar a solicitação da informação, a qual poderá ser feita por internet, carta, telefone, pessoalmente ou qualquer outro meio legítimo.

Ademais, esta solicitação poderá conter apenas a qualificação do interessado e apontar a informação solicitada, de forma que possa esta ser identificada e localizada.

Visando, ainda, garantir a acessibilidade à informação de interesse público, a Lei Federal nº. 12.527/11, em seu Art. 10, veda a existência de exigências realtivas aos motivos determinantes para a solicitação, assim como exigências relativas à identificação do solicitante que o impeça de fazer a solicitação (ex.: exigir o número do passaporte, considerando que este não é um documento que todo e qualquer cidadão possui.

No mais, importante consignar que essa situação já foi objeto de vários questionamentos da Banca Vunesp.

# DECRETO Nº 58.052/2012 - REGULA O ACESSO A INFORMAÇÃO

*Art. 15* - *O Serviço de Informações ao Cidadão - SIC do órgão ou entidade responsável pelas informações solicitadas deverá conceder o acesso imediato àquelas disponíveis.*

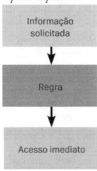

*§ 1º* - *Na impossibilidade de conceder o acesso imediato, o Serviço de Informações ao Cidadão - SIC do órgão ou entidade, em prazo não superior a 20 (vinte) dias, deverá:*

*1) comunicar a data, local e modo para se realizar a consulta, efetuar a reprodução ou obter a certidão;*

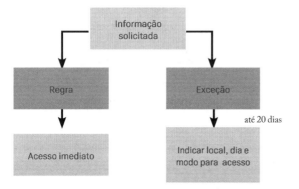

*2) indicar as razões de fato ou de direito da recusa, total ou parcial, do acesso pretendido;*

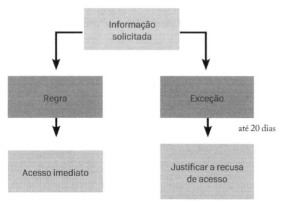

*3) comunicar que não possui a informação, indicar, se for do seu conhecimento, o órgão ou a entidade que a detém, ou, ainda, remeter o requerimento a esse órgão ou entidade, cientificando o interessado da remessa de seu pedido de informação.*

*§ 2º* - *O prazo referido no § 1º deste Art. poderá ser prorrogado por mais 10 (dez) dias, mediante justificativa expressa, da qual será cientificado o interessado.*

*§ 3º* - *Sem prejuízo da segurança e da proteção das informações e do cumprimento da legislação aplicável, o Serviço de Informações ao Cidadão - SIC do órgão ou entidade poderá oferecer meios para que o próprio interessado possa pesquisar a informação de que necessitar.*

*§ 4º* - *Quando não for autorizado o acesso por se tratar de informação total ou parcialmente sigilosa, o interessado deverá ser informado sobre a possibilidade de recurso, prazos e condições para sua interposição, devendo, ainda, ser-lhe indicada a autoridade competente para sua apreciação.*

*§ 5º* - *A informação armazenada em formato digital será fornecida nesse formato, caso haja anuência do interessado.*

*§ 6º* - *Caso a informação solicitada esteja disponível ao público em formato impresso, eletrônico ou em qualquer outro meio de acesso universal, serão informados ao interessado, por escrito, o lugar e a forma pela qual se poderá consultar, obter ou reproduzir a referida informação, procedimento esse que desonerará o órgão ou entidade pública da obrigação de seu fornecimento direto, salvo se o interessado declarar não dispor de meios para realizar por si mesmo tais procedimentos.*

*Art. 16* - *O serviço de busca e fornecimento da informação é gratuito, salvo nas hipóteses de reprodução de documentos pelo órgão ou entidade pública consultada, situação em que poderá ser cobrado exclusivamente o valor necessário ao ressarcimento do custo dos serviços e dos materiais utilizados, a ser fixado em ato normativo pelo Chefe do Executivo.*

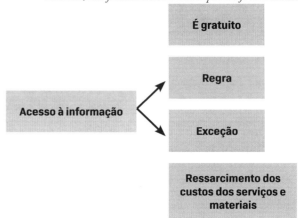

*Parágrafo único* - *Estará isento de ressarcir os custos previstos no "caput" deste Art. todo aquele cuja situação econômica não lhe permita fazê-lo sem prejuízo do sustento próprio ou da família, declarada nos termos da Lei federal nº 7.115, de 29 de agosto de 1983.*

*Art. 17* - *Quando se tratar de acesso à informação contida em documento cuja manipulação possa prejudicar sua integridade, deverá ser oferecida a consulta de cópia, com certificação de que esta confere com o original.*

*Parágrafo único* - *Na impossibilidade de obtenção de cópias, o interessado poderá solicitar que, a suas expensas e sob Grupo Técnico supervisão de servidor público, a reprodução seja feita por outro meio que não ponha em risco a conservação do documento original.*

*Art. 18* - *É direito do interessado obter o inteiro teor de decisão de negativa de acesso, por certidão ou cópia.*

## 8.2.5 Dos recursos

*Art. 19* - *No caso de indeferimento de acesso aos documentos, dados e informações ou às razões da negativa do acesso, bem como o não atendimento do pedido, poderá o interessado interpor recurso contra a decisão no prazo de 10 (dez) dias a contar de sua ciência.*

*Parágrafo único.* *O recurso será dirigido à apreciação de pelo menos uma autoridade hierarquicamente superior à que exarou a decisão impugnada, que deverá se manifestar, após eventual consulta à Comissão de Avaliação de Documentos e Acesso - CADA, a que se referem os artigos 11 e 12 deste decreto, e ao órgão jurídico, no prazo de 5 (cinco) dias.*

# NOÇÕES DE ADMINISTRAÇÃO PÚBLICA

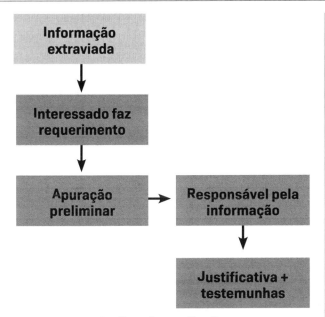

## 8.2.3 Das comissões de avaliação de documentos e acesso

**Art. 11** - *As Comissões de Avaliação de Documentos de Arquivo, a que se referem os Decretos nº 29.838, de 18 de abril de 1989, e nº 48.897, de 27 de agosto de 2004, instituídas nos órgãos e entidades da Administração Pública Estadual, passarão a ser denominadas Comissões de Avaliação de Documentos e Acesso - CADA.*

**§ 1º** - *As Comissões de Avaliação de Documentos e Acesso - CADA deverão ser vinculadas ao Gabinete da autoridade máxima do órgão ou entidade.*

**§ 2º** - *As Comissões de Avaliação de Documentos e Acesso - CADA serão integradas por servidores de nível superior das áreas jurídica, de administração geral, de administração financeira, de arquivo e protocolo, de tecnologia da informação e por representantes das áreas específicas da documentação a ser analisada.*

**§ 3º** - *As Comissões de Avaliação de Documentos e Acesso - CADA serão compostas por 5 (cinco), 7 (sete) ou 9 (nove) membros, designados pela autoridade máxima do órgão ou entidade.*

| Composição do C.A.D.A. |
|---|
| 5, 7, ou 9 membros |
| Servidores de nível superior |
| Representante das áreas: Jurídica / Administração geral / Administração financeira / Arquivo e protocolo / Tecnologia da informação / Específica da documentação a ser analisada |

**Art. 12** - *São atribuições das Comissões de Avaliação de Documentos e Acesso - CADA, além daquelas previstas para as Comissões de Avaliação de Documentos de Arquivo nos Decretos nº 29.838, de 18 de abril de 1989, e nº 48.897, de 27 de agosto de 2004:*

**I.** *orientar a gestão transparente dos documentos, dados e informações do órgão ou entidade, visando assegurar o amplo acesso e divulgação;*

**II.** *realizar estudos, sob a orientação técnica da Unidade do Arquivo Público do Estado, órgão central do Sistema de Arquivos do Estado de São Paulo - SAESP, visando à identificação e elaboração de tabela de documentos, dados e informações sigilosas e pessoais, de seu órgão ou entidade;*

**III.** *encaminhar à autoridade máxima do órgão ou entidade a tabela mencionada no inciso II deste artigo, bem como as normas e procedimentos visando à proteção de documentos, dados e informações sigilosas e pessoais, para oitiva do órgão jurídico e posterior publicação;*

**IV.** *orientar o órgão ou entidade sobre a correta aplicação dos critérios de restrição de acesso constantes das tabelas de documentos, dados e informações sigilosas e pessoais;*

**V.** *comunicar à Unidade do Arquivo Público do Estado a publicação de tabela de documentos, dados e informações sigilosas e pessoais, e suas eventuais alterações, para consolidação de dados, padronização de critérios e realização de estudos técnicos na área;*

**VI.** *propor à autoridade máxima do órgão ou entidade a renovação, alteração de prazos, reclassificação ou desclassificação de documentos, dados e informações sigilosas;*

**VII.** *manifestar-se sobre os prazos mínimos de restrição de acesso aos documentos, dados ou informações pessoais;*

**VIII.** *atuar como instância consultiva da autoridade máxima do órgão ou entidade, sempre que provocada, sobre os recursos interpostos relativos às solicitações de acesso a documentos, dados e informações não atendidas ou indeferidas, nos termos do parágrafo único do Art. 19 deste decreto;*

**IX.** *informar à autoridade máxima do órgão ou entidade a previsão de necessidades orçamentárias, bem como encaminhar relatórios periódicos sobre o andamento dos trabalhos.*

| Principais funções do C.A.D.A. |
|---|
| Orientar gestão trasnparente |
| Realizar estudos |
| Instância consultutiva da autoridade máxima |

*Parágrafo único - Para o perfeito cumprimento de suas atribuições as Comissões de Avaliação de Documentos e Acesso - CADA poderão convocar servidores que possam contribuir com seus conhecimentos e experiências, bem como constituir subcomissões e grupos de trabalho.*

**Art. 13** - *À Unidade do Arquivo Público do Estado, órgão central do Sistema de Arquivos do Estado de São Paulo - SAESP, responsável por propor a política de acesso aos documentos públicos, nos termos do Art. 6º, inciso XII, do Decreto nº 22.789, de 19 de outubro de 1984, caberá o reexame, a qualquer tempo, das tabelas de documentos, dados e informações sigilosas e pessoais dos órgãos e entidades da Administração Pública Estadual.*

## 8.2.4 Do pedido

**Art. 14** *O pedido de informações deverá ser apresentado ao Serviço de Informações ao Cidadão - SIC do órgão ou entidade, por qualquer meio legítimo que contenha a identificação do interessado (nome, número de documento e endereço) e a especificação da informação requerida.*

Como mencionado no início do estudo, o acesso à informação é um direito protegido constitucionalmente. Da mesma forma, a Constituição Federal garante que a informação seja franqueada mediante procedimento objetivo e ágil, de forma transparente, clara e em linguagem de fácil compreensão.

Em outros termos, o interessado não poderá encontrar dificuldades para realizar a solicitação da informação, a qual poderá ser feita por internet, carta, telefone, pessoalmente ou qualquer outro meio legítimo.

Ademais, esta solicitação poderá conter apenas a qualificação do interessado e apontar a informação solicitada, de forma que possa esta ser identificada e localizada.

Visando, ainda, garantir a acessibilidade à informação de interesse público, a Lei Federal nº. 12.527/11, em seu Art. 10, veda a existência de exigências realtivas aos motivos determinantes para a solicitação, assim como exigências relativas à identificação do solicitante que o impeça de fazer a solicitação (ex.: exigir o número do passaporte, considerando que este não é um documento que todo e qualquer cidadão possui.

No mais, importante consignar que essa situação já foi objeto de vários questionamentos da Banca Vunesp.

# DECRETO Nº 58.052/2012 - REGULA O ACESSO A INFORMAÇÃO

*Art. 15* - *O Serviço de Informações ao Cidadão - SIC do órgão ou entidade responsável pelas informações solicitadas deverá conceder o acesso imediato àquelas disponíveis.*

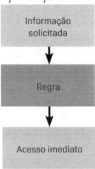

*§ 1º - Na impossibilidade de conceder o acesso imediato, o Serviço de Informações ao Cidadão - SIC do órgão ou entidade, em prazo não superior a 20 (vinte) dias, deverá:*

*1) comunicar a data, local e modo para se realizar a consulta, efetuar a reprodução ou obter a certidão;*

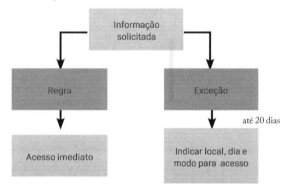

*2) indicar as razões de fato ou de direito da recusa, total ou parcial, do acesso pretendido;*

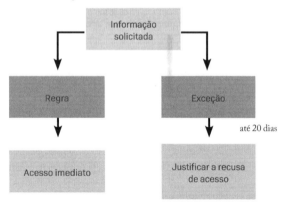

*3) comunicar que não possui a informação, indicar, se for do seu conhecimento, o órgão ou a entidade que a detém, ou, ainda, remeter o requerimento a esse órgão ou entidade, cientificando o interessado da remessa de seu pedido de informação.*

*§ 2º - O prazo referido no § 1º deste Art. poderá ser prorrogado por mais 10 (dez) dias, mediante justificativa expressa, da qual será cientificado o interessado.*

*§ 3º - Sem prejuízo da segurança e da proteção das informações e do cumprimento da legislação aplicável, o Serviço de Informações ao Cidadão - SIC do órgão ou entidade poderá oferecer meios para que o próprio interessado possa pesquisar a informação de que necessitar.*

*§ 4º - Quando não for autorizado o acesso por se tratar de informação total ou parcialmente sigilosa, o interessado deverá ser informado sobre a possibilidade de recurso, prazos e condições para sua interposição, devendo, ainda, ser-lhe indicada a autoridade competente para sua apreciação.*

*§ 5º - A informação armazenada em formato digital será fornecida nesse formato, caso haja anuência do interessado.*

*§ 6º - Caso a informação solicitada esteja disponível ao público em formato impresso, eletrônico ou em qualquer outro meio de acesso universal, serão informados ao interessado, por escrito, o lugar e a forma pela qual se poderá consultar, obter ou reproduzir a referida informação, procedimento esse que desonerará o órgão ou entidade pública da obrigação de seu fornecimento direto, salvo se o interessado declarar não dispor de meios para realizar por si mesmo tais procedimentos.*

*Art. 16* - *O serviço de busca e fornecimento da informação é gratuito, salvo nas hipóteses de reprodução de documentos pelo órgão ou entidade pública consultada, situação em que poderá ser cobrado exclusivamente o valor necessário ao ressarcimento do custo dos serviços e dos materiais utilizados, a ser fixado em ato normativo pelo Chefe do Executivo.*

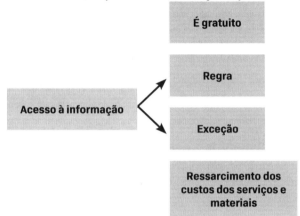

*Parágrafo único - Estará isento de ressarcir os custos previstos no "caput" deste Art. todo aquele cuja situação econômica não lhe permita fazê-lo sem prejuízo do sustento próprio ou da família, declarada nos termos da Lei federal nº 7.115, de 29 de agosto de 1983.*

*Art. 17* - *Quando se tratar de acesso à informação contida em documento cuja manipulação possa prejudicar sua integridade, deverá ser oferecida a consulta de cópia, com certificação de que esta confere com o original.*

*Parágrafo único - Na impossibilidade de obtenção de cópias, o interessado poderá solicitar que, a suas expensas e sob Grupo Técnico supervisão de servidor público, a reprodução seja feita por outro meio que não ponha em risco a conservação do documento original.*

*Art. 18* - *É direito do interessado obter o inteiro teor de decisão de negativa de acesso, por certidão ou cópia.*

## 8.2.5 Dos recursos

*Art. 19* - *No caso de indeferimento de acesso aos documentos, dados e informações ou às razões da negativa do acesso, bem como o não atendimento do pedido, poderá o interessado interpor recurso contra a decisão no prazo de 10 (dez) dias a contar de sua ciência.*

**Parágrafo único.** *O recurso será dirigido à apreciação de pelo menos uma autoridade hierarquicamente superior à que exarou a decisão impugnada, que deverá se manifestar, após eventual consulta à Comissão de Avaliação de Documentos e Acesso - CADA, a que se referem os artigos 11 e 12 deste decreto, e ao órgão jurídico, no prazo de 5 (cinco) dias.*

## NOÇÕES DE ADMINISTRAÇÃO PÚBLICA

Observe que a autoridade que irá apreciar o recurso, consulte, obrigatoriamente, o CADA e o órgão jurídico do respectivo órgão público antes de tomar sua decisão.

*Art. 20* - *Negado o acesso ao documento, dado e informação pelos órgãos ou entidades da Administração Pública Estadual, o interessado poderá recorrer à Corregedoria Geral da Administração, que deliberará no prazo de 5 (cinco) dias se:*

I. *o acesso ao documento, dado ou informação não classificada como sigilosa for negado;*

II. *a decisão de negativa de acesso ao documento, dado ou informação, total ou parcialmente classificada como sigilosa, não indicar a autoridade classificadora ou a hierarquicamente superior a quem possa ser dirigido o pedido de acesso ou desclassificação;*

III. *os procedimentos de classificação de sigilo estabelecidos na Lei federal nº 12.527, de 18 de novembro de 2011, não tiverem sido observados;*

IV. *estiverem sendo descumpridos prazos ou outros procedimentos revistos na Lei federal nº 12.527, de 18 de novembro de 2011.*

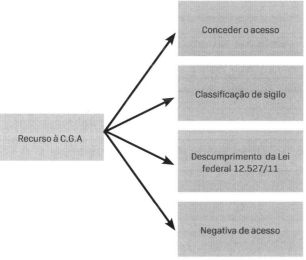

*§ 1º - O recurso previsto neste Art. somente poderá ser dirigido à Corregedoria Geral da Administração depois de submetido à apreciação de pelo menos uma autoridade hierarquicamente superior àquela que exarou a decisão impugnada, nos termos do parágrafo único do Art. 19 deste decreto.*

*§ 2º - Verificada a procedência das razões do recurso, a Corregedoria Geral da Administração determinará ao órgão ou entidade que adote as providências necessárias para dar cumprimento ao disposto na Lei federal nº 12.527, de 18 de novembro de 2011, e neste decreto.*

*Art. 21 - Negado o acesso ao documento, dado ou informação pela Corregedoria Geral da Administração, o requerente poderá, no prazo de 10 (dez) dias a contar da sua ciência, interpor recurso à Comissão Estadual de Acesso à Informação, de que trata o Art. 76 deste decreto.*

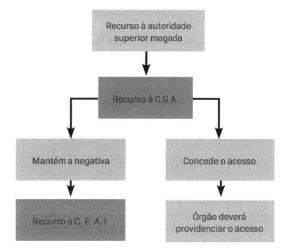

*Art. 22 - Aplica-se, no que couber, a Lei estadual nº 10.177, de 30 de dezembro de 1998, ao procedimento de que trata este Capítulo.*

A Lei nº. 10.177/98 também é um dos pontos cobrados no seu edital.

## 8.3 Da Divulgação de Documentos, Dados e Informações

*Art. 23 - É dever dos órgãos e entidades da Administração Pública Estadual promover, independentemente de requerimentos, a divulgação em local de fácil acesso, no âmbito de suas competências, de documentos, dados e informações de interesse coletivo ou geral por eles produzidas ou custodiadas.*

*§ 1º - Na divulgação das informações a que se refere o "caput" deste artigo, deverão constar, no mínimo:*

*1) registro das competências e estrutura organizacional, endereços e telefones das respectivas unidades e horários de atendimento ao público;*

*2) registros de quaisquer repasses ou transferências de recursos financeiros;*

*3) registros de receitas e despesas;*

*4) informações concernentes a procedimentos licitatórios, inclusive os respectivos editais e resultados, bem como a todos os contratos celebrados;*

*5) relatórios, estudos e pesquisas;*

*6) dados gerais para o acompanhamento da execução orçamentária, de programas, ações, projetos e obras de órgãos e entidades;*

*7) respostas a perguntas mais frequentes da sociedade.*

*§ 2º - Para o cumprimento do disposto no "caput" deste artigo, os órgãos e entidades estaduais deverão utilizar todos os meios e instrumentos legítimos de que dispuserem, sendo obrigatória a divulgação em sítios oficiais da rede mundial de computadores (internet).*

Importante ressaltar que a obrigação de divulgação através da internet é total apenas no âmbito estadual, sendo certo que no âmbito municipal ela comporta exceção.

Isto porque, a Lei Federal nº. 12.527/11, em seu Art. 8º, parágrafo 4º, prevê que municípios com população de até 100 mil habitantes ficam dispensados desta obrigatoriedade.

*§ 3º - Os sítios de que trata o § 2º deste Art. deverão atender, entre outros, aos seguintes requisitos:*

*1) conter ferramenta de pesquisa de conteúdo que permita o acesso à informação de forma objetiva, transparente, clara e em linguagem de fácil compreensão;*

*2) possibilitar a gravação de relatórios em diversos formatos eletrônicos, inclusive abertos e não proprietários, tais como planilhas e texto, de modo a facilitar a análise das informações;*

*3) possibilitar o acesso automatizado por sistemas externos em formatos abertos, estruturados e legíveis por máquina;*

*4) divulgar em detalhes os formatos utilizados para estruturação da informação;*

# DECRETO Nº 58.052/2012 - REGULA O ACESSO A INFORMAÇÃO

*5)* garantir a autenticidade e a integridade das informações disponíveis para acesso;

*6)* manter atualizadas as informações disponíveis para acesso;

*7)* indicar local e instruções que permitam ao interessado comunicar-se, por via eletrônica ou telefônica, com o órgão ou entidade detentora do sítio;

*8)* adotar as medidas necessárias para garantir a acessibilidade de conteúdo para pessoas com deficiência, nos termos do Art. 17 da Lei federal nº 10.098, de 19 de dezembro de 2000, Art. 9º da Convenção sobre os Direitos das Pessoas com Deficiência, aprovada pelo Decreto Legislativo nº 186, de 9 de julho de 2008, e da Lei estadual nº 12.907, de 15 de abril de 2008.

***Art. 24*** - Os documentos que contenham informações que se enquadrem nos casos referidos no Art. anterior deverão estar cadastrados no Sistema Informatizado Unificado de Gestão Arquivística de Documentos e Informações - SPdoc.

***Art. 25*** - A autoridade máxima de cada órgão ou entidade estadual publicará, anualmente, em sítio próprio, bem como no Portal da Transparência e do Governo Aberto:

*I.* rol de documentos, dados e informações que tenham sido desclassificadas nos últimos 12 (doze) meses;

*II.* rol de documentos classificados em cada grau de sigilo, com identificação para referência futura;

*III.* relatório estatístico contendo a quantidade de pedidos de informação recebidos, atendidos e indeferidos, bem como informações genéricas sobre os solicitantes.

*Parágrafo único* - Os órgãos e entidades da Administração Pública Estadual deverão manter exemplar da publicação prevista no "caput" deste Art. para consulta pública em suas sedes, bem como o extrato com o rol de documentos, dados e informações classificadas, acompanhadas da data, do grau de sigilo e dos fundamentos da classificação.

***Art. 26*** - Os órgãos e entidades da Administração Pública Estadual deverão prestar no prazo de 60 (sessenta) dias, para compor o "Catálogo de Sistemas e Bases de Dados da Administração Pública do Estado de São Paulo - CSBD", as seguintes informações:

*I.* tamanho e descrição do conteúdo das bases de dados;

*II.* metadados;

*III.* dicionário de dados com detalhamento de conteúdo;

*IV.* arquitetura da base de dados;

*V.* periodicidade de atualização;

*VI.* software da base de dados;

*VII.* existência ou não de sistema de consulta à base de dados e sua linguagem de programação;

*VIII.* formas de consulta, acesso e obtenção à base de dados.

*§ 1º* - Os órgãos e entidades da Administração Pública Estadual deverão indicar o setor responsável pelo fornecimento e atualização permanente de dados e informações que compõem o "Catálogo de Sistemas e Bases de Dados da Administração Pública do Estado de São Paulo - CSBD".

*§ 2º* - O desenvolvimento do "Catálogo de Sistemas e Bases de Dados da Administração Pública do Estado de São Paulo - CSBD", coleta de informações, manutenção e atualização permanente ficará a cargo da Fundação Sistema Estadual de Análise de Dados - SEADE.

*§ 3º* - O "Catálogo de Sistemas e Bases de Dados da Administração Pública do Estado de São Paulo - CSBD", bem como as bases de dados da Administração Pública Estadual deverão estar disponíveis no Portal do Governo Aberto e no Portal da Transparência, nos termos dos Decretos nº 57.500, de 8 de novembro de 2011, e nº 55.559, de 12 de março de 2010, com todos os elementos necessários para permitir sua utilização por terceiros, como a arquitetura da base e o dicionário de dados.

## 8.4 Das Restrições de Acesso a Documentos, Dados e Informações

### 8.4.1 Disposições gerais

***Art. 27*** - São consideradas passíveis de restrição de acesso, no âmbito da Administração Pública Estadual, duas categorias de documentos, dados e informações:

*I.* Sigilosos: aqueles submetidos temporariamente à restrição de acesso público em razão de sua imprescindibilidade para a segurança da sociedade e do Estado;

*II.* Pessoais: aqueles relacionados à pessoa natural identificada ou identificável, relativas à intimidade, vida privada, honra e imagem das pessoas, bem como às liberdades e garantias individuais.

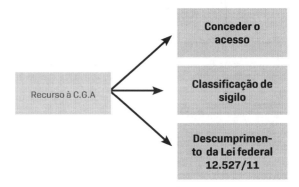

*Parágrafo único* - Cabe aos órgãos e entidades da Administração Pública Estadual, por meio de suas respectivas Comissões de Avaliação de Documentos e Acesso - CADA, a que se referem os artigos 11 e 12 deste decreto, promover os estudos necessários à elaboração de tabela com a identificação de documentos, dados e informações sigilosas e pessoais, visando assegurar a sua proteção.

***Art. 28*** - Não poderá ser negado acesso à informação necessária à tutela judicial ou administrativa de direitos fundamentais.

*Parágrafo único* - Os documentos, dados e informações que versem sobre condutas que impliquem violação dos direitos humanos praticada por agentes públicos ou a mando de autoridades públicas não poderão ser objeto de restrição de acesso.

Ainda que os documentos mencionados neste Art. chegam classificados como sigilosos, não poderá o acesso a eles ser negado.

***Art. 29*** - O disposto neste decreto não exclui as demais hipóteses legais de sigilo e de segredo de justiça nem as hipóteses de segredo industrial decorrentes da exploração direta de atividade econômica pelo Estado ou por pessoa física ou entidade privada que tenha qualquer vínculo com o poder público.

### 8.4.2 Da classificação, reclassificação e desclassificação de documentos, dados e informações sigilosas

***Art. 30*** - São considerados imprescindíveis à segurança da sociedade ou do Estado e, portanto, passíveis de classificação de sigilo, os documentos, dados e informações cuja divulgação ou acesso irrestrito possam:

*I.* pôr em risco a defesa e a soberania nacionais ou a integridade do território nacional;

*II.* prejudicar ou pôr em risco a condução de negociações ou as relações internacionais do País, ou as que tenham sido fornecidas em caráter sigiloso por outros Estados e organismos internacionais;

*III.* pôr em risco a vida, a segurança ou a saúde da população;

*IV.* oferecer elevado risco à estabilidade financeira, econômica ou monetária do País;

*V.* prejudicar ou causar risco a planos ou operações estratégicos das Forças Armadas;

*VI.* prejudicar ou causar risco a projetos de pesquisa e desenvolvimento científico ou tecnológico, assim como a sistemas, bens, instalações ou áreas de interesse estratégico nacional;

## NOÇÕES DE ADMINISTRAÇÃO PÚBLICA

*VII.* pôr em risco a segurança de instituições ou de altas autoridades nacionais ou estrangeiras e seus familiares;

*VIII.* comprometer atividades de inteligência, bem como de investigação ou fiscalização em andamento, relacionadas com a prevenção ou repressão de infrações.

**Art. 31** - Os documentos, dados e informações sigilosas em poder de órgãos e entidades da Administração Pública Estadual, observado o seu teor e em razão de sua imprescindibilidade à segurança da sociedade ou do Estado, poderão ser classificados nos seguintes graus:

*I.* ultrassecreto;

*II.* secreto;

*III.* reservado.

| Informações Sigilosas |
|---|
| Ultrasecretas |
| Secretas |
| Reservados |

**§ 1º** - Os prazos máximos de restrição de acesso aos documentos, dados e informações, conforme a classificação prevista no "caput" e incisos deste artigo, vigoram a partir da data de sua produção e são os seguintes:

1) ultrassecreto: até 25 (vinte e cinco) anos;

2) secreto: até 15 (quinze) anos;

3) reservado: até 5 (cinco) anos.

| Prazo de restrição das informações Sigilosas ||
|---|---|
| Ultrasecretas | até 25 anos |
| Secretas | até 15 anos |
| Reservados | até 05 anos |

**§ 2º** - Os documentos, dados e informações que puderem colocar em risco a segurança do Governador e Vice-Governador do Estado e respectivos cônjuges e filhos (as) serão classificados como reservados e ficarão sob sigilo até o término do mandato em exercício ou do último mandato, em caso de reeleição.

**§ 3º** - Alternativamente aos prazos previstos no § 1º deste artigo, poderá ser estabelecida como termo final de restrição de acesso a ocorrência de determinado evento, desde que este ocorra antes do transcurso do prazo máximo de classificação.

**§ 4º** - Transcorrido o prazo de classificação ou consumado o evento que defina o seu termo final, o documento, dado ou informação tornar-se-á, automaticamente, de acesso público.

**§ 5º** - Para a classificação do documento, dado ou informação em determinado grau de sigilo, deverá ser observado o interesse público da informação, e utilizado o critério menos restritivo possível, considerados:

1) a gravidade do risco ou dano à segurança da sociedade e do Estado;

2) o prazo máximo de restrição de acesso ou o evento que defina seu termo final.

| Determina o grau de sigilo |
|---|
| Interesse público da informação |
| Gravidade do risco ou dano à segurança da sociedade e do Estado |
| Prazo máximo de restrição de acesso ou evento que defina seu termo final |

**Art. 32** - A classificação de sigilo de documentos, dados e informações no âmbito da Administração Pública Estadual deverá ser realizada mediante:

*I.* publicação oficial, pela autoridade máxima do órgão ou entidade, de tabela de documentos, dados e informações sigilosas e pessoais, que em razão de seu teor e de sua imprescindibilidade à segurança da sociedade e do Estado ou à proteção da intimidade, da vida privada, da honra e imagem das pessoas, sejam passíveis de restrição de acesso, a partir do momento de sua produção,

*II.* análise do caso concreto pela autoridade responsável ou agente público competente, e formalização da decisão de classificação, reclassificação ou desclassificação de sigilo, bem como de restrição de acesso à informação pessoal, que conterá, no mínimo, os seguintes elementos:

*a)* assunto sobre o qual versa a informação;

*b)* fundamento da classificação, reclassificação ou desclassificação de sigilo, observados os critérios estabelecidos no Art. 31 deste decreto, bem como da restrição de acesso à informação pessoal;

*a)* indicação do prazo de sigilo, contado em anos, meses ou dias, ou do evento que defina o seu termo final, conforme limites previstos no Art. 31 deste decreto, bem como a indicação do prazo mínimo de restrição de acesso à informação pessoal;

*b)* identificação da autoridade que a classificou, reclassificou ou desclassificou.

Parágrafo único - O prazo de restrição de acesso contar-se-á da data da produção do documento, dado ou informação.

**Art. 33** - A classificação de sigilo de documentos, dados e informações no âmbito da Administração Pública Estadual, a que se refere o inciso II do Art. 32 deste decreto, é de competência:

*I.* no grau de ultrassecreto, das seguintes autoridades:

*a)* Governador do Estado;

*b)* Vice-Governador do Estado;

*c)* Secretários de Estado e Procurador Geral do Estado;

*d)* Delegado Geral de Polícia e Comandante Geral da Polícia Militar;

# DECRETO Nº 58.052/2012 - REGULA O ACESSO A INFORMAÇÃO

| Grau ultrassecreto |
|---|
| Governador |
| Vice-governador |
| Secretário de estado |
| Procurador Geral de Estado |
| Delegado Geral de Polícia |
| Comandante Geral da Polícia Militar |

*II. no grau de secreto, das autoridades referidas no inciso I deste artigo, das autoridades máximas de autarquias, fundações ou empresas públicas e sociedades de economia mista;*

| Grau secreto |
|---|
| Governador |
| Vice-governador |
| Secretário de estado |
| Procurador Geral de Estado |
| Delegado Geral de Polícia |
| Comandante Geral da Polícia Militar |
| Autoridade máxima de autarquias, fundações ou empresas públicas e sociedades de consumo |

*III. no grau de reservado, das autoridades referidas nos incisos I e II deste Art. e das que exerçam funções de direção, comando ou chefia, ou de hierarquia equivalente, de acordo com regulamentação específica de cada órgão ou entidade, observado o disposto neste decreto.*

| Grau secreto |
|---|
| Governador |
| Vice-governador |
| Secretário de estado |
| Procurador Geral de Estado |
| Delegado Geral de Polícia |
| Comandante Geral da Polícia Militar |
| Autoridade máxima de autarquias, fundações ou empresas públicas e sociedades de consumo |
| Diretor comandante ou chefe (ou função de hierarquia equivalente) |

*§ 1º - A competência prevista nos incisos I e II deste artigo, no que se refere à classificação como ultrassecreta e secreta, poderá ser delegada pela autoridade responsável a agente público, vedada a subdelegação.*

*§ 2º - A classificação de documentos, dados e informações no grau de sigilo ultrassecreto pelas autoridades previstas na alínea "d" do inciso I deste Art. deverá ser ratificada pelo Secretário da Segurança Pública, no prazo de 10 (dez) dias.*

Em outros termos, quando os documentos, dado ou informação for classificados como ultrassecretos por Delegado Geral de Polícia e Comandante Geral da Polícia Militar, para que haja validade é necessário que o Secretário da Segurança Pública confirme a classificação.

*§ 3º - A autoridade ou outro agente público que classificar documento, dado e informação como ultrassecreto deverá encaminhar a decisão de que trata o inciso II do Art. 32 deste decreto, à Comissão Estadual de Acesso à Informação, a que se refere o Art. 76 deste diploma legal, no prazo previsto em regulamento.*

*Art. 34 - A classificação de documentos, dados e informações será reavaliada pela autoridade classificadora ou por autoridade hierarquicamente superior, mediante provocação ou de ofício, nos termos e prazos previstos em regulamento, com vistas à sua desclassificação ou à redução do prazo de sigilo, observado o disposto no Art. 31 deste decreto.*

*§ 1º - O regulamento a que se refere o "caput" deste Art. deverá considerar as peculiaridades das informações produzidas no exterior por autoridades ou agentes públicos.*

*§ 2º - Na reavaliação a que se refere o "caput" deste Art. deverão ser examinadas a permanência dos motivos do sigilo e a possibilidade de danos decorrentes do acesso ou da divulgação da informação.*

*§ 3º - Na hipótese de redução do prazo de sigilo da informação, o novo prazo de restrição manterá como termo inicial a data da sua produção.*

A reavaliação aqui prevista é facultativa, ou seja, fica a critério da autoridade realiza-las ou não.

O ato de reavaliar terá como finalidade observar se persistem as circunstâncias que levaram à classificação do dado, documento ou informação, para que se (i) mantenha o sigilo, fixando novo prazo, ou, então, (ii) haja a desclassificação, o sigilo.

Há, ainda, a chamada classificação obrigatória, a qual será estudada no Art. 2º das Disposições Transitórias.

## 8.4.3 Da proteção de documentos, dados e informações pessoais

*Art. 35 - O tratamento de documentos, dados e informações pessoais deve ser feito de forma transparente e com respeito à intimidade, vida privada, honra e imagem das pessoas, bem como às liberdades e garantias individuais.*

*§ 1º - Os documentos, dados e informações pessoais, a que se refere este artigo, relativas à intimidade, vida privada, honra e imagem:*

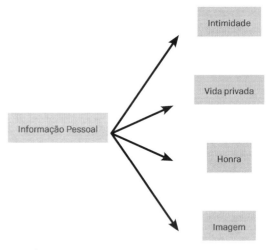

*1) terão seu acesso restrito, independentemente de classificação de sigilo e pelo prazo máximo de 100 (cem) anos a contar da sua data de produção, a agentes públicos legalmente autorizados e à pessoa a que elas se referirem;*

*2) poderão ter autorizada sua divulgação ou acesso por terceiros diante de previsão legal ou consentimento expresso da pessoa a que elas se referirem.*

## NOÇÕES DE ADMINISTRAÇÃO PÚBLICA

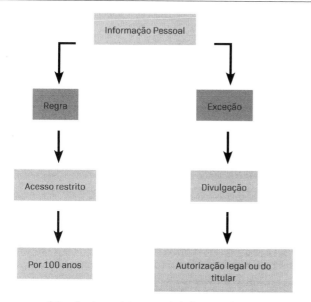

**§ 2º** - Aquele que obtiver acesso às informações de que trata este Art. será responsabilizado por seu uso indevido.

**§ 3º** - O consentimento referido no item 2 do § 1º deste Art. não será exigido quando as informações forem necessárias:

1) à prevenção e diagnóstico médico, quando a pessoa estiver física ou legalmente incapaz, e para utilização única e exclusivamente para o tratamento médico;

2) à realização de estatísticas e pesquisas científicas de evidente interesse público ou geral, previstos em lei, sendo vedada a identificação da pessoa a que as informações se referirem;

3) ao cumprimento de ordem judicial;

4) à defesa de direitos humanos;

5) à proteção do interesse público e geral preponderante.

**§ 4º** - A restrição de acesso aos documentos, dados e informações relativos à vida privada, honra e imagem de pessoa não poderá ser invocada com o intuito de prejudicar processo de apuração de irregularidades em que o titular das informações estiver envolvido, bem como em ações voltadas para a recuperação de fatos históricos de maior relevância.

**§ 5º** - Os documentos, dados e informações identificados como pessoais somente poderão ser fornecidos pessoalmente, com a identificação do interessado.

### 8.4.4 Da proteção e do controle de documentos, dados e informações sigilosos

**Art. 36** - É dever da Administração Pública Estadual controlar o acesso e a divulgação de documentos, dados e informações sigilosos sob a custódia de seus órgãos e entidades, assegurando a sua proteção contra perda, alteração indevida, acesso, transmissão e divulgação não autorizados.

**§ 1º** - O acesso, a divulgação e o tratamento de documentos, dados e informações classificados como sigilosos ficarão restritos a pessoas que tenham necessidade de conhecê-la e que sejam devidamente credenciadas na forma dos artigos 62 a 65 deste decreto, sem prejuízo das atribuições dos agentes públicos autorizados por lei.

**§ 2º** - O acesso aos documentos, dados e informações classificados como sigilosos ou identificados como pessoais, cria a obrigação para aquele que as obteve de resguardar restrição de acesso.

**Art. 37** - As autoridades públicas adotarão as providências necessárias para que o pessoal a elas subordinado hierarquicamente conheça as normas e observe as medidas e procedimentos de segurança para tratamento de documentos, dados e informações sigilosos e pessoais.

Parágrafo único - A pessoa física ou entidade privada que, em razão de qualquer vínculo com o poder público executar atividades de tratamento de documentos, dados e informações sigilosos e pessoais adotará as providências necessárias para que seus empregados, prepostos ou representantes observem as medidas e procedimentos de segurança das informações resultantes da aplicação deste decreto.

**Art. 38** - O acesso a documentos, dados e informações sigilosos, originários de outros órgãos ou instituições privadas, custodiados para fins de instrução de procedimento, processo administrativo ou judicial, somente poderá ser realizado para outra finalidade se autorizado pelo agente credenciado do respectivo órgão, entidade ou instituição de origem.

### 8.4.5 Da produção, do registro, expedição, tramitação e guarda

**Art. 39** - A produção, manuseio, consulta, transmissão, manutenção e guarda de documentos, dados e informações sigilosos observarão medidas especiais de segurança.

**Art. 40** - Os documentos sigilosos em sua expedição e tramitação obedecerão às seguintes prescrições:

**I.** deverão ser registrados no momento de sua produção, prioritariamente em sistema informatizado de gestão arquivística de documentos;

**II.** serão acondicionados em envelopes duplos;

**III.** no envelope externo não constará qualquer indicação do grau de sigilo ou do teor do documento;

**IV.** o envelope interno será fechado, lacrado e expedido mediante relação de remessa, que indicará, necessariamente, remetente, destinatário, número de registro e o grau de sigilo do documento;

**V.** para os documentos sigilosos digitais deverão ser observadas as prescrições referentes à criptografia.

**Art. 41** - A expedição, tramitação e entrega de documento ultrassecreto e secreto, deverá ser efetuadas pessoalmente, por agente público credenciado, sendo vedada a sua postagem.

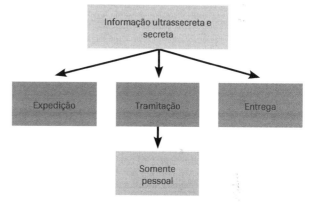

Parágrafo único - A comunicação de informação de natureza ultrassecreta e secreta, de outra forma que não a prescrita no "caput" deste artigo, só será permitida excepcionalmente e em casos extremos, que requeiram tramitação e solução imediatas, em atendimento ao princípio da oportunidade e considerados os interesses da segurança da sociedade e do Estado, utilizando-se o adequado meio de criptografia.

**Art. 42** - A expedição de documento reservado poderá ser feita mediante serviço postal, com opção de registro, mensageiro oficialmente designado, sistema de encomendas ou, quando for o caso, mala diplomática.

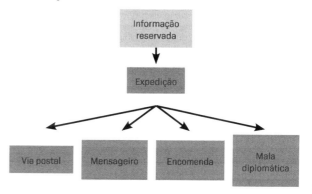

# DECRETO Nº 58.052/2012 - REGULA O ACESSO A INFORMAÇÃO

*Parágrafo único - A comunicação dos documentos de que trata este Art. poderá ser feita por outros meios, desde que sejam usados recursos de criptografia compatíveis com o grau de sigilo do documento, conforme previsto nos artigos 51 a 56 deste decreto.*

**Art. 43** - *Cabe aos agentes públicos credenciados responsáveis pelo recebimento de documentos sigilosos:*

**I.** *verificar a integridade na correspondência recebida e registrar indícios de violação ou de qualquer irregularidade, dando ciência do fato ao seu superior hierárquico e ao destinatário, o qual informará imediatamente ao remetente;*

**II.** *proceder ao registro do documento e ao controle de sua tramitação.*

**Art. 44** - *O envelope interno só será aberto pelo destinatário, seu representante autorizado ou autoridade competente hierarquicamente superior, observados os requisitos do Art. 62 deste decreto.*

**Art. 45** - *O destinatário de documento sigiloso comunicará imediatamente ao remetente qualquer indício de violação ou adulteração do documento.*

**Art. 46** - *Os documentos, dados e informações sigilosos serão mantidos em condições especiais de segurança, na forma do regulamento interno de cada órgão ou entidade.*

*Parágrafo único - Para a guarda de documentos secretos e ultrassecretos deverá ser utilizado cofre forte ou estrutura que ofereça segurança equivalente ou superior.*

**Art. 47** - *Os agentes públicos responsáveis pela guarda ou custódia de documentos sigilosos os transmitirão a seus substitutos, devidamente conferidos, quando da passagem ou transferência de responsabilidade.*

## 8.4.6 Da marcação

**Art. 48** - *O grau de sigilo será indicado em todas as páginas do documento, nas capas e nas cópias, se houver, pelo produtor do documento, dado ou informação, após classificação, ou pelo agente classificador que juntar a ele documento ou informação com alguma restrição de acesso.*

**§ 1º** - *Os documentos, dados ou informações cujas partes contenham diferentes níveis de restrição de acesso devem receber diferentes marcações, mas no seu todo, será tratado nos termos de seu grau de sigilo mais elevado.*

**§ 2º** - *A marcação será feita em local que não comprometa a leitura e compreensão do conteúdo do documento e em local que possibilite sua reprodução em eventuais cópias.*

**§ 3º** - *As páginas serão numeradas seguidamente, devendo a juntada ser precedida de termo próprio consignando o número total de folhas acrescidas ao documento.*

**§ 4º** - *A marcação deverá ser necessariamente datada.*

**Art. 49** - *A marcação em extratos de documentos, esboços, desenhos, fotografias, imagens digitais, multimídia, negativos, diapositivos, mapas, cartas e fotocartas obedecerá ao prescrito no Art. 48 deste decreto.*

**§ 1º** - *Em fotografias e reproduções de negativos sem legenda, a indicação do grau de sigilo será no verso e nas respectivas embalagens.*

**§ 2º** - *Em filmes cinematográficos, negativos em rolos contínuos e microfilmes, a categoria e o grau de sigilo serão indicados nas imagens de abertura e de encerramento de cada rolo, cuja embalagem será tecnicamente segura e exibirá a classificação do conteúdo.*

**§ 3º** - *Os esboços, desenhos, fotografias, imagens digitais, multimídia, negativos, diapositivos, mapas, cartas e fotocartas de que trata esta seção, que não apresentem condições para a indicação do grau de sigilo, serão guardados em embalagens que exibam a classificação correspondente à classificação do conteúdo.*

**Art. 50** - *A marcação da reclassificação e da desclassificação de documentos, dados ou informações sigilosos obedecerá às mesmas regras da marcação da classificação.*

*Parágrafo único - Havendo mais de uma marcação, prevalecerá a mais recente.*

## 8.4.7 Da criptografia

**Art. 51** - *Fica autorizado o uso de código, cifra ou sistema de criptografia no âmbito da Administração Pública Estadual e das instituições de caráter público para assegurar o sigilo de documentos, dados e informações.*

**Art. 52** - *Para circularem fora de área ou instalação sigilosa, os documentos, dados e informações sigilosos, produzidos em suporte magnético ou óptico, deverão necessariamente estar criptografados.*

**Art. 53** - *A aquisição e uso de aplicativos de criptografia no âmbito da Administração Pública Estadual sujeitar-se-ão às normas gerais baixadas pelo Comitê de Qualidade da Gestão Pública - CQGP.*

*Parágrafo único - Os programas, aplicativos, sistemas e equipamentos de criptografia são considerados sigilosos e deverão, antecipadamente, ser submetidos à certificação de conformidade.*

**Art. 54** - *Aplicam-se aos programas, aplicativos, sistemas e equipamentos de criptografia todas as medidas de segurança previstas neste decreto para os documentos, dados e informações sigilosos e também os seguintes procedimentos:*

**I.** *realização de vistorias periódicas, com a finalidade de assegurar uma perfeita execução das operações criptográficas;*

**II.** *elaboração de inventários completos e atualizados do material de criptografia existente;*

**III.** *escolha de sistemas criptográficos adequados a cada destinatário, quando necessário;*

**IV.** *comunicação, ao superior hierárquico ou à autoridade competente, de qualquer anormalidade relativa ao sigilo, à inviolabilidade, à integridade, à autenticidade, à legitimidade e à disponibilidade de documentos, dados e informações sigilosos criptografados;*

**V.** *identificação e registro de indícios de violação ou interceptação ou de irregularidades na transmissão ou recebimento de documentos, dados e informações criptografados.*

**§ 1º** - *A autoridade máxima do órgão ou entidade da Administração Pública Estadual responsável pela custódia de documentos, dados e informações sigilosos e detentor de material criptográfico designará um agente público responsável pela segurança criptográfica, devidamente credenciado, que deverá observar os procedimentos previstos no "caput" deste artigo.*

**§ 2º** - *O agente público referido no § 1º deste Art. deverá providenciar as condições de segurança necessárias ao resguardo do sigilo de documentos, dados e informações durante sua produção, tramitação e guarda, em suporte magnético ou óptico, bem como a segurança dos equipamentos e sistemas utilizados.*

**§ 3º** - *As cópias de segurança de documentos, dados e informações sigilosos deverão ser criptografados, observadas as disposições dos §§ 1º e 2º deste artigo.*

**Art. 55** - *Os equipamentos e sistemas utilizados para a produção e guarda de documentos, dados e informações sigilosos poderão estar ligados a redes de comunicação de dados desde que possuam sistemas de proteção e segurança adequados, nos termos das normas gerais baixadas pelo Comitê de Qualidade da Gestão Pública - CQGP.*

**Art. 56** - *Cabe ao órgão responsável pela criptografia de documentos, dados e informações sigilosos providenciar a sua descriptação após a sua desclassificação.*

## 8.4.8 Da preservação e eliminação

**Art. 57** - *Aplicam-se aos documentos, dados e informações sigilosos os prazos de guarda estabelecidos na Tabela de Temporalidade de Documentos das Atividades-Meio, oficializada pelo Decreto nº 48.898, de 27 de agosto de 2004, e nas Tabelas de Temporalidade de Documentos das Atividades-Fim, oficializadas pelos órgãos e entidades da Administração Pública Estadual, ressalvado o disposto no Art. 59 deste decreto.*

**Art. 58** - *Os documentos, dados e informações sigilosos considerados de guarda permanente, nos termos dos Decretos nº 48.897 e nº 48.898, ambos de 27 de agosto de 2004, somente poderão ser recolhidos à Unidade do Arquivo Público do Estado após a sua desclassificação.*

*Parágrafo único - Excetuam-se do disposto no "caput" deste artigo, os documentos de guarda permanente de órgãos ou entidades extintos ou que cessaram suas atividades, em conformidade com o Art. 7º, §2º, da Lei federal nº 8.159, de 8 de janeiro de 1991, e com o Art. 1º, § 2º, do Decreto nº 48.897, de 27 de agosto de 2004.*

## NOÇÕES DE ADMINISTRAÇÃO PÚBLICA

*Art. 59* - *Decorridos os prazos previstos nas tabelas de temporalidade de documentos, os documentos, dados e informações sigilosos de guarda temporária somente poderão ser eliminados após 1 (um) ano, a contar da data de sua desclassificação, a fim de garantir o pleno acesso às informações neles contidas.*

*Art. 60* - *A eliminação de documentos dados ou informações sigilosos em suporte magnético ou ótico que não possuam valor permanente deve ser feita, por método que sobrescreva as informações armazenadas, após sua desclassificação.*

*Parágrafo único - Se não estiver ao alcance do órgão a eliminação que se refere o "caput" deste artigo, deverá ser providenciada a destruição física dos dispositivos de armazenamento.*

### 8.4.9 Da publicidade de atos administrativos

*Art. 61* - *A publicação de atos administrativos referentes a documentos, dados e informações sigilosos poderá ser efetuada mediante extratos, com autorização da autoridade classificadora ou hierarquicamente superior.*

*§ 1º - Os extratos referidos no "caput" deste Art. limitar-se-ão ao seu respectivo número, ao ano de edição e à sua ementa, redigidos por agente público credenciado, de modo a não comprometer o sigilo.*

*§ 2º - A publicação de atos administrativos que trate de documentos, dados e informações sigilosos para sua divulgação ou execução dependerá de autorização da autoridade classificadora ou autoridade competente hierarquicamente superior.*

### 8.4.10 Da credencial de segurança

*Art. 62* - *O credenciamento e a necessidade de conhecer são condições indispensáveis para que o agente público estadual no efetivo exercício de cargo, função, emprego ou atividade tenha acesso a documentos, dados e informações sigilosos equivalentes ou inferiores ao de sua credencial de segurança.*

Ainda que o agente público ocupe cargo ou função que o permita ter acesso ao documento, dado ou informação sigilosos é imprescindível que este possua a credencial.

E, mais, não basta ter a credencial. É necessário que o credenciamento seja referente ao mesmo grau ou a grau superior de sigilo do documento, dado ou informação.

Assim, quem é credenciado para ter acesso à informação reservada, não poderá ter acesso à informação ultrassecreta, já que a primeira é de grau inferior à segunda.

*Art. 63* - *As credenciais de segurança referentes aos graus de sigilo previstos no Art. 31 deste decreto, serão classificadas nos graus de sigilo ultrassecreta, secreta ou reservada.*

*Art. 64* - *A credencial de segurança referente à informação pessoal, prevista no Art. 35 deste decreto, será identificada como personalíssima.*

*Art. 65* - *A emissão da credencial de segurança compete às autoridades máximas de órgãos e entidades da Administração Pública Estadual, podendo ser objeto de delegação.*

*§ 1º - A credencial de segurança será concedida mediante termo de compromisso de preservação de sigilo, pelo qual os agentes públicos responsabilizam-se por não revelarem ou divulgarem documentos, dados ou informações sigilosos dos quais tiverem conhecimento direta ou indiretamente no exercício de cargo, função ou emprego público.*

*§ 2º - Para a concessão de credencial de segurança serão avaliados, por meio de investigação, os requisitos profissionais, funcionais e pessoais dos propostos.*

*§ 3º - A validade da credencial de segurança poderá ser limitada no tempo e no espaço.*

*§ 4º - O compromisso referido no "caput" deste Art. persistirá enquanto durar o sigilo dos documentos a que tiveram acesso.*

### 8.4.11 Da reprodução e autenticação

*Art. 66* - *Os Serviços de Informações ao Cidadão - SIC dos órgãos e entidades da Administração Pública Estadual fornecerão, desde que haja autorização expressa das autoridades classificadoras ou das autoridades hierarquicamente superiores, reprodução total ou parcial de documentos, dados e informações sigilosos.*

*§ 1º - A reprodução do todo ou de parte de documentos, dados e informações sigilosos terá o mesmo grau de sigilo dos documentos, dados e informações originais.*

Ou seja, ao reproduzia ainda que parte do dado, documento ou informação, o sigilo existente sobre o documento como um todo permanece.

*§ 2º - A reprodução e autenticação de cópias de documentos, dados e informações sigilosos serão realizadas por agentes públicos credenciados.*

*§ 3º - Serão fornecidas certidões de documentos sigilosos que não puderem ser reproduzidos integralmente, em razão das restrições legais ou do seu estado de conservação.*

*§ 4º - A reprodução de documentos, dados e informações pessoais que possam comprometer a intimidade, a vida privada, a honra ou a imagem de terceiros poderá ocorrer desde que haja autorização nos termos item 2 do § 1º do Art. 35 deste decreto.*

*Art. 67* - *O responsável pela preparação ou reprodução de documentos sigilosos deverá providenciar a eliminação de provas ou qualquer outro recurso, que possam dar origem à cópia não autorizada do todo ou parte.*

*Art. 68* - *Sempre que a preparação, impressão ou, se for o caso, reprodução de documentos, dados e informações sigilosos forem efetuadas em tipografias, impressoras, oficinas gráficas, ou similares, essa operação deverá ser acompanhada por agente público credenciado, que será responsável pela garantia do sigilo durante a confecção do documento.*

### 8.4.12 Da gestão de contratos

*Art. 69* - *O contrato cuja execução implique o acesso por parte da contratada a documentos, dados ou informações sigilosos, obedecerá aos seguintes requisitos:*

*I. assinatura de termo de compromisso de manutenção de sigilo;*

*II. o contrato conterá cláusulas prevendo:*

*a) obrigação de o contratado manter o sigilo relativo ao objeto contratado, bem como à sua execução;*

*b) obrigação de o contratado adotar as medidas de segurança adequadas, no âmbito de suas atividades, para a manutenção do sigilo de documentos, dados e informações aos quais teve acesso;*

*c) identificação, para fins de concessão de credencial de segurança, das pessoas que, em nome da contratada, terão acesso a documentos, dados e informações sigilosos.*

*Art. 70* - *Os órgãos contratantes da Administração Pública Estadual fiscalizarão o cumprimento das medidas necessárias à proteção dos documentos, dados e informações de natureza sigilosa transferidos aos contratados ou decorrentes da execução do contrato.*

## 8.5 Das Responsabilidades

*Art. 71* - *Constituem condutas ilícitas que ensejam responsabilidade do agente público:*

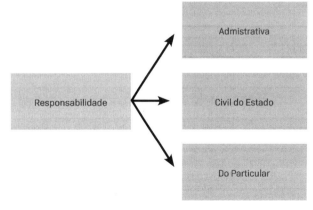

*I. recusar-se a fornecer documentos, dados e informações requeridas nos termos deste decreto, retardar deliberadamente o seu fornecimento ou fornecê-la intencionalmente de forma incorreta, incompleta ou imprecisa;*

# DECRETO Nº 58.052/2012 - REGULA O ACESSO A INFORMAÇÃO

*II. utilizar indevidamente, bem como subtrair, destruir, inutilizar, desfigurar, alterar ou ocultar, total ou parcialmente, documento, dado ou informação que se encontre sob sua guarda ou a que tenha acesso ou conhecimento em razão do exercício das atribuições de cargo, emprego ou função pública;*

*III. agir com dolo ou má-fé na análise das solicitações de acesso a documento, dado e informação;*

*IV. divulgar ou permitir a divulgação ou acessar ou permitir acesso indevido ao documento, dado e informação sigilosos ou pessoal;*

*V. impor sigilo a documento, dado e informação para obter proveito pessoal ou de terceiro, ou para fins de ocultação de ato ilegal cometido por si ou por outrem;*

*VI. ocultar da revisão de autoridade superior competente documento, dado ou informação sigilosos para beneficiar a si ou a outrem, ou em prejuízo de terceiros;*

*VII. destruir ou subtrair, por qualquer meio, documentos concernentes a possíveis violações de direitos humanos por parte de agentes do Estado.*

*§ 1º - Atendido o princípio do contraditório, da ampla defesa e do devido processo legal, as condutas descritas no "caput" deste Art. serão apuradas e punidas na forma da legislação em vigor.*

Neste diapasão, importante observar que a Lei federal nº. 12.527/11, que trata sobre o acesso à informação, em seu Art. 32, §1º, prevê que a pena a se aplicada ao servidor público que desrespeitar o disposto no mencionado diploma legal será de, no mínimo, suspensão.

Entretanto, em sua concepção, os decretos expedidos pelos Chefes dos Poderes Executivos não podem inovar o ordenamento jurídico, nem mesmo disciplinar assuntos em sentido antagônicos àqueles tratados pelas lei.

Neste diapasão, percebe o conflito existente entre a redação da Lei federal e do Decreto estadual, sendo que aquela prevê a punição com pena de no mínimo de suspensão, ao passo que está preceitua a aplicação da pena na forma da legislação vigente, qual seja, os estatutos e demais legislações vigentes em âmbito estadual.

Diante disto, nos parece que o texto do Art. 71 do Decreto estadual não merece aplicabilidade, haja vista dispor em sentido antagônico aquele tratado em lei federal.

Todavia, a Banca Vunesp poderá fazer algum questionamento sobre citado Art. e, neste caso, fique atento a forma como a Organizadora irá abordar o assunto.

Se perguntar segundo o disposto no Decreto estadual, em que pese nossas observações, a assertiva ou afirmativa que trouxer o texto expresso do Decreto estadual está correta.

Se abordar questionando a validade ou não do Art. 71 do Decreto, a resposta está equivocada, haja visto o disposto no Art. 31, §1º, da Lei nº12.527/11.

*§ 2º - Pelas condutas descritas no "caput" deste artigo, poderá o agente público responder, também, por improbidade administrativa, conforme o disposto na Lei federal nº 8.429, de 2 de junho de 1992.*

*Art. 72 - O agente público que tiver acesso a documentos, dados ou informações sigilosos, nos termos deste decreto, é responsável pela preservação de seu sigilo, ficando sujeito às sanções administrativas, civis e penais previstas na legislação, em caso de eventual divulgação não autorizada.*

*Art. 73 - Os agentes responsáveis pela custódia de documentos e informações sigilosos sujeitam-se às normas referentes ao sigilo profissional, em razão do ofício, e ao seu código de ética específico, sem prejuízo das sanções legais.*

*Art. 74 - A pessoa física ou entidade privada que detiver documentos, dados e informações em virtude de vínculo de qualquer natureza com o poder público e deixar de observar o disposto na Lei federal nº 12.527, de 18 de novembro de 2011, e neste decreto estará sujeita às seguintes sanções:*

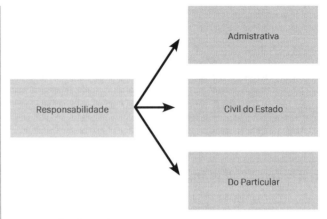

*I. advertência;*
*II. Imulta;*
*III. rescisão do vínculo com o poder público;*
*IV. suspensão temporária de participar em licitação e impedimento de contratar com a Administração Pública Estadual por prazo não superior a 2 (dois) anos;*
*V. declaração de inidoneidade para licitar ou contratar com a Administração Pública Estadual, até que seja promovida a reabilitação perante a própria autoridade que aplicou a penalidade.*

*§ 1º - As sanções previstas nos incisos I, III e IV deste Art. poderão ser aplicadas juntamente com a do inciso II, assegurado o direito de defesa do interessado, no respectivo processo, no prazo de 10 (dez) dias.*

*§ 2º - A reabilitação referida no inciso V deste Art. será autorizada somente quando o interessado efetivar o ressarcimento ao órgão ou entidade dos prejuízos resultantes e decorrido o prazo da sanção aplicada com base no inciso IV.*

*§ 3º - A aplicação da sanção prevista no inciso V deste Art. é de competência exclusiva da autoridade máxima do órgão ou entidade pública, facultada a defesa do interessado, no respectivo processo, no prazo de 10 (dez) dias da abertura de vista.*

*Art. 75 - Os órgãos e entidades estaduais respondem diretamente pelos danos causados em decorrência da divulgação não autorizada ou utilização indevida de documentos, dados e informações sigilosos ou pessoais, cabendo a apuração de responsabilidade funcional nos casos de dolo ou culpa, assegurado o respectivo direito de regresso.*

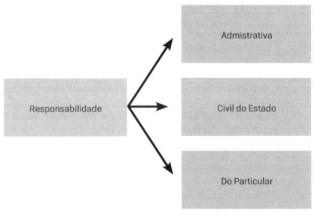

*Parágrafo único - O disposto neste Art. aplica-se à pessoa física ou entidade privada que, em virtude de vínculo de qualquer natureza com órgãos ou entidades estaduais, tenha acesso a documento, dado ou informação sigilosos ou pessoal e a submeta a tratamento indevido.*

### 8.5.1 Disposições finais

*Art. 76 - O tratamento de documento, dado ou informação sigilosos resultante de tratados, acordos ou atos internacionais atenderá às normas e recomendações constantes desses instrumentos.*

*Art. 77 - Aplica-se, no que couber, a Lei federal nº 9.507, de 12 de novembro de 1997, em relação à informação de pessoa, física ou jurídica, constante de registro ou banco de dados de entidades governamentais ou de caráter público.*

*Art. 78 - Cabe à Secretaria de Gestão Pública:*

*I. realizar campanha de abrangência estadual de fomento à cultura da transparência na Administração Pública Estadual e conscientização do direito fundamental de acesso à informação;*

*II. promover treinamento de agentes públicos no que se refere ao desenvolvimento de práticas relacionadas à transparência na Administração Pública Estadual;*

*III. formular e implementar política de segurança da informação, em consonância com as diretrizes da política estadual de arquivos e gestão de documentos;*

*IV. propor e promover a regulamentação do credenciamento de segurança de pessoas físicas, empresas, órgãos e entidades da Administração Pública Estadual para tratamento de informações sigilosas e pessoais.*

*Art. 79 - A Corregedoria Geral da Administração será responsável pela fiscalização da aplicação da Lei federal nº 12.527, de 18 de novembro de 2011, e deste decreto no âmbito da Administração Pública Estadual, sem prejuízo da atuação dos órgãos de controle interno.*

*Art. 80 - Este decreto e suas disposições transitórias entram em vigor na data de sua publicação.*

## 8.6 Disposições Transitórias

*Art. 1º - Fica instituído Grupo Técnico, junto ao Comitê de Qualidade da Gestão Pública - CQGP, visando a promover os estudos necessários à criação, composição, organização e funcionamento da Comissão Estadual de Acesso à Informação.*

*Parágrafo único - O Presidente do Comitê de Qualidade da Gestão Pública designará, no prazo de 30 (trinta) dias, os membros integrantes do Grupo Técnico.*

*Art. 2º - Os órgãos e entidades da Administração Pública Estadual deverão proceder à reavaliação dos documentos, dados e informações classificados como ultrassecretos e secretos no prazo máximo de 2 (dois) anos, contado do termo inicial de vigência da Lei federal nº 12.527, de 18 de novembro de 2011.*

Observe que aqui estamos diante da chamada "reavaliação obrigatória". Determinou o legislador que até dois anos após a entrada em vigência da lei federal fosse realizada a reavaliação.

A lei federal, embora promulgada em 2011, entrou em vigor somente em 17 de maio de 2012. Assim, o prazo para a reavaliação e, foi 16 de maio de 2014.

*§ 1º - A restrição de acesso a documentos, dados e informações, em razão da reavaliação prevista no "caput" deste artigo, deverá observar os prazos e condições previstos na Lei federal nº 12.527, de 18 de novembro de 2011.*

*§ 2º - No âmbito da administração pública estadual, a reavaliação prevista no "caput" deste Art. poderá ser revista, a qualquer tempo, pela Comissão Estadual de Acesso à Informação, observados os termos da Lei federal nº 12.527, de 18 de novembro de 2011, e deste decreto.*

*§ 3º - Enquanto não transcorrido o prazo de reavaliação previsto no "caput" deste artigo, será mantida a classificação dos documentos, dados e informações nos termos da legislação precedente.*

*§ 4º - Os documentos, dados e informações classificados como secretos e ultrassecretos não reavaliados no prazo previsto no "caput" deste Art. serão considerados, automaticamente, de acesso público.*

*Art. 3º - No prazo de 30 (trinta) dias, a contar da vigência deste decreto, a autoridade máxima de cada órgão ou entidade da Administração Pública Estadual designará subordinado para, no âmbito do respectivo órgão ou entidade, exercer as seguintes atribuições:*

*I. planejar e propor, no prazo de 90 (noventa) dias, os recursos organizacionais, materiais e humanos, bem como as demais providências necessárias à instalação e funcionamento dos Serviços de Informações ao Cidadão - SIC, a que se refere o Art. 7º deste decreto;*

*II. assegurar o cumprimento das normas relativas ao acesso a documentos, dados ou informações, de forma eficiente e adequada aos objetivos da Lei federal nº 12.527, de 18 de novembro de 2011, e deste decreto;*

*III. orientar e monitorar a implementação do disposto na Lei federal nº 12.527, de 18 de novembro de 2011, e neste decreto, e apresentar relatórios periódicos sobre o seu cumprimento;*

*IV. recomendar as medidas indispensáveis à implementação e ao aperfeiçoamento das normas e procedimentos necessários ao correto cumprimento do disposto neste decreto;*

*V. promover a capacitação, o aperfeiçoamento e a atualização de pessoal que desempenhe atividades inerentes à salvaguarda de documentos, dados e informações sigilosos e pessoais.*

*Art. 4º - As Comissões de Avaliação de Documentos e Acesso - CADA deverão apresentar à autoridade máxima do órgão ou entidade, plano e cronograma de trabalho, no prazo de 30 (trinta) dias, para o cumprimento das atribuições previstas no Art. 6º, incisos I e II, e Art. 32, inciso I, deste decreto.antecedentes, salvo em caso de requisição judicial, do Ministério Público, ou para fins de concurso público.*

*Parágrafo único - Observar-se-á o disposto neste Art. quando o interesse for de terceiros.*

# SIMULADO PARA PMSP

# SIMULADO PARA PMSP

Texto para as próximas 10 questões

Meu ideal seria escrever uma história tão engraçada que aquela moça que está naquela casa cinzenta quando lesse minha história no jornal risse, risse tanto que chegasse a chorar e dissesse – "ai blocmeu Deus, que história mais engraçada!" E então a contasse para a cozinheira e telefonasse para duas ou três amigas para contar a história; e todos a quem ela contasse rissem muito e ficassem alegremente espantados de vê-la tão alegre. Ah, que minha história fosse como um raio de sol, irresistivelmente louro, quente, vivo, em sua vida de moça reclusa, enlutada, doente. Que ela mesma ficasse admirada ouvindo o próprio riso, e depois repetisse para si própria – "mas essa história é mesmo muito engraçada!"

Que nas cadeias, nos hospitais, em todas as salas de espera, a minha história chegasse – e tão fascinante de graça, tão irresistível, tão colorida e tão pura que todos limpassem seu coração com lágrimas de alegria; que o comissário do distrito, depois de ler minha história, mandasse soltar aqueles bêbados e também aquelas pobres mulheres colhidas na calçada e lhes dissesse – "por favor, se comportem, que diabo! Eu não gosto de prender ninguém!" E que assim todos tratassem melhor seus empregados, seus dependentes e seus semelhantes em alegre e espontânea homenagem à minha história.

E que ela aos poucos se espalhasse pelo mundo e fosse contada de mil maneiras, mas que em todas as línguas ela guardasse a sua frescura, a sua pureza, o seu encanto surpreendente.

E quando todos me perguntassem – "mas de onde é que você tirou essa história?" – eu responderia que ela não é minha, que eu a ouvi por acaso na rua, de um desconhecido que a contava a outro desconhecido, e que por sinal começara a contar assim: "Ontem ouvi um sujeito contar uma história..."

E eu esconderia completamente a humilde verdade: que eu inventei toda a minha história em um só segundo, quando pensei na tristeza daquela moça que está doente, que sempre está doente e sempre está de luto e sozinha naquela pequena casa cinzenta de meu bairro.

(BRAGA, Rubem. *Meu ideal seria escrever...* Elenco de cronistas modernos. Adaptado.)

**01.** (VUNESP – 2019 – PM/SP – SOLDADO) É correto afirmar que o desejo do narrador, com a criação de uma história engraçada, é:
a) vê-la percorrer o mundo e trazer para si o merecido reconhecimento, tirando-o do anonimato.
b) intervir na vida das pessoas, fazendo-as questionar se a anedota realmente lhes traz algum benefício.
c) fazer com que as pessoas riam muito, até de si mesmas, até que percebam a realidade a sua volta.
d) chamar a atenção de outras pessoas para o estado de tristeza e de isolamento da moça da casa cinzenta.
e) mudar estados de espírito, levando alegria e despertando bons sentimentos nas pessoas.

**02.** (VUNESP – 2019 – PM/SP – SOLDADO) À vista da manifestação do narrador acerca de seu ideal, é correto identificar nele uma atitude:
a) altruísta.
b) coercitiva.
c) exibicionista.
d) conformista.
e) controversa.

**03.** (VUNESP – 2019 – PM/SP – SOLDADO) As passagens do texto que expressam sentidos contrastantes, sugerindo, respectivamente, o estado primitivo e a transformação que a história engraçada pode fazer são:
a) mandasse soltar aqueles bêbados / todos tratassem melhor seus empregados.

b) fascinante de graça / tão colorida e tão pura.
c) moça reclusa, enlutada / raio de sol, irresistivelmente louro, quente.
d) eu não gosto de prender ninguém / se comportem, que diabo!
e) casa cinzenta / mulheres colhidas na calçada.

**04.** (VUNESP – 2019 – PM/SP – SOLDADO) Na passagem – ... aquela moça que está naquela casa cinzenta **quando** lesse minha história no jornal risse, risse tanto **que** chegasse a chorar e dissesse –, os termos destacados introduzem sequências com sentido, respectivamente, de:
a) condição e causa.
b) condição e modo.
c) conclusão e consequência.
d) tempo e consequência.
e) tempo e modo.

**05.** (VUNESP – 2019 – PM/SP – SOLDADO) Assinale a alternativa que completa a frase – "[...] espero que minha história seja tão engraçada que [...]" –, empregando os verbos e os pronomes de acordo com a norma- -padrão.
a) nós ríssemos ao ler-lhe.
b) todos riam ao lê-la.
c) eles rissem quando a ler.
d) nós riamos tendo lido-a.
e) alguns riem quando lerem ela.

**06.** (VUNESP – 2019 – PM/SP – SOLDADO) Em relação ao tempo de ocorrência das ações na passagem – que o comissário do distrito, **depois de ler** minha história, **mandasse soltar** aqueles bêbados – é correto afirmar:
a) A ação de ler se expressa como sugestão, e a de mandar soltar se expressa como pedido.
b) As ações de ler e mandar soltar são simultâneas, pois ocorrem ambas no âmbito do distrito.
c) A ação de mandar soltar se expressa como uma ordem e é anterior à de ler.
d) Ambas as ações foram realizadas no passado, sem ordem de precedência.
e) A ação de ler é anterior à de mandar soltar, que se expressa como uma possibilidade.

**07.** (VUNESP – 2019 – PM/SP – SOLDADO) As expressões destacadas nas passagens – E que ela **aos poucos** se espalhasse pelo mundo / eu responderia que ela não é minha, que eu a ouvi **por acaso** na rua – podem ser substituídas, sem alteração de sentido, respectivamente, por:
a) pausadamente / desprevenidamente.
b) recentemente / ocasionalmente.
c) parceladamente / inadvertidamente.
d) insuficientemente / inesperadamente.
e) gradativamente / casualmente.

**08.** (VUNESP – 2019 – PM/SP – SOLDADO) É correto afirmar que o emprego de dois-pontos no último parágrafo tem a função de:
a) antecipar uma justificativa plausível.
b) sintetizar uma opinião questionável.
c) introduzir uma informação explicativa.
d) corrigir uma informação incompleta.
e) enumerar dados em sequência.

09. **(VUNESP – 2019 – PM/SP – SOLDADO)** Assinale a alternativa que reescreve a passagem – Que ela mesma ficasse admirada ouvindo o próprio riso, e depois repetisse para si própria... – de acordo com a norma-padrão de emprego de pronome e de concordância verbal e nominal.
   a) Que eles mesmo ficassem admirado, ouvindo os próprios risos, e depois repetisse para si próprios...
   b) Que elas mesmas ficassem admiradas, ouvindo as próprias risadas, e depois repetissem para si próprias...
   c) Que nós mesmos ficássemos admiradas, ouvindo as próprias risadas, e depois repetíssemos para si próprios...
   d) Que eu mesmo ficasse admirada, ouvindo o próprio riso, e depois repetisse para mim própria...
   e) Que nós mesmo ficássemos admirados, ouvindo o próprio riso, e depois repetisse para nós próprio...

10. **(VUNESP – 2019 – PM/SP – SOLDADO)** A alternativa que substitui o trecho destacado na passagem – E então a **contasse para a cozinheira e telefonasse para duas ou três amigas** para contar a história... – preservando a coerência e de acordo com a norma-padrão de regência verbal e de crase é:
    a) relatasse a cozinheira e ligasse à duas ou três amigas.
    b) revelasse a cozinheira e telefonasse a duas ou três amigas.
    c) expusesse à cozinheira e telefonasse à duas ou três amigas.
    d) relatasse à cozinheira e contatasse com duas ou três amigas.
    e) expusesse a cozinheira e contatasse com duas ou três amigas.

11. **(VUNESP – 2019 – PM/SP – SOLDADO)** Leia a tira.

(DAHMER, André. *Folha de S.Paulo*, 27.08.2019)

É correto concluir que o sentido humorístico da tira é:
   a) simplista, pois desconsidera a importância que tem para os seres alienígenas a vida da floresta.
   b) crítico, dando a entender que salvar a Amazônia é apenas meio para atingir outro objetivo.
   c) crítico, pois sugere que a personagem está efetivamente preocupada com a preservação da Amazônia.
   d) assertivo, pois declara que a preservação da Amazônia deve ser vista como prioridade para os povos.
   e) apelativo, pois afirma que a solução para a preservação da Amazônia está sendo adiada.

12. **(VUNESP – 2019 – PM/SP – SOLDADO)** Assinale a alternativa que preenche as lacunas de acordo com a norma-padrão de regência e emprego de pronomes.

Todos devem se preocupar com a Amazônia, _____ futuro está nas mãos de nossa geração, _____ estão depositadas as esperanças de nossos filhos. Resta saber se _____ darão continuidade a nossa tarefa.
   a) o qual ... aonde ... eles.
   b) cujo o ... em que ... com eles.
   c) cujo ... na qual ... estes.
   d) que o ... onde ... esses.
   e) da qual ... de que ... aqueles.

Texto para as próximas 8 questões

Todos os seres humanos necessitam de segurança. Todos os seres humanos têm o direito de serem protegidos do medo, de todas as espécies de medo.

O medo tem raízes profundas na alma dos seres. Radica-se no inconsciente e é objeto constante da pesquisa científica, com destaque para a Psicanálise.

Temos medo do abandono, de passar necessidade e privações, medo das agressões, da doença, da morte.

Uma sociedade que se funde no "espírito de solidariedade" procurará construir modelos de convivência que afastem o medo do horizonte permanente de expectativas. Numa sociedade fraterna, o homem não será "lobo" do outro homem.

Nossa Constituição determina que a Segurança Pública é dever do Estado, direito e responsabilidade de todos. Será exercida para a preservação da ordem pública e da incolumidade das pessoas e do patrimônio, mas, antes de tudo, com absoluta prioridade, sem qualquer bem ou valor que se possa assemelhar a este, a Segurança Pública deve preservar a incolumidade das pessoas.

O provimento da Segurança Pública inscreve-se dentro de um quadro de respeito à Cidadania. A Cidadania exige que se viva dentro de um ambiente de Segurança Pública. Não pode haver pleno usufruto da Cidadania, se trabalhamos e dormimos sob o signo do medo, do temor, da ameaça de dano ou lesão a nossa individualidade ou à incolumidade de nossa família.

A busca da Segurança Pública e a busca da Cidadania Plena deverão constituir um projeto solidário do Poder Público e da Sociedade.

(Disponível em: http://www.dhnet.org.br. Acesso em: 13.09.2019. Adaptado.)

13. **(VUNESP – 2019 – PM/SP – SOLDADO)** De acordo com o texto, o medo:
    a) compõe um conjunto de expectativas dos agentes do Estado.
    b) instiga o indivíduo a ser fraterno com seu semelhante.
    c) deve ser vencido pela ação efetiva da Psicanálise.
    d) é consequência do desejo do cidadão de estar sempre protegido.
    e) é inerente ao ser humano e está associado a diversas situações.

14. **(VUNESP – 2019 – PM/SP – SOLDADO)** Segundo o texto, a Segurança Pública é obrigação:
    a) que os cidadãos compartilham com o Estado.
    b) prioritária daqueles que gozam de cidadania plena.
    c) privativa dos cidadãos que têm seu patrimônio atingido.
    d) exclusiva do Estado, que pode delegá-la quando ameaçada.
    e) acima de qualquer outra obrigação do Estado.

**15.** (VUNESP – 2019 – PM/SP – SOLDADO) A passagem do texto em que a palavra destacada está empregada em sentido figurado é:

a) ... é objeto constante da pesquisa científica, com **destaque** para a Psicanálise.

b) ... modelos de convivência que afastem o medo do **horizonte** permanente de expectativas.

c) Temos medo do abandono, de passar necessidade e **privações**...

d) Todos os seres humanos têm o direito de serem **protegidos** do medo...

e) Será exercida para a **preservação** da ordem pública...

**16.** (VUNESP – 2019 – PM/SP – SOLDADO) Assinale a alternativa em que as palavras "incolumidade" (5º parágrafo) e "provimento" (6º parágrafo) têm seus sentidos correta e respectivamente expressos.

a) insalubridade / abastecimento.

b) bem-estar / acolhimento.

c) insegurança / doação.

d) isenção de perigo, de dano / fornecimento.

e) fragilidade / suprimento.

**17.** (VUNESP – 2019 – PM/SP – SOLDADO) A relação de sentido que existe entre as palavras "segurança" e insegurança" está presente também entre os termos:

a) solidário e dependente.

b) convivência e coabitação.

c) constante e descontinuado.

d) prioridade e adiamento.

e) permanente e durável.

**18.** (VUNESP – 2019 – PM/SP – SOLDADO) Assinale a alternativa que reescreve o trecho destacado na passagem – Não pode haver pleno usufruto da Cidadania, **se trabalhamos e dormimos** sob o signo do medo – preservando o sentido original e com os verbos corretamente conjugados:

a) embora trabalhávamos e dormíamos.

b) quando trabalharemos e dormiremos.

c) a menos que trabalharmos e dormimos.

d) desde que trabalhássemos e dormíssemos.

e) caso trabalhemos e durmamos.

**19.** (VUNESP – 2019 – PM/SP – SOLDADO) Assinale a alternativa contendo a expressão entre colchetes que substitui o trecho destacado, de acordo com a norma-padrão de regência verbal.

a) modelos de convivência que **afastem o medo** [dissipem do medo].

b) deverão **constituir um projeto** solidário [consistir a um projeto].

c) Todos os seres humanos **têm o direito** de serem protegidos [gozam do direito].

d) bem ou valor que se possa **assemelhar a este** [ imitar a este].

e) a Segurança Pública deve **preservar a incolumidade** das pessoas [resguardar da incolumidade].

**20.** (VUNESP – 2019 – PM/SP – SOLDADO) Assinale a alternativa redigida de acordo com a norma-padrão de concordância.

a) Constroem-se modelos de convivência.

b) Não haverão homens que sejam "lobos" de outros homens.

c) São necessários construir modelos de convivência.

d) Várias formas de medo radica-se no inconsciente.

e) Necessitam-se de projetos de segurança.

**21.** (VUNESP – 2019 – PM/SP – SOLDADO) A tabela mostra algumas informações sobre três times de basquete, A, B e C, após cada um deles jogar 5 partidas de um campeonato.

| Time | Nº de vitórias | Nº de derrotas | Nº de empates |
|------|------|------|------|
| A | 3 | 1 | |
| B | | 2 | |
| C | 0 | | 2 |

Nesse campeonato, cada vitória soma 3 pontos, cada empate soma 2 pontos, e cada derrota perde 1 ponto. Sabendo que o número de vitórias do time B é igual ao número de empates do time A, então, após essas 5 partidas, a diferença entre os pontos do time A e os pontos do time C é igual a:

a) 9.

b) 6.

c) 7.

d) 5.

e) 8.

**22.** (VUNESP – 2019 – PM/SP – SOLDADO) João precisa pintar um total de 48 ripas de madeira. Na sexta-feira, ele pintou $\frac{3}{8}$ desse total, no sábado, pintou $\frac{3}{5}$ das ripas restantes, e, no domingo, pintou as demais, finalizando a pintura. Em relação ao número total de ripas de madeira, aquelas que foram pintadas no domingo correspondem à fração:

a) $\frac{1}{5}$

b) $\frac{1}{4}$

c) $\frac{1}{3}$

d) $\frac{1}{6}$

e) $\frac{1}{8}$

**23.** (VUNESP – 2019 – PM/SP – SOLDADO) Um lote de livros será dividido em caixas, cada uma delas contendo o mesmo número de livros. Pode-se colocar em cada caixa 20 livros, mas também é possível colocar 24 livros em cada uma, ou 25 livros em cada uma, e qualquer que seja a opção, todos os livros do lote ficarão guardados não sobrando livro algum fora das caixas. O menor número de livros desse lote é:

a) 540.

b) 720.

c) 660.

d) 600.

e) 480.

**24.** (VUNESP – 2019 – PM/SP – SOLDADO) Uma empresa possui em sua frota 36 veículos. Parte desses veículos são movidos somente a etanol e os demais são movidos somente a gasolina. A razão do número de veículos movidos somente a etanol para o número de veículos movidos somente a gasolina é $\frac{5}{7}$. O número de veículos dessa frota movidos somente a gasolina é:

a) 18.

b) 21.

c) 15.

d) 9.

e) 12.

25. **(VUNESP – 2019 – PM/SP – SOLDADO)** Uma empresa recebeu 1200 currículos de candidatos interessados nas vagas oferecidas de emprego e selecionou 35% deles para realizarem uma prova. Sabendo que 15% dos candidatos que fizeram a prova foram contratados, então, o número de candidatos contratados foi:
   a) 49.
   b) 42.
   c) 70.
   d) 63.
   e) 56.

26. **(VUNESP – 2019 – PM/SP – SOLDADO)** O gráfico mostra algumas informações sobre o número de unidades vendidas do produto A em 5 dias de uma determinada semana.

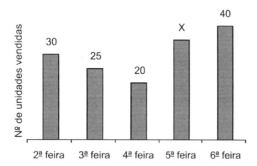

   Sabendo que nesses 5 dias foram vendidas, em média, 30 unidades por dia, então, o número de unidades vendidas na quinta-feira foi:
   a) 40.
   b) 45.
   c) 35.
   d) 25.
   e) 30.

27. **(VUNESP – 2019 – PM/SP – SOLDADO)** Uma máquina, trabalhando sem interrupções, fabrica 30 peças iguais em 18 minutos. Essa mesma máquina, trabalhando sem interrupções por 2 horas e 48 minutos, irá fabricar uma quantidade de peças igual a:
   a) 240.
   b) 260.
   c) 280.
   d) 300.
   e) 220.

28. **(VUNESP – 2019 – PM/SP – SOLDADO)** Roberta recebeu determinado valor de abono salarial. Gastou, desse valor, $\frac{1}{5}$ na farmácia e $\frac{1}{3}$ no supermercado, restando ainda R$ 252,00. O valor do abono recebido por Roberta foi:
   a) R$ 540,00.
   b) R$ 570,00.
   c) R$ 600,00.
   d) R$ 630,00.
   e) R$ 660,00.

29. **(VUNESP – 2019 – PM/SP – SOLDADO)** Ana e Bete trabalham como vendedoras em uma mesma loja de roupas. Certo dia elas venderam, no total, 54 camisetas. Sabendo que Ana vendeu 8 camisetas a mais do que Bete, então, o número de camisetas vendidas por Ana foi:
   a) 28.
   b) 29.
   c) 30.
   d) 27.
   e) 31.

30. **(VUNESP – 2019 – PM/SP – SOLDADO)** Um fio de cobre, com 2,7 m de comprimento, foi dividido em 5 pedaços. O 1º pedaço com 1,3 m de comprimento e os demais pedaços todos de comprimento iguais entre si, conforme mostra a figura.

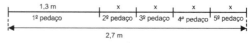

*fora de escala*

   A diferença entre o comprimento do 1º pedaço e o comprimento do 2º pedaço, nessa ordem, é de:
   a) 105 cm.
   b) 95 cm.
   c) 65 cm.
   d) 75 cm.
   e) 85 cm.

31. **(VUNESP – 2019 – PM/SP – SOLDADO)** Alfredo foi a uma loja de materiais elétricos para comprar alguns itens. A tabela mostra a quantidade comprada de cada item e seu respectivo valor unitário.

| Item | Quantidade | Valor unitário |
|---|---|---|
| Lâmpada | 4 | R$ 8,70 |
| Tomada | 2 | R$ 12,60 |
| Adaptador | 3 | R$ 10,00 |

   O valor total gasto por Alfredo nessa compra foi:
   a) R$ 92,80.
   b) R$ 87,50.
   c) R$ 83,20.
   d) R$ 90,00.
   e) R$ 80,00.

32. **(VUNESP – 2019 – PM/SP – SOLDADO)** Um terreno retangular ABCD, com 12 m de comprimento, teve $\frac{2}{5}$ de sua área total, reservada para um canteiro de hortaliças, conforme mostra a figura, onde as medidas indicadas estão em metros.

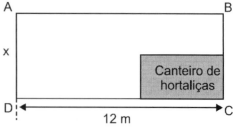

*fora de escala*

   Sabendo que a área do canteiro de hortaliças é 24 m2, então, a medida do lado do terreno, indicada na figura pela letra x, é igual a:
   a) 5,5 m.
   b) 5,0 m.
   c) 6,0 m.
   d) 6,5 m.
   e) 7,0 m.

33. **(VUNESP – 2019 – PM/SP – SOLDADO)** Uma região retangular foi totalmente cercada por tela. A figura mostra as medidas dos lados, em metros, dessa região.

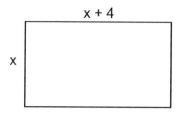

*fora de escala*

Se para cercar totalmente essa região foram utilizados 48 m de tela, a medida do lado maior é igual a:

a) 16 m.
b) 8 m.
c) 10 m.
d) 14 m.
e) 12 m.

34. **(VUNESP – 2019 – PM/SP – SOLDADO)** A figura mostra as medidas internas, em centímetros, de um recipiente que tem a forma de um bloco retangular, com 30 cm de altura.

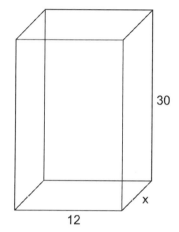

*fora de escala*

A capacidade total desse reservatório é 2,88 litros. Lembrando que 1 litro = 1.000 cm3, então, a medida do lado do retângulo da base, indicado na figura pela letra x, é igual a:

a) 7 cm.
b) 6 cm.
c) 8 cm.
d) 9 cm.
e) 10 cm.

35. **(VUNESP – 2019 – PM/SP – SOLDADO)** Três amigos, Pedro, José e Caio marcaram de se encontrar na frente de um estádio de futebol, para assistirem a um jogo. Sabe-se que:

- Pedro não foi o último a chegar.
- Caio chegou antes que José.
- Pedro chegou depois de Caio.

Nessas condições, o 1º, o 2º e o 3º a chegar foram, respectivamente:

a) Caio, Pedro e José.
b) José, Pedro e Caio.
c) Pedro, Caio e José.
d) Pedro, José e Caio.
e) Caio, José e Pedro.

36. **(VUNESP – 2019 – PM/SP – SOLDADO)** Primeira Guerra Mundial – A causa imediata da eclosão do conflito foi o assassinato em Sarajevo, em 28 de junho de 1914, do herdeiro do trono austro-húngaro, arquiduque Francisco Ferdinando, por um militante nacionalista sérvio. O fato motivou um ultimato do Império Austro-Húngaro à Sérvia e, em 28 de julho seguinte, a declaração de guerra àquele país. Na verdade, as tensões e rivalidades que, desde meados do século XIX, envolviam as principais potências europeias e não europeias haviam crescido a tal ponto que foi rompido o equilíbrio de poder que governava a política internacional.

(https://cpdoc.fgv.br/producao/dossies/AEraVargas1/anos20/ CentenarioIndependencia/PrimeiraGuerraMundial. Acessado em 09 de setembro de 2019)

Entre os fatores que contribuíram para eclosão do conflito bélico citado no excerto, pode ser apontado(a):

a) o revanchismo da França contra os alemães, que haviam anexado territórios franceses após a Guerra Franco-Prussiana.
b) a secular rivalidade entre a Inglaterra e a Alemanha, que disputavam a hegemonia comercial na América do Sul.
c) o desenvolvimento da indústria de base do Império Russo, que colocava em risco os interesses da Áustria-Hungria e da Alemanha.
d) o descontentamento da França e da Inglaterra com a Partilha da África determinada pela Conferência de Berlim, que beneficiou a Alemanha.
e) o expansionismo territorial do Império Turco-Otomano no Oriente Médio, que eliminou a influência das potências europeias na região.

37. **(VUNESP – 2019 – PM/SP – SOLDADO)** Joseph McCarthy, jovem senador de Wisconsin, irrompeu no cenário nacional americano em fevereiro de 1950 ao revelar que tinha em mãos uma lista de comunistas que trabalhavam no Departamento de Estado. Cada vez que ele repetia a acusação, nos dias seguintes, mencionava um diferente número de comunista em tal lista. Mas a acusação pareceu plausível a muitos americanos porque foi feita no auge da Ameaça Vermelha do pós-guerra.

(George Chauncey, Chá e simpatia. Em: M. C. Karnes (org.). Passado imperfeito. Adaptado)

O "auge da Ameaça Vermelha do pós-guerra" pode ser relacionado:

a) ao avanço de experiências comunistas em países da Europa Ocidental, como a França, e ao controle soviético da ONU.
b) ao sucesso dos projetos revolucionários cubanos e à forte capacidade soviética em produzir bens de consumo não duráveis.
c) ao contexto de vitória do Partido Comunista Chinês, que chegava ao poder, e ao início da Guerra da Coreia.
d) à grave crise econômica no bloco capitalista desde a Segunda Guerra e ao domínio da tecnologia atômica pela Iugoslávia.
e) ao desenvolvimento da conquista do espaço em nações socialistas, caso da Tchecoslováquia, e a uma disputa pela liderança na OTAN.

38. **(VUNESP – 2019 – PM/SP – SOLDADO) Em termos econômicos, o Estado Novo (1937-45)** caracterizou-se:

a) pela política da privatização de empresas ligadas aos serviços urbanos, como o abastecimento de água.
b) pela adoção de um nacionalismo extremado por meio do qual se proibiu a entrada de capitais estrangeiros no país.
c) pelo forte intervencionismo estatal com a criação de conselhos regulatórios, como o Conselho Nacional do Petróleo.
d) pela aplicação de medidas liberais, tais como o congelamento dos salários para evitar o aumento da inflação.
e) pela redução do *deficit* público com o corte de gastos em algumas áreas sociais, como a educação.

39. **(VUNESP – 2019 – PM/SP – SOLDADO)** A Assembleia Constituinte instalou-se em 1º de fevereiro de 1987, e a Constituição foi promulgada no ano seguinte, em 5 de outubro de 1988. [...] É a mais extensa Constituição brasileira – tem 250 artigos principais, mais 98 artigos das disposições transitórias – e está em vigor até hoje.
(Lilia M. Schwarcz e Heloisa M. Starling. Brasil: uma biografia)

Essa Constituição:

a) garantiu o voto facultativo para os analfabetos.
b) permitiu a formação de partidos políticos estaduais.
c) proibiu as coligações partidárias nas eleições majoritárias.
d) criou as Comissões Parlamentares de Inquérito.
e) restringiu o direito de greve para funcionários públicos federais.

40. **(VUNESP – 2019 – PM/SP – SOLDADO)** Em 1979, o Congresso Nacional aprovou a Lei Orgânica dos Partidos, incluindo o substitutivo que extinguiu a Arena e o MDB, e restabeleceu a liberdade partidária no país. Pela aprovação do substitutivo, votaram 299 deputados e 41 senadores. Só nove deputados faltaram à sessão.
(https://www.al.sp.gov.br/noticia/?id=360461. Acessado em 06 de setembro de 2019. Adaptado)

O bipartidarismo foi estabelecido:

a) imediatamente após a queda de João Goulart.
b) com reforma constitucional de 1969.
c) com a eleição do presidente Costa e Silva em 1967.
d) por ato complementar ao Ato Institucional nº 2 em 1965.
e) com a reforma política de 1972.

41. **(VUNESP – 2019 – PM/SP – SOLDADO)** Figueiredo prosseguiu no caminho da abertura política iniciada no governo Geisel. O comando das iniciativas ficou nas mãos do general Golbery e do ministro da Justiça, Petrônio Portella.
(Boris Fausto, História concisa do Brasil)

Durante o governo Figueiredo, a abertura política avançou com:

a) a extinção do Serviço Nacional de Informação (SNI) em 1984.
b) a aprovação, pelo Congresso, da Lei da Anistia, em agosto de 1979.
c) a permissão para o funcionamento do Partido Comunista do Brasil em 1981.
d) a reabertura do Supremo Tribunal Federal (STF) em 1980.
e) o reestabelecimento, em 1982, da eleição direta para a presidência da República.

42. **(VUNESP – 2019 – PM/SP – SOLDADO)** O Reino Unido retornou a colônia de Hong Kong à China em 1º de julho de 1997, quando o contrato de arrendamento dos Novos Territórios, firmado entre britânicos e chineses em 1898 e válido por 99 anos, expirou. Apesar de o contrato não se referir a Hong Kong, que havia sido entregue aos britânicos em 1842, era impossível separar Hong Kong dos Novos Territórios por causa do forte entrelaçamento econômico.
(www.terra.com.br, 05.09.2016)

Após a colonização britânica, a relação entre Hong Kong e China produziu:

a) "Perestroika, Glasnost", que instituiu medidas sociais e políticas centralizadoras pela China.
b) "Perestroika, Glasnost", que inaugurou reformas econômicas e políticas na China.
c) "um país, dois sistemas", que deu início à exportação de produtos fabricados na China para o resto do mundo.
d) "Perestroika, Glasnost", que assegurou a Hong Kong a manutenção de seu comércio com o Reino Unido.
e) "um país, dois sistemas", que garantiu a Hong Kong autonomia socioeconômica.

43. **(VUNESP – 2019 – PM/SP – SOLDADO)** Examine:

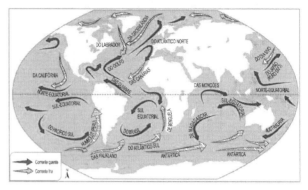

(Brenda Mendonça. https://geografiavisual.com.br, 07.05.2018)

Considerando a circulação das correntes marinhas superficiais no planeta, percebe-se a conformação de:

a) anecúmenos, indicadores de mudanças climáticas relacionadas ao aquecimento global.
b) zonas climáticas, dispersoras dos gases poluentes decorrentes dos processos de industrialização e urbanização.
c) *hotspots* ecológicos, correspondentes a áreas intocadas que merecem investimentos para sua preservação.
d) giros oceânicos, responsáveis pela formação das recentes ilhas de plásticos que prejudicam o meio ambiente.
e) cadeias mesoceânicas, determinantes aos fluxos que realizam a redistribuição de nutrientes à fauna aquática do planeta.

44. **(VUNESP – 2019 – PM/SP – SOLDADO)** A grande extensão latitudinal do Brasil é um dos fatores que explica sua rica biodiversidade, com diferentes formações vegetais.

Observe a tabela.

Formação vegetal e sua manifestação no território

(FERREIRA, Graça M. L. Atlas geográfico, 2013. Adaptado.)

Correspondem aos números 1, 2 e 3 da tabela, respectivamente:

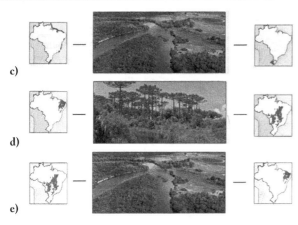

c)

d)

e)

**45.** (VUNESP – 2019 – PM/SP – SOLDADO) Examine:

| **População absoluta** |||
|---|---|---|
| **Nº** | **Países** | **2010** |
| 1 | China | 1.341.287 |
| 2 | Índia | 1.224.614 |
| 3 | EUA | 310.384 |
| 4 | Indonésia | 239.871 |
| 5 | Brasil | 194.946 |
| 6 | Paquistão | 173.593 |
| 7 | Nigéria | 158.423 |
| 8 | Bangladesh | 148.692 |
| 9 | Rússia | 142.110 |
| 10 | Japão | 126.536 |

(www.ecodebate.com.br. Adaptado)

Densidade demográfica, Brasil, 2010

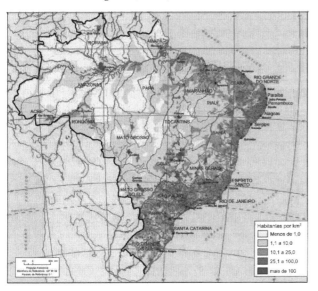

(https://brasilemsintese.ibge.gov.br. Adaptado)

Considerando as informações apresentadas, é correto afirmar que o Brasil se caracteriza como um país:

a) pouco populoso e povoado.

b) populoso e pouco povoado.

c) continental e hierarquizado.

d) ocupado e descontínuo.

e) populoso e intermitente.

**46.** (VUNESP – 2019 – PM/SP – SOLDADO) Até os anos 1920, o contexto econômico do país não estimulava significativamente o desenvolvimento industrial, mas a crise de 1929 introduziu mudanças nesse quadro. O violento corte nas importações de bens de consumo criou uma conjuntura favorável ao investimento na indústria nacional. Os produtos industrializados no Brasil passaram a ocupar então boa parte do mercado interno, antes praticamente abastecido só por produtos importados.

(Elian A. Lucci *et al*. Território e sociedade no mundo globalizado, 2014)

Na industrialização brasileira, o momento descrito pelo excerto pautou-se:

a) na revolução verde.

b) no milagre brasileiro.

c) na substituição de importações.

d) na desconcentração concentrada.

e) na abertura econômica.

**47.** (VUNESP – 2019 – PM/SP – SOLDADO) Paraty e uma vasta área de parques, matas e reservas que circundam seu sítio histórico receberam o título de Patrimônio Mundial da UNESCO em função de seus excepcionais atributos culturais e naturais. Segundo todas as declarações pós-reconhecimento, a expectativa dos governos com a obtenção do título é ampliar o turismo e conseguir mais recursos para poder enfrentar os desafios da gestão do lugar. No caso de Paraty, onde a turistificação do sítio urbano já ocorreu, a expansão do turismo pode representar uma ameaça para o patrimônio natural e para as comunidades tradicionais.

(Raquel Rolnik. https://raquelrolnik.blogosfera.uol.com.br, 12.07.2019. Adaptado.)

O risco alertado no excerto corresponde:

a) ao interesse do capital especulativo, que pode tornar a região fechada à visitação pública.

b) à preservação de ecossistemas diante dos desequilíbrios que o aumento no turismo pode provocar.

c) ao elevado tributo repassado à UNESCO para a manutenção do título que desperta o interesse mundial.

d) à urbanização requerida pela UNESCO, que pode promover o isolamento de espécies nativas.

e) à requalificação dos espaços na região, que pode alterar as atuais relações de poder em sua esfera pública.

**48.** (VUNESP – 2019 – PM/SP – SOLDADO) Um soldado fotografou e gravou algumas fotos em formato png num computador com MS-Windows 10, em sua configuração original.

Assinale a alternativa que apresenta o aplicativo acessório padrão do MS-Windows 10 usado para manipular arquivos png.

a) CorelDraw.

b) Paint.

c) WordPad.

d) PowerPoint 2010.

e) Word 2010.

49. **(VUNESP – 2019 – PM/SP – SOLDADO)** Observe a imagem a seguir, que mostra três parágrafos de um documento sendo editado por meio do MS-Word 2010, em sua configuração padrão. Não existem caracteres brancos antes ou depois do texto de cada parágrafo.

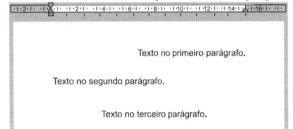

Assinale a alternativa correta em relação ao alinhamento dos parágrafos de acordo com a imagem exibida.
a) O segundo parágrafo está centralizado.
b) O terceiro parágrafo está alinhado à direita.
c) O primeiro parágrafo está alinhado à esquerda.
d) O segundo parágrafo está justificado.
e) O primeiro parágrafo está centralizado.

50. **(VUNESP – 2019 – PM/SP – SOLDADO)** A planilha a seguir foi elaborada por meio do MS-Excel 2010, em sua configuração padrão.

|   | A | B |
|---|---|---|
| 1 | 4 | 3 |
| 2 | 2 | 3 |
| 3 | 1 | 5 |
| 4 | 2 | 4 |
| 5 |   |   |
| 6 |   | 3 |

Assinale a alternativa que apresenta uma fórmula correta contida na célula B6, para estar de acordo com a imagem exibida.
a) =MÉDIA(A1-B4).
b) =MÉDIA(A1|B4).
c) =MÉDIA(A1;B4).
d) =MÉDIA(A1/B4).
e) =MÉDIA(A1:B4).

51. **(VUNESP – 2019 – PM/SP – SOLDADO)** Um usuário, por meio do MS-PowerPoint 2010, em sua configuração padrão, preparou uma apresentação cujos slides são vistos a seguir:

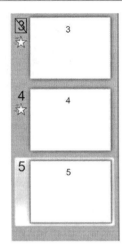

Ao pressionar F5 e ir até o final da apresentação, quantos slides serão apresentados?
a) 1.
b) 3.
c) 4.
d) 2.
e) 5.

52. **(VUNESP – 2019 – PM/SP – SOLDADO)** Um usuário, de conta cmte@pm.sp.gov.br, envia um e-mail por meio do MS-Outlook 2010, em sua configuração padrão, preenchendo os campos de destinatários da seguinte forma:

Para: soldado@pm.sp.gov.br

Cc: tenente@pm.sp.gov.br

Assunto: Atividades programadas

O usuário soldado@pm.sp.gov.br, após abrir a mensagem e ao clicar na opção Responder, estará preparando o e-mail para enviá-lo apenas a:
a) soldado@pm.sp.gov.br.
b) cmte@pm.sp.gov.br e tenente@pm.sp.gov.br.
c) cmte@pm.sp.gov.br e soldado@pm.sp.gov.br.
d) cmte@pm.sp.gov.br.
e) tenente@pm.sp.gov.br.

53. **(VUNESP – 2019 – PM/SP – SOLDADO)** Mário possui nacionalidade brasileira, tem 21 (vinte e um) anos, está em pleno exercício dos direitos políticos, possui domicílio eleitoral na circunscrição e é alfabetizado. Ele deseja se candidatar a algum cargo político nas eleições futuras. Considerando a situação hipotética e o disposto na Constituição Federal, é correto afirmar que:
a) Mário possui a idade mínima requerida para os cargos de Deputado Federal, Deputado Estadual ou Distrital, Prefeito, Vice-Prefeito e juiz de paz.
b) Mário não possui a idade mínima exigida para o cargo de Deputado Estadual.
c) a Constituição Federal não elenca o alistamento eleitoral como condição de elegibilidade.
d) ainda que Mário fosse analfabeto, ele poderia concorrer ao cargo de Senador, pois os analfabetos são elegíveis.
e) Mário não possui a idade mínima exigida para o cargo de Presidente da República, mas possui a idade necessária para tornar-se Senador.

54. **(VUNESP – 2019 – PM/SP – SOLDADO)** A respeito da Administração Pública, assinale a alternativa que está de acordo com a Constituição Federal.
   a) O prazo de validade do concurso público será de até quatro anos, prorrogável uma vez, por igual período.
   b) É vedada a vinculação ou equiparação de quaisquer espécies remuneratórias para o efeito de remuneração de pessoal do serviço público.
   c) Os vencimentos dos cargos do Poder Legislativo e do Poder Judiciário poderão ser superiores aos pagos pelo Poder Executivo.
   d) A administração fazendária e seus servidores fiscais não terão, dentro de suas áreas de competência e jurisdição, precedência sobre os demais setores administrativos.
   e) Não é garantido ao servidor público civil o direito à livre associação sindical.

55. **(VUNESP – 2019 – PM/SP – SOLDADO)** Considere que Maria apresentou pedido de acesso a informações a um órgão público integrante da Administração Direta do Poder Executivo Municipal. Todavia seu pedido foi indeferido e negado o acesso a informações. De acordo com a Lei de Acesso à Informação (Lei nº 12.527/11), é correto afirmar que Maria:
   a) terá que concordar com a negativa de acesso, pois não é cabível recurso em face do indeferimento de acesso a informações.
   b) deverá protocolar pessoalmente reclamação no órgão público no prazo improrrogável de 15 (quinze) dias.
   c) deverá interpor pedido de reconsideração dirigido à Controladoria-Geral da União no prazo de 5 (cinco) dias.
   d) não tem direito a obter o inteiro teor de decisão de negativa de acesso, seja por certidão ou cópia.
   e) poderá interpor recurso dirigido à autoridade hierarquicamente superior à que exarou a decisão no prazo de 10 (dez) dias a contar da sua ciência.

56. **(VUNESP – 2019 – PM/SP – SOLDADO)**

(Chargista Duke. Disponível em: https://www.otempo.com.br)

As informações da charge permitem concluir corretamente que:
   a) o cenário econômico opõe-se à condição de miséria da personagem.
   b) a situação de miséria da personagem passa despercebida por todos.
   c) o desinteresse da personagem por um emprego levou-a à miséria.
   d) a personagem ficou miserável em decorrência da falta de emprego.
   e) a mudança na conjuntura econômica ajudou a vida da personagem.

57. **(VUNESP – 2019 – PM/SP – SOLDADO)**

(Chargista Duke. Disponível: https://www.otempo.com.br)

No contexto em que está empregada, a locução verbal "Vai trabalhar" equivale a:
   a) uma solicitação, no modo verbal indicativo, permeada de sentido de sarcasmo.
   b) um conselho, no modo verbal subjuntivo, permeada de sentido de orientação.
   c) uma recomendação, no modo verbal imperativo, permeada de sentido de hostilidade.
   d) uma advertência, no modo verbal subjuntivo, permeada de sentido de humor.
   e) uma ordem, no modo verbal imperativo, permeada de sentido de cortesia.

58. **(VUNESP – 2019 – PM/SP – SOLDADO)**

(Chargista Duke. https://www.otempo.com.br)

Em conformidade com a norma-padrão, a ideia contida nas placas está corretamente expressa em:
   a) Acabou as vagas.
   b) Não tem-se vagas.
   c) Não existem vagas.
   d) Falta vagas.
   e) Vivem-se a falta de vagas.

**59. (VUNESP – 2019 – PM/SP – SOLDADO)**

(Chargista Duke. Disponível em: https://www.otempo.com.br)

*Uso de inteligência artificial pode aumentar desemprego no Brasil, diz FGV*

Responsável por reduzir burocracias, automatizar processos e aumentar a eficiência, o uso de inteligência artificial (IA) pode aumentar o desemprego no País em quase 4 pontos percentuais nos próximos 15 anos. Os dados são de um estudo desenvolvido pelo professor Felipe Serigatti, da Fundação Getúlio Vargas (FGV), em parceria com a Microsoft.

Para simular o impacto da adoção de IA na economia brasileira, a pesquisa estipulou três cenários: um conservador, no qual a taxa de crescimento da adoção de IA pelo mercado brasileiro é de 5%, durante 15 anos. Nesse panorama, a economia também cresce menos do que o estimado para os próximos anos. No cenário intermediário, o número é de 10%, com crescimento estável. Já no mais agressivo, em um mundo em que a economia tem projeção otimista de crescimento, a adoção de IA subiria 26% no período – é nesse último que o desemprego pode aumentar em 3,87 pontos percentuais, no saldo geral da população.

No mais severo dos cenários, os mais afetados serão os trabalhadores menos qualificados, que poderão ver o desemprego aumentar em 5,14 pontos percentuais; já o número de vagas qualificadas pode subir com a adoção massiva de inteligência artificial, em até 1,56 ponto percentual. "A inteligência artificial aumentará a desigualdade", alertou Serigatti, que é professor de Economia da FGV.

A pesquisa analisou seis segmentos diferentes da economia: agricultura, pecuária, óleo e gás, mineração e extração, transporte e comércio e setor público (educação, saúde, defesa e administração pública). Os trabalhadores mais afetados no cenário mais agressivo são os mais qualificados dos setores de óleo e gás e de agricultura, dois dos principais pilares da economia brasileira. O primeiro tem redução nos empregos de 23,57%, e o segundo, de 21,55%.

(ROMANI, Bruno. *Uso de inteligência artificial pode aumentar desemprego no Brasil, diz FGV*. Disponível em: https://link.estadao.com.br. Adaptado.)

A leitura comparativa entre a charge de Duke e o texto do Estadão permite afirmar que:

a) o desemprego tende a se manter estável nos próximos anos, já que existe uma projeção otimista de crescimento.

b) o cenário desolador do desemprego no Brasil será plenamente revertido em até 15 anos, graças ao crescimento econômico.

c) a redução do desemprego é uma realidade remota que privilegiará eventualmente os trabalhadores menos qualificados.

d) a piora na economia continuará a tirar com mais vigor postos de trabalho, já que nenhuma projeção prevê crescimento econômico.

e) o recrudescimento do desemprego vivido no presente do país é uma realidade que tende a se estender pelos próximos anos.

Texto para as próximas 6 questões

*Uso de inteligência artificial pode aumentar desemprego no Brasil, diz FGV*

Responsável por reduzir burocracias, automatizar processos e aumentar a eficiência, o uso de inteligência artificial (IA) pode aumentar o desemprego no País em quase 4 pontos percentuais nos próximos 15 anos. Os dados são de um estudo desenvolvido pelo professor Felipe Serigatti, da Fundação Getúlio Vargas (FGV), em parceria com a Microsoft.

Para simular o impacto da adoção de IA na economia brasileira, a pesquisa estipulou três cenários: um conservador, no qual a taxa de crescimento da adoção de IA pelo mercado brasileiro é de 5%, durante 15 anos. Nesse panorama, a economia também cresce menos do que o estimado para os próximos anos. No cenário intermediário, o número é de 10%, com crescimento estável. Já no mais agressivo, em um mundo em que a economia tem projeção otimista de crescimento, a adoção de IA subiria 26% no período – é nesse último que o desemprego pode aumentar em 3,87 pontos percentuais, no saldo geral da população.

No mais severo dos cenários, os mais afetados serão os trabalhadores menos qualificados, que poderão ver o desemprego aumentar em 5,14 pontos percentuais; já o número de vagas qualificadas pode subir com a adoção massiva de inteligência artificial, em até 1,56 ponto percentual. "A inteligência artificial aumentará a desigualdade", alertou Serigatti, que é professor de Economia da FGV.

A pesquisa analisou seis segmentos diferentes da economia: agricultura, pecuária, óleo e gás, mineração e extração, transporte e comércio e setor público (educação, saúde, defesa e administração pública). Os trabalhadores mais afetados no cenário mais agressivo são os mais qualificados dos setores de óleo e gás e de agricultura, dois dos principais pilares da economia brasileira. O primeiro tem redução nos empregos de 23,57%, e o segundo, de 21,55%.

(ROMANI, Bruno Romani. *Uso de inteligência artificial pode aumentar desemprego no Brasil, diz FGV*. Disponível em: https://link.estadao.com.br. Adaptado.)

**60. (VUNESP – 2019 – PM/SP – SOLDADO)** As informações textuais deixam evidente que:

a) o impacto do desemprego gerado pela adoção da inteligência artificial é igual nos seis segmentos diferentes da economia, de acordo com a pesquisa da FGV.

b) a pesquisa mostra que o desemprego será o mesmo nos próximos 15 anos, independentemente da forma como a inteligência artificial seja adotada.

c) o melhor cenário para a economia brasileira é o mais agressivo, no qual não haverá impactos negativos com redução de postos de trabalhos.

d) a inteligência artificial aumentará a desigualdade social, principalmente em um cenário agressivo com projeção otimista de crescimento econômico.

e) a adoção da inteligência artificial na economia poderá trazer desemprego, mas, paradoxalmente, trará crescimento financeiro à população em geral.

**61. (VUNESP – 2019 – PM/SP – SOLDADO)** Assinale a alternativa em que a informação apresentada é coerente com o exposto no texto.

a) No cenário intermediário, o número é de 10%, com crescimento inconstante. Já no mais ofensivo, em um mundo em que a economia tem projeção limitada de crescimento, a adoção de IA subiria 26% no período.

b) No mais rigoroso dos cenários, os mais afetados serão aqueles trabalhadores com menos qualificação, já o número de vagas qualificadas poderá subir com a adoção intensiva de inteligência artificial.

c) Para simular o efeito da adoção de IA na economia brasileira, a pesquisa estabeleceu três cenários: um deles é reacionário, no qual a taxa de crescimento da adoção de IA pelo mercado brasileiro é de 5%, durante 15 anos.
d) A inteligência artificial, cuja responsabilidade é diminuir burocracias, automatizar processos e intensificar a eficiência, promete reduzir a falta de emprego no País em 4 pontos porcentuais nos próximos 15 anos.
e) A pesquisa da FGV aponta que os trabalhadores mais privilegiados no cenário mais agressivo são os mais qualificados dos setores de óleo e gás e de agricultura, dois dos pilares menos influentes da economia brasileira.

62. (VUNESP – 2019 – PM/SP – SOLDADO) Assinale a alternativa em que a colocação pronominal atende à norma-padrão.
    a) No cenário mais agressivo da adoção da IA, tem projetado-se aumento de desemprego de 3,87%.
    b) Geralmente afetam-se os trabalhadores menos qualificados, no mais severo dos cenários de adoção da IA.
    c) A pesquisa da FGV indica que se afetará o emprego dos trabalhadores no Brasil com a adoção da IA.
    d) Se definiram três cenários na pesquisa, para simular o impacto da adoção de IA na economia brasileira.
    e) Caso adote-se a IA em um cenário conservador, a economia crescerá menos do que o estimado.

63. (VUNESP – 2019 – PM/SP – SOLDADO) Considere as passagens do texto:
    - **Para** simular o impacto da adoção de IA na economia brasileira, a pesquisa estipulou três cenários... (2º parágrafo)
    - No mais severo dos cenários, os mais afetados serão os trabalhadores menos qualificados, **que** poderão ver o desemprego aumentar em 5,14 pontos porcentuais... (3º parágrafo)

    Os termos destacados são responsáveis por articular os enunciados do texto, estabelecendo entre eles, respectivamente, relações de sentido de:
    a) finalidade e explicação.
    b) consequência e causa.
    c) causa e consequência.
    d) finalidade e adição.
    e) causa e explicação.

64. (VUNESP – 2019 – PM/SP – SOLDADO) De acordo com a norma-padrão, o título do texto está corretamente reescrito e pontuado em:
    a) FGV diz que, uso de inteligência artificial pode aumentar desemprego no Brasil.
    b) "FGV diz" – uso no Brasil de inteligência artificial pode aumentar desemprego.
    c) Diz FGV, uso de inteligência artificial no Brasil pode aumentar desemprego.
    d) "No Brasil, uso de inteligência artificial pode aumentar desemprego", diz FGV.
    e) No Brasil uso de inteligência artificial pode aumentar desemprego diz FGV.

65. (VUNESP – 2019 – PM/SP – SOLDADO) Assinale a alternativa em que a forma verbal destacada expressa sentido de projeção futura.
    a) ... os mais afetados **serão** os trabalhadores menos qualificados... (3º parágrafo)
    b) O primeiro **tem** redução nos empregos de 23,57%... (4º parágrafo)
    c) ... a pesquisa **estipulou** três cenários... (2º parágrafo)

    d) ... alertou Serigatti, que é professor de Economia da FGV. (3º parágrafo)
    e) Os dados **são** de um estudo desenvolvido pelo professor Felipe Serigatti... (1º parágrafo)

Texto para as próximas 2 questões

(Disponível em: http://chargeonline.com.br)

66. (VUNESP – 2019 – PM/SP – SOLDADO) As informações da charge permitem concluir que:
    a) a imprecisão dos pedidos ao gênio faz com que ele desista de realizá-los.
    b) a capacidade de realizar os pedidos existe, mas o gênio não quer atendê-los.
    c) o gênio se declara incapaz de resolver a situação de desemprego, que também o afeta.
    d) o homem faz pedidos comuns e parecidos ao gênio, o que o deixa bem irritado.
    e) o gênio é mais um na estatística do desemprego e, por isso, quer ajudar o homem.

67. (VUNESP – 2019 – PM/SP – SOLDADO) Sem prejuízo à norma-padrão e ao sentido do texto, a frase do gênio está devidamente reescrita em:
    a) E você acha que, desde que eu posso arrumar todos esses empregos, eu estou aqui fazendo bico de gênio?
    b) E você acha que, como eu posso arrumar todos esses empregos, eu estarei aqui fazendo bico de gênio?
    c) E você acha que, quando eu pude arrumar todos esses empregos, eu estaria aqui fazendo bico de gênio?
    d) E você acha que, caso eu pudesse arrumar todos esses empregos, eu estaria aqui fazendo bico de gênio?
    e) E você acha que, ainda que eu posso arrumar todos esses empregos, eu estarei aqui fazendo bico de gênio?

Texto para as próximas 8 questões

*Mais ócio, por favor*

Quando o sociólogo italiano Domenico De Masi lançou o conceito de "ócio criativo", em seu livro homônimo de 2000, foi alçado à condição de pensador revolucionário e à lista dos mais vendidos.

O sucesso se deveu à explicação do espírito daquele tempo, ao apontar que tão essencial ao crescimento profissional quanto o estudo e o trabalho eram os momentos de desconexão com a labuta que abririam as portas para a criatividade e para "pensar fora da caixinha". A intenção era alcançar uma fusão entre estudo, trabalho e lazer para aprimorar o conhecimento, vivenciar diferentes experiências e instigar a criatividade.

Com o lançamento de *Uma Simples Revolução*, um *best-seller*, o sociólogo prega uma nova guinada no pensamento empresarial.

Ao analisar as taxas de desemprego e de desocupação, para De Masi, a única saída é reduzir a carga de trabalho individual e abrir novas vagas. "Se as regras do jogo não mudarem, o desemprego – aberto ou oculto – está destinado a crescer em dimensão patológica", escreve.

O Brasil é um dos países que vivem essa realidade, com um desemprego de mais de 13 milhões de pessoas, segundo dados mais recentes do IBGE (Instituto Brasileiro de Geografia e Estatística). Mais de 5 milhões de pessoas procuram trabalho no país há um ano ou mais, o que representa quase 40% desse total.

A lógica do mercado não ajuda a melhorar esses números. As empresas tentam reduzir suas folhas de pagamento, mesmo que isso signifique mais horas extras.

Só que, de acordo com o sociólogo, quanto mais horas um indivíduo trabalha, mais ele contribui para a taxa de desocupação. "Na Alemanha, onde todos trabalham, em média, 1400 horas, o desemprego está em 3,8% e o emprego está em 79%. Já na Itália, onde um italiano trabalha em média 1800 horas, o desemprego está em 11% e o emprego está em 58%", detalha.

"Para eliminar o desemprego, o único remédio válido é reduzir as horas de trabalho, mantendo o salário e aumentando o número de vagas", diz, em entrevista ao UOL.

(RODRIGUES, Lúcia Valentim. *Mais ócio, por favor*. Disponível em: https://noticias.uol.com.br. Adaptado.)

68. **(VUNESP – 2019 – PM/SP – SOLDADO)** As informações do texto, fundamentadas no pensamento de Domenico De Masi, evidenciam que:
    a) o pensamento revolucionário sugere que as pessoas trabalhem mais horas diárias, mesmo em um cenário social marcado pelo desemprego.
    b) o aumento de horas extras laborais elimina as possibilidades do ócio criativo, mas, por outro lado, é a chave para a criação de postos de trabalho.
    c) o aumento do desemprego precisa ser combatido com redução da carga horária dos trabalhadores, acompanhada da diminuição de seus salários.
    d) a situação de emprego na Alemanha é melhor do que na Itália porque naquele país o trabalho está acima da média mundial, o que aumenta a produtividade.
    e) a saúde do sistema produtivo com garantia de empregabilidade depende da redução da carga de trabalho individual, o que garantiria a abertura de novas vagas.

69. **(VUNESP – 2019 – PM/SP – SOLDADO)** De acordo com Domenico De Masi, uma ação que tem efeito negativo no sistema produtivo das empresas é:
    a) a oferta de mais vagas de trabalhos para os cidadãos.
    b) a busca pela redução das folhas de pagamento.
    c) a tentativa de fundir estudo, trabalho e lazer.
    d) o aperfeiçoamento profissional por meio do ócio.
    e) a alteração da lógica do mercado vigente.

70. **(VUNESP – 2019 – PM/SP – SOLDADO)** Considere as passagens:
    - Quando o sociólogo italiano Domenico De Masi lançou o conceito de "ócio criativo" [...], foi **alçado** à condição de pensador revolucionário... (1º parágrafo)
    - A intenção era alcançar uma fusão entre estudo, trabalho e lazer para aprimorar o conhecimento, vivenciar diferentes experiências e **instigar** a criatividade. (2º parágrafo)

- "Se as regras do jogo não mudarem, o desemprego – aberto ou oculto – está destinado a crescer em dimensão **patológica**", escreve. (4º parágrafo)

No contexto em que estão empregados, os termos significam, correta e respectivamente:
a) elevado; estimular; doentia.
b) conduzido; coibir; mórbida.
c) rebaixado; promover; promissora.
d) promovido; restringir; limitada.
e) assemelhado; induzir; esperançosa.

71. **(VUNESP – 2019 – PM/SP – SOLDADO)** Assinale a alternativa em que se transcreve uma passagem do texto na qual o termo destacado é empregado em sentido figurado.
    a) O **sucesso** se deveu à explicação do espírito daquele tempo... (2º parágrafo)
    b) As **empresas** tentam reduzir suas folhas de pagamento... (6º parágrafo)
    c) ... o sociólogo prega uma nova guinada no pensamento **empresarial**. (3º parágrafo)
    d) ... mais ele contribui para a **taxa** de desocupação. (7º parágrafo)
    e) ... que abririam as **portas** para a criatividade ... (2º parágrafo)

72. **(VUNESP – 2019 – PM/SP – SOLDADO)** Coube _____ Domenico De Masi _____ criação do conceito de ócio criativo, referindo-se _____ desconexão necessária com a labuta como caminho para se chegar _____ experiências criativas do ser humano.
    Em conformidade com a norma-padrão, as lacunas do enunciado devem ser preenchidas, correta e respectivamente, com:
    a) a ... à ... a ... a.
    b) à ... a ... à ... às.
    c) a ... a ... à ... às.
    d) à ... a ... a ... à.
    e) à ... à ... à ... as.

73. **(VUNESP – 2019 – PM/SP – SOLDADO)** De acordo com a norma-padrão, as passagens "os momentos de desconexão com a labuta que abririam as portas para a criatividade" (2º parágrafo), "para De Masi, a única saída é reduzir a carga de trabalho individual" (3º parágrafo) e "A lógica do mercado não ajuda a melhorar esses números." (6º parágrafo) estão corretamente reescritas em:
    a) os momentos de desconexão com a labuta seriam favoráveis com as portas abertas para a criatividade / De Masi concorda com a redução da carga de trabalho individual / A lógica do mercado não colabora pela melhoria desses números.
    b) os momentos de desconexão com a labuta seriam favoráveis às portas abertas para a criatividade / De Masi concorda com a redução da carga de trabalho individual / A lógica do mercado não colabora com a melhoria desses números.
    c) os momentos de desconexão com a labuta seriam favoráveis em portas abertas para a criatividade / De Masi concorda da redução da carga de trabalho individual / A lógica do mercado não colabora na melhoria a esses números.
    d) os momentos de desconexão com a labuta seriam favoráveis para as portas abertas para a criatividade / De Masi concorda na redução da carga de trabalho individual / A lógica do mercado não colabora à melhoria desses números.
    e) os momentos de desconexão com a labuta seriam favoráveis de portas abertas para a criatividade / De Masi concorda pela redução da carga de trabalho individual / A lógica do mercado não colabora diante a melhoria nesses números.

**SIMULADO PARA PMSP**

74. **(VUNESP – 2019 – PM/SP – SOLDADO)** De acordo com a norma-
-padrão, a concordância nominal está plenamente atendida em:
a) Reduzindo a carga de trabalho para 1400 horas, o Brasil estaria quites em relação aos números internacionais.
b) A situação do Brasil está meia complicada, com o desemprego de 13 milhões de pessoas.
c) No Brasil, há bastante pessoas que procuram emprego há um ano ou mais, segundo o IBGE.
d) Os altos índices de desemprego e a falta de novas vagas criam um clima social de desalento.
e) De acordo com Domenico De Masi, é necessário a diminuição da taxa de desocupação.

75. **(VUNESP – 2019 – PM/SP – SOLDADO)** Sem prejuízo de sentido ao texto, o trecho – As empresas tentam reduzir suas folhas de pagamento, mesmo que isso signifique mais horas extras. (5º parágrafo) – está corretamente reescrito em:
a) As empresas tentam reduzir suas folhas de pagamento, apesar de isso significar mais horas extras.
b) As empresas tentam reduzir suas folhas de pagamento, quando isso significa mais horas extras.
c) As empresas tentam reduzir suas folhas de pagamento, se isso significar mais horas extras.
d) As empresas tentam reduzir suas folhas de pagamento, tanto que isso significa mais horas extras.
e) As empresas tentam reduzir suas folhas de pagamento, porque isso significa mais horas extras.

76. **(VUNESP – 2019 – PM/SP – SOLDADO)** Em determinado período de tempo, na conta corrente de Carlos, ocorreram apenas 3 saques e 2 depósitos, sendo os saques de R$ 120,00; R$ 375,00 e R$ 420,00, e os depósitos de R$ 500,00 e R$ 650,00. Se, após essas movimentações, o saldo da conta corrente de Carlos ficou negativo em R$ 213,00, o saldo, antes dessas movimentações, era:
a) negativo de R$ 448,00.
b) negativo de R$ 122,00.
c) positivo de R$ 22,00.
d) negativo de R$ 22,00.
e) positivo de R$ 122,00.

77. **(VUNESP – 2019 – PM/SP – SOLDADO)** Do último salário que recebeu, no valor líquido de R$ 2.748,00, Ana utilizou $\frac{2}{3}$ com os pagamentos das obrigações mensais, e metade do que sobrou ela depositou em uma aplicação que tem. Sabendo que uma das obrigações mensais que Ana pagou foi a conta de energia elétrica, que correspondeu a $\frac{1}{4}$ do valor que ela depositou na aplicação, o valor dessa conta de energia foi de:
a) R$ 149,25.
b) R$ 114,50.
c) R$ 107,25.
d) R$ 121,75.
e) R$ 132,00.

78. **(VUNESP – 2019 – PM/SP – SOLDADO)** No dia 28.11.2017, o site da Fundação Nacional da Saúde, do Ministério da Saúde, publicou a fala do então ministro daquela pasta em um congresso interna-cional. De acordo com essa fala, pode-se concluir que, a cada R$ 50,00 investidos em saneamento, R$ 450,00 são economizados em saúde. Considerando-se essa informação, para uma economia de R$ 2,88 milhões em saúde, é necessário um investimento em saneamento de:
a) R$ 290.000,00.

b) R$ 300.000,00.
c) R$ 310.000,00.
d) R$ 330.000,00.
e) R$ 320.000,00.

79. **(VUNESP – 2019 – PM/SP – SOLDADO)** Em um cofre, há o total de R$ 21,00, apenas em moedas de R$ 0,50, R$ 0,25 e R$ 0,10. Se o número de moedas de R$ 0,50 é 4 unidades maior que o dobro do número de moedas de R$ 0,10, e o número de moedas de R$ 0,25 é 5 unidades menor que o número de moedas de R$ 0,10, então o valor em moedas de R$ 0,50 contidas nesse cofre é:
a) R$ 16,00.
b) R$ 16,50.
c) R$ 17,00.
d) R$ 17,50.
e) R$ 15,50.

80. **(VUNESP – 2019 – PM/SP – SOLDADO)** Marcelo e Débora trabalham em regime de escala. A cada 4 dias sucessivamente trabalhados, Débora folga somente no dia seguinte, e a cada 6 dias suces-sivamente trabalhados, Marcelo também folga somente no dia seguinte. No dia 26.07.2019, ambos estavam de folga. Sabendo que o mês de julho tem 31 dias, e que Marcelo e Débora traba-lham independentemente de os dias serem sábados, domingos e feriados, se não ocorrer imprevisto e eles trabalharem conforme informado, então o próximo dia em que ambos estarão de folga, em um mesmo dia, será em:
a) 07.08.2019.
b) 13.08.2019.
c) 19.08.2019.
d) 30.08.2019.
e) 24.08.2019.

81. **(VUNESP – 2019 – PM/SP – SOLDADO)** A razão entre o número de mulheres e o número de homens convocados para a segunda fase de um concurso é $\frac{3}{5}$. No dia da segunda fase, 4 mulheres e 10 homens não compareceram e, no total, 362 candidatos realizaram essa fase. Dessa forma, o número de mulheres que realizaram a segunda fase do concurso foi:
a) 143.
b) 137.
c) 134.
d) 131.
e) 140.

82. **(VUNESP – 2019 – PM/SP – SOLDADO)** Dados da Polícia Militar do Estado de São Paulo, publicados no *site* que ela mantém, indicam que o número médio, por hora, de ocorrências atendidas no mês de março de 2019 foi 216. Sabendo que esse número é 12,5% maior que o número registrado no mês imediatamente anterior, é correto afirmar que a diferença entre os números médios, por hora, de ocorrências atendidas nos meses de março e de fevereiro de 2019 é:
a) 25.
b) 27.
c) 26.
d) 28.
e) 24.

287

83. **(VUNESP – 2019 – PM/SP – SOLDADO)** Hoje, a média aritmética simples das idades de 15 amigos é de 45 anos. Excluindo-se a menor e a maior idades das pessoas desse grupo, a média aritmética simples das demais idades é de 44 anos. Se a diferença entre essa maior e essa menor idades é 19 anos, então a menor idade é igual a:
   a) 42 anos.
   b) 40 anos.
   c) 39 anos.
   d) 41 anos.
   e) 43 anos.

84. **(VUNESP – 2019 – PM/SP – SOLDADO)** Para determinado evento, foram colocados à venda, no total, 1.500 ingressos, que foram todos comprados. Cada ingresso normal foi vendido a R$ 150,00, cada ingresso de meia-entrada foi vendido a R$ 75,00, e, ainda, foram vendidos ingressos a preço promocional de R$ 100,00 cada, totalizando R$ 185.000,00. Se o número de ingressos de meia-entrada foi o dobro do número de ingressos vendidos a preço promocional, o número de ingressos normais vendidos foi:
   a) 750.
   b) 950.
   c) 900.
   d) 800.
   e) 850.

85. **(VUNESP – 2019 – PM/SP – SOLDADO)** A respeito de um terreno retangular, sabe-se que seu perímetro é 64 metros e que a diferença entre as medidas do maior e do menor lados é 2 metros. Sendo assim, a área desse terreno, em metros quadrados, é:
   a) 195.
   b) 1023.
   c) 224.
   d) 1155.
   e) 255.

86. **(VUNESP – 2019 – PM/SP – SOLDADO)** A tabela a seguir apresenta informações sobre a composição do quadro de cabos e sargentos em um batalhão.

   |         | Cabos | Sargentos |
   |---------|-------|-----------|
   | Homens  | 65%   | 70%       |
   | Mulheres| 35%   | 30%       |

   Com base apenas nas informações apresentadas na tabela, assinale a alternativa que contém informação necessariamente verdadeira sobre os cabos e sargentos desse batalhão.
   a) O número de mulheres com patente de cabo é metade do de homens com patente de sargento.
   b) O número de homens com patentes de cabo ou sargento é maior que o de mulheres com patentes de cabo ou sargento.
   c) O número de homens com patente de cabo é maior que o de homens com patente de sargento.
   d) O número de homens com patente de cabo é menor que o de homens com patente de sargento.
   e) O número de homens com patentes de cabo ou sargento é menor que o de mulheres com patentes de cabo ou sargento.

87. **(VUNESP – 2019 – PM/SP – SOLDADO)** Cláudio, Alice, José e Elen são quatro amigos com alturas distintas. Colocados em uma fila indiana ordenada pela altura, José está entre Cláudio e Alice, e Cláudio está entre Alice e Elen. Sendo assim, é verdade que:
   a) Cláudio é mais baixo que José e mais alto que Alice.
   b) Alice está entre José e Cláudio.
   c) José está entre Alice e Elen.
   d) José é mais baixo que Cláudio e mais alto que Elen.
   e) Elen está entre José e Alice.

88. **(VUNESP – 2019 – PM/SP – SOLDADO)** O gráfico apresenta informações associadas ao atendimento de pessoas em determinada repartição pública, nos meses de maio e de junho de 2019.

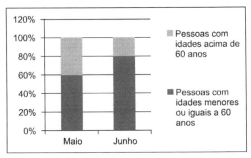

Sabendo que o número de pessoas atendidas em maio foi $\frac{3}{4}$ do número de pessoas atendidas em junho, o número de pessoas atendidas com idades acima de 60 anos no mês de junho corresponde, do número de pessoas atendidas com idades acima de 60 anos no mês de maio, a:
   a) $\frac{2}{3}$
   b) $\frac{1}{2}$
   c) $\frac{3}{4}$
   d) $\frac{1}{5}$
   e) $\frac{5}{6}$

89. **(VUNESP – 2019 – PM/SP – SOLDADO)** Considere **S** a superfície plana do tampo de uma mesa retangular **M**. Se, na fabricação de uma nova mesa, aumentarmos em $\frac{1}{4}$ as medidas da largura e do comprimento da mesa **M**, a superfície plana da nova mesa corresponderá, de **S**, a:
   a) $\frac{11}{8}$
   b) $\frac{3}{2}$
   c) $\frac{15}{8}$
   d) $\frac{25}{16}$
   e) $\frac{19}{16}$

90. **(VUNESP – 2019 – PM/SP – SOLDADO)** Uma das metas mais importantes do tratado era [...] controlar a Alemanha (segundo uma expressão usada naquela época), isto é, destruir sua força militar no presente e no futuro. [...] ficou decidido que o exército alemão ficaria limitado a 100 mil homens, recrutados com base em um compromisso voluntário de doze anos para os soldados e suboficiais.
   (Jean-Jacques Becker. *O Tratado de Versalhes*, 2011)

O Tratado de Versalhes, assinado após a Primeira Guerra Mundial, contribuiu para:

a) a constituição, pelas nações asiáticas e europeias derrotadas na guerra, de um bloco militar contrário ao imperialismo na África e na Ásia.

b) o desenvolvimento duradouro da economia internacional como resultado da redução de gastos públicos com equipamentos militares.

c) a adoção de planos internacionais de ajuda financeira aos países economicamente destruídos pelo conflito bélico.

d) a emergência de relações estáveis, baseadas nos princípios de reciprocidade, entre as potências industrializadas europeias.

e) o fortalecimento de ideologias antidemocráticas habilmente exploradas por partidos políticos nacionalistas.

**91.** (VUNESP – 2019 – PM/SP – SOLDADO) Até finais dos anos sessenta, o enfrentamento com o comunismo definiu a política exterior. [...] houve períodos de grande tensão internacional [...]. O êxito soviético ao lançar o satélite não tripulado, Sputnik, em outubro de 1957, demonstrava aparentemente a superioridade dos soviéticos tanto em tecnologia espacial como na capacidade para atacar o hemisfério ocidental por meio de mísseis orbitais.

(Philip Jenkins. Breve história dos Estados Unidos, 2017.)

Pode-se acrescentar às condições das relações internacionais referidas pelo texto:

a) o acordo entre potências favorável à manutenção da democracia em escala global.

b) a reduzida influência política das potências nos países do Terceiro Mundo.

c) o aumento constante do arsenal nuclear nas potências rivais.

d) o emprego de armas convencionais no confronto direto entre as potências.

e) a ausência de movimentos sociais nas áreas controladas pelas potências.

**92.** (VUNESP – 2019 – PM/SP – SOLDADO) Observe o cartaz.

(http://66.media.tumblr.com/tumblr_lo2s1wbuiV1qjrdq3o1_400.jpg)

Considerando a imagem e conhecimentos sobre a história do Brasil republicano, é correto afirmar que o cartaz trata de:

a) um chamado à participação efetiva da população na resistência militar a um governo federal centralizador.

b) uma convocação de reservistas para o alistamento militar no auge da Guerra Mundial.

c) um apelo à sociedade para sua mobilização em benefício das populações mais carentes do país.

d) uma arma de mobilização do operariado das grandes cidades, contrário às reformas sociais de governos populistas.

e) uma denúncia das intenções antidemocráticas de alguns setores das forças armadas brasileiras.

**93.** (VUNESP – 2019 – PM/SP – SOLDADO) Ao receberem menos dinheiro por suas vendas ao exterior, os exportadores e produtores ligados à exportação reduzem suas compras. Os produtores internos afetados por essa redução também reduzem as suas, e assim por diante.

(Celso Furtado. Formação econômica do Brasil, 1989)

O autor refere-se aos desdobramentos da queda no preço e no volume da exportação do café brasileiro decorrente da Crise de 1929. Tendo em vista o cenário econômico descrito pelo texto, o governo Getúlio Vargas decidiu, entre 1931 e 1939,

a) adquirir empréstimos no exterior, visando à manutenção da política de valorização do preço do café.

b) extinguir em curto prazo a dependência do país à economia cafeeira, abandonando os empresários do setor.

c) substituir os latifúndios cafeeiros por pequenas propriedades, desapropriando terras e concedendo incentivos fiscais a agricultores.

d) equilibrar a oferta e a procura do produto, comprando e destruindo os excedentes das colheitas.

e) limitar a venda do produto ao mercado interno, considerando os prejuízos que a exportação de café causava ao país.

**94.** (VUNESP – 2019 – PM/SP – SOLDADO) Em 18 de setembro de 1946 foi promulgada a quinta Constituição brasileira, a quarta republicana. Com 218 artigos, manteve a denominação Estados Unidos do Brasil. O Congresso foi dividido em duas casas. O mandato do Presidente da República foi estabelecido em cinco anos. A eleição do Presidente e Vice seria simultânea, ou seja, não formariam uma chapa, seriam escolhidos separadamente pelo eleitor.

(Marco Antonio Villa. A história das Constituições brasileiras, 2011)

A experiência política brasileira derivada da Constituição citada pode ser exemplificada pela:

a) alternância no poder central de políticos apoiados pelos governadores do conjunto dos estados da Federação.

b) predominância eleitoral de partidos políticos representantes das classes de assalariados rurais.

c) concentração das decisões políticas no poder executivo em prejuízo dos poderes legislativos e judiciários.

d) censura regular às manifestações de industriais que se opunham aos governos federal e estaduais.

e) mudança, no governo federal, de um candidato eleito por um partido conservador para um político ligado a sindicatos de trabalhadores.

**95.** (VUNESP – 2019 – PM/SP – SOLDADO)

*Brasil, Eu Fico.*

Minas Gerais, uai, uai
São Paulo, sai da frente!
Guanabara, como é que é?
Bahia, oxente!
E os meus irmãozinhos lá do norte?

Este é o meu Brasil
Cheio de riquezas mil
Este é o meu Brasil
Futuro e progresso do ano 2000
Quem não gostar e for do contra
Que vá prá...
[...]
(https://www.letras.mus.br/wilson-simonal/1803895/brasil-eu-fico-print.html)

A canção foi composta por Jorge Ben e gravada pelo cantor Wilson Simonal em dezembro de 1970. A música expressava:

a) a oposição à falsa liberdade democrática do momento, propagandeada pelos slogans governamentais.
b) a ideologia do desenvolvimentismo econômico do governo, mesclada de um otimismo nacionalista.
c) a conjuntura histórica de agitações sociais, derivada da crise do milagre econômico patrocinado pelo Estado.
d) a visão de uma nação com graves desigualdades regionais, caracterizada pelo crescimento desigual da economia.
e) a oposição dos artistas ao regime militar, expressa em uma linguagem de fácil entendimento popular.

**96.** (VUNESP – 2019 – PM/SP – SOLDADO) Analise o mapa para responder à questão.

(https://www.marsh.com/ca/en/campaigns/political-risk-map-2019.html?utm. Acesso em: 15.05.2019. Adaptado.)

A leitura do mapa e os conhecimentos sobre o contexto geopolítico e geoeconômico mundial permitem afirmar que as áreas em destaque no mapa:

a) estão sujeitas a fortes tensões geopolíticas.
b) apresentam grande participação no comércio mundial.
c) devem reduzir a produção de *commodities* minerais.
d) associaram-se em novos blocos econômicos.
e) têm possibilidades de se tornarem economias emergentes.

**97.** (VUNESP – 2019 – PM/SP – SOLDADO) Cerca de 12 milhões de hectares de florestas tropicais desapareceram em 2018, o equivalente a 30 campos de futebol por minuto. Os dados de 2018 são do *Global Forest Watch*, atualizado pela Universidade de Maryland, nos Estados Unidos. O levantamento mostra o complexo retrato do desmatamento em áreas com densas florestas tropicais.
(https://www.bbc.com/portuguese/geral-48046107. Acesso em: 13.05.2109. Adaptado.)

Além da Amazônia, a campeã em desmatamento, outra área de forte desmatamento é:

a) a Índia, devido à implantação de indústrias de papel e celulose e dos incêndios naturais.
b) o sul da Ásia, devido ao aumento da exploração mineral e da implantação de usinas hidrelétricas.
c) o norte da África, devido à criação de reservatórios e da expansão da pecuária intensiva.
d) a Ásia central, devido à instalação de novos centros urbanos e da produção petrolífera.
e) a África Central, devido à expansão da agropecuária e da produção de carvão vegetal.

**98.** (VUNESP – 2019 – PM/SP – SOLDADO) Analise o mapa.

*Brasil – Áreas ocupadas com a unidade de relevo X*

(ROSS, Jurandyr. **Geografia do Brasil**. Adaptado.)

No mapa, estão em destaque as áreas de:

a) planícies, superfícies planas que foram formadas por intensos processos de sedimentação.
b) planícies, tipos de formação rochosa que sofrem grande desgaste de agentes como chuvas e vento.
c) planaltos, formas de relevo ondulado que têm origem a partir de longos processos de erosão.
d) depressões, superfícies erodidas que se apresentam com altitudes mais baixas que as áreas vizinhas.
e) planaltos, tipos de relevo que se caracterizam pela pequena variação de altitudes.

**99.** (VUNESP – 2019 – PM/SP – SOLDADO) Analise a tabela a seguir.

*Brasil – Taxa de natalidade (‰)*

| 1980 | 1991 | 2000 | 2010 | 2018 |
|---|---|---|---|---|
| 31,2 | 23,3 | 20,8 | 15,8 | 14,4 |

(https://brasilemsintese.ibge.gov.br/populacao/taxas-brutas-de-natalidade.html. Acesso em: 15.05.2019)

A leitura da tabela e os conhecimentos sobre o contexto socioeconômico brasileiro permitem afirmar que:

a) a taxa de natalidade é um dado demográfico que mostra a homogeneidade da população brasileira.
b) a queda da taxa de natalidade está relacionada à redução dos movimentos internos da população.
c) o recuo da taxa de natalidade demonstra que o Brasil caminha para se tornar um país emergente.
d) a evolução da taxa de natalidade nas últimas décadas se refletiu na estrutura da população brasileira.
e) a redução da taxa de natalidade indica que o país deverá passar por uma transição demográfica.

100. (VUNESP – 2019 – PM/SP – SOLDADO) Para superar os Estados Unidos e se tornar o principal produtor do mundo, o Brasil expandiu por anos as lavouras destinadas ao produto. Só entre 2000 e 2014, a área destinada a plantar essa *commodity* no interior do País – em estados como Tocantins, Bahia, Piauí e Maranhão – cresceu 87%. Boa parte dela abrigava vegetação nativa, originalmente.

(https://super.abril.com.br/tecnologia/o-avanco-mapeado-pela-nasa/ Acesso em: 18.05.2019. Adaptado.)

O texto descreve a expansão da produção:

a) do café pela mata atlântica.
b) da soja pelo cerrado.
c) do milho pela caatinga.
d) da cana-de-açúcar pela mata atlântica.
e) do cacau pela floresta amazônica.

101. (VUNESP – 2019 – PM/SP – SOLDADO) Observe o gráfico para responder à questão.

*Urbanização de três regiões brasileiras – 1970-2010 (em %)*

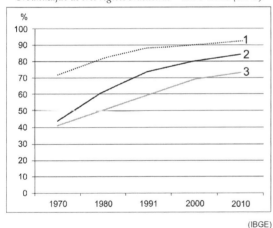

(IBGE)

A leitura do gráfico e os conhecimentos sobre a urbanização brasileira permitem afirmar que a região:

a) 1 (Sudeste) apresentou uma expressiva urbanização devido a fatores como a industrialização e a atração de migrantes de outras regiões brasileiras.
b) 2 (Norte) teve a urbanização fortemente atrelada aos grandes projetos de exploração mineral implantados em vários estados nortistas.
c) 3 (Sul) apresentou uma urbanização mais lenta porque desde sua ocupação sempre teve sua economia baseada em atividades agropecuárias.
d) 2 (Nordeste) apresentou rápida urbanização a partir dos anos de 1980 devido à industrialização das grandes cidades, promovida pela Sudene.
e) 1 (Centro-Oeste) teve a urbanização acelerada devido à construção de Brasília e a partir dos anos 2000, à expansão da agroindústria.

102. (VUNESP – 2019 – PM/SP – SOLDADO) Considere um computador com o Microsoft Windows 10, em sua configuração original, sem nenhuma janela aberta. Como primeira ação, o usuário abre o WordPad e maximiza a janela. Em seguida abre o Bloco de Notas e maximiza a janela.

Assinale a alternativa que indica qual(is) janela(s) aparecerá(ão) na tela do computador quando o usuário clicar no botão indicado na imagem a seguir, na janela do Bloco de Notas, exibida parcialmente.

a) As opções do Menu Iniciar.
b) O Wordpad.
c) O Bloco de Notas.
d) A Área de Trabalho.
e) O Wordpad e o Bloco de Notas lado a lado.

103. (VUNESP – 2019 – PM/SP – SOLDADO) Considerando o Microsoft Word 2010, em sua configuração padrão, assinale a alternativa que apresenta um trecho de um documento com as marcas de parágrafo ativadas.

- Presidente
- Vice-Presidente
- Diretores
- Gerentes
- Supervisores

a)

| Projeto | Responsável |
|---|---|
| Automação de rotinas | João Pedro |
| Otimização de processos | Ricardo Augusto |

**Dicas·para·apresentação:¶**

→ Considerar·a·expectativa·da·audiência¶

b) → Respeitar·o·tempo·reservado¶

c) O projeto apresenta um atraso **considerável** por conta de sucessivas falhas na identificação dos requisitos.

- Poder Executivo
    ○ Presidente
- Poder Legislativo
    ○ Presidente da Câmara
- Poder Judiciário
d) ○ Ministros

104. **(VUNESP – 2019 – PM/SP – SOLDADO)** Considere a seguinte planilha criada no Microsoft Excel 2010, em sua configuração padrão para responder a questão.

| | A | B | C | D |
|---|---|---|---|---|
| 1 | Data | Incidente | Status | |
| 2 | 02/mai | 55 | ENCERRADO | |
| 3 | 02/mai | 77 | EM ABERTO | |
| 4 | 03/mai | 129 | ENCERRADO | |
| 5 | 03/mai | 192 | ENCERRADO | |
| 6 | 03/mai | 268 | EM ABERTO | |
| 7 | 08/mai | 364 | EM ABERTO | |
| 8 | 09/mai | 394 | ENCERRADO | |
| 9 | 10/mai | 433 | ENCERRADO | |
| 10 | 10/mai | 519 | EM ABERTO | |
| 11 | | | | |
| 12 | | | | |
| 13 | | ENCERRADO | | |
| 14 | | | | |

Assinale a alternativa com a fórmula a ser inserida na célula C13 para contar a quantidade de vezes em que aparece a palavra ENCERRADO no intervalo entre C2 e C10.

a) =CONT.CASOS(C2:C10;B13).
b) =CONT.SE(C2:C10).
c) =CONT(C2:C10;B13).
d) =CONT.SE(C2:C10;B13).
e) =CONT.ENCERRADOS(C2:C10).

105. **(VUNESP – 2019 – PM/SP – SOLDADO)** Considere a seguinte planilha criada no Microsoft Excel 2010, em sua configuração padrão para responder a questão.

| | A | B | C | D |
|---|---|---|---|---|
| 1 | Data | Incidente | Status | |
| 2 | 02/mai | 55 | ENCERRADO | |
| 3 | 02/mai | 77 | EM ABERTO | |
| 4 | 03/mai | 129 | ENCERRADO | |
| 5 | 03/mai | 192 | ENCERRADO | |
| 6 | 03/mai | 268 | EM ABERTO | |
| 7 | 08/mai | 364 | EM ABERTO | |
| 8 | 09/mai | 394 | ENCERRADO | |
| 9 | 10/mai | 433 | ENCERRADO | |
| 10 | 10/mai | 519 | EM ABERTO | |
| 11 | | | | |
| 12 | | | | |
| 13 | | ENCERRADO | | |
| 14 | | | | |

Assinale a alternativa que indica qual conteúdo será apagado se o usuário der um clique simples com o botão principal do mouse sobre o local destacado a seguir, e pressionar a tecla DEL.

| | Data | Inci |
|---|---|---|
| 1 | | |
| 2 | 02/mai | |
| 3 | 02/mai | |
| 4 | 03/mai | |

a) A coluna A inteira, apenas.
b) Todas as células que não contêm fórmulas, apenas.
c) A linha 1 inteira, apenas.
d) Todas as células que contêm fórmulas, apenas.
e) A planilha inteira.

106. **(VUNESP – 2019 – PM/SP – SOLDADO)** No Microsoft PowerPoint 2010, em sua configuração original, um usuário está em modo de apresentação, exibindo o segundo slide, em uma apresentação de 10 slides, sem nenhum slide oculto, tampouco animações, transições, ou botões de ação.

Assinale a alternativa que indica a(s) tecla(s) que deve(m) ser pressionada(s) para finalizar a apresentação.

a) HOME.
b) ESC.
c) F5.
d) END.
e) SHIFT+F5.

107. **(VUNESP – 2019 – PM/SP – SOLDADO)** No Microsoft Outlook 2010, em sua configuração padrão, tem-se os dados de uma mensagem que foi enviada.

De: Antonio

Para: Andrea

Cc: Rodrigo

Cco: Fernando

Ao receber a mensagem, Rodrigo clicou no botão Encaminhar. Assinale a alternativa que indica a quantidade de destinatários que o aplicativo automaticamente preenche na nova mensagem que será preparada.

a) 0.
b) 2.
c) 4.
d) 3.
e) 1.

108. **(VUNESP – 2019 – PM/SP – SOLDADO)** É direito fundamental do cidadão brasileiro e dos estrangeiros residentes no Brasil:

a) o acesso à informação e assegurada a transparência quanto à fonte, quando necessário ao desagravo do ofendido.
b) a expressão da atividade intelectual, artística, científica e de comunicação, mediante obtenção de licença específica.
c) nos termos da lei, a prestação de assistência religiosa nas entidades civis e militares de internação coletiva.
d) a livre manifestação do pensamento, sendo assegurado o anonimato.
e) reunir-se pacificamente, com armas, em locais abertos ao público, independentemente de autorização.

109. **(VUNESP – 2019 – PM/SP – SOLDADO)** A respeito dos direitos políticos do militar, assinale a alternativa correta.

a) O militar alistável é inelegível, quando afastar-se da atividade antes da eleição.
b) O militar é inalistável e inelegível.
c) O militar, se eleito, passará automaticamente para o trabalho interno.
d) O militar alistável é elegível, devendo afastar-se da atividade se contar com menos de dez anos de serviço.
e) O militar é alistável mas é inelegível, salvo se tiver mais de vinte anos de serviço.

**SIMULADO PARA PMSP**

110. **(VUNESP – 2019 – PM/SP – SOLDADO)** A Administração Pública no Brasil orienta-se segundo a seguinte regra:

   a) é vedada a contratação por tempo determinado para atender à necessidade temporária de serviço.

   b) é garantido ao servidor público civil o direito à livre associação sindical.

   c) obediência aos princípios de legalidade, pessoalidade, moralidade, publicidade e eficiência.

   d) é vedada a greve de servidores públicos civis e militares.

   e) os vencimentos dos cargos do Poder Judiciário poderão ser superiores aos pagos pelo Poder Executivo.

111. **(VUNESP – 2019 – PM/SP – SOLDADO)** Sobre o tratamento da segurança pública na Constituição, é correto afirmar que:

   a) aos corpos de bombeiros militares, além das atribuições definidas em lei, incumbe a execução de atividades de defesa civil.

   b) às polícias militares cabem a apuração de infrações penais em geral.

   c) às polícias civis, dirigidas por delegados de polícia de carreira, incumbem a apuração de infrações penais, inclusive as militares.

   d) as polícias civis são forças auxiliares e reserva do Exército.

   e) a segurança pública é dever da família, direito e responsabilidade de todos os servidores públicos.

# GABARITOS

| | | | | | | | | | |
|---|---|---|---|---|---|---|---|---|---|
| 01 | E | 02 | A | 03 | C | 04 | D | 05 | B |
| 06 | E | 07 | E | 08 | C | 09 | B | 10 | D |
| 11 | B | 12 | C | 13 | E | 14 | A | 15 | B |
| 16 | D | 17 | C | 18 | E | 19 | C | 20 | A |
| 21 | A | 22 | B | 23 | D | 24 | B | 25 | D |
| 26 | C | 27 | C | 28 | A | 29 | E | 30 | B |
| 31 | D | 32 | B | 33 | D | 34 | C | 35 | A |
| 36 | A | 37 | C | 38 | C | 39 | A | 40 | D |
| 41 | B | 42 | E | 43 | D | 44 | A | 45 | B |
| 46 | C | 47 | B | 48 | B | 49 | D | 50 | E |
| 51 | C | 52 | D | 53 | A | 54 | B | 55 | E |
| 56 | D | 57 | C | 58 | C | 59 | E | 60 | D |
| 61 | B | 62 | C | 63 | A | 64 | D | 65 | A |
| 66 | C | 67 | D | 68 | E | 69 | B | 70 | A |
| 71 | E | 72 | C | 73 | B | 74 | D | 75 | A |
| 76 | A | 77 | B | 78 | E | 79 | C | 80 | D |
| 81 | B | 82 | E | 83 | A | 84 | C | 85 | E |
| 86 | B | 87 | C | 88 | A | 89 | D | 90 | E |
| 91 | C | 92 | A | 93 | D | 94 | E | 95 | B |
| 96 | A | 97 | E | 98 | C | 99 | D | 100 | B |
| 101 | A | 102 | B | 103 | C | 104 | D | 105 | E |
| 106 | B | 107 | A | 108 | C | 109 | D | 110 | B |
| 111 | A | | | | | | | | |